Risiko und Vertrauen
Risk and Trust

Risiko und Vertrauen
Risk and Trust

Festschrift für Michael Welker zum 70. Geburtstag

Herausgegeben von Heike Springhart
und Günter Thomas

Evangelische Verlagsanstalt
Leipzig

Bibliographische Information der Deutschen Nationalbibliothek
Die Deutsche Nationalbibliothek verzeichnet diese Publikation in der Deutschen Nationalbibliographie; detaillierte bibliographische Daten sind im Internet über http://dnb.dnb.de abrufbar.

Das Buch wurde auf alterungsbeständigem Papier gedruckt.

Cover: Zacharias Bähring, Leipzig
Coverfoto: Workshop Image 20, Studierende der Budapester Moholy-Nagy-Universität für Kunst und Design 2013
Satz: Timo Sorg, Freiburg im Breisgau
Druck und Binden: Hubert & Co., Göttingen

ISBN 978-3-374-05366-7
www.eva-leipzig.de

Inhalt

2. RECHT – ÖKONOMIE – ZIVILGESELLSCHAFT

3. EKKLESIOLOGIE – KIRCHENLEITUNG

Einleitung

Risiko und Vertrauen sind Komplementärbegriffe und dazu geeignet, biblisch-theologische, systematisch-theologische, ethische und sozialtheoretische Perspektiven in ein produktives Gespräch zu bringen. Die interdisziplinäre Schnittstelle dieser Dimensionen bildet für Michael Welker den Ort, an dem er nach konstruktiven theologischen Weiterentwicklungen fragt. Am 20. November 2017 feiert Michael Welker seinen 70. Geburtstag. Zu diesem Ereignis ist ihm der vorliegende Band zugedacht, der auf eine theologische und interdisziplinäre Exploration des mit Risiko und Vertrauen markierten Feldes zielt.

Auch wenn weder Risiko noch Vertrauen explizit tragende Begriffe seines Denkens darstellen, sind die damit verbundenen Problemstellungen durchgehend gegenwärtig. Michael Welkers theologische Leidenschaft war in den vergangenen Jahren insbesondere auf das Gespräch mit Recht, Ökonomie und Zivilgesellschaft gerichtet. Daneben zeichnet sich sein theologisches Arbeiten dadurch aus, dass es auf fruchtbare Resonanzen in die Kirche hinein ausgerichtet ist, und zwar sowohl im Blick auf die ekklesiologische Reflexion als auch im Blick auf die konkrete Kirchenleitung. Im Gespräch von Glaube und Naturwissenschaft wie im Blick auf die Ethik steht für Michael Welker die Auseinandersetzung mit konstruktiv-inhaltlicher Theologie im Mittelpunkt. Die vorliegenden Beiträge nehmen diese Fäden auf und entfalten ein multiperspektivisches Feld der Auseinandersetzung mit Risiko und Vertrauen.

Risiko und Vertrauen sind zentral für ein Verstehen des sozialen Lebens. Während die Semantik von Vertrauen seit jeher grundlegend für die Theologie ist, geschieht die Aneignung des Risiko-Begriffs zögerlicher. Vertrauen bildet in anthropologischer Hinsicht eine Grunddimension menschlicher Sozialität und wird traditionell mit Glauben verknüpft. Damit verbunden ist die Vorstellung von Vertrauen als Basiskategorie sozialer Systeme. Sowohl interpersonal als auch sozial und politisch kann Vertrauen gefördert oder zerstört werden, allerdings kann es letztlich nicht erzwungen werden. Nicht zuletzt darauf zielt auch die Welkersche Rede von der »freien schöpferischen Selbstzurücknahme«.

Vom Vertrauensbegriff her kann nach den Bedingungen von Kommunikation und der Bedeutung von Vertrauen für Kommunikationsprozesse gefragt werden. In professionellen Kommunikationszusammenhängen führen Setting und Rahmenbedingungen zu gesteigerten Erwartungen und zu einer gesteigerten Bereitschaft zu Vertrauen. Dies hat insbesondere Relevanz für das öffentliche Reden und Handeln der Kirche.

In biblischer Hinsicht spielt insbesondere das erschütterte Vertrauen der Beter in den Klagepsalmen eine Rolle, wobei der Bogen vom erschütterten Vertrauen hin zu affirmativem bzw. affirmiertem Vertrauen in den Psalmen nach dem prozesshaften Vertrauensaufbau und -abbruch in den Blick kommt. Von dort her sind vielversprechende Linien zu einem differenzierten Glaubensbegriff zu ziehen.

Für eine realistische Sicht auf Vertrauen ist die Dimension des Risikos angesichts vielgestaltiger Vulnerabilität konstitutiv. Mit dem Risiko-Begriff kommt die echte Gefährdung interpersonaler wie sozialer und systemischer Prozesse in den Blick. Risikobereitschaft ist die Basis für Vertrauen und innovative Dynamiken. Der Blick auf Prozesse des Aufbaus und des Abbaus von Vertrauen macht deutlich, dass Vertrauen selbst riskant ist. Auch Vertrauen substituierende Einrichtungen wie das Recht bedürfen einer Rahmung durch riskantes Vertrauen. Zugleich erfordern Konstellationen des Risikos für ein angemessenes Risikomanagement Vertrauen. Ohne Bereitschaft zum Risiko kann wiederum Vertrauen nicht aufgebaut werden. Zum anderen stellt sich im rechtlichen und ökonomischen Kontext die Frage von Risikominimierung. Theologisch instruktiv ist dabei die Frage nach dem Risiko in der Geschichte Gottes mit der Welt.

Mit dieser Festschrift zum 70. Geburtstag treten langjährige Wegbegleiterinnen und Wegbegleiter Michael Welkers unter der Perspektive von Risiko und Vertrauen in ein Gespräch mit ihm und seiner facettenreichen Theologie ein. Sie alle verbindet neben akademischem Austausch auch persönliche Freundschaft mit Michael Welker. Die hier versammelten Stimmen stehen für ein internationales und interdisziplinäres Netz an Gesprächspartnerinnen und Gesprächspartnern, die von der anhaltenden theologischen Neugier und Leidenschaft des Jubilars angesteckt wurden. Als Herausgeberin und Herausgeber sind wir dankbar, dass sich die Beitragenden auf weitreichende Anregungen zur inhaltlichen Fokussierung ihrer Beiträge eingelassen haben und so einen inhaltlich kohärenten und zugleich multiperspektivischen Band ermöglicht haben.

Michael Welker hat als Systematischer Theologe Theologie stets auch mit Blick auf die empirische Kirche getrieben. In seinen Seminaren und Vorlesungen motivierte er Studierende zu einer eigenständigen theologischen Existenz. Mit Vorträgen, Gutachten, Weiterbildungsveranstaltungen und vielen Predigten hat er als Universitätstheologe in der Kirche gewirkt und ist auch in der Zeit seiner Emeritierung regelmäßig in der kirchlichen und akademischen Öffentlichkeit ein gefragter Redner und Gesprächspartner. Dass die Landeskirchen dies zu schätzen wissen, zeigt sich in den überaus großzügigen und zahlreichen Zuschüssen zu den Druckkosten, ohne die dieser Band nicht möglich gewesen wäre sowie in den Zuschüssen für die Durchführung des Symposiums in Heidelberg, in dessen Rahmen diese Festschrift überreicht wird. Sie sind ein eindrückliches Zeugnis der Wertschätzung Michael Welkers.

Wir danken der Evangelische Landeskirche in Baden, der Evangelisch-Lutherischen Kirche in Bayern, der Evangelischen Landeskirche Berlin-Brandenburg-Schlesische Oberlausitz, der Evangelisch-Lutherischen Kirche Hannovers, der Evangelischen Kirche in Hessen und Nassau, der Evangelischen Landeskirche in Kurhessen-Waldeck, der Lippischen Landeskirche, der Evangelischen Kirche der Pfalz, der Evangelischen Landeskirche von Westfalen, der Evangelisch-reformierten Kirche, der Evangelischen Landeskirche in Württemberg sowie der EKD und der UEK.

Benedikt Friedrich, Annika Dahm und Tobias Friebe haben in Bochum für die Koordination und Korrektur der Beiträge gesorgt. Virginia Johnston White hat von Chicago aus die englischen Beiträge Korrektur gelesen. Dr. Timo Sorg hat mit Sorgfalt, Professionalität und in großer Geduld die Druckvorlage erstellt. Dr. Annette Weidhas von der Evangelischen Verlagsanstalt hat den Band engagiert begleitet und die Veröffentlichung ermöglicht. Ihnen allen gebührt unser großer Dank.

Vor allem aber danken wir Michael Welker für lange Jahre theologischer Leidenschaft, für freundschaftliche Begleitung und kollegialen Austausch, für den wachen Blick für das, was in Kirche und Gesellschaft geschieht, und für seine konstruktiv-kritischen Beiträge dazu. Die gewachsenen Gesprächszusammenhänge haben unser akademisches Leben entscheidend geprägt und wirken weiter. Wir freuen uns auf die Fortsetzung dieses Austausches und wünschen Michael Welker die Gesundheit und die Leidenschaft, dieses Gespräch noch viele Jahre zu prägen.

Heidelberg und Bochum im November 2017
Heike Springhart und Günter Thomas

1. Gotteslehre – Christologie – Anthropologie – Pneumatologie

Der Mensch – eine missglückte Schöpfung?

Jürgen Moltmann

I. Wie sich der Mensch zum Problem wurde

Zu Beginn der europäischen »Neuzeit« erhob ein Teil der Menschheit sich aus den Gesetzen und Rhythmen der Natur und erklärte sich zur gottgleichen Mitte seiner Welt.[1] Mit Entdeckungen, Eroberungen und Erfindungen wurde eine menschliche Umwelt aus der Natur der Erde geschaffen. Damit wurde der neuzeitliche Mensch einsam.[2] Auf die Frage »Wer bin ich?« muss er sich selbst Antwort geben. »Jede Biene kennt die Formel ihres Bienenstocks, jede Ameise kennt die Formel ihres Ameisenhaufens. Nur der Mensch kennt seine Formel nicht«, sagte Dostojewski. Die moderne, deutsche, philosophische Anthropologie beginnt mit Herders Klage über die Natur: »Die Natur war gegen ihn die härteste Stiefmutter, da sie gegen jedes Insekt die liebreichste Mutter war [...]. Bei dem Menschen ist alles in dem größten Missverhältnis«.[3] Der Mensch ist von Natur aus ein Mängelwesen, dafür hat er die Freiheit, den »Keim für Ersatz seiner Mängel«. Max Scheler und Arnold Gehlen sind ihm darin gefolgt, aber sie haben so wenig wie Herder nach der Natur der Erde gefragt und wie die Natur aus »Mutter Erde«, wie sie in früheren Kulturen verehrt, zu des modernen Menschen »härtester Stiefmutter« wurde.

Zu Herders Zeiten stand die deutsche »Neuzeit« noch unter dem Eindruck des »philosophischen Chiliasmus« von Lessing und dem jungen Kant.[4] »Die Erziehung des Menschengeschlechts« zum Guten ist möglich, denn nach Offb 20,1 ist der »Satan für tausend Jahre gebunden«, sodass sich das Gute ungehindert ausbreiten kann. Der Übergang vom partikularen Kirchenglauben zum universalen Vernunftglauben ist der Weg: Völkerfrieden ist möglich. Das Tor zum Weltfrieden ist offen. Es winkt »das goldene Zeitalter«, wie die schwäbischen Reich-Gottes-Pietisten Bengel, Oetinger und Christoph Blumhardt weissagten. Als ein messianisches Zeichen galt die Emanzipation der Juden aus dem Ghetto in die bürgerliche Menschenrechtsgesellschaft.

---

1 Pico della Mirandola, *Über die Würde des Menschen*, hrsg. August Buck, übers. Norbert Baumgarten (Hamburg: Meiner, 1990).

2 Arnold Gehlen, *Urmensch und Spätkultur* (Bonn: Athenäum, 1956), 285.

3 Johann G. Herder, *Über den Ursprung der Sprache* (Stuttgart: Reclam, 1959), 21.

4 Jürgen Moltmann, »Die Geburt der Neuzeit aus dem Geist chiliastischer Theologie«, in *Hoffen und Denken. Beiträge zur Zukunft der Theologie*, hrsg. Jürgen Moltmann (Neukirchen-Vluyn: Neukirchener Verlagsgesellschaft, 2016), 111–34.

Das 20. Jahrhundert brachte den Zusammenbruch der westlichen Fortschrittswelt und der imperialen Welteroberungen. Die europäischen Großmächte vernichteten sich gegenseitig in den »Materialschlachten« des Ersten Weltkriegs. Der Zweite Weltkrieg kostete 55 Millionen Menschen das Leben. Nazideutschland ermordete 6 Millionen Juden. Die Amerikaner beendeten den Zweiten Weltkrieg mit Atombomben und eröffneten die nukleare Endzeit. Dies ist das Zeitalter, in dem der »nukleare Selbstmord« (Sacharow) der Menschheit möglich wird. Der Fortschrittsblick in die Zukunft wandelte sich zum Blick in den Abgrund. An die Stelle des »philosophischen Chiliasmus« trat die säkulare Apokalypse der »Selbstabschaffung der Menschheit«: Weltuntergang ohne Hoffnung. Das geht mit Kernwaffen plötzlich in mehreren Stunden, das geht durch ökologische Katastrophen langsam, aber unaufhaltsam, das geht durch das digitale Gefängnis der unbegrenzten Überwachung und Manipulation, ohne dass wir es bemerken.[5]

Damit stehen wir vor der existentiellen Frage: ob eine Menschheit sein soll oder nicht? Die Evolution des Lebens zeigt kein »starkes anthropisches Prinzip«. Das Weltall wirkt auf uns sinnlos, je mehr wir davon begreifen. Jedenfalls sagen uns weder die Sterne noch unsere Gene, ob eine Menschheit sein soll oder nicht, und wozu sie da sein soll. Und unsere eigenen Selbsterfindungen und Umbaupläne sind nicht überzeugend. Wie können wir das Leben lieben und »Mut zum Sein« (Paul Tillich) fassen, wenn unser Leben möglicherweise eine Fehlentwicklung der Evolution ist und unser Dasein für diese Welt im besten Fall belanglos ist. Gibt es eine »Pflicht zum Dasein« und »eine Pflicht zur Zukunft«, wie Hans Jonas forderte?

Fassen wir beides zusammen: die Möglichkeit zur Erziehung des Menschengeschlechts zum Leben in Frieden und die tödlichen Selbstabschaffungen des Menschengeschlechts, dann kommen wir auf den Begriff »Experiment«: Der Mensch ist ein Experiment der Natur und seiner selbst. Wie jedes Experiment kann das Experiment »Mensch« gut und schlecht ausgehen. Ernst Bloch hat die ganze Welt zu einem großen »Experimentum Mundi« erklärt.[6] Alles ist noch in der Vorgeschichte, das Ziel ist noch nicht erreicht, aber auch noch nicht verloren: Es kommt auf uns an, dass es gelingt. Aber der Begriff hat auch seine Misslichkeit: Ein Experiment kann man wiederholen oder anders anlegen, das Experiment »Mensch« gibt es nur einmal. Wenn es misslingt, ist kein Mensch mehr da, der daraus klug werden kann.

---

[5] Harald Lesch und Klaus Kamphausen, *Die Menschheit schafft sich ab: Die Erde im Griff des Anthropozän* (München: Komplett Media, 2016).

[6] Ernst Bloch, *Experimentum Mundi. Frage, Kategorien des Herausbringens, Praxis* (Frankfurt: Suhrkamp, 1975).

2. Die Reue Gottes über die misslungene Schöpfung »Mensch«

Vor 2500 Jahren haben die Weisen in Israel schon über die Abschaffung des Menschengeschlechts nachgedacht.[7] Anlass waren das Erdbeben und die große Flut, die ganze Kulturen im östlichen Mittelmeer zerstörten, die »Sintflut« genannt. Unser Wort »Weltuntergang« erinnert noch an diese urzeitliche Flut. Genesis 6 hat diese Geschichte:

> Als Gott sah, dass die Bosheit der Menschen auf der Erde groß war, und alles Dichten und Trachten ihres Herzens nur böse war allzeit, da reute es Gott, dass er die Menschen auf der Erde gemacht hatte und er war tief bekümmert.
>
> Und Gott sprach:
>
> Ich will die Menschen, die ich geschaffen habe, von der Oberfläche der Erde austilgen, von den Menschen bis zum Vieh, den Kriechtieren und den Vögeln des Himmels, denn es reut mich, dass ich sie gemacht habe. Noah aber hatte Gnade gefunden in den Augen Gottes (Gen 6,5–8).

Wir wollen zunächst nach der Bosheit der Menschen fragen, die zur Reue Gottes geführt hat, danach fragen wir nach der Reue und der Treue Gottes.

> Und es geschah, als die Menschen auf der Erde sich zu mehren begannen und ihnen Töchter geboren wurden, da sahen die Göttersöhne, wie schön die Menschentöchter waren und sie nahmen sich von ihnen allen, an welchen sie Gefallen fanden (Gen 6,1–2).

Es sieht danach aus, als seien zwei verschiedene Geschichten zusammengesetzt worden, aber auch dann stellt sich die Frage: warum? Gewöhnlich wird diese Geschichte mythologisch ausgelegt als »Engelehen«, aber mir fällt eine politische Deutung der antiken »Tyrannen« ein.

Die mythologische Deutung geht von den Göttersöhnen und den Menschentöchtern aus: »Mit der ehelichen Verbindung dieser zwei Gruppen ist ein Spannungsmoment gegeben«, stellt Claus Westermann fest und hält es für einen »die Grenzen des Menschen gefährdenden Übergriff der Göttersöhne [...] gegen den Eingriff Gottes«.[8] Wer aber sind die »Göttersöhne«? Sind sie Götter oder Engel, Halbgötter oder Übermenschen, Titanen oder Giganten, Dämonen oder

---

[7] Claus Westermann, »Genesis,« in *Biblischer Kommentar. Altes Testament I/1*, hrsg. Siegfried Herrmann und Hans W. Wolff (Neukirchen-Vluyn: Neukirchener Verlagsgesellschaft, 1976); Jörg Jeremias, *Die Reue Gottes. Aspekte alttestamentlicher Gottesvorstellung* (Neukirchen-Vluyn: Neukirchener Verlagsgesellschaft, ^{2}1997).

[8] Westermann, »Genesis,« 497.

Heroen? Auf jeden Fall sind es männliche Wesen, die von der Schönheit der Menschenfrauen angezogen werden und zeugungsfähig sind. Das verwischt aber die Grenze vom Göttlichen zum Menschlichen.

In der griechischen Antike war die Vorstellung einer göttlichen Zeugung mit einer menschlichen Frau weit verbreitet. Aber das erklärt nicht, warum diese Geschichte mit der Sintflutgeschichte und der »Reue Gottes« zusammengesetzt wurde.

Meine politische Deutung geht nicht von oben vor, sondern von unten. Wer waren in jener Zeit die »Göttersöhne«, für die schöne Frauen Freiwild waren? Es waren die Herrscher, die sich über das Volk erhoben und ihren übermenschlichen Status mit politischer Religion schützten. In Ägypten wurden die Pharaonen nach den Göttern benannt, wie Tutench-Amon. Amon war der Reichsgott. In Israel wurde demgegenüber der Gott Israels nach den Menschen genannt, denen er erschienen war: »Der Gott Abrahams, der Gott Isaaks, der Gott Jakobs«. Auf Vergottung der Herrscher reagierte Israel empfindlich und widerständig. Also nehmen wir an, dass die »Göttersöhne« vor der Sintflut menschliche Herrscher waren und dass die schönen Töchter des Landes ihrer Willkür ausgeliefert waren: Harem und Jus primae noctis.

Für die mythologische Deutung müsste die Sintflut eigentlich nicht auf der Erde, sondern im Himmel stattfinden, weil nicht die Menschen, sondern die »Göttersöhne« böse wurden und ihre Grenzen überschritten.

Für die politische Deutung besteht die Bosheit der Menschen darin, sich solchen Tyrannen und Diktatoren und ihrer Willkürherrschaft zu unterwerfen, indem sie diese vergöttern und ihnen ihre schönen Töchter ausliefern. Mit der Aufgabe der Freiheit an die Willkürherrschaft von Tyrannen beginnen die Bosheit und das Verderben der Menschen. Sie dienen nicht mehr dem lebendigen Gott, sondern opfern ihre Töchter den politischen Götzen, die sie zu »Göttersöhnen« machen. Damit wird das Herz der untertänigen Menschen böse von Grund auf. Die Deutschen haben diesen Wandel zur Bosheit in der Nazi-Zeit erlebt: »Führer befiehl', wir folgen dir« – bis ins Morden nach Auschwitz und bis in den eigenen Untergang.

Vielleicht versteckt sich hinter der Komposition der beiden Geschichten auch eine Ironie, mit der die heldischen Tyrannen als Liebhaber der Frauenschönheit lächerlich gemacht werden. Denn das »Verderbnis der Menschen« in Vers 13 besteht nicht in etwas, das unter dem Begriff »Sünde« gefasst werden kann, sondern bezeichnet etwas Außerordentliches, einen Frevel, eine Vernichtung. »Die Gewalttaten der Menschen hatten ein Maß angenommen, dass die Erde, die Menschenwelt, davon verderbt war«.[9] Der hebräische Ausdruck meint im ursprünglichen Sinn »Gewalttat, Untat, Blutvergießen, frevelhafte Vergewaltigung, Bedrückung«.[10] Davon ist die Erde voll. Diese Verderbnis der Menschen

---

[9] Westermann, »Genesis« (s. Anm. 7), 559.

[10] Ibid.

wirkt sich auf ihren Lebensraum, die Erde, aus: »Die Erde aber war verderbt vor Gott« (6,11).

Wer sich an das letzte Kriegsjahr 1945 erinnern kann, weiß, was gemeint ist. Eine Anthropologie ohne das Verderben von Auschwitz ist illusionär. Statt Genesis 1 ist Genesis 6 zum Verständnis des Geschöpfes »Mensch« zu nehmen, wie Gott ihn sieht. Verdorben war die Erde von Frevel, aber »Noah hatte Gnade gefunden in den Augen Gottes«. Von diesem Vertrauensvorschuss leben wir heute noch, obwohl wir alles tun, das Verderben auf der Erde zu vermehren und uns selbst zu verderben.

Die Fluterzählung offenbart einen Zwiespalt in Gott zwischen seiner Reue, »dass er die Menschen auf der Erde geschaffen hat«, und seiner Treue zum ursprünglichen Schöpfungsratschluss. Bedenkt man, dass Gott die Menschen sich zum Bilde in der irdischen Schöpfung geschaffen hat, muss diese Reue auch auf Gott selbst zurückfallen. »Das im ersten Ansatz Geschaffene ist ›nicht gut‹; es ist noch nicht der Mensch, den Gott eigentlich zu schaffen beabsichtigte.« Die Fluterzählung setzt damit ein, dass »der Mensch«, den Gott erschaffen hat, missraten ist: Der Mensch ist böse (6,5–6), die Erde verderbt (6,12).«[11] Die Fluterzählung ist auf die Schöpfungsgeschichte bezogen. Das zeigt sich darin, dass dem Entschluss zur Vernichtung der Menschheit der Entschluss zur Bewahrung des Einen hinzugefügt wird. So wie die Sintflut Menschen und Tiere vernichtet, werden Menschen und Tiere in Noahs Arche gerettet. Menschenwelt und Tierwelt gehören als Lebenswelt zusammen. »Die Sintflut ist der Archetyp der Menschheitskatastrophe, als solche zur Erzählung gedichtet«.[12]

Der Satz, dass es Gott gereute, Menschen geschaffen zu haben, wird in Vers 6 noch intensiviert; »und es bekümmerte ihn tief«. Das hebräische Wort drückt den »Schmerz Gottes« aus, seine eigene Schöpfung zu vernichten, da sie misslungen ist! »Es ist dieses Motiv des in sich widersprüchlichen Leidens Gottes an dem Gericht, das er selbst bringt«.[13]

Als Gott Menschen schuf, hätte er da nicht schon vorhersehen können, dass ihn diese Geschöpfe enttäuschen würden?, fragt der jüdische Exeget Jacob. »Und siehe, es war sehr gut«, lesen wir in Gen 1,31. »Gott hatte keinen Grund, das zu sagen«, kommentierte Ernst Bloch. Oder hat Gott alle Dinge fertig geschaffen, den Menschen aber auf Hoffnung hin? Dann ist die Menschenschöpfung zwar riskant, aber nicht ohne Vertrauensvorschuss. Dass Gott mit Noah eine neue Menschheit anfängt, zeigt, dass seine Hoffnung auf den gottentsprechenden Menschen seinen Enttäuschungsschmerz überwunden hat. »Die Güte des Herrn ist es, dass mit uns noch nicht gar aus ist«, sagen die Klagelieder 3,22.

Die Erde war verderbt vor Gott, voll war die Erde von Frevel, und doch errichtet Gott einen Bund mit der Erde: »Ich will hinfort nicht mehr die Erde um der Menschen willen verfluchen«, und: »ich stifte einen ewigen Bund zwischen

---

[11] Ibid., 529.

[12] Ibid., 537.

[13] Ibid., 552.

mir und allem Fleisch, das auf Erden ist«. Die Erde und das Leben bekommen eine ewige Verheißung, durch die sie zu Hoffnungsträgern werden, denn Gott erträgt das Verderben der Menschen und der Erde in der Geduld seiner Leidensfähigkeit. Um seiner selbst willen hält er seinen Geschöpfen die Treue.

3. Was ist »nicht gut« in der Schöpfung im Anfang?

Wir lesen die Schöpfungsgeschichte immer vom Anfang, nicht vom Ende her. Am Ende steht die »neue Schöpfung«. Blicken wir vom Ende her auf die anfängliche Schöpfung, so erkennen wir ihre Defizite sofort. Es ist wirklich nur eine vor-läufige Schöpfung, die ewige Schöpfung kommt erst noch. Die neue, ewige Schöpfung kommt mit der Auferstehung Christi und dem damit einsetzenden Auferstehungsprozess für die ganze Schöpfung.

a) Die anfängliche Schöpfung endet mit der Erschaffung der Menschen, die neue Schöpfung beginnt mit den Menschen: »Ist jemand in Christus, so ist er eine neue Kreatur« (2Kor 6,17). Der erste Mensch war der Sünde, der Gottlosigkeit und des Bösen, des Verderbens, fähig. Er hatte die Wahlfreiheit zwischen Gut und Böse, wie Augustin sagte: Er hatte das posse peccare. Der in Christus neue Mensch verliert diese Fähigkeit zur Sünde und zum Bösen, seine Freiheit liegt allein im Guten: non posse peccare. Das ist eine größere Freiheit als die Wahlfreiheit zwischen Gut und Böse, denn die Freiheit zum Guten ist Lebenskraft und schafft Leben. Diese Freiheit zum Guten ist kommunikative Freiheit.

b) Das Leben in der neuen, ewigen Schöpfung ist eine Welt ohne Tod und Töten! »Und der Tod wird nicht mehr sein« (Offb 21,4). Es ist ewiges Leben im Licht der Herrlichkeit Gottes. Das gilt sowohl für den Menschen als auch für die Lebewesen: Auch die Tiere werden auferweckt und neu geschaffen werden (1Kor 15,35–44), sonst könnte kein Löwe Stroh fressen. Zwar ist vom »Bruder Tod«, wie Franz Assisi in seinem Sonnengesang ihn nennt, in den ersten Schöpfungsberichten keine Rede. Der Tod ist nie ein »Bruder«, sondern immer ein Ende von Leben. Für Paulus ist der Tod der letzte »Feind« Gottes (1Kor 15,26). Der Tod kam erst mit der Sünde in die Welt. Mit dem Verderben der Menschen kam die Lebensgrenze über sie, wie die Sintflutgeschichte erzählt. Aber die Erde hat auch Raubtiere hervorgebracht, wie ich annehme. Dass der Tod allein durch die Sünde der Menschen in die Welt kam, ist eine These, die nur zu halten ist, wenn man die Menschen- und die Tierwelt als eine Lebensgemeinschaft ansieht. Sonst ist der Tod ein anderes Verderben als die Sünde.

In die Schöpfung im Anfang ragen Finsternis und das Chaos in jedes Geschöpf hinein als Gefahr seines Verderbens. Die anfängliche Schöpfung ist eine riskante Schöpfung, über dem Abgrund des Nichts gebaut.

c) »Und Gott sah, dass das Licht gut war. Da schied Gott das Licht von der Finsternis« (Gen 1,4). Diese Scheidung wird in der neuen Schöpfung aufgehoben: Das ewige Licht vertreibt die Finsternis aus der Schöpfung: Die himmlische

Stadt Jerusalem wird von der Herrlichkeit Gottes erleuchtet und da wird »keine Nacht« sein (Offb 21,23–25). Das geschaffene Licht ist von der Finsternis geschieden wie Tag und Nacht, das ungeschaffene Licht der Herrlichkeit Gottes vertreibt die Finsternis und die Nacht. Die neue Schöpfung wird ganz im Licht Gottes glänzen.

d) Die Präsenz Gottes in seiner anfänglichen Schöpfung war der Sabbat. Mit seinem Ruhetag krönte Gott seine Schöpfung und jedes einzelne Geschöpf in ihr. Der Weltensabbat ist zugleich eine Verheißung auf die Schechina Gottes, seine Einwohnung in allem Lebendigen: »Siehe da, die Hütte Gottes bei den Menschen und sie werden sein Volk sein« (Offb 21,3). Paulus überhöht diese Einwohnung Gottes noch ontologisch: »Gott wird alles in *allen* sein« (1Kor 15,28). Wenn es auf dieses Ziel zulaufen soll, ist die Schöpfung im Anfang nur ein erster Schritt, aber wie alle Anfänge hat er seinen besonderen »Zauber«, wie Hermann Hesse dichtete. Alles, was Gott »im Anfang« geschaffen, weist schon auf »das Ende« hin und hat Zukunft als Seinsqualität. Die Präsenz Gottes in seiner Schöpfung entscheidet über Anfang und Ziel seines schöpferischen Prozesses.

4. Christologische Deutung der neuen Schöpfung

Die Differenz der modernen Generationen zur urzeitlichen Generation liegt darin, dass es keiner Sintflut mehr bedarf, um die Menschheit zu verderben: Die Menschheit schafft sich selbst ab. Liegt darin ein göttliches Gericht?

Für Paulus offenbart Gott seinen Zorn über die Menschen, dass er sie »dahingibt« an »die Begierden ihrer Herzen« (Röm 1,24), an ihre schändlichen Leidenschaften (1,26), an ihren »verkehrten Sinn« (1,28). »Die sich für Weise hielten, sind zu Narren geworden« (1,22). Sie tun, was nicht recht ist. Das könnte man heute übertragen auf die Globalisierung der Selbstgefährdungen der Menschheit: »Und Gott schweigt«.

Wo bleibt die Schöpfertreue Gottes, von der die Noahgeschichte erzählt?

Sie ist sichtbar in der Menschwerdung Gottes. Ausgerechnet in dem Geschöpf, das geschaffen zu haben Gott vor der Sintflut »bereut«! Gott erscheint in der Welt seiner irdischen Geschöpfe ausgerechnet in dem enttäuschenden und verdorbenen Geschöpf. Das ist ein unbedingtes JA zu diesem Geschöpf »Mensch« und ein NEIN zu allen Selbstgefährdungen und Selbstabschaffungen der modernen Menschheit.

Sie ist sichtbar in der Hingabe des menschgewordenen Sohnes Gottes an den Tod durch die gottlosen »Mächte und Gewalten«. Damit kommt der »dahingegebene« Sohn Gottes zu der »dahingegebenen« Menschheit und zeigt ihr Gottes Erbarmen. »Der auch seines eigenen Sohnes nicht hat verschont, sondern hat ihn für uns alle *dahingegeben* – wie sollte er uns mit ihm nicht alles schenken?« (Röm 8,33). Die Gottlosen sind nicht mehr gottverlassen: Der verlassene und dahingegebene Sohn Gottes ist bei ihnen. »Nichts kann uns scheiden von der Liebe Gottes, die Christus Jesus ist« (8,39).

Wie mit Noah, dem einen Gerechten, fängt Gott in den Zeiten der Selbstabschaffung der Menschen mit dem Einen seine ewige Schöpfung an: Die Auferstehung des für alle dahingegebenen Christus. In seiner Auferweckung ist die Fülle des Lebens erschienen auf dieser blutigen und leidgeprüften Erde. Das »Leben der zukünftigen Welt«, wie das Bekenntnis sagt, hat schon begonnen. Die »Kräfte der zukünftigen Welt« werden schon ausgegossen. Es sind die Lebenskräfte zum Widerstand gegen den Massentod.

The God Who Trusts

Hanna Reichel

I. What Is Trust?

Trust is commonly seen as a central category of human life. This claim has a long history of reflection in philosophy, and, more recently, psychoanalysis and sociology. Thinkers as illustrious and diverse as Thomas Aquinas and Thomas Hobbes, Immanuel Kant and Niklas Luhmann, Erik Erikson and John Nash have something to contribute on the matter. While definitions vary, trust is typically treated in categories of interpersonal relations as the tension between uncertainty and hope, between past experience and an unknown future. Its common denominator can be seen as »relying on a counterpart in the face of uncertain and risky ends of an action in free or forced abandonment of control.«[1]

The importance of trust for human life–on its personal, interpersonal, and societal levels–can hardly be overestimated. Development psychologists argue that »basic trust,« formed in the first months of life, provides the foundation for all future psychosocial development, and is crucial not only for interpersonal relations, but for the sense of identity and the overall apprehension of the world.[2] Sociologists characterize trust as a complexity-reducing mechanism which is pivotal for the functioning of social systems in a world of risk and uncertainty.[3] In theological anthropology, interpersonal trust often provides the paradigm for conceptualizing faith and religiosity.[4]

While these backgrounds may be familiar and canonical to many theologians, new fields of trust research have developed more recently without the same amount of theological attention: To date, as cold a science as economics has become a new ground of lively debates about trust.[5] Since the formulation

---

1 Tanja Gloyna, »Vertrauen,« *Historisches Wörterbuch der Philosophie* 11 (Basel: Schwabe, 2001), 986-90, 988, my translation.

2 Cf. Erik Erikson, *Childhood and Society* (New York: Norton, 1950).

3 Cf. Niklas Luhmann, *Vertrauen - ein Mechanismus der Reduktion sozialer Komplexität* (Stuttgart, Lucius & Lucius, 1968).

4 The fiducial character of religious faith has recently been re-iterated, e.g., by Gerd Theissen, »Glauben als unbedingtes Vertrauen: Theologische Aspekte,« in *Vertrauen*, ed. Karlheinz Sonntag (Heidelberg: Winter, 2011).

5 See in the present volume the contribution by Jürgen von Hagen, »Risiko und Vertrauen in ökonomischer Perspektive.« For an overview, see Reinhard Bachmann and Akbar Zaheer, eds., *Handbook of Trust Research* (Cheltenham: Elgar, 2006); *Handbook of Advances in Trust Research* (Cheltenham: Elgar, 2013).

of game theory's famous »prisoner's dilemma,«[6] trust has been hailed as furthering cooperation, reducing transaction costs and being beneficial for individuals, organizations, and entire economies. Not only as a rational projection of past experiences into the future, but even understood as »willingness to show oneself vulnerable,«[7] trust has come to be considered by economists as a form of social capital, one correlated with higher levels of economic development.[8]

All these different areas of study imply that trust is as necessary for human life as it is beneficial for its quality. As an indispensable feature of *human life*, trust has thus become essential to theological deliberations.[9] Considering trust not only as an emotion, but a virtue, it has even been argued that *Gottvertrauen*, trust in God, should be seen as so fundamental that basic trust and all subsequent interpersonal and societal trust must build on it.[10] Theologian Oswald Bayer even claims, »Without trust, there is no human life.«[11]

However, is trust also a feature of *divine life*–a topic to be treated when talking about *God*? Should theologians not only talk about humans' trust in God, but also about God's trust, thereby postulating trust as a divine attribute?

---

6 The dilemma was originally framed in 1950 by Merrill Flood and Melvin Dresher in order to provide an empirical test of mathematician John Nash's concept of an equilibrium point, and formalized and named by Albert W. Tucker (see William Poundstone, *Prisoner's Dilemma* [New York: Doubleday, 1992]). For extensive discussion of the development of trust in repeated social interaction, see Robert Axelrod, *The Evolution of Cooperation* (New York: Basic Books, 1984).

7 Margit Osterloh and Antoinette Weibel, eds., *Investition Vertrauen: Prozesse der Vertrauensentwicklung in Organisationen* (Wiesbaden: Gabler, 2006), 35.

8 See, e.g. Francis Fukuyama, *Trust: The Social Virtues and the Creation of Prosperity* (New York: Free Press 1996); Paul Zak and Stephen Knack, »Trust and Growth,« *Economic Journal* 111 (2011): 295–321. Recent emergent business practices (AirBnB, Carsharing etc.) have led to the further theoretization of mutually beneficial models of »collaborative consumption,« see e.g. Rachel Botsman and Roo Rogers, *What's Mine Is Yours: The Rise of Collaborative Consumption* (London: HarperCollins, 2010).

9 Up-to-date engagements between theology and other academic fields on the subject of trust as well as inner-theological debates can be found in a recent »trilogy on trust«: Ingolf U. Dalfert and Simon Peng-Keller, eds., *Kommunikation des Vertrauens* (Leipzig: EVA, 2011); *Grundvertrauen: Hermeneutik eines Grenzphänomens* (Leipzig: EVA, 2013); *Gottvertrauen: Die ökumenische Diskussion um die fiducia* (QD 250) (Freiburg i. Br.: Herder, 2012).

10 Thus proposed prominently by Hans Küng, *Existiert Gott? Antwort auf die Gottesfrage der Neuzeit* (Stuttgart et al.: Dt. Bücherbund, 1978), 490–528; Wolfhart Pannenberg, *Anthropologie in theologischer Perspektive* (Göttingen: Vandenhoeck & Ruprecht, 1983). A recent dissertation comprehensively investigates the relation between »basic trust« and »trust in God«: Andrea Lassak, *Grundloses Vertrauen: Eine theologische Studie zum Verhältnis von Grund- und Gottvertrauen*, (Religion in Philosophy and Theology 83) (Tübingen: Mohr Siebeck, 2016).

11 Oswald Bayer, »Trust,« *Lutheran Quarterly* 29 (2015): 249.

2. WHY NOT ATTRIBUTE TRUST TO GOD? TENSIONS IN THE DOCTRINE OF GOD

2.1 Omnipotence, Omniscience, Relationality

At first sight, the claim that God trusts appears inappropriate, even outrageous. If trust is a necessary virtue in conditions of risk and uncertainty, trust would seem out of place when applied to God, who is traditionally portrayed as omnipotent and omniscient. If no thought nor movement is hidden from God, there are no conditions of uncertainty that would make trust part of God's experience. In the face of what kind of unknowns would the sovereign ruler of the universe have to rely on trust? There seems to be neither a need nor a place for trust within Godself. Attributing trust to God might at best appear to be a problematic anthropomorphism. It is therefore not surprising that academic literature is mostly silent on the question: God's trust is neither a classical topic of theological doctrine nor often reflected upon in popular discussions about faith.

Nevertheless, in order to seek a theological foothold for the concept of God's trust, let me return to the sociological definition: Trust is both necessary and relevant in order to *reduce the overwhelming complexity* of a diverse world with many potential turns of events, interactions, accidents, and developments. The great complexity of human life is limited, however, by our short lifetime and limited experiences. Far exceeding the complexity that human beings face in relation to other human beings, the world, and God, the complexity for God must be immeasurably greater. The creator of heaven and earth and everything in between, who is both eternal and present throughout space and time, must face complexity that is unimaginable to us.

While complexity may be increased for God, the *necessity to reduce such complexity* may not be. Human beings need to reduce complexity because of our limited capacity to deal with it, because we often feel overwhelmed when making decisions without complete knowledge. But for God, who supposedly holds complete knowledge of actual and possible worlds, natural laws as well as events and decisions, the situation is different. Why should such a God feel any necessity to reduce complexity rather than dealing with it out of his all-encompassing knowledge? Furthermore, the human need to reduce complexity specifically has to do with the unknown character of the future. Faced with numerous potential outcomes of any interaction, humans therefore formulate expectations about the future behavior of their counterparts based on past experience. If one were to foreknow future behavior, however, such an extrapolation would seem inefficient. Rather than using expectations as proxy, God could just take into account future actions as he knows they will occur.

However, one may pause at certain doctrinal and pastoral formulations—which often, but not necessarily have an environmentalist tendency—which talk about God »entrusting« the earth to human stewardship.[12] Even if seen as eternal and as creator *ex nihilo*, at the point where God endows his creation or specific creatures with a certain agency and freedom, a *certain* margin of un-determined potentiality enters the picture as well. Uncertainty is not the only condition for trust. The dominant paradigm is interpersonal on an even more fundamental level: Trust appears to be foundational for relationships. And while much of traditional doctrine talks about God as omniscient and omnipotent, most theological traditions (except, maybe, strictly Deistic conceptions) also see him as involved with his creation in some kind of ongoing relationship.

As an initial hypothesis, I would thus formulate that, when talking about »God's trust,« the central theo-logical tension is situated between God's omnipotent and omniscient powers on the one hand, and his relationality, his loving interaction with his creatures on the other hand: Omniscience, especially if understood to encompass possible and actual futures, seems to preclude a need or even possibility for trust. Similarly, omnipotence, especially if understood as sovereign control over all possible events, seems to preclude a need or even possibility for trust. However, if there is an ongoing relationship between God and his creation, he must allow *some* room for agency in his creatures, which in turn would make trust to *some* degree a necessary part of the interaction between God and the world.

2.2 Trust–A Strength or a Weakness?

In the tension between our understanding of God's power and love, an important question is whether trust is perceived as a strength or a weakness. Is trust a matter of need and necessity or is it a virtue and perfection? If trust is a matter of necessity, if human beings basically have to trust because they have no choice (or if it is a choice, but a very »rational« choice in the face of complexities with which they cannot otherwise deal)–then theological aversion to speaking of a God who trusts becomes quite understandable, because trust then implies a limitation, an inability in God. On the other hand, if one understands trust as a virtue, a perfection of character, a selfless giving-up of control, it seems more reasonable to attribute it to God than to human beings, because trust then implies an enhancement of life and relationships, a higher quality of life.

So, where does the uncertainty (entailed in the very concept of »trust«) come from in the God-human relationship? Is it (1) due to external factors that cannot be controlled by God? Such external factors would indeed imply limits of God's power. If we exclude this possibility, the uncertainty could still be (2) voluntarily introduced by God, who, in freedom and grace, limits himself to make room for his creatures. Many current theologians (some engaged in this present volume) hold that divine self-limitation is not a weakness, but rather,

[12] See, e.g. John Paul II, *General Audience on Wednesday*, December 13, 2000, url: https://w2.vatican.va/content/john-paul-ii/en/audiences/2000/documents/hf_jp-ii_aud_20001213.html (access: March 3, 2017).

an extraordinary strength. In the words of Gregory Boyd, »it takes far more self-confidence, far more wisdom, far more love and sensitivity to govern that which is personal and free than it does to govern that over which one has absolute control.«[13] Yet another possibility is that, (3) the uncertainty is indeed necessary, but it is not conditioned by external factors, but by the very nature of God. In his conception of »essential kenosis,« Thomas Oord maintains that God does not *choose* to risk, love, and trust, but rather risks, loves, and trusts as the expression of his very essence.[14] God is who he is. He has no choice of being otherwise.

When talking about a praiseworthy God, whether God's risk, love, and trust are free or forced is crucial for appraising their theological fittingness. Nonetheless, whether they are free or forced *does not* make a difference for the fact whether we are talking about *trust* or not. Instead of asking whether it is necessary or optional for God to trust, it might be helpful to invert the question. What if God were *unable* to trust? What is the greater weakness: the ability to trust or the inability to trust? For human beings, the inability to trust is a serious pathological condition, one that considerably impairs life. Wouldn't a God who is unable to trust be the most dismal, miserable and lonely being of all? Even if trust were *unnecessary* for a sovereign being, wouldn't trust worthy of a divine being be the one that is *freely* given, rather than conditioned by rational calculation or bare necessity? God may even be the only being strong enough to extend trust even if he already knows that this trust will be disappointed.

2.3 »Trust in God« Reconsidered: Can We Trust a God Who Trusts?

Another issue looms large over any prospective doctrine of God's trust: In human life, trust is contingent on the trustworthiness of its counterpart. Trust is a kind of prudence that depends on realistic judgments. In the case of the God-human relationship, the human partner is a problem. Biblical accounts and common sense experience indicate that humankind is often untrustworthy. The crucifixion of Christ is the ultimate indicator of human untrustworthiness. When God entrusted himself to humanity, we not only squandered God's precious gifts, but violated God himself in the very heart of his being, bringing about a very literal death of God. In the sense that trust is well-founded or reasonable, God's trust in humankind wouldn't appear to be justified, or warranted.

Does it diminish God to trust such apparently unreliable creatures as human beings? Is it *irresponsible* of God to trust untrustworthy creatures? As a practical consequence: Can we trust a God who trusts? Or, if such trust were to be attributed to God, shouldn't we rather rebel and resist such a haphazard and precarious reign?

---

13 Gregory Boyd, *Trinity and Process: A Critical Evaluation and Reconstruction of Hartshorne's Dipolar Theism Toward a Trinitarian Metaphysics* (New York: Peter Lang, 1992), 336.

14 See Thomas J. Oord, *The Uncontrolling Love of God: An Open and Relational Account of Providence* (Downers Grove, IL: InterVarsity, 2015).

In the face of all these tensions and open questions, I will now turn to theological resources to develop a case in support of the notion that God trusts.

3. Resources for a Doctrine of God's trust

3.1 Theism vs. Trinitarian Faith: Jürgen Moltmann's Crucified God

The tension between our understanding of God's omnipotence and omniscience and our understanding of God's relationality has been discussed long before the present question about whether God does, can, or should *trust*. In the following two subsections, I will briefly consider two challenges to traditional theistic notions which place a greater emphasis on God's relationality: The first intervention is the critique of atheism and Christian theism after Auschwitz, prominently articulated by Jürgen Moltmann; second, Open Theism's critique of philosophical theism from a biblical and free-will perspective, prominently articulated by John Sanders.[15]

In his diagnosis of contemporary culture, Moltmann contends that the rise of atheism as a significant cultural force and challenge for Christian faith is related to a deep crisis in Christian faith, which is both a crisis of relevancy and a loss of identity (12–30). Moltmann attributes the interrelated crisis of faith and rise of atheism to an erroneous understanding of God.

He construes the prevalent atheism as »protest atheism,« a reaction to the entire range of human injustice and suffering, pain and loss. In the face of extreme instantiations of suffering like the Holocaust, »the question of God's existence is a petty matter compared with the question of his justice in the world« (206). As a result, many have revolted against the theistic understanding of God as foundation and cause, principle and unmoved mover of this imperfect world. Moltmann claims that they are right in doing so. The failure of protest atheism is that it *misdirected* its revolt by confusing the theistic *concept* of God with *God*.

Moltmann claims that this kind of atheism is just the mirror image of the theistic concept of God but that their metaphysical elaborations on divine unity

[15] See Jürgen Moltmann, *Der gekreuzigte Gott: Das Kreuz Christi als Grund und Kritik christlicher Theologie* (München: Kaiser 1972) [eng.: *The Crucified God: The Cross of Christ as the Foundation and Criticism of Christian Theology* (London: SCM, 1974)]; *Der lebendige Gott und die Fülle des Lebens: Auch ein Beitrag zur gegenwärtigen Atheismusdebatte* (Gütersloh: Gütersloher Verlagshaus, 2014). Bracketed numbers in the following section are references to Moltmann, *Der gekreuzigte Gott*, all translations are mine. Another major proponent of this debate is Eberhard Jüngel, *Gott als Geheimnis der Welt: Ein Beitrag zur Theologie des Gekreuzigten im Streit zwischen Theismus und Atheismus* (Tübingen: Mohr, 1977) [eng.: *God as the Mystery of the World: On the Foundation of the Theology of the Crucified One in the Dispute between Theism and Atheism* (Grand Rapids: Eerdmans, 1983)].

and indivisibility, eternity and immutability are not applicable to Christian faith (199f). The problematic metaphysical understanding of God arose because it so greatly emphasized the oneness of God (*De Deo uno*) that it neglected the trinitarian, relational understanding (*De Deo trino*). By contrast, Moltmann's trinitarian understanding of God permits no »childish projections« of human needs into conceptions of divine omnipotence (201). His trinitarian theology of the cross attempts both the »critique and liberation from philosophical and monotheistic monotheism« (201). In the incarnation that led to the cross, God reveals that he is neither immune to the suffering of his creation nor does he remain at a comfortable distance from it. Rather, he takes this suffering upon himself in a radically self-giving, risk-taking, and kenotic way. God's com-passion is the fact that he enters human suffering and suffers our pain. We are not abandoned or left alone in it–God's com-passionate presence in human suffering becomes a salvific and transformative event.

As Jesus dies on the cross, his suffering goes into the very heart of the trinity: When the Son dies, the Father–as father–also ceases to exist.[16] Nonetheless, in the resurrection, God's live-giving Spirit testifies that suffering and death are not the ultimate reality; they are overcome by the triune God. It is not only God who stands in solidarity with a suffering world, but Christians in turn are called to solidarity with the suffering of God and his creation.[17]

For our question, »Does God Trust?,« we can take the insight that God's power is not an abstract omnipotence but rather a kenotic disposition of self-giving solidarity with his creatures from Moltmann's critique of a/theism. In the incarnation and, emphatically, at the cross, this God *entrusts himself* to his creatures and then suffers the consequences of their failure to honor this trust.[18] He makes himself vulnerable unto death, but because his trinitarian abundance prevails over the mortal wound, the betrayal of trust does not have the final word.

---

16 Moltmann has been criticized as promoting a kind of patripassianism, which as a modalist view holding that God the Father incarnates in the Son and thus suffers himself at the cross was condemned by the early church. Against such allegations, Moltmann qualified his position as a patricompassianism–asserting that the Father and the Son are distinct trinitarian persons but linked in their relationship in a way that the Father is compassionately affected by the suffering of the Son and thus suffers with him. See Michael Welker, ed., *Diskussion über Jürgen Moltmanns Buch »Der gekreuzigte Gott.«* (München: Kaiser, 1979).

17 This mutual solidarity has been carried further in liberation theology, esp. in the work of Jon Sobrino. See Jon Sobrino, *Jesucristo Liberador. Lectura histórica-teológica de Jesús de Nazaret* (Madrid: Trotta 1991) [eng.: *Jesus the Liberator: A Historical Theological Reading of Jesus of Nazareth* (London: Burns & Oates, 1993)]; *La Fe en Jesucristo: Ensayo desde las víctimas* (San Salvador, El Salvador: Centroamérica Universidad Centro Americana 1999) [eng.: *Christ the Liberator: A View from the Victims* (Maryknoll: Orbis, 2001)].

18 An understanding of the cross as God's risk has been further developed by Niels H. Gregersen. See his contribution in the present volume, »Christ at Risk: A Theology of the Cross.«

3.2 Classical Theism vs. Open Theism: John Sanders' God Who Risks

In what has been called »the most significant controversy about the doctrine of God in evangelical thought«[19] in our time, the so-called »Open Theism« or »Free Will Theism« movement has more recently also criticized traditional views of God's omnipotence and omniscience as too static. It has proposed a doctrine of God as fundamentally and lovingly involved with his creation. It aims to take seriously biblical narratives about God's interaction with his people, while opening up room for human freedom in a libertarian understanding.[20]

Although it has some roots in process theology, Open theism primarily draws on biblical testimonies of God. It criticizes philosophical speculation on divine being and attributes as failing to take into account the dynamic and passionate, living and relational character of the biblical God, thus resulting in lifeless, abstract and constructed concepts. Additionally, Open Theism claims to be supported by the »older« tradition of theism, including the early church fathers, the Eastern Orthodox Church, Anabaptists, Arminians, Wesleyans, Pentecostals and certain strands of the Reformed tradition[21].

While conceding that »[m]any theologians have developed a risk-free view of providence from Scripture« (38), John Sanders fills more than 100 pages of his seminal work *The God Who Risks* accumulating biblical evidence to show that God is passionately involved in give-and-take-relationships with his creatures, give-and-take with open outcomes. Mainly characterized by love for his

---

[19] Roger E. Olson. ed., *The Westminster Handbook to Evangelical Theology* (Louisville, KY: Westminster John Knox, 2004), 190. Particularly by evangelical scholars, Open Theism has been seen as a heresy, and Sanders himself lost his chair at Huntington University in 2004 as a result of such allegations. For a detailed reconstruction of the »scandalous history« of Open Theism, see Julia Enxing, *Gott im Werden: Die Prozesstheologie Charles Hartshornes* (Regensburg: Pustet, 2013), 241–50.

[20] The term »open theism« itself goes back to Richard Rice, *The Openness of God: The Relationship of Divine Foreknowledge and Human Free Will* (Nashville, TN: Review and Herald Pub. Association, 1980). A more public debate started after Clark Pinnock et al., eds., *The Openness of God: A Biblical Challenge to the Traditional Understanding of God* (Downers Grove, IL: InterVarsity. 1994). In German Protestant theology, Open Theism has so far received only sparse attention. One recent dissertation critically considers Open Theism's proposal, see Lisanne Teuchert, *Gottes transformatives Handeln: Eschatologische Perspektivierung der Vorsehungslehre bei Romano Guardini, Christian Link und dem »Open theism«* (Göttingen: Vandenhoeck & Ruprecht, 2017 [forthcoming]). In German-speaking catholic theology, there has been somewhat more discussion of Open Theism, maybe due to a greater affinity to free will, see Denis Schmelter, *Gottes Handeln und die Risikologik der Liebe: Zur rationalen Vertretbarkeit des Glaubens an Bittgebetserhörungen* (Marburg: Tectum, 2012); Johannes Grössl, *Die Freiheit des Menschen als Risiko Gottes: Der Offene Theismus als Konzeption der Vereinbarkeit von menschlicher Freiheit und göttlicher Allwissenheit* (Münster: Aschendorff, 2015); and, more critically, Enxing, *Gott im Werden* (s. note 19), 240–94.

[21] John Sanders, *The God Who Risks: A Theology of Divine Providence* (Downers Grove, IL: InterVarsity, ^{2}2007), 171. Bracketed numbers in the following section are references to this work.

creatures, the biblical God is neither a removed or unmoved mover nor a timeless force; rather, he is a risk-taker. Sanders indicates the openness of God's approach by calling it a »journey« or a »project«, rather than a »plan« or a »meticulous blueprint.« Sanders asserts: »When God created [...] he had a destination in mind and desired to take a journey with us. Both the ultimate goal and the boundaries of the journey are set by the creator, but many of the specifics of the course are set by both God and humans as we travel together in history« (198f). God's project,

> involves the creation of significant others who are ontologically distinct from himself and upon whom he showers his caring love in the expectation that they will respond in love. God grants humans genuine freedom to participate in this project, as he does not force them to comply. [...] God modifies his plans in order to accommodate the choices, actions and desires of his creatures.(174)

While rejecting abstract notions of omnipotence as divine control over each and every situation, Sanders advocates for what he calls »omnicompetence«–the divine ability to resourcefully, proficiently and creatively handle and master all situations.[22]

God's aim »is to produce people who reflect the trinitarian love in all their relationships: with God, other humans and the entire creation« (174). As essential aspects of the trinitarian life, love and relationality are neither dependent upon creation nor the response of his creatures. Sanders thus maintains that God is not *forced* to enter into such relationships, not even to be true to his own nature. Rather, both the risks entailed by creation and by open relationships with his creatures are taken upon Godself by free and sovereign choice[23].

For our question, »Does God Trust?«, we can learn from Sanders' critique of classical theism that there are ample grounds in scripture as well as within theological tradition for considering God as passionately involved in relationships with his creatures, equipping them with free will in order to make them equal partners on a journey together with him. The God who risks is thus also a God who trusts, who doesn't compel his creatures to turn towards him, but who is waiting for their response, and in turn, responds to their actions and prayers. The disappointment of his trust does not lead to the end of the relationship; instead, in an ever-open future, God is powerful enough to tirelessly open up new and unprecedented ways for mutual trust.

---

22 Ibid., 174, 182, 191 and passim.

23 Ibid., 174–5, 187 and passim. In this way, Sanders counters criticisms that he presents an impaired, weak God by holding–similarly to Moltmann–that God's self-limitation is voluntary. However, other proponents of open and relational theologies go even further. Claiming »essential kenosis,« they imply that God is not loving and risk-taking by free choice (and thus would have been able to not limit himself in this way), but rather by necessity–if not due to an external force but due to God's own nature and essence. See succinctly Oord, *Uncontrolling Love*, (s. note 14), 151–86.

3.3 Biblical Insights: Stories of God's Trust

At first sight, scripture does not explicitly use language of God »trusting« human beings. Searching for »trust« in a concordance yields 82 verses, most of which contain either exhortations like »trust in the Lord,«[24] acclamations like »In Thee/in the Lord I/we trust,«[25] or reproofs like »you did not trust in the Lord«.[26] In Job, Eliphaz plainly *denies* that God trusts human beings: »Behold, He puts no trust in His holy ones, And [even] the heavens are not pure in His sight« (Job 15:15). Eliphaz seems to share the concerns about human untrustworthiness. However, in the larger narrative of Job, Eliphaz's argument is rejected. So, we as well may need to move beyond Eliphaz.

Using our initial definition of trust as, »relying on a counterpart in the face of uncertain and risky ends of an action in free or forced abandonment of control,«[27] we can find an abundance of stories, where God relies on human counterparts where he has an end in mind but does not bring it about by force. Typically, whenever God trusts people with missions, messages, tasks, and assignments, the story unfolds along unforeseen lines, due to the particular responses and actions of his human counterparts, with God reacting to them in turn.

From the very beginning we find creation ordered in a way that allows for trust (Gen 2–3). By placing the forbidden tree within reach of Adam and Eve, God even deliberately *creates* a potential risk and the necessity of trust. The so-called »fall« can be read as a story of trust and its disappointment. Adam and Eve are entrusted to obey God's command, while He–not preventing their transgression in any way–trusts them to adhere to his command. Even though His trust is disappointed, neither the story nor God's trust end; both enter into new dimensions. Letting the relationship continue, God helps Adam and Eve deal with the consequences of their betrayal. And in the new situation outside the garden, within the world, trust in God as well as in each other becomes all the more pertinent–as well as precarious.

In the call of patriarchs as well as of prophets, these individuals typically point out their unfitness, due to such things as youth, weaknesses, or disabilities. But God seems to make a point of entrusting his history, his message, and his legacy to these people who are unsuitable for this investment and unable to live up to it. For example, Jacob, a patriarch and namesake of God's chosen people, is a liar and deceiver (Gen 25; 27)–not someone we would normally trust. Yet God repeatedly demonstrates that his trust does not rely on previously demonstrated qualities of his counterparts. In spite of their human defects, in relationship with God they become reliable witnesses of his trust.

---

24 See, e.g., Ps 4:5; Ps 37:3; Ps 115:9; Pro 22:19; Isa 26:4.

25 See, e.g., Ps 25:2; Ps 31,6.14 Ps 55:23; Ps 143:8; 2Ki 18:22; Isa 36:7; Phi 2:24; Heb 2:13.

26 See, e.g., Deu 1:32.

27 Gloyna, »Vertrauen« (s. note 1), 988.

The implementation of the kingdom in Israel is in itself the outcome of frustrated trust: God used to be Israel's king, yet Israel wants a human king. Faced with this disappointment, God does not abandon his people, but rather, accommodates their desire to have human kings (1 Sam 8). And when these kings betray the trust placed into them, God still finds ways to continue his journey with Israel. Even David, who is hailed by tradition as the ideal king, fails God's trust numerous times. David becomes an adulterer and murderer, and he also conducts a census, using its numbers for his power rather than trusting and being thankful for God's blessing (2 Sam 11; 24).

God's trust reaches its summit in the incarnation of Jesus Christ. In the incarnation, he goes beyond entrusting his law or his message to his people: he entrusts his Son, who is crucified. In any human story, the crucifixion would have ended trust definitively (if one of the many previous betrayals and disappointments had not already done so). When one party to a relationship dies, there are normally no further possibilities of trust. However, Jesus' resurrection opens new possibilities for a God-human relation with mutual trust. Not even death terminates God's trust. The resurrection opens a new future that goes beyond any measure of human rationality and calculation.

4. TOWARDS A DOCTRINE OF GOD'S TRUST

4.1 »Pistis Theou«: God's Trust as God's Faithfulness

The Greek equivalent of »God's trust« is *»pistis Theou.«* This phrase is actually biblical and often translated either as »faith in God« as a genitive of the object, or even, as in Karl Barth's famous commentary on the Letter of the Romans, chapter 28,[28] as »God's faithfulness,« as a genitive of the subject. It could also, however, be translated as »God's faith« or »God's trust.«

Such a *»pistis Theou«* can be read, firstly, as a *genitive of the subject*. God's trust is first and foremost based on his trust in himself, his self-confidence, his being true to himself (whether we consider this to be an essential or a voluntary commitment), which coincides with the Latin understanding of *fiducia*. Most importantly, however, this commitment is not abstract, but concrete: God is true to himself insofar as he who first said »Be« holds a future open for the world he created. God is true to himself in committing himself to an ongoing relationship with his creatures and by providing the necessary foundations for such a relationship. God is true to himself in extending his trust despite all adverse experiences, holding open for humankind a future full of opportunities to respond to and prove his trust. God's trust is God's faithfulness.

---

[28] See Karl Barth, *Der Römerbrief (Erste Fassung)* 1919 (GA II.16), ed. Hermann Schmidt (Zürich: TVZ, 1985), 18 and passim.

But »*pistis Theou*« can also be read as a *genitive of the object*, that would mean [our] »trust in God.« Thus we are invited to trust the God who has trusted us. We are invited to be faithful to the God who so faithfully loves the world. Humanity itself is not trustworthy. Human beings cannot earn trustworthiness that would allow us to enter into wholesome and life-giving relationships. Can we trust a God who trusts humankind? Maybe such a concept of God is not salvageable and beyond remedy, but his risk-taking trust in the incarnation demonstrates his willingness to sacrifice himself, to suffer harm for our sake in order to save humankind. In trusting us–despite of the consequences–God saves us. God's trust establishes a relationship that goes beyond rationality, beyond understanding, and even beyond passion, cross, and death. God shows that his radical faithfulness to his creatures cannot stop him from making ultimate sacrifices to counterbalance any betrayal of trust we may be capable of. Therefore, God's faithfulness, to himself, to his creation, and to his creatures provides the condition of the possibility of our trust in him. We, in turn, can thus trust God, in spite of adverse experiences. Trust goes beyond rational calculation by carrying hope grounded in experience–hope that God's trust will prove true, grounded in the trajectory of his faithfulness to his chosen people.

4.2 Outlining God's Trust

Having established that in the bible and subsequent church tradition as well as recent dogmatic debates God's trust is a central theme, we can further outline a potential doctrine of God's trust.

(1) God's trust is *warranted*–not by the human trustee, but by God's own steadfast faithfulness. In the cross and resurrection, he has shown that no power, however great, is able to cause him to waver in his faithfulness to creation, let alone to abandon it.

(2) God's trust is *justified*–not in past experiences, but in encouragement of the present and in hope for the future. It is justified in the sense that »some value will emerge from the trust or because it is valuable in and of itself.«[29] The values which God's trust establishes are human freedom and agency, a human-divine relationship that makes humans real partners of the divine, and the possibility of inter-human relationships conditioned by trust.

(3) God's trust is *responsive*–in reaction to us. God extends trust and he temporarily takes it away. He may take precautions to limit potentially harmful outcomes of a betrayal of his trust. Trust is variably developed in God's relationship with human beings. It can be extended and fulfilled, it can also

[29] Such is the definition of »justified« according to Carolyn McLeod, »Trust,« *The Stanford Encyclopedia of Philosophy* (Fall 2015 Edition), ed. Edward N. Zalta, url: https://plato.stanford.edu/archives/fall2015/entries/trust (access: March 3, 2017).

develop, increase and subside; sprout, take root, and grow, according to the process of each individual relationship.

(4) God's trust is *efficient*–not because of the trustworthiness of the human trustee, but in making the recipient trustworthy. Even in inter-human phenomena, there is evidence that trust and distrust both work as self-efficient, self-fulfilling prophecies. When someone trusts me, regardless of my meriting this trust, this trust unleashes productive potentials to live up to it–much more than mistrust can produce a determination to prove it wrong.

(5) God's trust can thus be seen as an expression of *divine grace*, undeservedly granted, but in turn transforming those upon whom God bestows it. It lifts the involved parties into a new starting position: God's trust makes his counterpart, by divine decree, trustworthy beings instead of controlled beings–not because of anything they have done, but because God chooses to put his trust in them. Because in Jesus Christ God provides the pledge, bond and security for his trust, human beings are set free to respond in a way that honors this trust–and occasionally, we even do so. As sinful humans, we can never in a strict sense merit God's trust–but due to divine grace, even unmerited trust can be fulfilled.

(6) God's trust, his radical faithfulness, is a wholesome, life-giving *reduction of complexity* which God graciously grants for the benefit of his creatures. For those to whom he extends his trust, the complexity of life is reduced, as is the complexity of the terrifying unfathomability of God's self. God's faithfulness, his commitment to Be Who He Is, to stay true to what he has revealed himself to be, to remain faithful to his creatures, reduces the divine complexity in a way that makes a relationship to God livable–and makes other atrocities of life bearable.

(7) God's trust is *covenantal*. As depicting divine faithfulness, God's trust is a much more adequate metaphor for God's character as well as for the divine-human relationship than »love,« which is so often used to characterize both. Love, especially in our times, has connotations of romance, of infatuation, of emotionality, of volatility. Tied to faithfulness, the virtue of trust is much more adequate to honor biblical conceptions of the covenant than love. Understood in terms of trust rather than love, God's covenant relies not on something as fleeting and accidental as personal affection, but on a firm commitment in the face of overwhelming odds and even against better knowledge.

(8) God's trust is a *wager*. God's trust is not rational according to numerical risks or calculated odds. But in Jesus Christ, God himself changes the odds. Even though it remains a wager, God's trust is not *irresponsible*. By its very

nature and premise, God's trust is waiting for a *response*–and providing time and again the necessary prerequisites to make such a response possible, because those he trusts are unable to do so themselves. God's trust which he extended to the patriarchs and prophets, kings and apostles, continues in the story of the church and even today waits for our responses. Although God's trust continues to be frustrated, God's history of trust with his people shows that his faithfulness is greater than human response. God holds open a future in which there can be–and he himself wagers that there eventually will be–a worthy response to his trust.

Klage als Anfang der Theologie

Andreas Schüle

1. Gottes Risiko: Karl Barths Hiobinterpretation

Die Auseinandersetzung mit dem Hiobbuch nimmt in Barths Versöhnungslehre bekanntlich breiten Raum ein – und zwar nicht nur als biblische Illustration, sondern, wie Barth selbst sagt, als Grundlage seines eigenen Nachdenkens über das Versöhnungsgeschehen.[1] Die Versöhnung, die Gott aus freier Entscheidung gewährt, bedarf des Zeugnisses, d. h. der Wahrnehmung, des Verstehens und der Bejahung. Hiob ist für Barth das Modell, wenn auch nicht die vollendete Darstellung, des »wahrhaftigen Zeugen.«[2] Mit Hiob definiert das biblische Zeugnis den »Typus«[3], der in Jesus von Nazareth seine vollkommene Gestalt findet.

Hiob ist der Mensch, den Gott sich zum Zeugen macht und auf dessen Zeugnis er sich verlässt. Barth hält fest, dass Gott in der berühmten Wette mit Satan etwas auf den ersten Blick sehr Ungöttliches, weil Riskantes, tut, indem er seine Glaubwürdigkeit an die Entscheidung eines Menschen bindet. Gott setzt ganz darauf, dass Hiob im entscheidenden Moment nicht einbrechen und also nicht dem nachgeben wird, was Satan vermutet und was ihm seine Frau einflüstert, nämlich Gott abzuschwören. Und Gott behält Recht, weil Gott immer Recht behält – wie Barth pointiert formuliert.[4] Der berühmte Satz »Der Herr hat's gegeben, der Herr hat's genommen, der Name des Herrn sei gelobt« (Hi 1,21; vgl. 2,10) ist wahrhaftiges Zeugnis, weil Hiob darin Gottes Freiheit akzeptiert und sich dieser Freiheit *frei*-willig unterwirft. Denn darum geht es: Das Zeugnis Hiobs ist wahrhaftig, weil es keine Regeln für Gott erfindet, nach denen dieser zu funktionieren habe. Das bedeutet aber, dass Hiob das Gute wie auch das Schlechte annehmen muss, das ihm von Gott zukommt. Wenn Gott nur dann Gott sein darf, wenn er dem entspricht, was Menschen von ihm wollen, dann wäre er eben nicht Gott – dann hätte Satan recht gehabt, dann wäre Hiobs Leben eben nicht wahrhaftiges Zeugnis, sondern Lüge gewesen.[5] Aber so kommt

---

1 Karl Barth, *Die Kirchliche Dogmatik IV/3* (Theologischer Verlag Zürich: Zürich, 1989), 443.

2 Ibid., 444: »Wir treten hier ein erstes Mal auf Hiob ein: in besonderer Aufmerksamkeit auf die besonders am Anfang und am Schluß des Buches sichtbare Linie, auf der uns das begegnet, was im Vorangehenden die Grundstruktur, die reine Gestalt des wahrhaftigen Zeugen genannt wurde.«

3 Ibid., 448.

4 Ibid., 445.

5 Ibid., 526.

es eben nicht. Gott vertraut seinem Knecht und der Knecht unterwirft sich dem Ratschluss seines Herrn.[6]

Eigentlich könnte das Hiobbuch hier bereits enden. Was das Niveau seiner theologischen Erkenntnis anbelangt, geht es, jedenfalls in Barths Lesart, an keiner Stelle über den Prolog hinaus. Der Epilog ist im Grunde nur noch narratives Nachspiel. Gott tritt nun selbst auf die Bühne und nennt die Dinge beim Namen: Hiob hat recht geredet, seine Freunde dagegen nicht (Hi 42,7). Gott setzt den wahrhaftigen Zeugen ins Recht und entlarvt die Lügner. Für seine irregeleiteten Freunde soll Hiob Fürbitte leisten (Hi 42,8), der Satan und Hiobs Frau werden gar nicht mehr erwähnt. Dabei nimmt Barth interessanterweise wenig Anstoß an dem theologisch doch eher fragwürdigen und auch narrativ etwas flachen Happy End. Hiob wird (doch nicht etwa als Belohnung für seine Treue?) noch reicher mit Kindern und Besitz gesegnet als zuvor. Ende gut, alles gut. Wenn man das Hiobbuch vor seinem jetzigen Abschluss retten wollte, müsste man eigentlich Satan noch einmal vor den geschlossenen Vorhang treten und ihn etwas sagen lassen wie: »Und so hat es sich also doch gelohnt für Hiob!«

Insofern stellt sich die Frage, was Barth aus dem langen poetischen Mittelteil des Buches macht, der seiner Lesart nach kein theologisches Eigengewicht besitzt. Barth unterscheidet, nicht wörtlich, aber der Sache nach, zwischen »Zeugnis« und Überzeugung, zwischen dem, was der Glaube schon weiß und was er existenziell noch verinnerlichen muss.[7] Tatsächlich fällt Hiob ab Kapitel 3 ja noch einmal hinter den frommen Satz »Der Herr hat's gegeben, der Herr hat's genommen« zurück und klagt Gott an. Er schwört Gott nicht ab, und insofern kommt selbst im Mittelteil des Buches Satan nicht doch noch zum Ziel. Aber Hiob verzweifelt an dem Gott, der ihm nach allen Maßstäben menschlichen Gerechtigkeitsempfindens nicht hätte antun dürfen, was er ihm angetan hat. Im Grunde wird die geradezu übermenschliche Hiobgestalt des Prologs, die in allem vollkommen und untadelig ist, hier auf das normal Menschliche zurückgenommen, weil Hiob nun (endlich) tut, was vermutlich jeder Mensch in dieser Situation getan hätte, nämlich klagen, hadern, verzweifeln, aufbegehren.[8] Durch all das muss der Mensch Hiob zwischen Kapitel 3 und 31 hindurch, bevor er wieder an dem Punkt ankommt, an dem er in Kapitel 2 der Sache nach schon einmal war. Er bereut, was er an Torheit gesagt hat, und unterstellt sich der souveränen Macht Gottes. Aber nun ist dies nicht nur ein frommes Bekenntnis, nun erst wird der fromme Satz aus Kapitel 1 zu einem erlittenen Zeugnis.

Damit ist eine gewichtige Aussage über die Bedeutung von *Klage* getroffen, um die es uns hier gehen soll. Für Barth hat sie kathartische und katalytische Funktion. Kathartisch, insofern an ihrem Ende die Szenerie tatsächlich bereinigt ist. Hiob bereut, und auch wenn er den frommen Satz aus Kapitel 1 nicht wiederholt, könnte er ihn nun wieder sagen, da er so etwas wie seinen inneren

---

6 Barth, *Die Kirchliche Dogmatik IV/3* (s. Anm. 1), 448.
7 Ibid., 460-1.
8 Ibid., 460.

Frieden gefunden hat. Damit aber ist der vielleicht wichtigere Punkt berührt, denn Klage ist, folgt man Barth an dieser Stelle, ein katalytisches Element, durch das das Zeugnis Hiobs nicht nur zu seiner eigenen inneren Überzeugung gerinnt[9], sondern nun verbindliche Bedeutung erlangt: Gott bekennt sich nun nicht nur im Himmel, sondern auch auf Erden zu seinem Knecht Hiob.[10] Was Gott zunächst nur im himmlischen Thronrat über Hiob sagt, wiederholt er nun vor aller Welt (Hi 42,7f.).

Klage wäre also eine *Vertiefung des Zeugnisses*. Tatsächlich kommt der fromme Satz aus Kapitel 1 ja fast zu schnell und erscheint angesichts der Schwere dessen, was Hiob an Schicksalsschlägen trifft, weder literarisch besonders plausibel noch psychologisch einleuchtend. Erst indem dieser Satz durch die Klage hindurchgegangen ist, wird das Zeugnis auch glaubwürdig. Gleichwohl ist es nicht die Situation der Klage selbst, die das Zeugnis hervorbringt. Anders gesagt: Die Klage ist kein Ort, dem eine genuine, theologische Erkenntnis entspricht. Klage ist nicht Wissen, sondern Vergewisserung – was Barth sicher nicht ungewollt in die Nähe der Gebetstheologie Calvins bringt, der das Gebet allgemein als eine Einfindung des Beters in die Vorsehung Gottes versteht.[11]

Gewiss zeigt sich in Barths Hiobsexegese eine dialektisch inspirierte Aufhebungsfigur. Was am Anfang noch (oder nur) subjektives Bekenntnis ist, wird am Ende zur religiösen Substanz. So kann man das Hiobbuch in seiner Endgestalt freilich lesen und so ist es in der christlichen Interpretationsgeschichte auch immer wieder gelesen worden.[12] Geht man stärker exegetisch an das Hiobbuch heran, relativiert sich eine solche Herangehensweise allerdings. Dass das Hiobbuch nicht aus einem Guss ist, gilt heute (und galt schon zu Barths Zeit) als einigermaßen sicher. Die Debatte dreht sich allerdings darum, in welchem Verhältnis der narrative Rahmen zum poetischen Mittelteil steht. Handelt es sich hierbei um zwei ursprünglich voneinander unabhängige Traditionen, die dann zu einer Gesamtkomposition zusammengefügt wurden? Oder aber ist eine davon der Nukleus der Entstehung des Buches? In diesem Fall gäbe es ein Abhängigkeitsverhältnis: Entweder reagiert der poetische Teil auf die Erzählung oder umgekehrt. Vermutlich liegen die Dinge entstehungsgeschichtlich noch komplizierter, weil sowohl die jetzige Rahmenerzählung wie auch der poetische Mittelteil in sich gewachsene Größen sind. Diese Detailfragen müssen hier weitgehend ausgeblendet bleiben.[13] Allerdings soll es im Folgenden etwas genauer um das Verhältnis der Klage Hiobs als treibendes Element des Mittelteils (vor

---

9 Ibid., 468–70.

10 Ibid., 525–9.

11 Johannes Calvin, *Unterricht in der christlichen Religion*, hrsg. und übers. von Otto Weber (Neukirchen-Vluyn: Neukirchener Verlagsgesellschaft, 2008), III, 20, 4.

12 Dazu Samuel E. Balentine, *Job* (Macon, GA: Smyth & Helwys, 2006), 22–4.

13 Zu den unterschiedlichen Argumentationsweisen in der gegenwärtigen Forschung vgl. die Beiträge von Melanie Köhlmoos und Raik Heckl in Leonie Ratschow, Hartmut von Sass, Hrsg., *Die Anfechtung Gottes: Exegetische und systematisch-theologische Beiträge zur Theologie des Hiobbuches*, ABG 54 (Leipzig: Evangelische Verlagsanstalt, 2016).

allem in Hi 9f.) zur Frömmigkeit Hiobs in der Rahmenerzählung gehen. Wenn man dies nicht wie Barth im Sinne einer Aufhebungsfigur beschreiben möchte, bleibt die Frage, wie anders man das spannungsvolle Gegenüber des klaglos erleidenden und des klagend-aufbegehrenden Hiob beschreiben kann. Oder, noch einmal in Barths Diktion ausgedrückt: Es geht um das Verhältnis von Zeugnis und Klage, von Bekenntnis zu Gott und Anklage gegen Gott.

2. Die Klage im Alten Testament

Klage ist ein recht klar definiertes Genre des Psalmenbuches. Üblicherweise wird sie (nach Hermann Gunkel und Claus Westermann) dreifach entfaltet: als Ich-Klage, Du-Klage und Gott-Klage. In dieser Dreigliedrigkeit spiegelt sich das Welt- und Menschenbild vieler Psalmen, das den einzelnen Menschen innerhalb eines dreistelligen Beziehungsgefüges wahrnimmt: Dazu gehören die Beziehung zur Körperwelt, zur Sozialwelt und zur Sphäre des Kultes als Ort der Gottesgegenwart. Wenn man statt des Relationsgefüges das Bild des Netzwerks wählt, könnte man auch sagen, dass jedes Individuum ein »Knotenpunkt« dieses Netzwerks aus Körper-, Sozial- und Kultwelt ist. Das wird weiterhin daran deutlich, dass jedem dieser drei Bereiche ein eigener anthropologischer Begriff entspricht: Der Körperwelt entspricht der Begriff *bāśār* »Fleisch«, der Sozialwelt der Begriff *lēv* »Herz« und der Kultwelt der Begriff *naefaeš*, der in Bibelübersetzungen oft als »Seele« wiedergegeben wird.

Idealerweise stützen sich Individual-, Sozial- und Kultsphäre, und wo dies gelingt, spricht das Hebräische vom *Šālōm*, was seiner eigentlichen Bedeutung nach weniger »Friede« meint, sondern allgemeiner ein unversehrtes Ganzes bezeichnet. Andererseits macht das Bild des Netzwerks auch deutlich, dass, egal an welcher Stelle das Netz beschädigt wird oder gar reißt, immer das Ganze betroffen ist. Zerrüttete, feindselige Sozialbeziehungen können den Menschen auch anderweitig, physisch und psychisch, nicht gesund sein lassen. Wer krank ist, fühlt sich auch von Gott entfernt oder gar verlassen. Egal, an welcher Stelle das Netz reißt, findet eine umfassende Lebensminderung statt, an deren Ende der dreifache Tod steht: Der Mensch driftet letztlich in die Schattenwelt, die *Šeōl*, in der es keine Beziehungen mehr gibt – nicht zu sich selbst (zum eigenen Körper), nicht zu anderen Menschen und, vor allem, auch nicht mehr zu Gott.

Ps 41 ist ein Text, der wahrscheinlich als Gebet eines Kranken zu deuten ist und der besonders anschaulich macht, wie sich neben dem körperlichen Verfall auch das Sozialgeflecht um den Kranken herum gegen ihn wendet:

Makarismus

(2) Glücklich, wer achtet auf den Geringen! Am Tage des Übels wird JHWH jenen erretten. (3) JHWH wird ihn behüten und ihn am Leben erhalten. Er wird glücklich

gepriesen im Land. Lass ihn nicht der Begierde[14] seiner Feinde anheimfallen! (4) JHWH wird ihm helfen auf dem Krankenbett, sein gesamtes Darniederliegen wandelst du in seiner Krankheit.

Klage

(5) Ich sprach: JHWH, sei mir gnädig! Heile mich[15], denn ich habe gegen dich gesündigt. (6) Meine Feinde reden Böses über mich: ›Wann wird er sterben und sein Name vergehen?‹ (7) Und wenn jemand kommt, um nach mir zu sehen, redet sein Herz Nichtiges. Er sammelt sich Schlechtes zusammen und geht hinaus und sagt es (dort). (8) Zusammen flüstern über mich alle, die mich hassen, und planen Böses gegen mich. (9) ›Etwas Böses hat ihn getroffen, und wie er daliegt, wird er nicht mehr aufstehen.‹ (10) Selbst mein Freund, auf den ich vertraute, der mein Brot aß, hat die Ferse gegen mich ›groß gemacht.‹

Anrufung

(11) Aber du, JHWH, sei mir gnädig und richte mich auf, und ich will es ihnen vergelten! (12) Daran erkenne ich, daß du Gefallen an mir hast, wenn mein Feind nicht über mich jauchzt. (13) Aber ich, in meiner Vollkommenheit stützt du mich und lässt mich ankommen vor deinem Angesicht auf ewig.

An diesem Text ist mehreres bemerkenswert. Er oszilliert seiner Form nach zwischen Dank- und Klagepsalm, zumal nicht klar ist, ob der Beter sich noch in einer Notsituation befindet oder, bereits genesen, auf diese zurückblickt. Der Klageabschnitt, der uns vor allem interessiert, bildet den Mittelteil. Hier räumt der Beter ein, dass die Krankheit durchaus etwas mit seinem eigenen Verhalten zu tun hat (»Heile mich, denn ich habe gegen dich gesündigt«). Worin genau die »Sünde« besteht, wird nicht eigens entfaltet. Und das mag auch gar nicht nötig sein, denn »sündigen« kann man in der Welt der Hebräischen Bibel im Grunde durch jedes Verhalten, das sich negativ auf den Schalom-Zustand des Relationsgefüges auswirkt. Das tut fraglos jeder Mensch mehr oder weniger häufig, mit manchmal vernachlässigbaren, manchmal aber auch gewichtigen Folgen. Dabei ist gar nicht immer oder automatisch von einer »Schuld« die Rede, die beglichen werden muss, vielmehr geht es im weitest möglichen Sinne um etwas, das zu Rissen im *Šālōm*-Zustand führen kann und insofern der »Heilung« bedarf. Klage setzt also keineswegs Sünd- bzw. Schuldlosigkeit voraus. Der klagende Mensch muss nicht zuerst und vor allem auf seiner Fehlerlosigkeit bestehen, damit das, was er beklagt, bei Gott Gehör findet. Wichtig ist allerdings, dass er/sie in dieser Situation Gott anruft und um Intervention bittet. Es ist gerade der Sinn der Klagerituale, dass der unvollkommene Mensch, der von einer unvollkommenen sozialen Welt umgeben ist, doch wieder den Weg zurück ins Leben finden kann.

---

14 Im Hebräischen steht für »Begierde« an dieser Stelle *naefaeš*.

15 Im Hebräischen: »Heile meine *naefaeš*«, hier als anthropologischer Begriff der »Ausrichtung auf« und des »Begehrens nach« Gott verstanden.

Im Klageteil von Ps 41 spricht nun der so verstandene »sündige« Mensch, der sich zu seinem physischen Leiden auch sozialen Anfeindungen ausgesetzt sieht. Da sind die Außenstehenden, die nur darauf warten, dass es mit dem Beter zu Ende gehen wird, weil dieser eben nicht mehr zu retten ist. Die sich abzeichnende Perversion des Sozialgefüges erreicht darin ihren Höhepunkt, dass sich am Ende sogar der beste Freund zum Feind wandelt. Dabei lohnt der Hinweis, dass »Freund« (V. 10) hier die Übersetzung des Hebräischen *`iš-šelōmī* ist. Gerade der Mensch also, der den eigenen *Šālōm*, des Ganz- und Heilseins, mitbestimmt, bewirkt nun das Gegenteil. Dafür wird ein drastisches Bild gewählt: Der ehemalige Freund macht wörtlich die »Ferse groß« gegen den Beter. Was damit gemeint ist, bleibt unklar. Es könnte mit physischer Gewalt zu tun haben (»jmdn. treten«). Das Bild könnte auch darauf hindeuten, dass, wenn man die Ferse sieht, sich der betreffende Mensch von einem weg bewegt.

Was in Ps 41 fehlt, ist die ausgeprägte Gott-Klage, wie man sie sonst im Psalter finden kann, wo Gott dafür angeklagt wird, dass er nicht eingreift und sich so faktisch zum Mittäter macht. In Ps 41 tritt diese Klage fast gänzlich hinter die Vertrauensbekundung und das Lob Gottes zurück, die sich als Klammer um den Psalm legen. Hier wird nun gesagt, welche Rolle Gott eigentlich für den *Šālōm*-Zustand dieses Beziehungsgefüges spielt, nämlich die des Richters und Retters. Er soll den Beter von seiner Not erretten und gegenüber seinen Mitmenschen ins Recht setzen, damit er »Vergeltung üben« kann (auch hier mit der Wurzel *ŠLM* i. S. von »etwas vollständig/komplett« machen). Gott ist derjenige, ohne dessen Intervention sich dieses Gefüge nicht wieder zusammensetzt. Dazu gehört, dass sich Gott auf die Seite derer stellt, die das Rechte *wollen* und die gerade nicht den Geringen missachten, wie dies gleich zu Eingang in V. 2 formuliert ist.

So kann der Beter von seiner eigenen »Vollkommenheit« (V. 13) sprechen (in den Übersetzungen meist mit »Lauterkeit«, »Frömmigkeit« oder »Aufrichtigkeit« wiedergegeben). Im Hebräischen steht da das Wort *tamm*, das auch im Blick auf »vollkommene« Menschen wie Hiob und Noah verwendet wird (Gen 6,9; Hi 1,1). Das stößt sich auf den ersten Blick mit dem schon erwähnten Sündeneingeständnis – aber eben nur auf den ersten Blick. Begriffe wie »Gerechtigkeit«, »Wandeln mit Gott« oder »Vollkommenheit« gehören zu dem, was wir heute vielleicht als Gesinnungsethik bezeichnen würden. Auch ein von den besten Absichten und Einsichten geleiteter Mensch kann moralisch irren, kann falsche Entscheidungen treffen, kann sündigen. Darüber haben sich die biblischen Autoren wohl ebenso wenige Illusionen gemacht wie wir das heute tun würden. Aber solche Menschen verdienen Rettung, verdienen, dass Gott »Gefallen« an ihnen hat, wie dies in V. 12 gesagt wird. »Gefallen« ist kein juridischer Begriff und setzt insofern auch nicht den unschuldigen Menschen voraus, wohl aber den Menschen, der durch sein Denken und Tun nicht Schuld auf sich laden will.

Nun sind Klage- und Dankpsalmen nicht im eigentlichen Sinne theologisch-reflektierende Texte, sondern fallen eher in die antike Seelsorge und die Pädagogik. Das kann man z. B. an dem Makarismus sehen, mit dem Ps 41 einsetzt und der zu den Gattungen der weisheitlichen Lehrrede gehört. In jedem Fall geht es um praktische Lebensorientierungen und Lebenshilfe, die, nach allem, was wir wissen oder ahnen können, zur Aufgabe des Kultbetriebs gehörte. Laut 1Sam 1 geht die unfruchtbare Hanna in ihrer Not zum Priester in Silo, klagt ihr Leid und erhält ein Heilsorakel. Und nachdem einige Zeit vergangen ist und Hanna ihren Sohn Samuel geboren hat, kehrt sie zurück und spricht ihr berühmtes Dankgebet (1Sam 2). Hier kann man den konkreten religiösen »Sitz im Leben« von Klage und Dank geradezu mit Händen greifen.[16] Ps 50,15 bringt dies als prägnante Handlungsanweisung auf den Punkt: »Rufe mich an in der Not, so will ich dich erretten und du sollst mich preisen.«[17]

Damit sind wir bereits sehr nahe am Hiobbuch angekommen, weil die drei Freunde auf dieser Ebene der Seelsorge und der religiösen Praxis argumentieren. In gewisser Weise empfehlen sie Hiob, genau das zu tun, was Ps 50,15 vorgibt, nämlich Gott anzurufen in der Not, seine Rettung anzunehmen und ihn dafür zu preisen. Für die Freunde ist im Grunde unerheblich, was Hiob genau getan hat, weil eben niemand fehlerlos sein muss, der sich Gott im Klageritual anvertraut. Nur Hiobs prinzipielle Ablehnung jeder eigenen Unvollkommenheit ist für sie anstößig, nicht nur, weil es für sie nicht vorstellbar ist, dass ein Mensch vollständig gerecht ist, sondern weil sich Hiob auf diese Weise den Weg versperrt, eben das Klageritual, das zur Wende seiner Situation führen könnte. Der später noch auftretende Elihu nimmt dagegen eine eher pädagogische Position ein und interpretiert wohl dosierte Leiderfahrungen als erzieherische Maßnahme Gottes gegen menschlichen Hochmut (Hi 33,15–19).

3. DAS NACHDENKENDE ICH UND DER UNBEKANNTE GOTT

Nun gibt es innerhalb der Psalmen eine Weiterentwicklung der Klagetradition, die man als theologische Reflexion auf diese Tradition selbst verstehen kann und die auch den Titel dieses Beitrags erklärt: die Klage als Anfang der Theologie. In einigen Texten tritt neben das klagende Ich, das im Erleben der Situation gefangen zu sein scheint, ein nachdenkendes Ich, das gleichsam aus der

[16] Vgl. Claus Westermann, *Ausgewählte Psalmen* (Göttingen: Vandenhoeck & Ruprecht, 1984), 54.

[17] Dazu William P. Brown, *Seeing the Psalms: A Theology of Metaphors* (Louisville, KY: Westminster John Knox Press, 2002), 155: »Giving thanks is something that God cannot coerce from a worshiper, for it is to be rendered freely. And yet God provides ample opportunity for thanksgiving by guaranteeing deliverance to those who ›call on me in the day of trouble‹.« Brown weist hier zurecht auf die in den Klagepsalmen verbreitete Vorstellung hin, dass der Lobpreis, den Gott als Antwort von seinen Geschöpfen empfängt, die Schöpfung allererst vollständig macht. Wie unten anhand von Ps 88 und Hi 10 zu zeigen ist, scheint genau diese Vorstellung zumindest in Teilen der Entwicklung der Klagetradition ins Wanken geraten zu sein.

Szenerie heraustritt und die Dinge aus einer nochmals anderen Perspektive, »von außen«, betrachtet. Dieses »zweite Ich« ist auf eigentümliche Weise nicht identisch mit dem erleidenden Ich, das nach Rettung ruft, sondern ist ein anderes, ein reflektierendes Ich, für das infrage steht, ob der Klageritus noch trägt und ob das Bild des Gottes, der rettet, wenn man ihn anruft, tatsächlich einen Anhalt innerhalb von Erleben und Erfahrung hat.

3.1 Psalm 22

Ein Beispiel hierfür ist Ps 22. Hier muss man sich zunächst etwas frei machen von der neutestamentlichen Rezeption dieses Psalms als eines der »letzten Worte Jesu«. Dieser Psalm ist seiner Form nach ein typisches, wenngleich nach und nach gewachsenes Klagelied[18], in dessen erstem Teil man die dreigliedrige Klage (V. 2-6: Gottklage, V. 7-9: Feindklage, V. 10-18 [19]: Ich-Klage) findet, gefolgt von einer Anrufung/Petition (V. 20-22) und der abschließenden Lobankündigung (V. 23-32). Die Besonderheit dieses Textes befindet sich in der Gottklage. Da ist zunächst die Intensität der Anrufung (»Mein Gott, mein Gott, warum hast du mich verlassen!«), die sonst keine Parallele im Psalter hat.[19] Weiterhin fällt der geschichtliche Rückblick auf, der hier in die Klage integriert ist: »Unsere Väter vertrauten auf dich, und weil sie dir vertrauten, rettest du sie. Zu dir schrien sie und wurden gerettet, sie hofften auf dich und wurden nicht zuschanden« (V. 5f.). Hier erhält also eine andere, aus den Geschichtspsalmen bekannte Gattung Einzug in die Klage des Einzelnen. Der geschichtliche Rückblick dient dem Kontrast zum gegenwärtigen Erleben des Beters: Es gab eine Zeit, da rettete Gott die Israeliten, weil sie auf ihn vertrauten.[20] Welcher Abschnitt der Geschichte damit genau gemeint ist, wird nicht eigens gesagt. Die Momente, in denen Israel seinem Gott wirklich vertraute, sind eher selten, zumindest wenn man sich am uns vorliegenden Pentateuch und dem deuteronomistischen Geschichtswerk orientiert. Möglicherweise geht es aber gar nicht um Geschichtsrekonstruktion *per se*, sondern um die Hervorhebung eines Kontrasts: Damals, als die Väter und Mütter Israels Gott vertrauten, rettete er sie. Jetzt, in der Gegenwart, liegt der Beter des Psalms vor demselben Gott, weiß aber gerade nicht, ob dieser Gott auch ihm zur Rettung kommen wird: »Ich aber bin ein Wurm und kein Mensch, ein Spott der Leute und ein Verachteter des

---

18 Zur Analyse siehe Klaus Seybold, *Poetik der Psalmen* (Stuttgart: Kohlhammer, 2003), 186-9.

19 Beat Weber, *Werkbuch Psalmen I: Die Psalmen 1 bis 72* (Stuttgart: Kohlhammer, 2001), 122.

20 Dazu Patrick D. Miller, *And They Cried to the Lord: The Form and Theology of Biblical Prayer* (Minneapolis: Fortress Press, 1994), 115: »In verses 3-5, the psalmist affirms the character of God as holy and the history of the people as a demonstration of the positive response of God to those who cried out in trust. Such recollection joins the psalmist with that company but also implicitly contrasts the present condition of the psalmist who trusts with the fathers and mothers who trusted.« Zum Auseinandertreten von Erinnerung und eigener Erfahrung auch Weber, *Werkbuch* (s. Anm. 19), 123.

Volkes« (22,7). Der Beter hat also keinen Halt innerhalb seines Sozialgefüges. Dem wird zur Seite gestellt das Bild des Menschen, den Gott in dieses Leben gezogen hat, der nun aber schutzlos außerhalb des Mutterleibes existiert: »Du bist derjenige, der mich aus dem Mutterleib gezogen hat, du hast mich Vertrauen finden lassen an der Brust meiner Mutter. Auf dich bin ich geworfen. Vom Schoß, vom Bauch meiner Mutter her bist du mein Gott. Sei nicht fern von mir, denn Angst ist nahe, weil es keinen Helfer gibt« (V. 10–12). Demnach befördert Gott Menschen also ins Leben, lässt sie Vertrauen fassen durch die Fürsorge der Mutter. Aber dann, wenn der Mensch weiter ins Leben vordringt, lässt diese Vertrauensgewissheit nach. In der Metaphorik von V. 12a ausgedrückt: Gott geht und die Angst kommt. Warum aber erschafft Gott den Menschen überhaupt, wenn das Leben auf die Erfahrung von Gottferne hinausläuft?

Das »reflektierende Ich« von Ps 22 überlässt sich demnach nicht einfach dem Ritus der Klage, sondern lässt die Frage anklingen, ob es überhaupt (noch) Sinn hat, auf den Gott früherer Generationen zu vertrauen. Die gegenwärtige Erfahrung gibt dafür jedenfalls keinen Anhalt. Wie nachher noch zu zeigen sein wird, tritt dieses Motiv des Menschen als von seinem Schöpfer alleingelassenes Wesen in noch gesteigerter Form in der Klage Hiobs auf. Dort begegnet der Verdacht, dass Gott dies geradezu absichtlich tut, Menschen also nur ins Leben ruft, um sie dann scheitern zu lassen. Damit deutet sich eine Entwicklung an, in der der Beter aus der Rolle heraustritt, die ihm innerhalb des Klageritus zukommt, und stattdessen fragt, ob denn wirklich belastbar ist, was Ps 50 zusagt: »Rufe mich an in der Not und ich werde dich retten und du sollst mich preisen.« Die »planmäßige« Lobankündigung am Ende von Ps 22 gerät damit unter den Vorbehalt der Frage, ob Gott sich auch für *diesen* Beter als der Retter erweisen wird, der er für andere einmal war.

3.2 Psalm 88

Das Auseinandertreten von klagendem und nachdenkendem Ich zeigt sich in noch einmal gesteigerter Weise in Ps 88. Auch dieser Psalm nimmt eine besondere Rolle ein, weil er der einzige Klagepsalm ist, der in keinerlei Vertrauens- und Lobelement mündet, der also auch nicht den eigentümlichen Stimmungsumschwung, das Umspringen von Klage in Lob, zeigt.[21] In Ps 88 finden wir ein Ich, das einerseits auf seine zerfallene Existenz blickt und andererseits auf den Gott, der tatenlos und fern zu sein scheint:

---

[21] Dazu James L. Crenshaw, *Defending God: Biblical Responses to the Problem of Evil* (Oxford: Oxford University Press, 2005), 119: »The agony of Psalm 88 is contained in its initial declaration: ›YHWH, God of my salvation.‹ Nothing that follows lends credibility to the traditional epithet. In fact, this same deity is blamed for the trouble that has overwhelmed the poet, who wanders aloud, somewhat brazenly, whether the inhabitants of the grave can match his praise of YHWH, now held in abeyance.«

Anrufung I

(2) JHWH, Gott meiner Rettung! Am Tag schreie ich, nachts bin ich vor dir.
(3) Es komme vor dich mein Gebet! Neige dein Ohr zu meinem Schreien!

Reflexion auf die Situation des Beters

(4) Denn gesättigt mit Bösem ist meine Seele, und mein Leben berührt die Unterwelt.
(5) Ich bin gerechnet zu denen, die in die Grube hinabsteigen. Ich bin wie ein Mann, der keine Kraft hat, (6) verlassen unter den Toten wie Erschlagene, die im Grab liegen, derer du nicht mehr gedenkst. Sie sind von deiner Hand abgeschnitten. (7) Du hast mich in die tiefste Grube gelegt, in Finsternisse, in Tiefen. (8) Auf mir lastet dein Zorn, und mit allen deinen Wogen bedrückst du mich. Sela. (9) Meine Bekannten hast du von mir fern werden lassen, hast mich ihnen zum Abscheu gemacht. Eingeschlossen bin ich und komme nicht heraus.

Anrufung II

(10) Mein Auge ermattet vor Elend. Ich rufe dich an, JHWH, jeden Tag. Ich strecke meine Hände aus zu dir.

Reflexion auf das Handeln Gottes

(11) Wirst du an den Toten ein Wunder tun? Ob die Totengeister aufstehen werden und dich preisen? Sela.
(12) Erzählt man im Grab von deiner Gnade, von deiner Treue im Abgrund?
(13) Wird bekannt werden in der Finsternis dein Wunder, und deine Gerechtigkeit im Land des Vergessens?

Anrufung III

(14) Ich aber, JHWH, schreie zu dir, und am Morgen begegnet dir mein Gebet.
(15) Warum, JHWH, verwirfst du meine Seele, verbirgst du dein Angesicht vor mir?
(16) Elend bin ich und ein Toter von Jugend auf. Ich trage deine Schrecken, hilflos bin ich.
(17) Über mich sind deine Zorneswellen hinweg gegangen, deine Anschläge richten mich zugrunde[22]. (18) Sie umgeben mich wie Wasser den ganzen Tag, sie umringen mich allesamt. (19) Du hast mir fern gemacht Freund und Nachbarn. Meine Bekannten sind Finsternis.

Die tragenden Elemente sind hier die drei Anrufungen, die den Rahmen und die Mittelachse bilden. Dadurch wird der Psalm als Klagepsalm kenntlich, insofern hier die Trias von Ich-Klage, Du-Klage und Gott-Klage begegnet. In diesen drei Anrufungen scheint der Beter auch zu hoffen, dass das Relationsgefüge des *Šālōm* wiederhergestellt und Gott sich trotz aller Evidenz des Gegenteils als Retter erweisen wird. Aber diese Hoffnung trägt nicht mehr so weit, dass sie sich in

[22] Zur Übersetzung und Bedeutung dieser Stelle Seybold, *Poetik* (s. Anm. 18), 157.

Form von Vertrauensbekundung und Lobgelübde ausdrückt. Im Gegenteil, das letzte Wort hier ist *chōšækh* »Dunkelheit.«

In dieses Gerüst der Anrufungen eingebettet sind zwei Reflexionspassagen. Hier tritt das reflektierende Ich neben sich, neben den Trümmerhaufen seiner Existenz, sieht sich selbst leblos in der Todeswelt daliegen. Dieses nachdenkende, reflektierende Ich ist Zuschauer seiner selbst, ohne die Möglichkeit, einzugreifen und dem eigenen Geschick eine Wendung zu geben. Es kann nur erkennen und artikulieren, dass aus seinem gegenwärtigen Erleben heraus nichts für das Gottesbild spricht, das es früher einmal für wahr gehalten hat. Es gibt eine Differenz zwischen dem Gott der Erinnerung und dem Gotteserleben der Gegenwart, und genau daraus ergibt sich die Frage, was man von diesem Gott zu erwarten hat – ob dieser Gott wirklich ein Gott ist, auf den man hoffen darf. Keine der Fragen in V. 11–13 wird innerhalb des Psalms einer Antwort zugeführt. Mit anderen Worten: Die Frage nach Gott ist an dieser Stelle vollkommen offen.

Es ist eine fast unwirkliche Szene, die Ps 88 seiner Leserschaft vor Augen führt: Da ist auf der einen Seite der Psalmist, der seine leblose Existenz betrachtet, und da ist auf der anderen Seite Gott, der das offenbar teilnahmslos geschehen lässt. Und trotzdem ist Ps 88 immer noch ein Gebet. Alles, was der Psalmist über sich selbst und über Gott sagt, geschieht im Modus der Anrufung. Zu einer Antwort kommt es allerdings nicht – entweder nicht mehr oder noch nicht. Und darin liegt etwas Unerledigtes, der Stoff also, aus dem Theologie entsteht.

In einer ungewöhnlichen Examensarbeit hat die Leipziger Studentin Anja Marschall Paul Celans berühmtes Gedicht »Psalm« als Fortsetzung und Abschluss einer Linie gedeutet, die von Ps 88 herkommt.

PSALM

Niemand knetet uns wieder aus Erde und Lehm,
niemand bespricht unsern Staub.
Niemand.

Gelobt seist du, Niemand. Dir zulieb wollen
wir blühn.
Dir
entgegen.

Ein Nichts
waren wir, sind wir, werden
wir bleiben, blühend: die Nichts-, die
Niemandsrose.

Mit
dem Griffel seelenhell,
dem Staubfaden himmelswüst,

der Krone rot
vom Purpurwort, das wir sangen
über, o über
dem Dorn.

Bei Celan ist aus dem Beter das Nichts und aus Gott Niemand geworden. Das sind keine Codewörter mehr, keine Chiffren tieferen Sinns. Vielmehr ist nun klar, dass Gott und Beter einander gestorben sind. Niemand wird vom Nichts gepriesen. Erwartet oder gar erhofft wird also nichts mehr von niemandem. Wo der Beter von Ps 88 doch immer noch fragen konnte: »Warum verwirfst du mich?«, hat sich diese Frage für Celan in ein Lob des Nichts-mehr-erwarten-Müssens gewandelt: »Gelobt seist du, Niemand. Dir zulieb wollen wir blühn./ Dir/ entgegen.«

3.3 Die Klage Hiobs

Kommen wir zum Hiobbuch zurück, denn Ps 88 hat uns im Grunde dort schon wieder abgesetzt. Der Gedanke, dass Ps 88 von Hiob hätte gebetet werden können, legt sich ohne Weiteres nahe. Hier wie dort geht es nicht nur um ein Ich, das aus seiner Misere befreit und gerettet werden will, sondern das verstehen möchte, warum und nach welchem Maßstab das, was ihm widerfährt, gerecht ist. Hier wie dort tritt neben das klagende das nachdenkende Ich. Und dem steht der Gott gegenüber, der nicht mehr als Retter in Anspruch genommen wird, sondern der theologisch frag-würdig geworden ist.

Auch hier müssen wir uns mit einem Schlaglicht darauf begnügen, wie sich bei Hiob die Klage, wie man sie aus den Klagepsalmen kennt, in eine Anklage gegen Gott wandelt. Hiob ist nicht jemand, der emotional gegen Gott anrennt, sondern einer, der Gott theologisch herausfordert. Ein besonders aufschlussreicher und gleichermaßen enigmatischer Text hierfür ist Hiob 10.

Eröffnung: Der Ekel vor dem Leben
Meine Seele empfindet Ekel vor meinem Leben. Ich will meinen Kummer von mir lassen, will reden in der Bitterkeit meiner Seele.

Frage: Ist Gottes Grausamkeit nicht ungöttlich, weil zutiefst menschlich?
Ich sage zu Gott: Verdamme mich nicht! Lass mich wissen, weswegen du mich vor Gericht ziehst! Gefällt es dir, wenn du unterdrückst und zurückweist das Werk deiner Hände, aber den Rat der Bösen zu Ehren bringst? Hast du Augen von Fleisch, so als ob du siehst wie Menschen sehen? Sind deine Tage wie Menschentage, so als ob deine Lebensjahre wie die Lebensjahre eines Mannes sind? Denn du suchst meine Schuld und meine Sünde willst du findet, obwohl du doch weißt, dass ich nicht zu den Sündern gehöre und es (sowieso) niemanden gibt, der sich vor deiner Hand retten kann.

Reminiszenz: Gott ist doch eigentlich der Schöpfer
Deine Hände haben mich geformt und mich zusammengefügt rundum, und nun willst du mich zerstören? Erinnere dich doch, dass du mich wie den Lehm geformt hast, und zu Staub willst du mich nun wieder werden lassen? Hast du mich nicht wie Milch ausgegossen und wie Käse gerinnen lassen? Haut und Fleisch hast du mir zur Kleidung gemacht, und mit Knochen und Sehnen hast du mich durchflochten. Leben und Schutz hast du mir gewährt, und deine Fürsorge bewahrte mein Leben.

An dieser Passage fällt zunächst auf, dass sie poetisch nahezu perfekt ist. Hier artikulieren sich nicht einfach die emotionalen Ausbrüche eines Menschen, der an Gott verzweifelt. Diese Klage ist ein sprachliches Kunstwerk. Das lässt sich auch anhand des Deutschen zum Beispiel am Übergang von Vers 7 und 8 erkennen, wo das Bild der Hand zunächst die Gewalt eines Potentaten ausdrückt, um dann unversehens zur Hand des fürsorgenden Schöpfers zu werden. Ähnliches gilt für den Kontrast des Lehms als Material, aus dem Leben entsteht, und dem Staub als das, was übrig bleibt, wenn das Leben gewichen ist. Diese sprachlichen Details weisen bereits darauf hin, dass, wie auch in Ps 22, Schöpfung ein Kernaspekt der Anklage Hiobs ist: Gott hat den Menschen sorgsam geformt und lebendig gemacht. Aber daran gemessen erscheint es nun geradezu widersinnig, wie Gott mit dem Menschen umgeht, wenn er denn einmal »erwachsen« im Leben steht. Dann hat er geradezu Gefallen an dessen Untergang. Es gibt demnach eine Diskrepanz in der Erfahrung mit Gott, die größer nicht sein könnte und die letztlich auf die Frage zuläuft: Welcher ist der eigentliche Gott? Der gnädige Gott, der den Menschen geschaffen hat? Oder aber der Gott, der ihn dann ohne Rücksicht und Erbarmen zunichtemacht?

Nun würde man gerne (mit Barth) und anderen sagen, dass der willkürlich strafende Gott nur die Außenseite, eine Fassade ist, an der Menschen vor allem dann hängenbleiben, wenn sie verzweifelt und so sehr in ihrer Not gefangen sind, dass auch Gott nur als Feind erscheinen kann. Dahinter aber steht, wenn der Blick dann wieder frei geworden ist, Gott, wie er eigentlich ist: der Schöpfer und Retter. Aber zu diesem Ergebnis kommt Hiob gerade nicht, zumindest nicht hier. Die Divergenz zwischen dem fürsorglichen und dem vernichtenden Gott löst er nicht zugunsten der Gnade Gottes auf, sondern genau umgekehrt. Der gnädige Gott ist die Fassade, die Außenseite, die den Menschen solange in Sicherheit wiegt, bis sich Gott dann so zeigt, wie er eigentlich ist: übermächtig, gewalttätig und skrupellos. Aber das erkennen Menschen nicht, weil sie meinen, Gott, der Schöpfer, könne gar nicht anders als gütig und gnädig sein. Genau an der Stelle reklamiert Hiob nun eine Erkenntnis Gottes für sich, die gerade nicht dieser falschen Prämisse erliegt:

(13) Diese Dinge verbargst du in deinem Herzen, ich aber habe erkannt, dass du so handelst: (14) Wenn ich sündige, dann beobachtest du mich, und von meiner Schuld lässt du mich nicht loskommen. (15) Wenn ich schuldig werde - wehe mir! Und wenn ich gerecht handle, könnte ich mein Haupt trotzdem nicht erheben, wäre ich im

> Recht, dürfte ich mein Haupt doch nicht erheben. Satt ist die Schmach und sichtbar meine Unzulänglichkeit. (16) Aber wenn es (das Haupt) sich erheben würde, dann brächtest du mich wie ein Löwe zur Strecke und zeigtest deine Macht an mir. (17) Immer neue Zeugen würdest du gegen mich ins Feld führen und immer größer machen deinen Zorn, ein Heer nach dem anderen stünden gegen mich.

Was Hiob hier für sich reklamiert, ist, dass er Gott gleichsam die Maske vom Gesicht gerissen hat (»Diese Dinge verbargst du in deinem Herzen, ich aber habe erkannt …«). Gott will es verheimlichen, Hiob aber weiß, dass Gott nur darauf wartet, dass Menschen etwas tun, wofür er sie zur Strecke bringen kann. Gott sucht gerade nicht das, was gut und gerecht an einem Menschen ist, sondern nutzt menschliche Schwächen, um daran seine ganze Gewalt zu demonstrieren. Und wer doch etwas gelten will (»das Haupt erhebt«), der wird im wahrsten Sinn des Wortes von Gottes Streitkraft überrollt. Das kann Gott tun, weil ihn niemand an der Ausübung solcher Macht zu hindern vermag. Es gibt kein moralisches Gesetz und auch kein Erbarmensrecht, das noch über Gott stünde. Und so bleibt für Hiob schließlich nur der Wunsch, dass es doch bald zu Ende gehen möge, dass er nicht länger in der Arena kämpfen muss, in der Gott immer schon als der übermächtige Gegner auf ihn wartet, sondern dass er zurückkehren darf in das Dunkel, aus dem er hervorgegangen war:

> (20) Sind denn nicht ohnehin kurz meine Tage? Höre auf und lass ab von mir, damit ich ein wenig Freude habe, (21) bevor ich gehe, und nicht wiederkehre, ins Land der Dunkelheit und der Todesschatten, (22) ins Land der Finsternis, das wie die Dunkelheit des Todesschattens. Da gibt es keine Ordnung, und würde es helle werden, wäre es immer noch Dunkelheit.

Wir erinnern uns: Auch Ps 88 endete mit einem Begriff für »Dunkelheit«. In Hi 10 ist dies in noch gesteigerter Weise der Fall. Hier begegnet fast das gesamte Begriffsregister von Dunkelheit und Finsternis. Noch schwärzer geht es eigentlich nicht. Aber gerade, weil Hiob ohnehin dort enden wird, bittet er darum, dass Gott ihm nicht auch noch das Leben zur Hölle mache, sondern ihm zumindest ein wenig Freude am Leben gönnen möge. Auch hier gilt: Eine noch minimalistischere »Hoffnung« ist im Grund nicht denkbar.[23]

---

[23] Eine andere Interpretation hat zuletzt Balentine, *Job* (s. Anm. 12), 172–7 vertreten. Er geht davon aus, dass der klagende Hiob in Hi 9–10 Gott gerichtlich anklagt und ihn entsprechend zu einer Aussage veranlassen will: »The dominant theme of chapters 9–10 is Job's decision to put God on trial. That decision is crucial, for it represents a dramatic shift in Job's understanding of how he must engage God« (ibid., 177). Demnach geht es um die Theodizeefrage, in der sich Gott angesichts von Hiobs Leid erklären soll. Hiobs Strategie wäre also gewesen, Gott in einer Weise als sadistischen Gewaltherrscher hinzustellen, mit dem Ziel, dass Gott diesen Vorwurf widerlegt. Was Hiob sagt, wäre demnach vor allem strategisch motiviert, aber nicht letztlich so gemeint. M. E. entschärft diese Sichtweise Hi 9–10 aber mehr, als der Text selbst zuzulassen scheint. Die Klage

Allerdings unterscheidet sich die Perspektive von Ps 88 und Hi 10 doch an entscheidender Stelle: In Ps 88 geht es um die Erfahrung von Gottesferne verbunden mit der Frage, ob Gott überhaupt noch einmal nahe sein wird. Es geht also um den Verlust Gottes. In Hi 10 dagegen ist Gott ganz und gar nicht fern. Im Gegenteil, hier muss Hiob darum bitten, dass Gott von ihm ablässt und sich ihm gerade nicht »zuwendet«. In Ps 88 gibt es so etwas wie einen *deus absconditus*, an dem der Beter zu verzweifeln droht. In Hi 10 gibt es dagegen den *deus horribilis*, den Hiob von sich fernzuhalten versucht.

Die reflexive Distanz, die das klagende Ich von Hi 10 einnimmt, führt demnach nicht nur zum Bewusstsein, dass die Mittel des traditionellen Klageritus nicht ausreichen, um dem Beter Zuversicht und Rettungsgewissheit zu vermitteln. Aus dieser reflektierenden Distanz heraus werden vielmehr auch die theologischen Annahmen der Klagetradition (»Rufet mich an in der Not ...«) in Zweifel gezogen. Oder etwas anders gewendet: Die Klage Hiobs dekonstruiert und destruiert die Vorstellung eines richtenden *und rettenden* Gottes.

4. Abschluss

Was trägt die Beschäftigung mit Hi 10 für das Verständnis des Hiobbuchs insgesamt aus und welcher Einwand ergibt sich von daher nun genauer für Barths Lektüre des Hiobbuches? Hi 10 formuliert eine Position, die nicht »den« Schlüssel zum Hiobbuch liefert. Die Tatsache, dass hier vielleicht die dunkelste und abgründigste Theologie des Buches entwickelt wird, bedeutet ja nicht, dass diese auch »richtig« ist. Sie ist aber *möglich*, und darauf scheint es hier anzukommen. Wer sein Leben betrachtet, wie der leidende Hiob dies tut, wer also aus eigener Erfahrung über Gott nachdenkt und sich dabei nicht von einem vorgegebenen Rahmen (wie eben dem Klageritual) leiten lässt, *kann* zu den Schlussfolgerungen kommen, die Hiob vorträgt. Es gibt eine Wahrnehmung der Welt, die auf den *deus horribilis* als den eigentlichen Gott zuläuft, weil es Lebensschicksale gibt, die kaum einen anderen Gottesgedanken zulassen als eben diesen.

Man könnte nun versucht sein, einzuwenden, dass diese Position bereits innerhalb des Buches, nämlich am Schluss, relativiert wird, wo Hiob bereut, »töricht« von Gott geredet zu haben (Hi 42,1-6). Diese Lesart, der sich auch Barths Interpretation verdankt, greift allerdings zu kurz. Nach dem nunmehr Ausgeführten ist deutlich geworden, dass sich die Rahmenerzählung mittels Hi 42,1-6 zwar von dem klagenden Hiob des Mittelteils distanziert. Das aber

---

Hiobs räumt von Anfang an ein, dass niemand mit Gott »rechten« kann (9,3). Das Ziel ist hier also gerade nicht (mehr), dass Gott sich erklärt. Alles, was Hiob an dieser Stelle von Gott noch will, ist, von ihm in Ruhe gelassen zu werden. Insofern ist die Pointe hier eine andere als später in Hi 29-31, wo Hiob in der Tat als Zeuge für sich selbst in einem Gerichtszenario aussagt.

bedeutet freilich nicht, dass die Rahmenerzählung deswegen theologisch vorrangig ist. Man kann auch genau umgekehrt folgern, dass die Klage Hiobs die Rahmenerzählung unter den Ideologieverdacht stellt, weil diese nur »funktioniert«, wenn Gott verlässlich jedem Gerechten, der Hiobs Schicksal erleidet, auch die gleiche Form der Wiedergutmachung zuteilwerden lässt. Gegen Barths Lesart ist exegetisch und hermeneutisch also vor allem einzuwenden, dass sich die unterschiedlichen Positionen des Hiobbuches gerade nicht ineinander aufheben lassen. Wenn man dies tut, nimmt man dem Buch genau die innere Spannung, die seine literarische und theologische Größe ausmacht.

Betrachtet man die Rahmenerzählung und die Klage Hiobs nebeneinander, zeigt sich, dass diese jeweils die Extrempositionen des theologisch Denkbaren beziehen. Die Rahmenerzählung kommt vom weisheitlichen Denken her und verteidigt den sog. Tun-Ergehen-Zusammenhang, wonach es eine moralische Ordnung der Welt gibt, die dem Täter nach seinem Handeln vergilt. Dieses Prinzip verteidigt die Rahmenerzählung selbst gegen die Erfahrung des immensen Leids, das Hiob widerfährt, und unterlegt dies mit der Überzeugung, dass es einen Gott im Himmel gibt, der über dieser moralischen Ordnung wacht und sie sich, gegen allen Anschein, auch nicht aus der Hand nehmen lässt. Der »Preis« für diese ins Extreme getriebene Weisheitstheologie ist die Überhöhung der Hiobfigur: Hiob muss in jeder Hinsicht perfekt sein, um auch nicht den Hauch eines Zweifels zuzulassen, dass sein Verhalten die Balance dieser moralischen Ordnung gestört hat. Gott muss sich in jeder Hinsicht auf Hiob verlassen können, um nicht den Unterstellungen Satans Raum zu geben. Es mag gute theologische Intuition gewesen sein, die Barth dazu veranlasst, Hiob als den »Typus« des wahrhaftigen Zeugen zu wählen, weil Hiob eben kein normaler Mensch ist – ebenso wenig wie dann die vollendete Gestalt des Zeugen.

Die Position der Freunde Hiobs lässt diese extreme Form der Tun-Ergehen-Auslegung aber nicht gelten. So einen Menschen wie den Hiob des Prologs gibt es »wirklich« nicht, und darin ist die Position der Freunde tatsächlich erfahrungsnah. Menschen sind unvollkommene Wesen und ihre Welt ist entsprechend anfällig für Sünde und Schuld. Aber für die Freunde gilt die Zusage Gottes, die im Hintergrund des Klageritus steht: »Rufe mich an in der Not, und ich will dich retten, und du sollst mich preisen.« Von dieser »Mittelposition« setzt sich nun der klagende Hiob ab, der sich gerade nicht auf einen Mechanismus der Rettung einlassen will, sondern der nun den theologischen Diskurs des Hiobbuches in ein anderes Extrem führt und über den Rahmen der Klagetradition hinaus den Gedanken an den *deus horribilis* zu seinem bitteren Ende denkt. Es ist eine der bemerkenswerten Tatsachen über das Hiobbuch, dass dessen Protagonist für zwei extreme und in ihrer theologischen Ausrichtung gegenläufige Theologien steht, die sich aus unterschiedlichen Quellen weisheitlicher und kultischer Tradition speisen. Zu deren Zusammenführung kommt es nicht, weil das Hiobbuch, ebenso wie die meisten alttestamentlichen Bücher, eher am theologischen Diskurs als an der Synthese interessiert ist. Mit der Hiobfigur markiert das Buch gleichsam die Eckpunkte oder, mit einer Begrifflichkeit

Schleiermachers gesprochen, die »natürlichen Häresien«[24], zwischen denen sich ein solcher Diskurs aufspannt: Da ist einerseits die Erwartung, dass es eine moralische Weltordnung gibt, über die ein guter Gott wacht, und da ist andererseits die Erfahrung, dass die Welt dem Willen eines übermächtigen Gottes unterliegt, der sich an der Unzulänglichkeit seiner Geschöpfe verherrlicht. Für eine heute zu vertretende Theologie ist hermeneutisch von Belang, dass beide Sichtweisen Teil eines kanonischen Buches sind.

---

[24] Friedrich D. E. Schleiermacher, *Der Christliche Glaube*, hrsg. Rolf Schäfer (Berlin u. a.: de Gruyter, [2]2008), §22.

Vertrauen und Risiko in moralischen Hoffnungsgrossprojekten

Skizzen zu einer realistischen Theologie der ›eschatologischen Differenz‹

Günter Thomas

Am 4. April 1541 schreibt Martin Luther an seinen Mitstreiter und Freund Philipp Melanchthon:

> Video, eos putare, causam hanc esse quandam Comoediam inter homines, cum res declaret, esse Tragoediam inter Deum et Sathanam ubi res Sathanae florent, Dei autem sordent. Set Catastrophe erit, ut solet ab initio, et liberabit nos quoque ipse poëta huius Tragoediae omnipotens.[1]

Die Geschichte scheint nicht selten aus guten Gründen eine Tragödie zu sein, in welcher Gott nicht nur mit den Kräften des Chaotischen und Destruktiven ringt, sondern offensichtlich auch riskiert, zu verlieren. Aus der Betrachtung der aktuellen politischen Prozesse ist für Luther kein Vertrauen in ein siegreiches Handeln Gottes zu gewinnen. Zugleich artikuliert Luther das Vertrauen, dass Gott selbst nicht nur in die reale Geschichte als Akteur riskant handelnd verflochten ist, sondern, auf einer zweiten Ebene, selbst als Poet des Dramas das Skript bzw. die Story dieser Geschichte schreibt und so letztlich beides, ›History‹ und ›Story‹ zugunsten von Befreiung, Rettung und Hoffnung umschreiben kann.[2]

Wie in einem kleinen Modell wirft dieser knappe Briefausschnitt Martin Luthers eine Fülle an Fragen auf zum Verhältnis von a) Geschichte als mit

---

[1] WA BR 9, 358. Zu dem daraus resultierenden Geschichtsverständnis siehe Reinhard Schwarz, »Die Wahrheit der Geschichte im Verständnis der Wittenberger Reformation,« *Zeitschrift für Theologie und Kirche* 76 (1979): 159–90, mit Verweis auf die Fülle der älteren Literatur, 182 Anm. 62.

[2] Zur Metapher ›Gott als Autor‹ bei Luther und später bei Hamann siehe Oswald Bayer, *Gott als Autor. Zu einer poietologischen Theologie* (Tübingen: Mohr Siebeck, 1999). Zum weitergehenden Topos des Welttheaters bis in das 20. Jahrhundert siehe Irene Pieper, *Modernes Welttheater: Untersuchungen zum Welttheatermotiv zwischen Katastrophenerfahrung und Welt-Anschauungssuche bei Walter Benjamin, Karl Kraus, Hugo von Hofmannsthal und Else Lasker-Schüler* (Berlin: Duncker & Humblot, 2000).

Antagonismen reicher Ereigniskomplex, in den Gott selbst verwoben ist, b) der göttlich wirkmächtigen Erzählung und c) der wahrnehmenden und ordnenden menschlichen Beobachtung und Narration.[3]

Zweifellos geht Luthers kurze Bemerkung von theologischen wie geschichtsphilosophischen Prämissen aus, die in der Gegenwart mit der Bezeichnung ›vormodern‹ auf Distanz gesetzt werden können. Dennoch rückt er eine Frage in den Vordergrund, die nicht von der Hand zu weisen ist: Worauf setzen Christen inmitten ihres Engagements für die Sache des Evangeliums angesichts der manifesten Risiken in den politischen, kulturellen, persönlichen und ekklesialen Geschichten ihr Vertrauen? Worin gründen Christen ihre Zuversicht, wenn die geschichtlichen Prozesse selbst für Gott zu riskant erscheinen und sich der Eindruck einer nicht nur menschlichen, sondern gar göttlichen Tragödie aufdrängt?

Wie der Auszug aus Luthers Brief deutlich macht, können die vielfältigen Brechungen der Weltgeschichten, in welche die Christen selbst mit verwoben sind, doppelt betrachtet werden: Es sind entweder auch für Gott hochgradig riskante Ereignisse, Anzeichen einer möglichen Tragödie; oder aber es sind – innerhalb eines besonderen vertrauensgestützten Rahmens, durch den Gott schöpferischer Autor des Dramas bleibt – Prozessmomente einer letztlich gut endenden, wenngleich in vielfältige Geschichten gebrochenen Gesamtgeschichte.[4]

Die eher pessimistisch-düstere Geschichtsbetrachtung aus den letzten Lebensjahren Martin Luthers bildet in den folgenden Überlegungen nicht nur einen dekorativen und kontrastiv-historischen Hintergrund. Sie soll vielmehr als ein hermeneutisches Instrument eine fundamentale, nicht zu revidierende,

---

[3] Selbstverständlich besteht zwischen der History bzw. den Histories und den Stories kein absoluter Gegensatz. Während die spätmoderne Geschichtsphilosophie den Konnex betont, ist es für Luther Gott selbst, der eine Story für die Organisation der History hat. Nur durch interpretierende Rahmen der Deutung ist die History als komplexes und dynamisches, aber dennoch verstehbares Ordnungsgefüge anzusprechen. Nur aus Stories erwachsen analytischen Zugangsweisen zum Geflecht der Stories und ›Ereignisse‹. Zugleich sind nicht alle, aber sehr bestimmte Stories mit dem Anspruch eines Bezugs auf Ereignisketten *außerhalb* der Narration selbst bezogen. Auch wenn die Unterscheidung zwischen Histories und Stories der konstruktivistischen Logik folgend immer auf der Seite der Stories, d. h. der Interpretation und Beschreibung, gemacht wird, ist nicht alles radikal antirealistisch nur als Story zu begreifen. Nicht zuletzt beanspruchen die Evangelien nicht nur fiktionale Stories zu sein, sondern darin ein komplexes extra-textuelles Ereignis zu erfassen – dessen Teil sie selbst zugleich sind. Anerkennt die Geschichtsbetrachtung ihre eigene kontextuell und konstruktive Leistung in Analyse und Synthese des Materials, so kann sie sich nur im Plural begreifen und die Einheit der einen Geschichte als operative Fiktion mit sich führen.

[4] Luthers Versuch einer ›Lösung‹ der Theodizeefrage mit einer gleichzeitigen Doppelperspektivierung operiert mit einer Verletzung logischer Typen, d. h. mit einer wohl implizit trinitarischen Verdopplung Gottes in einen allmächtigen Erzähler und einem dem Skript folgenden Akteur im Drama.

aber dennoch nicht unproblematische theologische Umstellung in der zweiten Hälfte des 20. Jahrhunderts sichtbar machen.

Die These des folgenden Beitrages ist die folgende: In der zweiten Hälfte des 20. Jahrhunderts überwiegt vor allem in den Protestantischen Kirchen des Westens mit Sicherheit nicht die Wahrnehmung einer Tragödie.[5] Vielmehr dominiert ein Überzeichnen der Hoffnung und ein unrealistisch-unkritischer Umgang mit sogenannten ›theologisch gestützten gesellschaftlich-moralischen Hoffnungsgroßprojekten‹. Der Beitrag plädiert vor diesem Hintergrund für einen theologischen Realismus, der die spezifische Situation der ›eschatologischen Differenz‹ theologisch zu erfassen und politisch zu respektieren sucht. In dieser Auseinandersetzung bietet er zugleich ein teils offenes, teils indirektes Gespräch mit Aspekten der Theologie Jürgen Moltmanns und Michael Welkers.

Das Engagement der Kirchen in theologisch gestützten gesellschaftlich-moralischen Hoffnungsgroßprojekten (II.) wurde und wird, so die Eingangsthese, ganz wesentlich durch die Kombination von drei unaufgebbaren theologischen Einsichten (I.) unterstützt, die in der Summe bei allen relativen Stärken zugleich eine problemschaffende Lösung darstellen. Diese Problemfelder erfordern die Ausarbeitung einer Topik der Differenz.

I. Theologischer Realismus, pneumatologischer Universalismus und eine Kirche im Modus der Sendung – eine problemschaffende Lösung und Kombination

Die Konvergenz von drei folgenreichen theologischen Entscheidungen beförderte und befördert das Vertrauen in gesellschaftliche Hoffnungsgroßprojekte.

I.1 Realismus hinsichtlich der Wirklichkeit der Auferstehung und der Ausgießung des Geistes

Mit der Auferstehung Jesu Christi und der Ausgießung des Geistes Gottes werden nicht nur das Bewusstsein, die Wahrnehmung oder das Selbstverständnis von Menschen geändert. Diese Ereignisse lassen nicht nur die Welt ›anders‹ sehen. Das in Jesu Auferstehung und in der Ausgießung des Geistes in die Welt gekommene Neue bewirkt eine reale Verwandlung der Welt.[6] Diese Welt ist –

---

5 Ein sprechender Indikator der theo-politischen Großklimata sind die Themen des Ökumenischen Rates. Das Thema der Weltkirchenkonferenz in Amsterdam war unter dem Eindruck des Zweiten Weltkrieges »Man's Disorder and God's Design/Die Unordnung der Welt und Gottes Heilsplan«. Danach dominiert ein grenzenloser Gestaltungsoptimismus. Für die Themenentwicklung siehe https://www.oikoumene.org/en/about-us/organizational-structure/assembly/since-1948 (letzter Zugriff: 23.09.2017).

6 Dies ist die philosophisch verschieden konzipierbare Wasserscheide zwischen einer hermeneutischen und einer dezidiert realistischen Theologie. Für neuere Versuche

zumindest in der Wahrnehmung der Glaubenden – eine andere geworden. Die spezifische Präsenz des Geistes Gottes verändert aber auch umgekehrt nicht einfach kompakt und en bloc ›die Welt‹, sondern der Geist Gottes verwandelt spezifische Weltregionen, Erfahrungsräume, Zeiten und Orte. Für einen theologischen Realismus ist zentral, dass auch die spezifischen Zeiten und Orte nicht nur ein ›viewing as‹, eine neue Perspektivierung, einen neuen Zugang oder eine spezifische ›Beleuchtung‹, der Welt anbieten.[7] Obwohl unterschiedlich akzentuiert, teilen Jürgen Moltmann und Michael Welker eine solchermaßen elementar realistische theologische Orientierung, die prägnant von subjektivitätstheoretisch gestützten Theologien abrückt.

Wenngleich jede Theologie sich im Medium menschlicher Sprache, menschlicher Vorstellungen und eines spezifisch christlichen Selbstverständnisses bewegt, behauptet eine realistische Theologie dennoch, *in* diesem Denken eine gegenüber dem menschlichen und theologischen Begreifen selbst unabhängige, widerständige und *eigendynamische* Wirklichkeit Gottes zu thematisieren.

Die reale Ereignishaftigkeit des Handelns Gottes ist im Rahmen dieses Realismus wesentlich für die Begründung der Hoffnung und des gesellschaftlichen Handelns im weiteren Sinn. Auf die Frage nach dem Grund der Hoffnung geben Michael Welker und Jürgen Moltmann bei nicht zu unterschätzenden Überschneidungen unterschiedlich akzentuierte Antworten. Jürgen Moltmann optiert innerhalb einer dezidiert christologischen Fokussierung für eine Erschließung der Auferstehung Jesu Christi, die eine machtvolle Hoffnung freisetzt. Aus dem »Widerspruch der Auferstehung zum Kreuz« geboren, ist »christliche Hoffnung [...] Auferstehungshoffnung, und sie beweist ihre Wahrheit im Widerspruch der darin in Aussicht gestellten und verbürgten Zukunft der Gerechtigkeit gegen die Sünde, des Lebens gegen den Tod, der Herrlichkeit gegen das Leiden, des Friedens gegen die Zerrissenheit«.[8] Für Michael Welker ist es dagegen stärker eine die Wirklichkeit der Auferstehung ausbreitende Wirksam-

---

einer Revitalisierung einer hermeneutischen Theologie siehe Hartmut von Sass, *Gott als Ereignis des Seins: Versuch einer hermeneutischen Onto-Theologie* (Tübingen: Mohr Siebeck, 2013). Eine differenzierte Zwischenposition entwickelt Ingolf U. Dalferth, *Die Wirklichkeit des Möglichen. Hermeneutische Religionsphilosophie* (Tübingen: Mohr Siebeck, 2003), und ders., *Radikale Theologie* (Leipzig: Evangelische Verlagsanstalt, 2010).

[7] Weite Teile der ›nach-barthianischen‹ Theologie sind im Kern realistisch. Für die Konzeption eines kritischen Realismus siehe exemplarisch Kees van Kooten Niekerk, »Critical Realism in Theology and Science,« in *Encyclopedia of Sciences and Religions*, hrsg. Anne L. C. Runehov and Lluis Oviedo (Dordrecht: Springer Netherlands, 2013), 554–8; einen theologisch anschlussfähigen internen Realismus skizziert Hans-Peter Großhans, *Theologischer Realismus. Ein sprachphilosophischer Beitrag zu einer theologischen Sprachlehre* (Tübingen: J.C.B. Mohr [Paul Siebeck], 1996). Speziell zu Barth siehe die luzide Studie von D. Paul La Montagne, *Barth and rationality: critical realism in theology* (Eugene, OR: Cascade Books, 2012).

[8] So programmatisch Jürgen Moltmann, *Theologie der Hoffnung* (München: Kaiser 1966), 14.

keit des Geistes Gottes und eine emergente Realität des Reiches Gottes.[9] Allerdings ist es in gleichem Maße ein reales Geschehen. Für die von beiden faktisch vertretene realistische Theologie sind Christen in ihrem Handeln geprägt von der Tatsächlichkeit der Veränderung der Welt. Wie der auferstandene Christus nicht »ohne die Seinen« sein möchte, so werden Christen wie ›Nichtchristen‹ vom auferstandenen Christus und der Bewegung des Geistes in Anspruch genommen.

I.2 Universalismus hinsichtlich der Wirklichkeit der Auferstehung und der Ausgießung des Geistes

Für den theologischen Realismus Jürgen Moltmanns wie auch den von Michael Welker ist nun aber in inhaltlicher Hinsicht entscheidend, dass die Wirklichkeit des in Christus und im Geist Christi einbrechenden Neuen weder auf das glaubende Subjekt noch strikt auf die Gemeinde eingeschränkt werden kann. Der auferstandene Christus und der erneuernde Geist Jesu Christi sind auch in sozialen, kulturellen und politischen Kontexten jenseits der Kirchen gegenwärtig, wirksam und erfahrbar.[10] Damit die Welt die neue Welt Gottes wird, muss

[9] Michael Welker, *Gottes Geist. Theologie des Heiligen Geistes* (Neukirchen-Vlyun: Neukirchner Verlagsgesellschaft, 1992), 109–73, zur Ausgießung des Geistes; ders., *Gottes Offenbarung. Christologie* (Neukirchen-Vluyn: Neukirchener Verlagsgesellschaft, 2012), 195–233 zur Emergenz des Reiches Gottes.

[10] Zur Bewegung hin zu Universalisierung des Geistes siehe Welker, *Gottes Geist* (s. Anm. 9), 310 u. öfters. Zur Pneumatologie allgemein darüber hinaus *The work of the Spirit: pneumatology and Pentecostalism*, hrsg. Michael Welker (Grand Rapids, Mich.: William B. Eerdmans Pub. Co., 2006); *The Spirit in creation and new creation: science and theology in Western and Orthodox realms*, hrsg. Michael Welker (Grand Rapids, Mich.: W.B. Eerdmans Pub. Co., 2012). Den durch diese Entgrenzung initiierten Fragen zur Grenzziehung zwischen Kirche und Welt kann an dieser Stelle nicht nachgegangen werden. In den protestantischen Theologien des 20. Jahrhunderts wird die Differenz weithin auf einer epistemischen und einer temporalen Ebene bearbeitet: Die Gemeinde hat hier und heute der Welt ein Wissen voraus, das sie zugleich symbolisch-liturgisch darstellt und das die Welt ›später‹ einholen wird. Darum ist die Kirche sachlich der Welt als Vorbild zeitlich voraus. Beide Motive, die die Theologien von Jürgen Moltmann und Michael Welker durchziehen, finden sich schon in der Theologie des späten Karl Barth. Siehe Karl Barth, *Kirchliche Dogmatik. Die Lehre von der Versöhnung*, IV/3.1 (Zürich: Theologischer Verlag Zürich, 1959), 321: »Jesus Christus ist [...] – in der Herrlichkeit seines mittlerischen Werkes – wie in jeder anderen nicht ohne die Seinen. Er ist, der er ist, indem er in ihrer Mitte ist: die errettende und nun auch erleuchtende Mitte, in welcher sie den durch ihn erretteten und nun auch erhellten Umkreis bilden. Die ›Seinen‹ sind virtuell, prospektiv, *de iure*: alle Menschen als solche – aktuell, effektiv und *defacto*: die an ihn glaubenden, ihn erkennenden, ihm dienenden und dann auch unter sich verbundenen Glieder seines Leibes, die Christen.« Weiter entwickelt in Karl Barth, *Das christliche Leben. Die Kirchliche Dogmatik*, IV/4: *Fragmente aus dem Nachlaß, Vorlesungen 1959–1961* (Zürich: Theologischer Verlag, 1976), 189–235. Auf seine Weise hat dies auch Paul Tillich in dem dritten, das Wirken des Geistes entfaltenden Band seiner Dogmatik dargelegt. Siehe Paul Tillich, *Systematische Theologie*, 3: *Das Leben und*

sie – anders als noch in der Theologie Friedrich Schleiermachers – nicht mehr zuerst Kirche werden.[11] Vielmehr ist gegenläufig zu einer Miniaturisierung des Gotteshandelns in einer Subjektivierung des Glaubens und zugleich gegenläufig zu einer ekklesialen Einhegung des Geistes in vielen charismatischen Strömungen die Christenheit in ein reales Transformationsgeschehen einbezogen, das sie weit übergreift. In direkter Analogie zu Karl Barths berühmtem Tambacher Vortrag lässt sich konstatieren: Der Christ begegnet nicht nur dem Christus in der Gesellschaft, sondern auch der breiten und tiefen Wirkmächtigkeit des Geistes Jesu Christi.[12] Die Bewegung, die von Christus ausgeht, erfasst auch heute die Christen und erzeugt immer wieder neu die Kirche – und doch wäre es theologisch verfehlt, die empirische Kirche zum Indikator und Maßstab für das erneuernde und verwandelnde Handeln Gottes zu machen. Die Welt ist eine Welt in der Eigenbewegung Gottes – auch dann, wenn dies wenige jenseits der Kirche zu glauben oder gar zu sehen vermögen. Christen stehen nicht nur in einer Wirkungsgeschichte des Jesuanischen Lebens, sondern in einer umgreifenden Gottesgeschichte, in der die Zukunft vorweggenommen und vorgebildet wird. Auch dann, wenn diese Geschichte in eine Vielzahl von Einzelgeschichten gebrochen ist und diese Geschichten nicht von einem alles vereinigenden hegelianischen Weltgeist vorangetrieben wird, steht die Frage nach dem Zusammenhang des Geistes Gottes mit den vielen Geschichten im Raum.[13] So ist auch der Gestaltungs- und Verantwortungsraum der Christen weiter als die Kirche.[14]

Wird in einer dezidiert realistischen Theologie – trinitätstheologisch betrachtet – nicht nur das Schöpfungshandeln Gottes, sondern auch die Präsenz und das Handeln Christi und des Geistes Christi über die Kirche hinausgehend ›universalisiert‹, so werden ohne Zweifel wichtige biblisch-theologische Impulse rezipiert, ökumenische Anschlüsse geschaffen und die Begrenztheit der Kirche

der Geist. Die Geschichte und das Reich Gottes (Stuttgart: Evang. Verl.-Werk, 1966). Die lutherische Theologie hatte diese Grenze lange über die Unterscheidung von Gesetz und Evangelium und die Annahme zweier Regierungsweisen Gottes moderiert. Für ein Unterlaufen dieser Unterscheidung auf Seiten lutherischer Theologie vgl. exemplarisch Svend Andersen, *Macht aus Liebe: zur Rekonstruktion einer lutherischen politischen Ethik* (Berlin/New York: de Gruyter, 2010).

[11] Siehe Friedrich D. E. Schleiermacher, *Der christliche Glaube nach den Grundsätzen der evangelischen Kirche im Zusammenhange dargestellt (1821/22)* (Berlin/New York: de Gruyter, 2008), §157, 456ff.

[12] Siehe Karl Barth, »Der Christ in der Gesellschaft (1919),« in *Anfänge der dialektischen Theologie. Teil 1*, hrsg. Jürgen Moltmann (München: Kaiser, 1962), 3–37.

[13] Die Frage, wer die Akteure dieser Gottesgeschichte(n) sind, muss an dieser Stelle ausgeklammert werden. Sowohl vor dem Hintergrund biblischer Materialien wie auch angesichts soziologischer Einsichten dürfte die Einschränkung auf natürliche Personen bzw. Menschen nicht überzeugen. Vielfältige förderliche soziale, kulturelle und natürliche Umgebungen wirken auf uns ein und werden jeweils für andere erzeugt oder zerstört.

[14] Diese Weite prägt beispielsweise Moltmanns späte *Ethik der Hoffnung*. Siehe Jürgen Moltmann, *Ethik der Hoffnung* (Gütersloh: Gütersloher Verlagshaus, 2010).

wahrgenommen. Die Kirche bzw. die Kirchen werden herausgefordert, die Gegenwart der Hoffnung und des Geistes jenseits ihrer selbst wahrzunehmen, anzuerkennen und mit Kräften zu unterstützen. Doch die wahrhaft weltgeschichtliche Dimensionierung des Christusgeschehens und der Geistausgießung wirft auch für eine realistische Theologie erkenntnistheoretische Fragen auf: Woran ist das Wirken des Geistes in den weiten Bezügen der Politik erkennbar? Wie ist es identifizierbar? Und wie ist die Bewegung und die Richtung der Hoffnung zu bestimmen? Wer kann wo den Vector erkennen, der rettend aus dem Alten in die Freude des Neuen weist?[15]

I.3 Umstellung der Ekklesiologie von Sammlung auf Sendung

Für ein Verständnis des Verhältnisses des liberalen Protestantismus zu der Gegenwart Gottes in den Geschichte(n) ist allerdings ein weiteres Element von tragender Bedeutung. Ohne dieses Element ist das Handeln der protestantischen Kirchen des Westens nicht verständlich. Die protestantische theologische Ekklesiologie erfuhr im 20. Jahrhundert eine fundamentale Umstellung von Sammlung auf Sendung. Das eigentliche Ziel der Kirche ist nicht mehr, Menschen *aus* der Welt herauszurufen, sondern Menschen *in* die Welt zur Verwandlung der Welt zu senden. Diese Umstellung der basalen Dynamik der Kirche von Sammlung auf Sendung ist eine Neujustierung, die einerseits die bleibende Partikularität der Kirchen in modernen Gesellschaften aufnimmt und andererseits sozusagen kongruent zur Universalisierung der Christusgegenwart und dem Wirken des Geistes Christi verläuft.[16]

Diese Umstellung von Sammlung auf Sendung kennzeichnet deutlich eine Distanz zur Ekklesiologie Friedrich Schleiermachers, prägt schon die Theologie Karl Barths, dann die allermeisten der ihm folgenden Ekklesiologien und nicht zuletzt die Ekklesiologie Jürgen Moltmanns.[17] Von Dietrich Bonhoeffer stammt die einprägsame Formel »Kirche für andere«.[18] Der Kern der kirchlichen Existenz ist das Leben und die Arbeit für die Menschen außerhalb der Kirche und

[15] Da es im Protestantismus keinen privilegierten geistlichen Beobachter gibt, verschärft sich dort dieses Erkenntnisproblem. Wer vermag mit hinreichender Gewissheit ›dort‹ oder ›hier‹ das Wirken des Geistes Gottes erkennen?

[16] Je nachdem, mit welcher Hermeneutik man diese Umstellung betrachtet, ist es ein intellektueller Akt der Selbstzurücknahme und Selbstbeschränkung oder aber eine paradoxe Reaktion, bei der Kirche und Theologie auf ihren Relevanzverlust mit einer inflationären Expansion des Relevanzanspruchs reagieren.

[17] Siehe Karl Barth, *Kirchliche Dogmatik. Die Lehre von der Versöhnung*, IV/3.2 (Zürich: Theologischer Verlag Zürich, 1959), § 72; Jürgen Moltmann, *Kirche in der Kraft des Geistes. Ein Beitrag zur messianischen Ekklesiologie* (München: Kaiser, 1975).

[18] Für die Interpretation der Bonhoefferschen Formel wurde klassisch Ernst Lange, »Kirche für andere. Dietrich Bonhoeffers Beitrag zur Frage einer verantwortbaren Gestalt der Kirche in der Gegenwart,« *Evangelische Theologie* 27, no. 10 (1967): 513–46; die Karriere der Formel analysiert Eilert Herms, »Kirche für andere,« in *Kirche für die Welt. Lage und Aufgabe der evangelischen Kirchen im vereinigten Deutschland*, hrsg. Eilert Herms (Tübingen: Mohr, 1995), 38–59.

in der Gesellschaft. Dieser Ansatz unterstellt - wohl nicht zu Unrecht - eine bleibende soziale und religiöse Partikularität der christlichen Kirchen und sieht die Berechtigung der Kirche in ihrer welt- bzw. gesellschaftstransformativen Wirkung.[19] Die Kirche nimmt teil an dem Zeugnis Jesu Christi. In einem anderen semantischen Feld formuliert, nimmt die Kirche mit ihrer eigenen Mission teil an der deutlich umfassenden Mission Gottes. An dieser übergreifenden Bewegung partizipierend, suchen und finden die Kirchen Verbündete im weiten Feld der sozialen Transformationsakteure: Gewerkschaften, Parteien, NGOs, Verwaltungen und unstrukturiertere Bewegungen.

Die Frage nach den Grenzen der Kirche tritt in diesem theologischen Rahmen in den Hintergrund, ebenso die der Mission im Sinne der Konversion von Menschen. Möglicherweise ist diese Umstellung von Sammlung auf Sendung hoch riskant. Für ein Urteil darüber, ob diese Umstellung von vorausgesetzten Ressourcen lebt, die sie selbst nicht zu regenerieren vermag, ist es noch zu früh. Nicht wenige Indizien stimmen skeptisch.

I.4 Theologisch gestützte gesellschaftlich-moralische Hoffnungsgroßprojekte (HGPe)

Wenn die drei Elemente - ein theologischer Realismus, ein christologischer und pneumatologischer Universalismus sowie eine Sendungsekklesiologie - zusammenfließen, kommt es mit hoher Wahrscheinlichkeit zu dem, was ich theologisch gestützte gesellschaftlich-moralische ›Hoffnungsgroßprojekte‹ (HGPe) nennen möchte. In ihnen bündelt und konkretisiert sich die aus der Wirklichkeit der Auferstehung und der Ausgießung des Geistes erwachsende ›Hoffnung für die Welt‹ als ‚Hoffnung in der Welt‹. In ihnen manifestiert sich eine Hoffnung auf eine tiefgreifende, nicht nur individuelle und nicht nur flüchtige Veränderung der Welt.

Unübersehbar ist, dass eine Theologie der Hoffnung wie auch eine Theologie der Geistausgießung - um eine Unterscheidung des britischen Philosophen Michael Oakeshott zu gebrauchen - vornehmlich eine Politik der Zuversicht und weniger eine Politik der Skepsis wird befördern wollen.[20] Während eine Politik der Zuversicht in der Gefahr steht, das Vertrauen in Prozesse der gesellschaftlichen Optimierung zu inflationieren und so faktisch neue Risiken zu produzieren, steht eine Politik der Skepsis stets in der Gefahr, durch den gebann-

---

[19] Ein unverfängliches Beispiel dieser Zuspitzung aus dem amerikanischen Kontext: Die United Methodist Church hat 2008 auf ihrer Generalsynode ihr sogenanntes Mission-Statement dahingehend verändert, dass die einfache Formulierung »The mission of the Church is to make disciples of Jesus Christ« ergänzt wurde um »... for the transformation of the world«. Wie Kenneth Wilson betont, hat diese Veränderung einen besonderen Charakter. Sie ist nun Teil des *Book of Discipline*, das offizielle Kirchenrecht der Methodistischen Kirche. Siehe Kenneth Wilson, *Methodist theology, Doing theology* (London/ New York: T&T Clark, 2011), 96f. u. 183.

[20] Michael Oakeshott, *The politics of faith and the politics of scepticism* (New Haven, Conn.: Yale University Press, 1996).

ten Blick auf die Risiken Entwicklungsmöglichkeiten zu verspielen und den innovativen Aufbau von Veränderungen stützendem Vertrauen zu behindern.[21]

Strukturell vereinen HGPe mehr oder weniger explizit und mehr oder weniger intensiv sieben sich wechselseitig verstärkende Merkmale: Sie bieten i) eine thematische Fokussierung kirchlichen Handelns, ii) einen mittelfristig angelegten speziellen Ressourceneinsatz der Kirchen, iii) eine kirchliche Organisationsbildung mit entsprechenden Spezialisten, Beauftragten und Zentren und iv) die Suche nach einer speziell dafür entwickelten und darauf abgestimmten, das Handeln stützenden Ethik und Theologie. Sie sind v) von einer moralischen Gewissheit getragen, die jeden moralischen Zweifler mit einem machtvollen öffentlichen Achtungsentzug sanktioniert und aus dem ›vernünftigen‹ Diskurs ausschließt. Dennoch bewegen sich vi) die HGPe faktisch risikofrei in sozialkulturellen Konsenskorridoren, die sie vii) als Ausweis der gesellschaftlichen Relevanz und Resonanzfähigkeit der Kirchen und des Evangeliums erscheinen lassen.

Angesichts der ihnen eigentümlichen positiv-optimistischen theologischen Grundbestimmtheit müssen sich die spezifischen Kombinationen eines theologischen Realismus und eines christologischen und pneumatologischen Universalismus allerdings fragen lassen, wie sie einem enthusiastischen Überdehnen der Hoffnungspräsenz Gottes in großen Hoffnungsnarrativen und Großprojekten gegensteuern. Nicht umsonst fällt auf, dass Michael Welker immer wieder in der Theologie Jürgen Moltmanns vorsichtig einen Hang zur Unterbestimmtheit der Hoffnung und eine Tendenz zu einem linkshegelianischen Überzeichnen eines Hoffnungs- und Fortschrittsoptimismus meinte diagnostizieren zu können.[22] Doch diese vorsichtige Skepsis ist mit Blick auf die optimistisch verfolgten HGPe der protestantischen Kirchen des Westens wenig repräsentativ.[23]

---

21 An dieser Stelle bewährt sich die von Niklas Luhmann eingeführte Unterscheidung von Risiko und Gefahr, da die Risiken der Projekte durch deren Reaktionen auf Gefahren entstehen. Siehe Niklas Luhmann, *Soziologie des Risikos* (Berlin/New York: de Gruyter, 1991).

22 So schon früh in Michael Welker, »Hoffnung und Hoffen auf Gott,« in *Gottes Zukunft – Zukunft der Welt. Festschrift für Jürgen Moltmann zum 60sten Geburtstag*, hrsg. H. Deuser, et al. (München: Kaiser, 1986), 23–38; aber auch in Michael Welker, »Zukunftsaufgaben evangelsicher Theologie: Nach vierzig Jahren Theologie der Hoffnung,« in *Theologische Profile: Schleiermacher, Barth, Bonhoeffer, Moltmann*, hrsg. Michael Welker (Frankfurt am Main: Hansisches Druck- und Verlags-Haus, 2009), 261–97; und Michael Welker, »Theologische Annäherungen an die Rede vom ›Ewigen Leben‹,« *Evangelische Theologie* 76, no. 5 (2016): 336–44. Bemerkenswert ist an dieser Stelle, dass Jürgen Moltmanns Theologie über keine systematisch tragfähige Theologie der Sünde verfügt.

23 Für eine Skepsis, die sich bemerkenswerter Weise stärker aus einer lutherischen Tradition speist siehe Ulrich H. J. Körtner, *Für die Vernunft: Wider Moralisierung und Emotionalisierung in Politik und Kirche* (Leipzig: Evangelische Verlagsanstalt, 2017).

II. Gesellschaftlich-moralische Hoffnungs-großprojekte – ihr Scheitern und ihre Ambivalenz

Wo stehen wir heute mit Blick auf große, auch kirchlich und theologisch flankierte und gestützte politische Hoffnungsnarrative und -projekte? Die Frage, was in der Gegenwart und nahen Zukunft als Anbruch des Reiches Gottes gelten kann und was als Beginn der Neuschöpfung willkommen geheißen werden kann, kann nicht ohne einen nüchternen Blick zurück beantwortet werden. Ohne Mühe lassen sich selbstkritisch zumindest zehn gescheiterte religiöse Hoffnungsgroßprojekte vergegenwärtigen, die in hohem Maße eine politische und moralische Ehrlichkeit fordern.

II.1 Gescheiterte moralische Großprojekte – ein ernüchternder Blick

1. Über Jahrzehnte gehörte es zum guten Ton, auf ein Anwachsen der staatlichen Entwicklungshilfe auf mindestens 0,7 % des Bruttosozialproduktes westlicher Gesellschaften zu pochen. Angesichts der zweifelhaften Effektivität, dem Versickern der Ressourcen, der kontraproduktiven Effekte und der Korruption von Eliten haben sich die damit verbundenen Hoffnungen nicht nur als trügerisch, sondern als Fehlorientierung erwiesen.[24]

2. Für weite Teile der Meinungsführer der westlichen Christenheit manifestierten und manifestieren sich in den Ideen des Sozialismus und des Kommunismus eine beachtliche Nähe zum Reich Gottes. Sie stellten und stellen, so die Auffassung des liberalen Protestantismus,[25] damit eine zu präferierende poli-

---

[24] Einen Eindruck des damaligen politischen Enthusiasmus und des entsprechenden Forderungskatalogs vermittelt der Band E. Wilkens, *Die Zukunft der Kirche und die Zukunft der Welt: die Synode der EKD 1968 zur Weltverantwortung der Kirche in einem revolutionären Zeitalter* (München: Kaiser, 1968).

[25] Der Ausdruck ›liberaler Protestantismus‹ ist an dieser Stelle nicht in einem strikt theologiegeschichtlichen Sinne gebraucht. Er umreißt vielmehr idealtypisch einen Typus des westlichen Protestantismus, der sich durch ein lockeres Cluster von fünf Charakteristika von anderen gegenwärtigen Formen des Christentums unterscheidet: Hierzu gehört a) die Zustimmung zu einem historisch-kritischen Bibelzugang; b) die Zurückweisung eines Heilsexklusivismus und eine entsprechende Distanz zu Mission; c) eine Hoffnung auf eine Verwandlung der Gesellschaft; d) in moralisch-ethischer Hinsicht eine Offenheit für gleichgeschlechtliche Partnerschaften und für die Möglichkeit der Abtreibung und e) theologisch eine Öffnung des geistlichen Amtes für Frauen und für Geistliche in gleichgeschlechtlichen Partnerschaften. Was auf den ersten Blick fast wie ein Katalog von Selbstverständlichkeiten aussieht, wird nur von einer Minderheit der weltweiten Christenheit vertreten – und auch nur von solchen Kirchen, die unter den sozio-kulturellen Bedingungen spätmoderner Gesellschaften faktisch weltweit schrumpfen. Letzteres setzt die in den Merkmalen präsenten theologischen Einsichten nicht ins Unrecht – sollte aber doch Anlass für eine selbstkritische Grundhaltung sein.

tische Option und eine Zielperspektive dar.[26] Allerdings ist bisher jedes diese Ideen umsetzende gesellschaftliche Großexperiment nicht nur ökonomisch und ökologisch gescheitert, sondern konnte sich auch kurzfristig nur durch die eine oder andere Form eines Gulags halten.[27]

3. In den ›Hochzeiten‹ der ökumenischen Bewegung der Zeit nach dem Zweiten Weltkrieg und insbesondere nach dem Zweiten Vatikanischen Konzil erschien die Kircheneinheit als eine tiefhängende Frucht des Geistes. Nicht wenige begriffen die ökumenische Bewegung gar als die Avantgarde der Welteinheit. Für Protestanten fällt die Bilanz ernüchternd aus: Zweifellos kam es speziell in Kontexten, in denen die katholische Kirche nicht über die religionspolitische Macht der Mehrheit verfügt, zu atmosphärischen Aufhellungen. Darüber hinaus hat sich die katholische Kirche jedoch an keinem Punkt substantiellen Dissenses in der Lehre bewegt (Abendmahlsgemeinschaft, Amt, Anerkennung als Kirche etc.).[28] Nicht zuletzt ist auch der ökumenische Enthusiasmus, der den Weltkirchenrat mit Leben versehen hat, analog zur Begeisterung für die Vereinten Nationen erloschen.

4. Für die Nachkriegszeit prägend war eine starke Hoffnung auf Frieden und Entwicklung in post-kolonialen Staaten. Obwohl ein pauschales Urteil nicht möglich ist, so fällt doch auf, dass trotz großen Ressourcenreichtums der meisten post-kolonialen Staaten in keinem Land eine Universität gegründet wurde, zu dem die Eliten bereit wären, ihre eigenen Kinder zu schicken – ganz abgesehen von der Entwicklung von Zivilgesellschaften und weitgehend unabhängigen Rechtssystemen.[29]

5. Nicht erst mit dem Aufkommen des Internets, sondern schon im Zuge der Medienrevolutionen der 70er Jahre entwickelte sich die Vorstellung eines durch Kommunikationstechniken zusammenwachsenden globalen Dorfes. Faktisch befördert jedoch beispielsweise das Satellitenfernsehen die Ausbildung segregierter Identitäten und lässt die mediale Beobachtung verstärkt

---

[26] Diese Option kann direkt ausgesprochen werden oder aber indirekt durch eine grundstürzende Kritik an ›dem kapitalistischen System‹. Der Vater Angela Merkels ist aus diesem Grunde als Pfarrer freiwillig und aus Überzeugung in die damalige DDR übergesiedelt. Die DDR-Affinität von Theologen des Ostens und des Westens stellt ein noch unzureichend aufgearbeitetes Kapitel der theologischen Ideengeschichte der zweiten Hälfte des 20. Jahrhunderts dar. Bei den entsprechenden Akteuren überwiegt ein Bedauern über das Scheitern eines »verbesserlichen Sozialismus« (H. Falcke).

[27] Dass ein Staatshandeln ökologisch sensibler und wirtschaftlich gerechter angelegt ist als ein privatwirtschaftliches Handeln, widerlegen gegenwärtig die Politiken Chinas und Russlands. Überhaupt scheint der Sozialismus eine der robustesten Gegenweltimagination zu sein, die noch durch keinen der gescheiterten politischen Testläufe dauerhaft verabschiedet wurde.

[28] Siehe exemplarisch die ernüchterte Bilanz »Fourty years later« in Otto Hermann Pesch, *The ecumenical potential of the Second Vatican Council: Père Marquette lecture in theology 2006* (Milwaukee, WI: Marquette University Press, 2006), 52ff.

[29] Dies das Argument des senegalesischen Schriftstellers und Philosophen Abasse Ndione. Vgl. Abasse Ndione, »Ministersöhne fliehen nicht,« *Süddeutsche Zeitung*, 19.08.2015.

konfliktaffine Differenzen wahrnehmen.[30] Globale Kommunikation feuert auch Konflikte an.[31]

6. Obwohl die bipolare Welt der Nachkriegszeit nicht durch die Friedensbewegung der westlichen Kirchen, sondern durch ökonomische Erschöpfung der Kontrahenten aufgelöst wurde, war dieser Prozess doch auch von Kirchen und Theologen als Anbruch einer Friedenszeit mit geradezu religiöser Dignität gefeiert worden. Die Fülle der alten wie neuen Konflikte in der nun noch nicht klar definierten multipolaren Welt haben die Hoffnung auf eine Friedenszeit jenseits des großen Ost-West-Konflikts als Illusion entlarvt.

7. Dass aus einem Dialog der Weltreligionen nicht nur ein vertieftes Verständnis der jeweils anderen Orientierung, sondern auch eine religiöse Toleranz als Anerkennung der Anderen (nicht nur in liberalen Demokratien) und letztlich gar ein gemeinsames Ethos der Weltreligionen erwachsen kann, prägt seit mehr als hundert Jahren die organisierte Begegnung der großen Religionen. Der ehrliche Blick auf die offenen und schwelenden Religionskonflikte dieses beginnenden Jahrhunderts stimmt für das religiöse Feld jenseits der bekannten »frequent travelers« eher grundlegend skeptisch. Religiöse Toleranz außerhalb des harten Rahmens westlicher Verfassungen scheint eine Illusion zu sein.[32]

8. Gegenwärtig noch immer wirkmächtig ist die Hoffnung auf die Emergenz einer globalen Zivilgesellschaft, die den Menschenrechten Anerkennung verschaffen hilft, Kulturen zu überbrücken vermag und einen Nationalstaaten überwindenden Kosmopolitanismus befördert. Ein solcher Ansatz kann sicherlich den Kirchen als intermediären Institutionen einen politischen Ort zuweisen.[33] Allerdings unterschätzt er nicht nur die Resilienz staatlicher Gewalt, sondern überschätzt auch die demokratische Legitimation, finanzielle Transparenz

---

30 Innerhalb der Kirchen bzw. der Ökumene sedimentierte sich dieser auch christliche gestützte Optimismus in der Gründung der World Association of Christian Communication (WACC) mit Sitz in Kanada und finanziert aus kirchlichen Mitteln. Sprechend für die opak-universelle Ausrichtung das aktuelle Motto: »Communication for all«. Siehe http://waccglobal.org/home (letzter Zugriff, 22.09.2017).

31 Ein Lehrstück über die sachliche, soziale und territoriale Konfliktverstärkung durch mediale Beobachtung waren die mörderischen Auseinandersetzung um die Mohammed-Karikaturen nach deren Veröffentlichung am 30. September 2005 in der dänischen Zeitung *Jyllands-Posten*. Die Forschungsliteratur dazu ist Legion.

32 Vgl. exemplarisch die Studie des PEW-Research Centers aus dem Jahr 2014 »Religious Hostilities Reach Six-Year High« (http://www.pewforum.org/2014/01/14/religious-hostilities-reach-six-year-high/, letzter Zugriff: 23.09.2017); ernüchternd auch er jährliche Verfolgungsindex von OpenDoors (https://www.opendoors.de/christenverfolgung/weltverfolgungsindex, letzter Zugriff: 23.09.2017).

33 Zu den impliziten wie expliziten Prämissen des Kosmopolitanismus kritisch von der post-marxistischen Linken Chantal Mouffe, *Über das Politische: Wider die kosmopolitische Illusion* (Frankfurt am Main: Suhrkamp, 2007); Ernesto Laclau and Chantal Mouffe, *Hegemony and socialist strategy: towards a radical democratic politics* (London: Verso, 1985). Analog die Kritik an der Überbewertung der politischen ›Bewegungen‹ gegenüber den verfassungsmäßigen Institution und Organen der repräsentativen Demokratie. Die

und kulturübergreifende Macht von NGOs, die andere Institutionen der demokratischen Willensbildung, wie Parteien, aushöhlen.[34]

9. Ein die liberalen Kirchen des Westens mobilisierendes moralisches Großprojekt der 80er Jahre war der Kampf gegen die Apartheid in Südafrika. Nach der Begeisterung für die mit Nelson Mandela verbundene politische Aufbau- und Versöhnungsarbeit rückte Südafrika soweit aus dem Fokus der moralischen Aufmerksamkeit, dass das laute Beschweigen der gegenwärtigen Demontage demokratischer Institutionen, der wachsenden Ungleichheit, des Absinkens des Bildungsniveaus und nicht zuletzt der Ausbildung einer tendenziell nationalistischen Staatsideologie schon wieder sprechend ist.

10. Unter dem Eindruck des Ersten und dann vor allem des Zweiten Weltkrieges hat der deutsche Protestantismus zunehmend eine eminent förderliche Haltung gegenüber transnationalen Einrichtungen wie dem Völkerbund und dann den Vereinten Nationen und Staatenbünden wie der Europäischen Union eingenommen. Allerdings dürfte es noch unausgemacht sein, ob sich der verbreitete und auch kirchlicherseits gestützte Abgesang auf den Nationalstaat angesichts der langfristigen Instabilität von Empires als wahr erweisen wird.[35] Eindrücklich ist, wie weitgehend die Nutznießer funktionierender (National) Staatlichkeit ausblenden, dass der Nationalstaat Teil einer neuzeitlichen Freiheitsgeschichte ist.[36]

Ohne Zweifel ließe sich die Liste der gescheiterten oder zumindest hoch ambivalenten Hoffnungsprojekte fortsetzen. Ein aktuelles moralisch-religiös

---

operative Abwertung der Parlamente gegenüber den über Bewegungen erzeugten aktuellen Stimmungslagen lässt sich in vielen westlichen Demokratien beobachten.

34 Für die seit den frühen 2000er Jahren wachsende Kritik aus Recht und Politikwissenschaft exemplarisch Rana Lehr-Lehnhardt, »NGO Legitimacy: Reassessing Democracy, Accountability and Transparency,« *Scholarship@Cornell Law: A Digital Repository* (2005), 1–51; Kim D. Reimann, »Up to No Good? Recent Critics and Critiques of NGOs,« in *Subcontracting peace: the challenges of NGO peacebuilding,* hrsg. Oliver P. Richmond and Henry F. Carey (Aldershot: Ashgate, 2005), 37–53. Innerhalb des kirchlich-theologischen Diskurses werden die Verfasstheit und die Institutionen der Zivilgesellschaft noch weithin idealisiert und hinkt die Wahrnehmung den ersten Kritiken aus dem Raum der Politikwissenschaft ca. 15 Jahre hinterher.

35 Zur Kritik der Europäischen Union von Seiten einer linken Soziologie und Politikwissenschaft in Auseinandersatzung mit Jürgen Habermas vgl. Wolfgang. Streeck, *Gekaufte Zeit: die vertagte Krise des demokratischen Kapitalismus* (Bonn: Bundeszentrale für Politische Bildung, 2013); aber auch Pierre Manent, *A world beyond politics?: a defense of the nation-state* (Princeton: Princeton University Press, 2006); ders., *Democracy without nations?: the fate of self-government in Europe* (Wilmington, Del.: ISI Books, 2007).

36 Exemplarisch Hartmut Ruddies, »Religion und Nation. Reflexionen zu einem beschädigten Verhältnis,« in *Gott im Selbstbewusstsein der Moderne. Zum neuzeitlichen Begriff der Religion,* hrsg, Ulrich Barth and Wilhelm Gräb (Gütersloh: Gerd Mohn, 1993), 196–221. Das Standardargument gegen den Nationalstaat besteht aus dem Verweis auf die mit ihm verbundene Kriegs- und Gewaltgeschichte - immer voraussetzend, die vorgängigen und späteren Empires seinen weniger kriegs- und gewaltaffin gewesen.

und zugleich menschenrechtlich gestütztes Hoffnungsprojekt ist das einer postnationalen Welt ohne Grenzen, in dem die Kirchen wenig Bereitschaft zeigen, theologisch und sozialpolitisch zwischen Asylsuchenden, Bürgerkriegsflüchtlingen und Wirtschaftsflüchtlingen zu unterscheiden. Eine sich an universalen Menschenrechten ausrichtende Universalisierung eines Erbarmensethos, das Migration zum Menschenrecht erklärt, dürfte spätestens mit ernsthaften Krisen geregelter Staatlichkeit erschüttert werden.[37]

II.2 Strategien im Umgang mit moralischen Hoffnungsgroßprojekten

Die Geschichten der genannten Hoffnungsgroßprojekte sind ganz ohne Zweifel immer auch Geschichten, in denen reale Not gewendet, Recht aufgerichtet und Hoffnung hinein in Prozesse und Strukturen der Hoffnungslosigkeit kommuniziert wurden und werden. Darüber darf nicht hinweggesehen werden.[38] In ihnen haben sich Christen gemeinsam mit anderen Akteuren gegen manifestes Unrecht engagiert und wurde zeichenhaft etwas von der ›Wirklichkeit der Auferstehung‹ sichtbar. In ihnen wurde nicht nichts bewegt.

Dennoch ist das offensichtliche Missverhältnis zwischen dem Enthusiasmus der Hoffnung und moralischer Gewissheit auf der einen Seite und dem Scheitern, der Ambivalenz der Resultate, dem zeitlich begrenzten Investment der Aufmerksamkeit und einer Politik der Entsorgung in das Vergessen auf der anderen Seite ebenso wenig zu übersehen.[39] Im Großen und Ganzen scheinen die moralischen HGPe eher Früchte einer *moralischen ecclesia triumphans* zu sein, die ihre jeweiligen zweifelsfreien moralischen Gewissheiten wie eine Mon-

---

37 So der programmatische Grundduktus des Dokuments »Zur aktuellen Situation der Flüchtlinge. Eine Erklärung der Leitenden Geistlichen der evangelischen Landeskirchen Deutschlands« vom 10. September 2015 (http://ekd.de/download/20150910_gemeinsame_erklaerung_fluechtlinge.pdf, letzter Zugriff: 23.09.2017). Die gleiche radikal universalistische Sicht vertritt undifferenziert und fraglos auch die neuere Schrift »›... und ihr habt mich aufgenommen‹ Zehn Überzeugungen zu Flucht und Integration aus evangelischer Sicht« vom 4. November 2017 (https://www.ekd.de/ekd_de/ds_doc/2017-04-11_Wort_zur_Lage.PDF, letzter Zugriff: 23.09.2017).

38 Selbstverständlich ist auch das Scheitern von ›konservativen‹ Großprojekten zu vergegenwärtigen. Die Finanzkrise der Jahre 2008/09 hat deutlich gemacht, wie illusionär die Hoffnung auf eine reine Selbststeuerung wirtschaftlichen Handelns war und ist – zumindest dann, wenn man nicht bereit ist, die Verelendung ganzer Bevölkerungsgruppen als unerwünschte, aber notwendige Nebeneffekte zu akzeptieren. Als Illusion hat sich auch herausgestellt, dass wirtschaftliche Verflechtung und Kooperation notwendig friedensförderlich ist. Der Nahostkonflikt beweist das Gegenteil.

39 Das Vergessen ist an dieser Stelle nicht als moralisches Problem zu markieren. Moderne, Aufmerksamkeit über massenmediale Kommunikation steuernde Gesellschaften (und Kirchen) organisieren das Vergessen über eine Verdrängung durch Kommunikation. Diesbezüglich luzide Elena Esposito, *Soziales Vergessen. Formen und Medien des Gedächtnisses der Gesellschaft* (Frankfurt am Main: Suhrkamp, 2002). Die Frage ist, wie dies reflexiv selbstkritisch eingeholt werden kann und wie dies die wuchtigen moralischen Gewissheiten irritieren müsste.

stranz vor sich herträgt. Natürlich können sich die Protagonisten der Projekte im Falle der Kritik auf die moralische Reinheit der Absichten zurückziehen – ein Vorgang der, daran sei erinnert, aber den eigenen Realismus des Geistwirkens untergräbt.

Die kirchliche und theologische Geschichte der HGPe wirft daher viele Fragen auf. Den spezifisch politischen Fragen kann an dieser Stelle nicht nachgegangen werden. Wichtiger sind ekklesiologische und pastoraltheologische, die theo-politischen und dann die im eigentlichen Sinne dogmatischen Fragen.

Verblüffend ist zunächst die Unfähigkeit der Kirchen zu einer konstruktiven und ehrlich bilanzierenden Selbstkritik, die auch die verbreitete Mischung aus moralischer Anmaßung und fehlendem Mut zur ›Counterculture‹ angemessen zurückfährt.[40] Irritieren ist, wie wenig die kirchlichen Akteure dieser HGPe den Umstand reflektieren, dass sie sich – gegenläufig zum verbreiteten prophetischen Gestus – stets auffallend passgenau in kulturellen Konsenskorridoren gesellschaftlicher Großklimata bewegen und sonstige gesellschaftliche Sensibilisierungen spiegeln. Die Kirchen und Teile der Theologie scheinen wenig mehr als ein Resonanzverstärker für anderweitig initiierte moralische Projekte zu bilden. Sie folgen weitgehend einer medialen Aufmerksamkeitssteuerung der liberalen Gesellschaften des Westens und hängen sich oft mit einem alarmistischen Gestus an vorhandene Aufmerksamkeitskonvergenzen an. Die moralischen Großprojekte mögen ein Zeugnis der christlichen Kraft des Hoffens sein, sie scheinen aber auch nicht weniger ein Zeugnis einer geringen inneren moralischen und analytischen Selbstständigkeit der christlichen Kirchen des Westens zu sein.

Nicht weniger problematisch ist die sich in ihnen weithin kenntlich machende schwach entwickelte Gesellschaftsanalyse. Diese Projekte werfen mit Macht die Frage nach den sozialphilosophischen Leittheorien kirchlichen Handelns auf. Gesellschaftsanalytisch betrachtet, offenbart sich in diesen Projekten zumeist eine Leugnung der poly-kontexturalen Verfasstheit moderner Gesellschaften und ein damit verbundenes übergroßes Vertrauen in eine zielgenaue politische Steuerbarkeit gesellschaftlicher Prozesse.[41] Sie spiegeln weithin Steuerungsillusionen, da die moralischen Gewissheiten die Ungewissheit in den Handlungsfolgen nicht toleriert. Weithin wird eine Steuerung westlicher Gesellschaften über Werte unterstellt.

---

[40] Der tiefe Respekt, den selbst harte intellektuelle Kritiker der Katholischen Kirche dieser zollen, rührt zu einem Großteil von deren Bereitschaft und Kraft, auch selbstbewusst Gegenkultur zu sein. Der liberale Protestantismus scheint diese Fähigkeit zum Protest außerhalb der Konsenskorridore verloren zu haben.

[41] Diesem Problem versuchte Michael Welker schon früh durch eine intensive Rezeption der Systemtheorie gegenzusteuern. Siehe *Theologie und funktionale Systemtheorie. Luhmanns Religionssoziologie in theologischer Diskussion*, hrsg. Michael Welker, (Frankfurt am Main: Suhrkamp, 1985); und *Kritik der Theorie sozialer Systeme. Auseinandersetzungen mit Luhmanns Hauptwerk*, hrsg. Werner Krawietz und Michael Welker (Frankfurt am Main: Suhrkamp, ^{2}1993).

Diese Hoffnungsprojekte provozieren natürlich grundlegendere Fragen wie: Wann wird eine religiös begründete politische Hoffnung illusionär? Wann erfordert das Scheitern von HGPe eine hartnäckige Geduld der Hoffnung und wann einfach ein nüchternes Lernen im Sinne eines Aufgebens von Illusionen? Wann erfordert das Scheitern von Hoffnungsprojekten schlicht Selbstkritik, das Eingeständnis von theologischen Irrtümern und möglicherweise gar öffentliche Buße? Wann bewirkt das Vertrauen in das Kommen bzw. die Präsenz des Reiches Gottes ein zu riskantes theo-politisches Verhalten? Wann erhöht das Vertrauen in das Geistwirken auf unangemessene Weise das politische Risikoverhalten?[42]

Angesichts des Missverhältnisses zwischen dem Anliegen der Weltveränderung und den vielfach nur moderaten positiven, oftmals nicht intendierten und z.T. auch gegenteiligen Folgen könnte es sich nahelegen, sich einer grundlegenden Kritik moralgetriebener Weltveränderung anzuschließen. Zur Unterstützung eines solchen antimoralischen Pessimismus könnten eine lange Kette philosophischer und soziologischer Zeugen aufgerufen werden.[43] Alternativ dazu könnte man, auch dies ist eine historisch erprobte Option, eine dezidiert millenarianistische oder gar apokalyptische Sicht auf Welt und Geschichte befürworten.[44] Ein solchermaßen düsterer Blick auf die Geschiche(n) würde sich in die durch die ökologische Krise beförderte kulturelle Verschiebung von einem utopischen auf ein dystopisches Denken einfügen.[45] Theologisch könnte eine solche Kritik Anschlüsse an das kommunitaristisch geprägte Denken von Stanley Hauerwas suchen – ein Denken, das dezidiert auf den Aufbau einer

---

42 In einer multirelationalen Konstellation kann das Vertrauen an einer Stelle an einer anderen Stelle die Risikobereitschaft unangemessen erhöhen lassen. Einer der wenigen Beiträge, die eindrücklich die Steigerung von Risikoverhalten aufgrund von Vertrauen reflektiert, ist Torsten Strulik, »Vertrauen: Ein Ferment gesellschaftlicher Risikoproduktion,« *Erwägen – Wissen – Ethik* 22, no. 2 (2011): 239–51. Sein Beitrag konzentriert sich auf die »problemerzeugende Funktion des Vertrauens« und hierin auf den »Beitrag des Vertrauens zur Ausweitung und Beschleunigung sozialer Risikodynamiken« (239).

43 Neben den bekannten philosophischen Klassikern des 19. und beginnenden 20. Jahrhunderts soziologischerseits Arnold Gehlen, *Moral und Hypermoral. Eine pluralistische Ethik* (Frankfurt am Main: Athenäum, 1969); Helmut Schelsky, *Die Arbeit tun die anderen. Klassenkampf und Priesterherrschaft d. Intellektuellen* (Opladen: Westdeutscher Verlag, 1975); und Niklas Luhmann, *Paradigm lost. Über die ethische Reflexion der Moral. Rede anläßlich der Verleihung des Hegel-Preises 1989* (Frankfurt am Main 1990) sowie ders., *Die Moral der Gesellschaft* (Frankfurt am Main: Suhrkamp, 2008).

44 Dass eine solche Sicht eine veritable Position darstellt, zeigt eindrücklich angesichts der Erfahrungen der Shoa Jacob Taubes und die breite von ihm ausgelöste theologische und kulturphilosophische Diskussion. Siehe Jacob Taubes, *Abendländische Eschatologie* (Bern: A. Francke, 1947); dies ausleuchtend *Abendländische Eschatologie. Ad Jacob Taubes*, hrsg. Richard Faber, Eveline Goodman-Thau und Thomas Macho, (Würzburg: Königshausen & Neumann, 2001).

45 Dystopien prägen nicht nur, aber vor allem die audiovisuelle und die literarische Imagination der Gegenwart. Vgl. hierzu die prägnante Analyse von Eva Horn, *Zukunft als Katastrophe*, S. Fischer Wissenschaft (Frankfurt am Main: S. Fischer, 2014).

Kirche setzt, die um ihre Fremdlingschaft in dieser Welt weiß und den Veränderungsimpuls christlichen Lebens konsequent auf die Herausarbeitung einer *Differenz* von Kirche und Welt fokussiert.[46] Hauerwas' offen proklamierter Rückzug aus Projekten einer Verwandlung der Welt stellt keinen neuen Quietismus dar, sondern setzt präzise auf die vorbildgebende, d. h. zeugnishafte und hierin kritische Existenz der Kirche als Gegenkultur. Von einer solchen Kirche gehen dann abseits aller Versuche politischer Interventionen höchst indirekte Wirkungen aus. Denkbar wäre auch, die neu aufkommenden Debatten um den Konnex von Christentum und tragischer Weltauffassung zu rezipieren.[47]

Allerdings, und das muss an dieser Stelle hervorgehoben werden, sind weder Apokalyptik, moralischer Pessimismus, dystopisches Denken, eine selbstabschließende und exklusive Betonung der Fremdlingschaft, noch letztlich eine christliche approbierte Tragik valide theologische Optionen. Diese Alternativen mögen kulturphilosophisch naheliegend sein und mögen eine beachtliche hermeneutisch-analytische Erschließungskraft besitzen. Sie sind aber aus dezidiert theologischen Einsichten heraus keine mögliche Antwort auf die Problematik überdehnter Hoffnungen.

Es ist aber auch daran zu erinnern, dass die Versöhnung der Welt mit Gott in Christus, die Auferstehung Jesu Christi und nicht zuletzt die Ausgießung des Geistes es nicht erlauben, den Rückweg anzutreten in das ganz klassisch lutherische Dual einer *allgemein* sündigen Welt unter der Herrschaft des Schöpfers einerseits und einem *partikularen* Bereich der Versöhnung in Kirche unter der Herrschaft Jesu Christi andererseits.[48] Die Welt ist nicht ganz sündig und nur partiell versöhnt, sondern ganz mit Gott versöhnt, aber nur partiell erlöst. Diese Verschiebung ist folgenreich und nicht aufzugeben. Die Auferweckung

---

[46] Stanley Hauerwas und William H. Willimon, *Resident aliens. Life in the Christian colony* (Nashville: Abingdon Press, 1989). Das Buch hat eine weitverzweigte Diskussion ausgelöst, die 25 Jahre nach dem ersten Erscheinen weitere kontroverse Debatten hervorgerufen hat. Erwähnenswert ist, dass Hauerwas' politische Auffassungen weithin der amerikanischen Linken zuzuordnen sind.

[47] Luzide das Gespräch zwischen Christentum und Shakespeare suchend Rowan Williams, *The tragic imagination* (Oxford: Oxford University Press, 2016); weiter insbesondere Giles Waller, »Freedom, fate and sin in Donald MacKinnon's use of tragedy,« in *Christian theology and tragedy: theologians, tragic literature and tragic theory,* hrsg. T. Kevin Taylor and Giles Waller (Farnham, Surrey, England/Burlington, VT: Ashgate, 2011), 101–18; im Horizont der Prozesstheologie siehe die die Tragik akzentuierende Einführung in *Philosophers speak of God*, hrsg. Charles Hartshorne and William L. Reese, Midway reprint (Chicago: University of Chicago Press, 1976), dort »Prologue. Deitiy as Divine Process and Tragic Love«, V–VI. Die Gegenwart und ihre scheiternden moralischen Märkte umsichtig erfassend Christopher Hamilton, *A philosophy of tragedy* (London: Reaction Books, 2016).

[48] Analog dazu kann es aber auch nicht um eine Revitalisierung der dreigliedrigen Unterscheidung in ein *regnum naturae*, ein *regnum gratiae* und ein *regnum gloriae* gehen. Siehe dazu Tambach. Diese Unterscheidung kann nur unzureichend die spezifische Situation der eschatologischen Differenz erfassen.

Jesu Christi und die Ausgießung des Geistes nötigen die Theologie dazu, die Situation der eschatologischen Differenz konsequent christologisch und vor allem pneumatologisch zu explizieren – ohne einen dunklen *deus absconditus*.[49]

In dem Moment, in der sich diese Alternativen mit Macht nahelegen, gilt es, sich zentrale Einsichten der Theologie Jürgen Moltmanns und Michael Welkers in Erinnerung zu rufen: Die vielfach unscheinbare, aber mächtige Wirklichkeit der Auferstehung und die vielgestaltige Ausgießung des Geistes Jesu Christi an Pfingsten reklamieren für sich eine *transformative Treue* Gottes, die diese mehr oder weniger veredelten Formen eines Pessimismus zurückweisen lässt. Es gilt, gegen eine Überdehnung der Hoffnung *und* gegenüber einer durchgehend pessimistischen Sicht einen *hoffnungsvollen und leidenschaftlichen Realismus* zu entwickeln, der in und aus einer sehr spezifischen Spannungslage lebt.

Vor dem Hintergrund dieser Einwände wird deutlich, wie die HGPe u.a. der Gefahr erliegen, die Differenz zwischen Kirche und Welt letztlich unangemessen zu nivellieren.[50] Die Hoffnungsprojekte öffnen den Blick auf ein breites Spektrum, das von der Verwandlung realer Not und einer hoffnungsvollen transformativen Würdigung vulnerablen Lebens an einem Ende des Spektrums bis hin zu einer inflationär gesteigerten Hoffnung und illusionären Veränderungsphantasien am anderen Ende des Spektrums reicht. An diesem Ende kann die Hoffnung auf eine ganz eigene Art in ihrem Hass auf das Bestehende schöpfungsnihilistisch werden und kann auf ihre ganz eigene Weise die von Friedrich Nietzsche geforderte und Dietrich Bonhoeffer beschworene Treue zur Erde aufkündigen.

Wie kann es, so die Frage, der im Folgenden nachzugehen ist, bei der Kombination aus theologischem Realismus, einem christologischen und pneumatologischen Universalismus und einer Sendungsekklesiologie zu so fragwürdigen und problematischen moralischen HGPe kommen? Wo liegt das theologische Problem? Anders formuliert: Wie kann in einer Theologie, die die drei genannten Umstellungen nicht revidieren möchte, eine illusionäre Überdehnung der Hoffnung vermieden werden?

Die im Folgenden weiter verfolgte These ist: Die moralischen HGPe stellen nicht angemessen in Rechnung, was es bedeutet, in der Situation der ›eschato-

---

[49] Für eine Alternative, die die Differenz markant deutlich macht, vgl. Peter Steinacker, »Luther und das Böse: theologische Bemerkungen im Anschluss an Luthers Schrift De servo arbitrio (1525),« *Neue Zeitschrift für systematische Theologie und Religionsphilosophie* 33, no. 2 (1991): 139–51.

[50] Auch hier ist es beeindruckend zu beobachten, wie subtil die späte Theologie Karl Barths verschiedene Momente in der Schwebe zu halten sucht. Siehe Barth, *Das christliche Leben* (s. Anm. 10), speziell die Erwägungen zur Bekanntheit Gottes in der Welt (187–253) und zu den sogenannten ›herrenlosen Gewalten‹ (363–99). Der Kontext einer Interpretation des Vaterunser-Gebetes erinnert daran, dass Christen die Überwindung der lebensfeindlichen Mächte von Gott erwarten – auch dann, sie wissen, dass diese Mächte von Menschen entfesselt und gestaltet werden.

logischen Differenz‹ zu leben. Ein nicht nur politischer, sondern im Kern theologischer (und dann auch wieder theo-politischer) Realismus verortet Theologie und Kirche in dieser spezifischen Situation.[51] Wie die fünfte Barmer These festhält, steht die Kirche mit all ihren vielfältigen Umwelten »in der noch nicht erlösten Welt«.[52] Der Gegensatz zur Erlösung ist jedoch – und dies ist aus dem Duktus der Barmer Theologischen Erklärung klar erkennbar – weder eine geschöpfliche Integrität noch einfach eine Welt der ›Sünde, des Todes und des Teufels.‹ Die Kirche steht in einer *durch Gott mit Gott vollständig versöhnten, aber noch nicht vollständig erlösten Welt.* Die *Differenz* zwischen universaler Versöhnung und partikularer Erlösung einerseits und einer vollständigen Erlösung andererseits kennzeichnet die Situation der ›eschatologischen Differenz‹. Diese Situation zu erfassen ist die Herausforderung für eine ehrliche und selbstkritische Theologie und einen im weitesten Sinne liberalen Protestantismus.

III. Leben in der eschatologischen Differenz – drei Hinweise

Wie lässt sich also die Situation der eschatologischen Differenz näher bestimmen? Was bedeutet sie für das Welthandeln der Kirchen? Welche Haltung erfordert sie? Wie wird in der Situation der eschatologischen Differenz die Unterscheidung zwischen Kirche und Welt vorgenommen – vorausgesetzt, dass kein Bereich der Welt der Gottesherrschaft vollständig entzogen ist? Zur Erfassung dieser Situation gilt es, sich knapp drei Hinweise zu vergegenwärtigen.

III.1 Die Welt als Raum des Kampfes zwischen Gott und Teufel

Wie das eingangs vorgestellte Zitat von Martin Luther deutlich macht, war es für ihn ein Kampf zwischen Gott und Satan, der seine Gegenwart zu bestimmen schien.[53] So intellektuell verlockend eine behände historische Distanzierung von der mittelalterlichen Imagination Martin Luthers auch sein mag, mit der Verabschiedung des Teufels sind die mit dieser Figur markierten Probleme noch lange nicht verschwunden. Wer allzu schnell der intellektuellen Versuchung einer schnellen Bereinigung der Gegenüberstellung von Gott und Teufel zu erliegen droht, sollte sich der Bemerkung eines modernen scharfzüngigen

---

51 Den Kontakt mit den Debatten um einen ethischen Realismus aufzunehmen ist notwendig, kann aber an dieser Stelle nicht geleistet werden. Den aktuellen Horizont absteckend Robin W. Lovin, *Christian realism and the new realities* (New York: Cambridge University Press, 2008).

52 *Die Barmer theologische Erklärung. Einführung und Dokumentation,* hrsg. Alfred Burgsmüller und Rudolf Weth (Neukirchen-Vluyn: Neukirchener Verlagsgesellschaft, 1983), 38.

53 Auf diese zutiefst mittelalterliche Seite Luthers macht eindrücklich aufmerksam Heiko Augustinus Oberman, *Luther: Mensch zwischen Gott und Teufel* (Berlin: Severin und Siedler, 1982).

Beobachters des Christentums ins Gedächtnis rufen: »Mit dem Verzicht auf Teufel und Hölle hakt die ganze Konstruktion aus ...[54]«

Für Martin Luther war dieser Topos doppelt dimensioniert, persönlich existenziell als Anfechtung und auf die geschichtliche Erfahrung bezogen. Wie auch immer man die Rede eines Kampfes zwischen Gott und Teufel heute theologisch rezipieren oder zurückweisen möchte, sie ist ein Hinweis auf eine grundlegend antagonistische Verfassung der Wirklichkeit in der Zeit der eschatologischen Differenz.[55] Es ist diese Spannung, die für Luther das Verhältnis zwischen Risiko und Vertrauen dominiert. Ob Gott zu vertrauen ist und ob Gott selbst zugleich zu große Risiken eingeht, diese Frage scheint im Moment der Erfahrung leidvoller Ereignisketten eher eine Tragödie nahezulegen oder eine quälend offene Frage zu bleiben. Für Luther kann der Blick auf die Geschichte(n) das Vertrauen in den Gott der Geschichte nicht direkt stützen. Die Erfahrung von mächtigen Gegensätzen, unlösbaren Konflikten und Gewalt provozierenden Konfrontationen von Interessen lässt nicht zu, aus den geschichtlichen Prozessen selbst das Vertrauen das Vertrauen in den Lauf der Geschichte(n) zu gewinnen. Dass Gott selbst auch der Schreiber der Geschichte ist, des Theaterstücks, in dem Gott gegen den Teufel kämpft, ist *aus* den aufgeführten Geschichte(n) so nicht unmittelbar erkennbar. Nicht unproblematisch ist allerdings, wie direkt Luther eine antagonistisch verfasste politische Wirklichkeit mit einem theologischen Antagonismus verbindet.

---

54 Niklas Luhmann, »Die Unterscheidung Gottes,« in *Soziologische Aufklärung. Beiträge zur funktionalen Differenzierung der Gesellschaft*, hrsg. Niklas Luhmann (Opladen: Westdeutscher Verlag, 1987), 236–53, hier 241. Zur rekonstruktiven Interpretation des Teufels bei Luhmann siehe Andrea Nickel-Schwäbisch, »›Ich bin ein Teil des Teils, der anfangs alles war.‹ Überlegungen zum Begriff des Teufels bei Niklas Luhmann«, in *Luhmann und die Theologie*, hrsg. Günter Thomas and Andreas Schüle (Darmstadt: Wissenschaftliche Buchgesellschaft, 2006), 117–28.

55 Zum Motiv des Kampfes bei Luther siehe exemplarisch Thomas Reinhuber, *Kämpfender Glaube. Studien zu Luthers Bekenntnis am Ende von De servo arbitrio* (Berlin: de Gruyter, 2000); und Uwe Rieske-Braun, *Duellum mirabile. Studien zum Kampfmotiv in Martin Luthers Theologie* (Göttingen: Vandenhoeck & Ruprecht, 1999); Hans-Martin Barth, *Der Teufel und Jesus Christus in der Theologie Martin Luthers, Forschungen zur Kirchen- und Dogmengeschichte* (Göttingen: Vandenhoeck &.Ruprecht, 1967); hermeneutisch aufschlüsselnd Oswald Bayer, *Martin Luthers Theologie. Eine Vergegenwärtigung* (Tübingen: Mohr Siebeck, 2003), aber zugleich auch den Antagonismus negierend: »Der Teufel, der erbittertste Feind des Menschen, der diesen ständig und überall angreift und bedrängt, ist nichts anderes als eine Maske des allmächtigen Gottes in seiner schrecklichen Verborgenheit« (185).

III.2 Das analoge und das disruptive Wirken des Geistes in der Situation der eschatologischen Differenz

Der zweite Hinweis für die Charakterisierung der Situation der eschatologischen Differenz ist eine bei dem Apostel Paulus beobachtbare Gleichzeitigkeit von *zwei* Modellen der Wirksamkeit des Geistes.[56]

Im Zusammenhang der wahrnehmenden Teilhabe der Christen am Seufzen der Schöpfung findet sich bei Paulus ein *analoges/skalierbares*, das heißt ein mehr oder weniger kennendes Modell der Gegenwart und Wirksamkeit des neues Leben gebenden und Leben intensivierenden Geistes Gottes (Röm 8). Dieser Geist ist aber zugleich die Leben gebende Macht, die Christus aus dem Tod in das Leben der Auferstehung gerufen hat. Die schöpferische Macht des Geistes ist in der Auferweckung Jesu Christi in einer Weise intensiviert, dass ein qualitativer Sprung sich ereignet: die Überwindung des Todes. In der Auferweckung Jesu zeigt sich darum ein Modell, das hinsichtlich der Wirksamkeit des Geistes mit einer *digitalen/disruptiven* Unterscheidung operiert. Im Rahmen dieser nicht analogen, sondern digitalen Unterscheidung hält Paulus dann im Kontext der Auseinandersetzungen der Gemeinde in Korinth äußerst realistisch fest, dass die Überwindung des Todes noch aussteht – obwohl der Geist in der Gemeinde in einer Fülle an Charismen unstrittig schon machtvoll am Werk ist bzw. sein kann. All die Menschen, die diese digitale Schwelle der noch ausstehenden Überwindung des Todes für das christliche Leben nicht relevant erachten, hält Paulus für »die elendsten unter allen Menschen« (1Kor 15,19b).[57]

Die Zeit der eschatologischen Differenz ist also trotz der Wirksamkeit des Geistes unentrinnbar noch durch die Präsenz des Todes gekennzeichnet. Die Hoffnung auf die Überwindung des Todes markiert ein fundamental disruptives Ereignis, eine qualitative Differenz – wie auch immer die Auferstehung selbst theologisch gedacht werden kann.[58] Die Pointe der paulinischen Argumentation besteht darin, anhand der Auferstehung Jesu Christi zwei Zeiten scharf zu unterscheiden: die Zeit, in der *nur* Christus auferstanden ist und eine Zeit, in

---

[56] Zur Erkenntnis und kognitive Orientierung generierenden Funktion von Modellen siehe Wissenschaft und Kunst der Modellierung: *Kieler Zugang zur Definition, Nutzung und Zukunft*, hrsg. Bernhard Thalheim und Ivor Nissen (Berlin: de Gruyter, 2015).

[57] Zur Auferstehung bei Paulus siehe Gerhard Sellin, *Der Streit um die Auferstehung der Toten: eine religionsgeschichtliche und exegetische Untersuchung von 1 Korinther 15* (Göttingen: Vandenhoeck & Ruprecht, 1986); Michael Wolter, *Paulus: ein Grundriss seiner Theologie* (Neukirchen-Vluyn: Neukirchener Verlagsgesellschaft, 2011), §23 u. 24; zur Vernichtung des Todes vgl. auch Reinhard Feldmeier and Hermann Spieckermann, *Der Gott der Lebendigen. Eine biblische Gotteslehre* (Tübingen: Mohr Siebeck, 2011), 515ff.

[58] Zur aktuellen Diskussion zwischen Exegese und systematischer Theologie Welker, *Gottes Offenbarung* (s. Anm. 9), 99–134; zur Ansätzen eines gegenwärtigen Verstehens *Die Wirklichkeit der Auferstehung*, hrsg. Hans-Joachim Eckstein und Michael Welker (Neukirchen-Vluyn: Neukirchener Verlagsgesellschaft, 2002); tiefgreifende Resonanzen zwischen jüdischen und christlichen Auferstehungshoffnungen erschließen Kevin Madigan und Jon Douglas Levenson, *Resurrection. The power of God for Christians and Jews* (New Haven: Yale University Press, 2008).

der dies *dann auch* für andere Menschen Ereignis wird. An diesem Punkt gibt es keine *imitatio* Christi. Hier würde jeder Versuch einer Antizipation, einer realen Vorwegnahme oder einer modellhaften Inszenierung die Sache selbst, die Überwindung des Todes in der Auferstehung der Toten, banalisieren. In der Zeit der eschatologischen Differenz ist dieses todesüberwindende, disruptive Wirken des Geistes strikt auf Christus beschränkt.

Ist der Geist Gottes die Macht der Auferstehung, so fällt auf, dass beide, das analoge/skalierbare wie auch das digitale/disruptive Modell im Kontext der Rede von Gottes Geist eingespielt werden. Offensichtlich ist die Zeit der eschatologischen Differenz durch beides gekennzeichnet: analoge Prozesse der relativen Nähe und Präsenz der Wirklichkeit der Auferstehung im Wirken des Geistes und doch zugleich auch durch eine relative Grenze des Geistwirkens, d. h. eine noch *ausstehende* disruptive Intervention Gottes. Dieses Nicht-Ereignis markiert in der Gegenwart auch Distanz, Differenz und Abwesenheit. Zweifellos verbindet der Geist »das Leben der Glaubenden mit dem Leben des Auferstandenen, er lässt sie daran Anteil gewinnen«.[59] Doch diese Anteilgabe ist in der Zeit der eschatologischen Differenz prinzipiell begrenzt, denn die Anteilgabe an der Todesüberwindung steht noch aus.

Ohne die Überwindung des Todes wird das Leben sich unausweichlich als eine dynamisch antagonistische ›Einheit aus Leben und Tod zugunsten des Lebens‹ vollziehen. Diese Einheit realisiert sich stets in einem Kampf *um* das Leben und *gegen* den Tod – der zu oft die Gestalt eines Kampfes gegen anderes Leben gewinnt. In einer noch unerlösten Welt vollzieht sich dieser Kampf in den Grauzonen des Moralischen und in vielfältigen Konfliktzonen des Politischen, des Künstlerischen und Ökonomischen, um nur wenige Felder zu nennen. Das theologische Feld dieses Kampfes ist u. a. die Klage. Von Christen verlangt Paulus ein Doppeltes: aus Hoffnung sich nicht mit dem Tod zu versöhnen und darum die Spannung zwischen der Zeit der Kopräsenz des Geistes und des Todes und der anderen Zeit der Überwindung des Todes nicht aufzulösen.[60]

Jegliche Rede von der Wirklichkeit der Auferstehung, der Neuen Schöpfung und der universalen Wirksamkeit des Geistes muss diese Doppelung konzeptionell in Rechnung stellen. Luther selbst hat diese Spannung in der eingangs zitierten Bemerkung durch ein Zwei-Ebenenmodell aufzulösen versucht.

III.3 Antagonistische Politik jenseits familialer Konsensethik

Der dritte, hier nur knapp vorzustellende Hinweis kommt von der Philosophin und Politikwissenschaftlerin Chantal Mouffe, einer postmarxistischen linken

---

[59] Welker, *Gottes Offenbarung* (s. Anm. 9), 132.

[60] Die Auferstehung von den Toten ist daher der entscheidende Konfliktpunkt im Gespräch mit jeglicher Spielart eines theologischen Naturalismus. Dies zeigt sich deutlich noch in der massiv polemischen Abgrenzung von Seiten eines radikalen Naturalismus. Vgl. Mark Johnston, *Surviving death* (Princeton: Princeton University Press, 2010).

Kritikerin linksliberaler Politik.[61] Unter kritischem Bezug auf Carl Schmitt betont sie den grundlegend und unüberwindlich antagonistischen Charakter des Politischen und grenzt dies von den Sphären der Wirtschaft wie auch der familialen, konsensorientierten Ethik ab. So stehen für Mouffe nicht nur die demokratische Orientierung an Gleichheit und die liberale Orientierung an Freiheit in einem bleibend unauflöslichen Spannungsverhältnis. Auch die Vorstellung eines vernünftigen Konsenses in der Politik, durch den die Antagonisten der Interessen letztlich aufgelöst werden, ist nicht nur illusionär, sondern geradezu kontraproduktiv und irreführend. Diese Vorstellung führt zu einer durchgehenden Moralisierung des politischen Diskurses und d. h. zu einer Elimination der Politik im prägnanten Sinne. Wird die antagonistische »Wir/Sie-Unterscheidung« überspielt durch ein »Vokabular von Richtig und Falsch bzw. Gut und Böse«, so wird die Gegnerschaft

> ins moralische Register verlagert [...], indem die Begriffe gut und böse benutzt werden, um zwischen ›guten Demokraten‹ und den ›Bösen‹ zu unterscheiden [...]. Wird ein politischer Antagonismus auf diese Weise hergestellt, so nenne ich dies die Moralisierung des Politischen. Wir können dies heutzutage in unterschiedlichen Bereichen beobachten: die Unfähigkeit, gesellschaftliche Probleme politisch auszudrükken und politische Lösungen anzustreben, führt dazu, dass eine zunehmende Zahl von Themen moralisch gefasst wird. Das ist natürlich abträglich für Demokratien, denn wenn sich die Opponenten nicht politisch, sondern moralisch definieren, können sie nicht mehr als Gegner, sondern nur mehr als Feinde betrachtet werden. Mit den Bösen ist keine antagonistische Debatte möglich, sie müssen beseitigt werden.[62]

Mouffes provozierender, aber beobachtungsgestützter Hinweis ist, dass die Übertragung von einer familialen und konsensorientierten Nahbereichsethik zu einer systematischen Leugnung unauflöslicher Interessensgegensätze im Raum der Politik führt. Diese Leugnung hat letztendlich einen gegenteiligen Effekt, da die Moralisierung politischer Probleme faktisch zu einem Ausschluss der bösen anderen und hierin zu einer Gefährdung der Demokratie führt. Geleugnet wird in den politischen Theorien Jürgen Habermas' und John Rawls aber auch, so Mouffe, die radikale Differenz zwischen Individuen einerseits und stets und unausweichlichen präsenten, nicht gänzlich abstreifbaren Gruppenidentitäten andererseits. Nicht zuletzt wird in der Forderung nach dem Austausch vernünf-

---

[61] Chantal Mouffe ist Professorin für Politische Theorie an der University of Westminster in London. Im Feld des Postmarxismus bezieht sie sich auf die Hegemonietheorie Antonio Gramscis, sucht aber auch die konstruktive Auseinandersetzung mit Carl Schmitt. Die Gesellschaftsanalysen, auf die sie ihre Kritik zuspitzt, sind mit den Namen Jürgen Habermas und John Rawls verbunden. Siehe Chantal Mouffe, *Gramsci and Marxist theory* (London/Boston: Routledge & Kegan Paul, 1979); dies., *The challenge of Carl Schmitt*, Phronesis (London/New York: Verso, 1999); und dies., *Über das Politische* (s. Anm. 33).

[62] Chantal Mouffe, *Agonistik: die Welt politisch denken* (Berlin: Suhrkamp, 2014), 208f.

tiger Argumente durch rationale Akteure die unauflöslich konfliktaffin-emotionale Seite des Politischen entweder verleugnet oder moralisch stigmatisiert. All dies sind jedoch nicht wegzurationalisierende Elemente, die zu den Grundelementen der politischen Sphäre gehören.

Chantal Mouffes linke Kritik an dem gegenwärtig westliche Demokratien prägenden links-liberalen politischen Denken kann an dieser Stelle nicht en Detail dargelegt werden. Nur zwei Implikationen verdienen herausgegriffen zu werden. Der bleibend *antagonistische* Charakter der Politik befreit nicht jeden Fortschritt in Sachen Humanität von einem Schatten des Vorläufigen und in gleichem Maße nicht die jeweilige reale Herrschaft von einem Moment des Willkürlichen. Für eine moralisch-theologische Beobachtung der Politik bleibt diese in höchstem Maße moralisch riskant und daher von einer tiefen selbstkritischen moralischen Skepsis durchzogen. Die Politik ist nicht die Sphäre der Kommunikation moralischer Gewissheiten und Konsenssuche, sondern der geregelten und doch hochriskanten Entscheidungen in unüberwindlichen Interessensgegensätzen. Es ist gerade Leugnung der Antagonismen in der Moralisierung des Politischen, die zerstörerische und exkludierende Antagonismen erzeugt. Verfassungen sind die Rahmen und die entsprechenden Institutionen sind dann die Orte, innerhalb derer die Antagonismen ausgetragen werden können.

Selbstverständlich wäre es theologisch kurzschlüssig und verfehlt, wollte man das Moment des Antagonismus in der Politik vorschnell schöpfungstheologisch oder hamartiologisch deuten und hiermit theologisch heiligsprechen.[63] Allerdings stellt ihre Fassung der Politik auf produktive Weise eine verbreitete Entgrenzung der Kirche infrage, durch die die Sphäre der Politik mit repressiver Toleranz befriedet werden soll: Es ist die Gleichstellung der Überzeugung durch die friedliche ›Macht der Liebe‹ im Raum der Kirche und einer Überzeugung durch das friedliche, verständnis- und konsensorientierte, rationale und so letztlich ›bessere Argument‹. Durch diese Gleichsetzung wird nicht nur die epistemische Grenze zwischen Kirche und Welt verschliffen, sondern werden auch Interessensgegensätze entweder geleugnet oder mit Achtungsentzug bestraft. Handeln christliche Akteure im Raum der Politik, so ist dies kein Handeln in einer anderen sozialen Sphäre unter Beibehaltung der *gleichen* Mittel. Darüber hinaus erinnert Mouffe als linke Theoretikerinnen die Theologie und die Kirchen daran, dass in der Zeit der eschatologischen Differenz die den Christen aufgegebene politische Verantwortung sich stets in den Grauzonen der Macht, des Konflikts, der Interessensgegensätze und der Herrschaft vollzieht –

---

[63] Dies geschah in nicht geringem Maße in der deutschen Philosophie und Theologie über eine Rezeption und Deutung Charles Darwins durch Ernst Heckel und führte beispielsweise in der lutherischen Theologie dazu, den Krieg zur Schöpfungsordnung zu verklären. Gegen diese Auffassung legte die Friedensethik Dietrich Bonhoeffers zu Recht Widerspruch ein.

auch dann, wenn der politische Prozess in Demokratien glücklicherweise durch prozedurale Verfahren geregelt und auf Verfassungen gestützt wird.[64]

Alle drei Erinnerungen oder Einwürfe formulieren Herausforderungen für die Entdeckung, Konzipierung und Durchführung von moralischen HGPe:

Luther erinnert an einen Abgrund der Destruktion und des Widergöttlichen, in dem Gott selbst gegenwärtig ist und der nur von Gott selbst geschlossen bzw. überwunden werden kann. An diesen Stellen hoffen Christen auf die Macht des göttlichen Autors des geschichtlichen Dramas.

Paulus erinnert daran, dass alles Tun der Menschen vom Tod, und das heißt auch vom vielgestaltigen, aber auch hoch ambivalenten Kampf gegen den Tod und für das Leben unter den Lebendigen überschattet bleibt. Die Auferstehung Jesu Christi ist eine bleibende, wenngleich eschatologische *Differenzanzeige*.

Chantal Muff wirft ein, dass wer den agonalen Charakter der Politik durch deren Moralisierung leugnet, gegen alle gegenläufigen Beteuerungen einer destruktiven Logik verfällt: Das Böse bzw. die Bösen müssen von den Guten ausgeschlossen werden und die Uneinsichtigen sind aus dem politischen Prozess zu entfernen.[65]

Nochmals: Worauf setzen die Christen, worauf setzt die Kirche ihr Vertrauen? Angesichts des hohen Risikos, der Ambivalenz, der Fragwürdigkeit der HGPe und der damit einhergehenden Unsichtbarkeit des Wirkens des Geistes in der Welt kann sie nicht auf das Gelingen dieser Hoffnungsprojekte setzen. Sie kann ihre Hoffnung nicht auf die Resonanzfähigkeit ihrer eigenen mehr oder weniger gelingenden, mehr oder weniger fruchtbaren Werke gründen. In einem paulinischen Sprachraum formuliert, können Christen ihr Vertrauen nicht direkt auf die sichtbaren Gaben des Geistes und auf die effektive Geschichte der Wirkungen des Geistes Gottes gründen. Die Werke des Geistes im Raum der Welt erreichen nie die relative Bestimmtheit, relative Eindeutigkeit und Prägnanz wie das Wirken des Geistes im Raum der Kirche. Der Geist Jesu Christi, der den Raum der Kirche überschreitet, ist in seinem Wirken zugleich der Geist, der die Grenzen der Kirche baut. Die von Jesu Geist in seinem Wirken operativ erzeugten Grenzen der Kirche zu leugnen, hieße entweder die Kirche als besonderes Werk des Geistes zu missachten oder die relative Weltlichkeit der Welt leugnen zu wollen.

Allerdings erlauben die Versöhnung der Welt mit Gott in Christus, die Auferstehung Jesu Christi und nicht zuletzt die Ausgießung des Geistes nicht, den Rückweg in das ganz klassisch lutherische Dual einer allgemein sündigen Welt

---

64 In demokratischen Institutionen zielen Prozeduren nicht auf Konsens, sondern auf Entscheidungen und damit auf ein Implementieren bzw. Bestätigen von stets vorläufigen und ambivalenten Hegemonien. Aus diesem Grund sind ›Bewegungen‹ entweder ineffektiv oder potentiell verfassungsgestützte Verfahren langfristig gefährdend.

65 So ist beispielsweise – historisch-empirisch betrachtet – überaus evident, dass noch kein politisches sozialistisches Hoffnungsprojekt nicht der Versuchung unterlegen ist, die Durchsetzung der Hoffnung und die Gestaltung des guten Lebens mit Gewalt zu unterstützen.

unter der Herrschaft des Schöpfers einerseits und einer partikularen versöhnten Welt der Kirche unter der Herrschaft Jesu Christi anzutreten. Die Welt ist nicht ganz sündig und in der Kirche nur partiell erlöst, sondern *ganz* mit Gott versöhnt aber nur *partiell* versöhnt. Die Auferweckung Jesu Christi und die Ausgießung des Geistes nötigen die Theologie dazu, die Situation der eschatologischen Differenz konsequent christologisch und vor allem pneumatologisch zu explizieren – ohne einen dunklen *deus absconditus*.[66]

IV. Arbeit an der eschatologischen Differenz

Worin bestehen die theologischen Herausforderungen, die für eine realistische Erfassung der Situation der eschatologischen Differenz aufzunehmen sind? Die folgenden Erwägungen sollen weder den theologischen Realismus noch die Universalisierung oder die ekklesiologische Umstellung von Sammlung auf Sendung im Grundsatz problematisieren. Vielmehr gilt es, innerhalb dieser theologischen Markierungen einen moral-kritischeren und zugleich hoffnungsvollen Realismus zu entwickeln.[67] Ein dogmatisches und theo-politisches Umgehen mit der Situation der eschatologischen Differenz erfordert ein Umarbeiten mehrerer Themenfelder mit einer klaren Orientierung an einer *Topik der Differenz*. An dieser Stelle sind nur wenige Andeutungen als abschließende Reflexion möglich.

1. Die *Unterscheidung zwischen Versöhnung und Erlösung* bedarf einer sorgfältigen christologischen und pneumatologischen Ausarbeitung. Die Unterscheidung selbst kann ohne Zweifel von zwei Seiten relativiert bzw. verschliffen werden. Der Möglichkeitsraum der Versöhnung kann enthusiastisch überdehnt werden, es kann aber auch die radikale und *disruptive Neuheit* der Erlösung im Zuge der Kritik einer gegenweltlichen Eschatologie relativiert bzw. verkleinert werden. Wenn beide Tendenzen gleichzeitig vorherrschen, so kann es zu einer bedenklichen Überblendung des Versöhnungs- und des Erlösungsgeschehens kommen.

2. Die Situation der eschatologischen Differenz erfordert eine klarere Erfassung der *Differenz zwischen dem Werk Jesu Christi* einerseits und den verschiedenen *Intensitäten, Gegenwarten, Kreativitäten des Geistes Jesu Christi* andererseits

[66] Prägnant dazu Steinacker, »Luther und das Böse« (s. Anm. 48), 139–51.

[67] Um die Problemlast zu vergegenwärtigen, gilt es, sich kurz die Werkzeuge der klassisch-lutherischen ›Toolbox‹ in Erinnerung zu rufen, mit denen die Situation der eschatologischen Differenz bearbeitet wurden: Die Unterscheidung von *Gesetz und Evangelium* als Regierweisen Gottes, das Rechnen mit der *widergöttlichen Macht des Teufels* und nicht zuletzt die Unterscheidung zwischen dem Gott in Christus und dem dunklen, in der Geschichte waltenden *deus absconditus*. Auch dann, wenn alle drei Instrumentarien mit guten Gründen aus der theologischen Toolbox entfernt werden, steht die Frage im Raum: Wie ist mit der verbleibenden Problemlast zu verfahren? Mit welchen Werkzeugen lässt sie sich bearbeiten?

seits. Das Ereignis von Kreuz und Auferstehung als Versöhnungsgeschehen und radikaler Erneuerung ist zweifellos nicht nur als Möglichkeit, sondern als eine dynamische, sich ausbreitende *Wirklichkeit* zu begreifen.[68] Dennoch zeigen das Leben Jesu, das Kreuz und die Auferstehung *mehr* an als in dem gegenwärtigen Wirken des Geistes in Kirche und Welt schon eingeholt wird und werden kann. Die Wirkungen des Geistes haben gegenüber der Wirklichkeit der Auferstehung Jesu Christi eigene Zeitstrukturen und wohl auch eigene Präsenzformen. In den Prozessen der ›Welt‹, d. h. im Raum der Politik, der Kunst, des Rechts, der Bildung und des Wirtschaftens ist der Geist der Neuschöpfung nicht prinzipiell absent. Aber er ist auch nicht so eindeutig anwesend, dass diese Präsenz Stütze für das Vertrauen in Gott als Akteur in der Geschichte sein könnte.

3. Die richtige und notwendige Betonung der *Präsenz Jesu Christi* im Leiden der Welt und der *Gegenwart des Geistes* innerhalb und außerhalb der Kirche lassen im Horizont der eschatologischen Differenz nach den Gegenbegriffen fragen: *Entzug und Abwesenheit.* Wenn die Gegenwart Jesu Christi und des Geistes in den riskanten Prozessen der Geschichte nicht als unüberbietbare Fülle zu denken ist, so muss die Theologie die Themen des Entzugs und der Abwesenheit konstruktiv aufarbeiten. Die Orientierung an Differenz öffnet den Blick auf die Entzogenheit Jesu Christi als Moment der *gegenwärtigen* Realität der Auferstehung. Der aufgefahrene Christus ist als der gegenwärtig Abwesende der Kommende.[69] Auch die Emmaus-Geschichte wechselt von einem untragbaren Muster der Entzogenheit zu einem tragbaren Muster der Entzogenheit. Wie die neutestamentlichen Zeugnisse, die das Gehen des Christus und das Kommen des Geistes miteinander verschränken, deutlich machen, ist hier eine produktive Spannung zwischen Christusgegenwart und Geistesgegenwart zu entfalten. Dies eröffnet Perspektiven auf die schöpferische und auch konfliktbreite Lebendigkeit des trinitarisch zu denkenden Gottes.

4. Im Unterschied zu der Rezeption Ernst Blochs in der Hoffnungstheologie Jürgen Moltmanns wird es religionsphilosophisch fruchtbar sein, das Gespräch mit der *Differenzphilosophie Theodor Adornos* aufzunehmen.[70]

---

68 Welker, *Gottes Offenbarung* (s. Anm. 9), 195–233, konzipiert dieses Ausbreitungsgeschehen entlang der Metaphernräume König, Priester und Prophet als dreifache Gestalt des Reiches Gottes.

69 Der Themenkomplex Himmelfahrt wie auch das Motiv der Wiederkunft Jesus Christi zeigen im Kern Differenz an. Einer der wenigen Beiträge zum Problem bietet Douglas Farrow, *Ascension and Ecclesia. On the Significance of the Doctrine of the Ascension for Ecclesiology and Christian Cosmology* (Edinburgh: T&T Clark, 1999). Eine akademisch-theologische Distanznahme gegenüber der popular-religiösen und auf evangelikaler Seite gepflegten Erwartung einer Wiederkunft Jesu befreit noch nicht von den damit untergründig verbundenen Problemen.

70 Philosophisch entspricht der Orientierung an Abwesenheit eine Umstellung von der Hoffnungsphilosophie Ernst Blochs zur Negativen Dialektik Theodor Adornos. Dieser Problemkomplex greift auf die gegenwärtig entstehende Dissertation von Simon Layer zum Thema »Präsenz der Vollendung – Die transzendentale Bedeutung eschatologischer

5. Die in den Pneumatologien der letzten Jahrzehnte nur unzureichend entfaltete Differenz zwischen einem *Geist des Lebens* und dem *Geist Jesu Christi* erweist sich speziell in der Situation der eschatologischen Differenz als bedrängendes Defizit. Wie verhält sich der Geist Christi als Geist der Liebe und Wahrheit zu den Geistern der vitalen, begrenzenden und nicht zuletzt auch immer räuberischen Selbstaffirmation des Lebens, »zu dem Streben des Geschöpflichen nach Selbsterhaltung, Selbstwerdung und Selbstausbreitung«.[71] So berechtigt die Akzentuierung einer freien schöpferischen Selbstzurücknahme als Charakterisierung eines sozialen Emergenzgeschehens zugunsten des Reiches Gottes ist, so wenig erfasst es diejenigen Aspekte des individuellen und sozialen Lebens, die notwendig Selbstbehauptung, Wettbewerb, regelorientierten Kampf und riskante Abenteuer kennen – kurz: so wenig erfasst es das Leben der Christen in der Welt.[72] Wie weit die Welt durch Christus und den Geist für das Reich Gottes bewahrt werden kann und soll – dies war ein Anliegen Dietrich Bonhoeffers –, ohne schon das Reich Gottes zu werden, muss offen theologisch debattiert werden.

6. Auch eine christologisch und pneumatologisch universalistisch ansetzende Theologie muss die Arbeit an der *Differenz zwischen Kirche und Welt* wieder verstärkt aufnehmen. Dies betrifft nicht nur die epistemologische Dimension des besonderen Wissens und Erfahrens der Kirche, sondern auch die ontologische Dimension der Kirche als besonderer Wirklichkeit des Geistes, d. h. die Wirklichkeit und Qualität des göttlichen Handelns Gottes im Raum der Kirche. Die mit guten Gründen vorgenommene Infragestellung der lutherischen Zwei-Regimenter-Lehre bzw. deren faktische Verabschiedung beseitigt noch nicht die von ihr getragene Problemlast.[73] Ist die Kirche selbst ein Werk des Geistes, so schafft der Geist auch die *relativen Grenzen* zwischen der Kirche und den sie umgebenden Umwelten. Die Erwartungen Gottes an die Kirche und die Welt außerhalb der Kirche sind nicht die gleichen. Gott vertraut der Kirche in besonderem Maße.[74]

Hoffnung bei Moltmann und Adorno«. Siehe Theodor W. Adorno, *Minima Moralia. Reflexionen aus dem beschädigten Leben* (Frankfurt am Main: Suhrkamp, 1980); auch Jochen Gimmel, *Konstellationen negativ-utopischen Denkens: ein Beitrag zu Adornos aporetischem Verfahren* (Freiburg/München: Verlag Karl Alber, 2015); und insbesondere Michael Pauen, »Nihilismus der höchsten Erwartung: Soteriologie und Geschichte bei Th W Adorno,« *Zeitschrift für Religions- und Geistesgeschichte* 44, no. 4 (1992): 322–44.

[71] So kritisch auf die Erfahrungen bezogen, die der Geist Gottes nicht in Anspruch nimmt und auf denen er nicht »ruht«. Welker, *Der Geist Gottes* (s. Anm. 9), 310.

[72] Zum Motiv der schöpferischen freien Selbstzurücknahme siehe Michael Welker, »Das Reich Gottes,« *Evangelische Theologie* 52, no. 6 (1992): 497–512; ders., *Gottes Offenbarung* (s. Anm. 9), 223ff.

[73] Für die Absetzung von Luther siehe Jürgen Moltmann, *Politische Theologie – Politische Ethik* (München: Kaiser, 1984).

[74] Vgl. zu diesem Topos den Beitrag von Hannah Reichelt in diesem Band, 23–36.

7. Die Theologie ist herausgefordert, sowohl im Feld der Christologie wie auch der Pneumatologie die Zeit der eschatologischen Differenz auch als einen *Ort der Antagonismen und des Kampfes* zu begreifen, an dem der *Geist in der Gemeinde und in der Welt* in einer aktiven Auseinandersetzung steht. Die Wirklichkeit ist auch theologisch von vielfältigen Antagonismen durchzogen, die von der Leitimagination ›Gott als alles verstehender Therapeut‹ nicht erfasst werden. Obwohl die Vorbehalte gegenüber einer vorschnellen Remythologisierung der Theologie nicht ganz unberechtigt sind, gilt es, sich den hohen Preis einer Abblendung dynamisch kämpferischer Aspekte der biblischen Gottesvorstellungen zu vergegenwärtigen.[75]

8. Eine produktive sozialethische Theologie muss umsichtig die *Antagonismen im Raum des Politischen* entschlüsseln und von den *theologischen* Antagonismen unterscheiden. Dabei sind im Feld des Politischen drei Ebenen voneinander abzuheben: i) So gibt es zweifellos eine evolutionär produktive und hierin notwendige Vielfalt (*requisit variety*) an Ideen des Guten und entsprechenden Interessensvertretern. ii) Davon zu unterscheiden sind die für moderne, funktional differenzierte Gesellschaften charakteristischen Spannungen zwischen verschiedenen Systemrationalitäten – ein Umstand, der mangels einer Superkoordination dieser Gesellschaften nicht vermeidbar ist. iii) Wenn nun aber eine Systemrationalität die anderen überformt und beschädigt, dann entsteht ein in der Tat destruktiver Antagonismus, der Gestalten der strukturellen Gewalt und ›Sünde‹ annehmen kann. Unbestreitbar ist, dass die Theologie die gesellschaftlichen Antagonismen nur durch die Inanspruchnahme sozialphilosophischer Instrumentarien entschlüsseln kann – und hier schwierige Präferenzentscheidungen notwendig sind, die auch immer gleichzeitig Blindheit und Sicht erzeugen.

9. Die *Unterscheidung zwischen gut und böse* ist in der Zeit der eschatologischen Differenz Gottes eigenem Wirken überantwortet. Christen widerstehen dem Bösen, überlassen aber die letzte Überwindung des Bösen Gott selbst. Ist die Versöhnung der Welt mit Gott vollzogen, so werden die Christen von der Handhabung dieser Unterscheidung befreit. Die Bitte »Erlöse uns von dem Bösen« ist keine Selbstaufforderung, sondern eine Delegation der Unterscheidung in einem Akt der Klage.

---

[75] In diesem Sinne nachvollziehbar, wenngleich vorschnell die Moderne verabschiedend, Kevin J. Vanhoozer, *Remythologizing theology. Divine action, passion, and authorship* (Cambridge, UK/New York: Cambridge University Press, 2010). Schlagend ist das von Jon Levenson vorgebrachte Argument gegen einen Schöpfer, der nicht mehr gegen das Chaos kämpft: ein solcher Gott und eine solche Theologie sind schlicht langweilig. Jon D. Levenson, *Creation and the persistence of evil. The Jewish drama of divine omnipotence* (Princeton, N.J.: Princeton University Press, 1994), Preface. Entsprechend hat die Theologie große Probleme mit der konfliktaffinen Seite der Lebendigkeit Gottes. Neuzugänge eröffnet Bernd Janowski, *Ein Gott, der straft und tötet? Zwölf Fragen zum Gottesbild des Alten Testaments* (Neukirchen-Vluyn: Neukirchener Verlagsgesellschaft, 2014).

10. Ein essentielles Element eines hoffnungsvollen Realismus zur Erfassung der Zeit der eschatologischen Differenz ist das *Leiden an der Geduld Gottes*. Teil dieser Haltung ist die Anerkennung der realen Grenzen, die Bestandteil der universalen Sendung sind.

11. Für die Sendung der Kirche und für die Arbeit an HGPe wird es wesentlich sein, die *Differenzierung und Relationierung von Glaube, Liebe und Hoffnung* als Kommunikationsmedien des Geistes Christi präziser zu erfassen. Eine systematische Rückbindung der Hoffnung an den Glauben, d.h. Leben und Tod Jesu, skaliert die Hoffnung auf ein angemessenes Maß.

12. Die Situation der eschatologischen Differenz ist unter anderem charakterisiert durch die Suche nach *Antizipationen, Analogien und Gleichnissen* des Himmelreichs. Theologisch wie sozial-philosophisch ist zu fragen, wie die Differenz zwischen zeichenhaften Vorwegnahmen des Reiches Gottes und Säkularisaten der Erlösungshoffnung festgehalten werden kann. Säkularisate der Erlösung sind zugleich deren radikalisierte und totalisierende Realisierung wie auch deren Trivialisierung. Theologie und Kirchen sind an dieser Stelle aufgefordert, Konsequenzen aus der empirischen Einsicht zu ziehen, dass diese Säkularisate im historischen Raum des Politischen faktisch stets gewaltaffin wurden.[76]

Im Jahr des Reformationsjubiläums steht es der Theologie an, sich an eine elementare Einsicht der Reformatoren zu erinnern. Der Glaube kommt weder aus einer Weltbetrachtung, noch aus der Beobachtung der eigenen Werke, mögen sie noch so groß als Hoffnungsprojekte konzipiert sein. Er kommt – auch als dezidiert wahrnehmender Glaube – ausschließlich aus dem Hören des Wortes im Raum der Kirche. Das Kommen des Geistes im Wort der Predigt und das Kommen des Geistes in die Prozesse der Welt, dies ist zu unterscheiden. In der eingangs vorgestellten Bemerkung Luthers kommt prägnant zum Ausdruck, dass das Vertrauen in Gott keine Steigerungsform eines allgemeinen Vertrauens ist – sozusagen ein unbedingtes Vertrauen. Es ist, auch aus dem gepredigten Wort kommend, stets doppelt charakterisiert: Es ist zunächst ein Vertrauen in einen spezifischen Akteur und Autor, d.h. Gottvertrauen.[77] Als Gottvertrauen ist es in der Zeit der eschatologischen Differenz dann kein gewissheitsähnliches

[76] Dies ist der *basso continuo* der Autoren, die gegen die politische Moderne revoltierten. Siehe dazu Ted V. McAllister, *Revolt against modernity: Leo Strauss, Eric Voegelin, and the search for a postliberal order* (Lawrence, KS: University Press of Kansas, 1996), und aktuell Mark Lilla, *The shipwrecked mind: on political reaction* (New York: New York Review Books, 2016). Ein strukturell ähnliches Anliegen findet sich auch bei Charles Taylor, *Ein säkulares Zeitalter* (Frankfurt am Main: Suhrkamp, 2009).

[77] Anders Gerd Theissen, »Glaube als unbedingtes Vertrauen: theologische Aspekte,« in *Vertrauen*, hrsg. Karlheinz Sonntag and Madeleine Herren-Oesch (Heidelberg: Winter, 2011), 9–39; kritisch Andrea Lassak, *Grundloses Vertrauen: eine theologische Studie zum Verhältnis von Grund- und Gottvertrauen* (Tübingen: Mohr Siebeck, 2015); und Ingolf U. Dalferth, *Selbstlose Leidenschaften: christlicher Glaube und menschliche Passionen* (Tübingen: Mohr Siebeck, 2013), 264–363.

unbedingtes Vertrauen, sondern stets ein gebrochenes Vertrauen, das unausweichlich zwischen zwei Ebenen oszilliert: Der bangen realistisch-skeptischen Beobachtung der Welt-Geschichten und dem Rekurs auf den diese Geschichte umschreibenden Autor. Vertrauen bleibt darin riskant. Der verheißene, ausgegossene und in der Kirche sich kenntlich machende Geist ist stets beides: ein Geist der Hoffnung und ein Geist des Trostes.

Risiken einer verkörperten Schöpfung

Gregor Etzelmüller

Die biblischen Überlieferungen verstehen den Menschen elementar als verkörpert: Dass der Mensch nur Seele sei, kann zwar am Rande der griechischen Philosophie[1], nicht aber biblisch gedacht werden. Der hebräische Begriff, den man weithin mit Seele übersetzt, *næpæš*, meint in den alttestamentlichen Texten »Schlund, Rachen, Kehle«.[2] Als »das Organ der vitalen Bedürfnisse, ohne deren Stillung der Mensch nicht weiterleben kann«,[3] ist die *næpæš* kein »im Unterschied zum leibliche(n) Leben unzerstörbarer Daseinskern [...], der auch getrennt von ihm existieren könnte«.[4] Der hebräische Begriff erfasst den Menschen »in seiner Bedürftigkeit und Begehrlichkeit«, aber auch in seiner emotionalen »Erregbarkeit und Verletzlichkeit«, als pathisches Wesen, als psychosomatische Einheit.[5] Konsequent werden deshalb im Alten Testament die emotionalen und kognitiven Funktionen keinem vom Leib losgelösten Aktionszentrum des Menschen zugeschrieben, sondern als verkörperte Funktionen verstanden.[6]

Als verkörpertes Geschöpf ist der Mensch wie die Tiere[7] ein fleischliches Wesen. Als solches ist der Mensch biblisch gedacht von Gott unterschieden.

---

[1] In dem ursprünglich Platon zugeschriebenen, aber aus dem Umfeld der Akademie stammenden Dialog Alkibiades I *De natura humana* definiert Sokrates den Menschen allein als Seele: »Wenn nun weder der Leib noch das [aus Leib und Seele Zusammengefügte] der Mensch ist: so bleibt nur übrig, entweder nichts ist er, oder wenn etwas, so kann nichts anders der Mensch sein als die Seele.« [Alk. 1, 130c; Platon, *Werke in acht Bänden: Erster Band* (Darmstadt: WBG, 1977), 527-637, 617].

[2] Hans W. Wolff, *Anthropologie des Alten Testaments*, hrsg. Bernd Janowski (Gütersloh: Gütersloher Verlagshaus, 2010), 34.

[3] Ibid., 44.

[4] Ibid., 47.

[5] Ibid., 54; siehe auch Bernd Janowski, »Die lebendige næpæš: Das Alte Testament und die Frage nach der ›Seele‹,« in *Verkörperung als Paradigma theologischer Anthropologie*, hrsg. Gregor Etzelmüller, Annette Weissenrieder, TBT 172 (Berlin/Boston: de Gruyter, 2016), 51-94.

[6] Zur Verkörperung von Emotionen im Alten Testament siehe Mark S. Smith, »Herz und Innereien in israelitischen Gefühlsäußerungen: Notizen aus der Anthropologie und Psychobiologie,« in *Anthropologische Aufbrüche: Alttestamentliche und interdisziplinäre Zugänge*, hrsg. Andreas Wagner, FRLANT 232 (Göttingen: Vandenhoeck & Ruprecht, 2009), 171-81.

[7] Das Fleisch von Tieren (cf. Ex 22,20) und das Fleisch von Menschen (cf. Ex 20,32) werden biblisch mit demselben Begriff bezeichnet (cf. Gen 6,12f.,17; 1Kor 15,39).

»Der biblische Begriff des Fleisches [hebräisch: *bāśār*; griechisch: *sarx*] wird an keiner Stelle auf Gott selbst bezogen. Die Bibel kennt – bei aller Vielfalt an Anthropomorphismen – kein ›Gottesfleisch‹«.[8] Insofern steht die Fleischlichkeit der Schöpfung dafür ein, dass Gott sich in der Schöpfung nicht einfach verdoppelt hat, sondern von ihm verschiedene, aber lebendige – und in diesem Sinne: fleischliche[9] – Geschöpfe gewollt hat.

Zugleich ist aber zu bedenken, dass das schöpferische Wort Gottes Fleisch geworden ist. Das Fleisch ist also kein Gegenstand der Verachtung, sondern »ein Gegenstand der Liebe Gottes«.[10] Das spiegelt sich alttestamentlich darin, dass Gott die Schöpfung in ihrer Fleischlichkeit gut, ja sehr gut nennt, sie also zwar nicht als paradiesisch, wohl aber als lebensförderlich qualifiziert.[11]

Da wir im alltäglichen Lebensvollzug schlicht voraussetzen, dass der Leib funktioniert, tritt dieser in der Regel erst dann ins Bewusstsein, wenn er (scheinbar) versagt, ermüdet oder erkrankt. »In the case of fatigue or sickness, for example, it may appear as something ›in the way‹, a burden or annoyance«.[12] Der Mensch steht deshalb in der Gefahr, die Lebensförderlichkeit seiner leiblichen Existenz zu verkennen, den Leib als Begrenzung wahrzunehmen und folglich eine Leibfeindlichkeit auszubilden.[13]

Im Gefolge dieser Leibfeindlichkeit wurde auch in der Theologie die Leistungskraft des Leibkörpers[14] verstellt. Deshalb soll, bevor die Risiken der verkörperten Existenz beleuchtet werden, zuvor die Weisheit des Leibes skiz-

---

8 Magdalene L. Frettlöh, »›Gott ist im Fleische …‹. Die Inkarnation Gottes in ihrer leibeigenen Dimension beim Wort genommen,« in *Dies ist mein Leib: Leibliches, Leibeigenes und Leibhaftiges bei Gott und den Menschen*, hrsg. Jürgen Ebach (Gütersloh: Gütersloher Verlagshaus, 2006), 190; so auch Nikolaus P. Bratsiotis, »bsr,« *ThWAT* I (1973), 864.

9 In 2Kor 3,3 steht Fleischlichkeit für Lebendigkeit, das fleischliche Herz im Gegensatz zum versteinerten Herzen. Dass Pflanzen und Bäume biblisch nicht als Lebewesen wahrgenommen werden, verweist darauf, dass Fleisch als eine Materie verstanden wird, der Selbstbewegung eingeschrieben ist.

10 So Dietrich Bonhoeffer im expliziten Bezug auf die Menschwerdung: *Ethik*, hrsg. Ilse Tödt et al., DBW 6 (München: Chr. Kaiser, 1992), 81.

11 An dieser Unterscheidung ist Michael Welker im Sinne einer realistischen Theologie zurecht gelegen: »›Gut‹ heißt im Schöpfungsbericht lebensförderlich, nicht zu verwechseln mit paradiesisch und herrlich.« [Michael Welker, »Offene Fragen aushalten: Auf dem Gebiet der Religion brauchen Menschen Ehrlichkeit,« *zeitzeichen* 12 (2009), zugegriffen am 15.02.2017, http://zeitzeichen.net/archiv/interview/michael-welker-erloesung/].

12 Shaun Gallagher, *How the body shapes the mind* (Oxford: Oxford University Press, [2]2013), 28.

13 Im Blick auf die Philosophiegeschichte betonen Joerg Fingerhut, Rebekka Hufendiek, Markus Wild, »Einleitung,« in *Philosophie der Verkörperung: Grundlagentexte zu einer aktuellen Debatte*, hrsg. Joerg Fingerhut, Rebekka Hufendiek, Markus Wild, stw 2060 (Berlin: Suhrkamp, 2013), 18, »dass dem Gros der Theorien zu Kognition und Geist eine Körpervergessenheit und teilweise sogar Körperverachtung anhaftet«.

14 Ich spreche gelegentlich von Leibkörper, um deutlich zu machen, dass der Leib, der wir sind, immer schon verkörpert und folglich nicht von dem Körper, den wir haben, zu trennen ist.

ziert werden. Dadurch möchte ich verhindern, dass die Beschreibung der Risiken leiblicher Existenz leibfeindlich gelesen wird und in Leibfeindlichkeit umschlägt.

I. Die Weisheit des Leibes

In einer Auslegung der paulinischen Rede vom geistigen Leib hat Michael Welker auf der ersten Sommerschule unseres Heidelberger Anthropologieprojektes, wie ich meine, auch seine eigene Begeisterung über die Lebensförderlichkeit des Leibkörpers zum Ausdruck gebracht: »Paulus bewundert den Leib in dem Zusammenspiel seiner verschiedenen Glieder und in seiner Fähigkeit, über die Selbsterhaltungsinteressen des Fleisches hinauszugehen und anderen Menschen und Geschöpfen zu Diensten zu sein. Der Leib beeindruckt durch das organismische Zusammenspiel einer begrenzten Vielzahl von Gliedern. Er wird deshalb für Paulus zu einem idealen Bild von Gemeinde und Kirche: ein polyphones Zusammenspiel der Glieder zur wechselseitigen Stärkung und Erbauung, nicht durch monohierarchische Machtformen, sondern nur durch wechselnde funktionale Vor- und Überordnungen strukturiert. Das Zusammenspiel der Glieder des Leibes spiegelt darüber hinaus die Vielfalt der Geistesgaben in einem organischen und fruchtbaren Zusammenhang. Durch den Leib wird der Geist greifbar.«[15]

Für Paulus, der offensichtlich gar nicht so leibfeindlich ist, wie ihm oft unterstellt wird, ist der Leib viel geistiger, als die Moderne gewöhnlich annahm. Mit dem Verkörperungsparadigma gewinnt die Theologie einen Gesprächspartner, der ihr hilft, die (paulinische) Einsicht in die Geistigkeit des Leibes in den interdisziplinären Diskurs einzuspielen und so dazu beizutragen, einen reduktionistischen Naturalismus zu überwinden, der meint, das Biologische allein kausal-mechanistisch beschreiben zu können.

Nimmt man die Einsicht ernst, dass sich der biologische Akt nur in der Verschränkung erst- und drittpersonaler Perspektiven erschließt, wird man gewahr, dass die (im Deutschen) gängige Unterscheidung von Leib und Körper immer schon durch den je eigenen Leibkörper unterlaufen wird. Ohne dass ich mir der Leistungen meines Körpers im Einzelnen bewusst bin, geschweige denn, dass ich sie im Einzelnen kontrolliere, ermöglicht mir mein Körper die Ausführung intentionaler Akte. Wir müssen also nicht nur Leib (als den je eigenen Körper in erstpersonaler Wahrnehmung) und Körper (als Objekt naturwissenschaftlicher Forschung) unterscheiden, sondern von beidem noch einmal »the body as it operates outside the subject's conscious awareness, although still

---

15 Michael Welker, »Was ist ein ›geistiger Leib‹?« in *Interdisziplinäre Anthropologie: Leib, Geist, Kultur*, hrsg. Thiemo Breyer et al., Schriften des Marsilius-Kollegs 10 (Heidelberg: Universitätsverlag Winter, 2013), 72.

having an effect on the subject's experience«.[16] Shaun Gallagher hat vorgeschlagen, für diese grundlegende Dimension des Leibes den Begriff *body schema* (Körperschema) zu verwenden: »A body schema operates in a *close to automatic* way. I do not mean by this that its operations are a matter of reflex. Movements controlled by a body schema can be precisely shaped by the intentional experience or goal-directed behavior of the subject. If I reach for a glass of water with the intention of drinking from it, my hand, completely outside my awareness, shapes itself in a precise way for picking up the glass. It takes on a certain form in conformity with my intentions.«[17]

Im Leibkörper, Gallaghers Körperschema, verbinden sich automatische, weitgehend unbewusste und nicht bewusst kontrollierte Prozesse mit den Intentionen eines Subjekts. Dass sein Körper in den meisten Lebenssituationen zielsicher die Führung übernimmt, erlebt der Mensch dabei nicht als Einschränkung seiner Freiheit, sondern als deren Ermöglichung. »The body takes care of itself, and in doing so, it enables the subject to attend, with relative ease, to other practical aspects of life. To the extent that the body effaces itself, it grants to the subject a freedom to think of other things.«[18] Der Leib entlastet uns davon, alle Schritte unseres Lebens bewusst zu steuern, und verschafft dem Menschen so die Freiheit, Bewusstsein in komplexere Sachverhalte und Beziehungen jenseits alltäglicher Routinen zu investieren.

Der Leibkörper verschafft uns aber nicht nur Freiheit, sondern öffnet uns auch für andere. »Sobald wir mit einem anderen Menschen in Kontakt treten, interagieren unsere Körper miteinander. Sie tasten sich ab und lösen subtile Empfindungen ineinander aus. Wir geraten in eine Art Kräftefeld, in eine eigenständige Sphäre von Wechselwirkungen, die wir nicht oder jedenfalls nur sehr begrenzt steuern und kontrollieren können. Unsere Körper verstehen einander, ohne dass wir genau sagen könnten, wodurch und wie das geschieht.«[19] Auch die biblischen Überlieferungen verstehen den Leib nicht als etwas, das uns vom Anderen abgrenzt, sondern als »Kommunikationsmittel, das mich anderen öffnet«.[20]

Auch in Phänomenen, in denen sich der Leib als ermüdender und kranker bemerkbar macht, kann die Weisheit des Leibes erkannt werden. So zeigt der Schlaf zwar einerseits die Abhängigkeit des Bewusstseins vom Leib, andererseits aber auch die Leistungskraft unseres Leibkörpers. »Denn wenn wir in der Tiefschlafphase sogar für das Träumen zu müde geworden sind, bleibt die große

---

[16] Gallagher, *How the body* (s. Anm. 12), 32.

[17] Ibid., 26; cf. 24–34; cf. auch die Darstellung bei Matthias Jung, *Der bewusste Ausdruck: Anthropologie der Artikulation*, Humanprojekt 4 (Berlin/New York: de Gruyter, 2009), 289–304, der vom »handelnden Körper« spricht (300).

[18] Gallagher, *How the body* (s. Anm. 12), 55.

[19] Thomas Fuchs, »Non-verbale Kommunikation: Phänomenologische, entwicklungspsychologische und therapeutische Aspekte,« in *Was ist Psychotherapie und wodurch wirkt sie?*, hrsg. Hermann Lang (Würzburg: Königshausen u. Neumann, 2004), 87.

[20] Eduard Schweizer, »sōma,« *EWNT* III (1983), 774.

Vernunft unseres Leibes weiterhin damit beschäftigt, uns am Sein zu erhalten, indem sie sich abseits von jeglicher mentalen Kontrolle um die vitale Aufrechterhaltung unserer lebenswichtigen Funktionen sorgt: um das Intakthalten unserer Atmung, unserer Verdauung, Blutzirkulation, um ein funktionierendes Herzkreislaufsystem und vieles mehr. Sollte dieser Sachverhalt Philosophen nicht zu denken geben? – Dass sie ohne die Nachtaktivität der großen Vernunft unseres Leibes nicht eine einzige Nacht als denkende Subjekte überleben würden? Und wird dieser paradoxe Sachverhalt nicht noch erstaunlicher, wenn wir bedenken, dass der Tiefschlaf in der Regel ein Zustand elementarer Regeneration und Körperentspannung darstellt? – Kein bloßer Mangel an Bewusstheit, sondern ein schlafwandlerisch sicheres Operieren unserer Körper, in dem sie in der Tat auf beeindruckende Art und Weise ihr Know-How demonstrieren, unsere Physis ganz ohne mentale Kontrolle selbstaktiv regenerieren zu können?«[21]

Selbst in Krankheiten kann die Weisheit des Leibes zum Ausdruck kommen: So kann die Wandlung eines psychischen Konfliktes in eine körperliche Krankheit zur Genesung des ganzen Menschen beitragen. Der Mensch »flieht aus einer unerträglichen Situation unbewusst in die Krankheit«, ersetzt »den seelischen Konflikt durch eine körperliche Unterwerfung [...] und der Körper leistet ihm den Dienst – weiterzuleben, zu genesen und neu anzufangen«.[22] Indem der Leib mit seinem Ausdruckshandeln an die Stelle der Seele tritt, vermag er zudem durch die Krankheit eine Bewusstseinsentwicklung anzustoßen. Krankheit kann einem Menschen zu Bewusstsein bringen, dass er sein Leben verfehlt. Sie kann als »Anerbietung eines Wissens um die Wahrheit« erfahren werden.[23]

Diese Einsicht des Psychosomatikers Viktor von Weizsäcker ist den biblischen Überlieferungen keineswegs fremd. Sie begegnet nicht zufällig bei Paulus, der den Menschen im 1. Korintherbrief als *soma psychikon* beschreibt (1Kor 15,44), also als psychosomatische Einheit. In der Korrespondenz mit der Gemeinde in Korinth tritt Paulus selbst gleichsam als psychosomatischer Arzt auf.

Paulus erklärt das erhöhte Auftreten von Krankheiten in der Gemeinde mit Missständen beim Abendmahl (cf. 1Kor 11,29f.). Ein psycho-sozialer Konflikt wirkt sich bis ins Somatische hinein aus – und es ist die (in Korinth verkannte) Weisheit des Leibes, die darauf aufmerksam macht, dass etwas in der Gemeinde nicht in Ordnung ist. Anstatt ein gemeinschaftliches Mahl zu feiern, bei dem jeder satt wird, verzehrt jeder das, was er selbst mitgebracht hat. Deshalb sind die einen betrunken, während die anderen hungern. Die in der Gemeinde

---

[21] Arno Böhler, »Wissen wir, was ein Körper kann?,« in *Wissen wir, was ein Körper vermag? Rhizomatische Körper in Religion, Kunst, Philosophie*, hrsg. Arno Böhler, Krassimira Kruschkova, Susanne V. Granzer (Bielefeld: transcript, 2014), 235-6.

[22] Viktor von Weizsäcker, »Von den seelischen Ursachen der Krankheit (1938),« *Gesammelte Schriften* 6 (Frankfurt: Suhrkamp, 1986), 409.

[23] Viktor von Weizsäcker, »Krankengeschichte (1928),« *Gesammelte Schriften* 5 (Frankfurt: Suhrkamp, 1987), 65.

scheinbar vermehrt auftauchenden Krankheiten deutet Paulus als Folge dieser verfehlten Abendmahlspraxis.

Paulus mutet den Korinthern die Einsicht zu: In Krankheiten kann der Leib zum Ausdruck bringen, dass etwas (in mir, in meiner Umgebung, zwischen mir und meiner Umgebung) nicht stimmt, nicht stimmig ist. Dabei ist von Bedeutung, dass nicht nur (und nicht einmalig vorrangig) die eigentlichen Übeltäter erkranken.[24] Die Leiber reagieren also unterschiedlich auf die Missstände in der Gemeinde. Es gibt manche, die leiden mehr als andere - aber in ihrem Leiden zeigt sich die Wahrheit, dass eine ganze Gemeinschaft das Leben verfehlt.

Für das Verständnis dieses paulinischen Textes ist m. E. entscheidend, dass man - auch entgegen seiner Wirkungsgeschichte - die in der Gemeinde zu Korinth auftretenden Krankheiten nicht als Strafe Gottes auffasst. Das Gericht Gottes, von dem Paulus redet, besteht nicht darin, dass in Korinth Gemeindeglieder erkranken und sterben. Gott ist kein Mörder! Das Gericht Gottes besteht in der heilsamen Aufdeckung dessen, was die Krankheiten als organische Folgen eines psycho-sozialen Konfliktes zum Ausdruck bringen. Der Leib - und darin zeigt sich hier seine Weisheit - kann darauf aufmerksam machen, dass Leben verfehlt wird. Wo man so auf den Leib hört, entweder selbstkritisch (1Kor 11,31) oder weil man von Gott gesagt bekommt, was einem der Leib sagen möchte, kann Leben sich verändern und vor dem ansonsten drohenden Zerfall bewahrt werden (cf. 1Kor 11,32).

Insofern kultiviert Paulus eine Einstellung zur Krankheit, die derjenigen entspricht, die von Weizsäcker der klassischen Einstellung zur Krankheit: »Weg damit« entgegengestellt hat: »Ja zu dem, was der Körper sagen will, und das aber nicht so zu dem, wie er es sagt, in der stellvertretenden Form der Krankheit nämlich.«[25]

Angesichts einer leibfeindlichen Tradition sollte die Theologie von ihren biblischen Quellen her, aber auch durch Phänomenologie, Psychosomatik und embodied cognitive science belehrt, die Leistungsfähigkeit des Leibes neu durchzubuchstabieren lernen. Die Theologie könnte so dazu beitragen, dass auch eine säkulare Vernunft begründet nachvollziehen kann, warum nach dem priesterschriftlichen Schöpfungsbericht Gott seine verkörperte Schöpfung als gut bzw. sehr gut qualifiziert. Es gibt gute Gründe für dieses Urteil, die es im interdisziplinären Gespräch aufzudecken gilt.

Der gegenwärtige Verkörperungsdiskurs steht aber in der Gefahr, die Risiken der Verkörperung auszublenden. Man betont zurecht die Leistungsfähigkeit des Leibkörpers, verkennt aber tendenziell, dass den Leistungen auch Risi-

---

[24] Cf. Günter Bornkamm, »Herrenmahl und Kirche bei Paulus,« in *Studien zu Antike und Urchristentum: Gesammelte Aufsätze. Band II*, BEvTh 28 (München: Chr. Kaiser, 1959), 170.

[25] Viktor von Weizsäcker, »Das Problem des Menschen in der Medizin: Versuch einer neuen Medizin,« *Gesammelte Schriften* 7 (Frankfurt: Suhrkamp, 1987), 370.

ken entsprechen. Im Sinne eines realistischen Verkörperungsparadigmas sollte die Theologie im interdisziplinären Gespräch diese Risiken auszuloten helfen.

2. Risiken verkörperten Lebens

Ich möchte im Folgenden auf fünf Risiken hinweisen: (a) Verkörpertes, organismisches Leben beruht auf Stoffwechsel, es ist Leben, das auf Kosten anderen Lebens lebt. Verkörpertes Leben steht deshalb in der Gefahr, die Selbsterhaltung auf Kosten anderen Lebens zum Lebensprinzip zu erheben. (b) Verkörperte Lebewesen sind immer an eine bestimmte Raum-Zeit-Stelle gebunden. Sie verfügen deshalb immer nur über eine begrenzte Perspektive. Verkörperte Lebewesen stehen deshalb in der Gefahr, ihre begrenzte Perspektive zu verabsolutieren. (c) Verkörperte Lebewesen können als Objekt betrachtet und gebraucht werden. Sie stehen deshalb in der Gefahr, nur noch als Körper wahrgenommen zu werden. (d) Verkörpertes Leben ist als fleischliches Leben endliches Leben. Die Erkenntnis der eigenen Endlichkeit kann einen Lebensdrang wecken, der Menschen dazu verleitet, auf Kosten anderer mehr aus sich machen zu wollen, als sie sind. Abschließend werde ich (e) das Risiko des Imitationslernens beleuchten. Imitation ist für die menschliche Kulturentwicklung von größter Bedeutung, zugleich aber auch Quelle der Gewalt.

Die genannten Risiken betreffen potentiell alle verkörperten Lebewesen. Wenn man konsequent von einer evolutionären Kontinuität ausgeht, wird man zugestehen müssen, dass allem Lebendigen eine gewisse Freiheit zu eigen ist, sich zu seiner Umwelt zu verhalten.[26] Doch mit steigenden Freiheitsgraden, insbesondere beim Menschen, der nicht nur Freiheit hat, sondern auch um diese weiß,[27] erhöht sich die Gefahr. Der Mensch, der immer schon in einem kulturell vermittelten Verhältnis zu seiner Umwelt steht,[28] ist den Risiken deshalb in besonderer Weise ausgesetzt und verfallen. Um die Komplexität des Themas

---

26 Zur biologischen Suche nach Vorformen von Entscheidungsfreiheit im Tierreich, selbst bei Fruchtfliegen, siehe die Arbeiten von Martin Heisenberg, »Initiale Aktivität und Willkürverhalten bei Tieren,« *Naturwissenschaften* 70 (1983): 70–78; »Freiheit aus der Sicht der Verhaltensforschung,« in *Ordnung und Unordnung: Hartmut von Hentig zum 23. September 1985*, hrsg. Gerold Becker, Hellmut Becker und Ludwig Huber (Weinheim/Basel: Beltz, 1985), 74–82; »Freiheit als Eigenschaft des Verhaltens,« *Nova Acta Leopoldina NF* 86 (2002): 79–95.

27 Cf. dazu im Anschluss an Helmuth Plessners Stufen des Organischen, Ralf Meyer-Hansen, *Apostaten der Natur: Die Differenzanthropologie Helmuth Plessners als Herausforderung für die theologische Rede vom Menschen*, RPT 73 (Tübingen: Mohr Siebeck, 2013), 216–25, bes. 217.

28 Cf. Michael Tomasello, *Warum wir kooperieren* (Berlin: Suhrkamp, 2010), 84: »Ein Schimpanse kann seine artspezifischen sozialkognitiven Fähigkeiten in einer Vielzahl unterschiedlicher Kontexte entwickeln. Ein Kind jedoch könnte sich ohne die Vorgaben der menschlichen Kultur und seine Motivation, daran teilzuhaben, nicht zu einer normal funktionierenden Person entwickeln«.

sachangemessen zu reduzieren, konzentriere ich mich im Folgenden auf die Risiken der Verkörperung des menschlichen Geistes.[29]

2.1 Das Risiko der Orientierung des Lebens am Stoffwechsel

Verkörpertes Leben im Sinne eines Organismus ist grundlegend durch den Vollzug des Stoffwechsels charakterisiert: »Es ist niemals stofflich dasselbe und dennoch beharrt es als dies identische Selbst gerade dadurch, daß es nicht derselbe Stoff bleibt.«[30] Insofern gilt: Ein Organismus erhält sich dadurch, dass er anderes Leben vernichtet. Verkörpertes Leben lebt immer auf Kosten anderen Lebens.

Insbesondere die weisheitlichen Überlieferungen der Bibel sensibilisieren dafür, dass das von Gott als gut geschaffene und bezeichnete Leben auf Kosten anderen Lebens lebt: »Die Löwen brüllen nach Beute und fordern von Gott ihren Fraß.« (Ps 104,21; cf. Hiob 38,39–41). Dass Leben Raub ist, ist der guten Schöpfung eingeschrieben.

Verkörpertes Leben steht deshalb in der Gefahr, den Sachverhalt, den wir der »Schattenseite« der Schöpfung[31] zurechnen können, dass verkörpertes Leben sich auf Kosten anderen Lebens erhalten muss, zum Gesetz auch seines innerartlichen Handelns zu machen und Prozesse der Selbststeigerung durch Zerstörung des Lebens von Artgenossen zu legitimieren. Organismen sind gefährdet, sich in allen Lebensvollzügen allein am Biologischen, am Stoffwechsel, zu orientieren.

Nimmt man den Hinweis der Sintflutgeschichte ernst, dass die Erde voll »von Gewalttat« geworden war, weil »der Wege allen Fleisches [also nicht nur derjenige der Menschen] verdorben war« (Gen 6,11f.),[32] dann wird man sensibel für den Sachverhalt, dass sich schon in der vor- und außermenschlichen Evolution beobachten lässt, dass erfolgreiche Jäger auch ihren Umgang mit Artgenossen durch ihr Jagdverhalten prägen lassen. So weisen Schimpansen, die hoch erfolgreiche Jäger sind, auch ein enormes Ausmaß innerartlicher Aggression auf. Jeder fünfte Schimpanse stirbt an den Folgen innerartlicher Aggres-

---

29 Komplementäre Überlegungen zum Gedanken einer Evolution der Sünde habe ich entfaltet in: Gregor Etzelmüller, »The Evolution of Sin,« *Religion & Theology* 21 (2014): 107–24.

30 Hans Jonas, *Das Prinzip Leben: Ansätze zu einer philosophischen Biologie*, stw 2698 (Frankfurt: Suhrkamp, 1997), 145.

31 Karl Barth, *Kirchliche Dogmatik* III/3 (Zollikon-Zürich: EVZ Verlag, 1950), 334.

32 Cf. Erich Zenger, *Gottes Bogen in den Wolken: Untersuchungen zu Komposition und Theologie der priesterschriftlichen Urgeschichte*, SBS 112 (Stuttgart: Katholisches Bibelwerk, [2]1983), 109, Anm. 22; Andreas Schüle, *Der Prolog der hebräischen Bibel: Der literar- und theologiegeschichtliche Diskurs der Urgeschichte (Gen 1-11)*, (Zürich: TVZ, 2006), 269. Entsprechend wird der Bund nach der Sintflut nicht nur mit den Menschen, sondern explizit mit »allen Lebewesen« geschlossen (cf. Gen 9,12.15).

sion.[33] Demgegenüber verhalten sich Bonobos, die keine (bzw. kaum) Tieraffen jagen, auch untereinander friedfertig.[34] Nicht erst der Mensch hätte demnach das Gesetz des Stoffwechsels zum Gesetz seines Sozialverhaltens gemacht. Der Mensch, der auf Lebensoptimierung durch Gewaltanwendung setzt, orientiert sich also nicht allein an der Biologie des Stoffwechsels, sondern auch an dem, was er in seiner Umgebung als Verhalten wahrnimmt.

Deshalb kann das ihre Mitmenschen ausbeutende Verhalten von Menschen in den alttestamentlichen Klagepsalmen, aber auch in der Prophetie mittels Tiervergleichen zum Ausdruck gebracht werden. Die Psalmbeter vergleichen ihre gewalttätigen Feinde mit Löwen: »Sie sind mir auf den Fersen, schon haben sie mich umstellt, sie trachten danach, mich zu Boden zu strecken, wie ein Löwe, der begierig ist zu reißen, wie ein Löwe, der im Hinterhalt liegt.« (Ps 17,11f.; cf. 10,9; 22,14.22; 57,5). Der Prophet Hesekiel kritisiert die Fürsten des Landes: Sie sind »wie Wölfe, die Beute reißen: Sie vergießen Blut, vernichten Leben, um Gewinn zu machen« (Ez 22,27). Die biologische Notwendigkeit, Leben zu vernichten, um zu überleben, wird auf das soziale Leben übertragen: Aus Fleischfressern werden (metaphorisch gesprochen) Menschenfresser, die Leben nicht vernichten, um zu überleben, sondern, um sich auf Kosten anderer zu bereichern: »Sie haben Menschen gefressen [und] haben Schätze und Kostbarkeiten an sich genommen« (Ez 22,5).

Menschen, die sich in ihrem Leben allein am Gesetz des Stoffwechsels orientieren, d. h. allein am Fleisch im Sinne ihres biologischen Erbes[35], warnt Paulus: »Wenn ihr euch aber untereinander beißt und fresst, so seht zu, dass ihr nicht einer vom andern aufgefressen werdet« (Gal 5,15). Verkörpertes Leben steht in der Gefahr, der Tendenz seiner biologischen Existenzform zu verfallen, die auf Selbstbehauptung und Selbstdurchsetzung zielt. Es erliegt dann den von Paulus sogenannten Begierden des Fleisches, die ich mit Robert Jewett als »the sin of asserting oneself and one's group at the expense of others« verstehe.[36]

Der Mensch, der sich selbst auf Kosten anderen Lebens erhalten muss, steht in der Gefahr, die Notwendigkeit der Selbsterhaltung durch Zerstörung anderen Lebens zum Gesetz auch seines Sozialverhaltens zu machen. Er zerstört dann nicht nur Leben, das ihm zum Verzehr freigegeben ist, sondern auch (die

---

33 Cf. J. Michael Williams et al., »Causes of Death in the Kasekela Chimpanzees of Gombe National Park, Tanzania,« *American Journal of Primatology* 70 (2008): 766; cf. 768, 770–772.

34 Richard Wrangham und Dale Peterson, *Demonic Males: Apes and the Origins of Human Violence* (Boston/New York: Marina book, 1996), 216 and 219; cf. ibid.: »Murder and hunting may be more closely tied together than we are used to thinking«.

35 Sarx kann bei Paulus durchaus die Bedeutung von Vererbung und Erbe haben (cf. Röm 1,3; 4,1; 9,3f.).

36 Robert Jewett, »The Anthropological Implications of the Revelation of Wrath in Romans,« in *Reading Paul in Context. Explorations in Identity Formation. Essays in Honour of William S. Campbell*, hrsg. Kathy Ehrensperger und J. Brian Tucker (London: Bloomsbury, 2010), 33.

Lebensmöglichkeiten von) Artgenossen. Nach den biblischen Überlieferungen überschreitet der Mensch damit jene Grenze, die Gott ihm gesetzt hat, als er ihm den Fleischverzehr freigegeben hat (cf. Gen 9,3).

2.2 Das Risiko der begrenzten Perspektive

Als verkörpertes Geschöpf ist der Mensch stets an eine bestimmte Raum-Zeit-Stelle gebunden. Er verfügt deshalb immer nur über eine begrenzte Perspektive auf die Welt. Er kann diese Perspektive zwar erweitern, so wie er auch reisen kann. Aber seine Perspektive wird immer die eines Menschen sein, der von einer bestimmten Raum-Zeit-Stelle ausgegangen ist. Wir können nicht zugleich wissen, wie es ist, in der Pfalz oder in New York aufgewachsen zu sein. Auch wenn wir uns mit der Zeit ein zweites Land wie unser eigenes erschließen, so bleibt es doch immer das zweite Land, das wir uns erschlossen haben. Als verkörpertes Geschöpf ist der Mensch gefährdet, seine partikulare Perspektive absolut zu setzen. Das ist gerade auch eine Gefahr derjenigen, die meinen, als Weltbürger ihre partikulare Perspektive zugunsten einer universalen transzendiert zu haben.

Auf diese Gefahr macht die biblische Urgeschichte eindrucksvoll aufmerksam. Sie sieht das Problem des menschlichen Wissens um Gut und Böse darin, dass der Mensch, der immer nur aus seiner (möglicherweise auch aus einer kollektiven, möglicherweise gar einer Menschheits-) Perspektive urteilen kann, dieses Urteil absolut setzt und deshalb zu Wirklichkeitsverzerrungen und Ideologisierungen tendiert. Das Problem ist nicht, dass der Mensch um Gut und Böse weiß, sondern liegt in seiner Vereinzelung und Isolation, darin also, dass er »nur noch aus sich selbst, aus seinem Wissen um Gut und Böse« heraus lebt.[37] Michael Welker hat darauf hingewiesen, dass Adam nach Gen 3,22 »ein einzelner, ein ächad« geworden ist. Adam folgt »nur noch seinen eigenen Perspektiven auf das nur noch ihm Lebensförderliche und Lebensabträgliche«.[38]

Dabei zeigen die biblischen Texte, dass nicht die mit der Verkörperung gegebene Perspektivität als solche das Problem ist, sondern die Absolutsetzung der eigenen Perspektive. Zum Brudermord kommt es, weil Kain nur wahrnimmt, was ihm passiert, nämlich dass Gott sein Opfer nicht ansieht, sich aber nicht mit Abel darüber freut, dass Gott dessen Opfer gnädig ansieht. Bedenkt man, dass Abel für die Hirten, Kain aber für die Ackerbauern steht, wird deutlich, dass der biblische Text nicht nur für die Isolation einzelner, sondern auch für die Vereinzelung ganzer Gruppen und die Absolutsetzung von Gruppeninteressen sensibilisieren will. Adam kann dabei sogar für die ganze Menschheit stehen: Die Paradieserzählung sensibilisiert dann für die Gefahr, dass die Menschheit möglicherweise über alle Differenzen hinweg gemeinsame Perspektiven

---

37 So Dietrich Bonhoeffer in seiner Auslegung von Gen 3 in *Schöpfung und Fall*, hrsg. Martin Rüter und Ilse Tödt, DBW 3 (München: Chr. Kaiser, 1989), 86.

38 Michael Welker, *Schöpfung und Wirklichkeit*, NBST 13 (Neukirchen: Neukirchener Verlagsgesellschaft, 1995), 114.

entwickelt, darüber aber die Beschränktheit auch dieser Perspektiven aus dem Blick verliert. Auch dort, wo die Menschheit sich einig ist, was dem Leben dient, wo sie im Sinne Immanuel Kants einen »Völker Senat«[39] darüber entscheiden lässt, was zu tun ist, bleibt sie einer bestimmten Perspektive verpflichtet - und kann deshalb lebensabträglich wirken.

2.3 Die Gefahr der Verobjektivierung

Es gehört zu den Gefahren verkörperter Existenz, nicht als Leib, sondern nur noch als Körper wahrgenommen und in diesem Sinne verobjektiviert und als Objekt missbraucht zu werden. Insofern »ich einen Leib habe, kann ich unter dem Blick des Anderen zum bloßen Gegenstand herabsinken und nicht mehr als Person für ihn zählen, oder aber ich kann im Gegenteil zu seinem Herrn werden und ihn meinerseits anblicken, doch diese Herrschaft ist eine trügerische, da im gleichen Augenblick, in dem die Begierde des Anderen meinen Wert anerkennt, dieser Andere nicht mehr die Person ist, von der ich anerkannt werden wollte, sondern nur mehr ein seiner Freiheit beraubtes fasziniertes Wesen, das insofern für mich selbst nicht mehr zählt. Daß ich einen Leib habe, sagt also, daß ich als Gegenstand gesehen werden kann und suche, als Subjekt gesehen zu werden, daß der Andere mein Herr oder mein Sklave sein kann. [...] Das gleiche gilt von der sexuellen Begierde: Was man zu besitzen sucht, ist also nicht ein Körper, sondern ein vom Bewußtsein beseelter Leib.«[40]

In der Moderne haben sich vielfältige Formen einer solchen Verobjektivierung herausgebildet: In der modernen Medizin wird der Mensch auf seinen Körper reduziert und im Gefolge René Descartes' als »Gliedermaschine«[41] verstanden. In der neuzeitlichen Ökonomie wird der Mensch auf seine Arbeitskraft reduziert. Doch die Reduktion des Menschen auf seinen bloßen Körper vergreift sich am Menschen als beseeltem Leib. Denn als Leib will er in seiner spezifischen Individualität wahrgenommen werden.

In der Hoffnung, dass die Intimität jenen Freiraum bietet, in dem Menschen einander als beseelte Leiber wahrnehmen, bestürzt es besonders, dass auch

---

39 Immanuel Kant, »Vorlesungen über Anthropologie: Die Vorlesung des Wintersemesters 1775/76,« in *Kants gesammelte Schriften. Band 25*, hrsg. Berlin-Brandenburgische Akademie der Wissenschaften (Berlin: de Gruyter, 1997), 696 (AA XXV.696,13).

40 Maurice Merleau-Ponty, *Phänomenologie der Wahrnehmung* [1945], Phänomenologisch-psychologische Forschungen 7 (Berlin: de Gruyter, 1966), 199–200.

41 René Descartes, *Meditationen* (1641), Hamburg 2009, II, 5. Descartes »Maschinenmodell des Organismus [...] ist die Basis für die erste konsequent seelenlose, im neuzeitlichen Sinne naturwissenschaftliche Physiologie.« (Thomas Fuchs, *Die Mechanisierung des Herzens: Harvey und Descartes: Der vitale und der mechanische Aspekt des Kreislaufs* [Frankfurt: Suhrkamp, 1992], 115). Wenn der Körper »über alle jene Organe verfügt, die er zu einer Bewegung benötigt, dann braucht er die Seele nicht, um sie zu vollziehen« [René Descartes, »Beschreibung des menschlichen Körpers,« in *Über den Menschen (1632) sowie Beschreibung des menschlichen Körpers (1648)*, übers. Karl E. Rothschuh (Heidelberg: Schneider Lambert, 1967), 123].

auf dem Feld der Sexualität die Gefahr besteht, den anderen nicht mehr als Person wahrzunehmen, sondern nur noch als Körper, nicht mehr als gehaltvolles Gegenüber, sondern nur noch als Objekt. Durch diese Wahrnehmung treten diejenigen, die potentiell Partner sein könnten, in ein – wie Merleau-Ponty im Anschluss an Friedrich Wilhelm Hegel formuliert – Verhältnis von Herr und Knecht. Der *Knecht* wird dabei seiner Würde beraubt, weil er auf ein Körperding reduziert und nur noch als Mittel zum Zweck gebraucht wird. Aber auch der *Herr* verliert, indem er den anderen auf ein Objekt reduziert, was er begehrt: nämlich von einem Anderen in Freiheit begehrt zu werden. Das Begehren des Knechtes erfüllt nicht die Begierde des Herrn.

Die biblische Paradieserzählung thematisiert exakt diese mögliche Zerstörung von Intimität: Der Text konstatiert zunächst ein starkes Verlangen des Mannes nach der Frau. »Darum wird ein Mann seinen Vater und seine Mutter verlassen und seiner Frau anhängen, und sie werden zu einem Fleisch werden« (Gen 2,24). Doch diese Gemeinschaft zerbricht in Gen 3. Als Gott Adam fragt: »Hast du gegessen von dem Baum, von dem ich dir gebot, du solltest nicht davon essen?«, distanziert sich Adam von Eva und antwortet: »Die Frau, die du mir zugesellt hast, gab mir von dem Baum und ich aß« (Gen 3,11f.). Anstatt die Schuld bei sich selbst zu suchen, beschuldigt Adam seine Frau – und zerstört so die Gemeinschaft. Phyllis Trible hat darauf aufmerksam gemacht, dass der biblische Text die »Selbstbezogenheit« Adams herausstellt: »Viermal spricht der Mann von sich selbst: ›Ich hörte‹, ›ich fürchtete mich‹, ›ich bin nackt‹, ›ich versteckte mich‹.«[42] An die Stelle der Gemeinschaft (Fleisch von meinem Fleisch) tritt die Selbstbezogenheit und aus wechselseitigem Verlangen wird Herrschaft. Was passiert ist, konstatiert die Gottesrede, die Gott zur Frau sprechen lässt: »Nach deinem Mann wird dein Verlangen sein, er aber wird über dich herrschen« (Gen 3,16). Das Verlangen der Frau wird nicht mehr erwidert, das Verhältnis wechselseitigen Begehrens wird nun zu einem von Herr und Sklavin. Wichtig ist dabei: Die Gottesrede benennt die Konsequenz dessen, was passiert ist, sie verhängt die Unterordnung der Frau nicht als Strafe.[43] Die Verkehrung der Gemeinschaft verkörperter Menschen zu einem Verhältnis der Gewalt des Herrn über seinen Knecht entspricht nicht dem, was Gott will.

2.4 Das Risiko des Wissens um die eigene Endlichkeit

Verkörpertes Leben ist endliches Leben. »Denn was das Geschick der Menschen und was das Geschick des Viehs anlangt: einerlei Geschick haben sie. Wie der eine stirbt, so stirbt auch der andere; einerlei ›Geist‹ haben beide, und einen Vorzug des Menschen vor dem Vieh gibt es nicht. Alle gehen zu demselben Ort. Alles ist aus Staub entstanden und alles kehrt wieder zum Staub zurück«

---

[42] Phyllis Trible, *Gott und Sexualität im Alten Testament: Mit einer Einführung von Silvia Schroer* (Gütersloh: Gütersloher Verlagshaus, 1993), 144.

[43] Ibid., 155.

(Koh 3,19-20). Menschen sind wie Tiere fleischlich und deshalb endlich (vgl. Jes 40,6f.; Ps 90,5f.; Jak 1,10; 1Petr 1,23f.; ferner 1Kor 15,50).

Nach der biblischen Urgeschichte gehört auch die Endlichkeit der Geschöpfe zur sehr guten Schöpfung Gottes. Nach der Paradieserzählung werden Adam und Eva gerade deshalb aus dem Paradies vertrieben, damit sie nun nicht auch noch vom Baum des Lebens essen und ewig leben (cf. Gen 3,22). Adam war also keineswegs als unsterbliches Geschöpf geschaffen. Man kann interpretieren: Für Adam war die eigene Endlichkeit ursprünglich kein Problem, weil er sich durch seine Endlichkeit nicht bedroht fühlte. Die »Erfahrung der Endlichkeit [war] eingebettet in das Vertrauen des Geschöpfes gegenüber dem Schöpfer. Diese Erfahrung der Endlichkeit verändert sich grundlegend, wenn sie nach dem Sündenfall nicht mehr in die Gottesbeziehung integriert ist. Nun steht der Mensch dem Tod allein gegenüber.«[44] Der Mensch, der sich seine Welt nur noch aus seiner eigenen Perspektive erschließen kann und muss, erfasst seine Endlichkeit negativ als Bedrohung und versteht sein Leben als Sein zum Tode. Das »Sterben müssen« wird für ihn zur maßgeblichen Signatur seines Lebens.[45] Weil der Mensch Angst hat, sein Leben zu verlieren, steht er in der Gefahr, es sich selbst auf Kosten anderer sichern zu wollen, indem er andere unterwirft und sich zum Herrn aufspielt (cf. Gen 3,16, dazu oben 2.3.) oder indem er durch Gewalt anderen ihre Lebensmöglichkeiten raubt (cf. Gen 4; dazu siehe unten).

Die Endlichkeit manifestiert sich freilich nicht allein in der Sterblichkeit des Menschen, sondern wird »auch darin manifest, dass jedem Leben in seiner Zeit, an seinem geopolitischen Ort und innerhalb seiner sozialen und kulturellen Umgebungen in sehr spezifischem Sinne nur begrenzte Ressourcen zur Verfügung stehen«.[46] Weil der Mensch, der um die Endlichkeit seiner Existenz weiß, sein Leben möglichst radikal auskosten möchte (cf. Jes 22,13; 1Kor 15,32), die Ressourcen aber begrenzt sind, kann der Kampf um die Ressourcen tödlich werden. Der unstillbare »Durst nach dem Leben«[47] fordert Opfer.

Das verdeutlicht bereits die erste biblische Erzählung, in der das Wort Sünde begegnet, die Erzählung vom Brudermord Kains. Die Erzählung erinnert daran, dass Aufmerksamkeit ein begrenztes Gut ist. Auch Gott kann nach dieser Erzählung sein Angesicht jeweils nur einer Person zuwenden – und er wendet sich Abel und seiner Gabe zu. Kain fürchtet, nicht genug Aufmerksamkeit zu finden, und versucht deshalb, durch Gewalt seine Lebensmöglichkeiten zu steigern. Dieser Zusammenhang lässt sich im interdisziplinären Dialog

---

[44] So im Anschluss an Bonhoeffers Auslegung Gottfried Claß, *Der verzweifelte Zugriff auf das Leben: Dietrich Bonhoeffers Sündenverständnis in »Schöpfung und Fall«*, NBST 15 (Neukirchen: Neukirchener Verlagsgesellschaft, 1994), 116.

[45] Cf. Bonhoeffer, *Schöpfung und Fall* (s. Anm. 37), 132; cf. dazu die konzisen Ausführungen bei Claß, *Der verzweifelte Zugriff* (s. Anm. 44), 112–33.

[46] Günter Thomas, »Krankheit und menschliche Endlichkeit,« in *Religion und Krankheit*, hrsg. Gregor Etzelmüller und Annette Weissenrieder (Darmstadt: Wissenschaftliche Buchgesellschaft, 2010), 293–315, 305.

[47] Bonhoeffer, *Schöpfung und Fall* (s. Anm. 37), 132.

genauer beschreiben. Sozialwissenschaftlich lässt sich argumentieren: »Wenn Güter ungleich verteilt sind und die Personen am unteren Ende der Skala der Ressourcen-Verteilung das Gefühl haben, dass sie durch rücksichtsloses oder gefährliches Verhalten nicht viel aufs Spiel setzen würden, erscheinen ihnen Eskalationstaktiken des sozialen Wettbewerbs bis hin zur Gewalttätigkeit attraktiv.«[48] Wo gesellschaftliche Ungleichheit herrscht, korreliert eine geringe Lebenserwartung signifikant mit einer hohen Tötungsrate.[49] Dieser Zusammenhang erscheint in evolutionstheoretischer Sicht durchaus verständlich. Denn Lebewesen, die eine geringere Überlebenswahrscheinlichkeit haben, zeigen eine höhere Risikobereitschaft. Sie haben weniger zu verlieren und suchen deshalb eher die direkte Auseinandersetzung.

Theologisch lässt sich deshalb sagen: Die Erkenntnis der Endlichkeit macht den Menschen für Strategien der Sünde anfällig. »Dort, wo sich die Schattenseiten geschöpflichen Lebens, die Schwächen irdischer Existenzweise vorrangig zeigen, wo die Bedürftigkeit am deutlichsten erfahren wird, erhöht sich die Attraktivität jener Versuchungen, die den Menschen verlocken, wie Gott und folglich nicht länger menschlich sein zu wollen.«[50]

2.5 Das Risiko der Mimesis

Die Verkörperung des Geistes zeigt sich in der beständigen Wechselwirkung von Wahrnehmung und Bewegung: »In all animals, neuronal networks establish and maintain a sensorimotor cycle through which what the animal senses depends directly on how it moves, and how it moves depends directly on what it senses.«[51] Wahrnehmung wirkt auf Bewegung und zugleich Bewegung auf Wahrnehmung. Der biologische Akt ist also durch eine nicht-lineare Kausalität der Wechselwirkung psychischer und physischer Prozesse charakterisiert. Im handelnden Umgang mit seiner Welt bildet sich der menschliche Geist aus.

Dabei kommt bei Primaten[52], insbesondere beim Menschen, dem nachahmenden Handeln eine besondere Bedeutung zu. Indem wir den Anderen nachahmen, mit ihm synchron werden, erleben wir die Welt aus seiner Perspektive – gleichsam durch seinen Leib.

Beim Menschen scheint diese Form der Nachahmung besonders ausgeprägt zu sein, wie das Phänomen der sog. Überimitation zeigt, das sich als solches

---

48 Martin Daly und Margo Wilson, »Tödliche evolutionäre Gewalt aus Sicht der Evolutionspsychologie,« in *Internationales Handbuch der Gewaltforschung*, hrsg. Wilhelm Heitmeyer und John Hagen (Wiesbaden: Verlag für Sozialwissenschaften, 2002), 718.

49 Martin Daly und Margo Wilson, »Life expectancy, economic inequality, Homicide, and reproductive timing in Chicago neighbourhoods,« *British Medical Journal* 314 (1997): 127, 1–4; zur Diskussion auch Klaus Wahl, *Aggression und Gewalt: Ein biologischer, psychologischer und sozialwissenschaftlicher Überblick* (Heidelberg: Springer, 2009), 121–6.

50 Frettlöh, »Gott ist im Fleische« (s. Anm. 8), 190.

51 Evan Thompson, *Mind in life: Biology, phenomenology, and the sciences of mind* (Cambridge, Mass/London: Harvard University Press, 2007), 47.

52 Cf. Frans de Waal, *Das Prinzip Empathie* (München: Beck, 2009), 83-4.

nur bei Menschenkindern, dort aber kulturübergreifend beobachten lässt.[53] Etwa ab einem Alter von drei Jahren neigen Kleinkinder dazu, die Handlungen anderer »übergenau« zu imitieren.[54] Anders als etwa Schimpansen imitieren Kleinkinder auch solche Handlungen, die offensichtlich kausal nicht notwendig sind, um das Ziel zu erreichen.[55] Interessanterweise imitieren Menschenkinder die offensichtlich nicht funktionalen Handlungen selbst dann, wenn sie sich unbeobachtet fühlen oder dazu ermutigt werden, das Ziel so zu erreichen, wie es ihnen sinnvoll erscheint; »children will continue to overimitate even when doing so imposes motivationally salient costs«.[56]

Menschenkinder scheinen den Handlungen ihrer Eltern bzw. Bezugspersonen, ja anderer Menschen überhaupt,[57] auch dann Sinn zu unterstellen, wenn sie diesen Sinn nicht erkennen bzw. verstehen.[58] Es ist demnach die Sinnunterstellung (im Sinne eines Vertrauensvorschusses), die das spezifisch menschliche Imitationslernen begründet. Menschen unterstellen einander Sinn, auch wenn ihnen der Sinn einer Handlung zunächst nicht einleuchtet. Kleinkinder lassen sich vertrauensvoll auf leibliche Vollzüge anderer ein. Indem sie diese imitieren, erschließen sie sich eine Fülle von Handlungsoptionen, deren Bedeutung sie sich kognitiv noch gar nicht erschließen können.

Die spezifische Weise des kulturellen Lernens des Menschen, seine Fähigkeit, »nicht nur vom anderen, sondern auch durch den anderen« zu lernen,[59] findet ihren basalen Ausdruck in der kindlichen Imitation des Anderen. Sie ist also immer schon verkörpert: Kulturelles Lernen beginnt beim Menschen, indem

---

[53] Cf. Tom Froese und David A. Leavens, »The direct perception hypothesis: perceiving the intention of another's action hinders its precise imitation,« *Front. Psychol.* 18 (Februar 2014): 2: »Over-Imitation has been consistently documented for children, but not for young and older chimpanzees [...], and it has been demonstrated in a cross-cultural context«.

[54] Cf. Stefanie Hoehl et al., »The role of social interaction and pedagogical cues for eliciting and reducing overimitation in preschoolers,« *Journal of Experimental Child Psychology* 122 (2014): 122–33. Die Entwicklungspsychologie spricht technisch von »over imitation«, was verwirren kann, da die Kinder ja gerade exakt imitieren und man logisch-analytisch nicht überimitieren kann. Der Begriff over imitation soll verdeutlichen, dass Kinder auch solche Bestandteile von Handlungen imitieren, die für das Erreichen des Ziels der Handlung offensichtlich nicht notwendig sind.

[55] Victoria Horner und Andrew Whiten, »Causal knowledge and imitation/emulation switching in chimpanzees (Pan troglodytes) and children (Homo sapiens),« *Animal Cognition* 8 (2005): 164–81, 164.

[56] Derek E. Lyons et al., »The scope and limits of overimitation in the transmission of artefact culture,« *Philosophical Transactions of the Royal Society London B: Biological Sciences* 366 (2011): 1158–67.

[57] Cf. Hoehl et al., »The role of social interaction« (s. Anm. 54), 131: »Our results suggest that preschoolers imitate irrelevant actions even when performed by a complete stranger in the absence of communication and instruction«.

[58] Cf. Froese/Leavens, »The direct perception hypothesis« (s. Anm. 53).

[59] Michael Tomasello, *Die kulturelle Entwicklung des menschlichen Denkens*, stw 1827 (Frankfurt: Suhrkamp, 2006), 17.

einer den anderen imitiert. In der leiblichen Imitation liegt die Umschlagstelle von natürlicher Evolution in kulturelle Entwicklung. »Die früh vorhandene Fähigkeit des Säuglings, durch Beobachtung zu lernen und Handlungen zu imitieren, schafft die Möglichkeit zur Übertragung kulturellen Wissens«.[60] Die natürliche Evolution hat ein Wesen hervorgebracht, das von Natur aus geneigt und in der Lage ist, den Anderen zu imitieren – und deshalb von Anfang an kulturell geprägt wird. Eben deshalb muss nicht jeder Mensch von Neuem anfangen, sondern kann auf dem bereits Gelernten aufbauen. Diese einzigartige »Weise kultureller Weitergabe«[61] wirkt als »Wagenhebereffekt« (ratchet effect), der die kulturelle Entwicklung extrem beschleunigt.[62]

Doch die Imitation der Anderen ermöglicht nicht nur kulturelle Dynamik. Auf die Ambivalenz des Lernens durch Nachahmung hat – im Anschluss an biblische Überlieferungen – René Girard aufmerksam gemacht. Die Nachahmung des Anderen lässt mich begehren, was dieser begehrt[63] – und wird so zum Ursprung der Gewalt. »Wenn die Menschen von Natur aus dazu neigen, das zu begehren, was ihre Nächsten besitzen oder vielleicht auch nur begehren, dann herrscht innerhalb menschlicher Gesellschaften ein ausgesprochener Hang zu Rivalitätskonflikten.«[64] Die damit verbundene Gewalt einzuhegen, ist eine zentrale Aufgabe des Rechts. Die biblischen Rechtsüberlieferungen haben die Bedeutung des »mimetischen Begehrens« für die Gewaltentwicklung scharf wahrgenommen. Deshalb lautet das letzte der zehn Gebote: »Du sollst nicht begehren deines Nächsten Haus. Du sollst nicht begehren deines Nächsten Frau, Knecht, Magd, Rind, Esel noch alles, was dein Nächster hat.« (Ex 20,17; cf. Dtn 5,21). Auch Paulus sieht im Römerbrief das ganze alttestamentliche Gesetz in diesem Gebot »Du sollst nicht begehren!« zusammengefasst (cf. Röm 7,7). Bedenkt man den alttestamentlichen Hintergrund, so gilt: Es ist »not desire as such that is forbidden, but coveting what belongs to others«.[65]

Das die menschliche Kultur überhaupt erst ermöglichende Imitationslernen ist also zugleich Quelle von Gewalt. Für eine realistische Wahrnehmung dieses Sachverhalts ist zu bedenken, dass das Setzen auf Gewalt nicht nur eine »Gefahr für jeden Einzelnen«[66] ist. Evolutionäre Psychologie, aber auch theologische Sündenlehre stehen immer wieder in der Gefahr, sich auf den Einzelnen

60 Stefanie Höhl und Sabine Pauen, »Evolutionäre Ansätze zum Wissenserwerb,« in *Interdisziplinäre Anthropologie: Leib, Geist, Kultur*, hrsg. Thiemo Breyer et al., Schriften des Marsilius-Kollegs 10 (Heidelberg: Universitätsverlag Winter, 2013), 150.

61 Tomasello, *Die kulturelle Entwicklung* (s. Anm. 59), 15.

62 Ibid., 16.

63 René Girard, *Ich sah den Satan vom Himmel fallen wie einen Blitz: Eine kritische Apologie des Christentums* (Frankfurt: Verlag der Weltreligionen, 2008), 24.

64 Ibid., 23.

65 Robert Jewett, *Romans: A commentary*, Hermeneia (Minneapolis: Fortress Press, 2007), 449.

66 So Steven Pinker, *Gewalt: Eine neue Geschichte der Menschheit* (Frankfurt: S. Fischer, 2011), 823.

und seine Gefährdungen zu konzentrieren. Demgegenüber hat René Girard gezeigt, dass Gesellschaften mit dem Gewaltproblem so umgehen, dass sie die Gewalt auf andere umlenken. Indem Menschen durch Nachahmung der Anderen in die Kultur eingeführt werden, neigen Gesellschaften dazu, »die Menschen abzulehnen, die ihrer Vorstellung darüber, was normal und annehmbar sei, nicht entsprechen«.[67]

In der Tat zeigen entwicklungspsychologische Studien, dass die spezifische Weise des kulturellen Lernens des Menschen, das Imitationslernen, Konformität fördert[68] und folglich klare Vorstellung schafft, wer zur In-Group dazugehört und wer nicht. Schon bevor Kinder anfangen zu sprechen, neigen sie dazu, die Handlungen jener exakt zu imitieren, die ihre Muttersprache sprechen. »By 14 months, they have begun to participate in truly cultural learning, copying ingroup members more faithfully than out-group members.«[69] Das Imitationslernen führt dazu, dass spätestens Grundschulkinder »a clear in-group bias« ausbilden.[70]

Gesellschaften lösen das Problem der Gewalt, das durch die Imitation des Begehrens des Anderen besteht, also wiederum mimetisch, indem man handelnd sich darüber verständigt, was man tut, und damit andere ausgrenzt, auf die die innergesellschaftliche Gewalt dann abgeladen werden kann.

Indem wir das Handeln unserer Umgebung imitieren, können wir zwar auf deren Zustimmung rechnen, gerade dadurch aber ausblenden, dass wir uns auf einem lebensabträglichen Weg befinden. Genau dies war jene Erfahrung des Apostels Paulus, die dessen Vertrauen auf die Kulturleistungen der Menschheit nachhaltig erschüttert hat: Im Blick auf seine eigene Vergangenheit, in der er die christlichen Gemeinden verfolgt hat, musste Paulus erkennen, dass er, obwohl er der Gerechtigkeit Gottes gemäß zu leben meinte, dem Tod gedient hat. Paulus schreibt, er sei »nach der Gerechtigkeit, die das Gesetz fordert, untadelig gewesen« (Phil 3,6). In seiner Existenz vereinigte sich ein Verhalten, welches man intersubjektiv als gerecht beurteilen konnte, mit leidenschaftlicher Gewalt gegen Außenstehende. Diese Verbindung von Solidarität nach innen und Gewalt nach außen ist evolutionstheoretisch als erfolgreiche Adaption anzusehen.[71] Eben deshalb steht nicht nur der Einzelne in Gefahr, zu einem Agenten der Gewalt zu werden, weil er begehrt, was ein anderer begehrt. Aufgrund des verkörperten Imitationslernens besteht eine kontinuierliche Gefährdung aller menschlichen Gruppen, Völker und Nationen, zu Agenten der Gewalt zu werden. Dabei stellt

---

67 Girard, *Ich sah den Satan* (s. Anm. 63), 43.

68 Daniel B. M. Haun, Yvonne Rekers und Michael Tomasello, »Children Conform to the Behavior of Peers: Other Great Apes Stick With What They Know,« *Psychological Science* 25 (2014): 2160–67.

69 David Buttelmann et al., »Selective Imitation of In-Group Over Out-Group Members in 14-Month-Old Infants,« *Child Development* 84 (2013): 427.

70 David Buttelmann/Robert Böhm, »The Ontogeny of the Motivation That Underlies In-Group Bias,« *Psychological Science* 25 (2014): 926.

71 Cf. Tomasello, *Warum wir kooperieren*, 81 (s. Anm 28).

diese Gewalt auch wieder eine Gefahr für den Einzelnen dar: Weil verkörperte Wesen zur Imitation ihrer Umgebung neigen, sind sie gefährdet, vom Furor der Gewalt in ihrer Umgebung angesteckt zu werden.[72]

Die biblischen Überlieferungen verdeutlichen freilich, dass nicht nur einzelne und Gruppen gefährdet sind, zu Agenten der Gewalt zu werden, sondern gerade auch jene kulturellen Errungenschaften, die sowohl individuelle als auch kollektive Gewalt einhegen und bearbeitbar machen sollen. Paulus selbst hat gesehen, dass Religion und Recht seine Gewalt gegen die christlichen Gemeinden legitimiert haben. Auch an der Kreuzigung Jesu waren Religion und Recht, aber auch Bildung, Militär und öffentliche Meinung beteiligt. Es reicht deshalb nicht aus, das Kreuz allein im Kontext von »Kollektivgewalt« und »kollektiven Mordtaten« zu verstehen.[73] Nach dem Johannesevangelium war Jesus zwar auch solcher Gewalt ausgesetzt – an zwei Stellen berichtet das Evangelium von einer versuchten Steinigung (Joh 8,59; 10,31) –, aber die Kreuzigung Jesu unterscheidet sich von spontaner Kollektivgewalt dadurch, dass sie das Ergebnis eines Rechtsprozesses war. Die Evangelien schildern die Kreuzigung als das gemeinsame Werk von Recht, Religion, Bildung und öffentlicher Meinung.[74] Auch diese guten Kulturkräfte werden zu Werkzeugen der Sünde, die dem Tod, hier ganz konkret: der Tötung Jesu, zuarbeitet.

Verkörperungstheoretisch reflektiert bedeutet dies: Auch Recht, Religion, Bildung und öffentliche Meinung als Formen des objektiven Geistes sind bleibend den Gefährdungen verkörperter Existenz ausgesetzt.

2.6 Die Gefährdung des Rechts durch die Risiken verkörperter Existenz

Recht und Gesetze wirken zwar auf vielfältige Weise den Risiken einer verkörperten Existenz entgegen, sie sind aber zugleich diesen Risiken ausgesetzt. Im Blick auf die oben genannten Gefährdungen lässt sich das schlaglichtartig verdeutlichen. Dass ich dabei im Folgenden auf die Ambivalenz auch der biblischen Gesetzestraditionen hinweise, hat eine doppelte Bedeutung: Zum einen wird so deutlich, dass selbst jenes Gesetz, das Paulus »heilig, gerecht und gut« nennt (Röm 7,12) und in dieser Perspektive als das ideale Gesetz erscheint, an den Ambivalenzen verkörperter Existenz Anteil hat. Zum anderen prägen

72 Girard verdeutlicht dies anhand der Figur des Petrus in den Passionsgeschichten: »Seine Zuneigung zu Jesus steht außer Frage, sie ist tief und aufrichtig. Und dennoch, sobald der Apostel sich in einer Jesus feindlich gesinnten Umgebung aufhält, kann er nicht anders, als deren Feindseligkeit nachzuahmen« (Girard, *Ich sah den Satan* [s. Anm. 63], 35).

73 Ibid., 125f.

74 Cf. Michael Welker, *Gottes Offenbarung: Christologie* (Neukirchen: Neukirchener Verlagsgesellschaft, 2012), 180–2.

diese Texte als Teil »der mosaischen Grundlagen unserer westlichen Welt«[75] die Rechtsentwicklung bis in unsere Gegenwart hinein.

Das Gesetz stellt (a) zwar vom offenen Kampf, von offener Gewalt (Lamech) auf Recht (Talionsformel) um, kann aber zugleich den Kampf um Ressourcen auch verfeinern und intensivieren. Es gibt eine sublimierte Form von Gewalt, die sich nicht als Rechtsbruch darstellt, sondern ihr Handeln als rechtskonform inszenieren kann. Unrecht wird dadurch legitimiert, dass man behaupten kann, man handele im Rahmen des geltenden Rechtes. Schon beim Propheten Jesaja heißt es: »Wehe denen, die Satzungen des Unrechts setzen, und den Schreibern, die die Qual festschreiben, um die Machtlosen aus dem Gericht zu drängen und die Elenden meines Volks um das Recht zu bringen, damit die Witwen ihre Beute werden und sie die Waisen berauben« (Jes 10,1f.). Die Gesetze, die Jesaja kritisiert, legitimieren und legalisieren, dass Menschen sich sozial Schwächeren gegenüber so verhalten, wie es in der außermenschlichen Natur Raubtiere ihrer Beute gegenüber tun.

Das Gesetz perspektiviert zwar Konflikte aus einer nicht beteiligten Perspektive, bleibt aber (b) immer auch an partikulare Interessen zurückgebunden. Das biblische Bundesbuch ist eben auch Ausdruck einer Sklavenhaltergesellschaft (cf. Ex 21,2–11; besonders 21,21),[76] das Deuteronomium reflektiert auch die Interessen der freien Landbesitzer Judas.[77] Die Tora, die historisch betrachtet als Kompromiss zwischen deuteronomischer und priesterschriftlicher Tradition angesehen werden kann,[78] transzendiert zwar partikulare Interessen, bleibt aber dennoch an die Polyphonie bestimmter partikularer Interessen zurückgebunden.

Das Gesetz wirkt zwar einerseits der Verobjektivierung von Menschen durch Menschen entgegen, bringt aber (c) immer auch Andere des Rechts hervor. Einerseits sensibilisiert das alttestamentliche Bundesbuch dafür, Sklavinnen und Sklaven als Menschen zu betrachten, die ihr Leben in Freiheit leben wollen und sollen. Indem es die Möglichkeit einräumt, nach sieben Jahren frei zu kommen (vgl. Ex 21,1f.), wirkt es ansatzweise der Degradierung von Menschen auf ihr Sklavendasein entgegen. Will jemand sich die Arbeitskraft seines Sklaven über die sieben Jahre hinaus sichern, ist er genötigt, ihn respektvoll zu behandeln (vgl. Ex 21,5f.26f.). Andererseits wird in den strafrechtlichen Partien des Bundesbuches das Leben eines Sklaven radikal monetarisiert: Wenn jemand seinen Sklaven derart misshandelt, dass dieser nach ein oder zwei Tagen stirbt (also nicht mit ausdrücklicher Tötungsabsicht), dann wird der Täter nicht bestraft, »denn es geht um sein eigenes Geld« (Ex 21,21).

---

75 Jan Assmann, *Totale Religion: Ursprünge und Formen puritanischer Verschärfung* (Wien: Picus Verlag, 2016), 76.

76 Cf. Frank Crüsemann, *Die Tora: Theologie und Sozialgeschichte des alttestamentlichen Gesetzes* (München: Chr. Kaiser, 1992), 179–81.

77 Ibid., 248–51, 256–9.

78 Ibid., 394–8.

In vergleichbarer Weise stärkt das Deuteronomium einerseits die Rechte von Frauen (vgl. Dtn 21,10–17; 22,13–19.25-29), vor allem im Kult: Die freie Frau »erhält, unabhängig von ihrer Familiensituation, das Recht, wie der freie Mann das Opferritual zu leiten«.[79] Andererseits degradiert das Deuteronomium aber die Frauen feindlicher Städte zum Beutegut der eigenen Armee. »Die Frauen und Kinder und das Vieh und alles, was sich in der Stadt an Beute findet, darfst du als Beute für dich behalten, und was du bei deinen Feinden erbeutet hast, was dir der HERR, dein Gott, gegeben hat, sollst du verzehren« (Dtn 20,14).

Diese Ambivalenz kennzeichnet aber nicht nur das alttestamentliche Recht, sondern jedes Rechtssystem. Mit der für das Rechtssystem typischen Unterscheidung von rechtmäßig/rechtswidrig werden diejenigen ausgegrenzt, die in der Perspektive des Gesetzes Unrecht getan haben. Auch das Recht gewinnt seine Kohärenz durch Exklusion:[80] Indem Recht allein an Recht anschließt, schließt es das Unrecht aus – genau das ist ja seine Funktion – und vollzieht in diesem Sinne Exklusion. Diejenigen, die sich gegenüber der Unterscheidung rechtmäßig/rechtswidrig indifferent verhalten, sei es aus wirtschaftlicher Not, sei es aufgrund fehlender Bildung, werden als *outlaws* exkludiert.[81]

Das Gesetz wirkt zwar dem Versuch, sein Leben durch die Einsetzung von Gewalt auf Kosten anderer zu optimieren, entgegen, das Gesetz kann aber (d) auch als Mittel missbraucht werden, sich ein gelingendes Leben zu verschaffen. Das alttestamentliche Gesetz verbindet die Erfüllung des Gesetzes mit der Verheißung eines gesegneten Lebens in Wohlstand (vgl. Dtn 5,33; 28,1–15). Diese Verbindung wird durch die weisheitliche Weltanschauung des Tun-Ergehen-Zusammenhanges gestützt, nach der regelkonformes Verhalten im Leben belohnt wird.[82] Es ist deshalb durchaus denkbar – darauf hat die lutherische Theologie lange einseitig den Akzent gelegt –, dass ein Mensch das Gesetz missbraucht, um sein Leben aus eigener Kraft sichern zu wollen. Das Gute wird dann nicht um des Gesetzes willen getan, aber auch nicht um des Nächsten willen, sondern mit dem Ziel der Sicherung und Selbststeigerung des eigenen Lebens. Man tut das Gute, um eine gute Reputation (vor Gott und/oder den Menschen) zu gewinnen.

Das Gesetz löst einen dann nicht aus der eigenen Selbstbezogenheit, sondern stützt diese. Die Gefahr einer solchen gesetzestreuen Haltung liegt darin, dass der, der das Gute befolgt, um gut dazustehen, die Freiheit verliert, Gewohntes und Bewährtes zu hinterfragen, dort, wo es notwendig ist, das Unerwartete,

---

79 Georg Braulik, »Durften auch Frauen in Israel opfern? Beobachtungen zur Sinn- und Festgestalt des Opfers im Deuteronomium,« in *Studien zum Deuteronomium und seiner Nachgeschichte*, SBAB 33, (Stuttgart: Katholisches Bibelwerk, 2001), 84.

80 Cf. Niklas Luhmann, *Das Recht der Gesellschaft*, stw 1183 (Frankfurt: Suhrkamp, 1995), 184.

81 Cf. Niklas Luhmann, »Inklusion und Exklusion,« in *Soziologische Aufklärung 6: Die Soziologie und der Mensch* (Opladen: Westdeutscher Verlag, 1995), 258–61.

82 Cf. exemplarisch Jutta Hausmann, *Studien zum Menschenbild der älteren Weisheit*, FAT 7 (Tübingen: Mohr Siebeck, 1995), 231–46.

Neue, Nicht-konforme, möglicherweise auch Verbotene zu tun. Deshalb aber, so hat der Lutheraner Dietrich Bonhoeffer betont, scheitert der Mensch der Pflicht in der ethischen Situation.[83] »Die außerordentliche Notwendigkeit appelliert an die Freiheit des Verantwortlichen. Es gibt kein Gesetz, hinter dem der Verantwortliche hier Deckung suchen könnte.«[84]

Das Gesetz wirkt zwar mimetischer Gewalt entgegen, indem es Konflikte rechtlich regelt und so ihren Ausgang absehbar macht,[85] steht aber in der Gefahr, (e) Befriedung nach innen mit Gewalt nach außen zu verbinden. Biblisch lässt sich dieser Zusammenhang wiederum am Deuteronomium erkennen. Das Deuteronomium verbindet eine vorbildliche, im gewissen Sinne bis heute revolutionäre Sozialgesetzgebung mit dem offenen Aufruf zur Gewalt gegen andere: »Wenn der Herr, dein Gott, dich in das Land bringt, in das du ziehst, um es in Besitz zu nehmen, und er viele Nationen vor dir vertreibt, die Hetiter und die Girgaschiter und die Amoriter und die Kanaaniter und die Peressiter und die Chiwwiter und die Jebusiter, sieben Nationen, die grösser und stärker sind als du, und wenn der HERR, dein Gott, sie dir preisgibt und du sie schlägst, sollst du sie der Vernichtung weihen. Du sollst keinen Bund mit ihnen schließen und sie nicht verschonen« (Dtn 7,1–3).[86]

Dass dieser Zusammenhang auch modernes Recht prägt, hat schon – der als bürgerlicher Theologe in diesem Zusammenhang unverdächtige Zeuge – Friedrich Schleiermacher erkannt: Die »bürgerliche Gerechtigkeit [...] ist doch immer nur die Selbstliebe des Volks oder Staats als einer zusammengesezten Person, und kann mit Leidenschaftlichkeit und Ungerechtigkeit aller Art gegen die, welche außerhalb dieses Vereins sind, verbunden sein«.[87]

Dabei kann der Fremde, wie die Kreuzigung Jesu zeigt, auch der Nächste sein. So wie sich Recht, Religion, öffentliche Meinung und Bildung darauf verständigen, dass Jesus ein Verbrecher ist, den man kreuzigen sollte, so können in der Gegenwart soziale Systeme sich wechselseitig die von ihnen vollzogenen Exklusionen bestätigen und so Exklusionskarrieren bedingen: Die Bewohner der Banlieues Frankreichs werden dann von Politik, Bildungssystem und öffentlicher Meinung gleichermaßen abgeschrieben – und das Rechtssystem bestätigt dieses Urteil, indem es tut, was es nach eigener Logik tun muss, nämlich Rechtsbrecher zu verurteilen. So aber trägt das Recht zur Exklusion bei.

---

83 Cf. Bonhoeffer, *Ethik*, 65 (s. Anm 10): »Der Mann der Pflicht wird schließlich auch dem Teufel gegenüber noch seine Pflicht erfüllen müssen«.

84 Ibid., 274.

85 Cf. Michael Welker, »Theologie und Recht,« *Der Staat* 49 (2010): 576–9.

86 Man könnte freilich diskutieren, ob das Deuteronomium diese Gewalt gegen außen nicht dadurch sublimiert, dass sie gegen Völker gerichtet wird, die zur Zeit der deuteronomischen Reform (und später) gar nicht mehr im Lande leben, die Gewalt sich also gegen eine fiktive Vergangenheit richtet und so von der jeweiligen Gegenwart löst.

87 Friedrich D. E. Schleiermacher, *Der christliche Glaube nach den Grundsätzen der evangelischen Kirche im Zusammenhang dargestellt: 2. Auflage (1830/31)*, hrsg. Rolf Schäfer (Berlin/New York: de Gruyter, 2008), 426.

Das Gesetz, das den Risiken einer verkörperten Schöpfung entgegenarbeiten soll und entgegenarbeitet, ist also zugleich den Gefährdungen der verkörperten Existenz ausgesetzt. Vergleichbares ließe sich für Religion, Bildung und andere soziale Systeme zeigen. Will man mit der Unterscheidung von Natur und Kultur operieren, wird man sagen müssen: Die Risiken einer verkörperten Schöpfung liegen nicht nur auf Seiten der Natur, sondern betreffen Natur und Kultur gleichermaßen. Denkt man natürliche und kulturelle Prozesse als sich stets wechselseitig bedingende, leuchtet dies unmittelbar ein.

3. DIE BEARBEITUNG DER RISIKEN IN DEN URCHRISTLICHEN GEMEINDEN

Der christliche Glaube setzt seine Hoffnung angesichts der dargestellten Risiken einer verkörperten Existenz nicht auf eine Überwindung des Leibes zugunsten einer rein geistigen Existenz, sondern darauf, dass Gott menschliche Leiber zu Tempeln seines Geistes macht. Paulus kann dabei sowohl die Gemeinde (vgl. 1Kor 6,19) als auch die Leiber der einzelnen Gläubigen als Tempel Gottes (vgl. 1Kor 6,19) bezeichnen.

Das Risiko des Stoffwechsels wird in den urchristlichen Gemeinden – man könnte theologisch auch formulieren: durch den Heiligen Geist – so bearbeitet, dass Essen und Trinken in ein Mahl integriert werden, das der Erinnerung an einen Gekreuzigten dient und so zum Aufbau einer Gemeinschaft beiträgt, die von sich selbst sagt: »Die uns am wenigsten ehrbar zu sein scheinen, die umkleiden wir mit besonderer Ehre« (1Kor 12,23).

Das Risiko der begrenzten Perspektive wird in den urchristlichen Gemeinden so bearbeitet, dass die je eigene Perspektive durch andere irritiert, korrigiert und erweitert wird. »Und es wird geschehen in den letzten Tagen, spricht Gott, da werde ich von meinem Geist ausgießen über alles Fleisch, und eure Söhne und eure Töchter werden weissagen, und eure jungen Männer werden Gesichte sehen, und eure Alten werden Träume träumen. Und auch über meine Knechte und über meine Mägde werde ich in jenen Tagen von meinem Geist ausgießen, und sie werden weissagen« (Apg 2,17f.). Diese alttestamentliche Verheißung, die sich nach der Apostelgeschichte in den urchristlichen Gemeinden realisiert, verkündigt keineswegs die Überwindung verkörperter Perspektivität, sondern eine lebensförderliche Polyphonie verkörperter Perspektiven.[88]

Die Gefahr der Verobjektivierung (gerade auf dem Feld der Sexualität) wird in den urchristlichen Gemeinden so bearbeitet, dass Sexualität in eine Beziehung integriert wird, die durch Agape geprägt ist. Paulus stellt der Unzucht nicht die Enthaltsamkeit oder die Ehe gegenüber, sondern die Liebe (cf. Gal 5,19.22). Er kontrastiert damit eine Welt, die auch die Sexualität als Macht-

[88] Cf. dazu Michael Welker, *Gottes Geist. Theologie des Heiligen Geistes* (Neukirchen: Neukirchener Verlagsgesellschaft, ^{2}1993), 215–23.

diskurs inszeniert,[89] mit der Lebensform der Agape als freiwilliger Selbstzurücknahme zugunsten anderer.[90] Anstatt in der Sexualität die eigene Macht durchzusetzen, befähigt der Geist Menschen dazu, sich wechselseitig selbst zurückzunehmen. Diese freiwillige Selbstzurücknahme kann dabei nach Paulus in unterschiedlichen Formen gelebt werden: entweder in der von Paulus bevorzugten Gestalt einer asexuellen Lebensform (cf. 1Kor 7,7.37) oder aber in einer Partnerschaft, die durch wechselseitige Unterordnung charakterisiert (cf. 1Kor 7,4) und gerade dadurch von der Unzucht, der Gestaltung der Sexualität als Machtdurchsetzung, unterschieden ist.[91]

Dass Paulus selbst die Ehe von Gemeindegliedern nur als Form der Unterordnung, wenn auch einer wechselseitigen Unterordnung, verstehen kann, zeigt, wie sehr sein Verständnis der Ehe durch das antike Verständnis der Sexualität als Machtdiskurs geprägt ist. Weiterführend ist hier das alttestamentliche Hohelied, das eine Partnerschaft des wechselseitigen Begehrens besingt: »Ich gehöre meinem Geliebten, und nach mir ist sein Verlangen« (Hld 7,10). Die Frau schenkt sich ihrem Geliebten, sie gehört nicht mehr sich selbst, sondern einem anderen. Aber dieses Sich-Verschenken wird im Hohelied nicht ausgenutzt, sondern mit Verlangen beantwortet. In der Schöpfungserzählung »blieb die Sehnsucht der Frau nach Harmonie mit ihrem Mann nach dem Ungehorsam bestehen. Aber der Mann erwiderte sie nicht; stattdessen herrschte er über sie und zerstörte somit die Eintracht und pervertierte die Sexualität. Ihr Verlangen führte zu seiner Vorherrschaft. Im Hohelied aber verschwindet die Macht des Mannes.«[92] Das Risiko des Wissens um die eigene Endlichkeit wird in den urchristlichen Gemeinden so bearbeitet, dass Menschen befreit werden, ihre eigene Endlichkeit anzunehmen, weil sie ihre Leiblichkeit in einer Zwischenleiblichkeit aufgehoben sehen, die den Tod übersteigt: »Keiner von uns lebt für sich selbst, und keiner stirbt für sich selbst. Leben wir, so leben wir dem Herrn, sterben wir, so sterben wir dem Herrn. Ob wir nun leben oder sterben, wir gehören dem Herrn. Denn dazu ist Christus gestorben und wieder lebendig geworden: dass er Herr sei über Tote und Lebende« (Röm 14,7–9). Es gibt demnach eine Zwischenleiblichkeit, die vom Tod nicht negiert werden kann.[93]

---

[89] Cf. dazu die Analysen von Michel Foucault, *Die Sorge um Sich, Sexualität und Wahrheit. Band 3* (Frankfurt: Suhrkamp, [4]1995), bes. 43: Die Antike versteht »den Sexualakt in erster Linie als ein Spiel von Über- und Unterlegenheit: die Penetration versetzt zwei Partner in ein Verhältnis von Beherrschung und Unterwerfung; sie ist Sieg auf der einen Seite, Niederlage auf der anderen; sie ist beanspruchtes Recht für den einen der Partner, aufgezwungene Notwendigkeit für den anderen«.

[90] Zum Verständnis der Liebe als »Macht freier, schöpferischer Selbstzurücknahme zugunsten von Mitmenschen« cf. Welker, *Gottes Offenbarung* (s. Anm. 74), 208–19.

[91] Cf. Gerd Theißen, *Erleben und Verhalten der ersten Christen: Eine Psychologie des Urchristentums* (Gütersloh: Gütersloher Verlagshaus, 2007), 434–55.

[92] Trible, *Gott und Sexualität* (s. Anm. 42), 186.

[93] Auf eindrucksvolle Weise bringt die Antwort auf Frage eins des Heidelberger Katechismus diesen Trost zum Ausdruck: »Was ist dein einiger Trost im Leben und im

Das Risiko der Mimesis wird in den urchristlichen Gemeinden durch die leiblich vollzogene Erinnerung an den Gekreuzigten bearbeitet. Indem die Gemeinde in der Feier des Abendmahls die Nacht des Verrats erinnert, wird sie sich der Gefahr bewusst, die in der Kreuzigung Jesu als Gefahr für alle Zeiten offenbar geworden ist.[94] Auch unsere besten Gesetze und Rechtsinstitutionen sowie religiösen Überzeugungen und Institutionen, aber auch unsere Moralen und eine aufgeklärte öffentliche Meinung können dem Leben Gewalt antun und zur Ausgrenzung und Vernichtung von Menschen beitragen. Wo man sich dieser Gefahr bewusst wird, wird man frei von der Bindung seines Lebens an abstrakte Ideale und entsteht Raum für eine neue Form der Mimesis: der Nachahmung des Apostels, die letztlich eine Nachahmung Christi ist. »Folgt meinem Beispiel, wie auch ich dem Beispiel Christi folge!« (1Kor 11,1). Es gibt eine verkörperte Nachahmung Christi, in der das Begehren darauf gerichtet ist, das zu tun, was dem Anderen jeweils konkret hilft, sich lebensförderlich zu entfalten. Wer so handelt, der bleibt als verkörpertes Geschöpf nicht mehr dem Biologischen unterworfen. Dabei ist es die Verheißung des christlichen Glaubens, dass ein solches Leben, weil es nicht mehr dem Biologischen unterworfen ist, auch nicht mehr dem Tod verfällt, sondern schon jetzt das ewige Leben hat. Die Risiken der verkörperten Schöpfung behalten nicht das letzte Wort.

Sterben? Dass ich mit Leib und Seele, beides, im Leben und im Sterben, nicht mein, sondern meines getreuen Heilands Jesu Christi eigen bin«.

94 Cf. Michael Welker, *Was geht vor beim Abendmahl?* (Stuttgart: Calwer, 1999), 115–8.

Vertrauen und Beten

Überlegungen zum Zusammenhang zwischen zwei Vollzügen christlichen Lebens

Markus Höfner

0. Einleitung

»Keiner wird Gott je recht anrufen, wenn er vorher nicht im festen Vertrauen auf dessen Güte Halt gefunden hat.«[1] Im Genfer Katechismus von 1545 bestimmt Jean Calvin den Zusammenhang von Beten und (Gott-)Vertrauen als einseitiges Bedingungsverhältnis: Das Vertrauen auf Gottes Güte ist nach Calvin Voraussetzung und Grundlage christlichen Betens. Und dieses Bedingungsverhältnis gilt für Calvin nicht zuletzt deshalb, weil *menschliches* Gottvertrauen durch *Gottes* Zuspruch und Verheißung hervorgerufen wird, wie sie im Evangelium begegnen.[2] Die Abhängigkeit christlichen Betens vom Vertrauen in Gott weist daher nach Calvin zurück auf die göttliche Initiative, dem sich Gottvertrauen *und* christliches Beten verdanken. Beten wie Vertrauen sind demnach für Calvin als Antwortgeschehen zu begreifen, die sich nicht menschlichen Wünschen oder Fähigkeiten, sondern dem zuvorkommenden Handeln Gottes verdanken. Calvins Verhältnisbestimmung von Vertrauen und Beten ist somit an der reformatorischen Einsicht in die Prävenienz der Initiative Gottes vor allem menschlichen Tun und Lassen orientiert – eine Einsicht, die auch für eine gegenwärtige protestantische Reflexion leitend sein muss. Zugleich jedoch provozieren Calvins Überlegungen kritische Rückfragen. Denn das von Calvin postulierte einseitige Bedingungsverhältnis von Vertrauen und Beten legt *zum einen* ein Verständnis von ›Vertrauen‹ als eines menschlichen *Zustands* nahe, der ›vorher‹ gegeben sein muss, um dann christliches Beten zu ermöglichen. Demgegenüber wäre zu fragen, ob nicht Vertrauen ein Vollzugsphänomen darstellt, das es nur ›gibt‹, indem Menschen vertrauen. Vertrauen wäre dann kein Zustand, der sich ›besitzen‹ ließe, sondern müsste immer wieder neu gewonnen und bewährt werden. *Zum anderen* ist zu fragen, ob das von Calvin formulierte einseitige Bedingungsverhältnis von Gottvertrauen und (christlichem) Beten eine mögliche Wechselseitigkeit beider Vollzüge nicht vorschnell ausschließt:

---

1 Jean Calvin, »Der Genfer Katechismus Von 1545«, in *Calvin-Studienausgabe 2: Gestalt und Ordnung der Kirche* (Neukirchen-Vluyn: Neukirchener Verlagsgesellschaft, 1997), 1-135, 91 (Frage 248) (»Nam rite nemo unquam ipsum invocabit, nisi qui in certa bonitatis eius fiducia prius acquieverit.« [ibid., 90]).

2 Ibid., 91, 93 (Fragen 249 und 250).

Ist Gottvertrauen kein Zustand, sondern ein Vollzug, so könnte dieser nicht nur der Praxis christlichen Betens zugrunde liegen, sondern sich in ihr zugleich gestalten und bewähren. Es wäre daher für den Vollzug des Gottvertrauens nicht unerheblich, ob und wie es im Beten zum Ausdruck kommt.

Der folgende Beitrag wird diesen Fragen zum Verhältnis von (Gott-)Vertrauen und Beten in zwei Schritten nachgehen. Zunächst (2.) soll menschliches Gottvertrauen als eine spezifische Vertrauensweise in den Blick genommen werden, die in ihrem Vollzug zwar Familienähnlichkeiten zu den Formen zwischenmenschlichen Vertrauens aufweist, sich von diesen jedoch durch ihre Unbedingtheit unterscheidet. Sodann (3.) wird nach dem Verhältnis dieses Gottvertrauens zum christlichen Beten gefragt und die Wechselwirkung beider Vollzüge dadurch profiliert, dass Beten als *Ausdruck* des Gottvertrauens verstanden wird. In beiden Schritten wird auf weitere Ausführungen Calvins zu den Themen Vertrauen und Beten zurückgegriffen, die deren Verhältnis differenzierter bestimmen als die zumindest missverständliche Formulierung, die eingangs aus Calvins Genfer Katechismus zitiert wurde. Abschließend soll angedeutet werden, dass sich die Wechselseitigkeit von menschlichem Gottvertrauen und Beten dadurch profilieren lässt, dass beide als Antwort auf das Vertrauen *Gottes* verstanden werden (4.). Zunächst aber soll das Phänomenfeld ›Vertrauen‹ selbst kurz umrissen werden (1.).

1. Kredit geben: Eine kleine Phänomenologie des Vertrauens

Für einen differenzierten Zugriff auf das Phänomenfeld ›Vertrauen‹ bieten die Überlegungen Georg Simmels eine gute erste Orientierung. Und dies vor allem deshalb, weil Simmel Vertrauen von vornherein als *soziales* Phänomen in den Blick nimmt, gilt es ihm doch als »eine der wichtigsten synthetischen Kräfte innerhalb der Gesellschaft«[3]. Simmels Überlegungen bilden insofern einen fruchtbaren Kontrapunkt zu Strategien, Phänomene des Vertrauens exklusiv aus der Perspektive einzelner Akteure zu denken. Ausgangspunkt für Simmels Überlegungen ist seine Analyse der modernen Geldwirtschaft, die aus seiner Sicht auf einer Logik des ›Kredits‹ beruht[4] – und deshalb Vertrauen notwendig macht. Denn schon der bloße Gebrauch des Geldes beruht nach Simmel auf der Bereitschaft, »Kredit zu geben«[5], also darauf zu vertrauen, dass erhaltenes Geld einen bestimmten Wert besitzt und zu diesem wieder gegen andere Gü-

---

[3] Georg Simmel, *Soziologie: Untersuchungen über die Formen der Vergesellschaftung*, Gesamtausgabe, Bd. 11 (Frankfurt: Suhrkamp, 1992), 393.

[4] Vgl. Georg Simmel, *Philosophie des Geldes*, Gesamtausgabe, Bd. 6 (Frankfurt: Suhrkamp, 1989), v. a. 212–29.

[5] Ibid., 215.

ter eingetauscht werden kann.[6] Dieses für den Geldverkehr – und das gesellschaftliche Zusammenleben überhaupt – notwendige Vertrauen tritt nun nach Simmel zunächst in der Form eines gewohnheitsmäßigen »Glaubens«[7] auf, der aus Erfahrung mit relativ konstanten Elementen im gesellschaftlichen Leben rechnet.[8] Zentral für das Kreditgeben ist jedoch nach Simmel das Vertrauen als »mittlerer Zustand zwischen Wissen und Nichtwissen um den Menschen«, insofern dieses eine »Hypothese künftigen Verhaltens« erlaubt, die »sicher genug ist, um praktisches Handeln darauf zu gründen«[9]. Als dritte Form des Vertrauens nennt Simmel schließlich die »innere Vorbehaltlosigkeit einem Menschen gegenüber«[10], die sich als Gefühl jenseits von Wissen und Nichtwissen hält.[11] Sie tritt Simmel zufolge in Reinform »wahrscheinlich nur innerhalb der Religion auf«[12] – nämlich in Gestalt menschlichen *Gottvertrauens* –, spielt aber auch für das zwischenmenschliche Kreditgeben eine nicht unerhebliche Rolle. Denn auch dieses beruht nicht allein auf personalem Vertrauen zwischen Menschen, sondern setzt das generelle und versachlichte Vertrauen in die »symbolischen Zeichen«[13] des Geldes voraus, deren Wert mit ›innerer Vorbehaltlosigkeit‹ vertraut werden muss.[14]

Alle drei von Simmel genannten Formen des Vertrauens unterstreichen nicht nur dessen intrinsisch sozialen Charakter – Vertrauen tritt bei Simmel immer als Phänomen einer geteilten gesellschaftlichen Praxis auf –, sondern stellen zugleich seine Unverzichtbarkeit für individuelles und gemeinschaftliches Leben heraus: Die Notwendigkeit des Vertrauens ergibt sich nach Simmel – in der Geldwirtschaft und darüber hinaus – aus der Angewiesenheit des Einzelnen auf Andere und Anderes, die sich seiner Kontrolle entziehen. Genau dies macht Vertrauen allerdings auch riskant: »Gewiß enthält jedes Vertrauen eine Gefahr«[15], weil es von Anderen und Anderem enttäuscht werden kann. Insofern bleibt zwischenmenschliches Vertrauen ein Wagnis – und ist dennoch besser als Kontrolle, weil es Lebensmöglichkeiten erschließt, die es ohne es nicht gäbe.

In Simmels Überlegungen vorausgesetzt, aber nicht eigens expliziert, ist die Einsicht, dass Vertrauen keinen Zustand, sondern einen *Vollzug* darstellt: Vertrauen ›gibt‹ es nur, indem Menschen vertrauen, und sie tun dies in Ausrichtung auf die Zukunft, aber auch in Orientierung an vergangenen Erfahrungen.

---

6 Vgl. ibid.

7 Vgl. ibid.

8 Und insofern, wie Simmel schreibt, als »abgeschwächtes induktives Wissen« bezeichnet werden kann (ibid.).

9 Simmel, *Soziologie* (s. Anm. 3), 393.

10 Ibid., Anm. 1.

11 Vgl. ibid.; Simmel, *Philosophie des Geldes* (s. Anm. 4), 215.

12 Simmel, *Soziologie* (s. Anm. 3), 393, Anm. 1.

13 Simmel, *Philosophie des Geldes* (s. Anm. 4), 216.

14 Vgl. ibid.

15 Ibid., 668.

Während ersteres in der von Simmel genannten Form des Vertrauens als ›mittlerer Zustand zwischen Wissen und Nichtwissen‹ im Zentrum steht, ließe sich sein Verständnis von Vertrauen als gewohnheitsmäßigem ›Glauben‹ für letzteres in Anspruch nehmen. Dieser Vollzugscharakter des Vertrauens und seine immer auch affektive Grundierung, wie sie Simmel in der Form des Vertrauens als ›innere Vorbehaltlosigkeit‹ fokussiert, sind zudem dafür verantwortlich, dass man nur dort von Vertrauen sprechen kann, wo dieses im vertrauensvollen Verhalten von Menschen zum *Ausdruck* kommt – und sich dabei gestalten kann und bewähren muss.[16]

2. Vertrauen und Gottvertrauen

Die skizzierten Phänomendifferenzierungen betreffen Vertrauen als zwischenmenschliches Phänomen, das sich gleichermaßen auf andere Personen oder übergreifende gesellschaftliche Zusammenhänge oder ›symbolische Zeichen‹ richten kann. Eine theologische Diskussion menschlichen *Gott*vertrauens – und seines Verhältnisses zum Beten – wird daran nun allerdings nicht so anschließen können, dass sie Gott nur als besonderen Bezugspunkt solcher menschlichen Vertrauensweisen ins Spiel bringt. Denn weil Gott kein Gegenstand dieser Welt *neben* anderen menschlichen Personen oder Institution ist, ist Gottvertrauen von zwischenmenschlichem Vertrauen nicht nur durch seinen Bezug verschieden, sondern stellt eine spezifische Vertrauens*weise* dar. Dies zu beachten schließt allerdings den Rekurs auf Familienähnlichkeiten zwischen Gottvertrauen und zwischenmenschlichem Vertrauen nicht aus[17] und sollte auch nicht dazu führen, Gottvertrauen und zwischenmenschliches Vertrauen als ausschließende Alternativen zu betrachten.[18]

Um christliches Gottvertrauen als spezifische Vertrauens*weise* herauszustellen, lässt sich an die eingangs bereits erwähnte reformatorische Einsicht in die Prävenienz göttlichen Handelns anknüpfen: Es ist, wie Calvin zu Recht betont, *Gottes* Zuspruch und Verheißung im Evangelium, die *menschliches*

---

[16] Vertrauen ist demnach – wie menschliche Überzeugungen, Einstellungen und Affekte überhaupt – nicht primär und eigentlich im ›Inneren‹ des (einzelnen) Menschen zu verorten, wodurch sein ›äußerer‹ Ausdruck im Verhalten nur als sekundäre und uneigentliche Erscheinung in den Blick kommen könnte. Vielmehr ist der ›äußere‹ Ausdruck von Vertrauen für dessen ›innere‹ Wirklichkeit und Qualität konstitutiv. Vgl. zu diesem Verständnis von Ausdrucksphänomen Ernst Cassirer, *Philosophie der Symbolischen Formen: Dritter Teil: Phänomenologie Der Erkenntnis,* Gesammelte Werke: Hamburger Ausgabe, Bd. 13 (Darmstadt: Wissenschaftliche Buchgesellschaft, 2002), 49–117 und zur Interpretation Markus Höfner, *Sinn, Symbol, Religion: Theorie des Zeichens und Phänomenologie der Religion bei Ernst Cassirer und Martin Heidegger* (Tübingen: Mohr Siebeck, 2008), 53–9, 87–93.

[17] Schließlich handelt es sich in beiden Fällen um *menschliches* Vertrauen.

[18] Vgl. zum Zusammenhang beider Vertrauensweisen unten Abschnitt 3.

Gottvertrauen allererst ermöglichen.[19] Denn zwar ist auch zwischenmenschliches Vertrauen nicht auf aktive Vertrauensvollzüge des Einzelnen zurückzuführen, sondern geht diesen als soziale Praxis immer schon voraus. Und insofern sind auch Vertrauensvollzüge des Einzelnen Antwort auf die Gabe des Vertrauens durch andere. Doch ist dieses Bedingungsverhältnis grundsätzlich symmetrisch - jeder Vollzug von Vertrauen knüpft an vorgängiges Vertrauen an *und* ermöglicht weiteres Vertrauen - und (zumindest meist) mit Reziprozitätserwartungen verbunden. Menschliches Gottesvertrauen hingegen ist von Gottes Zuspruch und Verheißung schlechthin abhängig, ohne diese ihrerseits zu bedingen. Und Gottes Zuspruch und Verheißung, in denen sich Gott Menschen als vertrauenswürdig erweist, zielt zwar auf die Antwort menschlichen Gottvertrauens, wird durch ihr Ausbleiben aber nicht infrage gestellt. Calvin bringt diese Unbedingtheit der göttlichen Verheißung durch ihre Bindung an Person und Werk Jesu Christi zum Ausdruck. Denn in Christus zeigt sich nach Calvin die Güte Gottes gegenüber *sündigen* Menschen, denen durch Christus als Mittler unverdiente Gemeinschaft mit Gott eröffnet wird. Die »Erkenntnis des göttlichen Wohlwollens gegen uns« kann und muss sich daher nach Calvin »auf die Wahrheit der in Christus uns dargebotenen Gnadenverheißung stütz[en]« (III, 2, 7).

Dieser Unbedingtheit des göttlichen Zuspruchs ist der Grund dafür, dass menschliches Gottvertrauen theologisch als *unbedingtes Vertrauen* zu Gott zu denken ist. Dies bedeutet nicht nur, dass Gottes Güte in jeder Hinsicht zu vertrauen ist und ihr Zuspruch daher nur dadurch angemessen beantwortet wird, »[d]aß wir unser *ganzes* Vertrauen in Gott setzen«[20].

Die Unbedingtheit des Vertrauens meint zugleich, dass es im *ganzen* Lebensvollzug und in allen Verhaltensweisen zum Ausdruck kommen kann und soll - ein Gedanke, der von Calvin durch die enge Verklammerung von Rechtfertigung und Wiedergeburt zu neuem Leben betont wird (vgl. III, 11, 1): Das Vertrauen zu Gott kann und soll sich nach Calvin darin auswirken, dass Glaubende ihr Leben »in allen einzelnen Stücken der [göttlichen] Führung [unterstellen]« (III, 7, 10), es also *aus* Vertrauen in Gott vollziehen. Die Unbedingtheit des Gottvertrauens impliziert schließlich auch, dass der *ganze* Mensch in den Vollzug dieses Vertrauens involviert ist, dieses also kognitive, volitionale und affektive Dimensionen gleichermaßen umfasst. In diesem Sinn betont Calvin die Differenz christlichen Gottvertrauens von einem bloß kognitiven Fürwahrhalten von Glaubensaussagen. Im Gottvertrauen, so Calvin, geht es darum, »die Verheißungen, die uns der Herr zuteil werden läßt, nicht etwa bloß außer uns

---

19 Vgl. Calvin, »Der Genfer Katechismus von 1545« (s. Anm. 1), 91, 93 (Fragen 249 und 250) und Jean Calvin, *Unterricht in der Christlichen Religion* (Neukirchen-Vluyn: Neukirchener Verlagsgesellschaft, 1988), Buch III, Kapitel 2, Abschnitt 6. Verweise auf Calvins *Institutio* erscheinen im Folgenden mit Angabe von Buch, Kapitel und Abschnitt im Text.

20 Calvin, »Der Genfer Katechismus von 1545« (s. Anm. 1), 17 (Frage 8); meine Herv. (»Ut totam in Deo fiduciam nostram collocemus.« [ibid., 16]).

für wahr zu halten«, sondern sie »innerlich [zu] ergreifen und uns so zu eigen zu machen« (III, 2, 16). Menschliches Gottvertrauen entsteht deshalb für Calvin erst dadurch, dass der unbedingte Zuspruch göttlicher Gnade durch das Wirken des Heiligen Geistes »im innersten Herzen« (III, 2, 36) eines Menschen Wurzeln schlägt. Dieses im menschlichen Herzen, in Affekt und Willen, verwurzelte Gottvertrauen ist nach Calvin allerdings nicht mit einem blinden Vertrauen zu verwechseln. Calvin betont daher zugleich, dass Gottvertrauen »nicht auf Unwissenheit, sondern auf Erkenntnis« (III, 2, 2) beruht. Als Antwort auf die unbedingte Zusage der Güte Gottes hängt menschliches Gottvertrauen für Calvin davon ab, dass der Inhalt dieser Zusage – das Heilshandeln Gottes in Jesus Christus – vom Menschen auch verstanden und damit erkannt wird, auf *welchen* Gott sich das Gottvertrauen richtet. Das Vertrauen in Gott (*fiducia*) ist daher für Calvin nicht ohne den Glauben (*fides*) zu haben, in dem die göttliche Verheißung inhaltlich als wahr erkannt und bekannt wird (vgl. III, 2, 2)[21] – wie umgekehrt ein Glaube ohne das lebensbestimmte Vertrauen des Herzens unwirksam und unvollständig bliebe.[22]

Gerade durch diese Ausrichtung unbedingten Gottvertrauens am inhaltlich bestimmten Glauben hebt Calvin hervor, dass sich die Unbedingtheit menschlichen Gottvertrauens der Unbedingtheit der göttlichen Zusage verdankt – und deshalb nicht mit einer absoluten Gewissheit zu verwechseln ist, die Menschen als Zustand und Besitz für sich reklamieren könnten. Denn ›besitzbar‹ wäre menschliches Gottvertrauen nur, wenn es bereits mit der Struktur menschlicher Subjektivität gegeben wäre. Das am inhaltlich bestimmten Glauben orientierte Gottvertrauen jedoch ist, wie Michael Welker prägnant herausgearbeitet hat, auf die dem Menschen zukommende Wahrheit des Evangeliums und ihre fortschreitende Erkenntnis angewiesen.[23] Und diese muss als Prozess verstanden werden, in dem Menschen »*mit dem lebendigen Gott vertraut werden*«[24]. Für Calvin ist ein ›Besitzen‹ des Gottvertrauens auch deshalb ausgeschlossen, weil Menschen im Vertrauen zu Gott durch das Wirken des Geistes in die Gemeinschaft mit Christus hineingeführt werden, also gerade nicht bei sich selbst bleiben (vgl. III, 2, 30 und 35). Die Beständigkeit und Gewissheit ihres Gottvertrauens ist daher außerhalb ihrer selbst begründet (vgl. III, 2, 24), während sie im Blick auf sich selbst keine »Gewißheit [haben], die kein Zweifel mehr berührte« (III, 2, 17), sondern ihr Vertrauen auf Gott immer neu vollziehen müssen (vgl. III, 2, 18). Wie zwischenmenschliches Vertrauen auch ist menschliches Gottvertrauen somit als *Vollzugsphänomen* zu begreifen. Gottvertrauen ist kein religiöses *fundamentum inconcussum*, das Menschen ein für allemal verfügbar

21 Simmels Beschreibung religiösen Gottvertrauens als Gefühl ›innerer Vorbehaltlosigkeit‹ jenseits von Wissen und Nichtwissen ist daher theologisch zu widersprechen.

22 Weshalb nach Calvin der Terminus ›Vertrauen‹ (*fiducia*) auch für den des ›Glaubens‹ (*fides*) eintreten kann (vgl. Calvin, *Unterricht* (s. Anm. 19), III, 2, 15).

23 Vgl. Michael Welker, *Gottes Offenbarung: Christologie* (Neukirchen-Vluyn: Neukirchener Verlagsgesellschaft, 2012), v. a. 39–47.

24 Ibid., 48.

wäre[25], sondern eine Antwort auf die unbedingte Zusage Gottes im Lebensvollzug, die sich im konkreten Verhalten artikulieren und bewähren darf und soll.[26]

In seinem Vollzug kann sich menschliches Gottvertrauen dabei wie zwischenmenschliches Vertrauen auch durchaus zu einer mehr oder weniger dauerhaften Einstellung oder Haltung verdichten, die jedoch nicht vom immer neuen Wagnis des Gottvertrauens entbindet. Vielmehr scheinen beide Momente des Gottvertrauens in Wechselwirkung zu stehen[27], wie es etwa die biblische Geschichte von der Bindung Isaaks in Genesis 22 zum Ausdruck bringt: Abrahams Vertrauen zu Gott, das ihn dem Befehl zur Opferung Isaaks folgen lässt, nimmt eine Haltung des Vertrauens in Anspruch, die auf der erfüllten Verheißung der Geburt Isaaks gründet – und muss doch zugleich als Wagnis neu vollzogen werden.[28] Als Vollzug bleibt menschliches Gottvertrauen daher ebenso riskant wie zwischenmenschliches Vertrauen. Aber nicht deshalb, weil Gott in seiner unbedingten Güte dieses Vertrauen enttäuschen könnte, sondern weil Gottvertrauen in seinem Vollzug nie zu einem verfügbaren menschlichen Besitz wird, sondern sich als Wagnis immer neu zu bewähren hat.

3. Gottvertrauen und Beten

Vor dem Hintergrund des skizzierten Verständnisses von Gottvertrauen als eines riskant bleibenden Vollzugs ist es nun zunächst durchaus sinnvoll, das Vertrauen in Gottes zuvorkommende Güte als Grund und Voraussetzung christlichen Betens auszuzeichnen, wie dies Calvin in der eingangs skizzierten Passage seines Genfer Katechismus unternimmt – und damit Vertrauen und Beten als menschliche Antwort auf den unbedingten Zuspruch Gottes in den Blick zu nehmen. Letzteres hebt Calvin in seinen ausführlichen Betrachtungen zum christlichen Beten in der *Institutio* nachdrücklich hervor. Denn wenn Calvin christliches Beten als Kommunikation, als »Verkehr des Menschen mit Gott« (III, 20, 2) beschreibt, so kommt es ihm entscheidend auf die Einsicht an, dass diese Kommunikation durch die Initiative Gottes eröffnet werden muss: Christliches

---

25 Zur Abgrenzung des Vertrauens von der absoluten Gewissheit einer cartesianisch gedachten Subjektivität vgl. Claudia Welz, *Vertrauen und Versuchung* (Tübingen: Mohr Siebeck, 2010), 81–97.

26 Vgl. zum Vertrauen als Phänomen des Lebensvollzugs auch Ingolf U. Dalferth, *Selbstlose Leidenschaften. Christlicher Glaube und menschliche Passionen* (Tübingen: Mohr Siebeck, 2013), 328–38.

27 Mit Simon Peng-Keller and Andreas Hunziker, »Die Kontroverse um die *fiducia* im Horizont gegenwärtiger Vertrauensfragen«, in *Gottvertrauen: Die ökumenische Diskussion um die fiducia*, hrsg. Ingolf U. Dalferth und Simon Peng-Keller (Freiburg im Breisgau: Herder, 2012), 437–79, 457.

28 Vgl. zur Interpretation Konrad Schmid, »Was heißt Vertrauen? Biblische Erkundungen anhand von Ps 13 und der Abrahamüberlieferung der Genesis«, in Dalferth/Peng-Keller, *Gottvertrauen* (s. Anm. 27), 31–47.

Beten ist für Calvin nur dadurch möglich, dass »durch die Predigt des Evangeliums [Gottes] Freundlichkeit und Freigebigkeit bekannt geworden [...] ist« (III, 20, 11). Voraussetzung und Grund christlichen Betens ist es dann jedoch, dass dieser Zuspruch des Evangeliums vom Menschen auch in Glauben (*fides*) und Gottvertrauen (*fiducia*) angenommen wird, weshalb es im Vollzug christlichen Betens darauf ankommt, »dem Glauben zu folgen, der vorangeht« (III, 20, 11). Calvin profiliert dieses Bedingungsverhältnis zwischen Gottvertrauen und christlichem Beten, indem er die Vermittlung *beider* Vollzüge durch Person und Werk Jesu Christi hervorhebt. Es sind Person und Werk Jesu Christi, in denen sich Gott als »gnädiger und wohlgesinnter Vater« (III, 2, 16) erweist – und nur dieser Inhalt des Evangeliums ruft das menschliche Gottvertrauen hervor, in dem Menschen zur Gemeinschaft mit Christus geführt werden.[29] Erst dadurch jedoch wird christliches Beten möglich, kann dieses sich nach Calvin doch nur als Beten »im Namen Christi« (III, 20, 17) und in der vertrauensvollen Anrufung Gottes als eines gnädigen ›Vaters‹ vollziehen (vgl. III, 20, 40).

Indem diese Überlegungen Calvins Gottvertrauen als Grund und Voraussetzung christlichen Betens beschreiben, können sie ebenso wie die eingangs zitierte Passage aus dem Genfer Katechismus die Vorstellung eines einseitigen Bedingungsverhältnisses zwischen beiden Größen nahelegen. Ein solches wäre allerdings nur plausibel, wenn sich menschliches Gottvertrauen als ein Zustand beschreiben ließe, dessen ›Besitz‹ dann in einem zweiten Schritt christliches Beten ermöglichen würde. Wie im vorigen Abschnitt deutlich wurde, wäre ein solches Verständnis jedoch verfehlt: Menschliches Gottvertrauen ist – wie menschliches Vertrauen überhaupt – als Vollzugsphänomen zu beschreiben. Und auch bei Calvin selbst ist wie gesehen ein solches Verständnis bei näherer Analyse vorherrschend. Ist menschliches Gottvertrauen aber ein – immer fragil und riskant bleibender – Vollzug, so legt es sich nahe, eine Wechselwirkung von Gottvertrauen und Beten anzunehmen: Auch wenn Gottvertrauen als Grund und Voraussetzung christlichen Betens gelten kann, weil es als Antwort auf Gottes gnädige Zusage den im Beten in Anspruch genommenen Zugang zu Gott allererst eröffnet, so ist es doch für den Vollzug des Gottvertrauens nicht unerheblich, ob und wie es im Beten zum Ausdruck kommt. Was nämlich vom menschlichen Vertrauen überhaupt gilt, gilt auch vom menschlichen Gottvertrauen als eines Vollzugsphänomens: Gottvertrauen ›gibt‹ es nur, indem Menschen Gott vertrauen. Und dieser Vollzug von Gottvertrauen ist nicht zu denken ohne seinen Ausdruck in konkretem vertrauensvollen Verhalten, in dem es sich gestaltet und bewährt. Zur Unbedingtheit menschlichen Gottvertrauens gehört es nun wie gesehen auch für Calvin, dass es in allem menschlichen Verhalten zum Ausdruck kommen kann und soll: Christen dürfen ihr *ganzes* Leben aus dem Vertrauen in Gottes gnädige Zusage leben. Zugleich jedoch gibt es spezifische Verhaltensweisen und Praxisformen, in denen das Vertrauen zu Gott in

[29] Vgl. Calvin, *Unterricht* (s. Anm. 19), II, 2, 16f. und oben Abschnitt 2.

seiner Unbedingtheit explizit thematisch ist, gestaltet und bewährt wird, die Kommunikation des Evangeliums in der Predigt etwa, aber eben auch das Beten.

Als eine solche spezifische Praxis des Gottvertrauens kommt das Beten nun auch bei Calvin selbst in den Blick, wenn er es als »vornehmste *Übung* des Glaubens« (III, 20, Überschrift; meine Herv.) bezeichnet. Auch für Calvin ist es also keineswegs irrelevant, ob und wie das durch den Zuspruch des Evangeliums geweckte Gottvertrauen im Beten zum Ausdruck kommt. Vielmehr ist es aus seiner Sicht zentral, dass dieses Gottvertrauen im Vollzug christlichen Lebens in der Praxis des Betens gestaltet und bewährt wird. Denn das Beten, so Calvin, »gräbt die Schätze aus, die unser Glaube im Evangelium des Herrn angezeigt, gefunden und dort erschaut hat« (III, 20, 2), indem es das menschliche Vertrauen in die in Jesus Christus erschlossene ›väterliche‹ Güte Gottes bewährt und stärkt. Dies zeigt sich für Calvin besonders deutlich am Beten in der Form der *Bitte*, die aus seiner Sicht die eigentliche Form christlichen Betens darstellt (vgl. III, 20, 28). Denn indem sich Glaubende mit ihren Bitten an Gott wenden, vertiefen sie aus Calvins Sicht nicht nur ihre kognitive Einsicht in die unbedingte Güte Gottes und ihre eigene Angewiesenheit auf Gott (vgl. III, 20, 3), vielmehr wird auch die affektive Dimension ihrer Gottesbeziehung in der Praxis des Betens zum Ausdruck gebracht und dadurch gestärkt (III, 20, 4–10). In der Praxis des Betens als Bitten kann und soll es daher nach Calvin zu einer Vertiefung von Glaube und Gottvertrauen im Lebensvollzug kommen.[30] Fast noch deutlicher als an der Sprachform der Bitte lässt sich diese wechselseitige Beziehung von Gottvertrauen und Beten an der Sprachform der *Klage* aufzeigen. Denn diese muss keineswegs als Ausdruck mangelnden Gottvertrauens oder gar Misstrauens gegenüber Gott verstanden und deshalb als Form christlichen Betens delegitimiert werden, wie dies bei Calvin selbst und in weiten Teilen der christlich-theologischen Tradition der Fall ist.[31] Prominente biblische Klagegebete wie Psalm 13 legen es vielmehr nahe, das betende Klagen vor Gott als einen Vollzug zu denken, in dem angesichts gegenwärtiger Erfahrung der Ferne Gottes Vertrauen zu Gott in Anspruch genommen *und* um die Erneuerung und Stärkung dieses Vertrauens gerungen wird.[32]

Das angezeigte Wechselverhältnis von Gottvertrauen und Beten bliebe allerdings unterbestimmt, wollte man es allein aus der Perspektive des Einzelnen

---

30 Vgl. ibid., III, 20,11 und zu Calvins Vorstellung eines ›Wachstums‹ in Glauben und Vertrauen III, 2, 33.

31 Vgl. zu den Hintergründen Nicholas Wolterstorff, »If God Is Good And Sovereign, Why Lament?« *Calvin Theological Journal* 36, 1 (2001): 42–52 mit Fokus auf Calvin und Matthias D. Wüthrich, »Nichtige Klage? Eine Suche nach Gründen für die Systematisch-Theologische Verdrängung der Klage am Beispiel Karl Barths«, in *Mit Gott Klagen: Eine theologische Diskussion*, hrsg. Eva Harasta and Jonas Bauer (Neukirchen-Vluyn: Neukirchener Verlagsgesellschaft, 2008), 57–73.

32 So die Pointe der Auslegung von Psalm 13 bei Bernd Janowski, *Konfliktgespräche mit Gott: Eine Anthropologie der Psalmen* (Neukirchen-Vluyn: Neukirchener Verlagsgesellschaft, 2003), 53–84, v.a. 77–80.

betrachten und als Geschehen zwischen *dem* Menschen und Gott beschreiben. Denn zwar ist, zumal aus protestantischer Sicht, die Unvertretbarkeit des je eigenen Gottvertrauens zu betonen, wie dies bei Calvin in Kritik an der römischen Kirche seiner Zeit geschieht (vgl. III, 2, 2f.). Zugleich jedoch ist das Gottvertrauen des Einzelnen in seiner Entstehung und Bewährung nicht ohne soziale Kontexte zu denken. Denn hängt solches Gottvertrauen vom Zuspruch des Evangeliums ab, so ist dieser Zuspruch doch – in den biblischen Texten und in gegenwärtiger Predigt und Seelsorge – durch *menschliche* Zeuginnen und Zeugen vermittelt und schließt daher Formen zwischenmenschlichen Vertrauens ein. Gottvertrauen und zwischenmenschliches Vertrauen bilden insofern keine ausschließenden Alternativen. Und auch für das Beten als Ausdruck menschlichen Gottvertrauens gilt, dass es kein allein individuelles Phänomen darstellt. Denn nicht nur zählen die sozial geteilten ›symbolischen Zeichen‹ einer tradierten Gebetssprache – wie den Psalmen oder dem Vaterunser – zu den Möglichkeitsbedingungen christlichen Betens. Vielmehr ist dieses auch inhaltlich immer schon auf andere bezogen, wie Calvin in seiner Auslegung des Vater*unsers* nachdrücklich hervorhebt (vgl. III, 20, 38f.). Die Entstehung menschlichen Gottvertrauens, sein Ausdruck im Beten und seine durch diesen Ausdruck mögliche Vertiefung sind daher nicht ohne die Einbettung in soziale Zusammenhänge zu verstehen – so sehr solche ›vertrauten‹ Zusammenhänge im Wagnis individuellen Gottvertrauens auch immer wieder überschritten werden müssen.

4. Kredit nehmen: Gottes Vertrauen und menschliches Beten

Menschliches Gottvertrauen und sein Ausdruck im Beten sind keine Möglichkeiten, über die Menschen von sich aus verfügen würden. Dass Menschen Gott vertrauen und dieses Vertrauen im Beten zu Gott zum Ausdruck bringen, gestalten und bewähren können, verdanken sie vielmehr der zuvorkommenden und unbedingten Güte Gottes, wie sie ihnen im Evangelium zugesagt wird. Menschliches Gottvertrauen und Beten sind daher theologisch als Antwort auf die gnädige Zusage Gottes zu konzipieren. Diese reformatorische Einsicht, wie sie in Calvins Überlegungen zu menschlichem Gottvertrauen und Beten artikuliert wird, lässt sich dadurch profilieren, dass ›Vertrauen‹ nicht allein als *menschlicher* Vollzug gedacht, sondern zugleich vom Vertrauen *Gottes* (genitivus subjectivus) gesprochen wird.[33] Gottes gnädige Zuwendung zum Menschen, wie sie in Person und Geschichte Jesu Christi manifest wird, ließe sich so als Ausdruck desjenigen Vertrauens lesen, das *Gott* Menschen entgegenbringt –

[33] Ich schließe mich mit dieser Überlegung einem Vorschlag von Simon Peng-Keller und Andreas Hunziker an (Vgl. Peng-Keller/Hunziker, »Die Kontroverse« [s. Anm. 27], 461–64).

und sie gerade dadurch dazu befähigt, dieses Vertrauen im eigenen Vertrauen zu Gott zu erwidern. In der Terminologie Simmels gesprochen: Menschen können Gott Kredit geben, weil er ihnen zuerst (unbedingten) Kredit gibt. Und Gott ihrerseits Kredit zu geben wäre der Modus, in dem Menschen diesen unbedingten Kredit Gottes annehmen und aus diesem Kredit leben – im Vertrauen auf Gott und auch durch dessen Ausdruck im Beten.

»There's no success like failure, and failure's no success at all.«

Schlaglichter auf die Dialektik der Selbstzurücknahme

Bernd Oberdorfer

Prolog

Wer auf Vertrauen *besteht*, wer es *bestätigt* haben möchte, hat die Liebe schon verloren. »She doesn't have to say she's faithful«, heißt es von der Geliebten in Bob Dylans Lied »Love Minus Zero / No Limits«, »but she's true, like ice, like fire«.[1] Sie muss ihre Treue nicht eigens erklären; sie *ist* schlicht beständig wie die Elemente, die einfach da sind. Das ganze Lied – ein entferntes Echo auf das paulinische »Hohelied der Liebe« in 1Kor 13 – porträtiert eine »love«, eine geliebte Frau (oder gar: eine als Frau personifizierte Liebe), die keine Absicht verfolgt, keine Erwartungen hat, sich aber auch allen Erwartungen entzieht: »My love she speaks like silence, without ideals or violence«, setzt der Text ein. Diese Liebe zielt nicht auf Selbstdurchsetzung, nicht einmal auf die (immer irgendwie auch Druck einschließende) Durchsetzung eines Ideals. Sie ist absichtslos und unbestechlich: »Valentines can't buy her«. Sie beteiligt sich nicht am erregten Meinungsaustausch in Öffentlichkeit und Medien, an Situationsanalysen und Prognosen, am Gespräch über Bücher und Zitate. Sie bleibt unberührt, wenn die Kartenhäuser (»statues made of match sticks«) zwielichtiger Intrigen in sich zusammenfallen. Sie geht ihren Weg unbeeindruckt vom unruhigen Flackern des Zeitgeists. Sie oktroyiert anderen auch nicht ihre moralischen Standards: »She knows too much to argue or to judge.« Wenn sie nicht »eifert oder urteilt« (vgl. 1Kor 13,4–7!), dann ist diese Zurückhaltung also nicht naiv, sondern erfahrungsbegründet: Sie »weiß zu viel«, um andere schnell zu be- und verurteilen.

Freilich geht es nicht um eine stoische Ungerührtheit, eine aktive Selbstimmunisierung gegen die unvermeidlichen Widerfahrnisse des Schicksals. Diese Liebe ist vielmehr fragil und schutzbedürftig. Während draußen in der »kalten und regnerischen« Nacht der Wind »wie ein Hammer heult«, ist die Liebe – so endet das Lied – »like some raven at my window with a broken wing«. Diese Geliebte trägt die Spuren und Wunden ihrer Geschichte am Leib. Sie ist nicht unversehrt, im Gegenteil. Sie ist dem Sturm wehrlos ausgesetzt, kann

[1] Bob Dylan, *Love Minus Zero / No Limits.* Zweisprachige Ausgabe, übers. Carl Weissner (Frankfurt a. M.: Zweitausendeins, 1975).

nicht mehr eigenständig wegfliegen. Sie ist daher darauf angewiesen, dass jemand (der Liebende? der Geliebte?) ihr das Fenster öffnet und Obdach gewährt und sie schützt.

Ohnehin durchzieht das Lied ein Unterstrom von Skepsis, vielleicht sogar Resignation. Die lebenskluge, vom Leben klug gemachte Selbstzurücknahme hat ihren Preis. Nicht erst der gebrochene Flügel macht darauf aufmerksam, dass der Verzicht auf Selbstdurchsetzung auch Gestaltungsmöglichkeiten nimmt. Der Verzicht auf den Einsatz des Mediums Macht befreit die Geliebte zwar von den Systemzwängen des Mitmachenmüssens, liefert sie aber zugleich den Mächten dieser Systeme schutzlos aus – und reduziert eben die Chancen, auf diese gestaltenden Einfluss zu nehmen. Dieses Dilemma ist der Geliebten wohl bewusst: »She knows there's no success like failure and that failure's no success at all.« Der einzige signifikante »Erfolg« des Versuchs, sich gestaltend einzubringen, ist, dass er misslingt – und dieses »Scheitern ist wahrhaftig kein Erfolg«. Die Geliebte hat gelernt – lernen müssen? –, dass der Versuch, in den Lauf der Welt einzugreifen, zum Scheitern verurteilt ist, und genau diese resignative Einsicht ist der eigentliche »Erfolg«.[2] Aber diese Wirkungslosigkeit ist eben kein Erfolg; sie lässt die Welt, wie sie ist – und macht versehrbar.

Obwohl – oder: gerade weil – die Geliebte dieses Dilemma nicht auflöst, bleibt sie eine faszinierende Gestalt. Dass sie nicht mitspielt im Spiel der Macht[3], macht sie liebenswert – und evoziert die Hoffnung, dass eben ihre absichtslose Absenz eine Präsenz markiert, die die Welt verändert, dass ihre Unabhängigkeit von eigenen Wünschen und fremden Erwartungen ihre Stärke ist. Doch zugleich lässt sich nicht leugnen, dass Ohnmacht Ohnmacht ist – und nicht umstandslos als besonders sublime Form der Macht verbucht werden kann. Der gebrochene Flügel ist nicht zu übersehen. Die Geliebte bedarf der (liebenden) Hilfe. Doch wer hilft? Das (musikalisch wunderbar lapidare) Lied endet offen.

Man gemeindet diesen säkularen Text nicht übergriffig ein, wenn man ihn durchsichtig macht für elementare theologische Fragestellungen. In der Tat gehört es zu den großen Herausforderungen christlicher Glaubensreflexion, das Vertrauen in Gottes schöpferische, erhaltende und erlösende Macht (bzw. in Gottes Macht, zu schaffen, zu erhalten und zu erlösen) zu verbinden mit der Einsicht in Gottes Selbstpreisgabe, in der er auf unmittelbare Selbstdurchsetzung verzichtet, sich auf die Eigendynamik geschöpflicher Endlichkeit einlässt, sich dieser Endlichkeit aussetzt, ja sich wehrlos den gottfeindlichen Mächten ausliefert – also, biblisch gesprochen, statt zurückzuschlagen die andere Wange hinhält, weder Engel zum rettenden Eingreifen noch Feuer vom Himmel zum

---

2 In dem ebenfalls 1965 entstandenen Lied *Subterranean Homesick Blues* (New York: Columbia Records, 1965) bringt Dylan das auf die maximenhafte Formel: »Don't follow leaders / Watch the parking meters«. Mit anderen Worten: Entziehe dich den Systemzwängen der Macht – aber ignoriere nicht die Alltagsnormen, um dich nicht angreifbar zu machen.

3 »In ceremonies of the horsemen / even the pawns must hold a grudge.« Weissner übersetzt: »Wenn die Springer ihr Spiel zelebrieren, muß jeder Bauer sie beneiden.«

verderbenden Gericht herbeiruft, Petrus auffordert, das Schwert zurück in die Scheide zu stecken, schließlich die radikale Ohnmacht des Kreuzes erträgt. Wie sollen wir einem Gott vertrauen, der schwach ist? Oder ist auch Gott, wie Paulus, nur »stark, wenn er schwach ist« (2Kor 12,10), wenn er also nicht auf die eigene Kraft vertraut, sondern – ja, auf was eigentlich? Realisiert sich seine (All-)Macht etwa darin, dass er von ihr ablässt, sie loslässt, mithin im Verzicht auf ihre Anwendung, d. h. in der Ohnmacht, die ins Scheitern führt? Aber gilt nicht auch hier »that failure's no success at all«? Wenn Gott das Scheitern riskiert, dann muss er doch darauf vertrauen, dass seine Selbstzurücknahme eine Dynamik auslöst, die am Ende jenes Ziel erreicht, das seinem ursprünglichen Wollen entspricht: das Heil der Geschöpfe. Dann muss es aber Gründe geben, warum der Verzicht auf Macht – wirkmächtig ist.

Wenn aber Ohnmacht (auch) eine Form von Macht sein kann, dann kann auch eine auf die Ohnmacht des Kreuzes fokussierte Theologie den Begriff der (All-)Macht nicht einfach verabschieden. Nach Luthers berühmter Auslegung des Ersten Gebots im Großen Katechismus unterscheiden sich Gott und »Abgott« eben darin, dass nur der wahre Gott auch in der radikalen Hilflosigkeit des Todes noch helfen kann – während der innerweltliche Gott »Mammon«[4] hier seine Kraft schon verloren hat. Und diese Macht, auch im Tod noch gegenwärtig sein zu können, hat mit der Ohnmacht des Kreuzes zu tun.

Im Folgenden will ich einige Schlaglichter auf diese eigentümliche Dynamik der Selbstzurücknahme und die damit verbundene Dialektik von Macht und Ohnmacht werfen. Zunächst will ich einen Blick werfen auf eine historische Konstellation, in der sich diese Dialektik in verdichteter Weise zeigt: die sog. »Konstantinische Wende«, mit der der Aufstieg des Christentums zur gesellschaftlich-politischen Gestaltungsmacht begann. Daraufhin soll anhand von Nietzsches scharfsinniger Kritik am christlichen Nächstenliebe-Ethos als raffinierte Selbstdurchsetzungs-Strategie der »Schwachen« gegen die »Starken« die machtförmige Dimension der Selbstzurücknahme gleichsam von ihrer pervertierten Form her sichtbar gemacht werden. In einem dritten Schritt soll gefragt werden, wie an der Deutung des Kreuzestods Jesu ein Verständnis der göttlichen Allmacht entfaltet werden kann, in dem diese der Ohnmacht weder ohnmächtig noch zynisch gegenübersteht, sondern sie einschließt und sich mit ihr und in ihr identifiziert. Entsprechend wird im vierten Abschnitt die Auferwekkung Jesu nicht einfach als göttlicher Machterweis gelesen, der die Ohnmacht des Kreuzes überwindet und gleichsam ungeschehen macht; sie macht vielmehr rückwirkend auch Gottes Präsenz in der Gottferne des Todes kenntlich.

---

4 Irene Dingel, Hrsg., *Die Bekenntnisschriften der Evangelisch-Lutherischen Kirche* (Göttingen: Vandenhoeck & Ruprecht, [14]2014), 932. Nach Luther ist »Mammon« (»das ist geld und gut«) »der aller gemeinest [sc. gewöhnlichste] Abgott [...] auff Erden«, dem übrigens auch huldigt, wer kein Geld hat, aber sich in dem Wunsch verzehrt, welches zu bekommen. An anderen solchen weltlichen Göttern nennt Luther »grosse kunst [sc. Gelehrsamkeit], klugheit, gewalt, gunst, freundschafft und ehre« (ebd.).

Abschließend wird machttheoretisch reflektiert, dass Gott »nachösterlich« seine Geistpräsenz in der Welt an kontingente Kommunikationsprozesse bindet, m. a. W.: dass er sein »Reich« im Modus des »Ansteckens«, nicht des Zwingens, verwirklicht. Untersucht wird dabei auch, inwieweit der Begriff des »Risikos« helfen kann, diese Zusammenhänge theologisch präziser zu beschreiben.

1. »In hoc signo vinces«: Das Kreuz als Siegesorakel

Die »Konstantinische Wende« hat theologisch keine gute Presse. Gilt sie doch als entscheidende Zäsur, durch die die Christenheit sich von ihren jesuanischen Wurzeln entfremdet habe und Teil der weltlichen Macht geworden sei, statt des Wortes Jesu eingedenk zu bleiben: »Mein Reich ist nicht von dieser Welt.« Die Umsteuerung der römischen Religionspolitik habe den Christen zwar insoweit Entlastung gebracht, als die direkten Verfolgungen endeten. Aber sie habe die Kirche eben auch in die Gesellschaft inkorporiert und die damit verbundenen Sicherheiten und Privilegien hätten korrumpierende Nebenwirkungen mit sich gebracht: Die bürgerliche Absicherung habe die Weltdistanz abgeschmolzen, die dann über das Mönchtum als Eliten- und Ausnahmephänomen wiedereingeführt werden musste; die Unterstützung durch die Obrigkeit habe die Versuchung erzeugt, weltliche Druckmittel für die Missionierung und für die Bekämpfung Andersgläubiger in Anspruch zu nehmen – die verfolgte wurde mittelfristig zur verfolgenden Kirche –, und umgekehrt seien selbst elementare Prozesse kirchlicher Selbstregulierung (Lehrentscheidungen!) in staatliche Regie übergegangen – es war der Kaiser, der zum Konzil nach Nicäa lud – und für staatspolitische Interessen funktionalisiert worden – die mit dem Dogma angestrebte Glaubenseinheit stand im Dienst der religiösen Fundierung des Reichs. Die vorkonstantinische Ohnmacht der Kirche habe den Willen Jesu glaubwürdiger abgebildet als ihre konstantinische Macht.

Das ist aber eine recht einseitige Sicht der Dinge. Einmal abgesehen davon, dass sich die Kirche des ungeschützt wandernden Gottesvolks besonders leicht und folgenlos rühmen lässt aus der abgesicherten Position staatlich anerkannter und gesellschaftlich mindestens geduldeter Kirchlichkeit, hat die »konstantinische Wende« die entscheidenden strukturellen Voraussetzungen dafür geschaffen, dass die Kirche ihrem ursprünglichen Auftrag, das Evangelium zu »allen Völkern« zu tragen, umfassend nachkommen konnte. Zwar war die Christenheit schon unter den prekären Verhältnissen der vorkonstantinischen Ära zur Massenbewegung geworden; aber genau darum war ihre gesellschaftliche Ausgrenzung auf Dauer nicht mehr durchzuhalten. Diokletian zog daraus die radikale Konsequenz der Verfolgung mit dem Ziel der völligen Beseitigung. Als deutlich wurde, dass dieses Ziel trotz hohen Aufwands nicht zu erreichen war, war es Konstantins staatspolitische Weisheit, einzusehen, dass eine Kraft, die nicht ausgegrenzt werden konnte, integriert werden musste. Der durch Diokletian angestoßene Erneuerungsprozess des römischen Reichs wurde durch Konstantin fortgesetzt, aber eben, wenn die Eliminierung nicht gelingen wollte, indem das offenbar große weltgestaltende Potenzial des Christentums nun positiv in Dienst genommen wurde für Aufbau und Stabilisierung der politisch-gesellschaftlichen Ordnung.

Auch innerkirchlich hatte der Mitgliederzuwachs schon weit vor Konstantin den Charakter der Gemeinschaft verändert: Die Zusammensetzung näherte sich dem gesellschaftlichen Durchschnitt an, die eingeforderten Mitgliedschaftsregeln konnten sich nicht mehr unvermittelt an den hohen Standards einer eschatologischen Gegengesellschaft orientieren, die bisher rigorosen Bußregeln mussten für Zwischenstufen und Wiedereingliederungshilfen geöffnet werden, die Organisationsstrukturen wurden gestärkt und gestrafft, kurz: Es gab auch eine *innere* Dynamik, die aus der »Nische« der gesellschaftsexternen Gegengemeinschaft herausführte.

Die »konstantinische Wende« setzte in bestimmter Hinsicht diese Entwicklung voraus und verstärkte sie, indem sie den Entfaltungsspielraum der christlichen Gemeinden in die Gesellschaft hinein erweiterte. Als Gang in die Entfremdung ist das keineswegs pauschal zu qualifizieren; vielmehr kamen genuine Motive des christlichen Universalismus und der Weltverantwortung implizierenden Nächstenliebe zur Geltung. Ein »Scheitern« war diesen Prozessen daher nicht zu wünschen. Gleichwohl hatte dieser »Erfolg« natürlich seinen Preis: Die Eingliederung in den Staat vermehrte die Gestaltungs- und Mitbestimmungsmöglichkeiten der Kirche zwar immens, zwang sie aber zugleich, Funktionen des Staates mit zu bedienen. An diesem Dilemma arbeiten die Kirchen sich im Grunde bis heute ab: Wie können sie sich aus der Fremdfunktionalisierung lösen, ohne die Gestaltungschancen zu verlieren?[5]

Besonders symbolträchtig ist in diesem Zusammenhang die berühmte Vision, die Konstantin 306 am Vortag der Schlacht an der Milvischen Brücke gehabt haben soll: ein Kreuzeszeichen am Himmel und die Worte »in hoc [sc. signo] vinces«. Nach der Darstellung Eusebs hatte sich der junge Kaiser im Bewusstsein, gegen den Usurpator Maxentius höheren Beistands zu bedürfen, nach einem kursorischen Vergleich der gängigen Religionen gegen den Polytheismus und für den schon von seinem Vater Constantius praktizierten Monotheismus entschieden und den einen (noch nicht spezifisch den christlichen!) Gott um Hilfe angerufen. Noch während des Gebets erschien »am Himmel, oberhalb der Sonne, das Siegeszeichen eines aus Licht gebildeten Kreuzes und darauf die Inschrift [...]: ›In diesem [Zeichen] siege!‹« Allerdings war das Zeichen nicht selbstevident. Der »Christus Gottes« musste dem Kaiser im Schlaf erscheinen,

---

[5] Vgl. dazu auch Bernd Oberdorfer, »Geistliche Identität und weltlicher Einfluss. Stellung und Macht der christlichen Kirchen in Deutschland: Geschichtliche Beobachtungen, gegenwärtige Perspektiven«, in *Machtfaktor Religion. Formen religiöser Einflussnahme auf Politik und Gesellschaft*, hrsg. Bernd Oberdorfer und Peter Waldmann (Köln u. a.: Böhlau, 2012), 43–57.

sich durch das Zeichen identifizieren und befehlen, »ein Abbild jenes Zeichens [...] herzustellen und als Schutz zu gebrauchen, wann immer er mit den Feinden zusammentreffe«.[6]

Nun kann offen bleiben, ob dieses Zeichen den griechischen Buchstaben X (chi) für »Christus« darstellte oder bereits auf den Gekreuzigten verwies. Klar ist, dass in der Erzählung – Euseb unterstreicht, sie vom Kaiser persönlich gehört zu haben – das Mitführen eines Christuszeichens in der Schlacht für den militärischen Sieg verantwortlich gemacht wird. Den Kaiser jedenfalls scheint gerade dieser *Erfolg* davon überzeugt zu haben, dass die Unterstützung durch den christlichen Gott dem Gedeihen des römischen Staates förderlich sein könnte, sodass die weitere Verfolgung seiner Anhänger sich nicht mehr empfahl, sondern im Gegenteil deren Förderung geraten erschien. Dies war aber nicht nur das Urteil eines Außenstehenden; die Christen selbst sahen es genauso. Für Euseb etwa war die mit dem militärischen Erfolg des Kaisers verbundene »konstantinische Wende« eine Art Gottesbeweis: Mit der offiziellen Anerkennung durch das Reich kam die Geschichte der Christenheit gewissermaßen zum Ziel, sie wurde als Erfolgsgeschichte erkennbar.

Natürlich kann man Eusebs Geschichtskonstruktion als hochideologisch dekonstruieren. Sie bedient perfekt das staatliche Bedürfnis, die politische Macht religiös legitimiert zu sehen. Und natürlich zeigt der weitere Verlauf der Christentumsgeschichte, wie problematisch es sein kann, militärische Siege auf Gott zurückzuführen (zumal, wenn alle Seiten auf denselben Gott vertrauten). Gleichwohl ist Euseb ein richtiges Gespür dafür nicht abzusprechen, dass sich Gottes Beistand auch in der äußeren Bewahrung vor und in Gefahr artikulieren kann. Dieses Vertrauen in die Selbstdurchsetzungskraft Gottes gehört wesentlich zum Glauben; dies gilt auch und gerade dann, wenn man Gott »Risikobereitschaft« unterstellt.[7] Die Frage ist nur, wie sich diese Selbstdurchsetzung realisiert und woran sie ggf. abgelesen werden kann. Dies muss nicht, kann aber durchaus auch der (innerweltliche) Erfolg sein.

Interessanterweise hat sich die ambivalente Würdigung der »konstantinischen Wende« auch in der zwiespältigen Beurteilung der Motive des Kaisers fortgesetzt. Weil es um Staatsräson und Macht ging, hat man ihm genuin religiöse Motive häufig kaum zubilligen wollen. Er habe die Religion rein funktional betrachtet; selbst sein Bekenntnis zum Christentum (samt seiner späten Taufe) folge mehr einem politischen Nutzenkalkül als persönlicher Überzeugung. Ein solches scharfes Verdikt verdankt sich aber einem fragwürdigen Umkehrschluss: Wenn ein religiöses Bekenntnis politisch machtstabilisierende Effekte hat, dann kann es nicht religiös begründet sein. Dieser Schluss ist aber

---

[6] Eusebius, »Leben Konstantins«, 1, 28f. Zitiert nach: Adolf M. Ritter, Hrsg., *Alte Kirche* (Neukirchen-Vluyn: Neukirchener Verlagsgesellschaft, [5]1991), 121–2.

[7] Dies tut z.B. der sog. »Open Theism«. Vgl. dazu jetzt Lisanne Teuchert, *Gottes transformatives Handeln. Die eschatologische Perspektivierung der Vorsehungslehre bei R. Guardini, C. Link und dem »Open theism«* (Göttingen: Vandenhoeck & Ruprecht, 2017).

nicht zwingend. Ein religiöses Bekenntnis kann politische Folgen haben, ohne sich nur aus diesen zu erklären.

Dennoch bleibt an der Sieges- und Siegerformel des »in hoc signo vinces« etwas Befremdliches, befremdlich Undialektisches, Ungebrochenes. Allerdings ist es von hoher Signifikanz, dass das Siegeszeichen das Kreuz ist. Intendiert oder nicht, transportierte das Emblem des Sieges also immer die Erinnerung an den ohnmächtig Gescheiterten mit. Viele Opfer eines christlichen Hegemonismus werden das als Vollendung des Zynismus empfunden haben. Zugleich aber konnten die Täter das Bild des Gekreuzigten eben nicht abschütteln, sondern sie trugen es selbst weiter und verbreiteten damit die geistig-ikonischen Ressourcen, die längerfristig auch eine Kritik machtförmiger Selbstdurchsetzung ermöglichten.[8]

2. Der Putsch der Schwachen: Nietzsches Christentumskritik

Dass freilich auch Selbstzurücknahme machtförmig sein kann, hat hellsichtig Nietzsche diagnostiziert. Er liest das christliche Ethos selbstloser Nächstenliebe als äußerst wirkmächtige Strategie der Machtdurchsetzung: Die Sklaven greifen die Legitimität der Herrschaftsstrukturen an, indem sie die Macht ihrer Besitzer moralisch diskreditieren. Sie rebellieren gegen die ihnen auferlegte Selbstzurücknahme, indem sie ihren Herren ihrerseits Selbstzurücknahme als übergreifende moralische Norm zumuten. Die Herren werden dadurch an der Entfaltung ihrer humanen Möglichkeiten gehindert. Nietzsche erkennt im Christentum also nicht eine Dynamik der Überwindung ungerechter Herrschaftsverhältnisse, die es auch den bisher Unterdrückten ermöglicht, ihr Leben selbsttätig zu gestalten, und er sieht in der Nächstenliebe auch nicht ein Ethos wechselseitiger Förderung. Die Schwachen ergriffen im Christentum vielmehr die Macht, um auch die Starken schwach zu machen, sie gleichsam zu sich herunter zu ziehen. Haupteffekt des Christentums sei nicht die Stärkung der Schwachen, sondern die Schwächung der Starken. Ziel sei die Nivellierung auf niedriger Ebene.

Zu Recht interpretiert Charles Taylor in seiner großen Studie *A Secular Age*[9] Nietzsche als Hauptvertreter eines »exkludierenden« – d.h. Transzendenz

---

[8] Zur christentumsgeschichtlichen Dynamik der Dialektik von Macht und Ohnmacht vgl. auch Bernd Oberdorfer, »Sine vi humana, sed verbo. Macht und Aporien der religiösen Kommunikation von Ohnmacht«, in *Macht und Kommunikation*, hrsg. Silvia S. Tschopp und Wolfgang E. Weber (Berlin: Akademie Verlag, 2012), 183–96.

[9] Charles Taylor, *A Secular Age* (Cambridge/MA: Harvard University Press, 2007); deutsch: *Ein säkulares Zeitalter*, übers. Joachim Schulte (Frankfurt a. M.: Suhrkamp, 2009). Vgl. dazu auch Bernd Oberdorfer, »Exkarnation und geahnte Fülle. Zu Charles Taylors Diagnose des Glaubens im ›säkularen Zeitalter‹«, in *Mission zwischen Proselytismus*

ausschließenden und insofern »immanentistischen« – »Antihumanismus« als Protest gegen die »Nomolatrie«, die Regulierungs- und Nivellierungswut der Moderne, die gerade den zum Massenphänomen gewordenen religionsabstinenten »ausgrenzenden Humanismus« kennzeichne, aber sich eben auch im neuzeitlichen (namentlich protestantischen) Christentum durchgesetzt habe. Taylor übernimmt zwar weder Nietzsches elitäre Massenverachtung, noch bestreitet er die enormen Fortschritte der Moderne in Richtung auf universalisierte Gerechtigkeit und Überwindung sozialer Exklusionen. Er sympathisiert aber mit Nietzsches Kritik der Banalisierung und Verdurchschnittlichung der Kultur und seiner Emphase des Einzelnen, Besonderen, Nicht-Alltäglichen. Recht betrachtet, entspreche diese Emphase freilich einer ursprünglichen Intuition des Christentums, das sich doch gerade durch die Wahrnehmung des Kontingenten, geschichtlich Konkreten, Verleiblichten (Inkarnation!) auszeichne. Diese Intuition sei teilweise verschüttet worden; der »antihumanistische« Protest könne die Christenheit dazu herausfordern, sie neu zu entdecken. Taylor greift also Nietzsches Christentumskritik auf, verwendet sie aber für eine Kritik (nur) an einer »nomolatrischen« Deformierung des Christentums und strebt dessen Erneuerung in einer Gestalt an, die die Wiedergewinnung der Dimension des Kontingent-Einzelnen nicht mit der Preisgabe der neuzeitlichen Emanzipations- und Partizipationsfortschritte zu erkaufen nötigt.

Für die Dialektik der Selbstzurücknahme bedeutet dies: Nietzsches machttheoretische Dekonstruktion des christlichen Nächstenliebe-Ethos schärft den Blick dafür, dass Ohnmacht resp. Machtverzicht als Strategien der Selbstdurchsetzung funktionalisiert werden können. Dies kann sehr wirkmächtig sein, allerdings in einer Gestalt, die dem Nächstenliebe-Ethos gerade nicht entspricht. Der dergestalt als ethische Norm kommunizierte, von anderen mithin *geforderte* Machtverzicht zielt nämlich auf deren Lähmung, nicht auf die Ausbreitung von Freiheit und die Ermutigung zu Selbsttätigkeit. Wenn sich mit dem Konzept der Selbstzurücknahme aber tatsächlich die Erwartung von einer dem Inhalt der christlichen Botschaft entsprechenden Wirkmächtigkeit verbinden soll, dann kann dies nur in der Gestalt geschehen, dass diese Selbstzurücknahme kommunikativ verfasste Prozesse der Anerkennung, Ermutigung und Inklusion auslöst. D. h. paradoxerweise: Die Selbstzurücknahme hofft auf Effekte, die gerade deshalb eintreffen, weil sie darauf verzichtet, sie direkt zu verwirklichen. Gilt dies auch für Gott?

3. Verliebt ins Scheitern?: Das Kreuz

Die verbreitete Kritik an der Verwendung des Allmachts-Attributs für die Explikation des christlichen Gottesverständnisses verdankt sich – über eine in

---

und Selbstabschaffung, hrsg. Jutta Koslowski und Ralf Miggelbrink (Leipzig: EVA, 2017). Dort auch nähere Belege.

den liberalen westlichen Gesellschaften gängige atmosphärische Abneigung gegen Macht-Semantiken überhaupt hinaus – einem Bündel von Gründen. Abgelehnt wird das Bild eines absolutistischen Herrscher-Gottes, der in seiner Welt »durchregiert« und dessen Überwältigungsgestus nur Unterwerfung in Gestalt unbedingten Gehorsams erlaubt. Allmacht stehe auch in Spannung zur Liebe, die doch eben nicht die Unterwerfung, sondern die freie, ungezwungene Antwort sucht. Die Vorstellung sich selbst durchsetzender Allmacht widerspreche zudem dem trinitarischen Gottesgedanken, nach dem Gottes Sein sich nicht in der weltdistanzierten Allverursachung erschöpfe, Gott sich vielmehr in Sohn und Geist in die Welt hinein öffne, sich in die Welt begebe, sich auf sie und in sie einlasse. Den denkbar schärfsten Kontrast biete der Allmachtsgedanke zum Kreuzestod Jesu, an dem sich doch die radikale Ohnmacht Gottes zeige. Schließlich kann auch die zur Theodizee-Frage verdichtete Erfahrung geltend gemacht werden, dass der Zustand der Welt, namentlich die bleibende Präsenz von Übel und Bösem, die Annahme einer göttlichen Allmacht entweder kontrafaktisch oder zynisch erscheinen lasse.

Dies alles scheint den Verzicht auf die Allmachts-Kategorie nahezulegen. Zugleich aber schließt der Glaube das grundlegende Vertrauen ein, dass Gott in allen Lebenslagen helfen kann, willig und mächtig ist, zu helfen. Implizit wird dieses Vertrauen in jedem Gebet aktualisiert, selbst wenn die Unverfügbarkeit der Gebetserhörung bewusst bleibt – denn diese Unverfügbarkeit wird nicht auf Gottes Ohnmacht, sondern auf die Unerschließbarkeit von Gottes Ratschluss zurückgeführt. Wenn Luther – um noch einmal den Großen Katechismus zu zitieren – Gott definiert als »das, wozu man sich versehen sol alles guten und zuflucht haben in allen nöten«[10], was markiert der doppelte All-Quantor dann anderes als das Vertrauen in die göttliche Allmacht? Und das Bekenntnis zum Kreuz als Heilsereignis lebt ja gerade von der Überzeugung, dass sich in der Ohnmacht des Kreuzes, am Ort der denkbar größten Gottferne in Sündenfluch und Tod, die umfassende heilschaffende Macht Gottes realisiert.

Es spricht daher wenig dafür, das Allmachts-Attribut einfach zu verabschieden. Gleichwohl ist die Kritik daran nicht obsolet. Es erwächst daraus vielmehr die Aufgabe, Kreuz und Allmacht so aufeinander zu beziehen, dass die Ohnmacht des Kreuzes als Ausdruck, nicht als Gegensatz von Gottes Allmacht kenntlich wird, Gottes Allmacht also in der Ohnmacht »zum Ziel, zur Vollendung kommt« (2Kor 12,9)[11]. Die Herausforderung besteht darin, das Kreuzesgeschehen theologisch so zu deuten, dass weder die Allmacht die Ohnmacht dementiert noch die Ohnmacht nichts als Gottes Hilflosigkeit dokumentiert, seine Unfähigkeit zu helfen. Allgemeiner gesprochen: Gottes Selbstzurücknahme

---

10 Dingel, *Die Bekenntnisschriften* (s. Anm. 4), 930.

11 Die revidierte Luther-Bibel (2017) übersetzt: »Lass dir an meiner Gnade genügen; denn meine Kraft vollendet sich in der Schwachheit.« Die vertraute ältere Übersetzung, philologisch weniger präzise, verwendet die (im Ursprungstext fehlende) Machtsemantik: »denn meine Kraft ist in den Schwachen mächtig.«

muss als Modus der Verwirklichung von Gottes Willen kenntlich werden, ohne dadurch den Charakter der Selbstzurücknahme einzubüßen.

Wenn das Allmachts-Attribut im Lichte der kreuzestheologischen Selbstdefinition (Selbst-Bestimmung) Gottes, d. h. im Lichte von Gottes Selbst-Identifikation im und mit dem Gekreuzigten, näher bestimmt werden muss, dann scheiden von vornherein Vorstellungen eines nur scheinbaren Loslassens Gottes aus – etwa, dass Gott einen festen Plan verfolgt, in dem das Kreuz eine vorgesehene Etappe ist. Denn damit wäre nicht nur die Allmacht de facto von der Ohnmacht unberührt. Es entstünde vielmehr auch der problematische Eindruck, dass Gott den Kreuzestod *aktiv gewollt* hätte. Nicht weiterführend sind ebenfalls Vorstellungen, die das Kreuz als bloßen »Betriebsunfall« lesen, der durch die Auferstehung ungeschehen gemacht bzw. überwunden wird. Damit ließe sich zwar der kontingente Charakter des Kreuzesgeschehens festhalten; dieses wäre dann aber ohne konstitutive Bedeutung für das göttliche Sein und Handeln selbst – aussagekräftig wäre vielmehr nur die Überwindung des Zwischenfalls, also die Auferstehung, die damit aber wiederum als bloße Bestätigung der unbegrenzten Verwirklichungskraft Gottes gedeutet werden könnte und dergestalt zu einer Näherbestimmung des Allmachts-Attributs kaum etwas Spezifisches beitrüge.

In der Tat muss die Kreuzigung Jesu als kontingentes, von Gott nicht »geplantes« oder aktiv herbeigeführtes Geschehen verstanden werden. Dennoch ist festzuhalten, dass Gott sich in und mit diesem Geschehen machtvoll und wirkmächtig *identifiziert*, so wie Jesus sich seinem Geschick freiwillig (»gehorsam«) aussetzt, obwohl er es nicht angestrebt hat. Dass die dogmatische Tradition hier allerdings – vor dem Hintergrund der Gethsemane-Szene – vom »Gehorsam« gegen den »Willen« des Vaters spricht (»Nicht mein, sondern dein Wille geschehe«), scheint wiederum auf eine Einstimmung in einen göttlichen »Plan« hinzudeuten, mit den genannten problematischen Konsequenzen. Indes ist für die Deutung von Gethsemane die Annahme eines solchen »Plans« nicht zwingend; Jesu Gebet kann auch als Ausdruck eines elementaren Vertrauens in die bewahrende Treue Gottes erklärt werden – was immer geschieht.

Wie ist dann aber die Identifikation Gottes mit dem Kreuzesgeschehen zu verstehen, wenn er es doch nicht aktiv planend herbeigeführt hat, sondern in bestimmter Hinsicht darauf reagiert? Die Evangelien ringen mit dieser Frage, indem sie von Jesus am Kreuz höchst unterschiedlich akzentuierte Worte berichten, von »Mein Gott, mein Gott, warum hast du mich verlassen?« bis zu »In deine Hände befehle ich meinen Geist«. Kern der Frage ist die *Präsenz* Gottes. Diese ist auch für Jesus nicht einfach evident. In paradoxer Zuspitzung ruft er den Gott an, dessen Abwesenheit er eben darin beklagt. Auch das vermeintlich erbaulichere zweite Zitat ist weit entfernt von einem undialektischen Präsenzvertrauen: Jesus gibt sich in die »Hände« Gottes hinein – die er nicht sieht und deren Eingreifen er nicht erkennen kann. Jesus selbst erfährt radikale Ohnmacht, in der Gottes Anwesenheit nur noch verzweifelt herbeigerufen oder vertrauensvoll erhofft werden kann.[12] Noch am Ort der Gottferne kann der als Gotteslästerer Gekreuzigte die Präsenz Gottes (im Modus seiner Anrufung) bezeugen. Für Gott bedeutet dies umgekehrt: Er identifiziert sich mit dieser Ohnmacht, ist dem Ort der Gottferne nicht fern, greift ein, indem er nicht eingreift.

Inwiefern nimmt Gott sich hier zurück? Und warum? Wie lässt es sich vermeiden, dass diese Selbstzurücknahme als »unterlassene Hilfeleistung« erscheint? Und inwiefern zeigt sich darin Gottes *Macht*? Anders gefragt: Ist dieses »Scheitern« ein »Erfolg«?

Klar ist, dass es nicht um ein Geschehen mit garantiertem Happy End gehen kann. Klar ist aber auch, dass Ohnmacht als solche noch kein »Erfolg« ist. Muss dann der »offene Ausgang« selbst als Ort der Gottesnähe gelten? Dann läge der spezifische »Erfolg« der Selbstzurücknahme darin, dass Gott die Ungewissheit des »Ausgangs« teilt, die für menschliche Erfahrung (und auch für die Jesu am Kreuz) konstitutiv ist, dass er selbst noch in dieser Ungewissheit präsent ist, dass nicht einmal sie von Gott trennt. Dann wäre aber gleichwohl noch zu fragen, ob bzw. in welchem Sinn gesagt werden kann, dass Gott damit ein »Risiko« eingegangen sei, nämlich das Risiko, dass sein Heilswille *nicht* »zur Vollendung kommt«. Hat also Gott selbst am Kreuz sich darauf eingelassen, die Erfüllung seiner Verheißungen offen zu halten? Dies wird man im strengen Sinn nur um den Preis eines Selbstwiderspruchs in Gott sagen können. Aber die Geschichte der göttlichen Verheißungen schließt eben die Situation radikaler Ungewissheit im Blick auf ihre Erfüllung ein – und wird durch dieses »Innehalten« nicht dementiert.

4. Deus ex machina?: Die Auferstehung

Wie bereits gesagt, wäre es irreführend, das Verhältnis von Kreuz und Auferstehung einsinnig auf das von Ohnmacht und Macht abzubilden. Die Auferstehung ist nicht einfach der Machterweis, durch den Gott die Ohnmacht des Kreuzes überwindet. Denn dann wäre das Kreuz in der Tat zu einem vorübergehenden Zwischenfall depotenziert, der für das Gott-Sein Gottes keine substanzielle Aussagekraft hätte, weil er durch die Auferstehung überwunden, gleichsam ungeschehen gemacht wäre.

Die Auferstehung *ist* allerdings in der Tat ein Machterweis. Sie zeigt, dass Gott selbst aus dem Tod noch Leben erneuern, Leben neu schaffen kann. Sie erweist Gott als den Schöpfer (vgl. Rm 4,17). Ohne die Gewissheit, dass Gottes Schöpfermacht auch im Tod nicht endet, wäre das Kreuz eine trostlose Angelegenheit, die das Leiden nur perpetuiert, statt es zu limitieren.

---

[12] Namentlich bei Lukas hindert die Wehrlosigkeit Jesus aber nicht daran, noch aktiv zu werden: im Gebet für die Henker (»Vater, vergib ihnen ...«, Lk 23,34), im Zuspruch an den Mitgekreuzigten (»Heute wirst du ...«, Lk 23,43).

Die Auferstehung steht freilich nicht einfach in Opposition zum Kreuz. Sie macht vielmehr sichtbar, dass Gott sich mit dem Gekreuzigten identifiziert. Mehr noch: Sie macht Gottes Präsenz am Kreuz sichtbar. Sie macht damit auch erkennbar, dass Gottes Allmacht durch das Kreuz nicht konterkariert, sondern im Gegenteil näher bestimmt ist durch die Präsenz in der Ohnmacht. Anders gesagt: Im Licht der Kraft, Leben *aus dem* Tod zu schaffen, erschließt sich auch Gottes solidarische Gegenwart *im* Tod als heilsame, heilswirksame Präsenz.

Wie kann man aber auch im Blick auf die Auferstehung von Risiko, Vertrauen und Selbstzurücknahme sprechen? Ist sie nicht vielmehr der Inbegriff einer erfolgreichen göttlichen Risikofolgenbewältigung? Hat nicht die lange Tradition christlicher Ikonik recht, die die Auferstehung als Sieg, den Auferstandenen als Sieger inszeniert?

Gewiss gilt auch hier, dass die Sieges-Metaphorik nicht pauschal als »triumphalistisch« denunziert werden sollte; sie erfasst eine wichtige (und trostreiche) Dimension des göttlichen Heilshandelns, das Sünde und Tod nicht das letzte Wort lässt, sondern sie in die Schranken weist. Dennoch zeigt sich bei näherer Betrachtung, dass Gott in der Auferweckung Jesu nicht einfach schnörkellos seinen Willen durchsetzt; die Auferstehung beendet nicht abschließend einen Prozess, sondern eröffnet und erschließt neue Prozesse des Erkennens, Empfindens und Handelns.

Auffällig ist zunächst, dass die Auferstehung Jesu nicht als spektakuläres, öffentliches, öffentlichkeitswirksames Ereignis dargestellt wird; er erscheint nur wenigen, zudem nur Anhängern[13], die Welt verändert sich dadurch anscheinend nicht. Die »post-karfreitäglichen« Erscheinungen des doch gestorbenen und begrabenen Jesus selbst sind zudem auch für seine Anhänger in hohem Maße irritierend, mehrdeutig und deutungsbedürftig; auch ihre Deutung als (Folge und Offenbarung einer) Auferweckung oder Auferstehung beendet ja nicht alle Fragen, sondern provoziert ihrerseits neue Interpretationsprozesse – z. B. im Blick auf das Verhältnis der Auferstehung Jesu zur (endzeitlich erwarteten) allgemeinen Totenauferweckung oder auf den »ontologischen« Status der Auferstehungswirklichkeit (vgl. 1Kor 15).[14]

Besondere Aufmerksamkeit verdient jedoch, dass die Zeit der Erscheinungen des Auferstandenen begrenzt ist und er sich schon in dieser Zeit, umso mehr aber danach, einer unmittelbaren Zugänglichkeit entzieht. Er verschwindet gewissermaßen in denen, denen er sich als Auferstandener erschließt, und repräsentiert sich dadurch *in ihnen*. Er gibt sich in Rezeptionsprozesse hinein, in denen er als Abwesender anwesend ist. Anders gesagt: Wo auf ihn verwie-

[13] Paulus ist eine Ausnahme – er *wurde* durch die Erscheinung zum Anhänger – und wusste sich auch als solche.

[14] Vgl. dazu Hans-Joachim Eckstein und Michael Welker, Hrsg., *Die Wirklichkeit der Auferstehung* (Neukirchen-Vluyn: Neukirchener Verlagsgesellschaft, 2002), darin auch Bernd Oberdorfer, »›Was sucht ihr den Lebendigen bei den Toten?‹ Überlegungen zur Realität der Auferstehung in Auseinandersetzung mit Gerd Lüdemann«, 165–82.

sen wird, wo er bezeugt wird, ist er da. Dieses vergegenwärtigende Verweisen kann als sakramental bezeichnet werden, gemäß der klassischen Definition des Sakraments als Zeichen, das das, was es bezeichnet, auch vergegenwärtigt und vermittelt. Dies muss dann aber in einem allgemeinen und weiten Sinn verstanden werden: Die Präsenz des Auferstandenen beschränkt sich nicht auf die »eigentlichen« Sakramente (obwohl die Emmaus-Erzählung Lk 24 die Gegenwart des - sich entziehenden - Auferstandenen im Vollzug des Herrenmahls besonders nachdrücklich betont), sondern umfasst die ganze Fülle »darstellender und herstellender«, d.h. erinnernder, mimetischer, literarischer, künstlerischer ebenso wie handlungsleitender, gemeinschaftsgestaltender Verweise auf und Anknüpfungen an den Auferstandenen (bzw. genauer: den auferstandenen Gekreuzigten und sein Lebens- und Wortzeugnis).

5. Kontingenz und Zielgewissheit: Gottes ansteckende Weltgegenwart im Geist

Der Auferstandene vertraut seine Kenntlichkeit damit kontingenten Kommunikationsprozessen an, die in hohem Maße im Vollzug irrtumsanfällig und in der Rezeption missverstandsgefährdet sind. Dass es zur verstehenden Aneignung und lebendigen Weitergabe des Offenbarungszeugnisses kommt, dass die Kommunikationsprozesse also »ansteckend« wirken und nicht stocken und versikkern, ist alles andere als selbstverständlich. Von den menschlichen Trägern dieser Kommunikationsprozesse ist deren Erfolg (allem - unentbehrlichen! - Bemühen zum Trotz) auch nur bedingt beeinflussbar; Glaube lässt sich nicht »machen«. Gleichwohl hat die christliche Tradition von Anfang an darauf vertraut, dass Gott die menschlich-kontingenten Prozesse seiner Bezeugung nicht unbegleitet sein lässt, sondern sich in ihnen und mit ihnen identifiziert (ohne dass sie dadurch ihre Kontingenz verlören): durch die Gegenwart des Heiligen Geistes.

Auf einer theoretischen Ebene lässt sich das so fassen, dass der christliche Geist-Begriff den Versuch darstellt, die Selbstbindung der göttlichen Selbstvergegenwärtigung an kontingent-weltliche Kommunikationsprozesse so konsequent durchzuhalten, dass die Kontingenz erhalten bleibt, zugleich aber die Gewissheit zu bewahren, dass Gott in und mit diesen Prozessen »alle Dinge zum Besten kehren« kann und will. Die theologische Herausforderung, für die die Pneumatologie steht, liegt also darin, Kontingenz und Zielorientierung zusammenzudenken. Wenn das so ist, dann kann »Zielorientierung« keinen festen Plan implizieren, der mit eherner Konsequenz exekutiert wird; denn dann wäre Kontingenz ausgeschlossen.[15] Umgekehrt darf aber auch nicht der Eindruck

[15] Dies gilt übrigens auch dann, wenn unterstellt wird, dass es diesen Plan gibt, wir ihn aber nicht erkennen können. Dann wäre die Kontingenz nur »für uns«, nicht aber »an sich« gegeben.

entstehen, dass das kontingente Bezeugungsgeschehen sich von Gottes Willen abgelöst vollziehe und einem »offenen Ende« entgegengehe; denn dann könnte von einer Vertrauensgewissheit nicht mehr die Rede sein.

Die These, dass Gott durch sein Eingehen in die Kontingenz ein »Risiko« eingehe, ist in dieser Hinsicht mehrdeutig. Meint sie in ihrer schwächeren Version, dass Gott sich auf ein Geschehen einlasse, das er weder vollständig vorhersehe noch vollständig kontrolliere, dann kann damit angemessen zum begrifflichen Ausdruck gebracht werden, dass Gott in vielen biblischen Narrationen auf ein eingetretenes Geschehen *reagiert*, indem er etwa in Genesis 2 den Mangel wahrnimmt, dass der Mensch allein ist, und ihm ein menschliches »Gegenüber« schafft oder indem er sogar – wider besseres Wissen – einem nur »gefühlten« Mangel des Volkes abhilft und der Etablierung des Königtums zustimmt (1Sam 8). Gott reagiert auf Neues, Unvorhergesehenes – *und hat auch die Mittel dazu*. Klassische Theologien, die eine solche »Lernfähigkeit« Gottes im Namen von Gottes Vollkommenheit ablehnten, mussten derartige Narrationen als uneigentliche Darstellungen von der begrifflichen Explikation fernhalten; das ist jetzt nicht mehr nötig.

Meint die These von Gottes Handeln unter Risikobedingungen hingegen in ihrer stärkeren Version, dass Gott auch das Risiko eingehe, in seinem Heilswillen zu *scheitern*, so ist daran zunächst nur klar die rhetorisch zugespitzte Polemik gegen die Idee eines von Gott überraschungsfrei vorhergesehenen und durchexekutierten Heilsplans. Worin wäre aber ein solches Scheitern begründet? Man könnte an eine *Unwilligkeit* oder an eine *Unfähigkeit* Gottes denken, seinen Heilswillen zu realisieren.

Dass Gott *unwillig* sei, seinen Heilswillen unter allen Umständen auch gegen Widerstand durchzusetzen, ist ein alter Gedanke, der in jüngster Zeit etwa von der katholischen sog. Münsteraner Schule[16] neu belebt worden ist. Hier geht es um eine bewusste Selbstzurücknahme aus Respekt vor der menschlichen Freiheit. Gott bindet die Verwirklichung seines Heilswillens an die freie Zustimmung seiner menschlichen Adressaten und riskiert somit deren Ablehnung.[17] Wie leicht ersichtlich, ist man hier sehr schnell bei den alten Pelagia-

[16] Grundlegend ist der Ansatz von Thomas Pröpper. Vgl. *Erlösungsglaube und Freiheitsgeschichte. Eine Skizze zur Soteriologie* (München: Kösel, ²1988) sowie *Theologische Anthropologie* (Freiburg i. Br.: Herder, 2011).

[17] Eine Variante dieser Position in kontroverstheologischer Zuspitzung bietet Karl-Heinz Menke, »Rechtfertigung: Gottes Handeln an uns ohne uns? Jüdisch perspektivierte Anfragen an einen binnenchristlichen Konsens«, *Catholica* 63 (2009): 58–72. Vgl. dazu Bernd Oberdorfer, »›Ohne uns‹? Rhapsodische Anmerkungen zu Karl-Heinz Menkes Frontalangriff auf die lutherische Rechtfertigungslehre«, *Catholica* 63 (2009): 73–80. Menke hat darauf noch einmal reagiert [»Argumente statt Verdikte. Eine kurze Replik auf Oberdorfers ›Rhapsodische Anmerkungen‹«, *Catholica* 63 (2009): 138–41], ohne aber neue Argumente vorzubringen. Vgl. zu dieser Kontroverse jetzt Mathias Wirth, »Trostlose Eschatologie? Zu einer unerledigten Kontroverse über Versöhnung in der neueren Dogmatik«, *NZSTh* 58 (2016): 259–84.

nismus-(bzw. Semi- oder gar Krypto-Semi-Pelagianismus)-Diskussionen im Umkreis der kontroverstheologischen Selbstvergewisserungsdiskurse angelangt: Gott bietet ein förderliches Umfeld für die Zustimmung, er lockt, setzt Anreize usw., aber er erzwingt sie nicht; zustimmen muss am Ende das Subjekt selbst und Gott respektiert die Entscheidung. Die Reformatoren hielten dieses Modell für fatal, weil es das Subjekt letztlich mit der Verantwortung für sein Heil alleinlässt und in Selbstbetrachtungs- und Selbstbeurteilungsschleifen hineintreibt, aus denen es kein Entrinnen gibt. Zudem entsteht das Problem: Was hieße es für den göttlichen Heilswillen, wenn am Ende *niemandem* die Zustimmung gelänge? Hätte Gott dann – mit Verlaub – »zu hoch gepokert«? Oder müsste er, um sein Heilsziel zu erreichen, schließlich doch limitierend eingreifen und den Freiheits-Geist, den er aus der Flasche gelassen hatte, wieder hineinzwingen? Müsste also die göttliche Allmacht nicht doch als im kritischen Fall beliebig abrufbare Hintergrundkompetenz mitlaufen? Wäre dann aber das Risiko, das Gott eingeht, nicht ein bloß scheinbares?

Sollte Gott hingegen *unfähig* sein, den Widerstand gegen seinen Heilswillen zu überwinden, dann hätte es wenig Sinn, von Risiko zu sprechen; denn er könnte ja nicht anders. Gerade der Verzicht auf das Allmachts-Attribut entzieht der Verwendung des Risiko-Begriffs also die Grundlage.

Angesichts dieser Aporien zeigt es sich, dass die Kategorie des »Risikos« am ehesten noch in ihrer »schwachen« Fassung für das Verständnis von Gottes Weltverhältnis hilfreich ist. Sie markiert dann die anti-deterministische Intuition, dass die Geschichte der Schöpfung von Gott – um ein Bild aus der Musik zu verwenden – nicht vollständig durchkomponiert ist, sondern auch für Gott selbst Überraschungen bereithält, die ihn zum Improvisieren anregen. Weder der Geschichtsverlauf noch die Weise, wie Gott sich dazu verhält, sind also vollständig vorherbestimmt. Dieser Gedanke muss aber rückgebunden bleiben an die Überzeugung von der Treue Gottes, genauer: von Gottes wirkmächtigem Heilswillen. Einem Gott, der nicht fähig (oder gar: nicht willig) ist, seinen Heilswillen durchzusetzen, kann nicht jenes uneingeschränkte Vertrauen entgegengebracht werden, das für den Glauben wesentlich ist. Abzuweisen ist auch die – beim »Risiko« durchaus nicht fernliegende – Assoziation, dass Gott das Heil seiner Geschöpfe leichtfertig aufs Spiel setze. Die Einsicht, dass Gott seinen Heilswillen nicht nach Art eines Alleinherrschers verwirklicht, nötigt mithin nicht zur Aufgabe des Allmachts-Attributs, macht aber dessen präzise Neubestimmung erforderlich; Entsprechendes gilt auch für die Frage nach Gottes (All-)Wissen.

Wenn Gott die konkrete, kontingente Entwicklung nicht vorher schon kennt, dann kann Allmacht nicht den Sinn von Vorher-Bestimmung haben. Wenn Gottes Treue verlässlich ist, dann kann er der Verwirklichung seines Heilswillens aber auch nicht gleichgültig oder ohnmächtig gegenüberstehen. Allmacht könnte unter diesen Bedingungen Gottes Fähigkeit bedeuten, auf alle Entwicklungen angemessen zu reagieren. Das damit verbundene Allwissen wäre dann die Fähigkeit, eingetretene Entwicklungen richtig einschätzen und die jeweils angemessene Reaktion auswählen zu können. Ihren Richtungssinn gewönne diese doppelte Fähigkeit durch die Allgüte, verstanden als den unverbrüchlichen Willen, alles »zum Besten zu kehren«.

Diese Interpretation von Gottes Allmacht, Allwissen und Allgüte erhält ihre präzise Pointe allerdings erst dann, wenn sie auf die oben entfaltete Konzeption von Gottes Selbstzurücknahme und seinem Sich-Einlassen auf die Kontingenz bezogen wird. Wenn Gott sich in der Welt repräsentiert in menschlichen Kommunikationsprozessen, die sein inkarnatorisches Erscheinen in Verkündigung, Wirken und Geschick erinnernd und konfessorisch bezeugen und im entsprechenden Modus der Selbstzurücknahme weitertragen, dann verwirklicht er seinen Heilswillen nicht mittels imperativer und imperialer Selbstdurchsetzung, sondern indem er selbst solche gewinnenden und überzeugenden Kommunikationsprozesse anregt und anstößt, ohne sie zu determinieren. Er generiert, anders gesagt, ein Kraftfeld, in dem der Geist von Jesu freier Selbstzurücknahme sich mentalitäts- und verhaltensprägend ausbreitet. Gott vertraut seine Selbstvergegenwärtigung damit unvollkommenen, fehlbaren, weithin unscheinbaren Prozessen an, deren konkreten Verlauf er zudem nicht a priori festlegt. Dieses Kraftfeld ist definiert durch seinen Heilswillen und das heißt umgekehrt: Gottes Heilswille ist wirkmächtig durch dieses und in diesem Kraftfeld. Was darin konkret geschieht, welche kommunikativen Anschlüsse jeweils genau entstehen, ist nicht vorab fixiert; aber das Kraftfeld ist so verfasst, dass der Heilswille grundsätzlich immer (bestätigend, korrigierend, ermutigend, tröstend) zur Geltung kommen kann. Kurz gesagt: Gott lässt sich überraschen, verliert aber sein Ziel nicht aus den Augen.

Inmitten menschlicher Lebenswirklichkeiten, nicht über sie hinweg, gewinnt also die Präsenz Gottes – sein »Reich« – Gestalt. Nicht zufällig gewinnt für die Charakterisierung der Gottes Präsenz bezeugenden Kommunikationen schon in der Bibel die Kategorie der »Liebe« zentrale Bedeutung, steht Liebe doch für die werbende, aber nicht zwingende Zuwendung, die durch gewinnende Überzeugung von innen bejahte Zustimmung erzeugt, und für eine Beziehung, in der die Liebenden einander unverstellt sich selbst sein lassen – und gemeinsam doch verwandelt werden. Gerade das Christentum hat dabei immer die Würde des Unperfekten, ja Versehrten betont. Wenn bei Bob Dylan die Geliebte in stürmischer Nacht »like a raven with a broken wing« hilfsbedürftig Schutz sucht, ist das ein »Scheitern«, aber mit offenem Fenster zum »Erfolg«.

Die Medialität des Geistes oder: Pneumatologie als Medientheorie des Christentums

Zum Medium zwischen Gottes- und Menschenwerk

Philipp Stoellger

I. Wie vom Geist denken und sprechen?

1. Alt – im Vertrauen auf die Geistmetaphysik

Nichts liegt näher, als allein den Geist als Medium des Geistes zu verstehen. Nur der Geist vermag den Geist zu erkennen und zu fassen, gemäß der alten Regel, Gleiches werde nur durch Gleiches erkannt oder *similia similibus*. Dann wäre es so alternativlos wie selbstverständlich, dass allein der Nous, die Vernunft, der Logos, also der Geist, den Geist Gottes erkennen könne und umgekehrt – sofern man zwischen dem einen und dem anderen eine Kontinuität unterstellt, wenn nicht gar eine Identität. In dieser Unklarheit liegt der ganze Charme und die Problematik dieses Deutungsmusters: Identität würde die theologische Differenz von Gott und Mensch unterlaufen; Ähnlichkeit hingegen würde die Erkenntnisgewissheit von Gleichem durch Gleiches nicht sichern können, zumal bei einer immer noch größeren Unähnlichkeit. Die Identitätsthese würde jedes Risiko im Verhältnis von Geist und Geist letztlich ausschalten. Darin artikuliert sich ein tiefes Selbstvertrauen des »menschlichen Geistes«, als wäre er infallibel und unmittelbar mit sich identisch – womöglich sogar mit Gottes Geist (und vice versa). Mit der Spur der Differenz hingegen und Unähnlichkeit in der Ähnlichkeit wird solch ein Vertrauen gründlich fraglich.

Sofern das Denken stets in den so vielfältigen wie varianten Medien seiner Zeit denkt, ist das Deutungsmuster der Geistmetaphysik trotz aller Einwände erstaunlich kontinuierlich *das* dominante Metamedium geblieben, bis heute. Darauf lässt sich, so scheint es, bauen und vertrauen. Ob von Ratzinger oder Lauster, es wird in diesem Muster eindrucksvoll Theologie betrieben mit einer großen Erwartungssicherheit, als folgte man Vinzenz von Lérins »*quod ubique, quod semper, quod ab omnibus creditum est*«[1]. Denn was könnte Denken anderes

[1] Vinzenz von Lérins, »Commonitorium primum,« in *Patrologiae cursus completus: series latinae*, Bd. 50, hrsg. Jacques P. Migne (Paris: Migne, 1865), 640.

sein als Geist? Und Gott anderes als Geist? Und daher die Gotteserkenntnis anderes als Geist durch Geist? Damit wird von der Geistmetaphysik (dem Mythos gleich) *Fraglosigkeit* erzeugt und eine vermeintliche Selbstverständlichkeit etabliert mit stabiler Deutungsmacht über Gott und Mensch und deren Verhältnis. Es kann dann gar nicht mehr anders gefragt werden als nach Geist durch Geist. Die Deutungsmacht der Geistmetaphysik führt dazu, nichts anderes zu kennen und erkennen zu lassen als das, was in diesem Modell sehen und denken gemacht wird. Sie macht »uns« glauben, man könne nur so denken vom Geist – mit entsprechender Exklusion als Kehrseite: Alles andere gilt als unmöglich, undenkbar, unsäglich. Das Vertrauen in dieses metaphysische Deutungsmuster geht so weit, dass es nicht mehr als Vertrauen wahrnehmbar wird, sondern als Fraglosigkeit. Das Risiko dessen wird ausgeschaltet, solange man diesem Muster folgt.[2]

Ob platonisch, neuplatonisch, aristotelistisch, idealistisch oder subjektivitätstheoretisch ist diese Selbstverständlichkeit so gewichtig wie auch heute noch für viele gültig – allerdings nur, wenn man einige durchaus fragliche Voraussetzungen teilt:

- dass Gottesgeist und Menschengeist eines Wesens seien, wenn auch unvermischt, so doch ungeteilt und ungetrennt, als wären beide letztlich eins, in unio spiritualis vereint über alle Störungen durch Sinnlichkeit und Pluralität hinweg,
- dass zwischen beiden die theologische Differenz von Gott und Mensch indifferent wird: Weil Geist von Geist sei und daher (univok oder analog?) vom einen die Eigenschaften des anderen ausgesagt werden könnten,
- dass beide einander immediat seien, zumindest ursprünglich und final,
- dass beide reiner Sinn ohne Sinnlichkeit seien; eins und ungetrübt durch das Viele; notwendig oder gar mehr als notwendig, jedenfalls keinesfalls kontingent. Die Theorie des Absoluten wird dann mit der Zeit das Leitmodell, um im Geist den Geist zu denken, unter Maßgabe des Begriffs der reinen spekulativen Vernunft.[3]

---

2 Zum Vertrauensbegriff vgl. Philipp Stoellger, »›In God we trust‹: Trust in the Making – and in Becoming,« in *Trust, Sociality, Selfhood*, hrsg. Arne Grøn und Claudia Welz (Tübingen: Mohr Siebeck, 2010), 153–69; »›In Images We Trust‹: On Belief in Images as the Real Reality,« in *Visual Learning*, Bd. 7, hrsg. András Benedek und Ágnes Veszelszki (Frankfurt am Main: Peter Lang, im Erscheinen Herbst 2017). Dazu ist *ein* pneumatologisch relevanter Antagonist zu vergleichen: Philipp Stoellger, »Anfechtung Gottes: Zur Gotteslehre vom Pathos Gottes aus,« in *Die Anfechtung Gottes*, hrsg. Leonie Ratschow und Hartmut von Sass (Leipzig: Evangelische Verlagsanstalt, 2016), 163–92.; »Glaube als Anfechtung?: Zur Hermeneutik der Differenz von Anfechtung und Versuchung,« in *Anfechtung*, hrsg. Pierre Bühler et al. (Tübingen: Mohr Siebeck, 2016), 63–100.

3 Um gleich die Alternativen anzudeuten: Warum nur Logos, warum nicht auch Ethos und Pathos: Lebensform in Passivität wie Passion? Vielleicht sogar Eidos und Eikon: visuelle Medien?

Wenn man die Voraussetzungen der Theorien des Absoluten *nicht* teilt, zerfällt einem allerdings diese Tradition wie modrige Pilze. Nur steht man dann ohne diese so traditionellen wie stabilen Geländer des Denkens da. Wie vom Geist denken, wenn man nicht alles schon *sola traditione* oder *sola ratione* geklärt findet? Suspendiert man das Vertrauen in die alte Geistmetaphysik, wird es riskant.

Der kontradiktorische Gegensatz dazu gilt bekanntlich als reine Torheit, die philosophisch absurd erscheint, vom Kreuz aus, von der Maximalpassion des Todes Christi her zu denken: »*paredoken to pneuma*«. Was den einen als Übergabe des Geistes und Gründung der Kirche gilt, in göttlich gesicherter Kontinuität des Geistes, wird kreuzestheologisch zum Riss, der von einer Kontinuitätsthese verschleiert und verklärt würde. Dann gilt es, nicht nur von maximaler Niedrigkeit, sondern vom unfassbaren Widerfahrnis der Gottverlassenheit namens »Tod« aus zu denken – wenn einem nicht Denken und Sagen angesichts dessen vergehen würden.[4] Das wäre Christologie von *ganz* unten zu nennen, nicht schlicht von der Historie aus auf in die alte Dogmatik, sondern vom Tod aus die antimortalen Medien des Christentums zu verstehen. Die Medienpraktiken sind dann das labile Medium theologischer Risikobearbeitung. Dabei wird fraglich, wie viel Medienvertrauen nötig ist, latent oder manifest. Zehren doch die jüdisch-christlichen Traditionen von einem tiefen Wortvertrauen, das dafür signifikant ist.[5]

Die traditionelle Figur der »Niedrigkeit« (*humilitas* etc.) würde im Unterschied zum »Tod« immer noch eine Restkontinuität voraussetzen: Sei es eine Geistpräsenz im Tod, eine unsterbliche Seele, die am Kreuz jubiliert, während der Körper leidet (Thomas v. A.), oder eine unhintergehbare Macht des Absoluten, die die Ohnmacht immer noch umfängt. Das Vertrauen in solche Kontinuitätsfiguren sitzt tief und beruhigt hinsichtlich der abgründigen Fraglichkeit angesichts des Gekreuzigten. Wer dann die Macht in der Ohnmacht sucht und findet, riskiert, bei noch so großer Ohnmacht eine immer noch größere Macht zu beschwören und damit einer nur leicht verschobenen Machttheologie das Wort zu reden. So könnte man diesen singulären Gegensatz leicht einfangen: als umfangen und gefasst durch die Allgegenwart, Allmacht etc. des Geistes Gottes. Einem metaphysisch eskalierten Gottesbegriff mit entsprechendem Willen zur Macht in der Ohnmacht vermag keiner zu entkommen, auch der Gekreuzigte nicht. Dann wäre die Passion im Grunde eine kurze Unterbrechung der Machtfülle und Geistpräsenz, die sich umgehend wieder einstellt (an Ostern),

---

4 Vgl. Philipp Stoellger, »Deutung der Passion als Passion der Deutung: Zur Dialektik und Rhetorik der Deutungen des Todes Jesu,« in *Deutungen des Todes Jesu im Neuen Testament*, hrsg. Jörg Frey und Jens Schröter (Tübingen: Mohr Siebeck, ^{2}2012), 577–607.

5 Vgl. Philipp Stoellger, »Zwischen und Machtwort: Rhethorik als Medium von Religion,« in *Rhetorik: Rhetorik und Religion*, hrsg. Philipp Stoellger (Berlin/Boston: de Gruyter, 2015), VII–XXIV; »Das Wort vom Kreuz im Deutungsmachtkonflikt,« in *Rhetorik: Rhetorik und Religion*, hrsg. Philipp Stoellger (Berlin/Boston: de Gruyter, 2015), 195–226.

als wäre sie nie unterbrochen worden. Die theologische Differenz wäre vermittelt und letztlich getilgt durch die Rahmentheorie des »absoluten Geistes«. Wer bei noch so großer Ohnmacht eine immer noch größere Allmacht in der Ohnmacht unterstellt, hat das Problem immer schon gelöst – ohne ihm ernsthaft ausgesetzt zu sein.

2. Neu – im riskanten Vertrauen auf den Geist *als Medium*

Wer es sich so einfach unmöglich machen kann (oder will), wird die alte Eingangsthese anders akzentuieren, um sie innovativ zu wenden, nicht ohne Risiko. Den Geist als Medium des Geistes zu verstehen, heißt dann vor allem, den Geist *als Medium* zu verstehen, nicht als immediates »Gespenst«, als leiblosen Geist, dem nichts unmöglich sei (Allmachtsgeist), sondern als Medium von Gott und Gott wie von Gott und Welt und Mensch wie von Mensch und Mensch. *Als* Medium ist der Geist nie leiblos, nie immediat oder immateriell, sondern konstitutiv *sinnlicher* Sinn. Mit Erinnerung an Cassirer gesagt: Kein Sinn ohne Sinnlichkeit, oder anders: Kein Geist ohne Leib, sonst wäre er ein Gespenst.

Der Geist *als Medium* ist nicht wirklich, wirksam und präsent, wenn er nicht *als Medium in Medien* wirkt. Das heißt, der Geist ist »leibhaftig gegenwärtig« in medialen Figurationen wie in sozialen Konfigurationen. Dann erscheint der Geist (wie für andere »die Kommunikation«) als Metamedium, das konkret und lebendig ist allein in seiner medialen Diversität und phänomenalen Konkretion.[6] Mit dieser medialen Leiblichkeit des Geistes tritt allerdings ein Risiko auf, dem man mit Miss- oder Vertrauen begegnen kann. Am Beispiel des Leitmediums gesagt, dem man nur zu gerne vertraut, dem Wort: Ist das Wort capax spiritus – und der Geist so gnädig, im Wort zu wirken? Das generell zu behaupten wäre ebenso überschießend wie es generell zu bestreiten. Die Frage der Kopplung wird dann unabweisbar. In christlicher Tradition sind Geist und Wort (und Sakrament) recht eng gekoppelt, sodass hier *Gewissheit* möglich sei und wirklich wird. Nur – bedarf es dafür eines bemerkenswerten Maßes an Wortvertrauen, das deutlich leichter zu fallen scheint, als anderen Medien zu vertrauen wie dem Bild oder Verkörperungen. Warum eigentlich? Ist nur das Wort das einzig vertrauenswürdige Medium des Geistes (solo verbo?), alle anderen aber nicht?

Dabei ist und bleibt die diakritische Frage, um *wessen* Geist es sich handelt? Den Gemeingeist einer Gemeinschaft, den Geist als Logos des Theos oder Nous, den Geist als Bewegung des Begriffs oder als »unmittelbares Selbstbewusstsein«? Die Polysemie und Polynomie ist eine Quelle von Missverständnissen

---

[6] Vgl. Philipp Stoellger, »Entgeisterung: Erwägungen zur Leiblichkeit des heiligen Geistes,« *TheoLogica* 1 (2001): 14–9; »Vom dreifaltigen Sinn der Verkörperung – im Blick auf die Medienkörper des Geistes,« in *Verkörperung als Paradigma theologischer Anthropologie*, hrsg. Gregor Etzelmüller und Annette Weissenrieder (Berlin/Boston: de Gruyter, 2016), 289–316; »›Geistlich Leiten‹ – Thesen zur Orientierung,« *epd-Dokumentation* 6 (2012): 18–25.

und vieldeutigen Begeisterungen. Man kann im Namen des Geistes, und sei er auch heiliger genannt, den frommen Gemeingeist zelebrieren und anbeten – und darin lediglich die eigene Gemeinschaft genießen. Man kann auch im Namen des Geistes eine Theorie des Absoluten zelebrieren – und darin vor allem die eigene Geisttheorie genießen. Oder man kann von der Unverfügbarkeit des Geistes sprechen und darin über ihn so verfügen, dass er nur in den eigenen Riten präsent sei. Die Medien des Geistes sind auch die Medien der Kommunikation, die *dann* zum Selbstgenuss werden, wenn sie kein »Extra« und keine »Passivität«, keine Alterität oder starke Differenz kennen (wollen).

Theologisch gesehen sind es ganz unterschiedliche Paradigmen, den Geist als Person der immanenten Trinität zu verstehen oder den theistischen Gott als Geist, einen Willkürgeist, der weht, wo er will – oder aber maßgebend den Geist Christi. Lediglich Letzteres sei im Folgenden fokussiert und entfaltet. Denn die maximale Härte für die Pneumatologie ist, das Ereignis des Todes Jesu als *den* Riss (von Sinnlichkeit und Sinn) zu verstehen, der nicht vom Metamedium immer schon geheilt und umfangen ist, sondern der eine eschatologisch neue Medialität *ex post* entfaltet: Der Tod Jesu provoziert – johanneisch gesprochen »im Rückblick«, anders gesagt »diachron« – eine so plurale wie kreative Medialität des Geistes: ein neues Sagen und Zeigen, neue Deutung, neue Sozialität (Gemeinschaft), auch neue Institutionalisierung, um *ex post* (im Rückblick) zu erschließen und zu kommunizieren, was und wer sich wie und zu welchem Ende im Kreuz ereignet hat. Das ist allerdings eine doppelte Steigerung des Risikos: vom Tod Jesu aus und in medialer Pluralisierung Pneumatologie zu konzipieren.

So vom Geist zu denken kann man *mediale Wende* der Pneumatologie nennen: nicht vom Immediaten oder Innen, Körperlosen etc. auszugehen, sondern phänomenal von den Medienpraktiken und -pathiken (die ein »neues« Innen erst evozieren). Nicht von einem ontologischen Komparativ des Prä-, Innen, eigenen Denkens, sondern von der »medialen Kondition« des Geistes. »Neu« und »riskant« ist das in doppeltem, deutlich zu unterscheidenden Sinn zu nennen: *eschatologisch* qualifiziert, sofern von dem Ereignis des Eschatons aus gedacht wird; aber auch *pneumatologiegeschichtlich* neu, sofern die neuere Medienwissenschaft mit ihrer »medialen Kondition« berücksichtigt wird: Vom Geist sei den Medien einer Kultur und Zeit entsprechend zu denken. Das heißt mitnichten, eine zeitgeistige Anpassung zu betreiben; denn die theologische Differenz als *eschatologische* ist dabei leitend. Innertheologisch ist das nicht weniger different und kritisch. Denn vom Geist als dem Geist *des Gekreuzigten* zu denken, ist keineswegs selbstverständlich. Wird doch vielmehr »der Geist« gern aufgerufen, um gerade diesen Riss als immer schon prästabiliert zu verklären und daher *als Riss* zu verkennen.

Das *alte, helle und lichte Immediate* war, Geist durch Geist zu denken und sich darin immer schon im Geist zu wissen. Diese prästabile Gewissheit und das entsprechend fraglose Vertrauen *reißt* angesichts des singulären Todes, der auch einen Riss des »Immediaten« bedeutet. Denn das *dunkle und fremde*

Immediate ist der Tod Jesu als Riss aller Medialität – von dem her vom Geist anders und neu zu sagen und zu denken ist, wenn er denn der Geist *Christi* sein soll. »Stark wie der Tod ist der Geist«, wäre die eschatologische Hoffnung. Aber diese Kompetition von Geist und Tod mit der Wette, der Geist sei letztlich stärker als der Tod, ist ein bezeugender und hoffender Satz im Rückblick und auf Hoffnung hin. Dann muss der Geist als vom Tod tangiert, berührt, versehrt gedacht werden: als Geist mit »Narben«.

So gesehen geht es darum, den Geist angesichts des Kreuzes neu zu denken, eine *pneumatologia crucis*: vom Geist Christi in Leben, Wirken und Tod her (daher nicht nur »Praktiken«), nicht von der vertrauten Omnipräsenz des Sinns, sondern einer initialen und liminalen Sinnwidrigkeit (von Inkarnation und Passion); nicht von unsinnlicher Präexistenz des leiblosen Geistes, sondern von Sinnlichkeit und Materialität der in Christus vor Augen geführten Lebensform; nicht von »absoluter Individualität« aus (oder der Individualität als Absolutum), sondern von Verkörperung und Sozialität im Geiste Christi her; und daher nicht von der vermeintlichen Alternative Geist *versus* Form aus, sondern von der Ordnungsgenese in diesem Geiste bis in die stets strittigen Institutionalisierungen dessen, der nicht als Institution zu fassen ist.

II. Pneumatologie als Medientheorie

Pneumatologie ist die Medientheorie der Theologie, und zwar genauer gesagt: Reflexion auf die Medialität von Religion, von Christentümern in ihren internen und externen Konflikten, Kirchen, Gemeinschaften und individualisierten Vollzügen in frei flottierender Spiritualität. Ob man dieser Ausweitung und Pluralisierung des Bezugsfeldes folgt oder nicht, ist eine – hier nicht eigens zu diskutierende – Frage. Es reicht, metonymisch *»Religion« als Medienpraxis* zu verstehen und daher auch als Medienforschung und -entwicklung.

Religion hat es seit jeher mit den Möglichkeiten und Unmöglichkeiten der Kommunikation, der Medien und deren Performanzen im Verhältnis Gott, Welt, Mensch und Mensch zu tun. Das »Zentrum für Kunst und Medientechnologie« (ZKM) in Karlsruhe überschrieb 2008/09 eine Ausstellung mit »Medium Religion«. Peter Weibel entfaltete die These »Religion as a Medium – the Media of Religion«.[7] Religion gebraucht nicht nur Medien, sondern *ist* eines: »Religion is the proto-medium, the first medium, the original medium of all media.«[8] Weibels Argument dafür war, dass Religion *präsent* mache, was *absent* sei, Gott vor allem.[9] Das ist nur leider etwas arg allgemein. *Jede* Zeichenpraxis produziert die

---

[7] Vgl. Boris Groys und Peter Weibel, Hrsg., *Medium Religion: Faith. Geopolitics. Art* (Köln: Walther König, 2011), 30–43.

[8] Ibid., 41.

[9] Ibid.: »because it seems to render present something that is absent«. Die vorsichtige Formulierung »seems« könnte Anlass geben, über Sein und Schein der Präsenzproduk-

besondere Präsenz namens Repräsentation. Genauer wäre zu sagen: Die Medienpraxis der Religion macht Unverfügbares verfügbar (Gott, Heil, ewiges Leben), auch wenn diese Verfügbarkeit wiederum kritisiert und limitiert wird, um nicht zur Manipulierbarkeit zu werden. Weniger anstößig wäre zu sagen: Religion macht Unzugängliches zugänglich. Dazu macht sie Unwahrscheinliches wahrscheinlich (wenn nicht manchen sogar »gewiss«) oder sie macht Unplausibles plausibel (im Versprechen von Gemeinschaft und gelingendem Leben), Undenkbares denkbar (eine andere Welt), Unmögliches möglich (Vergebung), Unwirkliches wirklich, Unlebbares lebbar – und so weiter. Für Kritiker macht sie Inexistentes existent (Gott, Sünde, Heil), mit der doppelten Kritik, sie täusche doch nur vor und das ihr »Existente« sei gar nicht existent. Darüber dann zu streiten, als ginge es um »Realien«, die behauptet oder bestritten werden, ist glänzend oberflächlich. Geht es doch einerseits um die Realität des Imaginären – und Imaginationen anderer Realität, eines neuen Himmels etwa. Klar ist dabei für beide Seiten, dass Reales, Symbolisches und Imaginäres nur medial gegeben sind – den einen »nur erfunden und erzeugt«, den anderen zu denken »vor- und aufgegeben«. Das Risiko dieser Perspektivendifferenz lässt sich nicht ausschalten, es sei denn, man würde einer Geistmetaphysik vertrauen und sie als »alternativlos« behaupten, was letztlich ein vermeintlich unvermeidlicher Metaphysikglaube wäre.

Religion *ist* Medium, so wie Religionsreflexion daher Medienreflexion ist – und umgekehrt? Weibel behauptete sogar den Umkehrschluss: »Religion Is the Medium, the Media Are Religion«.[10] Sind dann alle Medienpraktiken funktionale Äquivalente von Religion? Sind *alle* Medien Religion und damit Medienwissenschaft »eigentlich« oder »wesentlich« Theologie? Wenn es in Medienpraktiken um Differenzvermittlung ginge (ohne die Differenzen zu tilgen), sei es Transzendenz- oder Alteritätsvermittlung, sei es Selbstverständigung oder kommunikative Handlungsformen, sei es Beobachtung und Beschreibung oder kleine Welterzeugungen, sei es Arbeit an Rissen im kulturellen Gefüge oder an Ausdrucks- und Darstellungsproblemen – kurzum, wenn Medien das wären, »was einem dazwischenkommt«, so oder so, störend oder hilfreich, geht es der Theologie jedenfalls stets um Medien: Äpfel, Schlangen oder Frauen, Engel oder Dämonen, Worte und Bilder, Kult und Praxis. Das sind klassisch die *media salutis* wie »Wort und Sakrament« als Medien des Geists oder auch die *media mortis* oder *concupiscentiae* als Medien der »Verunreinigung« und des Falls, wie Äpfel und Birnen oder Schlangen und Frauen, oder die *remedia mortis*, im Grunde das Christusgeschehen mit pneumatologischer Vor- und Nachgeschichte. Theologie *ist* Medientheorie »avant la lettre«. Das ist nicht exklusiv aufzufassen, sondern

---

tion zu diskutieren, das unterlässt Weibel aber. Vgl. Philipp Stoellger, »Das heilige Bild als Artefakt: Die Latenz in der Produktion von Präsenz,« in *Religion als Bild – Bild als Religion*, hrsg. Christoph Dohmen und Christoph Wagner (Regensburg: Schnell & Steiner, 2012), 179–215.

10 Groys und Weibel, *Medium* (s. Anm. 7), 41.

inklusiv: Sie ist nicht »*nur*« Medientheorie, aber stets auch und wesentlich dies. Und *nicht nur sie* ist Medientheorie, andere auch, neben anderen. In *christlicher* Theologie ist die Pointe, Christus als das Leitmedium zu verstehen – und in geschichtlicher Entfaltung den *Geist Christi* als supplementäres Medium Christi. Ist Theologie Medientheorie, dann ist sie im Kern Reflexion der Präsenz, Repräsentation und Performanz des Geistes Christi.

Angesichts der mehrdimensionalen Ausdifferenzierung von der einen Kirche über die vielen Christentümer, über »die« Religion bis hin zur frei flottierenden Spiritualität liegt es nur zu nahe, nach Einheit, Synthesis und Kohärenz zu suchen – und dafür auf »*den* Geist« zu rekurrieren (oder auf »Gott«, »das Heilige« etc.). Wenn von Kirche über Christentum und Christentümern zu Religion und Religiosität zur Spiritualität übergegangen wird, zeigt das nicht nur die Ausweitung und Vervielfältigung der Bezüge und Medienpraktiken, sondern auch (mehr als) ein Problem: Mit der Referenz der Theologie wird klärungsbedürftig, *wie* sie sich *worauf* bezieht. Ein Standardmodell war, mit hartem Grund und Ursprung, Geltungsansprüche über die rechte Lehre oder später die richtige Praxis und Orientierung zu behaupten. Geht man von der »gelehrten Religion« zur »gelebten« über (auf dass erstere totgesagt wird?), bleibt gleichwohl der Anspruch der Maßgabe und Korrektur. Erst einmal zu verstehen und beschreiben zu können, worauf Theologie sich bezieht und zu welchem Ziel und Zweck, wird dann leicht übersprungen. »Sagen zu können, was sich zeigt«, ist eine phänomenologische Wendung, in der die Phänomene zur Geltung kommen sollten, statt gleich Geltung auf die Phänomene zu applizieren.

Es zeigt sich zudem ein anderes Problem in der angedeuteten Differenzierungskaskade: das der Generalisierung vom Gekreuzigten zu Gott oder dem Heiligen bis zum Spirituellen. Damit wird – global und religionspluralistisch passend – eine generelle Größe geltend gemacht, statt die spezifische Perspektivität zu kultivieren, von der aus christliche Theologie spricht. So *kann* man verfahren – wer wollte das verbieten –, aber man reagiert auf Pluralisierung mit Generalisierung und Homogenisierung. Die Alternative des Folgenden ist, in dezidiert christlicher Perspektive zu argumentieren: *Pneumatologie »von ganz unten«*, vom Gekreuzigten aus.

Es zeigt sich durch die Ausdifferenzierung noch ein weiteres Problem: Wenn von Religion etc. auf Spiritualität übergegangen wird, scheint eine »Verflüchtigung« ins Spirituelle adressiert zu werden, bei der eine fluide Geistigkeit als generelles Medium von Religion oder Religiosität gilt. Wenn nicht Christus und auch nicht mehr Gott genannt werden, bleibt Transzendenz und Spiritualität – als infinit individualisierte Schwundform gelebter Religion? Oder ist es die spätmoderne Aufhebung institutionalisierter Religion in die endlich autonome Form der Frömmigkeit? Auf dem deregulierten Markt religiöser Möglichkeiten floriert letztlich, was »nachgefragt« und »gekauft« wird, manche sagen »gelebt«. Damit wäre nach Christus und Gott anscheinend »der Geist« oder zumindest Geistiges oder Geistliches die möglichst formlose Form der Freiheit. Ob man auf die Wende zur Spiritualität affirmativ oder polemisch reagiert – so oder so zeigt sich, dass man es mit einer hoch ambivalenten »Größe« zu tun hat. Wer sein Vertrauen auf die Spiritualität setzt als das, *»quod ubique, quod semper, quod ab omnibus creditum est«*, riskiert damit eine Verflüchtigung und potentiell auch Banalisierung der Referenzen. Als Relevanz- oder Plausibilitätsstruktur für Pneumatologie taugt sie jedenfalls kaum, wenn denn der Geist *Christi* die theologische Pointe bildet. Aber wie immer man sich dazu verhält, ist auch Spiritualität nicht anders möglich und wirklich denn als Medienpraxis. Sind Medien das *worin und wodurch* wir kommunizieren, wird Spiritualität nur als Medienpraxis beschreibbar sein und ggf. auch kritisierbar.

Der Geist *ist* Medium – auch in der globalisierten Deregulierung der Religion als »Spiritualität«. Es fragt sich nur, *wessen* Geist damit zum globalen »label« ernannt wird. Hier scheint eine erstaunliche Risikobereitschaft verbreitet zu sein, im Vertrauen darauf, es werde schon der »rechte« Geist sein. Wessen auch immer, »der Geist« operiert dabei ähnlich »dem Bild« stets als *Medium in Medien*: sei es Schrift, Wort, Sakrament, Diakonie, Lebensform oder was auch immer. Denn Medien sind stets Medien*praktiken* mit eigener *Sinnlichkeit* ihres Sinns, *Materialität* der Medialität und daher auch *Geschichtlichkeit* und *Perspektivität*. Als Praktiken sind Medien stets *»in usu«*, so wie die Schrift zum Medium des Geistes erst *wird* im Gebrauch. Man mag streiten, ob nur ein einziger Gebrauch Geistesgegenwart verheißt, etwa die kirchliche Verkündigung, oder auch andere, wie die Lektüre. Man kann, muss aber nicht. Denn verschiedene Praktiken sind stets präsent gewesen und werden es auch bleiben. Allerdings enthebt das nicht der Aufgabe der *Medienkritik*: Wer beispielsweise sonntäglich in möglichst vielen Gottesdiensten »Hostiensammeln« ginge, um möglichst viel Geistmedien zu akkumulieren, hätte den Sinn des »Medienkonsums« vermutlich nicht verstanden. Und der einsame Leser, der analog dazu »Büchersammeln« betreibt, könnte den sozialen Sinn des Geistes Christi verpassen.

So sehr Medien*praxis* zum Leitbegriff für die Medienwissenschaft geworden ist, sollte dabei nicht vergessen werden, dass sie nie ohne *Medienpathik* auftritt: mit Leidenschaft und lust- wie unlustvollem Leiden. Affekt und Emotion, oder anders Pathos und Pathe, sind stets im Spiel der Medien. Wer ihre Sinnlichkeit und Materialität fokussiert, hat damit auch Passivität und Passion im Blick, selbst wenn er es nicht bemerkt. Mit diesem Akzent auf der Pathik ist sowohl die Dominanz der Handlungslogik kritisierbar als auch ein Konstruktivismus, der von Widerständigkeit und Leiden/schaft abzusehen beliebt. Phänomenologisch wäre hier auf Widerfahrung und passive Synthesis zu verweisen, theologisch verwandt auf Ereignis, Alterität und das »Einfallen« des Geistes.

Ist Pneumatologie die Medientheorie der Theologie, so lautet die Anschlussthese: *Die Medialität des Geistes ist eine produktive Bedingung seiner Kreativität*. Denn Medialität als Zwischenbestimmung oder Figur des Dritten ist durch eine Eigendynamik gekennzeichnet, die ein eigenes Innovationspotential freisetzt (das nicht *handlungs- oder ursprungs- oder kausallogisch* zu reduzieren ist). Das allerdings ist so kreativ wie riskant. Denn »Neues« per se ist schlicht mehrdeutig. Erst die eschatologische Differenz von »alt« und »neu«

unterscheidet hier so, dass das Neue auch das ebenso Riskante wie zu Hoffende und daher Vertrauenswürdige ist.

Würde man »das Neue« auf einen allmächtigen Ursprung oder Agenten zurückführen, wäre es im Grunde immer schon »da« und »gesichert«, so vertrauenswürdig wie risikolos. Neu wäre allenfalls der Übergang *von Möglichkeit zu Wirklichkeit*, aber im Modus der Möglichkeit wäre alles immer schon da (gewesen). Dass aber in diesem Übergang ernsthaft Neues entsteht, das nicht »immer schon da und möglich« gewesen ist, wäre das eigentlich Überraschende. Hier kann man auch von »Emergenz« sprechen: der nicht handlungs-, kausal- oder ursprungslogischen Genese des Neuen.[11] Dieses Innovationspotential (als *potentia*: modale Macht[12]) wirkt auch im Übergang *von Unmöglichkeit zur Möglichkeit*: der innovativen Ermöglichung, die den Horizont des immer schon Möglichen erweitert und verschiebt. Das ist eine neue Auffassung des Neuen, eine Horizonterweiterung, die in Renaissance und Reformation explizit wird, auch wenn sie oft erst für die neuzeitliche Wissenschafts- und Technikgeschichte reserviert wird. Wenn man das Innovationspotential der Reformation in Erinnerung ruft, ist der weitere Schritt möglich: dass die religionsgeschichtliche Revolution, Gott vom Tod Jesu her neu zu denken, eine grundstürzende Innovation war (religionsgeschichtlich gesprochen eine Hochrisikoentwicklung). Eine ebenso radikale wie riskante Innovation war es, wenn Israel seine Geschichte quer durch die hebräische Bibel hindurch als extensives Sündenbekenntnis schrieb, als Geschichte immer neuer Bundesbrüche. Welche Religion, welche Nation oder Gemeinschaft hätte das je gewagt: die eigene Geschichte als Geschichte permanenter Verfehlung und des Abfalls zu schreiben? Auch das Christentum hat *das* nie gewagt. Die Geschichten, die eine Religion von sich erzählt, zeigen den Geist, in dem sie lebt. Daher sind die narrativen Zeugnisse tragende Medien des Geistes – bis zu deren Kanonisierung.

Dass »der Geist« Medium ist und vielfach medial verfasst, versteht sich indes keineswegs von selbst. Denn der Geist Gottes wie der des Menschen galt in platonischer, aristotelischer wie idealistischer Tradition als *immediat*: als »unmittelbares Selbstbewusstsein«, als das differenzlose Eine oder als sich selbst denkendes Denken. Von der Intuition unmittelbarer Selbstgegenwart humanen Selbstbewusstseins wird auf Gottes Geist geschlossen und womöglich auch auf deren unmittelbaren »Kontakt«. Wenn Geist als Inbegriff der Selbstidentität und Unmittelbarkeit gilt, ist die Medialität des Geistes kontraintuitiv, wenn nicht absurd. Aber selbst, wenn es einen unmittelbaren Geist gegeben hätte, könnte er nicht unmittelbar geblieben sein, weil er sonst nicht wirken und interagieren

---

11 Vgl. Michael Welker, *Gottes Geist: Theologie des Heiligen Geistes* (Neukirchen-Vluyn: Neukirchener Verlagsgesellschaft, 1992), 36–9, 70, 139, 197, 206, 233, 255, 299.

12 Vgl. Philipp Stoellger, »Deutungsmachtanalyse: Zur Einleitung in ein Konzept zwischen Hermeneutik und Diskursanalyse,« in *Deutungsmacht: Religion und beliefsystems in Deutungsmachtkonflikten*, hrsg. Philipp Stoellger (Tübingen: Mohr Siebeck, 2014), 1–85.

könnte. Das Leben oder die Vollzüge des Geistes sind an Trägermedien gebunden, sonst wären sie nicht »wirklich« und »wirksam«: Gottes Geist etwa bedarf des *Wortes* (und des Sakraments wie auch der Bildlichkeit und Verkörperung), um vernehmbar zu werden; oder der *Phänomenalität* von Wetter, Glanz, um wahrnehmbar zu werden. Er bedarf *sozialer Trägermedien* und *kultischer Medienpraxis*, um wirksam zu werden.

Womöglich bedarf er auch der *Organisation und Institution*, um kulturelle Form zu werden: in Gesetz und Tempel, letztlich in Lebensform und deren Tradition als continuity over time. Inwiefern Gottes Geist allerdings *Institution* werden kann – also ob Institutionalisierung als Medium des Geistes fungieren kann – ist ein eigenes Problem, das immer wieder für Unruhe sorgt und ggf. für innovative Institutionalität. Der Geist als Medium ist eine Figur des Außerordentlichen, das sich nicht differenzlos in »alte« Ordnungen integrieren lässt. Daher ist die Aufgabe einer Ordnungsgenese dann, das Außerordentliche in Ordnung zu bringen – oder merklich verschoben, Ordnung neu und anders zu konzipieren denn als Einordnung unter die Hegemonie einer etablierten Ordnung. Es ist das institutionelle Paradox, eine Ordnung im Geiste des Außerordentlichen zu konzipieren. Geist *als* Gesetz (Tora) oder *als* Kult (Tempel) oder *als* Kirche (Rom) wird daher mit der Zeit stets zum Problem. Droht doch die Bindung an, wenn nicht die Fesselung durch die institutionelle Form (wogegen die reformatorische Institutionskritik wie die prophetische Kultkritik argumentierte). Aber die sog. »zweite Reformation« der Kirchenordnungen bearbeitete genau dieses Problem: eine neue Ordnung zu entwerfen, die *diesen* Geist Institution werden lassen sollte.

Das paradoxe Problem bleibt, traditionell formuliert, das Außerordentliche in Ordnung zu bringen, oder innovativ und riskant, vom Außerordentlichen her eine neue, andere Ordnung zu entwerfen in Recht, Ethos, Lebensform und Kultform. Gastlichkeit und Fremdenrecht können Recht werden (wodurch auch »Recht« anders gedacht wird als bisher als Recht des Anderen, Fremden).[13] In Tradition Cassirers wäre zu sagen, es geht darum, wie Freiheit Form gewinnt oder Geist zur kulturellen Form wird. Damit wird kulturtheoretisch begründet, dass es keine Formlosigkeit geben kann, wenn denn Freiheit und Geist als kulturelle Praktiken wirksam werden sollen.

Aber es droht umgehend der Fehlschluss, die Form »an sich« wäre der Geist. Analog anthropologisch formuliert, der aristotelistische Fehlschluss, die »*forma corporis*« sei die Seele, auch ohne Leibkörper. Beide denken den Geist *als* Form (wie *eidos* oder *morphe*), wogegen sich dann die »spiritualistische« These der möglichst reinen Formlosigkeit wendet. Wenn man hier die Differenz von »Innen und Außen« aufruft, wird das Problem in der Verschiebung klar: als gäbe es ein formloses, immediates Innen gegenüber dem bloß formalen Außen;

13 Vgl. Burkhard Liebsch, Michael Staudigl und Philipp Stoellger, Hrsg., *Perspektiven europäischer Gastlichkeit: Geschichte – Kulturelle Praktiken – Kritik* (Weilerswist: Velbrück, 2016).

als ob mit einer »Innerlichkeit« die Freiheit des Geistes gesichert wäre. Damit wird nur die Reduzibilität von Geist und Seele auf ein »Außen« oder »die Form« bestritten, um Reduktionismen und (reifizierende) Identifikationen kritisieren zu können.

Geist ist *nicht ohne* Form, nicht ohne Medium – aber *ist* die Form oder das Medium der Geist? Geist ist nicht ohne Lebensform (Ethos, Medienpraxis), aber *ist* die Lebensform der Geist? Sie kann den Geist »vermitteln«, »kommunizieren«, *in* diesem Geist praktiziert werden, *von* diesem Geist her sich verstehen. Aber immer wird eine liminale Differenz aufbrechen, um ein *»non capax«* zu wahren, eine Nichtidentität, um das Aufgehen des Geistes in Form oder Medium zu bestreiten. Aber war nicht die eigentlich innovative These Luthers, dagegen ein *capax infiniti* zu vertreten, nicht eine Kapazität der Institution, sondern eines *außerordentlichen* Ereignisses, letztlich des Kreuzes und seiner Folgemedien wie dem Abendmahl? Damit wird jeder Institutionalität von Religion, also jeder Ordnung, ein Außerordentliches *voraus*gesetzt, vor dem sich die Ordnung zu verantworten hat, das aber seinerseits nicht in der Ordnung aufgeht: ein formkritisches und formproduktives Außerordentliches. Form-, Kultur-, Medienkritik sind daher die negativen Indikatoren für diese relative Nichtidentität. Daher fungiert das (von Barth erfundene) *»ecclesia semper reformanda«* als permanente Formkritik mit dem Druck zur Form*varianz*. Das konstruktive und innovative Moment ist die *Formfindung* und *Formvarianz* oder Medienfindung und Medienvarianz.

III. ZUM MEDIENBEGRIFF

Als *»Medien«* gelten hier nicht »nur« die Distributionsmedien von Zeitung, TV oder Web, sondern *weit* verstanden alle *Formen der Wahrnehmung* und daher der Kommunikation in den drei Dimensionen von Pathos, Logos und Ethos: *Wort* (wie Logos, Schrift, Verkündigung, Rede, Lektüre), *Sakrament*, *Ethos* als Handlung, Lebensform und Institutionalisierung, *Pathos* als Passivität und Passion von Affekt, Emotion, Stimmung und Befindlichkeit als Spuren von Widerfahrnissen. Erstaunlicherweise blenden die Leitmedien Wort und Handlung wie auch Kommunikation und Medienpraxis Pathos und Pathe aus. Das ist ebenso pneumatologisch korrekturbedüftig wie anthropologisch. Denn Eidos und Eikon, Bild, Sichtbarkeit, Visualisierung, Audiovisualisierung in Musik, Predigt und Sakrament, also auch alle Formen *visueller* Kommunikation in Bildern (als visuell adressierte Artefakte), auch Körper, Szenen und Verkörperung sind Medien der Kommunikation der Religion.

Indifferent zu der Logos/Ethos/Pathos-Differenz erscheint Luhmanns These von der Kommunikation als Metamedium, *in* dem alle Medien fungieren. Sozialtheoretisch ist naheliegend, dass damit Praktiken, Trägergruppen und durchgängig Handlungsformen im Blick sind. Wenn das Metamedium Kommunikation ist, sind die »symbolisch generalisierten Medien« bekanntlich eigenartigerweise: Macht, Vertrauen (?), Liebe, Kunst, Wahrheit, alle analog zu Simmels »Geld« begriffen. Es sind Medien im Metamedium Kommunikation, die dem Umgang mit einer Basisparadoxie dienen: der von Wahrscheinlichkeit und Unwahrscheinlichkeit. Medien sind dabei nicht bloße Mittel, aber auch nicht nur »Codierungen« des Metamediums, sondern es sind Medienpraktiken *und -pathiken*, eigendynamisch und auch »eigenmächtig« und »eigensinnig«. Darin gründet die *multiple* Kontingenz[14] und das Risiko des Medialen. Ist doch das Metamedium Kommunikation nicht ein von Agenten dominiertes, auch nicht von Institutionen oder Strukturen, sondern ein Emergenz- und Innovationsmedium, das in allen medialen Konkretionen wirksam ist: eine Dynamik, die für die beteiligten Relate konstitutiv ist und innovativ wirkt.

Die Medienpraxis und -pathik gilt mit Fritz Heider als Wahrnehmungsform, die aus Dingen Medien macht, oder als Kommunikationsform, die diese »wundersame Wandlung« von Ding in Medium leistet. »In Figur und Grund steckt also schon eine sachliche Bedeutung und wenn wir einen schwarzen Fleck auf weißem Papier als Figur sehen, so heißt das: wir sehen das Ganze schon als ein Bild an.«[15] Das entfaltete Heider in seinem Medienaufsatz immerhin in einem eigenen Kapitel.[16] »Figur bedeutet sachlich: ein fester Körper, der vor etwas Anderem ist. Grund ist etwas, das nur in Bezug auf die Figur einheitlich ist [...]. Nur der größere Zusammenhang macht das Einzelne eindeutig«.[17] Dirk Baekker sah (im Anschluss an Luhmann) in Heiders Medienstudie die Grundlegung einer Wahrnehmungstheorie, in der diese Idee für die Operativität der Wahrnehmung von besonderer Relevanz ist. Denn sie beschert einen horizonterweiternden *Wahrnehmungsgewinn*. So notiert Baecker, es sei »verblüffend, was man zu sehen bekommt, wenn man diesem Vorschlag Heiders folgt«[18]. Es sind dann nicht mehr nur »Dinge« und deren »Kausalverhältnisse« sichtbar, nicht mehr nur Dinge und »das ›Nichts‹ um sie herum«[19], wie Baecker formuliert, sondern – so kann man interpolieren – das »Dazwischen«, was nicht Ding ist, aber darum nicht nichts, sondern *Medien* als *lose Kopplungen* der Dinge. Baekker formulierte emphatisch und metaphorisch: »Die Luft wird ›sichtbar‹ [...] die Erwartungen werden ›spürbar‹«[20]. Das zuvor *Unsichtbare* wird *sichtbar* im Licht der neuen Idee Heiders – Baecker zufolge. Das klingt wie ein Heilungswunder:

---

14 Vgl. Michael Welker, »Einfache oder multiple doppelte Kontingenz?: Minimalbedingungen der Beschreibung von Religion und emergenten Strukturen sozialer Systeme,« in *Kritik der Theorie sozialer Systeme: Auseinandersetzungen mit Luhmanns Hauptwerk*, hrsg. Werner Krawietz und Michael Welker (Frankfurt am Main: Suhrkamp, 1992), 355–70.

15 Fritz Heider, *Ding und Medium*, hrsg. Dirk Baecker (Berlin: Kulturverlag Kadmos, 2005), 114.

16 Vgl. ibid., 112–15.

17 Ibid., 113.

18 Ibid.

19 Ibid.

20 Ibid.

Die Blinden werden sehend und wie eine »wunderbare Wandlung« der Welt, die nun nicht mehr nur aus Dingen und Kausalität, sondern aus Dingen und medialen Kopplungen besteht. »Was die Welt im Innersten zusammenhält« scheint offenbar(t) zu werden: die Medien als Inbegriff dieser Kopplungen verstanden. Der »Seher« Heider »offenbart« mit seiner Idee einen Zugang zum bisher Unzugänglichen, er erschließt ein Mysterium. Und wer dieser Offenbarung folgt, sieht das zuvor Unsichtbare.

In theologischer Perspektive kann man sich eines gewissen Unbehagens vermutlich kaum erwehren. Erscheint hier doch die Medientheorie als Offenbarungstheorie – mit einem entsprechenden Propheten, der das zuvor Unsichtbare enthüllt und verkündigt. Dieses Selbstdeutungsmuster ist nicht gerade neu. Interessant neu daran ist aber, die Offenbarungsqualität und Innovativität der *Medialität* zuzuschreiben.[21]

IV. Das kreative Potential kommunikativer Paradoxien[22]

Der Kritik der institutionellen Bindung des Geistes oder, erstaunlich analog, der individuellen Bindung in der Form »meiner Selbstdeutung« sollte eine Kritik der Willkürfreiheit entsprechen. Denn die institutionelle *wie* individuelle Bindung meint, in der einen oder anderen *Form* sei »der Geist« gewiss und gebunden präsent. Das könnte man ebenso einen *pneumatologischen Absolutismus* nennen, wie die dementsprechende Gegenthese: »Der Geist weht, wo er will«. Dann wäre er ein Willkürgeist, ähnlich dem nominalistischen Willkürgott, der sich jeder Intelligibilität entzöge. Auch das ist ein »pneumatologischer Absolutismus«, sofern der Geist dann komplett »absolut« wäre, »*legibus solutus*«, ohne jede Bindung oder Ordnung. Der gegenläufige Grenzwert wäre, ihn in *einem* Medium oder *als eine* Medienpraxis (exklusiv?) eindeutig präsent zu behaupten, z.B. in einem heiligen Buch oder Stein oder Statue oder Tempel. Dann wäre der Geist dergestalt gebunden, dass Manipulation möglich sein müsste. Das Risiko des Außerordentlichen so zu bändigen, dass der Geist gefesselt wird, ist ebenso eine Reduktion, wie ihn für schlechthin willkürfrei zu halten.

Beides sind im Grunde Entsorgungen des Vertrauens*problems*: Wer in einem Buch allen Geist gewiss gegeben sieht, hat die Labilität des Vertrauens ebenso entsorgt wie der, der reine Willkürfreiheit vertritt. Beide aber setzen ihr Vertrauen auf eine vermeintlich risikolose strikte Kopplung oder hoch riskan-

21 Allerdings: der Wahrnehmung, der Theorie oder den Medien selber? Hier bleibt genug Unbestimmtheit, um mit diesem Offenbarungsüberschwang ernüchternd umzugehen.

22 Vgl. Philipp Stoellger, »Kommunikation von Paradoxen: Zu Luhmanns Umgang mit Paradoxen und den anschließenden Möglichkeiten für die Theologie,« in *Luhmann und die Theologie*, hrsg. Günter Thomas und Andreas Schüle (Darmstadt: WBG, 2006), 67-91.

te Entkopplung. Beides kann in christologischer Perspektive kritisiert werden: »Der Geist weht, wo er will« ist zunächst lediglich ein kritischer Kontingenzmarker, der die Freiheit des Geistes gegenüber Manipulation geltend macht. Die Unverfügbarkeit der Figur des Außerordentlichen soll damit markiert werden. Wenn diese Markierung aber zum Credo wird, möglichst buchstäblich beim Wort genommen (statt bei Sinn und Funktion), wird das zur Anbetung des Willkürlichen. Wenn reine Unverfügbarkeit herrschte, wäre das obskur, ähnlich wie der entsprechende Rekurs auf frei flottierende Spiritualität. Wenn aber reine Verfügbarkeit herrschte, gälte das gleiche, nur invertiert.

Christologisch muss bestimmter formuliert werden: Der Geist weht, wo *Er* will, also wo *Christus* will bzw. es kraft seiner Verheißung zugesagt wird (*promissio*). Erst dann wird der Geist als Geist *Christi* identifizierbar. Andernfalls drohte der genannte pneumatologische Absolutismus, so oder so. Umso seltsamer ist es, dass die negative Bestimmung, der Geist wehe halt, wo er will, so dominant und deutungsmächtig geworden ist. Darin liegt eine Paradoxie: Ist doch die These der Unverfügbarkeit des Geistes *als These* bereits eine (negative) Verfügung über das Unverfügbare (analoges gilt für »menschliches Leben« und Stammzellen).

Man kann das als *erste Basisparadoxie* begreifen: um die Unverfügbarkeit zu behaupten – und zugleich eine Verfügbarkeit in Anspruch zu nehmen, die Zugang zum ansonsten Unzugänglichen gewährt. Die »Lösung« wäre, die Verfügbarkeit allein als Selbstverfügbarmachung des Geistes zu bestimmen, klassisch formuliert als Selbstvergegenwärtigung. Nur ist damit das Problem nicht gelöst, sondern lediglich verschoben. Denn die These der reinen Selbstbestimmung des Geistes als Selbstvergegenwärtigung *invisibilisiert* die *Medialität*, derer der Geist bedarf. Auch in Barths Figur der Selbstbestimmung Gottes ist das bekanntlich nicht ohne die Medienfiguren von »Schrift, Offenbarung und Verkündigung« möglich (oder später »solus Christus«). Die Lehre der »Gestalten« zeigt sich so gesehen als verschobene Medientheorie. Die Behauptung einer immediaten Selbstbestimmung Gottes würde (wie das »unmittelbare Selbstbewusstsein«) verkennen (lassen), dass vom Geist als Geist Christi eine christologische »Fremdbestimmung« mitzusagen ist: *filioque*, und eine *mediale* »Fremdbestimmung«: Sind doch die *supplementären Medienkörper* Christi die *»Leibkörper« des Gekreuzigten* seit der Auferweckung. Die Medienkultur des Christentums lässt sich von daher erschließen nach der Regel: Das Wort ward Fleisch – und wieder Wort und Sakrament – und auch Bild, Ritual und Lebensform. Man kann das die lange Kette der medialen Supplemente nennen, die Ausdifferenzierung supplementärer Medien Christi. Dergleichen nur Selbsterhaltung der Religion qua Organisation und Institution zu nennen, wäre zu leicht und einseitig. Es ist vielmehr eine (als Selbstübertragung aufgefasste) Übertragung der sichtbaren Person dieses Menschen in kulturelle Formen und Medienpraktiken, also auch der *visuellen* Kultur dieser Religion (so wie die Hostie als zentrales Kultbild des Christentums fungiert).

Damit zeichnet sich eine *zweite Basisparadoxie* ab: die von Unmittelbarkeit und Mittelbarkeit. Eine »Gottunmittelbarkeit« zu behaupten, richtet sich (wie *sola scriptura* und *solo verbo*) gegen institutionelle »Okkupation« des Zugangs zu Gott. Aber »selbstredend« ist jede Unmittelbarkeit medial verfasst. Auch das »*solo verbo*« mit kritischer Funktion gegenüber Institution und Tradition vertritt keine »schiere« Unmittelbarkeit, sondern eine bestimmte Vermittlungsform.

Die beiden Paradoxien können leicht in unselige Dualisierungen führen: Unmittelbarkeit statt Mittelbarkeit etc. Dann würde eine Lösung in der Vereinseitigung gesucht. Die praxisrelevante Funktion solcher Paradoxien ist dagegen gerade die Differenzwahrung und die Eröffnung der Kommunikation, nicht ihre Schließung (mit entsprechender Ausschließung derer, die diesen Begründungen nicht folgen). Die kommunikative Funktion der Paradoxien ist ihre »semiotische Energie«: eine Spannung zu erzeugen, die zu keiner Seite hin aufzulösen oder auf höherer Ebene zu entspannen ist. Durch diese Differenzen wird eine eigene, *dritte Zone* eröffnet, ein Zwischenraum bestimmter Unbestimmtheit, in dem sonst Unmögliches möglich wird: Zugang zum Unzugänglichen, Mittelbarkeit des Unmittelbaren und Präsenz des Entzogenen als »Präsenz im Entzug«[23]. Die These der »Selbstvergegenwärtigung« des Geistes ist in diesem Sinne als Figur des Dritten quer zu den Differenzen zu verstehen: als Markierung der Externität, Alterität und Fremdheit des *quer* zu den Polaritäten stehenden Dritten. Aber – diese Erweiterung des Horizonts durch eine dreistellige Konstellation ist keineswegs gegen eine andere Absurdität gesichert: Als gäbe es das Immediate an den Medien vorbei, reine Selbstzugänglichkeit des Geistes. »Unmittelbarkeit«, sei es die »Gottes selbst« oder des »unmittelbaren Selbstbewusstseins«, erscheint dann als radikales Entsorgungsunternehmen, welches das Risiko des Vertrauens mittels einer vermeintlich infalliblen Begründungsfigur vergessen macht.

Welchen Sinn könnte es dann noch haben, von »*Unmittelbarkeit*« zu sprechen? Kritisch richtet sich der Topos gegen bestimmte Vermittlungsformen, die »Alleinvertretungsansprüche« stellen, etwa die Kurie. Konstruktiv provoziert »Unmittelbarkeit« die Frage nach dem »Anderen« der Medialität (wie dem Anderen des Zeichens oder der Interpretation etc.). Alles mag nur in, mit und unter Medien gegeben sein, aber darum sind Medien nicht alles, was ist. Ihr Woher und Wohin muss nicht selber Medium sein, sondern kann eine Figur des Fremden sein, etwas, das Medienpraxis *provoziert*, ohne selber darin aufzugehen. Das kann »der Tod« sein oder die »Präsenz von Fülle und Herrlichkeit« – daraus ergeben sich entweder negativistische oder plerophore Konsequenzen. Kritisch

---

[23] Vgl. Philipp Stoellger und Thomas Klie, Hrsg., *Präsenz im Entzug: Ambivalenzen des Bildes* (Tübingen: Mohr Siebeck, 2011); Philipp Stoellger, »Im Vorübergehen: Präsenz im Entzug als Ursprung der Christologie,« in *Emmaus – Begegnung mit dem Leben: Die große biblische Geschichte Lukas 24,13–35 zwischen Schriftauslegung und religiöser Erschließung*, hrsg. Elisabeth Hartlieb und Cornelia Richter (Stuttgart: Kohlhammer, 2014), 99–110.

wie konstruktiv kann »Unmittelbarkeit« auch eine paradoxe Geste sein, um *andere* Medienpraktiken für möglich zu halten, als bereits etabliert sind. Wenn »das Wort allein« das exklusive Medium des Geistes sei, sind Bild und Verkörperung ausgeschlossen – was zu schnell geschlossen wäre. Aber jede Rede von »Unmittelbarkeit« geht mit einer Absurdität einher, die in usu zu *kalkulieren* ist, um nicht naiv zu werden. Auch die anscheinend so unmittelbaren »Pathe« (Gefühle, Affekte) sind Medien, nur von einer anderen Medialität als Kultpraxis oder Rede und Text.

Dabei zeigt sich eine *veritative Asymmetrie,* die eine *dritte Basisparadoxie* freisetzt. Einerseits gilt, je unmittelbarer, desto immediater im Sinne von nicht manipuliert, weniger fehlbar und vermeintlich absolut gewiss »wahr«. Was einen unmittelbar trifft, kann doch nicht unwahr sein. Die sinnliche oder aber »rein intelligible« Gewissheit gilt dann als *sigillum veri.* Andererseits gilt, je unmittelbarer, desto fehlbarer, subjektiver, ungewisser. Denn was einen unmittelbar trifft, ist kontingent und höchst irrtumsanfällig. Wenn vom »unmittelbaren Selbstbewusstsein« als infalliblem Wahrheitsgrund ausgegangen wird, wird die Fehlbarkeit und Absurdität solcher Unmittelbarkeit verkannt. Ex post erscheint die Erfindung des »unmittelbaren Selbstbewusstseins« als antimetaphysische (und antikatholische) *Infallibilitätsthese,* auf der dann vermeintlich infallible Deutungsmachtansprüche gegründet werden. Wenn vom Geist Gottes als Gottunmittelbarkeit ausgegangen wird, droht dieselbe Verkennung, erst recht, wenn man »Gefühle« für den privilegierten Ort der Gottesgegenwart begreift. Aber – gegenläufig Gefühle für gefährlich oder irrelevant zu halten, wäre ein ebenso generalisierender Fehlschluss, wie Bilder für gefährlich oder irrelevant zu halten.

Die *Medien des Geistes* provozieren die Frage nach dem *Geist der Medien*: in welchem Geist Medien gebraucht werden. Sind doch sc. nicht alle Medienpraktiken und -pathiken »gleich« und »gut«. Wenn in der Form oder *als* Form der Inhalt kommuniziert wird, wenn also die Struktur die Semantik bestimmt, ist die *Strukturpassung* entscheidend, oder anders: die *Medienpassung.* Klassisch dafür ist die These der neueren Gleichnisforschung, das Reich Gottes komme im Gleichnis *als* Gleichnis zur Sprache. Die Form des Gleichnisses ist »wesentlich« für seinen Inhalt, oder präziser: in der Form *als Form* kommt zur Sprache, was dann »Inhalt« genannt wird. Nun wäre es klar übersteuert, eine semantische Entleerung oder Indifferenz zu behaupten. Gewiss ist das »Was« nicht irrelevant, genauso wenig wie das »Wer« (Christi Geist). Kierkegaards Wendung vom »Wie der Wahrheit« ist hier einschlägig, exemplarisch für die Verkündigung. Nicht allein oder vor allem *was* und *wer,* sondern *wie* kommuniziert wird, ist entscheidend: in *welchem* Geist oder in *wessen* Geist. Dann ergibt sich eine Mimesis-Versuchung: Es liegt nahe, möglichst »christomorph« aufzutreten und zu sprechen. Dieser Versuchung war bereits Paulus erlegen und auf andere Weise auch manche Gegenwartspredigt. Wenn Josuttis einst die »Gesetzlichkeit« in der gegenwärtigen Predigt beklagte, kann es auch gegenläufig eine vermeintliche »Evangelik« geben, die möglichst semantisch leer und an »guten Gefühlen«

orientiert ist. Die Marker von »Externität, Alterität und Fremdheit« bis zur (evangelischen) Fremdbestimmung im Geiste Christi sind dagegen Anzeichen für das, was nicht in »Wellness-Medialität« aufgeht.

V. Vom mehrfachen Sinn des Neuen

Bei einem solennen Kongress der wissenschaftlichen Gesellschaft für Theologie erklärte ein prominenter Wortführer vor einigen Jahren, es sei Konsens der Zunft, dass in der Theologie »seit Ostern nichts Neues« geschehen und zu vertreten sei. Sollte dem wirklich so sein? Es würde jedenfalls Pfingsten vergessen (machen) und auch alles Weitere, die Geschichten der Christentümer und Kulturen »seit Ostern«. Wirklich nichts Neues? Man *kann* das als eschatologische These begreifen: Die Differenz von alt und neu *ist* mit dem Anbruch des Neuen »gemacht« und in der Welt. Würde man in eschatologischem Sinn nochmals »Neues« behaupten, wäre diese kategoriale Differenz verletzt und verkannt. Aber – sollte tatsächlich nichts mehr zu wünschen und zu hoffen übrig sein? Das *Futurische* der Eschatologie würde minimiert bis zum Verschwinden. Für die Theologie hieße das: Innovation, Invention, Investigation wären unnötig, unmöglich und unsinnig. Eine im Ernst *investigative* und *inventive* Theologie könnte und dürfte es nicht geben. An dieser Risikoausschaltung und Innovationsphobie will das Folgende Zweifel wecken, um nicht einem erstaunlich unmittelbar selbstbewussten Vertrauen in die Tradition zu folgen. Was auch immer man als »Grund« der Innovation versteht – dass dieser Grund oder die Gründe schon »erschöpft« seien (und »nichts mehr zu geben« hätten, wie Jonas meinte über Gott), scheint weder nötig noch wünschenswert zu vertreten.

Die These »seit Ostern nichts Neues« trifft sich mit einem anderen Theologen, der erklären konnte, »Kreativität« und Innovation, die Hervorbringung von Neuem, seien allein Gottes Werk, nicht das des Menschen. Damit wird eine alte Ontologie vertreten: der endlichen Menge an Möglichkeiten, die im Grunde allein bei Gott lägen. Dem Menschen bliebe dann »Nachahmung« – sei es der Natur oder Gottes. Dass die Kreativität von Mimesis und die neuzeitliche Überschreitung des Nachahmungsmodells dagegensprechen, ist das Eine. Das Andere ist die Beschränkung auf »Gottes *Werk*« als Grund des Neuen, und zwar exklusiv und anscheinend immediat. Um diese Reduktion zu vermeiden, muss man *Versionen* der Innovation unterscheiden. Die Genese von Neuem kann ursprungslogisch (mythisch, metaphysisch), handlungslogisch, soziologisch, strukturlogisch – oder auch mediologisch verstanden werden. Letzteres wird das Folgende bestimmen, wenn vom Geist als Medium (in Medien) gehandelt wird.

»Hervorbringung« kraft der Kapazität einer Ursache oder eines Agenten, sei es *ursprungs- oder handlungslogisch*, produziert Neues nur in einem *schwachen* Sinn. Auf der einen Seite ist etwas vorhanden und verfügbar, für die andere Seite indes neu. Aus der Differenz von *ego* und *alter* oder der von Ursprung und dessen Folgen ergibt sich eine leichte Form der Innovation, risikolos von links nach rechts, folgt man der Leserichtung oder Zeit. Was auf der einen Seite vorhanden und verfügbar ist, liegt im »Vermögen« dieses Subjekts, der Gruppe oder des Ursprungs. Der »*homo capax*« ist dann kraft seiner Vermögen der Innovation fähig. Analoges gilt für »Gottes Werk«, wenn der »*Deus omnicapax*« als großes Subjekt oder als Ursprung auftritt. Der Ursprung ist voller Potenz und Potentialität, die er sukzessive und selektiv aktualisiert. Für die »Sekundären« ist das so Entstehende »neu« und »unverfügbar«. Aber das Modell ist schlicht eine Rückübertragung des entstandenen Neuen in einen ominösen Ursprung. Mit dem Willen zur Erklärung (Nietzsche) wird eine Herkunft erfunden, was nur die beruhigt, die hier nicht weiter fragen. Ursprungslogisch (ob mythisch, metaphysisch oder prinzipien- und konstitutionstheoretisch) steht es daher nicht viel anders als mit der Handlungslogik. Wenn aus dem Ursprung etwas Neues entsteht (sei es Schöpfung oder Emanation), ist im ominösen Ursprung bereits vorhanden (gewesen), und sei es nur als Potenz, was dann Neues entsteht.

Gegen die Ursprungs- und Handlungslogik hatte Derrida argumentiert mit seiner Reflexion über »eine gewisse unmögliche *Möglichkeit*, vom *Ereignis* zu sprechen«[24]. Man muss nicht die leicht pathetisch werdende Rede vom »Ereignis« teilen, um die Pointe treffend zu finden: Wenn Ereignisse wie Erfindungen oder final »der Messias« ableitbar gedacht werden aus den vorgängigen Vermögen, *sind* es nur Manifestationen derselben. Neues in *starkem* Sinn hingegen ist ein Werden, eine basale Passivität, die quer steht zu den Handlungsvermögen der Beteiligten.

Soziologisch scheint es anders zu stehen, sofern nicht nur »ein Agent« Neues hervorbringt, sondern die soziale Konstellation oder Konfiguration. Allerdings bleibt auch das meist handlungslogisch, lediglich plural erweitert. Ähnlich steht es selbst, wenn man nicht-menschliche Akteure aufruft, das »Parlament der Dinge« etwa (Latour) oder mit dem »agentiellen Realismus« (Barad) alles Mögliche, was mitspielt in den Wirklichkeiten, in denen wir leben. Der Horizont von Agenten wird um viele Akteure erweitert. Es bleibt aber erstaunlich handlungslogisch, wenn nun auch Dinge »mitbestimmen«. *Strukturlogisch* steht es deutlich anders: Das Andere der Agenten und Akteure sind dann Strukturen (oder Netzwerke, mit Latour), die anders wirken (und nicht »handeln«). Sie können »disponieren«, so oder so, also kraft der Dispositive etwas Neues ermöglichen oder verunmöglichen.

Ursprungslogisch, handlungslogisch, soziologisch oder strukturlogisch nach dem Neuen zu fragen, sollte nicht vergessen lassen, dass pneumatologisch davon noch anders zu sprechen ist. Vorausgesetzt seien zwei Unterscheidungen:

1. die *theologische* Differenz von *alt und neu*, womit der *eschatologische* Begriff des Neuen abgrenzbar wird von der

[24] Jacques Derrida, *Eine gewisse unmögliche Möglichkeit, vom Ereignis zu sprechen*, übers. Susanne Lüdemann (Berlin: Merve Verlag, 2003), 16.

2. *allgemeinen* Differenz von *schwachem und starkem* Neuen, das je kontinuierlich oder strikt diskontinuierlich zum »Alten« zu bestimmen ist.

Während die theologische Differenz normative Implikationen hat, genauer gesagt soteriologische, ist die allgemeine nicht normativ zu bestimmen, als wäre allein das »starke« auch »gutes« Neues, alles andere hingegen inferior. Das richtet sich gegen ein Innovations-Missverständnis. Die Poetik als Modell evangelischer Rede hat – wie in Ricœurs *lebendiger* Metapher oder im Gefolge der Rezeptionsästhetik – solch ein Innovations-Missverständnis begünstigt, als müsste »immer alles neu« sein, von der Liturgie bis zu Originalitätszwängen der Predigt. Das kann sich mit einem (längst serialisierten) Individualitätsmissverständnis koppeln. Ein *humanes* und m. E. auch »gotteswürdiges« Innovationsverständnis wäre gnädiger: *Formvarianz* statt Formzerstörung und -neuaufbau, das heißt, die kleinen, feinen Varianzen des Neuen gegenüber dem Alten sind die Pointe, nicht das »*totaliter aliter*«. Die »Unmerklichkeit des Messias' ist ein Wink in diese Richtung. Es muss nicht sensationell oder skandalös sein, was als Neues vom Alten unterschieden ist, sondern eine (fast) unmerkliche Verschiebung, Varianz und Verdichtung.

Mit der Unterscheidung von theologischer und allgemeiner Differenz von alt und neu wird es problemlos möglich, auch menschlicher Praxis *starkes* Neues zuzugestehen, ohne es mit dem eschatologisch bzw. soteriologisch Neuen zu identifizieren oder konkurrieren zu lassen und daher auch ohne die »Gottheit Gottes« zu gefährden, d.h. ohne das eschatologisch Neue auf Menschenwerk zu reduzieren. Zudem wird es möglich, Gottes Wirken als innovativ zu begreifen, ohne es stets als *starkes* Neues zu bestimmen. Es gibt damit Übergänge, Formvarianzen und Zwischenbestimmungen eschatologischer Innovation. Um ein Beispiel zu geben: Die Geschichten des Alten Testaments sind voller Verschiebungen und Verdichtungen im Horizont einer theologisch begriffenen Kontinuität der Geschichte Gottes mit seinem Volk i. S. der Bundestheologie. Dabei gilt bei noch so großer Diskontinuität (Bundesbrüche) eine immer noch größere Kontinuität (von Gottes Bundestreue). Die ebenso überraschende wie erwartungswidrige und innovative Bundestreue bis zur Verheißung des Neuen Bundes ist daher als Formvarianz begreifbar, aber nicht als starke Innovation gegenüber der Abrahamsverheißung. Schwieriger hingegen sind die *konkurrierenden* Theologien des Alten Testaments zu begreifen: Weisheit versus ihre Kritik; Gerichts- versus Heilsprophetie; Priesterschrift versus Deuteronomismus. Hier gibt es, wie mir scheint, eine diskontinuierliche Innovation, die konfliktiv wird.

Um unnötige Identifizierungen oder Alternativen zu vermeiden, ist es sinnvoll, *die theologische mit der allgemeinen Differenz chiastisch zu verschränken*, sodass der eschatologische Sinn von alt versus neu *quer* steht zu den immanenten Korrelationen von alt versus neu und stark versus schwach. Daraus ergibt sich ein *fünffacher Sinn des Neuen: starkes und schwaches eschatologisch Neues* sowie *eschatologisch altes starkes und schwaches Neues*. Das eschatologisch Neue (ob stark oder schwach) eröffnet zudem den Kontrast gegenüber *hamar-*

tiologisch Neuem (das theologisch beurteilte »alte« Neue). Ein Beispiel für diese Konstellation ist Luthers Freiheitsschrift, in der die eschatologische Differenz von alt und neu gekreuzt oder teils vermengt wird mit der anthropologisch allgemeinen Differenz von alt und neu. Die Differenz von Evangelium versus Gesetz mag historisch als schwaches Neues erscheinen; systematisch hingegen ist sie ein starkes eschatologisch Neues.

Als Konsequenzen ergeben sich aus der Verschränkung beider Differenzen:

1. *Das allgemein, immanent oder »alte« Neue ist stets ambivalent.* Ob stark oder schwach (was skalierbar ist), verhält es sich »unterhalb« der theologischen Differenz dazu vermeintlich indifferent. Damit ist es keineswegs »neutral«, sowenig neutral wie die Erfindung neuer Gentechniken oder Algorithmen. Die intrinsische Ambivalenz tritt kritisch auseinander und gegeneinander in der Kreuzung mit der theologischen Differenz von soteriologisch und hamartiologisch Neuem. Nur ist weder das allgemeine Neue in toto hamartiologisch zu qualifizieren (als wäre alles Menschenwerk per se »Sünde«), noch ist es mit dem soteriologisch Neuen zu identifizieren (als wäre etwa alle poetische Kreativität soteriologisch geladen).

2. Das *theologisch Neue* ist *doppelsinnig* und daher keineswegs eindeutig »gut« oder »heilvoll« zu nennen. Denn das theologisch neu zu nennende ist *einerseits* die oikonomia von Schöpfung, Versöhnung und Vollendung. Das sei traditionell *eschatologisch neu* genannt, ambivalenzfrei und eindeutig. Aber nicht zu vergessen ist das Neue der langen Kette des Falls über die unendlich variierten Bundesbrüche und »Rückfälle«. Das wird dann im Kontrast zum eschatologisch Neuen »alt« genannt – ist aber der theologische Begriff des »dunklen Neuen«. Ist doch der Fall und seine Wirkungsgeschichte voller Innovationen. Daher ist der theologische Begriff des Neuen zwiefältig, *hamartiologisch und soteriologisch* zu differenzieren.

3. Kreuzt man das allgemein Neue mit seiner Differenz von stark und schwach mit der theologischen Differenz von hamartiologisch und soteriologisch, gibt es vier Versionen: schwach und stark hamartiologisch Neues sowie stark und schwach soteriologisch Neues.

4. In starkem Sinne neu sind sowohl Sünde wie Gnade: beides Figuren des Außerordentlichen, die nicht Funktion einer vorgängigen Ordnung sind, sondern ordnungsüberschreitend und eine neue Ordnung stiftend. Insofern ist das eschatologisch *Alte* (Sünde) ein durchaus starkes Neues.

5. Wenn Neues in einem starken Sinn erscheint, dann *in einer für alle Beteiligten unvorhersehbaren Weise.* Damit wird der metaphysische Begriff der Allwissenheit wie Allmacht angetastet (vgl. bereits Leibniz, Peirce und Whitehead). Systemtheoretisch formuliert wäre das starke wie das eschatologisch Neue (zunächst) für alle Seiten »nicht anschlussfähig«. Semiotisch formuliert wäre es ein Riss in der Kontinuität der Ontologie (der Zeichen). Phänomenologisch formuliert wäre es außerordentlich, würde aber für die bestehenden Ordnungen als widerordentlich oder unordentlich wahrgenommen.

6. Geht man von der theologischen Voraussetzung aus, trinitarisches Wirken in der differenzierten Einheit von Gott, Christus und Geist seien je auf verschiedene Weise in eschatologischem Sinne »neu« zu nennen, sind sie »nicht anschlussfähig«, außerordentlich und ein Riss der Kontinuitäten (der Immanenz). Dabei sind sie nicht destruktiv, sondern kreativ neu; allerdings *kritisch* kreativ: alt von neu unterscheidend. Das führt dazu, dass das starke soteriologisch Neue dem Alten gegenüber durchaus destruktiv erscheint. Deswegen ist der »fröhliche Wechsel« auch ein Streit (*stupendum duellum* und *salutare bellum*, wie Luthers Freiheitsschrift formuliert). Analoges wäre von »der Sünde« zu sagen als einer (von und für Gott) weder gewollten noch gewussten *destruktiven* Innovation. Auch die hat eine kritische Pointe: gegenüber der (erst neuzeitlichen?) Innovationsemphase ist Innovation *intrinsisch kritisch*, weil sie so oder so wirken kann (bzw. gebraucht werden kann).

7. *Starkes Neues* (nicht reduzibel auf vorgängige »Vermögen«) entsteht durch eine für alle Seiten oder Beteiligten unvorhersehbare und unbeherrschbare *Dynamik*. Das kann die Dynamik von Agenten und Aktionen sein, aber auch von (mehrfach kontingenten) Interaktionen, Kommunikationen, Semiose oder *Medien*. Das mediale Neue ist *nicht* Funktion einer personalen Kapazität (des Urhebers, Autors, Schöpfers), sondern nicht ableitbare Funktion einer Relation oder Dynamik von Relaten. Dazu *kann* man die Differenz von Ereignis gegenüber Handlung aufrufen oder von nichtintentionalen Effekten gegenüber kalkulierbarer Kausalität. Von »medial Neuem« zu sprechen, also der Mediendynamik als kreativer Form der Innovation, ist keineswegs neu. In der Theologie ist das bekannt und bearbeitet, vor allem als Neues kraft der Sprache, des Sprachgeschehens oder der Sprachereignisse. Davon leitet sich z. B. die »poetische Theologie« her. Analoges wäre für »Ritualdynamik« zu sagen oder von »Bildwirkungen«. Es sind Medienpraktiken (von Sagen und Zeigen wie in Schriftbildlichkeit und Verkörperung und lebendigen Szenen), die Neues hervorbringen nicht kraft der Handlung autonomer Agenten, sondern kraft des »Zwischen« ihnen. Die innovative Frage ist dann, ob so zu denken theologische Konsequenzen hat.

8. Eschatologisch Neues, ob stark oder schwach, wird gern auf »Gott allein« reduziert, auf seine Handlungs- oder Wirkungsmacht. Das kann dann kausal oder handlungslogisch entfaltet werden – bleibt dabei aber meist von einem theistischen »absoluten Souverän« bestimmt. Dann wäre dieses Neue lediglich Funktion einer Ursache oder eines Agenten – und damit im Grunde nie *stark eschatologisch* neu. Neu wäre es nur »für andere«, nie für den Urheber, bei dem alles immer schon möglich und antizipiert wirklich war. *Für Gott* gäbe es nie und nichts Neues. Polemisch formuliert müsste man sagen, so zu denken, heiße, einen stets gelangweilten Gott vorauszusetzen.

9. Das Neue kann so oder so auf Gotteswerk oder Menschenwerk zurückgeführt werden. Nur würde es damit als »Werk« reduziert: auf einen deus oder homo *capax* (handlungslogisch). Für das eschatologisch Neue als Gotteswerk liegt dann nahe: den Geist als Innovationsgrund in Gott zu begreifen, analog

dem Geist des Künstlers oder des Genies. Diese Personalisierung des Neuen wird es aber immer wieder auf einen Urheber oder ein Subjekt zurückführen, das »so mächtig« ist, schlechthin Neues hervorzubringen. In der Kapazität von Urheber oder Subjekt wäre dann das Neue immer schon gewesen und im Grunde alt.

10. Die riskante, theologisch vermutlich innovative Hypothese ist daher: Wie starkes Neues nicht ableitbar ist auf Akteure oder Agenten, ist eschatologisch Neues nicht Funktion einer Ursache oder eines Agenten, sondern eine *Zwischenbestimmung*, und hat die Form innovativer Mediendynamik.[25] Hier von Medien*dynamik* zu sprechen, ist auch gegenüber der Medienwissenschaft etwas abweichend, in der die Medien*praxis* dominiert (mit handlungslogischem Deutungsmuster).

11. Um es an einem Beispiel zu formulieren: Rechtfertigung wie Liebe ist nicht Akt, erst recht nicht Tausch, sondern »Ereignis«, »Gabe« oder »Gnade«. Die »Gelingensbedingungen« dessen sind nicht zureichend durch die Kapazität eines Gebers zu begreifen. Dass Rechtfertigung oder Liebe aus ihrer Unmöglichkeit möglich und sogar wirklich und wirksam werden, ist ein für alle Beteiligten unverfügbares Ereignis.

12. Zwischen Gotteswerk und Menschenwerk wirkt das *Medienwerk*, genauer: die *Mediendynamik*. Im Sinne Luthers gesagt: Christus als Medium und daher der Geist Christi in aller Medienvielfalt. Das mediale »Zwischen« (*meta/dia*) ist die Dynamis, aus der Innovation hervorgeht (emergiert) - die nicht stark neu sein muss, um das eschatologisch Neue zu kommunizieren. Die unfruchtbare Dualisierung von Gotteswort und Menschenwort, von Gottes Werk und Menschenwerk, wird durch die Figur des *Dritten*, das Medienwerk, entspannt, genauer: entdualisiert. An der Sprache zwischen Gott und Mensch ist das längst und vielfach durchgearbeitet. Mit der Medialität wird der Wahrnehmungshorizont etwas geweitet. »Nicht das Wort allein ...«.

13. Nur müsste dann zugestanden werden, dass die Medien eine legitime (wenn auch riskante) *Eigendynamik* haben. Nicht nur das Schreibzeug arbeitet mit an unseren Gedanken - der Wein auch. Solch eine Eigendynamik wird im Blick auf Christus schnell anerkannt. Aber gilt das nicht weniger für seine supplementären Medien wie Wort, Werk, Bild, Körper oder Musik. Eigendynamik von Medien - klingt schnell magisch (das Bild als »verführerisch« und manipulativ); oder gar sündig (der Eigenwille statt Gottes Wille); oder unheimlich, als wären die Medien Dämonen (oder Engel). Etwas entzaubert formuliert: Man wird sich auf die Eigendynamik *analoger* Medien verlassen müssen, wenn tatsächlich Verkündigung zur Gegenwart des Verkündigten soll werden können; oder Abendmahl oder gute Werke und Lebensform.[26]

---

[25] Hier ist nochmals auf das Deutungsmuster der »Emergenz« zu verweisen, das in ähnliche Richtung denkt.

[26] Wer hier stets die Person und ihr Wissen und Wollen allein am Werk sieht, verkennt, worin und wodurch wir leben, sprechen, wirken.

14. Mit der Dynamis in der Mediendynamik ist auch eine *Machtfrage* berührt. Wer oder was »hat« bzw. worin oder wodurch entsteht die Potenz der Innovation? »Macht« wird für gewöhnlich als Eigenschaft eines Trägers verstanden, eines Akteurs und seiner Handlungsmacht. Anders und doch verwandt wird sie kausal begriffen, als Macht einer Ursache. Gegenüber beiden steht die strukturalistische These, Macht als Eigenschaft von Strukturen zu verstehen. All das ist sc. möglich und hilfreich. Nur würde damit übersehen, dass im Unterschied zu *potestas* und *auctoritas* auch *potentia* ein Machtbegriff ist: ein modaler Machtbegriff der Ermöglichung, Verunmöglichung, Verwirklichung und Vernichtung. Diese Wechsel des »Modus« sind Machtwirkungen, die auch und gerade für Mediendynamiken treffend sind (ist *potentia* doch die lateinische Version der *dynamis*). Geist als Medium ist dann nicht schlicht als Person mit Handlungsmacht oder Ursprung mit kausaler Macht zu verstehen, sondern er lebt in und durch die Medien, in denen er präsent wird. Die Macht des Geistes ist nicht zuletzt auch die Macht seiner Medien – und damit auch die Eigendynamik der Medialität als Leib des Geistes.

15. Neues »gibt« es unter den bisher entfalteten Voraussetzungen *von* Gott, *für* Gott, *zwischen* Gott und Gott sowie *zwischen* Gott und Welt. Neues aus einem Vermögen begriffen ist nur altes Neues, schwaches, leichtes. Neues aus einem Unvermögen oder vorsichtiger gesagt nicht aus einem Vermögen begriffen ist fremdes Neues, stärker und schwerer. Denn es lässt sich nicht machen oder herstellen. Es ist nicht potentiell oder latent immer schon da, sondern entsteht überhaupt erst in seiner Aktualisierung oder vorgängig in seiner Ermöglichung.

Neues entsteht an der Grenze von unmöglich zu möglich als Ermöglichung (bzw. negativ als Verunmöglichung wie in der Exklusion); an der Grenze von möglich zu wirklich als Verwirklichung; und an der Grenze zu wirklich und unwirklich in der Vernichtung (de- oder konstruktiv). Das ist ein *modaler Zirkel*, der keineswegs vitiös und geschlossen ist, sondern offen und innovativ. Vorausgesetzt ist damit eine *offene Ontologie*, d. h. eine Ontologie eines offenen Horizonts von Horizonten. Im Unterschied dazu wäre die These des Neuen »*solo Deo*« und der menschlichen Mimesis eine Ontologie des *geschlossenen* Horizonts.

VI. GEIST ALS MEDIALE FIGUR DES DRITTEN

Zwischen Gotteswerk und Menschenwerk wirkt das Medienwerk, besser gesagt die Mediendynamik. Pneumatologisch präzisiert heißt das: die »mediale Energie des Geistes« (in Weiterführung und Umbesetzung der »symbolischen Energie des Geistes« bei Cassirer). Denn Geist ist Medium in Medien – mit der Rückfrage, ob denn Medien als solche bereits Geist sind. Diese Identifikation wäre sc. ein Kurzschluss, ähnlich wenn man »den Begriff« oder »die Vernunft« für »den Geist« hielte.

Wie lose oder eng also ist die Kopplung von Geist und Medium zu konzipieren? Maximal wäre »Inkarnation« als eine enge, strikte Kopplung; minimal wäre die Willkürfreiheit als eine »bloß« kontingente Kopplung, die nicht mehr eigentlich Kopplung, sondern nur kontingente Koinzidenz zu nennen wäre. Maximal wäre auch die »Inkorporation«, wenn Geist und Institution strikt gekoppelt werden, wie im römisch-katholischen Modell (diesseits des zweiten Vaticanums). Minimal wäre die beliebigkeitskontingente Selbstdeutung einer frei flottierenden Spiritualität (wenn man davon absähe, dass solche Selbstdeutung von deutungsmächtigen Deutungsmustern abhängt). Es bedarf zwischen solchen Minima und Maxima der Skalierung sowie jener Denk-, Bild- und Sprachfiguren, die mehr oder weniger *lose Kopplungen* verständlich machen, die gleichwohl *Kopplungen* bleiben. Die Bestimmtheit und Gewissheit einerseits muss mit der Freiheit als Möglichkeit und Potenz verschränkt werden. *Geist ist Medium und nur in Medien präsent und wirksam, ohne dass Medien generell Geist wären.*

Christus gilt christlicher Theologie als die maßgebende Kopplungsfigur: Er verkörpert den Geist in Wort und Wirken, Verkörperung und Tod. Daher ist als Kopplungsregel sinnvoll zu vertreten, *der* Geist, der als Geist *Christi* identifizierbar ist, markiert die Medien, die in seinem Geist kommunizieren. Nur wäre mit der Identifizierbarkeit eine Eindeutigkeit und Fassbarkeit prätendiert, die die »Unmerklichkeit«, die feinen Unterschiede und Formvarianzen oder auch die »indirekte Mitteilung« übersehen würde. Wer allzu strikte Kopplung sucht, Identifikation und *eindeutige* Begriffe der Geistesgegenwart, wird eben nur eindeutige *Begriffe* finden und damit noch lange nicht Geist. Zur Kreativität des Geistes gehört seine gnädige Fluktuanz, ohne darum willkürlich zu werden. Bei aller Bestimmtheit der Kopplungsregel muss genug Spielraum zur Unbestimmtheit bleiben, einer christologisch bestimmten Unbestimmtheit allerdings.

Ist Christus die strikte Kopplung, sind Wort und Sakrament vermittelte Kopplungen (oder supplementäre Medienleiber Christi), hinsichtlich derer sich die Konfessionen bekanntlich streiten, wie die Kopplung zustande kommt (durch die Kirche, die Gegenwart Christi, die Erinnerung der Gläubigen) und wie eng sie ist (Realpräsenz). Ein die Konfessionen vermittelnder Vorschlag in Bezug auf das Abendmahl als Geistmedium wäre, die Gegenwart Christi als *Figuralpräsenz* zu verstehen: In der *figura vera* des Abendmahls als szenischer Verkörperung von Gemeinschaft in seinem Geiste geht es um die Transfiguration der Feiernden in die Gemeinschaft der Gläubigen und deren Lebensform. Dabei ist »Figur« eine Figur des Dritten *zwischen »est« und »significat«*.

Diese *»figura vera«* ist die Grundfigur, um Medialität nicht nur als Instrument oder Repräsentation zu begreifen, sondern als reale, ermöglichende und wirklichkeitsstiftende Relation der Kommunikation. Medialität als Form der Kopplung wie als »Emergenzprozess« heißt dann, erst in der Kopplung entstehen die gekoppelten Relate. Medienpraxis ist »Welterzeugung« (ohne konstruktivistischen Überschwang), wie

- Wortwerk bzw. -wirkung und -dynamik,
- Bildwerk bzw. -wirkung und -dynamik,

- Raumwirkung wie Atmosphäre, Stimmung und Resonanzraum,
- Tonwerk wie Klang und Resonanzen,
- Visualität und rituelle Verkörperung.

Dabei treten zum Wort auch andere Medien mit ihrer Deutungsmacht hinzu: Bild, Ton, Körper, Raum und Atmosphäre. Theologisch sind solche Erweiterungen nur zu passend. Denn »Gott spricht nicht nur, er zeigt sich auch«.[27] Oder analog formuliert: Der Glaube kommt nicht *nur* aus dem Hören, und er spricht nicht nur, sondern zeigt sich *auch*. Daher sind auch Bilder und visuelle Medien wie *Verkörperung* und *Immersion* als kreative Figuren des Geistes zu verstehen.

1. Verkörperung des Geistes

Das Wort ward Fleisch – und wieder Wort und Sakrament und auch Bild, Ritual und Lebensform. Man könnte das die lange Kette medialer Supplemente nennen, die Ausdifferenzierung supplementärer Verkörperungen Christi. Denn *Christus praesens* ist die Präsenz des Geistes Christi. Dessen Geist ist nicht leiblos, sondern *semper ubique* medial verkörpert. Medienkörper sind seine Verkörperungsmedien.

Denn ein leibloser Geist wäre gespenstisch. Er treibt sich herum, wo er will; erschreckt den einen, begeistert den anderen und bleibt dabei stets ungreifbar. Solch ein Gespenst wäre auch der heilige Geist, wenn er wehte, wo er will. Er wäre ein Willkürgeist, dessen Wille unergründlich bliebe. Kein Tröster also, sondern einer, der Furcht und Zittern verbreiten könnte, zum Verzweifeln angesichts dieser Verborgenheit seiner Willkür. Denn wessen könnten wir noch gewiss sein, wenn wir seinen Willen nicht kennen würden? Und wie sollen wir seinen Willen kennen, wenn er derart ungreifbar wäre?

Die gern zitierte Freiheit des Geistes wäre bloß Willkürfreiheit, wenn er ungebunden wehte, wo er will. Für uns wäre sie alles andere als Freiheit, sondern vielmehr die Unfreiheit von Angst und Zweifel, der bodenlosen Ungewissheit. Auf solch einen Geist ließe sich gewiss *nicht* vertrauen. Und für den Geist wäre solch eine Willkür so zweifelhaft wie riskant. Denn liegt der Grund der Freiheit wirklich im »immer auch anders können«, in völliger Ungebundenheit? Dieses Missverständnis einer bloß negativen Freiheit, einer Freiheit von allem Möglichen, ist in der theologischen Tradition zu recht immer wieder kritisiert worden, nicht zuletzt von Leibniz, dem solch eine Willkürfreiheit als bloße Chimäre galt. Was sollte das auch sein, völlige Willkür? Eine reine Indifferenz gegenüber allem, sodass eins so gut wäre wie das andere? So mag es Gespenstern gehen, sie sind solche Chimären. Aber selbst sie geistern ja nicht gänzlich ungebunden herum, sondern ihre Willkür ist nur die Kehrseite ihrer ewigen Gebundenheit,

---

27 Vgl. Philipp Stoellger, »Fundamentaltheologie zwischen Lexis und Deixis: Sagen und Zeigen als Leitdifferenz theologischer Reflexion,« in *Glaubensverantwortung im Horizont der »Zeichen der Zeit«*, hrsg. Christoph Böttigheimer und Florian Bruckmann (Freiburg i. Br.: Herder, 2012), 329–73.

sei es an Orte oder Zeiten. Sie bleiben auf ewig gebunden an ihre Willkür – und diese Bindung manifestiert sich in ihrem Ort und ihrer Stunde.

Wenn der heilige Geist auch nur hier und da bloß dies und das will – wir wüssten nicht, wie wir beten sollten, woran wir uns halten oder worauf wir vertrauen können. Solch ein Willkürgeist ist nur denkbar, wenn man Geist und Leib dualisierend voneinander trennt. Darin liegt der entscheidende Irrtum einer dualistischen Auffassung des Geistes wie der entsprechenden Trennungsanthropologie (sei sie platonisierend, cartesisch oder idealistisch). Solch eine Trennungspneumatologie, die den Geist von seinem Leib trennt, ist genauso irrig wie eine Trennungschristologie, die Leib und Geist Christi zerreißt – eine Häresie deswegen, weil sie die lebendige Einheit der Person Jesu Christi nicht verstanden hat.

Gleiches gilt für die Pneumatologie. Trennt man den Geist von seinem Leib, wird die Personalität des Geistes zum unlösbaren Rätsel. Denn wie soll ein leibloser Geist eine Person sein? In der Alten Kirche musste um die dritte Person der Trinität gekämpft werden. Und es waren vor allem die lebensweltlichen und liturgischen Anliegen des Mönchtums, die sich gegen die sogenannten »Pneumatomachen« richteten. Den Mönchen galt der heilige Geist als personales Gegenüber, zu dem und in dessen Kraft sie beten und Gott vertrauen konnten. Ihm die Personalität abzusprechen, war für ihr Glaubensleben so undenkbar wie empörend. Also insistierten sie auf der Personalität des Geistes; aber damit war die theologische Aufgabe erst formuliert: wie der Geist als Person zu denken sei. Das geht nur, wenn man gegen alle Dualismen Geist und Leib als lebendige Einheit der Person denkt. Was aber ist der Leib des Geistes – wie verkörpert er sich?

Das theologische Problem der Pneumatologie, die Personalität des Geistes, hat einen anthropologischen Hintergrund. Für das Menschenbild gilt, dass die Person in der *Einheit* von Leib und Geist besteht, oder differenzierter: in der Einheit von Leib, Seele und Geist. Was der Leib des Menschen ist, gilt uns als selbstverständlich. Er ist ja handgreiflich wie wenig sonst. Zu sagen aber, was dieser Leib genau sei, was er bedeutet und bewirkt, ist hingegen schon schwieriger. Mit unserem Leib ergeht es uns daher wie mit der Zeit. Fragt uns niemand, so wissen wir Bescheid. Erst wenn wir danach fragen, wird die Selbstverständlichkeit fraglich. *Wie* fraglich die Einheit der Person in Leib und Geist wird, zeigt sich zugespitzt im Horizont der Auferstehung. Galt in neuplatonischer Tradition, es gäbe eine unsterbliche Seele unabhängig vom Leib, so konnte das für die Christologie keine Lösung sein. Ein leibloser Christus hätte die Inkarnation zur Episode werden lassen. Daher muss der Auferstandene wie der künftig Wiederkehrende leibhaftig sein, mit allen seinen Narben. Für den Menschen galt daher: Keine Auferstehung und kein ewiges Leben ohne Leib. Was aber der künftige »unverwesliche Leib« sein wird, wissen wir nicht. Wir wissen nur, dass jeder Auferstandene als Person ansprechbar sein wird – und daher *kein Geist ohne Leib*.

Vom Geist wissen wir daher *mehr* als von uns selbst. Wir kennen bereits seinen »unverweslichen Leib«, auch wenn uns jemand danach fragt: Denn der Leib des Geistes ist das Wort, wenn auch nicht »das Wort allein«, sondern all die genannten Medienkörper des Geistes Christi, nicht zuletzt Gemeinde und anschließende Lebensformen. So wie es keine frei flottierenden Bedeutungen ohne ihre Sprachgestalten und -figuren gibt, so auch keinen Geist ohne seine Medienkörper. Diese Leiblichkeit der Bedeutungen lässt sich bis in den Begriff des Zeichens fortbuchstabieren: Kein Zeichen ohne seine materielle Dimension, sei es Schrift, Rede, Bild oder Körper. Die »heilige *Schrift*« ist nur deswegen heilig zu nennen, sofern sie *in usu* zum Leib des Geistes werden kann. Und der Geist kann uns in ihr nur begegnen, sofern er als ihre bedeutungsgebende Kraft gegenwärtig ist. Mit der Schrift verhält es sich wie mit Brot und Wein. Außerhalb ihres konkreten Gebrauchs, den der Glaube von ihnen macht, ist auch die Schrift nur eine unter vielen. Daher verehren wir die Elemente des Abendmahls so wenig wie die Bibel. Ohne den belebenden Gebrauch wäre der leibhaftige Geist wie die Schrift tot. Daher ist eine vorzügliche Form des Gebrauchs die lebendige *Rede und Verkörperung*, sei es in Gebet oder Verkündigung, Gesang oder dem Hören auf die Anrede. Nur wäre es eine mediale Monokultur, bei Wort und Glaube stehen zu bleiben. Sind doch die Medienkörper des Geistes deutlich vielfältiger, wie jeder Gottesdienst zeigt. Der Gesang zum Beispiel ist klingende Verkörperung, die Liturgie leibliche Begehung, der Raum eine Zwischenleiblichkeit und die Gestaltung der Sichtbarkeit in Fest und Feier eine Form visueller Kultur des Christentums.

Der Geist weht also nicht einfach, wo er *will*, sondern wo *Er* will. Auch der Geist könnte sprechen: »Nicht wie ich will, sondern wie Du willst«: »Dein Wille geschehe«. Der Geist ist daher so wenig ein Willkürgeist, wie Gott kein Willkürgott ist. Ein dergestalt gebundener Geist ist nun allerdings ausgesprochen ernüchternd. Jede euphorische Unmittelbarkeit des Geistes wird damit undenkbar, und sie wäre ja auch unsäglich. Wer sich auf »unmittelbare Erscheinungen« des Geistes beruft, wird schnell absolutistisch. Ein Absolutist vermag das nur zu *behaupten*, meist gegen andere. Und er entzöge sich damit der völlig zureichenden Bestimmtheit, die wir als den Leib des Geistes kennen, den Zeugnissen. Keinem, noch nicht einmal Christus selber, geschweige denn den Aposteln, wäre der Geist *unmittelbar* gegenwärtig gewesen, sondern auch ihnen begegnete er leibhaftig, in Medien also. Wer hier »mehr« will, will riskantes Vertrauen unterlaufen im Rückgriff auf selbstkonstruierte Sicherheiten.

Die Freiheit des Geistes ist die Freiheit des Wortes, der Sakramente, der Bilder und der Lebensformen im Geiste Christi. Der *Grund* der Freiheit ist nicht eine abstrakte Willkür, sondern diese konkrete Bindung. Qualifizierte Freiheit entspringt einer befreienden Bindung, von der sie lebt. Im Sinne von Kierkegaard formuliert: Wenn es Dir mit dem Einen Ernst ist, kannst Du über alles scherzen. Der Gebrauch der Freiheit des Geistes ist dementsprechend gebunden und daher verbindlich. Der auf heilsame Weise bestimmte Geist zeigt sich nicht in »wundervollen Beweisen des Geistes und der Kraft«. Er ist weder spektakulär noch unheimlich oder gespenstisch. Wie schon Christus ein ganz unerwartet dezenter und diskreter Messias ist, leise und zurückhaltend, so ist auch der Geist ebenso diskret wie unmissverständlich. Er drängt sich nicht auf, tritt nicht lautstark oder unheimlich in Erscheinung, sondern ist so unspektakulär, dass man ihn leicht verkennen kann. An Eindrucksfülle mag er damit den Gespenstern unterlegen sein, aber diese Schwäche gibt Freiheit. Die Eindrucksfülle des Geistes ist die Fülle der Schrift und ihres Gebrauchs, der Bilder und ihrer Praktiken, der Verkörperung und ihrer Lebensformen – und nicht die Fülle unheimlicher Wunder und obskurer Erscheinungen. Es gehört zur christologisch bestimmten Schwäche des Geistes, dass sein Leib so unscheinbar ist. So unscheinbar, dass manch einer lieber »Beweise des Geists und der Kraft« fordert, Zeichen wie unheimliche Wunder, oder absolute Gewissheiten statt riskantes Vertrauen. Nur, mit *dem* Geist hat dergleichen nichts zu tun. Es wären obskure Zeichen, die einer abwegigen Zeichenforderung entsprechen, mehr nicht. Was sie zu bedeuten hätten, bliebe rätselhaft und bloß »geheimnisvoll«. Der Geist hingegen ist vertrauenswürdiger Weise verkörpert, etwa im Wort präsent oder auch in lebendigen Bildern wie dem Abendmahl oder der Lebensform.

Goethe erfand den theologischen Grundsatz der Entgeisterung kraft des Geistes: »*Nemo contra deum, nisi deus ipse*«. Das heißt pneumatologisch gewendet: gegen die vielen Geister nur der eine Geist. Das könnte man cum grano salis auch pneumatologische Homöopathie nennen: Gleiches wird durch Gleiches kuriert, allerdings in »hoch potenzierter« Version. Nur zeigt sich an der Entgeisterung der Lebenswelt, dass der Geist eben nicht den Geistern *gleich* ist, weder den Gespenstern noch unserem Geist. Auf seine dezente und diskrete Weise setzte der eine Geist Christi eine religionsgeschichtlich wohl einmalige und jedenfalls folgenreiche Entgeisterung frei: Alle möglichen Gespenster vermag er zu vertreiben, wenn man sich an den leibhaftigen Geist hält. Die »Entzauberung« der Lebenswelt ist daher nicht erst die Leistung der neuzeitlichen Wissenschaft, sondern eine befreiende Ernüchterung kraft des Geistes. In diesem Sinne wäre auch der Geist der Kritik künftig zu kultivieren; konkret gesagt, die systematischen Methoden wären zu erweitern: Wie der Sachkritik und Sprachkritik, der Bildkritik und Medienkritik, so bedarf es auch der *Verkörperungskritik*.

2. Geistgegenwart als eschatologisches Immersionsphänomen

Den Geist als Medium zu verstehen, führt dazu, dass medienwissenschaftliche Modelle pneumatologisch relevant werden können. *Immersion* ist ein Beispiel für einen Begriff, bei dem man sich wundern kann, warum er nicht längst zum Grundbegriff der Pneumatologie geworden ist: Ist doch Geistesgegenwart ein Paradigma der Immersion. Sicher ist nicht alle Immersion Geistesgegenwart, aber Geistesgegenwart ist ein exemplarisches Immersionsphänomen.

In den »game studies« wie in Film- und Medienwissenschaft ist dieser Ausdruck gebräuchlich für die »immersive Erfahrung« (genauer: Widerfahrung) des Hineingezogenwerdens und Involviertseins. Was in Computerspielen und

Filmerfahrung »passiert«, wird auf eine Weise benannt, deren theologische Hintergründe dabei schlicht vergessen wurden. Lateinisch *immersio* meint das Eintauchen, mit der physischen Konnotation, in ein anderes Medium, das Wasser, einzutauchen. Die Konnotation zur Taufe ist nicht zufällig: ein Medienwechsel als Welten- und Identitätswechsel. Im Englischen bezeichnet der Ausdruck wörtlich das Eintauchen in eine Flüssigkeit, daher die Taufe und auch die Lektüreerfahrung (»I was completely immersed«). Von der Lektüreerfahrung her wurde der Ausdruck weiter übertragen. In der Sprachwissenschaft und Pädagogik wird damit einem »Sprachbad« gleich eine bestimmte Situation bezeichnet, wenn Personen in ein neues Umfeld versetzt werden, üblicherweise etwa beim Sprachenlernen, wenn man Französisch in Frankreich lernt, statt in der heimischen Schule. Vor allem seit den 60er Jahren wurde Immersion medienwissenschaftlicher »Grund*begriff*« für Telepräsenz und virtual reality, insbesondere von Film und Computerspielen.

Das Konzept geht auf Béla Balázs zurück (1884–1949), den ungarischen Regisseur, Schriftsteller und Filmtheoretiker (*Der sichtbare Mensch oder die Kultur des Films* von 1924). Der Film sei wie eine *Tür*, ein Eingang in einen anderen Raum, zu verstehen – im Unterschied zu unbewegten Bildern, die wie ein Fenster fungierten, durch das man schaut. Die Fenstermetapher galt klassisch für die Perspektivenkunst seit der Renaissancemalerei. Mit der Türmetapher wird eine grundsätzlich andere Form der Bildwahrnehmung bezeichnet, die im Film erfahrbar wird. Béla Balázs beschrieb das 1930 in *Der Geist des Films* metaphorisch mit dem Ausruf: »Wir sind mitten drin!«[28]. Ausgeführt heißt das: »Der Film [...] hat die Distanz des Zuschauers aufgehoben; jene Distanz, die bisher zum Wesen der sichtbaren Künste gehört hat. Der Zuschauer steht nicht mehr außerhalb einer in sich geschlossenen Welt der Kunst, die im Bild oder auf der Bühne umrahmt ist. Das Kunstwerk ist hier keine abgesonderte Welt, die als Mikrokosmos und Gleichnis erscheint, in einem anderen Raum ohne Zugang. Die Kamera nimmt mein Auge mit. Mitten ins Bild hinein.«[29]

Damit wird zugleich eine eminente Deutungsmachtpraxis thematisch. Was poetologisch wie auf andere Weise theologisch als *raptus*, freundlicher formuliert als »hinreißend«, benannt wird, ist die Macht eines Mediums, »mich« in einen anderen Horizont zu versetzen, mitzureißen und gravierend zu alterieren. »Der Film hat dieses Prinzip der alten räumlichen Künste – die Distanz und die abgesonderte Geschlossenheit des Kunstwerkes – zerstört. Die bewegliche Kamera nimmt mein Auge, und damit mein Bewusstsein, mit: mitten in das Bild, mitten in den Spielraum der Handlung hinein. Ich sehe nichts von außen. Ich sehe alles so, wie die handelnden Personen es sehen müssen. Ich bin umzingelt von den Gestalten des Films und dadurch verwickelt in seine Handlung. Ich

---

[28] Béla Balázs, *Der Geist des Films* (Frankfurt a. M.: Suhrkamp, 2001), 14.
[29] Ibid., 15.

gehe mit, ich fahre mit, ich stürze mit - obwohl ich körperlich auf demselben Platz sitzen bleibe.«[30]

Bei Sergej Eisenstein, dem sowjetrussischen Regisseur (1898–1948) klingt das ähnlich: »Und das, was wir bisher als Bild auf der Leinwandfläche zu sehen gewohnt waren«, spekuliert Eisenstein, »›schluckt‹ uns plötzlich in eine früher nie erblickte, hinter der Leinwand sich auftuende Ferne, oder es ›dringt‹ in uns mit einer zuvor nie so ausdrucksstark realisierbar gewesenen ›Heranfahrt‹.«[31] In der neueren Medienwissenschaft klingt das weiter nach, etwa bei Laura Bieger: »Die Ästhetik der Immersion ist eine Ästhetik des Eintauchens, ein kalkuliertes Spiel mit der Auflösung von Distanz. Sie ist eine Ästhetik des empathischen körperlichen Erlebens und keine der kühlen Interpretation. Und: sie ist eine Ästhetik des Raumes, da sich das Eintaucherleben in einer Verwischung der Grenze zwischen Bildraum und Realraum vollzieht.«[32]

Immersion bezeichnet eine bestimmte Wahrnehmungs- und Erfahrungsform, genauer eine *pathische Widerfahrung*, die recht häufig auftritt: Ein Buch oder eine Rede, ein Fest oder ein Film beansprucht Aufmerksamkeit der Beteiligten, und zwar nicht nur als »intentionales Gerichtetsein darauf«, sondern in einer Schubumkehr. Das Phänomen oder Ereignis wirkt und vereinnahmt den Adressaten, saugt ihn ein, bis er ganz in diese »Sphäre« (Atmosphäre) eintaucht und Teil davon wird, Mitspieler, *»synergos«*. Damit kann man Predigt, Liturgie, Kirchenraum, Bilder, Fest und Feier, Theater wie performing arts, Mythen, Erzählungen, (biblische) Texte, Wortverkündigung verstehen: Sie setzen auf ihre *energeia und enargeia*, um nicht nur etwas zu repräsentieren, sondern um *Präsenz* zu erzeugen, präsent werden zu lassen, wovon die Rede ist.

Die Fokussierung auf ein »subjektives Phänomen« sollte man dabei in Zweifel ziehen. Gerade Phänomene wie das Spiel, Fest, Liturgie oder erst recht VR-Computerspiele sind *soziale* Phänomene intensivierter Vergemeinschaftung. Nicht nur die »Sphäre des Subjekts«, sondern die soziale »Atmosphäre« ist die Form der Teilhabe oder des »Mitspielens«. So hatte Schleiermacher in seiner philosophischen Ethik das Spiel als eine Grundform der Sittlichkeit konzipiert und es wie Kunst und Freundschaft als Sphäre der »freien Geselligkeit« begriffen. Darin könne sich die Individualität des Menschen frei entfalten als eine

---

30 Béla Balázs, »Zur Kunstphilosophie des Films,« in *Texte zur Theorie des Films*, hrsg. Franz-Josef Albersmeier (Stuttgart: Reclam, 1995), 215; vgl. Gertrud Koch und Christiane Voss, Hrsg., *»Es ist als ob«: Fiktionalität in Philosophie, Film- und Medienwissenschaft* (München: Wilhelm Fink Verlag, 2009); Gertrud Koch und Christiane Voss, Hrsg., *... kraft der Illusion* (München: Wilhelm Fink Verlag, 2006); *Montage AV: Zeitschrift für Theorie und Geschichte audiovisueller Kommunikation* 17 (Februar 2008); Christiane Voss, »Fiktionale Immersion zwischen Ästhetik und Anästhesierung,« *Image Zeitschrift für interdisziplinäre Bildwissenschaft* 8 (September 2008): 3–15.

31 Sergej Eisenstein, »Über den Raumfilm,« in *Das dynamische Quadrat: Schriften zum Film*, hrsg. Oksana Bulgakowa und Dietmar Hochmut (Leipzig: Reclam, 1988), 201.

32 Laura Bieger, *Ästhetik der Immersion* (Bielefeld: transcript, 2007), 9.

»Form für eine reiche Entwicklung intellectueller Thätigkeiten [...], je vielseitiger, desto besser.«[33]

Was die klassische Hermeneutik am *Spiel* erörtert und Johannes Fischer an der *praktischen Erkenntnis* vom Mythos her, wird im Blick auf ganz unterschiedliche Medien(praktiken) als Immersion und Präsenz(erfahrung) diskutiert und in extensiven Forschungsprojekten intensiv bearbeitet.[34] Was Gadamer und Weder am Spiel vor Augen führen und Fischer in Mythos und der praktischen Erkenntnis, ist fast unheimlich allgegenwärtig in den Formen und Figuren der *Immersion*.

Das Unheimliche daran ist, dass nicht nur das Wahre, Schöne und Gute oder allein Gott derart immersiv präsent werden können, sondern alles Mögliche. Jede Phantasie kann film- oder computertechnisch zur Immersionserfahrung werden, auch »Faust und Mephisto«. Daher ist wenig überraschend, dass daraus Technik und Ökonomie gemacht werden. Das Immersionsbegehren wird bewirtschaftet, am erfolgreichsten von den »Neuen Medien«. Daher ist die Medienwissenschaft als deren Reflexion auch Immersionsforschung in einer Ausdifferenzierung – der gegenüber die Hermeneutik manchmal etwas »alt« aussieht, obwohl sie doch die praktische Erkenntnis des »Neuen« klären wollte.

Angesichts des Innovationspotentials von Immersionstechnologien ist eines merklich: Béla Balázs Deutungsdifferenz von Fenster und Tür (wie Bild und Film) reicht nicht mehr so recht. Denn die Medientechnik virtueller Realität zielt – wie mir scheint – auf mehr, auf viel mehr als das Durchschreiten einer Tür. Der gamer soll *Aufgehen* in der Wirklichkeit, die er spielt, die *mit* ihm spielt bis zur Obsession. Manche Spiele wollen Leben, Lebensform werden, nicht nur *second* life, sondern wirklicher als die Wirklichkeit. Das könnte Anlass sein,

---

33 Friedrich D. E. Schleiermacher, »Ethik 1812/13,« in *Schleiermachers Werke: Auswahl in vier Bänden*, Bd. 2, hrsg. Otto Braun und Johannes Bauer (Aalen: Scientia Verlag, ^{2}1967), 369.

34 Vgl. 2000 die Gründung der ISPR (International Society for Presence Research) mit der Fachzeitschrift Presence. Seit 2002 gibt es im sechsten EU-Rahmenprogramm die sog. Presence Initiative. Vgl. Werner Wirth und Matthias Hofer, »Präsenzerleben. Eine medienpsychologische Modellierung,« *Montage AV: Zeitschrift für Theorie und Geschichte audiovisueller Kommunikation* 17 (Februar 2008): 160–75. Mit Präsenzerleben »ist gemeint, dass der Rezipient sich räumlich in der mediatisierten Umgebung und nicht in der realen Umgebung fühlt, also den Rezeptionsort – den Kinosessel, das Sofa im Wohnzimmer oder ein Experimentallabor – zumindest zeitweise vergisst. Seine Wahrnehmungen und Antizipationen, seine körperlichen und physiologischen Reaktionen, seine Gefühle und Gedanken und auch seine Handlungen (oder Handlungsabsichten) sind auf die mediatisierte Welt bezogen« (ibid., 162). Spatial presence wird als eine »Rezeptionsmodalität definiert, bei der sich die Rezipienten a) physisch in der medialen Umgebung anwesend fühlen und bei der sie b) Handlungsmöglichkeiten in der medialen Umgebung erkennen und auf sich selbst beziehen.« so dass ein »Gefühl der Selbstlokalisation und der wahrgenommenen Handlungsmöglichkeiten« entsteht (ibid., 162–3).

Béla Balázs zu ergänzen.[35] Nur wie soll man das nennen? Eine virtuelle Wirklichkeit, die wirklicher als die Wirklichkeit wird, mit Techniken, die einen aufsaugen und durchdringen? Wäre das kein Eintauchen, sondern ein Ertrinken oder ein Eindringen: von der Immersion zur Infusion? Oder mehr, von der Infusion zum Ertrinken oder Ertränken, als ginge man auf wie ein Tropfen im Ozean der neuen Wirklichkeit? Wird doch das Subjekt so vom Spiel aufgesogen und durchdrungen, dass man hier wohl oder übel vom *subjectum* sprechen muss – in aller Ambivalenz von Heil und Unheil.

Das gibt auch Anlass, Johannes Fischers praktische Erkenntnis etwas »tiefer zu legen«. Erstaunlicher Weise hat er sich eine Weiterführung entgehen lassen, die man *pathische* Erkenntnis nennen kann: von Widerfahrungen ausgehend, die erst verspätet *als* Erfahrungen verarbeitet werden – ein »Logos aus Pathos«. So fremd, wie das klingt, ist es nicht. Wer dafür Referenzen sucht, findet sie in den Formen passiver Synthesis bei Husserl und Merleau-Ponty: etwa die Assoziation, Zeitsynthesen, Sedimentation, Apperzeption, Erlebnis (Wundt), Affektion, Invention und manches mehr.[36]

Gerade in der Spielimmersion ist ein »Ergriffen*werden*« oder »Hingerissen- und Gezogen*werden*« wirksam, nicht erst in der Sucht, sondern initial im Reiz und basal in der Eigendynamik des Spiels. Manifest wird das in Affektion und Emotion, die nicht nur »Subjektbestimmungen« sind, sondern soziale »Befindlichkeiten« im Spiel. So kann man die »pathische« Bezugnahme im Spiel von der »gnostischen« (etwa in der Wissenschaft) unterscheiden.[37] Was

---

[35] Genau daran arbeitet Christiane Voss, *Der Leihkörper: Erkenntnis und Ästhetik der Illusion* (München: Wilhelm Fink Verlag, 2013). »Meine These ist, dass es der Zuschauerkörper in seiner geistigen und sensorisch-affektiven Resonanz auf das Filmgeschehen ist [...], was der Leinwand allererst einen dreidimensionalen Körper leiht und somit die zweite Dimension des Filmgeschehens in die dritte Dimension seines spürenden Körpers kippt. Der Betrachter wird somit selbst zum temporären Leihkörper des audiovisuellen Leinwandgeschehens und damit seinerseits zum konstitutiven Bestandteil des kinematographischen Settings insgesamt.« (ibid., 117). Wäre das auf das Abendmahlsgeschehen übertragbar als Verkörperung des Geistes Christi im Vollzug der Feier?

[36] Vgl. Elmar Holenstein, *Phänomenologie der Assoziation: Zu Struktur und Funktion eines Grundprinzips der passiven Genesis bei E. Husserl* (Den Haag: Springer, 1972); »Passive Genesis. Eine Begriffsanalytische Studie,« *Tijdschrift voor Filosofie* 33 (1971): 112–53.

[37] Wie es Erwin Strauss unterschied; dem folgt Frederik J. J. Buytendijk, *Wesen und Sinn des Spiels: Das Spielen des Menschen und der Tiere als Erscheinungsform der Lebenstriebe* (New York: Arno Press, 1976), 29ff., 117; vgl. Helmuth Plessner, »Lachen und Weinen: Eine Untersuchung nach den Grenzen menschlichen Verhaltens (1941),« in *Helmuth Plessner: Gesammelte Schriften*, Bd. 7, hrsg. Günter Dux, Odo Marquard und Elisabeth Ströker (Frankfurt a. M.: Suhrkamp, 1982), 286: »Wir sind in Einem frei und nicht frei, wir binden und sind gebunden. Zwischen uns und dem Objekt (dem Ding, dem Kameraden) herrscht eine ambivalente Beziehung, der wir Herr und doch nicht Herr sind, weil sie uns ebenso gefangen nimmt, als wir sie in der Hand haben. Eine derartige Beziehung stiftet sich mit unserem Willen und gegen unseren Willen im Spiel.«; vgl. Sybille Krämer, »Die Welt – ein Spiel? Über die Spielbewegung als Umkehrbarkeit,« in

bei Foucault vor allem pejorativ erscheint, das Geformt- und Zugerichtetwerden durch die Machtspiele, in denen wir werden, was wir sind und gewesen sein werden – das kann auch eine lichte Kehrseite haben. Manche Spiele lassen uns erst Mensch und menschlich werden.

3. Eschatologische Immersion – als riskante Immersion ohne Rückkehr?

Immersion ist eine Theoriemetapher mit einem metaphorischen Hin und Her: Das Eintauchen in eine Flüssigkeit, in den Jordan etwa, wurde zur Metapher für die Taufe, von dort übertragen auf Medienerfahrung – und von dort kann sie angereichert zurückkehren, um Geistesgegenwart und Glauben zu reinterpretieren. Was in Computerspielen (in der Regel zumindest, wenn es nicht pathologisch oder professionell wird) »bloßes Spiel« bleibt (mit einer stets bewussten Wirklichkeitsdifferenz), oder im Film ein ästhetisches Ereignis im Vorübergehen, soll in der pathischen Erkenntnis des Reiches Gottes – *Lebensform* werden. Das kann man als Differenz von spielerischer und religiöser Immersion begreifen.

Die »Einklammerung unserer natürlichen Einstellung gegenüber fiktionalen Gebilden«[38] gehört zum »Spiel«: beim Computerspielen wie beim Film. Daher wird die Spiel- oder Filmwelt mit einer Wirklichkeitsdifferenz markiert: einem »Als-ob« der ästhetischen Differenz. Genau diese zweiseitige »Suspension«: einerseits der Lebenswelt, andererseits der Immersionswelt trifft zwar für Spiele zu, aber *nicht* für das theologisch mit dem Spiel Gedeutete: das Verhältnis von Gleichnishörer und Gleichniswelt oder Glaube und Reich Gottes. Das »Als-ob« soll hier gerade überschritten werden. »Nicht nur »als-ob« ist doch die Pointe des Gleichnisses gegenüber dem Spiel. Soll doch Gottes Gegenwart kraft des Geistes in der Lebenswelt wirklich und wirksam werden. Diese gezielte Indifferenz zweier »Wirklichkeiten« ist weniger mit dem Spiel oder dem Mythos als vielmehr mit der Immersion in »virtuellen Realitäten« vergleichbar: Was dort drastisch wirklich und wirksam auftritt, mag zwar keiner für lebensweltlich wirklich halten. Aber es ist in seiner Wirksamkeit auf eine Weise wirklich, die die lebensweltliche Wirklichkeitserfahrung übertreffen kann, bis dahin, dass die Wirklichkeitsgrenze durchlässig wird. Das Fiktive ist eben keineswegs unwirklich.

Die pathische Erkenntnis des Glaubens ist im Unterschied zu TV, Film, games und VR eine *definitive, eschatologische Immersion*: Sie durchschreitet eine *Tür* – mit der Frage: ohne Rückweg? Oder mehr noch, es ist ein heilvolles Hingerissensein oder Gelocktwerden, das in ein anderes Leben führt. Vom Alten ins Neue geht es um eine *eschatologische Differenz*, um den Eintritt in einen »neuen Himmel« und eine »neue Erde«. Der Anspruch dabei ist, dass damit ein

---

Denken und Lernen mit Bildern: Interdisziplinäre Zugänge zur Ästhetischen Bildung, hrsg. Rolf Niehoff und Rainer Wenrich (München: kopaed, 2007), 242–46.

[38] Voss, *Fiktionale Immersion* (s. Anm. 30), 70.

Weltenwechsel oder Horizontwechsel sich ereignet, medial gesagt um eine neue Warhnehmungsform, aus der es (möglichst?) keinen Weg zurück gibt – keinen Rückweg ins Alte, der ein Rückfall wäre. Schlichter gesagt: Ist Christus einmal in der Welt, gibt es kein Zurück, auch für Gott nicht. Was einmal zur Sprache und zur Welt gekommen ist, kann nicht mehr zurückgenommen werden. Es wird immer gesprochen worden sein.

Was im Blick auf das Spiel *pathologisch* genannt werden würde, lebenslang ganz in diesem Spiel aufzugehen, ohne Rückweg, wird für die pathische Wahrnehmungsform des Glaubens als wünschenswert vorausgesetzt: Wer durch diese Tür tritt, ist und bleibt in einem neuen Leben. Das kann man mit Recht »unheimlich« finden. Geht es doch anders als bei Odysseus nicht um einen Umweg mit Rückweg, sondern Abraham gleich um einen Weg ohne Rückkehr. Daher kann man auch das *Unpassende* der Spielmetapher benennen: Glaube kann man nicht ausprobieren und einen Abend lang spielen. Daher ist auch das Modell der Immersion genauer und besser geeignet, die Pointe namhaft zu machen: mit der Zuspitzung, es gehe um definitive, eschatologische Immersion.

Damit wird auch den Film- und game-studies gegenüber eine Unähnlichkeit bestimmbar: Virtual reality ist in der Regel dezidiert ungefährlich konzipiert und folgenlos. Die vorübergehende Neuverortung des »users« im Kontext des Erkannten, seine »Translokation« wird nicht zur einer »Transsubstantiation« oder besser »Transfiguration«. Er wird kein anderer, sondern kann »gut unterhalten« wieder zurückkehren in sein altes Leben. Alles andere wäre gefährlich und vermutlich pathologisch.

Im Glauben hingegen wird es sowohl gefährlich als auch folgenreich. Sonst ginge es nicht um Gott. Um so erstaunlicher, dass die Immersionstechniken des Christentums meist auffällig unauffällig bleiben, arg zurückhaltend. Während bei der Immersionsforschung die empirischen Faktoren und die technischen Apparaturen im Vordergrund stehen (was im Übrigen durchaus auch bei religiösen Immersionen erforscht werden könnte), sind demgegenüber die Immersionsmedien der Religion nicht atechnisch, aber doch technisch erstaunlich elementar und für zeitgenössische Erregungstechniken vielleicht schlicht »langweilig« oder zu zurückhaltend: Wort, Schrift, Bild etc. Es sind körpernahe, lebensweltnahe Medienpraktiken, die in der Regel ohne so genannte Neue Medien auskommen. Der Mainstream der Immersionsökonomie ist dagegen: immer mehr, immer intensiver, eindrucksvoller: möglichst *wirklicher als die Wirklichkeit* (in eigentümlicher Nähe zur religiösen Imagination einer kommenden Welt, die wirklicher als *diese* Wirklichkeit sei). Gegen die ebenso spannenden wie gelegentlich auch unheimlichen Medientechniken der Immersionsintensivierung sieht die Religion meist »alt« aus.

Dann ergibt sich ein Unterscheidungsbedarf: kompetitive Immersionssteigerung oder Diskretion in Sachen Immersionstechnik. Der eine, recht breite Weg wäre die Kathedrale bis zur Crystal Cathedral. Was eine ordentliche Megachurch sein will, muss medial mithalten können. Der deutsche Protestantismus wirkt dann abgehängt, um nicht zu sagen abgehangen und altbacken. Was soll man dazu sagen? Das kann natürlich daran liegen, dass manches schlicht schlecht gemacht ist. Aber man kann das wohlmeinend auch etwas anders sehen. Könnte die mediale Zurückhaltung nicht einen religiösen Sinn haben? »*Solo verbo*« ist gnädigerweise nicht besonders »Mega«. So zu kommunizieren, dass es möglichst *nicht überwältigend* wird, sondern Spielräume der Freiheit eröffnet, Räume der Nachdenklichkeit und einer eigenen Verantwortung von Nähe und Distanz? Wenn Rechtfertigung die passive Genesis christlicher Freiheit meint, sollte die entsprechende Medienpraxis mit einer Immersions-Diskretion verfahren und nicht den Allmachtsphantasien solcher Immersionsmedientechnik folgen, über die hinaus eine größere nicht gedacht werden kann. Der Leib des Geistes ist nicht Kraft und Herrlichkeit, das wäre eine pneumatologia gloria, sondern überraschend unspektakulär: diskreter als gedacht.

2. Recht – Ökonomie – Zivilgesellschaft

Law, Religion, and Metaphors

John Witte, Jr.

The great English historian, Herbert Butterfield, once wrote of the habit of Protestants »to hold some German up their sleeves [...] and at appropriate moments to strike the unwary Philistine on the head with this secret weapon, the German scholar having decided in a final manner whatever point may have been at issue.«[1] Professor Michael Welker has been the German up my sleeve–and, increasingly, at my side–for nearly two decades now, much to my delight and edification.

I first met Professor Welker at a 1998 Princeton Theological Seminary conference on »Religion, Pluralism, and Public Life.« There he argued strongly that, to be effective in public and interdisciplinary discourse, theology had to be »serious,« »truth-seeking,« »existentially grounded,« and »comprehensible,« with a studied »competence in social and cultural criticism,« and a sturdy willingness to engage »the burning questions that our contemporary cultures and societies pose.«[2] In the ensuing two decades, Professor Welker has embarked on a major series of brilliant interdisciplinary and international projects and publications that have brought theology into »serious,« and deep »truth-seeking« dialogue with the fields of science, cosmology, politics, law, philosophy, economics, media, literature, and more. All along he has continued to pour out his own marvelous monographs on the doctrines of God, the Spirit, liturgy and the sacraments, human anthropology, the Protestant Reformation and Reformed theology, along with critical studies of great theologians and philosophers from Kant, Hegel, and Schleiermacher to Whitehead, Bonhoeffer, and Moltmann. He has also traveled the world, standing at distinguished lecterns and pulpits on every Continent and having his work translated and celebrated in sundry Romance and Asian languages. Here is one of Butterfield's great »German scholars« for our own day. Professor Welker has not pretended to »decide in a final manner« the many great questions he has engaged. But, as other chapters in this volume amply attest, he has certainly helped a great deal to »build up trust« and »truth-seeking« dialogue across interdisciplinary, interreligious, and international lines.

I have been a happy beneficiary of the law and religion dialogue that Professor Welker has helped to lead. I have had the privilege of collaborating with him

---

1 Herbert Butterfield, *Christianity and History* (New York: Charles Scribner's Sons, 1949), 9.

2 Michael Welker, »Is Theology in Public Discourse Possible Outside Communities of Faith,« in *Religion, Pluralism, and Public Life: Abraham Kuyper's Legacy for the Twenty-First Century*, ed. Luis Lugo (Grand Rapids, MI: Wm. B. Eerdmans, 2000), 110–22.

on several international and interdisciplinary projects that included law and religion themes – human dignity and anthropology, religion and globalization, law and biblical Christianity, and legal concepts in the sciences, legal studies, and theology. We have stood at each other's lecterns at Heidelberg and Emory, edited, reviewed, and translated each other's work, and led and participated in several roundtables together on the interaction of the spheres and sciences of law and religion and their »concrete applications« to the »burning questions« of our day.

In the course of this collaborative work, we have come to see that the spheres and sciences of law and religion are conceptually related. They both draw upon prevailing concepts of the nature of being and order, the person and community, knowledge and truth. They both embrace closely analogous doctrines of sin and crime, covenant and contract, righteousness and justice. Law and religion are methodologically related. They share overlapping hermeneutical methods of interpreting authoritative texts, casuistic methods of converting principles to precepts, systematic methods of organizing their subject matters, pedagogical methods of transmitting the science and substance of their craft to students. Law and religion are institutionally related, through the multiple relationships between political and religious officials and the multiple institutions in which these officials serve.

We have also come to see that law and religion are dimensions of each other. Every legitimate legal system has what Lon Fuller called an »inner morality,« a set of attributes that bespeak its justice and fairness. Like divine laws, human laws are generally applicable, publicly proclaimed and known, uniform, stable, understandable, non-retroactive, and consistently enforced.[3] Every legitimate legal system also has what Harold Berman called an »inner sanctity,« a set of attributes that command the obedience, respect, and fear of both political authorities and their subjects. Like religion, law has authority – written or spoken sources, texts or oracles, which are considered to be decisive or obligatory in themselves. Like religion, law has tradition – a continuity of language, practice, and institutions, a theory of precedent and preservation. Like religion, law has liturgy and ritual – the ceremonial procedures, decorum, and words of the legislature, the courtroom, and the legal document aimed to reflect and dramatize deep social feelings about the value and validity of the law. In turn, religion maintains a legal dimension, an inner structure of legality, which gives religious lives and religious communities their coherence, order, and social form. Legal »habits of the heart« structure the inner spiritual life and discipline of religious believers, from the reclusive hermit to the aggressive zealot. Legal ideas of justice, order, dignity, atonement, restitution, responsibility, obligation, and others pervade the theological doctrines of countless religious traditions. Legal structures and processes continue to organize and govern religious com-

---

3 Lon L. Fuller, *The Morality of Law*, rev. ed (New Haven, CT: Yale University Press, 1964).

munities and their distinctive beliefs and rituals, mores and morals. Without religion, law decays into empty formalism; without law, religion decays into shallow spiritualism.[4]

In this chapter–dedicated to Professor Welker with great admiration, appreciation, and affection–I explore a bit the role of metaphor theory as an additional »truth-seeking« and »trust building« bridge between the fields of law and religion. This has not been a topic that Professor Welker and I have discussed. Much of the high-flying metaphor theory in print is several octaves above my usual low pitch as a legal historian. But I have learned just enough about this theory from our late great friend, Don Browning, to see some of its power and potential as a further methodological bridge builder between law and religion discussions. And, I have learned just enough about »integrative jurisprudence« from my late great mentor, Harold J. Berman, to think that metaphor theory might help with integrating legal and religious discourse a bit further, thereby further »building trust« and »reducing risk« of misunderstanding across these two great disciplines. Hence these necessarily preliminary and experimental thoughts below.[5]

Metaphors and Meaning

Modern cognitive theorists have shown that our conceptual thought and everyday speech are riddled with metaphors that help us to make sense of our experiences.[6] The metaphors they have in mind are not only the clever images, similes, fictions, and analogies of the poets and playwrights: »the ship of state«; »your mind is a machine«; »time heals all wounds«; »necessity is the mother of invention«; »thou hast cleft my heart in twain.«[7] Nor do they mean just the colloquialisms of common speech: »I smell a rat« or »that idea stinks.« These kinds of word games are everywhere in our language, and have long been recognized. Modern cognitive theorists are interested not just in these word games but also in the metaphors that run deeper, sometimes unseen, yet shape our thought and language. »The essence of metaphor is understanding and experiencing one

---

4 Harold J. Berman, *The Interaction of Law and Religion* (Nashville, TN: Abingdon Press, 1974).

5 I have been discussing this topic with my friend and colleague, Rafael Domingo, and have benefitted greatly from his recent *God and the Secular Legal System* (Cambridge: Cambridge University Press, 2016) and his unpublished ms., »Body, Soul, and Spirit of the Law: Towards a Holistic Legal Paradigm.«

6 See Paul Ricoeur, *The Rule of Metaphor: The Creation of Meaning in Language*, trans. Robert Czerny (London: Routledge, 2003).

7 Shakespeare, *Hamlet*, Act 3, Scene 4.

kind of thing in terms of another,« write noted cognitive theorists George Lakoff and Mark Johnson in their path-breaking study *Metaphors We Live By*.[8]

Orientation and Structural Metaphors

Some of these are what cognitive theorists call *orientation metaphors*. Think of how much conceptual and linguistic work we do with the simple spatial image of up and down. »Up« is generally more positive, »down« more negative in our mind and speech. »Things are looking *up*.« »Thumbs *up*.« »We hit our *peak* last year.« »I'm feeling *up* today.« »I'm in *high* spirits.« »That *boosted* my spirits.« »My spirits *rose*.« By contrast: »I'm feeling *down*.« »My spirits *sank*.« »I'm really *low*.« »I'm *depressed*.« I'm in a *rut*.« »It all been *downhill* of late.« »Even though I walk through the *valley* of the shadow of death.«[9] We draw the same set of contrasts with other spatial images. Think of »front-back,« »on-off,« »in-out,« »near-far,« »center-edge,« and how much they coat our thought and speech. We do the same thing with other kinds of common contrasts in nature: »light-dark,« »day-night,« »summer-winter« and more. It's »the winter of our discontent made glorious summer« – not the other way around. All these orientation metaphors allow us to tie our language and thought to common objects of our experience.[10]

Some of our language and thought is also shaped by deeper *structural metaphors*. These kinds of metaphors do more conceptual work, but often more subtly, sometimes subconsciously. Lakoff and Johnson give a good example: »Argument is war.« That's not something we normally say or hear in everyday speech – save perhaps in a tough crash course on negotiation, a military command center, or a bruising government budget battle. Yet, this structural metaphor quietly produces all kinds of common images in our mind and turns of phrase in our everyday speech about arguments:

> Your claims are *indefensible*.
> He attacked every weak point in my argument.
> His criticisms were *right on target*.
> I *demolished* his argument.
> I've never *won* an argument with him.
> You disagree? Okay *shoot*.
> If you use that *strategy*, he'll *wipe you out*.
> He *shot down* all of my arguments.[11]

---

[8] George Lakoff and Mark Johnson, *The Metaphors We Live By* (Chicago: University of Chicago Press, 1980), 5.

[9] Ps 23:4.

[10] Lakoff and Johnson, *Metaphors* (s. note 8), 14–24.

[11] Ibid., 4.

Obviously, an argument is not a form of war. But the concept of an argument is »metaphorically structured, the activity is metaphorically structured, and consequently the language is metaphorically structured« as a war.[12]

Once the structural metaphor, »argument is war,« gets pointed out, it's easy to see how it shapes our everyday language and habits of thought. And, once explored and illustrated, the metaphor might well bring nods of approval by some – say, a hard-nosed litigator whose livelihood depends on winning »courtroom battles.« It may bring frowns to others, like psychologists, mediators, or pastors, who use words to promote healing conversation or spiritual elevation. For them, the image of »argument is war« and the common phrases it inspires impedes their cause. They know that »fire away!« is not a good way to start a mediation or healing session. But for many of us who are »just arguing« about mundane things in everyday life we often subconsciously carry on with the linguistic artillery of warfare. That might help explain a bit why we sometimes can't stop the argument until we »win«; losers in »war« rarely fare well. But the metaphor itself–»argument is war«–often remains hidden, unacknowledged, while it quietly shapes our everyday thought and language.

Take another example of a structural metaphor: »Time is money.« This metaphor, too, spins off all kind of habits of thought and speech we use every day:

> You're *wasting* my time.
> This gadget will *save* you hours
> I don't *have* the time to give you.
> How do you *spend* your time these days?
> That flat tire *cost* me an hour.
> I've *invested* a lot of time in her.
> I don't *have enough* time to *spare* for that.
> You're *running out* of time.
> You need to *budget* your time.
> Is that *worth your while*?
> Do you have much time *left*?
> He's living on *borrowed* time.
> You don't *use* your time *profitably*.
> I've *lost* a lot of time when I got sick.
> *Thank you for* your time.[13]

In this metaphor, we've taken something infinite–time–and have not only divided it, but commodified it into something limited, valuable, and calculable. In a Western services market, this is a good way to do our billing and accounting, and it certainly helps to schedule appointments and airlines. But the reality is that the »time is money« metaphor, at least in the West, has saturated our

[12] Ibid., 5–6.
[13] Ibid., 7–8.

everyday speech, even when quantifying or calculating hours and minutes is not important or is counterproductive. Contrast that Western metaphor of »time is money,« say, to the images years of the Taliban in Afghanistan who say that »time is a gift,« and declare defiantly to the occupying American forces: »You have the watches, we have the time.«[14]

The »time is money« metaphor brings to mind all kinds of other metaphors of the market and the economy that pepper and spice our speech: »Labor is capital.« »Markets must be free.« »Every man has his price.« »It's a dog-eat-dog world out there.« Even in the world of economics that deals in hard numbers, metaphors are hard at work shaping our thought and language. We anthropomorphize the market into an agent and object, and describe its activities with our familiar orientation metaphors of up and down. »The market fell today.« »The Dow plummeted.« »Coke inched back up.« »GM fought its way back.« »NASDAQ leaped forward.« We root for the market as if we were watching our children from the sidelines of a ballgame – having »invested« in both. Sometimes we make the market an object, often a victim, of the actions of others: »That new regulation just strangled the market.« »The dollar's fall killed GM this quarter.« »The Fed's lower interest rate gave the Dow new life.« What is interesting for our purposes is that »the stock market is one place where communicators strive for practical precision rather than inspiring poetry,« but here, too, metaphors work subtly to shape our thought, language, and practice.[15]

Ontological and Religious Metaphors

Even deeper than orientation and structural metaphors are what cognitive theorists call *ontological metaphors*. These are more fundamental beliefs, values, and ideals that shape not only our thought and language but our whole intellectual and institutional orientation. Sometimes these deep ontological metaphors are cast in poetic language. »Man is free, but everywhere in chains.«[16] »These are the times that try men's souls.«[17] »The Constitution has erected a high and impregnable wall between church and state.«[18] »Law is the bulwark of freedom.«[19] Sometimes these ontological metaphors are plainer statements but with no less meaning-making and institution-shaping power: »All men are

---

[14] *Newsweek* (October 10 & 17, 2011), 62.

[15] Michael W. Morris et al., »Metaphors and the Market: Consequences and Preconditions of Agent and Object Metaphors in Stock Market Commentary,« *Organizational Behavior and Human Decision Processes* 102 (2007): 174–92.

[16] Jean Jacques Rousseau, *The Social Contract, and Other Later Political Writings*, ed. and trans. Victor Gourevitch (Cambridge: Cambridge University Press, 1997), bk. 1, chap. 1, sec. 1, 41.

[17] Thomas Paine, *Common Sense and the Crisis* (New York: Doubleday, 1960).

[18] Everson v. Board of Education, 330 U.S. 1, 18 (1947).

[19] Milner S. Ball, *Lying Down Together: Law, Metaphor, and Theology* (Madison, WI: University of Wisconsin Press, 1985), 23, 143, quoting James Madison, Lord Denning and others.

created equal.« »No taxation without representation.« »One man, one vote.« »Popular sovereignty.« »Freedom!«[20]

In politics, these deeper ontological metaphors–whether poetically or plainly stated–can become veritable articles of faith, which we cherish, even adore, which we fight for, even to death. During the American Revolution, these ontological metaphors were clearly stated as articles of faith grounded in »the laws of nature and nature's God.« »We hold these truths to be self-evident, that all men are created equal, that they are endowed by their Creator with certain unalienable rights.« These founding statements were eventually wrapped in bright patriotic colors and ceremonies, statues and songs that could not be missed as articles of a common political faith. In the Cold War, they were recast as »spiritual weapons« in the struggle of »freedom versus communism,« »Godly America versus atheist Russia.«[21] In the war on terror, they were pitched as a »crusade for freedom« against the »axis of evil,« the »clash of civilizations« between the West and the rest.[22]

But ontological metaphors in politics, or in other fields, don't have to be so high-flying, so obvious, so revolutionary to inspire followers, or to shape actions, allegiances, and institutional activities reflexively. The great American church historian Martin Marty tells the funny but poignant story of »an incident in which visitors came upon a tarred-and-feathered refugee as he ran away from the up-in-arms citizenry of a small town. Asked what had led him to this terrible treatment, he declared that an argument had arisen about the Monroe Doctrine and his attitude toward it [...]. He said he believed in the Monroe Doctrine, he lived by the Monroe Doctrine, he would die for the Monroe Doctrine; he just did not know what was in it.«[23] The point is that it's not just soldiers, duty-bound to obey commands, whose activities and attitudes can be reflexively shaped by ontological metaphors that express deep ideals of »freedom,« »democracy,« or »patriotism.« It's often the followers, the crowds, who will join a cause reflexively, often knowing little more than the guiding maxim, the statement of belief, the ontological metaphor, of the movement to spur them to dramatic action. »Corporations are greedy« was enough to stoke the WTO riots and Occupy Wall Street movement. »Management is corrupt« has inspired many a labor strike. »Save the rainforest« brings out the greens and greenbacks by the millions. It

---

20 See the collection of American founding statements in Philip B. Kurland and Ralph Lerner, eds., *The Founders' Constitution*, 5 vols. (Chicago: University of Chicago Press, 1987).

21 See T. Jeremy Gunn, *Spiritual Weapons: The Cold War and the Forming of an American National Religion* (Westport, CT: Praeger, 2009).

22 Samuel P. Huntington, *The Clash of Civilizations and the Remaking of World Order* (New York: Simon and Shuster Paperbacks, 2011).

23 Martin E. Marty, »Foreword,« to *Modern Christian Teachings on Law, Politics, and Human Nature*, ed. John Witte, Jr. and Frank S. Alexander (New York: Columbia University Press, 2006), xvi (citing D.W. Brogan).

does not matter whether these claims are true, verified, rational, or justified. Eventually, their mere statement is enough to spur allegiance and action.

As these examples illustrate, ontological metaphors run deeper than structural metaphors. »Deeper« in the sense that they don't just subtly shape thoughts and words; they also inspire attitudes and actions of greater magnitude. »Deeper« in that they sometimes concern fundamental or ultimate beliefs or values in life, things for which people make ample sacrifices of time, talent, and treasure – things that people will die for. »Deeper« in that these ontological metaphors sometimes command major allegiances and alliances – literally, on the battlefields and streets, virtually in the communities of ideas and conversation that gather around them.

Viewed at this deeper level, ontological metaphors can become like religious metaphors. Not all ontological metaphors are religious. But an ontological metaphor—and the attitudes and actions, allegiances and alliances it inspires—becomes religious if it is based on subjective beliefs and assumptions about the underlying features of experience and reality, and if it involves a cognitive leap, an act of trust or reliance that goes beyond immediate sense experience or the experimentally replicable procedures of science. In taking this leap or relying on this hunch, it takes on the character of faith, becoming at least »quasi-religious.« Often this is done today when, say, Marxism, market capitalism, liberal democracy, cultural individualism, or therapeutic ideologies provide life orientations and directions for individuals and groups.[24] The ontological metaphor becomes more fully religious in character when it gets expressed in and through ceremonies and rituals, statements of belief, canons of conduct, and communities of followers – as we see in some modern forms of secular nationalism.

To call these ontological metaphors »religious« or »quasi-religious« is not to deprecate or defame them. It's rather to show that they shape attitudes and actions, allegiances and alliances much like religious metaphors shape the same in Christians and other religious believers. »Profit is the measure of right« is no less a galvanizing creedal statement than »Do unto other as you would have done unto you.« »Man is free« shapes allegiances and alliances as much as »God is sovereign.« »Marriage is a mere contract« is no less a fundamental statement of belief and value than »marriage is a sacrament.«

With this broad understanding of metaphor as our guide, we can see that many schools of thought and action and many cognitive activities are religious or quasi-religious in character. They build on and produce faith-like hunches about the most determinative context of experience and either imply or are further animated by storylines about the whence and whether of reality as a whole. Political historians and philosophers have long shown how modern na-

---

24 For a fuller discussion of this view of religious metaphors, see Don Browning and Terry Cooper, *Religious Thought and the Modern Psychologies* (Minneapolis, MN: Fortress Press, 2004), 21–30, 106–43, 203–9.

tionalism is a form of secular religion rooted in deep political metaphors. This same phenomenon can be seen in the world of ideas. In *Evolution as a Religion*, Mary Midgley shows how many scientists and other academics embrace the metaphor of evolution not only as an explanatory concept but also a quasi-religious belief about the origin and nature of reality. For them, old-fashioned talk of a »creation order,« »natural law,« or »teleological structure« is not just unscientific, but anathema, a form of irrationality to be exorcised from the academy.[25] In *Economics as Religion*, Robert Nelson exposes the faith-like economic beliefs and actions of various rational-choice, behavioral, and institutional economics schools at work today. In these competing schools of economic thought, Nelson finds differing quasi-religious models of what is basic to experience, what can be trusted, and what can be expected in the future. Among some economists, Nelson shows, »cost-benefit analysis« is as devout a belief and liturgical an activity as »praying for our daily bread.«[26] Similarly, in *Religious Thought and the Modern Psychologies*, Don Browning and Terry Cooper have exposed the quasi-religious metaphors that animate the major modern psychologies. Deep metaphors of life against death, harmony, care, and teleological design anchor their thought, and inspire major schools of psychological thought and therapeutic service that still operate all over the West and well beyond.[27]

Metaphors and the Law

Having seen orientation, structural, ontological, and even quasi-religious metaphors at work in many other fields of study–even technical fields like science and economics–it should come as no surprise to find metaphors at work in law, too. Despite its popular reputation for being bound by neutral logic, exacting reason, and scientific rigor, law is in fact filled with metaphorical reasoning and rhetoric. And the legal system as a whole rests on deep ontological metaphors that reflect fundamental beliefs and subjective values of the people and their rulers.

Orientation and Structural Metaphors

A number of metaphors at work in the law are orientation and structural metaphors. Many of them are based on personifications of the law, metaphors mapped onto the body and its parts. Jurists speak of the »body« the »corpus« of the law -the *Corpus Iuris Civilis*, the *Corpus Iuris Canonici*, the *Corpus Iuris Hibernici*. This »body« of the law is sometimes depicted in a gendered way as »Lady Justice« - *Justitia* and *Dike*, the ancient Romans and Greeks called her. The law,

[25] Mary Midgley, *Evolution as a Religion* (London: Methuen, 1985).

[26] Robert Nelson, *Economics and Religion: From Samuelson to Chicago and Beyond* (University Park, PA: The Pennsylvania State University Press, 2001).

[27] Browning and Cooper, *Religious Thought* (s. note 24).

jurists say, has both an »anatomy« and a »physiology« - a structure and form as well as a process, procedure, and proper way of functioning.[28] It also has a »heart,« »soul,« and »spirit« - reflected in the concern for both the letter and spirit of the law.[29] The law »embodies« important principles like »due process,« into which are further »incorporated« (from »*corpus*,« Latin for »body«) various rights in the Bill of Rights. The body of the law grows, matures, and senesces; some of its members eventually die and become »dead letters.« But even then, some of these dead members »long buried,« like the old forms of actions at English common law, »still rule us from their graves.«[30]

Citizens and subjects are »bound« by the law, and the private contracts made between parties are likewise »binding.« Criminals »break« the law, »harm« the »body politic,« »tear the social fabric.« Thus »the long arm of the law« reaches out to bring them to justice. An important new case is a »seminal« case. The later cases it »spawns« are its »progeny.« Constitutional courts »strike« down statutes »on their face.« Corporations are »legal bodies,« »fictitious persons,« capable of »corporate speech« and »corporate crime.« Busy lawyers call the law »a jealous mistress« and call themselves »slaves« to their time sheets. Lawyers »stand« at the bar, on behalf of clients whose cases are »live.« Judges »sit« on these cases and preside over the ritualized »battles« of the courtroom, which open with »pleadings« to the judge, followed by the ritualized »motions« and »counter-motions« of the opposing parties. Each side then »attacks« the other with »lines of argument« arrayed as if soldiers on a march, with one side »winning« and collecting the spoils, the »damages,« inflicted on the other.[31]

As soon as you let your imagination run this way, all kinds of such structural metaphors of the law come to mind. Think of trees: the law has »roots,« »branches,« »ripe cases,« specialized »fields.« Think of rivers: we have »streams of commerce,« »downstream effects« of decisions, »watershed« cases or statutes, and new laws drawn out of »deep wells.« Think of mountains: we have »high

28 See Lon L. Fuller, *Anatomy of the Law* (New York: Praeger, 1968); Henry M. Hart Jr. and Albert M. Sacks, *The Legal Process*, ed. William N. Eskridge, Jr. and Philip P. Frickey (Westbury, NY: Foundation Press, 1994). See other examples in Domingo, »Body.« (s. note 5).

29 See Martin E. Marty, »The Religious Foundations of the Law,« *Emory Law Journal* 54 (2005): 291–324, with responses by Frank S. Alexander, Timothy P. Terrell, and Paul J. Zwier, in *Emory Law Journal* 54 (2005): 325–75.

30 F.W. Maitland, *Equity and the Forms of Action at Common Law* (Cambridge: Cambridge University Press, 1909), 296, quoted and discussed in Steven L. Winter, *A Clearing in the Forest: Law, Life, and Mind* (Chicago: University of Chicago Press, 2001), 335–6.

31 Winter, *Clearing*, 336–39; id., »Transcendental Nonsense, Metaphoric Reasoning, and the Cognitive Stakes for Law,« *University of Pennsylvania Law Review* 137 (1989): 1105–237; id., »The Metaphor of Standing and Self-Government,« *Stanford Law Review* 40 (1988): 1371. See also Mark Johnson, *The Body in the Mind: The Bodily Basis of Meaning, Imagination, and Reasoning* (Chicago: University of Chicago Press, 1987); George Lakoff, *Women, Fire, and Dangerous Things: What Categories Reveal About the Mind* (Chicago: University of Chicago Press, 1987).

principles« and »lowly precepts«; we have »slippery slopes« and »dangerous passes« that should not be risked. Think of »paths«: Rabbis speak of »the way« or »path of the law« (Halacha); Justinian regarded »the legal remedy as a path« to peace and order. Think of light: important cases are »fixed stars in the universe« and important legal tomes and codes are the »windows« or »mirrors« (*Spiegelen*) of law. And on and on we could go.

Some of these legal metaphors are simply rhetorical tropes or shorthands to stoke the imagination or to win over the non-lawyer sitting, say, in the jury box or the voting booth. Think of how the »marketplace of ideas« metaphor brings alive one version of free speech doctrines or how »the wall of separation« image captures one ideal of church-state relations. Sometimes these metaphors are »condensed codes«[32] designed to communicate legal complexity with simplicity and efficiency. »Having one's day in court« nicely captures a whole array of important legal doctrines and procedures and constitutional rights. Giving »marital equality« to gays and lesbians is a nice rhetorical shorthand for a whole body of learning about privacy, equality, autonomy, non-discrimination, and self-determination as well as about the nature and purpose of marriage itself.

Ontological and Religious Metaphors

But in law, metaphors are more than linguistic tools and rhetorical tropes. They are also designed to help make objective and tangible the deep subjective ideals and beliefs that we hold dear as legal authorities, legal subjects, and legal professionals. These metaphors help us to create enduring legal order and meaningful legal norms – norms that are understandable, acceptable, commanding of obedience, and enforceable in a community.[33] As the late Yale legal philosopher Robert Cover put it:

> Creation of legal meaning [...] requires not only the movement of dedication and commitment, but also the objectification of that to which one is committed. The community posits a law, external to itself, that it is committed to obeying and that it does obey in dedication to its understanding of that law. Objectification is crucial to the language games that can be played with the law to the meanings that can be created out of it [...]. Creation of legal meaning entails, then, subjective commitment to an objective understanding of a demand. It entails the disengagement of the self

32 Mary Douglas, *Natural Symbols: Explorations in Cosmology* (New York: Pantheon Books, 1982), 24, quoted and discussed with reference to the family in Robert N. Bellah, »Marriage in the Matrix of Habit and History,« in *Family Transformed: Religion, Society, and Values in American Life*, ed. Steven M. Tipton and John Witte, Jr. (Washington, DC: Georgetown University Press, 2005), 21–33.

33 See Robert M. Cover, »Violence and the Word,« *Yale Law Journal* 95 (1986): 1601 on the necessary coercive quality of these binding norms. See further Robert M. Cover, *Narrative, Violence, and the Law: The Essays of Robert Cover*, ed. Martha L. Minow, Michael Ryan, and Austin Sarat (Ann Arbor, MI: University of Michigan Press, 1992).

> from the »object« of law, and at the same time requires an engagement to that object as a faithful »other.«[34]

In saying this, Cover »strips lawmaking down to its roots in human thought and action,« and »rip[s] away the veil of objectivity and rationality that attends the most conventional judicial and academic expositions of the law« as a closed system of auto-generated and self-executing rules and procedures.[35]

Cover's insight captures but goes beyond the insights of the American legal realists in the 1930s and 40s, who showed persuasively that judges render their judgments not merely by formal legal logic and ineluctable legal reasoning, but just as much in expression of their passions, prejudices, experiences, and ideals.[36] It also goes beyond the more cynical charges of various critical legal scholars who, since the 1960s, have claimed that law is simply an instrument for the rich and powerful to exploit the poor, needy, and vulnerable, and to impose coercively on the community their ideals of class, gender, race, religion, economy, social hierarchy, and more.[37] For Cover, the realists and »crits« were right in exposing the reality that law is not the closed system of formal rules and procedures that the dominant schools of legal positivism of their day were teaching law students. They were right to show that beneath the objective patina of the law, beneath its claims of purported neutrality and pure rationality, there are fundamental subjective beliefs, ideals, and values, deep ontological metaphors, that for better or worse drive legislation, adjudication, and executive administration of the law. But this reality is a not a betrayal of the rule of law, Cover insists. To the contrary, the law needs that process of objectifying the subjective, of reifying certain ideas, values, and beliefs, in order to be enduring and effective, and to be binding on citizens and officials alike.

The key to the legitimacy of a legal order is for the people and their rulers alike to be aware of this reality. They must be aware that the purportedly objective rules and procedures of the law are rooted in deep subjective choices, even if those choices remain hidden from day-to-day legal and communal life. They must be aware that these deep subjective choices reflect and reify fundamental beliefs and values, deep ontological metaphors, about the meanings and measures of authority and liberty, justice and mercy, rule and equity, nature and custom, canon and commandment, and more. They must be able, when a major crisis and challenge comes, to bring to light these fundamental beliefs, to inspect them, and, if necessary, to reform them or the particular rules and procedures that these beliefs and metaphors once inspired. And the people and

---

34 Robert M. Cover, »Nomos and Narrative: The Supreme Court 1982 Term,« *Harvard Law Review* 97 (1983): 45.

35 Winter, *Clearing* (s. note 30), 334.

36 See, e.g., William W. Fisher, Morton J. Horwitz, and Thomas Reed, *American Legal Realism* (Oxford: Oxford University Press, 1993).

37 See, e.g., David Kairys, ed., *Politics and the Law: A Progressive Critique*, rev. ed. (New York: Pantheon Books, 1990).

their rulers must be aware that these fundamental beliefs, and the decisions about whether and how to reform them, are situated in and guided by ongoing communal narratives about the meaning of life and reality altogether. Cover put it memorably:

> We inhabit a *nomos* – a normative universe. We constantly create and maintain a world of right and wrong, of lawful and unlawful, of valid and void [...]. No set of legal institutions or prescriptions exists apart from the narratives that locate it and give it meaning. For every constitution, there is an epic, for every decalogue a scripture. Once understood in the context of the narratives that give it meaning, law becomes not merely a system of rules to be observed, but a world in which we live.[38]

Metaphor theory, understood this way, has long been a favorite of Western legal historians as they have sought to describe the foundational ideology or belief-system of a legal civilization or age and the major forms and norms of its predominant legal system. In recounting the history of the law, these historians ask: What are the dominant beliefs and values, myths and metaphors that inform this legal system? What happens to this legal system when those myths and metaphors change, especially abruptly through conquest or revolution? The American poet and Harvard Law School graduate, Archibald MacLeish, captures this notion in his poem, *The Metaphor*:

> A legal age becomes an age, all else beside,
> When sensuous poets in their pride invent,
> Emblems for the soul's content.
> That speaks the meanings men will never know
> But man-imagined images can show.
> It perishes when those images, though seen,
> No longer mean.[39]

Harold J. Berman offers a splendid example of viewing the history of Western law through shifts in its ontological metaphors, or its founding »belief systems,« as he called them. There is a distinct Western legal tradition, Berman argues, a set of legal ideas and institutions that has evolved by accretion and adaptation over the centuries. Six great revolutions, however, have punctuated its gradual

---

38 Cover, »Nomos and Narrative« (s. note 34), 4–5. For comparative perspectives along comparable lines, see Lior Barshak, »Constituent Power as Body: Outline of a Constitutional Theology,« *University of Toronto Law Journal* 56 (2006): 185; Kjell Å Modéer, »Lebende Ruinen des Rechts: Rechtliche Metaphern in postkoloniel und spätmodernen Rechtskulturdiskursen,« *Rechtsgeschichte* 19 (2011): 228 and elaboration in Lisbet Christoffersen, Kjell Å Modéer, and Svend Andersen, eds., *Law & Religion in the 21st Century – Nordic Perspectives* (Copenhagen: Djøf Publishing, 2010).

39 Quoted by Harold J. Berman, *Law and Revolution: The Formation of the Western Legal Tradition* (Cambridge, Mass.: Harvard University Press, 1983), v.

evolution: the Papal Revolution of 1075, the German Lutheran Revolution of 1517, the English Puritan Revolution of 1640, and the American, French, and Russian Revolutions of 1776, 1789, and 1917. These revolutions were, in part, rebellions against a legal and political order that had become outmoded and ossified, arbitrary and abusive. But, more fundamentally, these revolutions were products of radical shifts in the founding metaphors, in the dominant belief-systems of the people.

Each of these new belief systems offered a new eschatology and a new apocalyptic vision of the perfect end-time, whether that be the second coming of Christ, the arrival of the heavenly city of the Enlightenment philosophers, or the withering away of the state. Each of these revolutions triggered massive changes in prevailing legal forms and norms – movements from canon law to civil law to common law, from the supremacy of the church, to the supremacy of the state, to the supremacy of the individual and the collective. Each of these revolutions, in its radical phase, sought the death of an old legal order to bring forth a new order that would survive its understanding of the Last Judgment. Eventually, each of these revolutions settled down and introduced fundamental legal changes that were ultimately subsumed in and accommodated to the Western legal tradition. Today, Berman concludes, this Western legal tradition has been drawn into increasing cooperation and competition with other legal traditions from around the globe, in the struggle to define a new common law, a new legal language for the emerging world order.[40]

Berman's account of law and religion in Western history built on earlier European scholarship. Nineteenth-century German jurists Friedrich Carl von Savigny and Otto von Gierke, for example, offered a quite different account of Western legal history based on shifting images of the individual and the collective, the *Volk* and the *Volksgeist*, the citizen and the association (*Genossenschaft*). English legal historian Sir Henry Maine depicted millennium-long shifts in the Western legal tradition from status to contract, from equity to legislation, from custom to code. Dutch philosopher Herman Dooyeweerd analyzed the founding and grounding »religious motifs« or metaphors of each age – the motifs of Greek »form and matter,« Catholic »grace and nature,« Protestant »creation, fall, and redemption,« and Enlightenment »nature and freedom« and the concrete manifestations of these shifting motifs in legal, political, and cultural life.

[40] See Berman, *Law and Revolution*; *Faith and Order: The Reconciliation of Law and Religion* (Wm. B. Eerdmans, 2000); *Law and Language: Effective Symbols of Community*, ed. John Witte, Jr. (Cambridge: Cambridge University Press, 2013). See analysis in Howard O. Hunter, *The Integrative Jurisprudence of Harold J. Berman* (Boulder/London: Westview Press, 1996); Symposium, »The Foundations of Law,« *Emory Law Journal* 54 (2005): 1–375; Lior Barshak, »The Communal Body, The Corporate Body, and the Clerical Body: An Anthropological Reading of the Gregorian Reform,« in *Sacred and Secular in Early Modern Cultures: New Essays*, ed. Lawrence Besserman (New York: Palgrave MacMillan, 2006), 101.

Legal scholars have used metaphor theory not only to describe the founding metaphors or beliefs of whole legal systems in different historical eras, but also to describe discrete bodies of law in operation today. Constitutional law is a favorite for metaphorical treatment. A number of legal scholars have shown that, for many Americans, constitutionalism is a fundamental cultural activity that sometimes takes on overt religious qualities.[41] The Constitution is viewed as a sacred national document, secured in a national shrine, celebrated in national holidays and exhibitions, and confirmed in solemn oaths and pledges of allegiance. The text of the Constitution is authoritative in itself, a canon whose exact meaning remains the subject of endless debate and development. The writings of the founding fathers who created and ratified this document are also authoritative – like Prophets expounding the Torah, Epistles glossing the Gospels. The judges who interpret the Constitution are secular priests, who, after enduring long passages of ordination and confirmation, utter solemn public oaths to uphold the Constitution.[42] Like priests standing at their high pulpits expounding the biblical commandment to »love thy neighbor as thyself,« judges sit on their raised benches expounding the constitutional commandment to give »due process« and »equal protection« to all.[43] Like congregants in the church, citizens of the state study these priestly interpretations of their authoritative text, debating their veracity, their utility, their allegiance to the original and evolving meaning of the canon.

It's easy to get lofty like this in describing the quasi-religious ontological and structural metaphors of constitutional law, since this topic morphs into some of the quasi-religious political metaphors that we sampled above. But other legal subjects–criminal law, torts, contracts, bankruptcy, evidence, corporations, environmental law, human rights law, and the like–have equally profound, albeit usually more prosaic beliefs, values, and ideals that shape them. Deep notions of fault and responsibility are at work in torts and criminal law. The meaning of promises, faithfulness, and reliability animates the law of contracts. Redemption and forgiveness are at the core of bankruptcy law. Testimony and truth-seeking are at the heart of evidence law. Profit and accountability are among the founding beliefs of corporate law. Nature and its preservation are at the core of modern environmental law. Human dignity and its protection are at

[41] See, e.g., Sanford Levinson, *Constitutional Faith* (Princeton: Princeton University Press, 1988); Jack Balkin and W. Sanford Levinson, *Legal Canons* (New York: NYU Press, 2000); Paul W. Kahn, *The Cultural Study of Law: Reconstructing Legal Scholarship* (Chicago: University of Chicago Press, 1999); *Political Theology: Four New Chapters in the Concept of Sovereignty* (New York: Columbia University Press, 2011).

[42] W. Tarver Rountree, »Constitutionalism as the American Religion: The Good Portion,« *Emory Law Journal* 39 (1990): 203–16.

[43] Jaroslav Pelikan, *Interpreting the Bible and the Constitution* (New Haven, CT: Yale University Press, 2004).

the foundation of modern human rights law.[44] The founding norms and beliefs of these legal specialties don't usually get as grandly ritualized and celebrated as those of constitutional law – although environmental law and human rights do sometimes inspire marches and demonstrations, canons and declarations, platforms and associations that attract large numbers of spirited devotees.[45] But even if not, the founding ontological metaphors and beliefs at work in many specialty areas of law today remain deeply held, fervently believed, and reflexively implemented. In that sense, they are what I have called quasi-religious metaphors.

»Trinitarian« Metaphors in the Study of Law?

And now let me hazard a speculative idea, which I hope Professor Welker will accept as a genuinely open query: could the (quasi-)religious dimensions of metaphors in law also be reflected in part in the prevalent use of numbers that are considered special or even sacred in a culture. Nearly half a millennium ago, the great English jurist, Sir Edward Coke took note of how often the »sacred number twelve« came up in the law, beginning with the »Twelve Tables« of ancient Roman law:

> It seemeth to me that the Law in this case delighteth herself in the number of twelve. For there must not onley be 12 jurors for the tryall of matters of fact, but 12 judges of ancient time for the tryall of matters of law in the Exchequer Chamber. Also for matters of State, there were in ancient time 12 Counsellors of State. He that wageth his law, must have eleven others with him, which thinke hee sayes true. And that number of twelve is much respected in holy writ, as 12 apostles, 12 stones, 12 tribes, etc.[46]

A number of scholars have also pointed to the »special mystical value« attached to the number three in ancient systems of belief and law. »To many of the leading nations of antiquity it represented divine power,« writes leading Roman law historian, Henry Goudy, in a fascinating older study on *Trichotomy in Roman Law*. »As evidence of this it is enough to refer to the three Gods of Hindu mythology – Vishnu, Siva, and Brahma, and the Trinity of Christian doctrine. By some ancient philosophers, it [three] was regarded as the most symbolic of numbers, because it represented the beginning, middle, and end of all things, and also the

---

44 See examples in John Witte, Jr. and Frank S. Alexander, eds., *Christianity and Law: An Introduction* (Cambridge: Cambridge University Press, 2008).

45 See examples in John Witte, Jr. and Frank S. Alexander, eds., *Christianity and Human Rights: An Introduction* (Cambridge: Cambridge University Press, 2010) and John Witte, Jr. and M. Christian Green, *Religion and Human Rights: An Introduction* (Oxford: Oxford University Press, 2012).

46 Sir Edward Coke, *Institutes of the Lawes of England*, Part I, bk. 2, ch. 12, sec. 234.

dimensions of space.«[47] This appetite for triads appears similarly in numerous ancient legal doctrines. Goudy explores a score of them at the heart of Roman law: the division of all law into *ius naturale, ius gentium*, and *ius civile*; the main division of civil law into actions, persons, and things; the aphorism that all laws are concerned with the acquisition, conservation, and restriction of rights; the division of legal persons into *liberi, servi, et libertini*; the three marks of justice being *honeste vivere, alterum non laedere, suum cuique tribuere*; the three forms of government as monarchy, aristocracy, and democracy; and much more. This appetite for triads, for three-ness persists in many more recent legal doctrines, too.[48] Modern jurists speak regularly of life, liberty and property; *liberté, equalité, fraternité*; three generations of human rights; three purposes of punishment, retribution, deterrence, and rehabilitation; three forms of legal power, executive, legislative, and judicial; the body, soul, and spirit of the law, and more. Some jurists strive to integrate the three civil, theological, and educational uses of the law and the three legal schools of natural law, legal positivism, and historical jurisprudence.

So why the persistence of the number »three« as we think both functionally and foundationally about the law and our human interaction with it? Is »three« just an easy trope for presentation and memory? Is it just an organizational or »orientation metaphor«? Does it just connote the sense of basic balance that we three-dimensional human beings crave? Is it just akin to what gardeners tell us about planting flowers, trees, and bushes - that clusters of three together are usually seen as the most harmonious and balanced? Maybe that is all that is involved here.

But the Trinitarian Christian in me wonders whether there might be something deeper at work that drives this appetite for triads in law, as in life. In our creeds and confessions, we say that it was the Triune God who announced at creation: »Let us make man in *our* image, after *our* likeness.«[49] As image-bearers of God, humans thus ultimately bear God's triune image. We reflect these Trinitarian views in our anthropologies of body, soul, and spirit; of reason, will, and memory; of prophet, priest, and king; of faith, hope, and love. If we humans are created as Trinitarian beings, perhaps it is inevitable that the laws that we create, rooted as they are in the Triune God who gave us law, should reflect some of these Trinitarian dimensions as well.

That's a big claim, and one that I want to try to think and work through in the years ahead, hopefully in conversation if not collaboration with Professor Welker. He is, after all, working on the last volume of his trilogy on the Trinitarian Godhead - on God the just and righteous. What will be interesting to discover is whether an integrative Trinitarian jurisprudence can be built akin

47 Henry Goudy, *Trichotomy in Roman Law* (Oxford: Oxford University Press, 1910), 8–10.

48 Ibid., 20–72.

49 Gen 1:27.

to the integrative Trinitarian theology that has been worked out over the centuries; and whether St. Paul's metaphor of the »body, soul, and spirit« of the human person might be a useful metaphor for centering an integrated theory of the »body, soul, and spirit« of human laws. This would be a rather new way of thinking about law and religion, and more specifically law and Christianity. It might well build better »trust« between jurists and theologians than is reflected in Luther's famous quip, »*Juristen böse Christen.*« I don't know enough yet to speculate further here, but I suspect Professor Welker will have a lot to say about this topic. I won't be just holding him »up my sleeve« as Butterfield did with his favorite German scholar; I will be sitting at his feet, eager to learn more from him.

SECURITY OF EXPECTATIONS?

On Welker's Theology of Law

Dirk J. Smit

WELKER'S THEOLOGY OF LAW

From early on Michael Welker showed a strong interest in developing a theology of law – and that always intrigued me. Already in *God the Spirit* he explained that his »original intention« had actually been to write his first systematic-theological monograph on »God's law and gospel«[1] – yet I failed to understand why. Over the years he repeatedly claimed that many Protestant scholars work with overly simplistic understandings of »law and gospel« and that a more constructive and complex theology of law is needed[2] – and I always felt that I probably belonged among those scholars.

When he wrote an essay in the *Festschrift* for Moltmann on *The Future of Theology* he argued that the direction for Christian theology at the end of the second millennium involved the rediscovery of the significance of the basic Reformation distinction between law and gospel. It was necessary to reject common caricatures and to provide »more differentiated insights« into a »theologically and substantively appropriate understanding of the law,« showing the enormous potential, promise and competence of such a theology of the law.[3] When he co-edited a volume on *Toward the Future of Reformed Theology* he argued in

---

1 Michael Welker, *God the Spirit* (Minneapolis: Fortress, 1994), ix: »My original intention was to begin my lengthier publications on the most important themes of Christian theology with a volume on ›God's law and God's gospel.‹ Yet the contents and problems, the actual substance that was to be treated in working on that topic directed my attention, questions, and research over and over again to ›God the Spirit.‹«

2 Michael Welker, »Travail and Mission: Theology Reformed according to God's Word at the Beginning of the Third Millennium,« in *Toward the Future of Reformed Theology*, ed. David Willis and Michael Welker (Grand Rapids: Eerdmans, 1999), 136–52. Reformed theology, he says, has seldom allowed itself to be swept along by the many types of negative distortion and repression of the law, so common in the centuries of Christian history. With different notions (*usus politicus legis; tertius usus legis*) Reformed theology tried to see to it that theology of law retained its place in evangelical theology, yet »Reformed theology has been unable to bring the theology of law up to the level of differentiation seen in the biblical traditions« – and this is the major task and challenge for Reformed theology today, ibid., 144.

3 Michael Welker, »Christian Theology: What Direction at the End of the Second Millennium?,« in *The Future of Theology*, ed. Miroslav Volf, Carmen Krieg, and Thomas Kucharz (Grand Rapids: Eerdmans, 1996), 73–88.

his own contribution, on the »travail and mission« of Reformed theology at the beginning of the third millennium, for the urgent need to develop a theology of God's Word as a theology of law and gospel.[4]

In autobiographical asides, he sometimes alluded to his own delight, enthusiasm and new-found freedom when he first discovered the meaning and significance of the Old Testament law during the first theological courses which he taught in Tübingen.[5] It was therefore no surprise when he dealt with a theology of law in his inaugural lecture on the reign of God in Heidelberg in 1992,[6] and even less of a surprise when he again dealt with his theology of law and his sharp criticism of natural law in his retirement lecture on God's justice in Heidelberg in 2014.[7]

---

4 Welker, »Travail and Mission« (s. note 2), 136–52.

5 For example in his deeply personal response when his former students honored him with a conference and a publication, Michael Welker, »Gottes Geist und menschlicher Geist. Zur Situation – und ›How my mind has been transformed,‹« in *Gottes Geist und menschlicher Geist*, ed. Gregor Etzelmüller und Heike Springhart (Leipzig: Evangelische Verlagsanstalt, 2013), 359: »So empfand ich es als eine große Befreiung, nach drei theologiegeschichtlichen Vorlesungen die Vielgestaltigkeit der biblischen Gesetzeskorpora und die Polyphonie des biblisch bezeugten Geistwirkens kennenlernen zu dürfen. Endlich hatte ich eine Ebene erreicht, auf der ich mit ungetrübter Leidenschaft theologisch weiterarbeiten konnte und wollte,« 359. Also Michael Welker, »Brennpunkt Diakonie,« in *Brennpunkt Diakonie*, ed. Michael Welker (Neukirchen-Vluyn: Neukirchener Verlagsgesellschaft 1997), especially 8–12. Since that time, during his 1983/84 lectures, he says, the theme of the impressive dynamic rationality of the biblical law, so sadly mocked in Protestant caricatures, has intrigued him ever since (»hat mich seitdem ununterbrochen beschäftigt«).

6 Michael Welker, »Das Reich Gottes. Heidelberger Antrittsvorlesung,« *Evangelische Theologie* (1992): 497–512 (also: »The ›Reign‹ of God,« *Theology Today* [1992]: 500–15).

7 Michael Welker, »Gottes Gerechtigkeit,« *Neue Zeitschrift für Systematische Theologie und Religionsphilosophie* (2014), 409–21. For some of his other writings on justice, see for example already Michael Welker, »Righteousness and God's Righteousness,« *Princeton Seminary Bulletin* (1990), 124–39; Michael Welker, »Dynamiken der Rechtsentwicklung in den biblischen Űberlieferungen,« in *Rechtsnorm und Rechtswirklichkeit*, ed. Ota Weinberger et al. (Berlin: Duncker & Humblot, 1993), 779–95; Michael Welker, »Recht in den biblischen Űberlieferungen in systematisch-theologischer Sicht,« in *Das Recht der Kirche*, ed. Gerhard Rau, Hans-Richard Reuter, and Klaus Schlaich (Gütersloh: Kaiser, 1997), 390–414; Michael Welker, »›Richten und Retten.‹ Systematische Überlegungen zu einer unverzichtbaren Funktion der Religion,« in *Gerechtigkeit. Richten und Retten in der abendländischen Tradition und ihren altorientalischen Ursprüngen*, ed. Jan Assmann, Bernd Janowski, and Michael Welker (München: Fink, 1998), 28–35; Michael Welker, »Moral, Recht und Ethos in evangelisch-theologischer Sicht,« *Marburger Jahrbuch Theologie* XIII (2002): 67–81. See especially some of his very interesting and constructive recent essays, for example Michael Welker, »Theologie und Recht,« *Der Staat* 4 (2010): 573–85; and Michael Welker, »Juristische und Theologische Dogmatik,« in *Positivität, Normativität und Institutionalität des Rechts*, ed. Aulis Aarnio et al. (Berlin: Duncker & Humblot, 2013), 340–60.

It was certainly no surprise that he dealt with a theology of law in numerous contexts and contributions over decades of productive and creative theological work – whether addressing themes of pneumatology, christology, ecclesiology, sacramentology, eschatology, the reign of God, justice, diaconia, altruism, pluralism, civil society, public theology, and many more.

It was also not surprising that one of the three major and extended international and inter-disciplinary research projects and dialogues which he led in Heidelberg explicitly focused on different concepts of law within and between different scholarly fields where the concept has been used or is still being used, of which the findings were eventually published as *Concepts of Law in the Sciences, Legal Studies, and Theology*.[8]

Although he developed his basic ideas in great exegetical detail and with careful hermeneutical argument, over many years, in different ways, it is fairly straightforward to summarize the main structure of his fundamental insights into this theology of law. In fact, he himself provided many such summaries in different contexts over the last decades. In his own contribution to this volume on inter-disciplinary concepts of law he once more reiterated (and further refined) his own understanding, under the self-explanatory title »Justice – Mercy – Worship. The ›Weighty Matters‹ of Biblical Law.«[9]

Together, these three terms indeed draw together his main convictions regarding the complex content and manifold functions of a biblical theology of law. All the great legal corpora of the Old Testament traditions, he explains, as he has done so often before, involve »three clearly distinguishable groups of regulations,« namely, in his words, the *legal* code of the law (regulations dealing with legal conflict processes and the legal maintenance and transformation of social life by the law), the *mercy* code of the law (regulations aiming at the routine protection of the weak and the systematic safeguarding of their interests, in his words »laws of mercy«) and the *cultic* code of the law (regulations dealing with the cult and the public and generally accessible relationship with God).[10]

Not only does he show with exegetical care and in great detail how these three kinds of law can be discerned in the formal structure and the inner composition of the legal corpora, but over many years he also meticulously analyzed both – what he calls – their respective, inner rationalities as well as the complex inter-rationality between them, in other words how they are inter-related, dependent on one another, and presuppose, need, complement and critique one

8 Michael Welker and Gregor Etzelmüller, eds., *Concepts of the Law in the Sciences, Legal Studies, and Theology* (Tübingen: Mohr Siebeck, 2013). Perhaps one could claim that this project was driven by his own conviction that »The binding powers and rationalities of the law are complex and easily distorted in many ways. But truth- and justice-seeking communities have to develop and can develop criteria for their disclosure,« ibid., 2.

9 Michael Welker, »Justice – Mercy – Worship. The ›Weighty Matters‹ of Biblical Law,« in: *Concepts of the Law in the Sciences, Legal Studies, and Theology*, ed. Miachel Welker and Gregor Etzelmüler (Tübingen: Mohr Siebeck, 2013), 205–24.

10 Ibid., 206–7.

another. Not only did Jesus summarize the thrust of the law in a similar way when in Matthew 23:23 he describes the weightiest, most important aspects of the law as ›justice, mercy and faith,‹ but Welker himself used similar summaries at crucial points in his own work. In short, this threefold rationality is at the heart of his theology of law.

Implications of his Theology of Law

The structure may sound simple, but the implications which he saw in this theology of law were comprehensive and far-reaching. Over the years it became increasingly clear that this structure provided him with fundamental insights for his understanding of the living God and therefore for the whole of his doctrinal work, often called his biblical theology, or his realist theology. It also provided him with ethical, spiritual and pastoral convictions regarding the Christian life of faith, hope and love. It even provided him with imaginative and often illuminative approaches to public life, to cultural orientation, to social theory, and to criticism and discernment regarding the powers of life.

It is probably fair to claim that this theology of law helps Welker understand both the work of the Holy Spirit[11] and the person and work of the Messiah.[12] Again and again he writes about the inter-relationships between law and Spirit,[13] yet the Spirit is poured out on the Messiah, so that the work of the

11 See his classic, Michael Welker, *God the Spirit*, but also many essays on the Spirit and specifically on law and the Spirit, for example his inaugural lecture in Marburg, »Der Heilige Geist,« *Evangelische Theologie* (1989), 126–41; also »The Holy Spirit,« in *The Oxford Handbook of Systematic Theology*, ed. John Webster, Kathryn Tanner, and Iain Torrance (Oxford: Oxford University Press, 2007), 236–48; »Where the Spirit of God is, There is Freedom!,« in *Living Theology*, ed. Len Hansen, Nico Koopman, and Robert Vosloo (Wellington: Bible Media, 2011), 73–90; »Heiliger Geist und menschlicher Freiheit,« *Zeitschrift für Dialektische Theologie* (2014): 89–100.

12 See his Christology, Michael Welker, *God the Revealed. Christology* (Grand Rapids: Eerdmans, 2012), but also many works on the resurrection and the living Christ, including many essays on other themes of Christology.

13 Right at the end of his autobiographical and very personal response to his students, he once again reflects on these relationships between law and Spirit and on their wide-ranging implications, see Welker, »Gottes Geist« (s. note 5), 360–2: »In den biblischen Überlieferungen stieß ich auf interessante Kontinuitäten und Diskontinuitäten zwischen den normativen Dynamiken ›des Gesetzes‹ und denen des Geistes [...]. Im weitesten Sinne diakonische und soziale, prophetische und pädagogische sowie pastorale und liturgische Dimensionen geteilten menschlichen Lebens treten hier vor Augen. Die ekklesiologischen, politischen und zivilgesellschaftlichen Auswirkungen dieser Neuorientierung sind ebenso absehbar wie die Impulse zur Gestaltung einer inhaltlichen und realistischen Spiritualität und Ethik.« See however essays as early as Michael Welker, »Gesetz und Geist,« *Jahrbuch für biblische Theologie*, Bd. 4 (Neukirchen-Vluyn: Neukirchener Verlagsgesellschaft 1989), 215–29, and again Michael Welker, »Gesetz und Geist. Über die Orientierungskraft biblischen Denkens im Prozess der Globalisierung,« in *Karoli Gaspar*

Messiah can also be seen in the light of the theology of law. Cross, resurrection, the ministry of Jesus, the threefold office of the Risen One, in short, the gospel itself,[14] and the message of God's Word,[15] all make sense when the function of the theology of law is appreciated. Moreover, the Messiah receives the Spirit not for himself, but with those who belong to him, so that the nature and task of the church also receives contour against the backdrop of the theology of law.[16] The church for Welker is a truth- and justice-seeking community (combining two of the three aspects of the normative structure of the theology of law) while the diaconical nature and task of the church is of central importance for his ecclesiology (adding the third aspect of the theology of law).[17] At the heart of the church's life, again, is what takes place in the Lord's Supper.[18] Central as part of the background of the meal is the revelation of the power of sin during the night of betrayal, when the failures and misuses of everything the law is intended to serve become dramatically visible. In the light of the resurrection, however, notions of God's reign and of eschatology receive presence and power, again in view of the theology of law. Taken together, all of this means that, for Welker, even the proclamation of the living God as Trinity involves an understanding of the theology of law.[19]

Reformatus Egyetem Allam- es Jogtudomanyi Kar, 1998-2008, ed. Gabor Mathe (Budapest: Karoli Gaspar Universität, 2008), 17-29.

14 See for example the excellent summary of his theology of law and in fact the rationality of his doctrinal theology as such in the final section »Die Orientierungskraft des Wortes Gottes als Gesetz und Evangelium« in Michael Welker, »Der missionarische Auftrag der Kirchen in pluralistischen und multireligiösen Kontexten,« in *Missionarische Kirche im multireligiösen Kontext, Weltmission heute*, Nr. 25 (Hamburg: EMW, 1996), 47-64, especially 57-63; also Michael Welker, »Missionarische Existenz heute,« in *Mission in pluralistischer Gesellschaft*, ed. Andreas Feldtkeller and Theo Sundermeier (Frankfurt: Lembeck, 1998), 53-70.

15 See for example Michael Welker, »The Tasks of Biblical Theology and the Authority of Scripture,« in *Theology in the Service of the Church*, ed. William Alston (Grand Rapids: Eerdmans, 2000), 232-41; also Michael Welker, »Sola Scriptura? The Authority of Scripture in Pluralistic Environments,« in *A God So Near*, ed. Brent A. Strawn et al. (Winona Lake: Eisenbowns, 2002), 375-91.

16 See for example Michael Welker, *Kirche im Pluralismus* (Gütersloh: Kaiser, 1995).

17 See for example already Welker, »Brennpunkt Diakonie« (s. note 5), 1-12, another succinct but excellent summary of his theology of law, as well as his recent essay Welker, »Kirche und Diakonie in säkularen Kontexten,« *Zeitschrift für evangelisches Kirchenrecht* (2015): 27-40, especially the instructive section called »Theologische und normative Tiefendimensionen der Verbindung von Kirche und Diakonie.«

18 See for example his popular monograph, Michael Welker, *What Happens in Holy Communion?* (Grand Rapids: Eerdmans, 2000); but also Michael Welker, »Baptism as Change of Lordship,« in *The Ending of Mark and the Ends of God*, ed. Beverly Gaventa and Patrick D. Miller (Louisville: Westminster/John Knox, 2005), 107-14.

19 Michael Welker, »Der erhaltende, rettende und erhebende Gott. Zu einer biblisch orientierten Tritnitätslehre,« in *Der lebendige Gott als Trinität*, ed. Michael Welker and Miroslav Volf (Gütersloh: Kaiser, 2006), 34-52.

This theology of the law, furthermore, also helps him to understand and describe the nature of faith, love and hope. From early on, he was critical of the way that faith has often been misunderstood in Protestant theology as mere subjective and inward piety, and in many ways and contexts, he argued for a different understanding of this crucial term for the Reformation churches.[20] He often writes about love – about free and creative self-withdrawal, about compassion, about mercy, about the universalizing tendencies in altruism – and once again all of this in the light of his theology of law.[21] He also often writes about hope – and the theology of law.[22]

It is, however, when it comes to his views of public life in particular that the promise and power of the theology of law become evident.[23] The theology of law provides cultural orientation.[24] The theology of law makes it possible

---

20 See for example Michael Welker, »Subjectivist ›Faith‹ as a Religious Trap,« in *Having*, ed. William Schweiker and Charles Mathewes (Grand Rapids: Eerdmans, 2004), 122–37; also earlier Michael Welker, »Die autonome Person der europäischen Moderne und die Konstitution der Person aus Glauben,« in *Glauben – Lieben – Hoffen*, ed. Michael Roth et al. (Münster: LIT, 2001), 108–19.

21 See for example his analysis of forms of love in Michael Welker, »Romantic Love, Covenantal Love, Kenotic Love,« in *The Work of Love*, ed. John Polkinghorne (Grand Rapids: Eerdmans, 2001), 127–36 which rests on our »accesses to love as a creative power on the basis of the biblical traditions«; also Michael Welker, »Routiniertes Erbarmen und paradigmatische Öffentlichkeit. ›Generalisierung von Altruismus‹ in alttestamentlichen Gesetzesüberlieferungen,« in *Altruismus. Aus der Sicht von Evolutionsbiologie, Philosophie und Theologie*, ed. Hans May (Loccum 1996), 143–60, in which he once again builds his argument on a theology of law and »die Koevolution von Recht, Erbarmen und Kult«; also Michael Welker, »Liebe,« in *Evangelisches Soziallexikon*, ed. Martin Honecker et al. (Berlin: Kohlhammer, 2001), 959–63; especially Michael Welker, »Geist und Liebe,« *Jahrbuch für biblische Theologie*, Bd. 29 (Neukirchen-Vluyn: Neukirchener Verlagsgesellschaft 2015), 271–81.

22 See for example Michael Welker, »Zukunftsaufgaben evangelischer Theologie,« in *Theologische Profile*, ed. Michael Welker (Frankfurt: Edition Chrismon, 2009), 197–261.

23 This may in fact be the key to his passion for a theology of law. In a very revealing footnote in Welker, *God the Spirit* (s. note 1), 21, footnote 45, he »framed the task of a ›theology of law‹« by saying »It is […] still difficult to recognize and to make accessible on a practical level the powerful interplay of mercy, justice, and cultic life, or, alternatively, mercy, justice, and knowledge of God. And it is difficult to recognize and to make accessible on a practical level the culture of community expectations and forms of behavior that issues from this interplay.« These two sentences together describe how he himself understood the task before him at the time.

24 For example, »(T)heology should show that law and gospel have become formative forces not only of church life, but at a different level also of culture at large, and are forces that can be *ignored only at the price of enormous insecurity of orientation*,« Miachel Welker, »Christian Theology at the End of the Second Millennium,« in *Gottes Zukunft – Zukunft der Welt. Festschrift für Jürgen Moltmann zum 60. Geburtstag*, ed. Herrmann Deuser et al. (München, Kaiser, 1986), 87–8 (my italics); Michael Welker, »Calvin's Doctrine of the ›Civil Government‹: Its Orienting Power in Pluralism and Globalization,« in *Calvin Today. Reformed Theology and the Future of the Church*, ed. Michael Welker et al. (London:

to serve – what Welker calls – »structured pluralism« and to discern between destructive and constructive forms of pluralism. He in fact often speaks of »the pluralism of the Spirit« in order to refer to such constructive, complex and creative, life-giving forms of pluralism.[25] Through their historical effects, he argues, the positive intuitions behind the theology of law have contributed to what in Germany is called a *Rechtstaat* and a *Sozialstaat*, in other words to fairly recent developments that made Germany into a society under the rule of law and with strong systems of social security. For him, both these forms of social life are »deeply rooted in the biblical legal traditions and their basic normative dynamics.«[26] The theology of law helps to form strong and constructive forms of civil society – once more an understanding of public life in which Welker has been particularly interested and to which he has often contributed, until very recently. In the legal traditions, Welker recognizes »theological and normative depth-structures« that not only relate church and diaconate to one another, but

T & T Clark, 2011), 206–14. See also his essay on the global implications of Christology for public theology, Michael Welker, »Global Public Theology and Christology,« in *Contextuality and Intercontextuality in Public Theology*, ed. Heinrich Bedford-Strohm, Florian Höhne, and Tobias Reitmeier (Berlin: LIT, 2013), 281–90.

25 See for example Michael Welker, »Pluralismus und Pluralismus des Geistes,« in *Vielfalt in der Einheit*, ed. Richard Ziegert (Speyer: Evangelischer Presseverlag Pfalz, 1993), 363–8 which offers an excellent summary of his views on the criteria to be used, and to be found in theology of law, in order to distinguish between creative and destructive pluralisms; Michael Welker, »Gottes Geist und die Verheißung sozialer Gerechtigkeit in multikultureller Vielfalt,« in *Gottes Geist und Gottes Volk im Umbruch Europas*, ed. Rudolf Weth (Gütersloh: Kaiser, 1994), 9–29 (also included in *Kirche im Pluralismus*); Michael Welker, »Kirche zwischen pluralistischer Kultur und Pluralismus des Geistes,« in *Pluralismus und Identität*, ed. Joachim Mehlhausen (Gütersloh: Kaiser, 1995), 468–85 (also the first essay in Welker, *Kirche im Pluralismus*); Michael Welker, »›... And Also Upon the Menservants and the Maidservants in Those Days Will I Pour Out My Spirit‹. On Pluralism and the Promise of the Spirit,« *Soundings* (1995): 49–67; Michael Welker, »Warum brauchen pluralistische Gesellschaften christliche Theologie?,« in *Christentum und Spätmoderne*, ed. Wilhelm Gräb (Stuttgart: Kohlhammer, 2000), 10–26; Michael Welker, »Christentum und strukturierter Pluralismus,« in *Konstruktive Toleranz – gelebter Pluralismus*, ed. Andreas Feldtkeller (Frankfurt: Lembeck, 2001), 89–107 (a lecture also given at the Breakwater in Cape Town during a Conference, as »Christianity and Structured Pluralism«); Michael Welker, »Wovon der freiheitliche Staat lebt. Die Quellen politischer Loyalität im spätmodernen Pluralismus,« in *Freiheit verantworten*, ed. Hans Richard Reuter et al. (Gütersloh: Kaiser, 2002), 225–42.

26 »When Germany, after the horrors of Nazi dictatorship and two World Wars, tried to regain trust and recognition in the international community, it established itself as a ›*Rechtsstaat*‹ and ›*Sozialstaat*,‹ a state of law and a welfare state. This was a good choice, *deeply rooted in the biblical legal traditions and their basic normative dynamics*, but also rooted in a political, religious and moral tradition going back some 4,500 years,« Michael Welker, »Religion and Civil Societies,« in *Church and Civil Society: German and South African perspectives*, ed. Michael Welker, Nico Koopman, and Jacobus M. Vorster (Stellenbosch: SunMedia, 2017), 1–16 (my italics).

also have a »formative impact on the civil society in Germany and in other contexts.«[27]

Motives Behind his Theology of Law

Still, having said all of this about the key importance of the theology of law in his self-understanding, in his doctrinal work, his ethics and his public theology, is it possible to determine deeper motives behind these insights in Welker's work? Where did it all begin, and why? What motivated his original interest in the study of the law in the biblical traditions, that would produce these far-reaching insights and enormous effects over so many years?

The answer is probably to be found in the title of his very first essay on the theology of law, from 1985/1986, shortly after the first courses which he taught in Tübingen in which he made these remarkable exegetical, hermeneutical, theological and ethical discoveries. Written in German it was a series of two successive articles in the *Evangelische Kommentare* respectively called, »Erwartungssicherheit und Freiheit. Zur Neuformulierung der Lehre von Gesetz und Evangelium I,« and »Erbarmen und soziale Identität. Zur Neuformulierung der Lehre von Gesetz und Evangelium II,« but it was soon followed by an English version of the whole argument in the *Journal of Religion* called »Security of Expectations. Reformulating the Theology of Law and Gospel,« also in 1986.

The titles and subtitles already provide the interpretive key. For him, the law (and indeed the gospel) is about providing »security of expectations,« security in the sense of certainty, assurances, reliable promises, firm expectations, trust and trustworthiness. That is why the law is good, perfect, needed, necessary. That is why Reformed theology so often showed such a positive appreciation for the law. The law is ultimately about security and trust, albeit in an imperfect way, often failing, often powerless, often misused[28] – as can be seen in the cross and the dramatic night of betrayal.

Those first essays were already clear in their intention and argumentation. He wanted to »point to a superior alternative« to all the misunderstandings, simple dichotomies and misleading dualities that dominated Reformation thought in order to recover and define »faith's contact with reality.« For him, this superior alternative was to be found in »the conception of ›security of expectations‹.« His intention therefore was »to demonstrate how this securing of expectations functions realistically in the three elements of the law: the legal,

---

27 Welker, »Religion« (s. note 25), 6–11.

28 Again and again he would show how the law can be misunderstood and misused, corrupted and perverted. For example, »The biblical traditions [...] demonstrate [...] that the entire complex of the law itself can be perverted. Mercy can be ignored, justice bent, and worship misused – again, in mutually supportive ways,« Welker, »Christian Theology« (s. note 3), 86–8.

cultic, and mercy codes.« The »goal« of his reflections, he said, was »to introduce a strong conception of law« that would offer new potential for dialogue also »in society and in the social sciences.« In short, with this »new formulation of the theology of law« by means of the »conception of security of expectations« he intended to overcome »the conceptual powerlessness of conventional Protestant dogmatics [...] in the face of today's great sociomoralistic movements.«

The law »objectifies security of expectations,« he argued, and »thus serves the formation of individual and social future« - and the law achieves this in all three its »functional areas,« namely the legal, cultic and mercy codes. The legal aspects secure the expectation of general conflict solution as well as the expectation of being able to deal with specific problems or cases in future. The cultic aspects secure the possibilities of historical memory and of expectation of life promoting blessing, thereby »build(ing) trust and promot(ing) development.« The mercy aspects secure expectations by making mercy routine and »withdraw(ing) mercy from the merely arbitrary and accidental behavior, directed by the whims and passions of individuals.« According to Welker, »(m) ercy, too, shall become something that one can expect with security. Behavior vis-à-vis the acutely or chronically weaker person is brought under the pressure of expectations.«[29]

Over many years he would return to these arguments, improve them, refine them, and apply them in new contexts and within new arguments - always stressing the security of expectations made possible in these diverse and complex ways. He describes the routinization of mercy. He analyses the power of the mercy code in history and public life. He underlines the importance of such security of expectation - or trust - for civil society.[30] His essay in the recent volume on concepts of the law once again powerfully argues and stresses the crucial role of security and trust regarding all three the so-called clusters of laws, legal, mercy and cultic.

SECURITY OF EXPECTATIONS – WITHOUT RISK?

Since the beginning, Welker was deeply aware that this security - although objectified in the law - is by no means guaranteed. That is the whole point.

---

[29] Welker, »Security of Expectations: Reformulating the Theology of Law and Gospel,« *The Jornal of Religion* 66 (1986): 237–54.

[30] See for example Welker, »Routiniertes Erbarmen und paradigmatische Öffentlichkeit«; Michael Welker, »The Power of Mercy in Biblical Law,« *Journal of Law and Religion* (2014/2): 225–35; Michael Welker, Nico Koopman, and Jacobus M. Vorster, *Church and Civil Society: German and South African perspectives* (Stellenbosch: SunMedia, 2017). The essay on the power of mercy is particularly helpful and instructive in showing how the theme of security of expectations spans his whole academic career, from those earliest lectures in Tübingen to this late, ripened and impressive intellectual fruit of so many years.

Everything depends on understanding and appreciating the nature of this security.[31] It creates trust but not without risk.

Risk can be negative and threatening. It can mean a loss of the security of expectations. Already in these very first essays, he concluded with sections on »the multiple dissolution of objectified security of expectations.« The risk comes with the »powerlessness of the law« and with the »potential for misuse of the law.«[32] Misuse of the law can become ideological and oppressive, it can in fact destroy all security of expectations, it can make all trust collapse. He often stresses that the reign of God is inconspicuous and that our lives are vulnerable.[33] He often describes our times as dark and dangerous and our experiences in terms of weakness and suffering. He is deeply aware of the destructive powers of sin – including market and media.[34]

However, risk can also be positive and creative. Welker's whole project is about creativity and openness. He values newness and future, transformation and innovation. His emphasis on the living God, on the power of the Holy Spirit, on the presence of the Risen Christ, on the threefold office of Christ and of the

---

[31] See for example Michael Welker, »Bezwingende Gewißheit – Befreiende Wahrheit. Selbstgewißheit, Wahrheitsgewißheit, Glaubensgewißheit,« in *Leben und Kirche*, ed. Uta Andrée (Marburg: Elwert, 2001), 107–12.

[32] Welker, »Security« (s. note 29), 254–6.

[33] See for example Michael Welker and Michael Wolter, »Die Unscheinbarkeit des Reiches Gottes,« in *Reich Gottes. Marburger Jahrbuch Theologie XI*, ed. Wilfried Härle and Reiner Preul (Marburg: Elwert, 1999), 103–16. Again, all the themes already mentioned come together, including the theology of law: »(S)o stoßen wir auf die richtende, rettende und regierende Wirksamkeit Gottes im ›Kommen des Reiches Gottes‹ in bestimmter Raumzeit, auf das richtende und rettende Wirken Gottes in der dynamischen Gegenwart des Auferstandenen, in der Kraft des Heiligen Geistes, im Glauben, in der Liebe und in anderen geistlichen Formen. Hier wird das göttliche Wirken als graduelle Erschließung der Wahrheit und Gerechtigkeit und als Bewahrung des dieser Wahrheit und Gerechtigkeit entsprechenden Lebens verstanden [...]. *Die Absicht der Tora war es, Recht, Erbarmen und Gotteserkenntnis aufzurichten.* Die freie Selbstzurücknahme zugunsten anderer, die den Zugang zum Reich Gottes darstellt, nimmt diese Absicht auf und radikalisiert sie,« ibid.,110, 113–6 (my italics). His descriptions of structured pluralism as »a very vulnerable achievement« (in »Christianity and Structured Pluralism«) reminds one for example of the important role that authors like Adam Seligman ascribe to trust in civil society, especially Seligman, *The Problem of Trust* (Princeton: Princeton University Press, 1999), but also already *The Idea of Civil Society* (New York: The Free Press, 1992) and later *Modernity's Wager* (Princeton: Princeton University Press, 2000).

[34] See for example Michael Welker, »Warum Moral und Medien der Sünde gegenüber hilflos sind,« in *Sünde. Ein unverständlich gewordenes Thema*, ed. Sigrid Brandt, Marjorie Suchocki, and Michael Welker (Neukirchen-Vluyn: Neukirchener Verlagsgesellschaft 1997), 189–94, »Im Namen der Religion, im Namen der herrschenden Politik, unter römischem und jüdischem Recht und mit Hilfe der öffentliche Meinung wird (Jesus) hingerichtet. Alle Ordnungsmächte seiner Zeit, die Inländer und die Ausländer wirken darin zusammen. Die großen und die kleinen Machthaber dieser Welt sehen wir hier in einer beklemmenden gemeinsamen Aktion. Die Kräfte und die Mächte, die der Wahrheit, dem

church, on the ends of God and the promise of the reign all underline the crucial role of openness for surprise and risk in his thought. The inconspicuousness of the reign is not a problem but belongs with the reign, it characterizes the nature of the reign, it brings openness for surprise.

The security of expectations is therefore a security of trust in the face of risk.[35] Again and again he would speak about stability and transformation in the same breath, about order and change, since for him they belong together and the proper attitude on our side involves respect for the importance of both security and surprise, both trust and risk. He therefore describes the comfort of the gospel, a notion that plays a crucial and moving role in the 16th century Reformed confessional document the *Heidelberg Catechism*, for example.[36]

In short, although it may superficially seem that Michael Welker has not often used the terms trust and risk, I gradually discover that they are at the very heart of his life and work, and of his theology, ethics and social thought. Trust, for him, comes in the form of security of expectations, and that was and remains

Recht, der legitimen Machtausübung und der öffentlichen Moral dienen sollen – sie alle führen die Situation herbei [...]. Ein Abgrund der Hoffnungslosigkeit, des Grauens und der Verzweiflung tut sich auf. Dieser Abgrund wird durch das Kreuz Christi und durch die Auferstehung offenbar gemacht. Die Konspiration der Machthaber dieser Welt – teils boshaft, teils gleichgültig, teils hilflos, verführend und verführt zugleich –, diese Konspiration wird enthüllt [...]. Sünde nennt die Bibel dieses brisante Gemisch aus Bosheit und Brutalität, Gleichgültigkeit, Hilflosigkeit, Lebensangst, Lebenshunger und Lebensüberdruß,« ibid., 191–2.

35 Already since his earliest work he reflected on the notion of »self-jeopardizing of human societies,« see for example his essay on Whitehead in honor of Luhmann, Michael Welker, »The Self-Jeopardizing of Human Societies and Whitehead's Conception of Peace,« *Soundings* (1987): 309–27.

36 See for example Michael Welker, »›Herrschaft‹ Christi als ›Trost‹?,« in *Zugänge zum Heidelberger Katechismus. Geschichte – Themen – Unterricht*, ed. Martin Heimbucher, Christoph Schneider-Harpprecht, and Aleida Siller (Neukirchen-Vluyn: Neukirchener Verlagsgesellschaft 2012), 166–70; already Michael Welker, »Freiheit und Halt im christlichen Glauben. 425 Jahre Heidelberger Katechismus als Bekenntnisschrift,« *Reformierte Kirchenzeitung* (1989): 156–60; also Michael Welker, »What Profit is the Reign of Christ to Us? The Heidelberg Catechism and its Potential for the Future,« *Acta Theologica Supplement* 20 (2014): 280–92. It is worthwhile quoting this last essay at some length, in order to hear how he describes this trust in the form of comfort: »We could sum up the central concept in the answers to this question with a single word: comfort (the deep German Word: *Trost*). Thus the Catechism famously begins with the question: ›What is your only comfort in life and in death?‹ (Question 1) [...] The word comfort has an incredibly broad spectrum of meaning – not only in English and German. It stands for security; it stands for hope; it stands for trust and self-confidence; courage in the face of danger and also in the face of life. It is associated with lasting dependability, help, stability, advice, salvation, with calmness and tranquility, with strength, support, shielding and protection, but also with sympathy, compassion and encouragement. The German Dictionary compiled by Jacob and Wilhelm Grimm states that ›in modern times the gradually and increasingly more prevalent meaning‹ of comfort is ›steadfastness, which is given or received through words of encouragement as an emotional boost‹ (Vol. 22,

central to his whole project, in the form of his passion for a more adequate biblical theology of law and gospel. This trust, for him, does not exclude risk, since the nature of this trust involves the realistic acknowledgement of failure and misuse and the radical openness for surprise and newness. This trust offers no objective guarantees, but rather comfort amidst misery, security of expectations in our continuous public search for justice, mercy, and truth.[37]

After all, the very last thoughts of his Christology read that God's revelation in Jesus Christ »encourages us *to trust* – even now, even in this limited span of life – *in the power of love, justice, and truth*«. This is his theology of law and gospel.[38]

Col. 903) [...] According to the Heidelberg Catechism, we are unable to grant ourselves this inner steadfastness that supports us ›in life and death,‹ nor can we freely give it to others, despite our best intentions. As we have already seen, the Catechism understands human life as deeply endangered, both from within and without. We are finite, we must die. We stand exposed to dangers and are subjected under evil powers, primarily due to our own guilt but also against our will and against our own actions. In dramatic fashion, the Catechism speaks repeatedly of ›all my sins‹ and of ›the tyranny of the devil‹ (cf. the answers to Questions 1, 9, 32, 34, as well as Question 127). In very real ways, these powers entrap us and seek to deform or destroy our lives. We are caught in webs of guilt and disaster out of which we desperately need to be freed. We must grasp and follow this basic conviction if we hope to comprehend the theology of the Heidelberg Catechism. Liberation from the power of evil and from the hate it spawns (in all its conspicuous and concealed forms) – this is the great profit of that comfort God gives us through Jesus Christ and the Holy Spirit. This comfort grants us a liberated life. It gives us security, hope, trust and self-confidence, and courage, even in the most difficult stages of life. It opens to us the powers of dependability, of help, of stability and advice, of support and protection, from God and God's Word and Spirit, but also from those around us who have been filled and moved by this Word and Spirit. God grants us calmness and tranquility, but also sympathy and compassion so that in love, in compassion and in the pursuit of truth, justice, freedom and peace we ourselves may also grant this comfort to many around us. Yet our striving [...] transcends this life and aims at a spiritual and eternal life, a steadfastness that gives us comfort and stability even ›in death‹ and beyond this transitory life. This liberating comfort and stability is offered to us by the reign of Christ, not only in this life but also beyond it,« ibid., 285–6. See also his use of the Heidelberg Catechism's teaching on the Lord's Supper to underline the »deepest certainty« received as gift in the celebration, Welker, *Holy Communion* (s. note 18), 137–48.

37 See for example, »Den Menschen werden aber ein fester Trost, eine klare Orientierung und eine unverlierbare Hoffnung gegeben – und in all dem eine wahrhaftige Freiheit,« Welker, »Heiliger Geist«; also: »Die Trinitätslehre soll [...] helfen, den langen Atem des Glaubens zu verstehen und zu bewahren inmitten der Erfahrungen zerstörerischer Sinnlosigkeit und ›Zweckwidrigkeit‹ in dieser Welt,« in Welker, »Der erhaltende, rettende und erhebende Gott« (s. note 19), 36. His description almost reminds one of Nassim Nicholas Taleb's influential arguments for an »antifragile« attitude towards risk, especially in Nassim Taleb, *Antifragile* (London: Penguin, 2012).

38 Welker, *God the Revealed* (s. note 12), 319, my italics.

Economic Perspectives on Trust, Risk, and Uncertainty

Jürgen von Hagen

1. Introduction

The textbook paradigm of economic interaction and exchange is the perfectly competitive market. It describes a timeless world, in which all production, exchange, and consumption happen instantaneously. Buyers and sellers meet, agree on a price and exchange their goods and services and then depart to never meet again. If a time dimension is added to this world, it is one that collapses all future exchanges into an initial, complete market allowing economic agents to exchange contingent claims on current and future goods and services simultaneously. Information is complete because all agents are perfectly aware of the qualities and quantities of the goods and services they produce, exchange, and consume. They also know the characteristics, desires, incentives, and constraints of all other agents. There is thus full certainty regarding all aspects of economic interaction and exchange. Although the paradigm is unrealistic, it is useful as a reference point from which to assess the economic implications of deviations from it because powerful statements about the efficiency of the allocation of resources and the welfare of economic agents can be made within its framework.[1] With such complete information, there is no room for trust in this economy.

The textbook paradigm notwithstanding, it is commonplace to say that trust is pervasive in human society and in all economic systems. Long ago, John Stuart Mill wrote that »the advantage of mankind of being able to trust one another penetrates into every crevice and cranny of human life, the economical is perhaps the smallest part of it, yet even this is incalculable.«[2] Nobel Laureate Kenneth J. Arrow spoke of trust as »an important lubricant of a social system« and »extremely efficient«[3] and argued that »[v]irtually every commercial transaction has within itself an element of trust, certainly any transaction conducted

---

1 See Gérard Debreu, *The Theory of Value. An Axiomatic Analysis of Economic Equilibrium* (New York: Wiley, 1959).

2 John Stuart Mill, *Principles of Political Economy with Some of Their Applications to social Philosophy* (London: Longmans, Green and Co. [7]1909), online edition http://www.econlib.org/library/Mill/mlP.html.

3 Kenneth J. Arrow, *The Limits of Organization* (New York: W. W. Norton, 1973), 23.

over a period of time.«[4] Indeed, trust has received considerable attention in economic research over the past 30 years or so. It has been studied by game theorists, experimental economists, macro and development economists. Nevertheless, the notion of trust in economics remains elusive. Different authors use very different definitions and concepts of trust. Some refer to it as positive expectations concerning other people's actions, some as an equilibrium outcome, some as an economic resource, and others as a personal characteristic of economic agents or as a strategy to deal with incomplete information.

In this chapter, I pursue an understanding of trust that was proposed by Georg Simmel and further developed by Niklas Luhman.[5] Simmel places trust in the midst between knowing (i.e., full information) and not-knowing (i.e., complete lack of information): »He who has full knowledge needs not trust; he who knows nothing at all cannot reasonably trust.«[6] At the heart of his concept is the idea that trust involves more than processing information. Trust involves a conscious decision. The person who trusts another person decides to disregard his own lack of information about that person and to enter into a relationship with him which he might not if he had full information. This element of discrete decision in trust gives rise to some interesting economic implications.

Economists have long distinguished between incomplete information as risk and incomplete information as uncertainty. A simple way to state the difference is that risk is calculable, whereas uncertainty is not. Frank H. Knight, who first introduced this distinction, dubbed risk »measurable« and uncertainty »unmeasurable.«[7] Risk exists when economic agents know all states of the world that can possibly occur and their associated probabilities. Economic decisions under risk involve the optimization of some objective such as happiness or profit and the use of statistical calculus to compute expected values, variances, correlations etc. Such decisions can, in principle, be made by machines - witness the increasing use of computers and algorithms in trading on financial markets. In contrast, uncertainty exists, when economic agents cannot make such calculations. Instead, economic decisions under uncertainty require judg-

---

[4] Kenneth J. Arrow, »Gifts and Exchanges,« in *Philosophy and Public Affairs* 1 (1972): 357.

[5] Georg Simmel, *Philosophie des Geldes*, ed. Maurice Hanssen and Jill Marsden (Köln: Parkland, 2001), and *Soziologie. Untersuchungen über die Formen der Vergesellschaftung* (Leipzig: Duncker und Humblodt, 1908), Niklas Luhmann, *Vertrauen. Ein Mechanismus der Reduktion sozialer Komplexität* (Stuttgart: Ferdinand Enke, 1968). For an excellent exposition of Simmel and Luhmann see Guido Möllering, »The Nature of Trust: From Georg Simmel to a Theory of Expectation, Interpretation, and Suspension,« *Sociology* 35 (2001): 403–20.

[6] Simmel, *Soziologie*, 346.

[7] Frank H. Knight, *Risk, Uncertainty, and Profit* (Boston, MA: Hart, Schaffner & Marx; Houghton Mifflin Co., 1921), Online edition http://www.econlib.org/library/Knight/knRUP8.html, I.I.26.

ment.[8] Judgment is a uniquely human ability. It is not based on external, verifiable information, but on the decision maker's own thinking. Judgment begins when all external information has been processed. Its peculiar characteristics are illustrated by the fact that *ex post*, when the decision has been made and the outcome is known, »there is no way of telling good judgment from good luck.«[9]

In this chapter, I argue that trust is limited to cases of uncertainty, not risk. Earlier economists have hinted at this point but failed to fully express it because they neglected the distinction between risk and uncertainty.[10] Once this is taken into account, the close link between what Knight calls judgment and how Simmel and Luhmann characterize trust is clearly visible. The distinction also helps us understand how economic agents employ strategies to transform uncertainty into risk, thus gradually eliminating the need for trust.

The remainder of this chapter is organized as follows. In section 2, I discuss the economic implications of incomplete information and transaction and information cost. I introduce an investment game as a method to illustrate trust and its economic value. In section 3, I discuss the difference between risk and uncertainty in that context. I then turn to the concept of trust as introduced by Simmel and Luhmann and show how it applies in the context of the information game. Section 4 concludes.

2. THE ECONOMIC VALUE OF TRUST

In the world of the textbook paradigm, agreements to produce, exchange, and consume goods and services are made instantaneously. Consumers are fully aware of the quality of the goods and services they consume and their availability. Since all agreements are executed at the moment when they are made, consumers do not have to worry about the intentions, abilities, opportunities and constraints of any other economic agent with whom they interact.

The introduction of time and incomplete information changes things dramatically. When I go to the store and buy food, I cannot immediately assess the quality of what I buy. Did the producer use the high-quality ingredients promised? Did the store handle the product with sufficient care to preserve the quality? I will find out only after paying for the product, taking it home and

8 Ibid., III.X.33.

9 Ibid.

10 Oliver E. Williamson's (»Calculativeness, Trust, and Economic Organization«, *Journal of Law and Economics* 36:1 [1993] 2: 453–86) notion of »nearly non-calculative trust« is a most prominent example. Other examples include the notion of »non-calculable belief« in Philip Bromiley and Jared Harris, »Trust, Transaction Cost Economics, and Mechanisms,« in *Handbook of Trust Research*, ed. Reinhard Bachmann and Abbar Zaheer (Cheltenham: Edward Elgar, 2006), and Dominik Furlong's »non-Bayesian trust« in *The Conceptualization of Trust in Economic Thought* (Brighton: Institute for Development Studies, 1996).

consuming it. This is even more true with more complex products. The quality of a new car will become known only over time as I drive it, but I have to pay for it first. Entering an airplane, I expect that the aircraft is in good technical condition and the pilot properly trained to get me to my destination, but I only know for sure when I get there. Similarly, the true quality of complex services provided to me by a specialist such as a medical doctor or a tax consultant may become known to me only with a long time lag. The true quality of its assets and its investment and risk management procedures are unknown to me when I deposit my money with a financial institution or buy insurance. At the time of making the decision to buy such goods or services, I am exposed to considerable lack of information about whether I will get what I expected.

In addition to incomplete information about goods and services, there is also be incomplete information about exchange partners. Credit relations are pervasive in the modern economy and credit is based on the assumption that the borrower will be willing and able to pay back the loan plus interest when it comes due. Acquiring a share in an enterprise, the investor relies on the assumption that the manager of the enterprise will spend the effort promised, report the results honestly, and pay out the share of the profit for which the investor has hoped. Renting out a property, the owner must assume that the renter will take good care of it and return it undamaged. Perfect information requires an immense amount of knowledge about the character, the desires and incentives of the person with whom I interact, as well as the constraints he faces currently and will face in the future, knowledge that we typically we do not have. Entering into a contract to be fulfilled at a future point in time needs an assessment of how strongly it can be enforced and, therefore, information about the government's power and ability in this regard. Such information cannot be complete as we do not know the bureaucrats and judges with whom we will deal. Finally, as a result of incomplete information, contracts are typically incomplete. That is, they do not spell out all possible future events and the pertinent duties of the partners to the contract. In light of this, contracts often include »good will clauses« requiring the partners to deal with one another in good faith should something unforeseen happen. This makes us rely on a quality of our partners in the exchange that by definition we do not know, namely their willingness to act in good faith.

What all these and similar scenarios have in common is a combination of two things: incomplete information and vulnerability. Incomplete information requires us to form expectations about the goods and services traded, the persons or organizations with whom we interact, and the environment in which the interaction takes place. Vulnerability means that, by entering into an exchange, we expose ourselves to the possibility of being harmed by the future actions taken by our exchange partners whether out of ignorance or negligence or intentional, self-interest seeking behavior. Without vulnerability, incomplete information is of no economic consequence. Through the combination of incomplete information and vulnerability, trust becomes economically relevant.[11]

2.1 Transaction Costs and Incomplete Information

Transaction cost economics (TCE) provides a perspective on incomplete information.[12] In contrast to the standard textbook paradigm, TCE's central tenet is that economic transactions cannot be made free of cost. Agreement on prices and quantities traded and other terms of exchange requires time and resources. Contract enforcement requires resources to monitor the execution of the agreement, to see whether the quality and quantity of the goods and services traded are as promised, to renegotiate the terms when unforeseen circumstances arise, and, if need be, to activate the government's administrative action and the court system. Information regarding all aspects of the transaction can be acquired, but only at the expense of resources. For example, I could buy a food magazine before going to the store to get better information about the food sold, the producer, and the vendor. The point is that I cannot spend the money paid for the food magazine on food any more. The more costly the information, the less food I will ultimately be left with. If the necessary information becomes too costly, eventually I may decide to grow my own food rather than buy it. Getting information about a complex product before buying it requires time and resources, which can become so costly that it is no longer worth it. Very large information costs can, therefore, prevent opportunities for trade that would increase economic incomes. Similarly, I may take courses in tax law in order to be able to assess the quality of my tax accountant's services, but such training is costly in terms of both money and time that I could use to do my own work and increase my income from it. Collecting information about a potential business partner or renter, his desires, incentives, and constraints requires time, effort, and resources which can become so large that the partnership or renting out my asset become unattractive.[13]

---

11 Anthony M. Evans and Joachim I Krueger, »The Psychology (and Economics) of Trust,« *Social and Psychology Compass* 3 (2009): 1003–17. According to these authors, incomplete information without vulnerability requires confidence, defined as a belief without consequences. Niklas Luhmann (»Familiarity, Confidence and Trust,« in *Trust – Making and Breaking Cooperative Relations*, ed. Diego Gambetta [Oxford: Basil Blackwell, 1998], 97) defines confidence as expectations about future outcomes that are unrelated to the consideration of alternative actions. Such expectations can be disappointed but that possibility has no consequences for economic choices.

12 Transaction cost economics was first proposed by Oliver E. Williamson, *Markets and Hierarchies* (New York: Free Press, 1975).

13 The following quote from John Stuart Mill (*Principles* [s. note 2], I.7.15) illustrates these considerations nicely: »All the labour now expended in watching that [the hired workers of a firm] fulfil their engagement, or in verifying that they have fulfilled it, is so much withdrawn from the real business of production, to be devoted to a subsidiary function rendered needful not by the necessity of things, but by the dishonesty of men. [...], the slightest relaxation of vigilance is an opportunity eagerly seized for

Information costs thus reduce an economy's income and wealth both directly and indirectly, by limiting the scope for productivity-increasing investment and specialization. In such scenarios, trust amounts to entering into the contract or executing the transaction although there is not enough information to assess all the consequences of doing so. From this perspective, to trust is a way of economizing on information cost. Trust facilitates trade, investment and specialization, thereby increasing productivity, income, and wealth. In other words, trust is economically valuable. As Arrow pointed out, »[i]t can be plausibly argued that much of the economic backwardness in the world can be explained by the lack of mutual confidence.«[14]

Although the economic value of trust is difficult to estimate, research reported by Algan and Cahuc gives some indication of it.[15] These authors show that empirical measures of trust are significantly and robustly positively correlated with measures of income per capita and real economic growth across countries, thus corroborating Arrow's conjecture quoted above. Countries with »more« trust are countries with higher per-capita incomes and faster growth. Related evidence for this conjecture can also be found in De Soto's argument that much of the poverty of poor countries is due to the lack of institutions that facilitate trust in the credit relations required to finance productivity-enhancing capital investment.[16]

The economic value of trust can also be seen when trust suddenly evaporates in financial crises.[17] For example, the US Government Accountability Office reports that the financial crisis that started in 2007 and triggered a global collapse of credit and interbank trading cost the US economy some USD 13 trillion in terms of lost output.[18] US median household wealth declined by 39 percent,

---

eluding performance of their contract [...]. To consider only the most obvious part of the waste of wealth occasioned to society by human improbity; there is in all rich communities a predatory population, who live by pillaging or overreaching other people; [...]. The support of these persons is a direct burthen [sic!] on the national industry. The police, and the whole apparatus of punishment, and of criminal and partly of civil justice, are a second burthen rendered necessary by the first. [...] There are countries in Europe, of first-rate industrial capabilities, where the most serious impediment to conducting business concerns on a large scale, is the rarity of persons who are supposed fit to be trusted with the receipt and expenditure of large sums of money.«

14 Arrow, »Gifts« (s. note 4), 357.

15 Yann Algan and Pierre Cahuc, »Trust, Growth, and Wellbeing. New Evidence and Policy Implications,« in *Handbook on Economic Growth*, ed. Philippe Aghion and Steven Durlauf (Amsterdam: NorthHolland, 2013), 64–135.

16 Hernando De Soto, *The Mystery of Capital: Why Capitalism Triumphs in the West and Fails Everywhere Else* (New York: Basic Books, 2000).

17 See Fran Tonkiss, »Trust, Confidence and Economic Crisis,« *Intereconomics* July/August (2009): 196–202.

18 US Government Accountability Office, *Financial Reguatory Reform, Financial Crisis Losses and Potential Impacts of the Dodd Frank Act* (Washington DC: GAO, January 2013), 12–3.

and households collectively lost some USD 9 trillion during the crisis due to falling house prices and foreclosures. Furthermore, household retirement portfolios were negatively affected by the decline in stock prices.[19] These are huge wealth losses and, although they cannot be attributed solely to the loss of trust, they indicate that trust does have large economic value.

This insight has motivated some authors to treat trust as a scarce resource used in production or as part of an economy's »social capital,« an intangible asset improving its productivity.[20] This suggests that economic policies should aim at building and maintaining trust. In this vein, US economist and former Secretary of Labor Robert Reich, quoted in Tonkiss suggested in the context of the financial crisis that »If what's lacking is trust rather than capital, the most important steps policy-makers can take would be to rebuild trust.«[21] Note that Reich treats financial capital and trust as substitutes. Policies to build trust would be strong financial market regulation and oversight. However, it is not clear that treating trust as a resource is appropriate. On the one hand, trust is a process involving individual decisions rather than a fixed commodity. As such, trust must be reproduced every period and it is not clear what an accumulation of trust similar to the accumulation of capital would mean. Trustworthiness seems more palatable to be likened to social capital.[22] On the other hand, the notion of trust as capital suggests that expanding trust leads to growing productivity, income and wealth. Existing research does not allow us to make that claim, since the evidence is cross-sectional, not longitudinal.

2.2 Bounded Rationality

Apart from information costs, TCE emphasizes bounded rationality. While the former conditions imply that economic agents do not have all the information necessary to decide under full information, bounded rationality means that they do not have the computational capacity to process all information even if they had it. Computational requirements may indeed be very large in the context of economic interactions, which require agents to form expectations about other agents and their expectations knowing that the latter contain expectations about the expectations, expectations about expectations about expectations, and so on. In view of this, bounded rationality means that agents use simple heuristics and rules rather than equilibrium computations to make decisions.

Trust could then be understood as a simple decision making rule: Instead of anticipating all possible actions an exchange partner could take under all

19 Ibid., 20–1.

20 Algan and Cahuc (»Trust« [s. note 15], 66ff.) treat trust as social capital, while Mark Casson and Marina Della Giusta (»The economics of trust,« in *Handbook of Trust Research*, ed. Reinhard Bachmann and Abbar Zaheer [Cheltenham: Edward Elgar, 2006]) analyze the supply of and demand for trust as a scarce resource.

21 Tonkiss, »Trust« (s. note 17), 201.

22 This is in line with Jay B. Barney and Mark H. Hansen, »Trustworthiness as a Source of Competitive Advantage,« *Strategic Management Journal* 15 (1994): 175–90.

possible circumstances, that rule would simply prescribe entering into the exchange with him. Bromiley and Harris describe the idea like this:

> Trust – a belief about others' honesty, commitment-keeping, and forbearance from opportunism – may appear as a routine or ›rule of appropriate behavior.‹ [...] For example, individuals may, based on generalized reputations, assume that certain types of individuals (e.g. police officers, ministers, etc.) are honest without specifically investigating the honesty of a particular individuals. We stereotype to simplify our lives; this gives us general rules. Thus we may routinely trust certain people in certain situations based on routines or norms, rather than calculation.[23]

In a similar vein, Williamson argues that such routines can arise when transactions are embedded in certain, well-structured and familiar environments. Williamson distinguishes between six types of environments: societal culture, politics, regulation, professionalization, networks, and corporate culture. This leads him to propose different types of »hyphenated trust,« where the word before the hyphen indicates the environment: »societal-trust, political-trust, and so forth«.[24] A simple decision making rule would be to trust a dentist because he is a certified specialist, and this would be an example of »doctor-trust.«

The interpretation of trust as a decision-making rule or norm, however, denies that trust involves a conscious decision. Such trust may imply what Gargiulo and Ertug call the »dark side of trust.«[25] These authors note that trust usually has positive connotations, but that it can also lead to very negative consequences. By trusting others, economic agents invite malfeasance against them. Trust can be blind, i.e. make an agent unable to react to negative evidence and experience. Trust can lead to complacency and accepting suboptimal outcomes from a transaction leading into traps of transactions with low economic efficiency.

If trust is a social norm, one would expect that it is extremely robust against changes in information and circumstances. This is because social norms are social coordination devices; they function because all agents in society follow them expecting that all other agents follow them. Experiences with sudden and large shifts in trust, as in financial crises, speak against that interpretation.

2.3 An Investment Game

To characterize risk, uncertainty, and trust, we use a version of the well-known *investment game* that has been widely applied in game theory and experimental

---

[23] Bromiley and Harris, »Trust« (s. note 10), 136.

[24] Williamson, »Calculativeness« (s. note 10), 476ff.

[25] Martin Gargiulo and Gokhan Ertug, »The dark side of trust,« in *Handbook of Trust Research*, ed. Reinhard Bachmann and Abbar Zaheer (Cheltenham: Edward Elgar, 2006), 165–85.

research.[26] Consider two individuals, A and B. A and B do not know each other and there is no communication between them before, throughout and after the game. At the beginning of the game, A receives an initial endowment of $I > 0$. The game has the following stages:

- Stage 1: A transfers Z, $0 \leq Z \leq I$ to B and keeps $I - Z$ to himself.
- Stage 2: B can invest X, a part of Z, into a production process that yields $Y = 3X$. The production process may be deterministic or stochastic. In the latter case, it yields the expected outcome Y. Actual outcome is sometimes more and sometimes less but never less than X.
- Stage 3: B transfers a share of output R back to A and keeps the rest, $Z + 2X$, for himself, with $0 \leq R \leq Z + 2X$.

For now, we assume that production is deterministic. The game incorporates the critical elements pointed out above that make trust economically relevant. Since B acts after A, A must form expectations about what B will do. Furthermore, since B may return nothing to A, A is vulnerable to B. The game also shows that cooperation between A and B is economically productive. Since output cannot be less than Z, B will always put what he receives from A into the production process. Expected total resources after production therefore amount to $I\text{-}Z + 3Z = I + 2Z$, which is maximized if A transfers all his endowment to B, $Z = I$, yielding 3I.

Note, also, that the social value of cooperation between A and B does not depend on how much B returns to A. This is only a matter of distribution. This changes, however, when the investment game is played repeatedly. In that case, A's transfer to B in future periods may depend on how much he received back previously. By returning nothing, B may prevent future cooperation and reduce the social value of the relationship.

Assume for now that A and B are purely selfish. If the game between the two is played only once, it is clear that B will keep the entire return from production, 3Z, to himself, $R = 0$. Anticipating this, A will choose $Z = 0$. This is the Nash-equilibrium of the game. No investment and no production take place. Social value is minimized. A's payoff from the game is I, B's is zero.

Things are different, when the game is played repeatedly. In that case, B will rationally share the outcome of production with A if he anticipates that this will entice A to make further transfers in the future, and that A will stop making transfers at least for a while if B does not return enough. For example, cooperation can be sustained in a »tit-for-tat« strategy in which A honors B's cooperation with further transfers but punishes B by transferring nothing in

26 This type of game was first proposed by Joyce Berg, John Dickhaut, and Kevin MacKabe, »Trust, Reciprocity, and Social History,« *Games and Economic Behavior* 10 (1995): 122–42.

the next period should B choose to return too little.[27] More general strategies to achieve the same result exist.[28] For some economists, the reciprocity principle behind tit-for-tat is the essence of trust as understood in economics.[29]

The only other way to induce cooperation with purely selfish individuals would be to punish B if he keeps the entire output for himself. Consider the following, modified stage 3:

- Stage 3*: B transfers a share R>0 of the output back to A and keeps the rest for himself. If R≤Z, B receives a punishment of P>0.

B now has a choice between returning some R>Z to A, or to return less than Z and keep Y-P. If P<2Z, B will choose to return nothing to A. A will therefore invest nothing. Thus, A ends up with payoff I and B with payoff zero. If P>2Z, B will prefer sharing the output with A and A will have a positive return, R>Z, on his investment. Anticipating that, A will invest at the first stage Z=I of the game. A's payoff is R>I and B's payoff is Y-R>0. The Nash equilibrium has positive investment and social value.

There is now ample empirical evidence on investment games.[30] Generally, cooperation indeed prevails regularly when the game is played repeatedly. However, even in single-shot games cooperation is observed and this has been observed in very different cultural settings. Economics literature has sought to explain this by arguing that economic agents are not purely selfish and might have a preference for fairness or altruistic preferences instead.

3. Risk, Uncertainty, and Trust

3.1 Risk versus Uncertainty

Consider now an investment game played only once and that the punishment B receives for not sharing the output with A consists of an emotional pain reflecting B's sense of fairness or a regard for A's welfare in his own preferences.

---

[27] The importance of tit-for-tat to sustain cooperation in many different contexts was famously pointed out by Robert Axelrod, *The Evolution of Cooperation* (New York: Basic Books, 1984).

[28] For a general treatment see Dilip Abreu, David Pearce, and Ennio Stacchetti, »Toward a Theory of Discounted Repeated Games with Imperfect Monitoring,« *Econometrica* 58 (1990): 1041–63.

[29] Gary E. Bolton and Axel Ockenfels, *The Limits of Trust in Economic Transactions. Investigations of Perfect Repudiation Systems* (Munich: CESifo, 2006).

[30] See Algan and Cahuc, »Trust« (s. note 15), and Noel D. Johnson and Alexandra A. Milsin, »Trust Games: A Mety Analysis,« *Journal of Economic Psychology* 32 (2011): 865–89. Joseph Henrich, Robert Boyd, Samuel Bowles, Colin Camerer, Ernst Fehr, and Herbert Gintis, eds., *Foundations of Human Sociality* (Oxford: Oxford University Press, 2004) report the results of investment games played in multiple countries to compare the outcomes in different cultural settings.

More precisely, P is the resource equivalent of the emotional pain, i.e., the amount of resources B would be willing to give up in order to avoid the emotional pain. Assume, further, that A knows that there are two types of individuals in the population from which B comes, B1 types and B2 types, and that $P>2Z$ for B1 types and $P<2Z$ for B2 types, and that the two types occur with frequency p and (1-p), respectively, $0 \leq p \leq 1$.

We are now in a situation of risk. A can make a decision based entirely on objective information available to him, although that information is not complete. A knows the possible outcomes and the associated probabilities, namely, that he will receive a return of $R>Z$ if B is of type B1 and nothing if B is of type B2. If A is interested simply in maximizing his expected return, he will transfer his full initial endowment, I, to B expecting a positive return, if $pI>(1-p)I$ or $p>1/2$. Otherwise, he will keep his initial endowment for himself. Of course, it is possible that A guessed wrong and he receives nothing back from B. But at the time when A makes the decision, that probability is sufficiently small. If A is risk averse, he might insure against that case by holding back some part of I for himself.

What if A does not know the objective frequencies with which B1 and B2 types occur? A still has to make a decision whether or not to make a transfer to B, but there is now not enough external information to make that decision. This is what Knight calls uncertainty.[31] According to Knight,[32] situations of uncertainty are characterized by a high degree of uniqueness which precludes the calculation of statistical frequencies. A must base his decision on his own judgment of the situation. His judgment will take the form of a subjective estimate of the probability of getting a positive return on his investment.[33] The difference between risk and uncertainty is not that decision under risk are based on probabilities and decisions under uncertainty are not, but rather in the basis from which the probabilities are derived. With uncertainty, these probabilities are not statistical ones but the result of A's thinking about the situation. He may use his intuition for this purpose. He may compare the situation to similar ones he has experienced in the past. He may think through what he himself would do if he were in B's position. He may ask himself what can be expected from B in light of what is deemed appropriate behavior in situations like this by society in general. Whatever reasoning he uses, in the end, he must make a judgment. If he makes a transfer to B and receives a return, his judgment will be regarded as good. If he makes a transfer and gets no return, his judgment will be regarded as bad. If he makes no transfer, he will never know the quality of his judgment.

In Knight's discussion of uncertainty, exercising judgment is the true role of entrepreneurs in contrast to hired managers who deal with risk. The entrepreneurs' remuneration of good judgment is what Knight calls pure profit, the

---

31 Knight, *Risk* (s. note 7).

32 Ibid., III.VIII.2.

33 Ibid., III.VII.48.

reward for dealing successfully with uncertainty. The manager's reward, in contrast, is a wage, the reward for making routine decisions under risk.

3.2 Trust

If, in the investment game, A makes a transfer Z>0 to B, is it appropriate to say that A trusts B? Economists tend to answer this question affirmatively. But this seems unsatisfactory. Suppose that the objective statistical probability for B being of type B1 is p=1. A then knows with certainty that B will give him a positive return on his investment and, therefore, make the transfer. The game has a Nash equilibrium with positive investment. Partha Dasgupta indeed calls A's decision trust under such circumstances: »You trust [a person] because, knowing what you know about his disposition, his information, his ability, his available options and their consequences, you expect he will choose [the action you desire of him].«[34] Trust is equivalent to the expectation A holds in the Nash equilibrium; it is based on calculating B's Nash equilibrium strategy. A similar understanding of trust is found in the literature on repeated games where trust is seen as based on tit-for-tat or similar strategies.[35] Some economists, however, have expressed their dissatisfaction with the use of the term trust in this way. They argue that to trust a person must be sufficiently separated from knowing what the person will do (with sufficient likelihood), and that trust properly understood cannot be fully calculable.[36]

Separating trust from knowing brings us to Simmel's argument that trust lies between knowing and not-knowing. According to Simmel,[37] trust is a hypothesis about the future actions of a person; this hypothesis has enough certainty to serve as a basis for practical action now. The exact mixture of knowing and not-knowing involved in trust can vary strongly and depends on the specific situation and circumstances. Speaking about trust in the context of credit relations, Simmel writes that, in addition to knowing, trust »has an additional element which is difficult to describe and which occurs in its purest form in religious faith. To say that one believes in God is not only an incomplete form of

---

34 Partha Dasgupta »Trust as a Commodity,« in *Trust – Making and Breaking Cooperative Relations*, ed. Diego Gambetta (Oxford: Basil Blackwell, 1998), 55–6.

35 See Algun and Cahuc, »Trust« (s. note 15), and Bolton and Ockenfels, *Limits*. David M. Kreps (»Corporate Culture and Economic Theory,« in *Perspectives on Positive Political Economy*, ed. James F. Alt and Kenneth A. Shepsle [Cambridge: Cambridge University Press, 1990], 102–3) proposed the labels »trust« and »do not trust« for the strategies of players in a repeated prisoners' dilemma game.

36 See e.g., Williamson, »Calculativeness« (s. note 10), Bromiley and Harris, »Trust« (s. note 10), and Richard Craswell, »On the Uses of ›Trust‹: Comment on Williamson ›Calculativeness, Trust, and Economic Organization,‹« *Journal of Law and Economics* 34 (1993): 487–500.

37 Simmel, *Soziologie* (s. note 5), 346.

knowing him, but a state of mind which does not go in the direction of knowing at all.«[38]

Luhmann regards trust as a mechanism for reducing the complexity of the world we live in to a bearable amount.[39] Like Simmel, Luhmann regards the fact that it leads to practical action as a defining criterion of trust.[40] Trust requires some knowledge of the situation and the agents involved in it, a certain amount of what Luhmann calls familiarity. However, trust goes beyond that information. It consists of an »overdrawing of the available information«.[41] There is less information than necessary to act with certainty, but the agent decides to disregard the fact that information is missing.[42] To trust means to act as if some future events or developments were excluded; the person who trusts decides not to take these events or developments into consideration or to form his expectations as if they were impossible. In this sense, trust is a kind of deception.[43]

These characterizations of trust show that trust is more than calculation and processing of information. It involves a conscious decision to do something that is not justified by the available information. Lewis and Weigert describe this willful element of trust as a »leap« beyond the available information into the unknown.[44] It is this element of a mental »leap,« which is reminiscent of Kierkegaard's famous »leap of faith,« that makes trust a quasi religious phenomenon for Simmel.[45] Being a leap into the unknown, it necessarily involves uncertainty.[46] Interestingly, Luhmann argues that a person who trusts will often be able to state many objective reasons for that trust, but that these reasons serve primarily as his own justification and self esteem, making sure that he does not appear to himself and others as a fool if it turns out that his trust has been abused.[47]

It is clear, then, that trust in Simmel's and Luhmann's use of the word goes beyond the calculation of expectations based on available information. This brings us back to the Knightian distinction between risk and uncertainty. Trust in the sense used here does not arise in situations of risk. Trust pertains to situations of uncertainty. It is a particular kind of what Knight calls judgment. In terms of the investor game, »A trusts B« means that A has decided not to consider the possibility that B will not give him a return on his investment, although

38 Simmel, *Philosophie* (s. note 5), 165.
39 Luhmann, *Vertrauen* (s. note 5).
40 Ibid., 22.
41 Ibid., 23.
42 Ibid., 30.
43 Ibid.
44 J. David Lewis and Andrew Weigert, »Trust as a Social Reality,« *Social Forces* 63 (1985): 967–85.
45 Möllering, »Nature« (s. note 5).
46 Simmel, *Philosophie* (s. note 5), 545; Luhmann, *Vertrauen* (s. note 5), 22.
47 Luhmann, *Vertrauen* (s. note 5), 24.

A knows about that possibility. Trust is expressed in A's decision to regard B as a B1-type, or to set p>1/2 although he has no objective reason for doing that.

3.3 Trust and New Information

In situations of risk, the arrival of new information will regularly change an agent's expectations and, therefore, his actions, albeit in most cases only by small amounts. Reducing information costs gives agents the opportunity to acquire more information and to form more precise information. In this way, risk is reduced.

This is typically not true for trust. As Luhmann points out, once the decision to trust has been made, it is to a certain extent isolated from new information. That is a person who trusts another one will not cease to do so in light of an unexpected event or development.[48] Luhmann argues that trust operates in thresholds, which are determined by the history of the relationship considered and, therefore, context-specific and theoretically indeterminate.[49] Trust remains stable despite the arrival of information suggesting that it has been abused until enough of such information has accumulated to make the agent »leap back« and withdraw his trust or even begin to mistrust.[50] In contrast to situations of risk, where small amounts of new information produce small adjustment in actions, situations of trust are characterized by long periods of stability followed by sudden and large shifts in behavior when even a very small and seemingly insignificant piece of new information is enough to cross the threshold.

For economists, this is particularly interesting in the analysis of financial crises, where large adjustments of portfolios and asset prices can be triggered by seemingly trivial events. This makes information management more difficult and more important in situations of trust than in situations of risk. Furthermore, more information and more transparency does not necessarily lead to more trust in a given situation. In fact, the opposite may be true and this is particularly relevant for the regulation of markets for and industries producing complex products and services. When consumers initially trust the producers in such industries, new regulation aiming at more transparency by requiring producers to release more information about their products can destroy consumer trust. As a result, the market settles in a new, low-trust equilibrium with lower levels of demand. In this sense, trust results in a multiplicity of equilibria which makes a market system indeterminate.

3.4 Transforming Uncertainty into Risk

As Knight has pointed out, situations of uncertainty are perceived as more challenging than situations of risk, because the latter can be managed routinely

---

48 Luhmann, *Vertrauen* (s. note 5), 27–8.

49 Ibid., 71–2.

50 Ibid., chapter 10, characterizes mistrust as a mechanism for reducing complexity similar to trust, but with different consequences.

whereas the former require judgment.[51] There is, therefore, a desire and a tendency to transform uncertainty into risk.

There are various strategies for doing that and they depend on the context of the situation. For example, companies may offer warranties for their products which give the individual customer statistical information about the quality and longevity of the product and implicit insurance against losing their money's worth. In the investment game, the potential trustee, B, may seek to introduce a pre-game stage in which he can undertake an action showing the potential trustor, A, that he is of type B1 and, therefore, worthy of trust. For example, B might send A a gift or, like an insurance salesman, pay a visit to his home. In order to convince A, such investments in the subsequent relationship must be informative. They must be costly, otherwise, all B-types would make them. Furthermore, they must be too costly for B2-types to undertake them but not so for B1-types.[52]

The most common form of transforming uncertainty into risk is repetition. As the investment game is repeated between the same players, A can learn the true type of B over time. Such learning may be complicated by the randomness of the relationship between investment and output, but if it is governed by known statistical probabilities, A can still learn about B by observing his returns on investment over time. Repetition also gives A and B the opportunity to engage in appropriate strategies for maintaining a high level of investment and output such as tit-for-tat, making their actions calculable. In Knight's terms, repetition transforms the situation from singularity into routine. Entrepreneurial judgment is no longer needed, management takes over. Trust is replaced by knowing.

4. Conclusions

Recognizing its economic value, economists have studied trust intensively in recent years. Nevertheless, the concept of trust remains elusive in the economics literature because it tends to be equated with calculative information processing or with reciprocal behavior in strategic games. Importantly, such a view of trust robs it of an important element stressed by sociologists Georg Simmel and Niklas Luhmann, namely that trust involves a deliberate decision, a kind of leap into the unknown. In this chapter, I have argued that Simmel's and Luhmann's view of trust is closely related to Frank H. Knight's distinction between risk and uncertainty as fundamentally different categories of incomplete information. Trust is relevant in situations of uncertainty, not of risk. In light of this, trust

51 Knight, *Risk* (s. note 7).

52 Jens Beckert, »Trust and Markets,« in *Handbook of Trust Research*, ed. Reinhard Bachmann and Abbar Zaheer (Cheltenham: Edward Elgar, 2006), 320–1.

has important implications for the functioning and the regulation of markets and industries.

The ultimate kind of trust is faith in the living God of the Bible. In his *Pensées* (430), Blaise Pascal says that God revealed himself enough for those who seek Him to recognize Him, but not too much so that He remains hidden for those who flee Him.[53] This illustrates how faith, like all trust, is located between knowing and not-knowing, confirming Simmel's conjecture that there is a quasi-religious element in all trust. If trust is pervasive in the economy, this is one more indication that economics and theology have much in common and economists and theologians much to talk about. My hope is that the dialogue that began when Michael Welker and I edited *Money as God* will continue and go on for a long time.

[53] Blaise Pascal, *Pensées* (New York: E.P. Dutton & Co Inc., 1958), published online as Project Gutenberg ebook: www.gutenberg.org/files/18269/18269-h/18269-h.htm.

»In God we trust.«

Bringing Michael Welker in conversation with *The Market as God* by Harvey Cox

Piet Naudé

I am always fascinated by the fact that on the reverse side of US dollar coins and notes the words »In God we trust« are inscribed. In a society that upholds a strict separation between state and religion, this seemingly overt religious faith-statement looks decidedly out of place, if not illegal.[1] The original motivation for this inscription—drawn from the Scriptures[2]—was decidedly Christian, namely to serve as »recognition of the Almighty God« and to relieve the then USA »[...] from the ignominy of heathenism.«[3]

Today the dollar denotes a universal and powerful instrument of payment. Does the motto perhaps intend to say that one cannot trust the markets, financial systems or central bankers, and we should rather put our trust in (the Christian) God? Or have we reached a stage where the markets and money have in fact become God and that our dollar-credo has shifted its object from the transcendent God of the Judeo-Christian tradition to the immanence of the Market- or Money-God?

In whom do we trust?

In part one, this essay attempts a close reading of *The Market as God* by well-known Harvard emeritus professor, Harvey Cox, published by Harvard University Press in 2016.[4]

In part two, I use some of my own insights into business ethics and draw on a limited part of Michael Welker's work to engage in a critical and constructive debate with Cox.

---

1 »In God we trust« has been adopted in 1956 as official motto of the USA. Despite legal challenges, the courts upheld the legality of the inscription based on the interpretation that the motto itself has become devoid of specific religious content and cannot therefore be seen as a contravention of the constitution.

2 See for example Ps 118:8 and Proverbs 29:25.

3 Extracts from a letter by Reverend Watkinson, dated November 13, 1861 to Secretary Chase. For a brief history, see: MR Watkinson, »Letter to Secretary Chase: 13 November 1861,« United States: Department of the Treasury, https://www.treasury.gov/about/education/Pages/in-god-we-trust.aspx (accessed 03.02.2017). This motto first appeared on US coins in 1864 and on paper currency since 1957.

4 Harvey Gallagher Cox, *The Market as God* (MA: Harvard University Press, 2016).

Part one: An exposition of The Market as God

It is obviously impossible to give a full account of Cox's intriguing book. To structure my representation of his views, five questions are asked and responded to in the following paragraphs.

1. What are the key intentions behind this book?

Throughout his oeuvre, Cox has established himself as an astute interpreter of the signs of the time and their implications for theology and the life of the church. *The Secular City*[5] remains his most popular book (written at age 34) and set the scene for interpretation of topics ranging from secularisation,[6] art,[7] multi-faith dialogue,[8] the rise of the Pentecostal movement,[9] ethics and moral decisions,[10] and guidance on reading the Bible today.[11]

The first intention behind this book is to address the ongoing problem of how religion should relate to culture: »Should it accommodate, criticize, flee, or just ignore the values and worldviews of the culture in which it finds itself?«[12] Cox's choice is for a *critical* relation between religion and culture.[13] The first task of religion is to »uncover the often-hidden religious dimensions of the surrounding culture« and then, second, to judge whether these are confirming or are in conflict with the aspirations of the particular religion.[14]

In this book, Cox turns his attention toward an analysis of economics and the markets as important and deciding cultural factors: »This is why it matters that we expose the implicit religious aspects of our market-oriented society and

---

5 Harvey Gallagher Cox, *The Secular City: Secularization and Urbanization in Theological Perspective* (New Jersey: Princeton University Press, 2013).

6 Harvey Gallagher Cox, *Religion in the Secular City: Toward a Post-Modern Theology* (Cambs: Daedalus Books, 1984).

7 Harvey Gallagher Cox, *The Feast of Fools: A Theological Essay on Festivity and Fantasy*, Vol. 212 (MA: Harvard University Press, 1970).

8 Harvey Gallagher Cox, *Many Mansions: A Christian's Encounter with Other Faiths* (MA: Beacon Press, 1988).

9 Harvey Gallagher Cox, *Fire from Heaven: The Rise of Pentecostal Spirituality and the Reshaping of Religion in the Twenty-First Century* (Reading, MA: Addison-Wesley, 1995). See also the last part of *The Future of Faith* where »the age of the Spirit« is discussed. Harvey Gallagher Cox, *The Future of Faith*, (New York: Harper Collins, 2010).

10 Harvey Gallagher Cox, *When Jesus Came to Harvard: Making Moral Choices Today* (Boston, MA: Houghton Mifflin Harcourt, 2006).

11 Harvey Gallagher Cox, *How to Read the Bible* (New York: Harper Collins, 2015).

12 Cox, *Market as God* (s. note 4), 231.

13 In terms of the well-known Christ-and-culture typologies developed by Richard Niebuhr, Cox would–for this book at least–probably place himself in the »Christ against culture« and »Christ and culture paradox« paradigms, see: Helmut Richard Niebuhr, *Christ and Culture* (New York: Harper & Row, 1975).

14 Cox, *Market as God* (s. note 4), 231.

weigh them in the light of the spiritual tradition we continue to claim as our own.«[15]

A second intention–integrally tied with the first–is to advance the dialogue between religion and business. Cox notes that the relation between the two human endeavors of science and religion has advanced significantly as »each understands the powers and limitations of its purpose and methods.«[16] Science observes, measures and predicts on the basis of natural laws, whereas religions seek answers to questions about meaning and value, and the two forms of inquiry inform and strengthen each other.

Such »creative mutuality«[17] is equally required for the relation between religion and business. This will, however, require reciprocal adjustments.

Religious scholars, on the one hand, should steer away from either embracing the market uncritically or making uninformed attacks on the commercial enterprise as inherently wicked. The latter is the result of theologians' »lack of conceptual apparatus« because they are divorced from economics. Economists can then easily dismiss theologians as »well-intentioned but inept do-gooders.«[18]

Scholars of business and economics, on the other hand, should steer away from making religious claims in the name of the market and demonstrate a greater appreciation for the human constructivist nature of markets.

The intention of this book is therefore to advance the interdisciplinary dialogue between theology and economics. Where Max Weber read the Christian faith through the prism of economics,[19] Cox attempts to read economic debates[20] and the working of markets through a theological lens.[21] The *Market as God* is an extension and reworking of an original essay, »The Market as God« published in the journal, *The Atlantic*,[22] in March 1999 and offers an extensive construction of parallels between the market and religion so as to expose the religious assumptions and character of the first.

---

15 Ibid., 231.

16 Ibid., 243.

17 Ibid.

18 Ibid., 161.

19 Ibid., 192.

20 See his beautiful re-claiming of Adam Smith from economic orthodoxy to theology in chapters 10 and 11. Drawing on theological sources, Smith is more a prophet against the markets than what is generally attributed to him in main-stream economy. Ibid., ch. 11 and 12.

21 Ibid., 6.

22 Harvey Gallagher Cox, »The Market as God: Living in the New Dispensation«, *The Atlantic*, https://www.theatlantic.com/magazine/archive/1999/03/the-market-as-god/306397/ (accessed 02.02.2017) . In this article, Cox finds in the business pages a comprehensive business theology, »[...] which is comparable in scope if not in profundity to that of Thomas Aquinas or Karl Barth. It needed only to be systematized for a whole new Summa to take shape.« Perhaps this book is a first attempt as such a business theology?

2. What are the central claims put forward?

As set out above, a reciprocal creativity is possible between the market and religion if both honor their respective boundaries and limitations. The first claim relates to what Cox refers to as the marketization of the whole society because the market imposes its will on more and more areas of life. In other words, the markets no longer restrict themselves to the economic realm of society and serve a useful purpose alongside other societal spheres. No, The Market (see an explanation for title case below) has grown to become both the summit and hub of society. The languages, images, values and assumptions of The Market now shape our social imaginary,[23] that is to say, the way we understand ourselves and all the other spheres of society.

A culture has been created in which »the relentless metrics of the monetary«[24] permeate our thinking about virtually everything: »Education is diced into saleable credit units; works of art are assessed as valuable investments; entertainment has been corrupted by money; making profit as the goal of the ›health industry‹ is pricing the benefits it has to offer beyond the reach of many people; and even religion is increasingly shaped by consumer values as churches conduct market surveys and reshape their worship to cater to public whims.«[25] We drifted »from *having* a market society to *being* a market society.«[26]

The second and central claim follows from the first: By invading and permeating all societal spheres, the markets have become bloated and have swelled into The Market. Not only have markets extended their territory, they have also assumed the traits of a competing religion and have–in the words of Pope Francis–become »deified«[27] and has undergone an »apotheosis to divinity.«[28] For Cox, the phrase »religion of the market« is not just a figure of speech. Faith in the workings of the market actually takes the form of a functioning religion, complete with its own priests and rituals, its own doctrines and theologies, its own saints and prophets, and its own zeal to bring its gospel to the whole world and win converts everywhere.[29]

By writing The Market with title case, Cox attempts to »signify both the mystery that enshrouds it and the reverence it inspires in its adepts.«[30] In short: »›The Market‹ stands for the entire economic and cultural system which it pervades and in which it is the supremely powerful part.«[31] He explains in Chap-

23 Cox, *Market as God* (s. note 4), 176.

24 Ibid., 180.

25 Ibid., 266.

26 Michael Sandel, *What Money Can't Buy: The Moral Limits of the Market* (New York: Farrar, Straus and Giroux, 2012), quoted in Cox, *The Market as God* (s. note 4), 259, original emphasis.

27 Cox, *Market as God* (s. note 4), 4.

28 Ibid., 242.

29 Ibid., 6.

30 Ibid., 8.

31 Ibid.

ter 3 how The Market reached divine status–inter alia via a collusion between the church and the rising class of tradespeople–and concludes that by the end of the 18th century »it appeared that the protracted conflict between the God of the Bible and the deified Market was over, and The Market had won.«[32]

The book then develops an extended parallel between The Market and the Jewish-Christian religion to not only uncover the hidden religious assumptions of The Market or to demonstrate how The Market feeds off established religious symbols and in turn influence those symbols, but to critically expose The Market as a surrogate and false religion. A few examples of how Cox reads The Market as a religion give a sense of the broader argument: The Market shares in the divine attributes of omnipotence, omniscience and omnipresence;[33] it is able to create people and things seemingly *ex nihilo*;[34] its central doctrines are expressed in tenets like the infallibility of »the efficient market hypothesis« and the myth of the rational decision-maker;[35] it propagates that »there is never enough« with expansion or »growthism« as key existential conviction;[36] it constructs a theology of history in which the idea of Progress reached sovereignty;[37] it creates desires and social confirmation that happiness is to buy something;[38] it uses technology (»the advent of the pixel«[39]) to spread the gospel of The Market all over the world as a kind of market Pentecost where the Spirit of God is replaced by »The Market Geist« in which »the will to purchase« replaces »the will to faith.«[40]

The result, so argues Cox, is that a rival faith has been established with the Market as God. This God needs to be dethroned. For this, a critical mindset is required. Let us turn to this in the next section.

3. What are the basis for and material content of The Market-critique?

The basis for a critique of The Market is the realization that what looks natural or even inevitable in our market-saturated culture, is in fact a social construction.[41] Markets were not there from the beginning of humankind (»market economies are not timeless«[42]) nor is the market system part of the natural, created order.[43] No, they are the result of human decisions that can in principle be

32 Ibid., 44.
33 Ibid., 8–22.
34 Ibid., 47ff.
35 Ibid., 82.
36 Ibid., 115.
37 Ibid., 247.
38 Ibid., 193, 200.
39 Ibid., 198.
40 Ibid., 192.
41 Ibid., 242.
42 Ibid., 35.
43 Ibid., 256.

revised and overturned. To a certain extent Cox de-divinises The Market to deprive it of its »sacred aura« so that »we can think about it clearly«, challenging the reverential respect many people accord The Market. The exhortation is: »We do not need to take off our shoes or our hats when we enter its sanctuary.«[44]

Concerning his critique of the deified markets, it must be emphasized that Cox is not in principle anti-markets. He states unambiguously that »there is nothing essentially wrong with the markets.«[45] They were created as a human response to serve useful purposes and have in general played a service role alongside and constrained by other institutions like families and religion.[46] But the point where the markets became The Market, it lost its useful but limited space in society; it loosened itself from traditional moral and spiritual restraints, and usurped virtually all social spheres and imagination. In this deified guise, The Market needs to be unmasked and dethroned.

What are some of the key points of critique against The Market? I highlight only a few as examples of how Cox builds his broader argument:

Firstly, The Market has lost its useful role as a means to an end and has become an end in itself. The necessary but limited purpose to enable trade and being in service of society has changed and The Market has become a master and a law unto itself.

A clear example of this is the financialization of the economy[47] which has created an inverted or casino economy divorced from the real economy (for example, the production of goods and rendering of services). Money has itself become a business, creating a new ultra-rich class of fund managers, aided by technology to create a global system of digital markets with high private rewards disproportionate to social productivity.[48] The Economic crisis of 2008 demonstrated the weakness of such a system of financial products where the underlying risk is hidden to both the banks and the average property or pension-fund investor.

The purpose of the market is to be a mediating servant of a greater social good and not a self-referential master, revered as an omniscient deity. According to Cox, many business organizations find themselves in a kind of identity crisis when it comes to formulating their mandate. Whereas the Business Roundtable, for example, in 1981 included responsibility to other stakeholders than stockholders, it declared by 1997 that the principal purpose of a business is shareholder returns. In this way »[m]aximizing profit shoved itself onto center stage« (65).[49]

44 Cox, *Market as God* (s. note 4), 257.
45 Ibid., 242.
46 Ibid., 35.
47 Ibid., 102.
48 Ibid., 106.
49 Ibid., 65.

Secondly, The Market has created a clever way out of accountability. What is seen as a great advance in creating legal entities with limited liability, is judged by Cox as negative. From the creation and fall narrative, he argues that two important lessons are to be learnt: Humans recognize their mortality and limitations (they are not like God) and they have to accept responsibility for their decisions (no blame-shifting is acceptable).

What The Market has done, is to establish a new creation myth where the corporation-person is imbued with the two qualities denied to our first parents: Immortality and blamelessness.[50] A corporation as a legal entity may live indefinitely: it has an unlimited shelf life–independent of the human beings who work there, and who grow old and die.[51] But it can–via mergers, takeovers and acquisitions–morph into being quite a different legal person. This ability of »recreation« with the model of »limited liability« creates the vacuum into which non-accountability steps. There are numerous court cases (recall the disastrous Bhopal event from 1984) to demonstrate the devastating impact on ordinary people because it is so difficult to pin actual people down to take responsibility for their actions, as those actions are hid behind the walls of the limited liability of a corporate person.[52]

Thirdly, as indicated earlier, Cox uses the critical connection between Christ and culture, and the norms for that critique are drawn from the biblical traditions. A good example of this method is the way in which Cox links two consistent biblical themes to his judging of The Market.

God as creator is the true owner of all wealth and people are custodians of this wealth with a clear purpose: »[...] to meet the needs of all human beings and all sentient creatures.«[53] Where God blesses us with prosperity, it carries with it the undeniable »obligation of generosity to those who do not have it.«[54] The second theme is »God's unwavering bias in favour of the poor, widows and orphans, and others who have no one to defend or speak for them.«[55] The spiritual danger of wealth is, therefore, twofold: The security it brings tempts us to in fact place our trust in the treasures themselves (despite Jesus' warning that it can be swept away overnight); and the comfort wealth brings can cause us to forget our responsibilities for the poor and fall into a »globalization of indifference« (a reference to Pope Francis).[56]

Cox then discusses the prohibition of usury[57] and the institution of the Jubilee Year[58] to show how these Biblical themes were embodied in practices that

---

50 Ibid., 48.
51 Ibid., 49.
52 Ibid., 51-2.
53 Ibid., 69-70.
54 Ibid., 70.
55 Ibid.
56 Ibid.
57 Ibid., ch. 5.
58 Ibid., ch. 6.

protected the weak from excessive interest and profit-taking, and that provided a mandate for regular redistribution of land and wealth.

If one now measures The Market against these two criteria, the direct clash with the Judeo-Christian tradition is clear: The practices of predatory lending spurred on by manipulative marketing lure people–often the most vulnerable–into taking on financial burdens they cannot carry.[59] As Thomas Piketty has recently demonstrated,[60] wealth accumulation and the resulting perpetual inequality have to be addressed via political and economic countermeasures because The Market does not have the ability to self-correct or re-distribute wealth.

These and other critical appraisals of The Market bring Cox to a cumulative result: We are in the midst of a contest between rival faiths. What makes The Market such a formidable rival in the clash among religions, is that it »[...] it is rarely recognized as a religion.«[61] The Market–according to Cox–is not merely metaphorically a religion, but *de facto* constitutes an alternative faith. The question is how does this new godhead measures up against the requirements set by the God of Israel? With reference to Psalm 82 where God presides over an assembly of gods, the duties of a real god are spelled out: To judge justly; to maintain the rights of the afflicted; to rescue the weak and needy from the hand of the wicked; and so forth. »Given these criteria for authentic godhood, clearly The Market does not make the cut«, asserts Cox. It must now either take up its duties toward the weak, or it must give up its position as a deity »and just be the market again.«[62]

Before I turn toward suggestions for a possible restoration of The Market, let us take a brief look at Cox's assessment of how churches are affected by the logic and spirit of The Market.

4. What critique of the church is put forward?

Cox argues that the institutional church is as much influenced by The Market as religion has become embedded in The Market. As he says, »influence flows in both directions.«[63]

He describes how between the 4th and 13th centuries the Catholic Church via its monasteries and dioceses accepted large donations under the banner of »the patrimony of the poor.«[64] The Church became the richest institution in Europe with a vast network of patronage among popes, bishops, abbots and lesser officials who used threats of excommunication for those who would not donate as required. As Cox puts it »[...] the Market deity was enjoying a heyday, under

59 Cox, *Market as God* (s. note 4), 81–2.

60 Thomas Pikkety, *Capital in the Twenty-First Century*, trans. Arthur Goldhammer (Cambridge: Harvard University Press, 2014), 86.

61 Cox, »Market as God: New Dispensation« (s. note 22).

62 Cox, *Market as God* (s. note 4), 255.

63 Ibid., 125.

64 Ibid.

the auspices of the Vicar of Christ.«[65] It is no wonder, he suggests, that Luther's reformation was prompted by an elaborate misuse of power (via dispensing of indulgences) for personal monetary gain.[66] Luther questioned the very institution of the papacy, but »[...] it had started with a spat about money.«[67]

This fusion of market and religion is again apparent, says Cox, in the rise of mega-churches which he discusses under »Big, big, banks and big, big churches« in Chapter 8.[68] These churches have turned religion into a finely-tuned marketing and branding effort, following business models that are fueled by a relentless expansionism called »growth-ism.«[69] They focus on adding numbers of members and increasing offerings »not caring much whether this activity is blatantly materialist and devoid of real spiritual significance.«[70] The theological enabler is »a dodgy version« of the prosperity gospel that requires members to donate until it hurts with a promise of monetary benefits. The relaxed style of mega-churches evident in architecture (churches look like malls), casual clothing, laid-back liturgies and music all conform to the current Market ethos.[71]

Apart from this dangerous fusion of religion and money, Cox goes further to argue that even doctrinal matters are sometimes resolved on the basis of »[...] what financial and political powers« are on the side of the different parties to a debate. He gives an account of the strife between Augustine and Pelagius on the question of predestination, original sin and the free will.[72] He argues that Pelagius' initial victory at The Synod of Diospolis in 415AD was later overturned at the Council of Carthage in 418AD, not so much on clear doctrinal grounds, but on the financial and political influence, Augustine and his followers were able to convene. Cox concludes: »It is a chapter in Christian history that illustrates how much the weight of wealth can bear upon disputes which appear on the surface to be purely doctrinal.« A Church that is critical of »[...] The Market's hard-boiled pragmatism should not fail to see the beam that is in its own eye.«[73]

This brings us to the question whether and how The Market can be restored.

5. How can The Market be recreated/restored?

Despite the impression of ever increasing Market control over all people and all societal spheres, there are (in my reading of Cox) at least three factors that might work together to diminish the power of The Market. The first has to do with people inside and outside of The Market; the second with a reorganization

65 Ibid., 113.
66 Ibid., 92–3.
67 Ibid., 93.
68 Ibid., ch. 8.
69 Ibid., 122.
70 Ibid.
71 Ibid., 127.
72 Ibid.
73 Ibid., 138.

of The Market; and the last with a pneumatological perspective. Let us briefly follow Cox's thoughts in this regard:

Firstly, there is no blanket and total Market hegemony (as Cox's own book shows). Civil society, customers, and even some business people themselves, have started to speak up and protest at the excesses of The Market.[74] Other centers of value are being created, detracting from the myth of Market omnipotence. Time will tell whether these protests from within »the golden cage,«[75] and from without, will gain enough momentum to dethrone The Market or at least diminish the Market's throne.[76]

Secondly, In an interesting re-reading of the Genesis creation narratives,[77] Cox proposes two principles around which The Market should be reorganized or re-created in order for it to serve a good purpose again. Just as God broke up his unitary and monolithic power by creating a reality other-than-God, so The Market should be subjected to a process of *decentralization*.[78] The second principle is derived from God's willing self-limitation by sharing with creation–specifically humankind–the power to create and the responsibility for the created order. This points to the *democratization* of The Market and the economy where–via active participation by all stakeholders–The Market is restored to its serving people and where they are directly involved in decisions affecting them.[79]

Thirdly, Cox concludes his account of Market restoration with a pneumatological perspective: The work of the Creator Spirit is not confined to the church or to religion. »The Spirit also moves ›where it will‹ in history and nature. The *restoratio* continues, and sometimes in unexpected places. It might well be at work in The Market.«[80] This divine intervention through the Spirit is needed because The Market cannot save itself. Its restoration as servants of all people, especially those with urgent needs (254),[81] will have to come from elsewhere, that is to say from the Spirit of the true God.

74 See the discussion of declining sales during Black Friday: Cox, *Market as God* (s. note 4), 217.
75 Ibid., 278.
76 Ibid., 253.
77 Ibid., 264ff.
78 He mentions for example the breaking up of big too-big-to fail banking conglomerates into smaller scale community banks. Ibid., 265.
79 Ibid., 269.
80 Ibid., 276.
81 Ibid., 254.

PART TWO: A CRITICAL ENGAGEMENT WITH COX VIA MICHAEL WELKER'S WORK ON THE THEME OF GOD AND MONEY

There are many points of engagement possible with Cox's wide-ranging and intriguing exposition of *The Market as God*, a book I thoroughly enjoyed for its almost playful, but serious expose of business doctrines and practices. As examples of more critical interaction, I list four possible perspectives:

First, from the perspective of business ethics, one could argue that Cox has not taken sufficient note of quite significant developments around the theory of the firm, the purpose of business, and corporate governance reforms. We have come a long way since Milton Friedman's famous article, »The social responsibility of business is to increase its profits«, published in *The New York Times Magazine* on 13 September 1970.[82] One may recall the work by Christopher Stone[83] on a broader social responsibility[84] for business; the views of Peter French[85] that moral agency should, in fact, be accorded to business institutions; the major shifts in business theory and practice on stakeholder theory in part prompted by Freeman;[86] the Creating Shared Value-initiative[87] started by Michael Porter and Mark Kramer; the inclusion of »six capitals«[88] into integrated reporting models, and the standardizing of inclusive instead of exclusive corporate governance[89] models.

Second, from the perspective of the formation of dogma and confessions, one could argue that Cox with his »follow-the-money« investigative principle into Augustine and Pelagius, does illustrate–again–that doctrinal decisions in the church have and will always be subject to non-theological factors like social identities, the persuasive power of influential individuals, politics, and pension funds. To suggest that doctrine formation is the result of non-theological factors

82 Milton Friedman, »The Social Responsibility Of Business Is to Increase Its Profits,« *The New York Times Magazine*, September 13, 1970.

83 Christopher D Stone, *Where the Law Ends: The Social Control of Corporate Behaviour* (New York: Harper & Row, 1975).

84 See the good volume of readings: Andre Crane, Dirk Matten, Laura Spence (eds.), *Corporate Social Responsibility: Readings and Cases in a Global Context*, (London: Routledge, 2008).

85 Peter French, »The Corporation as Moral Person«, in *Business Ethics: A Philosophical Reader*, ed. Thomas I. White (New York: Macmillan Publishers, 1993).

86 R. Edward Freeman, *Strategic Management: A Stakeholder Approach* (New York: Cambridge University Press, 2010).

87 Michael E. Porter and Mark R. Kramer, »Creating Shared Value,« *Harvard Business Review*, Jan/Feb (2011): 62–77.

88 This requires businesses to extend traditional financial reporting to include, *inter alia*, social, human and ecological matters as well.

89 For a good overview on corporate governance developments, read: Deon Rossouw and Leon van Vuuren, *Business Ethics* (Cape Town: Oxford University Press, 2010), ch. 16.

like money and the market only, or that doctrines/confessions could be sufficiently explained by such factors, would be an over-estimation.[90]

Third, from the perspective of practical theology and congregational studies, one could argue that Cox's judgment of mega-churches is too wide-ranging and one-sided. There are indeed forms of the Christian faith that are distorted via commodification. His remarks should, however, be qualified from at least two angles.

The American-type mega-churches and others like them around the world in South Korea and Australia, are in many respects responding much quicker and better to cultural changes than traditional churches. In a market society, this automatically implies significant influence by market-type thinking. However, it needs not imply a distortion of the gospel in each respect and does not preclude critique of the market nor calls to a counter-cultural life that in fact resists the spirit of consumption. The old dichotomies between evangelical, Spirit-churches and those involved in social service and uplifting of the poor, are no longer valid. Second, the real mega-churches, with members running into millions, are in Africa.[91] They defy easy sociological description in market terms and serve as spiritual home to many who find a synthesis of traditional African culture and the Christian gospel acceptable.

Fourth, from the perspective of economic history, the financialization of the economy, criticized by Cox, already occurred in archaic Greece in the sixth century BC. Pre-monetary forms of exchange were replaced by coined money which over time changed from an abstract medium of payment to accumulation for its own sake.[92] The same happened in the Persian period in the second half of the fifth century BC when money had become »[...] not just a convenient medium of exchange; it had become a commodity.«[93] What we experience today is an intensification of this process via the digital economy. The latter has indeed–as Cox shows–become a great proportion of economic activity in developing countries. Yes, it is open to huge risk-taking and abuse, and Cox is right to point out the effect on inequality. To contrast this financial economy with the productive, ma-

---

[90] Cox himself does not make this exclusivist claim. For an in-depth analysis of the influence of non-theological factors on the formation of the Belhar confession, read: Piet Naudé, »Identity and Ecumenicity: How Do We Deal Theologically With So-Called Non-Theological Factors?,« in *Reformed Theology: Identity and Ecumenicity*, eds. Wallace M Alston and Michael Welker (New York: WM Eerdmans Publishing, 2003), 435–49.

[91] These are called »African Independent Churches« and with the Shembe and Zionist Christian Churches as noteworthy examples in Southern Africa.

[92] Read the excellent essay: Tonio Hölscher, »Money and Image: The Presence of the State on the Routes of Economy,« in *Money as God? The Monetisation of the Market and its Impact on Religion, Politics, Law and Ethics*, eds. Jürgen von Hagen and Michael Welker (Cambridge: Cambridge University Press, 2014), 134.

[93] Michael Welker, »Kohelet and the Co-Evolution of a Monetary Economy and Religion,« in *Money as God? The Monetisation of the Market and its Impact on Religion, Politics, Law and Ethics*, eds. Jürgen von Hagen and Michael Welker (Cambridge: Cambridge University Press, 2014), 99. Quoting from the commentary on Ecclesiastes by C-L Seow.

nufacturing economy as if the latter is the »real« economy, is to under-estimate a process that has been part of human history for millennia.

For the sake of this Festschrift, I decided to link a key aspect of Michael Welker's work with the ideas developed by Cox. In the following paragraphs, the focus is on Cox's key claims and not on the many other interesting matters raised by him.

An outstanding feature of Michael Welker's work as a biblical, systematic theologian, is his continued endeavors to bring multi-disciplinary perspectives to a central theme. His positions in the Internationales Wissenschaftsforum Heidelberg (IWH) and Forschungszentrum Internationale und Interdisziplinäre Theologie (FIIT) at Heidelberg University enabled him to regularly assemble superb scholars in reflecting on diverse topics in the relation between theology, science, humanities and the social sciences.

On the theme of the relation between theology/religion on the one side and money/monetization of the markets on the other side, Welker co-edited two interesting volumes. »Gott und Geld« was published by Neukirchener Verlagsgesellschaft in 2007 as Band 21 of the *Jahrbuch für Biblische Theologie*, edited by Welker and New Testament scholar, Michael Wolter.[94] In this volume, an earlier essay by Welker[95] was put together with an earlier publication by Old Testament scholar, Hermann Spieckermann[96] under the title *Der Wert Gottes und der Wert des Besitzes für den Menschen nach Kohelet.*[97] The second volume, published by Cambridge University Press in 2014, was edited by Welker and economist, Jürgen von Hagen, with the title *Money as God? The monetization of the market and its impact on religion, politics, law, and ethics.*[98] In this volume, Welker's contribution builds on his earlier essay and is published under the title »Kohelet and the co-evolution of a monetary economy and religion,«[99] an interpretation of the Book of Ecclesiastes.

Welker and his co-editors introduce the discussion in both volumes with references to the fact that theological and secular traditions predominantly function from either a divinization or a demonization of money. He attributes

---

94 Michael Welker and Michael Wolter, eds., »Gott und Geld«, *Jahrbuch für Biblische Theologie* 21 (2007).

95 Michael Welker, »Ab heute regiert Geld der Welt [...] Die Einführung der Geldwirtschaft und ihre Auswirkung auf religiöses Denken und ethische Orientierung,« *Evangelium und Effizienz: Zur Geldförmigkeit des Denkens in Religion und Gesellschaft*, BThZ 21 Beiheft (2004): 52–66, cited in: Hölscher, »Money and Image« (s. note 92), 111–36.

96 Hermann Spieckermann, »Gott und Mensch am Markt. Krise des Glaubens and Sprache der Oekonomie in der Bibel,« *Evangelium und Effizienz. Zur Geldförmigkeit des Denkens in Religion und Gesellschaft*, BThZ 21 Beiheft (2004): 32–49, cited in: Welker, *Kohelet* (s. note 93), 96.

97 Spieckermann, *Gott und Mensch*, 97–108.

98 Welker and von Hagen, *Money as God?* (s. note 93).

99 Ibid., 96–108.

the *demonization* of money[100] in the Christian tradition to a specific reading of the New Testament injunction: »You cannot serve God and Mammon« found in the gospels of Matt 6:20 and Lk 16:13. Luther also played a crucial role in establishing this tradition by putting God and Mammon (and money in general) in strong opposition to each other in his explanation of the first article in his Great Catechisms.[101] In short: »Luther demonizes money as an idol trapping humans by promising them a false security and luring them into putting their trust in material goods rather than in the living God.«[102]

However, the power of money and the market has prompted a *divinization* of money as well. Welker lists references[103] to the authors who regarded money as a »god-term« (Kenneth Burke); who suggested that it should be regarded as »the God of our time« (Georg Simmel); that God's omnipotence in civil society is replaced by »the omnipotence of money« and the question is asked whether religious faith could not be organized like business (Niklas Luhmann). Even theologians, says Welker, propagated the pantheism of money as it has become an »all-determining reality« (Falk Wagner).[104]

One can now, in the light of the exposition above, add the name of Harvey Cox to this list. Cox uses both strategies in his description of the markets: Through divinization he accords The Market (capital letters) the status of God. I repeat: Cox does not simply compare »the market« with God as one would in an extended metaphor say: »The market is *like* God.« He suspends the metaphorical to argue for a literal description which serves as an act of divinization: »The Market *as* God.«[105] Through demonization he portrays this »God« as a deficient »God«; as an idol to be dethroned.

In what sense is this approach helpful in addressing the serious problems arising from a digital and globalized market economy?

For a number of reasons, Welker is very skeptical of this reductionist dichotomy between God and money/the market. This kind of thinking arises from a

---

100 This demonization also occurs in secular German poetry as references to Schiller, Goethe and Brecht demonstrate. See: Michael Welker and Michael Wolter, »Vorwort,« *JBTh* 21 (2006): VI.

101 Ibid., V, and Welker and von Hagen, *Money as God?* (s. note 93), 1.

102 Welker and von Hagen, *Money as God?* (s. note 93), 1, and Welker, *Kohelet* (s. note 93), 96.

103 For actual sources as referred to here, see: Welker, *Kohelet* (s. note 93), 96. For further quotations, see: Welker and Wolter, »Vorwort« (s. note 94), VI.

104 This term is derived from Bultmann who suggested that God be understood as »die alles bestimmende Wirklichkeit« (Welker and Wolter, »Vorwort« [s. note 94], VI).

105 There are at least two hints that Cox realises he is perhaps taking the idea of an identity between the God-head and The Market too far: He acknowledges that parallels between two sets of ideas have limits and are »[...] valid only up to a point« (Cox, *Market as God* [s. note 4], 241; see also 264). He notes that The Market does not possess full omnipotence and that its claimed hegemony is not absolute, so that it sits on a »[...] diminished throne« (ibid., 253; see also 217–8).

deep feeling of moral and political helplessness[106] over against the power of the market. This divination/demonization of the market may serve the purpose of mobilizing people against the market on religious and moral grounds and may assist us in raising the alarm, but a much more nuanced approach is called for.

To link up with Welker, one could read »The Market as God« in the spirit of prophetic ethical discourse as set out by Gustafson[107] in 1988: The strength of prophetic discourse is its unambiguous denouncing of a state of affairs seen as against the will of God and proclaiming a radical alternative. As Welker indicates, this form of protest is helpful in raising the alarm and gaining support for a just cause. In this sense, Cox wrote a very good book. His central message is clear: The markets do not merely function like a God, the markets are The Market, a rival God who has taken over all of our life-spheres. This God does not measure up to the criteria for God-head as set out in the Jewish-Christian tradition. This omnipotent shaper of our social imagination should be fought from within and from without.

However–as I have argued elsewhere[108]–prophetic discourse by itself is not sufficient to address matters of global economic justice or monetization of the society. The core weaknesses of prophetic discourse are its incomplete moral argument, weak moral analyses, its tendency to close off rational debate in representing a totalizing and reduced view of reality, its silence on transition measures, and its inability to take a positive stance on reforms in the system from which it benefits itself. By claiming total power for The Market, Cox, in fact, disempowers those participating in the market with a (Christian) commitment to reform the markets. His proposals to recreate The Market in terms of democracy and self-limiting decentralization is not clear enough to qualify as ethical or policy discourse.

What happens in this dichotomous approach, says Welker, is that the power of the market is described in vague and skewed terms and it is endowed with a religious aura which in turn is exactly the point of contestation against the market. This dichotomy is also a skewed or distorted representation of God because it forces the intricate and varied relationships between »God and money« into the straightjacket of »God and mammon« as if this last equation is on the same level of comparison than the first. It is worth quoting Welker at this point:

> One of the tasks of systematic theology is to provide a critique of distorted or ideologized forms of religion. The plain demonization of the market, also in its monetized forms, is very short-sighted, if not stupid. It can also go hand in hand with a

---

[106] The German term is »Hilflosigkeit.« See: Welker and Wolter, »Vorwort« (s. note 94), VI.

[107] James M. Gustafson, *Varieties of Moral Discourse: Prophetic, Narrative, Ethical and Policy* (Stob lectures of Calvin College and Seminary, 1988).

[108] »Is prophetic discourse adequate to address global economic justice?« in: Piet Naudé, *Pathways in Ethics: Justice - Interpretation - Discourse - Economics* (Stellenbosch: Sun Press, 2016).

> distorted form of religious thoughts and ideas, which generates a love-hate relationship with the numinous powers of the market. The equation of God and mammon (as a cipher for the monetized market) not only mirrors an economic analphabetism; it also distorts sound theological perspectives on God«.[109]

These are strong words. Welker is clear: Theologians have the task to demythologize religious talk about the market so as to assist in the reconstruction of the functions and powers of the market in different contexts. The task of demythologization is best undertaken when one seriously considers and accepts the *co-evolution* of economic and religion. As Cox also points out, the influence of economics and religion is reciprocal. What Welker and his co-authors demonstrate, is how over millennia and in different contexts, religious experiences and relationship with the gods/God have been expressed in »monetised« language:[110] »The interaction between monetization and social changes is neither unidirectional nor mono-causal, and monetization is both the consequence and cause of social changes.«[111] Although the temptation to put our trust in material wealth rather than in the transcendent God (the key point made by Cox) »[...] is a phenomenon observed and bemoaned in many different cultural and historical contexts,«[112] this is but *one* dimension of the relationship between God and the market. The market quite often provides a fruitful and positive cultural matrix on which religious language has drawn to express various aspects of humans' relationship with God.

Welker's key argument to critique and transcend the God-mammon-dichotomy is *canonical*. As self-identified »biblical theologian,«[113] Welker refers to the distortion of »[...] the broad spectrum of biblical witnesses«[114] (Welker 2014:97) that constitute a complex constellation »[...] die sich nicht auf eine Grundentscheidung reduzieren lässt.«[115] The biblical witnesses contain around 300 references to money and the market and »[...] offer a more subtle criticism than the mere demonization of the function and the potentials of money and monetary communication, or they use the symbolism of money in order to express complex spiritual processes and practices.«[116]

---

109 Welker, *Kohelet* (s. note 93), 97.

110 A case in point is the Christian doctrine of reconciliation being described as a ransom paid by Christ for our sins.

111 Welker and von Hagen, *Money as God?* (s. note 93), 440.

112 Ibid., 441.

113 For a brief discussion on Welker as biblical theologian with literature references in footnotes 1–8, see: Piet Naudé, »But You, Who do You Say I am? A Homily on Ideological Faith from the Gospel of Mark,« in *Who is Jesus Christ for Us Today? Pathways to Contemporary Christology*, eds. Andreas Schüle and Günter Thomas, (Louisville: Westminister John Knox Press, 2009), 134–49.

114 Welker, *Kohelet* (s. note 93), 97.

115 Welker and Wolter, »Vorwort« (s. note 94), V.

116 Welker, *Kohelet*, (s. note 93), 97.

As an example of such a contrasting view from the canon, Welker reads the book of Ecclesiastes (Kohelet). Drawing on the commentary by Leong Seow[117] who dates this book in the Persian era, Welker demonstrates how the dramatic economic and social changes to traditional subsistence agriculture fundamentally influence Kohelet's depiction of the risk and profit in humans' relationship with God. Kohelet is a clear example of the *co-evolution* of religion and the rise of a monetary economy.[118]

Kohelet, furthermore, does not work with the God-mammon scheme. Kohelet holds on to the contradiction that wealth is a gift from God to be enjoyed: »[...] it is fitting to eat and drink and find enjoyment in all the toils which one toils under the sun the few days of the life God gives us; for this is our lot« (Eccl 5,17f). At the same time, Kohelet exhorts individuals to sow seeds and not sit idle because wealth–though transient and subject to Kohelet's repeated judgment of futility or meaninglessness–is the product of human effort and risk-taking. Wealth is thus at once a non-marketable gift from God (property as gift) and a result of capitalizing on opportunities (property as wealth): Kohelet »[...] demands that human property[119] be distinguished in accordance with that which can be converted into wealth and subjected to the channels of trade and that which (as non-marketable gift) must be kept separate from the market [...] Instead of simply staring at the duality of ›God or Mammon‹, we must practice differentiating property into non-marketable gifts, or assets which can be monetized.«[120]

In the place of a divinization or/and demonization of the market/The Market, comes the call to wisdom, that is to say the ability to understand the complex relation between God and money; a resistance against the temptation to put our trust in material possessions instead of in God; and the courage to act in the market whilst holding on to the ambiguity that wealth is both the result of our risk-taking efforts and a gift from God.

---

[117] For a summary of his views on the economic context of Ecclesiastes, read: Choon-Leong Seow, ed., *Ecclesiastes: A New Translation with Introduction and Commentary*, Vol. 18, (Yale: Doubleday, 1997), cited in: Welker, *Kohelet* (s. note 93), 99.

[118] Welker, *Kohelet* (s. note 93), 100–1.

[119] »Property« here refers not so much to physical property or land as to »possessions« in general. See: Ibid., 104.

[120] Ibid., 103–4.

Risiko und Vertrauen als Dimension zivilgesellschaftlichen Handelns

Eine Verhältnisbestimmung von Zivilreligion, Kirche und Gesellschaft in Mittel- und Osteuropa[1]

Sándor Fazakas

Das Handeln in Unsicherheit und das Streben nach Bewältigung von Unsicherheitsfaktoren sind zu konstanten Merkmalen posttotalitärer Gesellschaften geworden. Die Erfahrungen mittel-osteuropäischer Gesellschaften in der Zeit nach der Wende um 1989/1990 bezeugen heute keineswegs eine Perspektive auf Zukunftsgewissheit mit belegten und kalkulierbaren Sicherheitsfaktoren wirtschaftlicher und politischer Art. Parallel mit der Ausdifferenzierung der Gesellschaft[2] nach einer Zeit politisch-ideologischer Monokultur und mit dem Ausbau marktwirtschaftlicher Strukturen und der demokratischen Institutionen ist an die Stelle der früheren und vermeintlichen Sicherheiten eine Dimension getreten, die die Plausibilität des Berufs- und Alltagslebens zu verdunkeln scheint. Die neu erworbene Möglichkeit für die Ausübung der Religionsfreiheit und die Wiederbelebung von Religiosität und Kirchlichkeit konnte den allgemeinen Verunsicherungen keine wirkungsvollen Bearbeitungstechniken entgegenbringen. Konnte Niklas Luhmann in seiner Studie über die Soziologie des Risikos[3] noch feststellen, dass die älteren Hochkulturen mit der Praxis der Divination und mit der Beeinflussung numinoser Mächte mindestens versucht haben, sich gegen die geheimnisvollen Schicksalsbestimmungen abzusichern (eine Praxis, die durch die rationalistische Tradition zwar abgelöst wurde, die aber das Risikobewusstsein nicht beseitigen konnte), scheint heute der weltanschauliche Umgang mit Risikofaktoren keine effiziente Lösung zu bieten. Vielmehr weisen die Verschränkungen von ökonomischen und religiös-weltanschaulichen Bedürfnissen bzw. die unerfüllten Befriedigungsbestrebungen der Individuen und der Gruppen auf die Vermutung hin, dass Risiko als »*conditio humana* verstanden

---

[1] Erweiterte Fassung eines Vortrags, gehalten am 14. November 2014 im Internationalen Wissenschaftsforum Heidelberg, während eines Kolloquiums über Religion und Zivilgesellschaft in Ungarn und Deutschland, initiiert von Michael Welker (Die erste Fassung erschien in stark reduzierter Form als Diskussionsbeitrag im ZEE 60 [2016] 1, 48–57). Für Michael Welker zum 70. Geburtstag.

[2] Vgl. Niklas Luhmann, *Soziologie des Risikos* (Berlin/New York: De Gruyter, 1991), 37–8.

[3] Vgl. ibid., 16–23.

werden«[4] soll, sowohl im Bereich der Ökonomie als auch der Religion. In beiden Bereichen lassen sich die Entscheidungen durch eine doppelte Dimension auszeichnen: die Unvorhersehbarkeit der Zukunft und die Unkenntnis der Vergangenheit und der Gegenwart.[5] Als gemeinsame Grundlage wird hier das Entscheiden in Unsicherheit verstanden, weil weder der als perfekt gewünschte Markt noch die ersehnte Rationalität die allumfassende Unwissenheit überbieten kann. Eher ist *Michael Welker* recht zu geben, dass unsere Welt nach 1990 »in einem Prozess kultureller und sozialer Umbrüche steht«[6], in dem »alte und neue kollektive Selbstverständnisse aufbrechen«[7], in dem nicht nur mit Veränderungen unserer bisherigen Rechts- und Lebensordnungen zu rechnen ist, sondern die Weltvorstellungen, Geschichtsdeutungen und nicht zuletzt die Vorstellungen über Moral umgeschrieben werden. Diese tiefgreifende Verunsicherung »fordert prinzipiell die Orientierungskraft der Religion heraus«[8] und stellt die großen Kirchen vor die Frage, wie weit sie ihre Verkündigung, Zeugnis und Dienst in den geschichtlichen und normativen Umbruchsituationen zur Geltung bringen können?

Die Diagnose Michael Welkers hat an Aktualität in Mittel- und Osteuropa auch nach mehr als zwei Jahrzehnten nichts eingebüßt. Stattdessen sind hier zweifelsfrei Kräfte und Stabilisierungsversuche am Werk, die versuchen, zwar über die tiefgreifenden Verunsicherungen Herr zu werden und verunsicherten kollektiven Selbstverständnissen neue Inhalte zu geben, in der Tat aber das Risikobewusstsein weiter verschärfen. Im Folgenden wird die Pluralisierung von Religiosität und Moralvorstellungen als Prozess der allgemeinen Verunsicherung am Beispiel einer mittel-osteuropäischen Gesellschaft wie Ungarn kurz dargestellt, dann wird die Instrumentalisierung dieser Tendenz – die Verschärfung des Risikobewusstseins und die Stabilisierungsversuche als Lösungsangebot – im Dienste politischer Zwecke als Machtergreifung und Machterhaltung beschrieben. Schließlich frage ich nach dem Gestaltungspotenzial der Theologie und Kirche für eine Kultur des Vertrauens als Dimension kirchlichen und gesellschaftlichen Handelns, die den anhaltenden sozialen, kulturellen und moralischen Unübersichtlichkeiten entgegenwirken könnte.

---

4 Georg Pfleiderer, Peter Seele und Harald Matern, »Kapitalismus – eine Religion in der Krise. Einleitendendes zu Aspekten von ›Risiko‹, ›Vertrauen‹ und ›Schuld‹,« in *Kapitalismus – eine Religion in der Krise II. Aspekte von Risiko, Vertrauen und Schuld*, hrsg. Georg Pfleiderer, Peter Seele und Harald Matern (Zürich: Theologischer Verlag, 2015), 16.

5 Ibid.

6 Michael Welker, *Kirche im Pluralismus* (Gütersloh: Kaiser, 1995), 38. Vgl. mit dem Kapitel 5.2. über den Geist Christi und die Gemeinschaft der Geheiligten in einer sich selbst gefährdenden Welt in Welkers Pneumatologie. Michael Welker, *Gottes Geist. Theologie des Heiligen Geistes* (Neukirchen-Vluyn: Neukirchener Verlagsgesellschaft, 1992), 279–90.

7 Welker, *Kirche*, 37.

8 Ibid., 38.

1. Die religiöse Landschaft nach der Wende

Religiös-moralische Überlieferungen sind für die Gestaltung politischer Ordnungen in Europa wichtiger geworden. Das gilt im Allgemeinen für die europäischen Gesellschaften des 20. bis 21. Jahrhunderts und insbesondere für Mittel-Osteuropa nach der politischen Wende von 1989/1990 – trotz fortschreitender Säkularisierung und ständigen Beharrens auf die Separationsthese, nämlich die formale Trennung von Staat und Kirche. Zugleich führen Pluralisierung gelebter Religiosität und Polarisierung religiöser Gemeinschaftsideale zur weiteren Segmentierung der Gesellschaft. Es handelt sich hierbei nicht um eine Differenzierung nach konfessionellen, dogmatischen oder liturgischen Inhalten unterschiedlicher Kirchen und Religionsgemeinschaften, sondern vielmehr um den Vorrang der Frage eines gelingenden Lebens – um moralische und spirituelle Vorstellungen über Lebensführung, Zukunftsvisionen und Gegenwartsdeutung anhand moralischer Chiffren.

Für Ungarn gilt nach wie vor die aus dem Jahre 1900 stammende Diagnose des praktischen Theologen Paul Drews: »Wie ein unentdecktes Land liegt zum Teil die Religion unseres eigenes Volkes vor unseren Augen«.[9] Konnte Drews seinerseits und zu seiner Zeit mit wissenschaftlicher »Entdeckerfreude und Forschungsdrang« diese *terra incognita* wahrnehmen, sind Theologen und Kirchenleute der protestantischen Kirchen in Ungarn eher von Staunen und Schrecken befangen. Kein Wunder; in dem von Enthusiasmus und Pathos gekennzeichneten Klima der gesellschaftlich-politischen Wende vor etwa 27 Jahren erfuhren die Kirchen einen fast unverdienten Vertrauensbonus seitens der Gesellschaft; nach dem Kollaps ideologischer und staatlicher Sinnstiftungen erschien die Kirche als einzige glaubwürdige Institution, die einerseits die Kontinuität der europäischen Geschichte und Kultur darstellte, anderseits nach dem Absterben einer Ideologie der zivilgesellschaftlichen Entwicklung moralische Kraft verlieh.[10] Als umso schockierender wurden die Ergebnisse der letzten Volkszählung in Ungarn (2011) bezüglich der drastisch schrumpfenden Zahl der Kirchenzugehörigkeit wahrgenommen.[11] Zwei gewöhnliche Erklärungsmuster

---

[9] Zitat nach Birgit Weyel, »Religion in der modernen Lebenswelt: Erscheinungsformen,« in *Religion in der modernen Lebenswelt. Erscheinungsformen und Reflexionsperspektiven*, hrsg. Birgit Weyel und Wilhelm Gräb (Göttingen: Vandenhoeck & Ruprecht, 2006), 13.

[10] Vgl. Sándor Fazakas, »Kirche und Staat in Ungarn. Öffentlichkeitsrelevanz unter den veränderten Rahmen nach der Wende,« *Studia Theologica Debrecinensis* (Sonderheft: Öffentliche Relevanz der reformierten Theologie, hrsg. Michael Beintker und Sándor Fazakas) (2008): 71.

[11] Die drei großen Kirchen, die Katholiken, die Evangelisch-Reformierte (Helvetisches Bekenntnis) und die Evangelisch-Lutherische Kirche mussten in zehn Jahren einen Rückgang der Mitgliederzahl von ca. 30 % erleiden. Mehr als doppelt oder sogar dreimal so viel beträgt inzwischen die Zahl derer, die zu anderen, kleineren Denominationen gehören, sich als areligiös bezeichnen oder absichtlich keine Angaben gemacht

sind dazu zu hören, mit Hinweis auf die fortschreitende Säkularisierung einer Gesellschaft nach der Wende oder auf die nachwirkenden Folgen der Verfolgung der Religion und religiöser Menschen bzw. Institutionen zur Zeit einer kommunistischen Diktatur. Einerseits wird die *Säkularisierungsthese* weiterhin als plausibles Deutungsmuster aufrechterhalten und darauf hingewiesen, dass es den westlichen Kirchen dank der fortschreitenden Säkularisierung in Europa auch nicht besser geht. Andererseits wird eine Art von *Religionsverfolgungsthese* komplementär zum Säkularisierungsprozess angewendet, mit der Argumentation, dass die heutige Lage der Kirchen in Ungarn (ähnlich den anderen mittel-osteuropäischen Ländern) mit einem anfangs offenen und militanten antireligiösen Kampf, später mit einer milderen, in der Zielsetzung aber ähnlichen und andauernden Diskriminierung kirchlich-religiösen Lebens zu erklären ist. Religionssoziologen weisen indes darauf hin, dass hier ein komplexer Zusammenhang zu vermuten sei, der mit dem Stichwort »sozialistische Modernisierung«[12] auf den Punkt gebracht werden kann: Auch wenn den verfassten Kirchen administrative und ideologische Hiebe erteilt wurden, lässt sich eine systematische Verfolgung der Laien bzw. der religiösen Menschen nicht nachweisen. Aber das staatliche Monopol auf dem Gebiet der öffentlichen Kommunikation, des Schul- und Bildungswesens,[13] Zwangsindustrialisierung und dadurch bewirkte forcierte Urbanisierung beschleunigten gesellschaftliche Mobilität und Individualisierung. Der relative Wohlstand und praktische Konsummaterialismus seit den 70er Jahren sowie nicht zuletzt die durch das Gleichschalten bewirkte Unglaubwürdigkeit der Kirchen haben dazu geführt, dass Religiosität und Kirchlichkeit eher als ein Randphänomen wahrgenommen werden. Diese von der »sozialistischen Säkularisierung«[14] bewirkte »ambivalente

---

haben. Knapp die Hälfte der Gesamtbevölkerung – was noch lange nicht bedeutet, dass sie ohne religiöse Werte, Inhalte oder spirituelle Ansprüche auskommen. S. Központi Statisztikai Hivatal, 2011. évi népszámlálás. 10. Fejezet: Vallás, felekezet [Hungarian Central Statistical Office: Population census 2011, Chapter 10: Religion, denomination], Budapest 2011, URL: http://www.ksh.hu/nepszamlalas/tablak_vallas (letzter Zugriff: 06.06.2017).

12 Rita Hegedűs, *A vallásosság alakulása Magyarországon a kilencvenes évek kutatásainak fényében* [Die Entwicklung der Religiosität in Ungarn im Lichte der Forschung der 90er Jahre] (Budapest, 2000), 16.

13 Zsuzsa Horváth, »Az egyház kovásza: a bázisközösségi mozgalmak Magyarországon« [Sauerteig der Kirche: Basisbewegungen in Ungarn], in *Hitek és emberek* [Glauben und Menschen], hrsg. Horváth Zsuzsa (Budapest: Eötvös Loránd Tudományegyetem Szociológiai-Szociálpolitikai Intézete, 1995), 249–50.

14 Miklós Tomka, »Coping with persecution: religious change in communism and in post-communist reconstruction in Central Europe,« *International Sociology* 13 (1998): 235–7.

Modernisierung«[15] oder Religiosität »ost-europäischen Typus«[16] ist nicht Ergebnis einer natürlichen gesellschaftlichen Entwicklung bzw. Modernisierung (wie in westlichen Demokratien zu sehen ist), sondern eher einer gesellschaftlichen Deformation zu verdanken. Das Experiment der sozialistischen Modernisierung ist zwar zu Ende, die Folgen wirken aber nach – laut Miklós Tomka – und die Gesellschaft versucht, aufgrund ihrer Selbstgesetzlichkeiten sich selbst zu finden.[17] Inzwischen versucht der Staat, mit Hilfe religiöser Inhalte und Symbole der Gesellschaft eine neue Identität zu verleihen, und will dazu die verfassten Kirchen als Verbündete in Anspruch nehmen.

Unser Interesse richtet sich aber auf die Formen der Religiosität, die sich aus verschiedenen Gründen nicht in den Bereich des Privaten zurückdrängen lassen, sondern nach verbindlichen, gemeinschaftlichen kollektiven Artikulationsmustern streben. Und ich frage diesmal nicht nach den Erscheinungsformen von Religion, die an den großen Passagen des Lebens und biographischen Übergängen rituelles Handeln und Begleitung durch die Kirche reklamieren, sich ansonsten aber in den Bereich der »Unsichtbarkeit«[18] zurückziehen. Vielmehr gilt es die Realität eines Religionsbedarfes wahrzunehmen, die im Kontext des gesellschaftlichen und alltäglichen Lebens entsteht, die versucht, mit Hilfe religiöser Inhalte und Kommunikationsmuster Alltagserfahrungen, Irritationen, Rollenwechsel und Verhaltensweisen in ein Sinngefüge[19] einzuordnen und die eigene Identität in der modernen Gesellschaft aufrechtzuerhalten bzw. an plausibel erscheinende, gemeinschaftlich-kollektive Identitätsmuster anzudocken.

2. DIE ERFAHRUNG MIT DEM PHÄNOMEN »ZIVILRELIGION«

Die konkreten Erfahrungen der Theologie und Kirche in Ungarn mit dem Phänomen *Zivilreligion* sind ambivalent und verwirrend. Je nach herrschendem politischen Klima wurde die Rolle der Kirche für das Wohl der Gesellschaft entweder aufgewertet oder relativiert. Definiert wurde die Verortung der Kirchen

---

15 Elemér Hankiss, *Kényszerpályán? A magyar társadalom értékrendje* [Zwangskurs? Die Wertvorstellung der ungarischen Gesellschaft] (Budapest: MTA Szociológiai Kutatóintézet, 1985), 259–66.

16 Ibid.

17 Vgl. Miklós Tomka, »Vallás és vallásosság« [Religion und Religiosität], in Társadalmi riport *1990* [Gesellschaftliche Reportage 1990], hrsg. Rudolf Andorka et al. (Budapest: Tárki, 1990), 542. Vgl. Hegedűs, *A vallásosság* (s. Anm. 12), 16–7.

18 Vgl. Thomas Luckmann, »A láthatatlan vallás« [Die unsichtbare Religion], *Magyar Lettre Internationale* 23 (1996): 4–7.

19 Vgl. Weyel, »Religion« (s. Anm. 9), 23; Arno Schilson, »Die Wiederkehr des Religiösen. Eine Gegenwartsanalyse und ihre Herausforderung für das Christentum,« in *Medienreligion. Zur religiösen Signatur der Gegenwart*, hrsg. Arno Schilson (Tübingen: Francke, 1997), 34.

im gesellschaftlichen Kontext jedes Mal im Verhältnis zum Staat – in der Tat erzeugte aber das Hin-und-hergerissen-sein zwischen den jeweils aktuellen politischen Interessen eher Verwirrung und Verunsicherung. Entweder wurde eine Partnerschaft zwischen den Kirchen und christlich-konservativ-nationalen Regierungen erzielt, um einen Beitrag der Kirchen bei der Gestaltung der politischen, rechtlichen und sozialen Ordnung der Gesellschaft zu leisten. (Die Einführung des Religionsunterrichts an öffentlichen Schulen, der Aufbau von Bildungseinrichtungen in kirchlicher Trägerschaft, der Einstieg in soziale Dienstleistungen in Form von karitativ-diakonischen Einrichtungen mittels staatlicher Subventionen sowie die Suche nach Modellen für ein Kirchenfinanzierungssystem sind die konkreten Belege dafür.) Oder im Gegenteil: Zur Zeit der Regierung der als sozialistisch-sozialdemokratisch und liberal bezeichneten politischen Kräfte – unter ihnen das Nachfolgeorgan der sozialistisch-kommunistischen Partei aus der Zeit vor der Wende – wurde der zu starke gesellschaftliche Einfluss der Kirchen durch ihre Einrichtungen und Institutionen befürchtet sowie ihre Tätigkeit mit restriktiven finanziellen Kürzungen erschwert. Diese Erfahrung bzw. Beziehung wurde auf beiden Seiten nur als Freund-Feind-, christlich-antichristliche, nationalliberale Gegenüberstellung und klischeehaft interpretiert. Weder auf kirchlicher noch auf gesellschaftlich-politischer Ebene wurde die Fragestellung sachlich reflektiert und bis heute herrscht keine Klarheit darüber, dass es im Prinzip um das gleiche Interesse geht, die Sicherung und Durchsetzung politischer Macht. Das Bestreben jedweder Politik besteht nämlich darin, die eigenen Entscheidungen und Ziele »kollektiv verbindlich durchzusetzen«[20], auch wenn kein Konsens über diese Ziele besteht. Für die Akteure dieser Macht ist die Durchsetzung nur dann möglich, wenn sie über ein hinreichendes physisches, psychisches oder wirtschaftliches Gewaltmonopol verfügen, um diese Entscheidungen kollektiv verbindlich zu machen und mögliche Schwankungen im Machtgefüge außer Kraft zu setzen. Aber seitdem die politische Ordnung sich von der geistlichen Vormundschaft durch die Religion emanzipiert hat, ist sie darauf angewiesen, die eigene Legitimität zu bezeugen. Die verfassten Religionsgemeinschaften und Kirchen gelten nicht mehr als geeignet, die moralischen Grundlagen der politischen Ordnung vorzugeben – die Gründe sind bekannt, beginnend beim Investituren-Streit über die konfessionellen Kriege bis zur Idee des auf Volkssouveränität gründenden freiheitlichen Rechtsstaates. Doch jede politische Ordnung ist auf eine Form normativer Regulierung und auf durch außerhalb der eigenen Möglichkeiten gespeiste Legitimationsgrundlagen angewiesen. Diese Funktion hätte die Zivilreligion. Die Hoffnung und Erwartung auf die Herausbildung einer solchen Zivilreligion besteht darin, die Machtausübung der Politik zu einem legitimen, für die Kollektive verbindlichen und möglichst sinngebenden Handeln zu transformieren – auch in

20 Richard Münch, »Religiöse Pluralität im nationalen Verfassungsstaat. Funktionale Grundlagen und institutionelle Formung aktueller Konflikte,« *Berliner Journal für Soziologie* 16 (2006): 465.

einer religiös-pluralistischen Gesellschaft. Das eine politische Lager will dazu aus dem Fundus der jüdisch-christlichen Religion bzw. der Tradition des Christentums schöpfen: Biblische Werte und Tugenden werden hochgehalten bzw. auf die Fahnen politischer Kräfte geschrieben, die Kontinuität der Geschichte des angeblich christlichen Europas oder des tausendjährigen christlichen Reiches wird beschworen, Gottes Name taucht in der Präambel der Verfassung auf, die Anrufung Gottes im Amtseid politischer Funktionäre sorgt für Aufsehen. Dies geht offensichtlich mit einer privilegierten Position der Großkirchen einher, die als Verbündete in der Wohlordnung der Gesellschaft eine wichtige Rolle wahrzunehmen haben. Auf der anderen (jetzt oppositionellen) Seite beruft man sich auf eine strikte Laizität, man will anstelle einer christlichen Legitimation des Staates die Religion aus dem öffentlichen Raum ins Private verbannen, die restlose Trennung der Kirche vom Staat durchführen. Diese Art von Zivilreligion kann aber ohne Glaubenssätze auch nicht auskommen: Die Losungen der französischen Revolution (Freiheit, Gleichheit, Brüderlichkeit) oder die Idee der Menschen- und Bürgerrechte sollen die Verbindlichkeit des neuen gesellschaftlichen Ethos bewirken. Die Kirchen, darunter die evangelisch-reformierte Kirche, dürfen sich nicht darüber hinwegtäuschen lassen, dass weder der eine den Kairos der Königsherrschaft Christi noch der andere eine neue Welle der Religionsverfolgung einleitet: Es geht in beiden Fällen darum, ein verbindliches soziales Ethos zu installieren und dadurch die eigenen Machtvorstellungen zu realisieren.

Ohne den Begriff »Zivilreligion« oder »Zivilgesellschaft« normativ verwenden zu wollen, gehen in Ungarn Akteure der Öffentlichkeit bzw. Repräsentanten des politischen, kulturellen und kirchlichen Lebens von der Notwendigkeit einer Zivilreligion aus. Das heißt, viele teilen die Überzeugung, dass eine demokratisch verfasste, bürgerliche Gesellschaft »Etwas« als Bestandteil ihrer Identitätssicherung braucht, wie allgemein gültige Werte, die den auseinanderstrebenden Kräften in der Gesellschaft entgegenwirken und die Einheit der politischen Nation garantieren. Anders formuliert: Die Inanspruchnahme von religiösen Elementen und Symbolen sollte als Mittel zur Risikoreduktion[21] dienen, um die unerwünschten, schon bestehenden oder vermeintlich absehbaren moralischen und materiellen Verluste einer Gesellschaft im Bereich der politischen und ökonomischen Lebensbedingungen möglichst zu eliminieren oder mindestens zu relativieren. Dieses Bestreben rückt aber jede politisch-ideologische oder rechtliche und finanzielle Strategie zur Minimalisierung von Risikofaktoren und der Machterhaltung bzw. Machtausübung in die Nähe einer religiösen Dimension:[22] Auch wenn für die Zukunft versprochene, angeblich glückliche und risikofreie soziale Verhältnisse antizipiert werden, steht dieser Zustand aber nicht im Verfügungsbereich der zuständigen politischen und sozialen Akteure. Umso mehr wird aber das Risikobewusstsein beschworen – um

21 Vgl. Pfleiderer, »Kapitalismus« (s. Anm. 4), 23.

22 Vgl. ibid.

dann in einer Rolle für Risiko- und Krisenbewältigung[23] auftreten und moralisch-religiöse Zusagen als Lösungsangebot anbieten zu können.

Doch, anders als in den Vereinigten Staaten und Ländern des westlichen Europas, wollen »Produzenten«[24] dieser Zivilreligion in Mittel- und Osteuropa keineswegs eine aus »Bestände[n] religiöser Kultur«[25] bestehende *Civil Religion* fördern und vor allem keine ohne Moral. Nicht eine Vielzahl von miteinander konkurrierenden Symbolen oder Losungen,[26] Philosophien, Weltanschauungen und ethischen Ansätzen (vertreten durch Verbände, Vereine und Kirchen) wird gefördert und es ist auch kein Forum für Dialog vorgesehen. Stattdessen scheint das Moment zentral zu sein, dass in der politischen Kultur religiöse Elemente und Rhetorik zum Ausdruck kommen, und die Produzenten dieser neuen Moral möchten die verfassten Kirchen und die in ihrer Anzahl strikt reduzierten Religionsgemeinschaften als Verbündete betrachten. Selbstverständlich versucht man auf der anderen Seite, das Misstrauen gegenüber der Bevormundung durch autoritäre Institutionen und die politische, wirtschaftliche und staatstreue kulturelle Elite zu betonen, mit dem Anspruch auf eine wirkliche funktionierende Zivilgesellschaft, ohne verbindliche und allgemeine moralische Werte.

---

23 Vgl. dazu Giorgio Agambens Befürchtungen aus dem Jahre 2013, dass im heutigen Europa solche Kräfte am Werk sind, die unsere Identität manipulieren wollen, die die Bewahrung der Unterschiede als bedrohlich empfinden und denen Sicherheit und Krisenbewältigung nur noch durch Vereinheitlichung der Werte bzw. Identitäten zu erlangen möglich scheint. Siehe Dirk Schümer, »Die endlose Krise ist ein Machtinstrument. Im Gespräch mit dem italienischen Philosophen und Zeitdiagnostiker Giorgio Agamben,« *Frankfurter Allgemeine Zeitung*, 25.05.2013, 44.

24 Wolfgang Vögele, »Zivilreligion, Kirchen und die Milieus der Gesellschaft,« *ZIF Mitteilungen* 3 (2001): 5.

25 Hermann Lübbe, *Religion nach der Aufklärung* (München: Wilhelm Fink, [3]2004), 308.

26 Die Verwendung des Namens Gottes im Grundgesetz und die Bezeichnung dieser Anrufung als »Nationales Bekenntnis« oder die Anrufung Gottes im Amtseid staatlicher Funktionäre, die Bezeichnung der Nation als auserwähltes Volk usw. sind weiterhin zu Alltagserfahrungen geworden. Siehe Ferenc Mándi, »Politikai gondolkodás« [Politisches Denken], in *A magyar politikai rendszer – negyedszázad után* [Das ungarische politische System – nach einem Vierteljahrhundert], hrsg. András Körösényi (Budapest: Osiris/MTA Társadalomtudományi Kutatóközpont Politikatudományi Intézet, 2015), 32–4. Vgl. dazu Lübbe, *Religion*, 307. Zur historischen Verschränkung politischer, ethnischer, kultureller und konfessioneller Identitäten und über die Rolle dieser Identitäten für die Neustrukturierung des gesellschaftlichen Lebens nach der Wende in Ungarn und in Mittel-Osteuropa siehe Sándor Fazakas, »Protestantische Identität und gesellschaftliche Gestaltungsaufgabe. Europäische Integration und ›soziales Europa‹ als Herausforderungen des ungarischen Protestantismus,« in *Soziales Europa?*, hrsg. Traugott Jähnichen et al. (Gütersloh: Gütersloher Verlagshaus, 2014), 227–45, besonders 235–9.

3. Funktion der politischen Ordnung und die Wirkungskraft von Moral und Vertrauen

Geht man von der Unterscheidung der Funktionen von Religion und Politik bzw. der Weltanschauung der politischen Organisationen aus,[27] ist Folgendes zu sagen: Die Funktion der politischen Organisationen und Institutionen beschränkt sich auf die Bewahrung des äußerlichen Friedens, die Bereitstellung einer stabilen Rechtsordnung und weiterer Rahmenbedingungen des friedlichen Zusammenlebens. Dies kann aber allein mit der Wahrnehmung und Anwendung des eigenen Gewaltmonopols nicht gelingen. Die Politik ist auf weitere Mittel angewiesen, um mit Zustimmung und Gehorsam der Menschen rechnen zu können, auf Instrumente der Bildung, der Erziehung, der Kommunikation und der Überzeugung, welche indes in den Bereich der anderen Funktionen von Weltanschauung, Religion und Moral gehören. Selbstverständlich sind die Organisationen der Religion und Weltanschauung in gleicher Weise auf die politischen Funktionen bezogen, weil sie nur in einer stabilen Rechtsordnung ihre Leistungen für das Zusammenleben erbringen können. Aber eine Rechtsordnung kann überhaupt nur zustande kommen und auf Dauer unterhalten werden, wenn sich ein »soziales Ethos«[28], eine verbindliche, engagierende und orientierende Moral, ausbilden lässt. Ein solches Ethos kann aber nicht von politischen Organisationen selber erzeugt werden – es ist auf die Arbeit und Leistung anderer gesellschaftlicher Funktionsbereiche angewiesen.

Will eine politische Organisation ihre Macht auf Dauer sichern, liegt die Gefahr auf der Hand, dass sie versucht, mit allen Mitteln für sich ein möglichst hohes Anerkennungs- und Vertrauenspotenzial zu erwerben. Das heißt, die politische Organisation, die jeweils regierenden Parteien und ihre Regierungsorgane versuchen den Anschein zu erwecken, dass die Bürger sich auf das Funktionieren des Staates verlassen können. Wunsch und Anspruch auf Vertrauen im Sinne von »Rechtsvertrauen und Systemvertrauen«[29], um der grundlegenden Unsicherheit über die Zukunft zu begegnen, sind in Transformationsgesellschaften nach der Wende mit nachwirkenden Folgen totalitären Regimes alles andere als ungewöhnlich.

---

[27] Vgl. Eilert Herms, »Das Konzept ›Zivilreligion‹ aus systematisch-theologischer Sicht,« in *Religionspolitik und Zivilreligion*, hrsg. Rolf Schieder (Baden-Baden: Nomos, 2001), 93–4.

[28] Ibid., 94.

[29] Lisa Herzog gibt im Kontext der Finanzkrise (2008) und deren nachwirkenden Folgen zu bedenken, wie Menschen mit einer unsicheren Zukunft umgehen, wie sie ihre Verhältnisse untereinander normativ gestalten wollen und welche Machtverhältnisse dabei im Spiel sind bzw. welche Formen sozialer Beziehungen mit den entsprechenden Formen von Vertrauen in welchen Bereichen der Gesellschaft und für welche Gruppen möglich und wünschenswert sind. Lisa Herzog, »Persönliches Vertrauen, Rechtsvertrauen, Systemvertrauen,« *DZPhil* 61 (2013) 4: 529–48.

Einen solchen Vertrauensbonus kann aber die politische Organisation selber nicht hervorbringen, sie ist auf die Leistungen der Weltanschauungs- und Religionsgemeinschaften angewiesen, die über Überzeugungspotenzial verfügen – deshalb zielt sie darauf ab, auf die Funktionen dieser Leistungsgemeinschaften Einfluss nehmen zu wollen. Sie strebt also danach, selbst als Agent moralischer Werte zu agieren, das heißt über die Medien Kontrolle auszuüben und weltanschauliche Verbündete (vorzugsweise in Gestalt der Kirchen) in den Bereich von Erziehung, Bildung und Meinungsbildung einzuspannen. Der ungarischen Gesellschaft und der Kirche sollte dieses Problem – wenn man überhaupt mit Klarsicht dafür rechnen kann – keineswegs neu erscheinen. 1978 stellte der ungarische Philosoph *István Bibó* fest: Die sozialistisch-kommunistische Revolution mit ihrem »messianischen Sendungsbewusstsein« erzielte gerade die Veränderung der menschlichen Natur bzw. »die Erschaffung von einem uniformierten sozialistischen Menschentypus«[30] – nur damals in einem ideologischen *Kampf gegen* die Kirchen. Um die majestätischen Ziele der klassenlosen Gesellschaft zu erreichen, durften damals – über die Kontrolle der Medien, des Bildungs- und Schulwesens sowie des kulturellen Raumes hinaus – auch Terror und Verfolgung zu legitimen Mittel der staatlichen Machtausübung erklärt werden. Unter den äußeren Bedingungen rechtsstaatlicher Institutionen liegt der Versuch auch nahe, *Inhalte* für einen moralischen Referenzrahmen feststellen zu wollen. Für Ungarn würden diese Inhalte heute als Werte wie nationale Würde, Kontinuität mit einer Geschichte christlicher Prägung, individuelles und kollektives Selbstbestimmungsrecht gegen globalisierte Wirtschaftsinteressen usw. bezeichnet werden.

Bei einer solchen Moral – sowohl inhaltlich als auch hinsichtlich der Art und Weise ihrer Durchsetzung – ergeben sich folgende Probleme:

3.1 Moral wird zum Machtinstrument

Man sollte erwarten, Moral könnte bei der Kontrolle von Macht eine Rolle spielen. Inzwischen kennt man die Erfahrung, dass Moral zu einem *Instrument* der Machtausübung wird. *Otfried Höffe* weist in seinem Essay über die Macht der Moral[31] – u. a. im Rekurs auf Nietzsche – darauf hin, dass Interessen ein Übergewicht bekommen können, wenn es gelingt, sie in einem moralischen Auftrag zu deklarieren. Gehe es um wirtschaftliche, politische – und ja, keine Ausnahme – kirchliche Anliegen, ist die Strategie verbreitet, eigennützige »Interessen moralisch zu verbrämen«[32] oder unerwünschte Interessen der anderen ethisch

30 István Bibó, »A kapitalista liberalizmus és a szocializmus-kommunizmus állítólagos kiegyenlítetlen ellentéte« [Der angeblich unausgeglichene Gegensatz von kapitalistischem Liberalismus und sozialistischem Kommunismus], in *Válogatott tanulmányok 1935–1979* [Ausgewählte Studien 1935–1979], hrsg. István Bibó (Budapest: Magvető Könyvkiadó, 1990), 770.

31 Vgl. Otfried Höffe, *Die Macht der Moral im 21. Jahrhundert. Annäherungen an eine zeitgemäße Ethik* (München: C.H. Beck, 2014).

32 Ibid., 196.

zu diffamieren. Menschen mit ungewöhnlichen Ansichten greift man am besten in ihrer moralischen Integrität an – besonders gepflegt wird diese Methode, wenn Personen höhere öffentliche Ämter bekleiden, gesellschaftlich-politische Kräfte oder wichtige Institutionen repräsentieren. Ob es hier um eine Auflehnung gegenüber autoritären Institutionen oder einfach die Beseitigung der Interessengegner geht, bedarf weiterer situationsbezogener Untersuchungen. Die *Macht der Moral* dient »der Macht ihrer Propheten«[33] bzw. der Moralisten, egal ob im Namen der sozialen Gerechtigkeit, der Interessen einer Gemeinschaft oder der zukünftigen Generationen. Bei allem moralischen Antlitz kann diese Form von Missbrauch der Moral vieles noch verschlechtern. Sie verhindert die genaue Problemdiagnose, blockiert die Abwägung der Argumente, entkräftet die erforderliche Überzeugungsarbeit, untergräbt Vertrauen, bekräftigt Vorurteile und bereitet den Raum für doppelte Moral (kritisiert z. B. Radikalismus oder Ausgrenzung bei Fremden und toleriert das gleiche Problem bei anderen oder den eigenen). Solcher Moralismus wird nicht nur gerne unter Personen oder Gruppen instrumentalisiert, sondern auch auf der Ebene von Institutionen im nationalen und internationalen Kontext.

3.2 Die emotionale Dimension der Moral

Falsche Begeisterung und Pathos können diesen Missbrauch von Moral und seine Konsequenzen noch verschlechtern. Die Gründe dafür sind fehlende Orientierung nach ethischen Kriterien sowie mangelnde Einsicht in die Zusammenhänge der Geschehnisse. Die Geschichte bietet reichlich Anschauungsmaterial – auch im Fall der Kirche in Ungarn. Die Begrüßung des Krieges und die Mobilmachung des Kaiserreiches bzw. der Feldzug der Männer an die Front in den Kriegstagen des Jahres 1914 wurden genauso eifrig gefeiert wie die angeblich gerechteren und dem Zuspruch des Evangeliums entsprechenden Ziele einer neuen Gesellschaftsordnung nach dem Zweiten Weltkrieg sowie später die gelingende Zusammenarbeit von Christen und Nicht-Christen am Aufbau der sozialistischen Gesellschaft. Über die inzwischen zahlreichen historisch-wissenschaftlichen Darstellungen dieser Epochen hinaus wird wenig berücksichtigt, was für eine Rolle Gefühle in dieser Geschichte gespielt haben: Fehlentscheidungen politischer Art und das Gespür für Unrecht und Ungerechtigkeit wurden oft verwischt durch Begeisterung oder emotional aufgeladenes Agieren im öffentlichen Leben. *Johannes Fischer* gibt zu bedenken: Wo es auf die Begründung von Handlungen und Entscheidungen ankommt, hat man oft mit der »emotionalen Konstitution« der Menschen zu tun und dies »gilt insbesondere für den Bereich der Moral«[34]. Hier geht es aber nicht nur um die spirituelle Dimension des menschlichen Lebens, wie etwa den Geist der Freundschaft in einer Gruppe von Menschen oder um die Euphorie über den Fall der

---

33 Ibid.

34 Johannes Fischer, *Verstehen statt Begründen. Warum es in der Ethik um mehr als nur um Handlungen geht* (Stuttgart: Kohlhammer, 2012), 15.

Mauer und des Eisernen Vorhangs. Hier geht es vor allem um Situationen, die zur Genese politischer, gesellschaftlicher oder wirtschaftlicher Ungerechtigkeit und Schuldkonstellationen beitragen, die die Unsicherheitsfaktoren keinesfalls eliminieren, sondern das Vertrauen untergraben und in der Konsequenz zu menschlichem Elend führen.

3.3 Das Phänomen »Systemische Moral«

Wie schon angedeutet versuchen Akteure des politischen, wirtschaftlichen und gesellschaftlichen Lebens ihre Machtinteressen mittels allgemeiner und verbindlicher Moralvorstellungen zur Entfaltung zu bringen. Interessen können sich immer verbindlicher und plausibler durchsetzen, wenn sie nicht in dem Spannungsfeld von Gemeinwohl gegenüber Eigennutz, sondern auf einer institutionalisierten Ebene abgewogen werden. Dies wird dadurch wirksam, dass die Interessen und die damit verbundene Moral als überindividuelle Macht in Erscheinung treten. An die Stelle personeller Moral tritt also eine besondere Form von sozialer Moral, – wieder mit O. Höffe gesprochen – die »systemische Moral«.[35] Aber auch eine emotional vermittelte, weltanschauliche Prägung kann kollektive Stimmungen und Gefühle innerhalb einer Gruppe oder Gesellschaft erwecken oder kolportieren. Das Problem besteht darin, wenn nicht ermessen wird, dass bestimmte Interessen und Intentionen innerhalb eines Systems in einem Interaktionszusammenhang unerwünschte Folgen nach sich ziehen können. Historisch-politische Schuldzusammenhänge, wirtschaftliche Machtgefüge oder Unberechenbarkeit während einer Massenpanik haben oft gezeigt, dass handelnde Personen nicht in dem Maße über Gewalt hinsichtlich der Folgen ihrer Handlungen verfügen, wie sie sich es wünschen oder einbilden. Zwischen Handlungen einzelner und ihren Folgen, zwischen Personen und Handlungskontexten, Wirkungen und Rückwirkungen kann ein beängstigendes Eigenleben entstehen, welches eine weitreichende objektive Macht erlangt und sich zu einem zerstörerischen Regelkreislauf entwickeln kann. Der Hinweis von J. Fischer auf die Genese historischer Ungerechtigkeit möge als Hinweis für diese Gefahr gelten: Begeisterungen und Überzeugungen können sich zu Motiven für unmenschliche Handlungen verdünnen und in einem kollektiven Wahn den Menschen in die Barbarei stürzen.[36]

---

35 Höffe, *Macht der Moral* (s. Anm. 31), 190.

36 Näher ausgeführt in Sándor Fazakas, »Kann die Kirche schuldig werden? Überlegungen am Beispiel der Reformierten Kirche Ungarns und ihres Verhältnisses zu ihrem historischen und gesellschaftlichen Kontext,« *theologie.geschichte* 8 (2013), http://universaar.uni-saarland.de/journals/index.php/tg/issue/view/23 (letzter Zugriff 15.06.2017). Vgl. mit dem Hinweis von J. Fischer auf die Genese historischer Ungerechtigkeit: Fischer, *Verstehen* (s. Anm. 34), 133–6.

3.4 Verunsichertes Vertrauen: vom persönlichen Vertrauen zur Ambivalenz des Systemvertrauens

Es wurde bereits darauf hingewiesen, dass die rasanten wirtschaftlichen und soziokulturellen Umwälzungen und die Pluralisierung der Lebensführung in den Gesellschaften mittelosteuropäischer Länder (und auch im eigenen Kirchenvolk) als Bedrohung und Belastung empfunden werden. Die derzeitige Flüchtlingskrise und die Abwehrreaktionen auf die vorgeschlagenen Lösungsmethoden bestätigen, vertiefen sogar die geschichtlich gewachsenen Ängste und die verunsicherten Lebensperspektiven. Die Politik reagiert darauf mit dem Bestreben, Identitätsinhalte zu vereinheitlichen, um die Belastungen, die sich aus den strukturellen Änderungen ergeben, für das Kollektiv und für die Bürger erträglich zu machen – und um ihre schon bestehenden bzw. angestrebten Machtverhältnisse weiter aufrechtzuerhalten. Sie versucht, gegen die realen oder gar geschürten Bedrohungsgefühle alternativlose Lösungen anzubieten, von denen sie sich einen hohen Stabilitätswert erhofft: das Vertrauen in das politische System.[37]

Man muss bedenken, ob der Begriff Vertrauen in so einem Kontext überhaupt berechtigt ist. Die wesentlichen Elemente des persönlichen Vertrauensbegriffs lassen sich nämlich nicht einfach auf eine Wirklichkeit übertragen, die man unter Bezeichnungen wie Systemvertrauen oder Staatsvertrauen verstehen will. Versteht man unter persönlichem Vertrauen »eine relationale,

---

[37] Es ist nicht zu übersehen, dass in den Transformationsgesellschaften Mittel-Osteuropas autoritäre Methoden wieder zum Bestandteil von Regierungsstil und Machtausübung geworden sind. Populistische Töne gehören zur Rhetorik des Alltags, politische Visionen mit antikommunistischen und antipluralistischen Elementen werden entworfen. Die permanente Krisen-Politik bzw. ein angebliches Krisenmanagement öffnen Tür und Tor für autoritäre Tendenzen und dulden keinen Pluralismus, keine Meinungsunterschiede. Noch bedenklicher ist es, wenn die Bezugnahme auf den in demokratischen Wahlen manifestierten Volkswillen rechtliche Normen zu überschreiben scheint. Selbstverständlich ist die Veränderung politischer und rechtlicher Regeln mühsam, braucht viel Zeit, Konsens- und Kompromissfähigkeit – dagegen scheint ein direkter Eingriff im Namen des Volkes (mit antikommunistischen Obertönen) in den Bereichen des öffentlichen Lebens viel einfacher und effektiver. Wie weit eine solche Vorgehensweise der politisch-demokratischen Kultur schadet, wird kaum Rechnung getragen. Diese Symptome veranlassen die schärfsten Kritiker osteuropäischen Regimes – wie im Fall Ungarns – dazu, von »Demokratur«, bzw. von einer Mischung aus Demokratie und Diktatur zu reden (András Bruck, »Buslinie Sehnsucht. Die Demokratur in Ungarn,« *Blätter für deutsche und internationale Politik* 11 (2013): 97–108, https://www.blaetter.de/archiv/jahrgaenge/2013/november/buslinie-sehnsucht-die-demokratur-in-ungarn (letzter Zugriff: 16.06.2017). Auch wenn solche Behauptungen übertrieben scheinen mögen, lehrt uns die Vergleichende Politikwissenschaft, dass es sogenannte »Hybrid-Systeme« oder »Zwischensysteme« gibt, in denen sich parlamentarisch-demokratische Regierungsformen und autoritäre Tendenzen in der Machtausübung vertragen oder einander nicht ausschließen müssen. Vgl. Steven Levitsky und Lucan A. Way, »Elections Without Democracy. The Rise of Competitive Authoritarianism,« *Journal of Democracy* 13 (2002) 2: 51–65; Körösényi, *A magyar politikai rendszer* (s. Anm. 26), 77 und 221.

praktisch-rationale Einstellung«[38], die »bei kooperativer Orientierung und bei gleichzeitiger Akzeptanz« eine »Handlung in Übereinstimmung mit den eigenen Wünschen und Absichten«[39] eintreten lässt, aber mit der Möglichkeit der eigenen Verletzbarkeit rechnet und damit »gar nicht anders kann, als ein Risiko einzugehen«[40], geht es beim Systemvertrauen gerade um das Gegenteil. Im politischen und wirtschaftlichen Kontext beschreibt zwar Vertrauen die personal-soziale Dimension ökonomischen und gesellschaftlichen Handelns,[41] enttäuschtest Vertrauen erhöht aber das Risiko. Nicht nur ökonomisch, sondern auch politisch gesehen »ist Vertrauen *riskant*, da enttäuschtest Vertrauen den Verlust der Erfüllung einer Erwartung«[42] bedeutet, und führt zur Verschlechterung des Status der betroffenen Akteure sozialen Lebens. Gerade deshalb und besonders da, wo es um ein Fehlen des Gleichgewichtes geht – etwa zwischen Personen und Institutionen, zwischen Bürger und politischen bzw. wirtschaftlichen Organisationen –, strebt man die Verrechtlichung der Vertrauensverhältnisse an. Anders als in persönlichen, freundschaftlichen bzw. Liebesbeziehungen will man im Verhältnis zu den Institutionen nicht mehr mit dem Risiko der eigenen Verletzbarkeit zusammenleben. Das Interesse liegt hier eher in der Bestrebung nach Formalisierung und Standardisierung des Verfahrens, in der rechtlichen Durchsetzbarkeit eines Vertrages. Das Rechtssystem soll dafür sorgen, dass Vertrauen nicht enttäuscht wird. Das Vertrauen etwa in den Rechtsstaat – wie Lisa Herzog mit Recht feststellt – ist »kein Vertrauen an eine oder mehrere Personen« oder überindividuelle Organisationen, »sondern auf das Funktionieren des Systems als ganzem«.[43] Vielleicht stößt der Begriff Vertrauen an seine Grenzen; hier geht es eher um ein Verlassen auf das Funktionieren des Rechtsstaates und der demokratischen Institutionen, und wäre ein Sich-verlassen-können berechtigt, wäre es ein ersehnter und hoher Wert unserer Kultur. Politische und wirtschaftliche Krisen der letzten zwanzig Jahre, und zwar auf globalen Ebenen, haben gezeigt, dass Rechtsvertrauen, Staats- bzw. Systemvertrauen eine relative, wenn nicht eher eine scheinbare Sicherheit gewähren. Bei den persönlichen Vertrauensverhältnissen, wo die Unsicherheit im Kern dieser Verhältnisse liegt, wird das Risiko von den beteiligten Partnern – auch wenn unwillig oder schmerzlich – getragen oder aufgearbeitet. Beim Kollaps eines Systems – und dafür ist eine Finanzkrise einleuchtendes Beispiel – stellen sich die Unterschiede in der Machtstruktur heraus: Zunächst werden diejenigen Akteure gerettet, die im Kern des Systems stehen. An der Peripherie wird dagegen erfahren, dass die Regeln nicht für alle gleich sind, und auch wenn die Parole gerne behauptet

38 Martin Hartmann (*Die Praxis des Vertrauens* [Berlin: Suhrkamp, 2011], 56) zitiert nach Herzog, »Persönliches Vertrauen« (s. Anm. 29), 531.

39 Ibid.

40 Ibid., 532.

41 Vgl. Pfleiderer, »Kapitalismus« (s. Anm. 4), 21.

42 Vgl. ibid., 19.

43 Herzog, »Persönliches Vertrauen« (s. Anm. 29), 534.

wird, dass alle in einem Boot sitzen, gehen die Rettungsringe, wenn das Boot sinkt, in erster Linie an die Mächtigen.[44]

Den Fragen, welche Folgen von enttäuschtem Systemvertrauen zu welchen Exklusionsmechanismen oder zu welcher Umschichtung in den Machtverhältnissen führen oder mit welchen ideologischen Aussichten, rhetorischen Mitteln oder provisorisch-materiellen Begünstigungen die politische Elite bei den Bürgern und ihren potentiellen Wählern versucht, erneut (System)Vertrauen zu bewirken, kann hier nicht weiter gefolgt werden. Das Scheinvertrauen aber, was die Art und Weise zeigt, wie unsere demokratische Alltagskultur funktioniert, soll durch ein Zitat von dem Philosophen *Slavoj Žižek* veranschaulicht werden:

> In der Demokratie ist jeder normale Bürger ein König – aber ein König in einer konstitutionellen Demokratie: ein König, der nur formell entscheidet und dessen Funktion darin besteht, Vorordnungen zu unterzeichnen, die ihm von der ausführenden Verwaltung vorgelegt werden. Das Problem demokratischer Rituale gleicht daher dem großen Problem der konstitutionellen Monarchie: wie läßt sich die Würde des Königs wahren? Wie kann man den Anschein aufrechterhalten, dass der König tatsächlich entscheidet, obwohl jeder weiß, daß es nicht so ist?[45]

4. Konsequenzen für die Kirche und Theologie

Wir haben gesehen, dass das Verhältnis von Theologie und Kirche in Mittel- und Osteuropa hinsichtlich des erzielten moralischen Referenzrahmens bzw. zu einem gesellschaftlichen Ethos mit zivilreligösen Ansprüchen ambivalent ist. Diese Ambivalenz indes muss aufrechterhalten werden in einer Dialektik von Kritik und Zustimmung.

4.1

Theologie und Kirche sollten sich *einerseits* darum bemühen, die zeitgeschichtlichen und zeitgenössischen Ereignisse zu analysieren und Einsicht in die Motive der Akteure und die Zusammenhänge der Geschehnisse zu gewinnen. Andernfalls werden sie nur Sprachrohr quasi-religiöser Inhalte, die seitens der Meinungsmacher als verbindliche Weltsicht und Geschichtsdeutung verkündigt werden. Die evangelisch-reformierte Kirche in Ungarn ist in dieser Hinsicht besonders anfällig. Geschichtlich gesehen haben politische Ziele in der Ausbreitung des Protestantismus eine wichtige Rolle gespielt. Der sogenannte *Calvinismus* als *confessio Hungarica* fand vor allem bei den Adeligen wichtigen Zuspruch. Der reformatorische Freiheitsgedanke mit seinen politisch-ethischen Folgeerscheinungen stand von vornherein eng verbunden mit den politischen

---

44 Vgl. ibid., 543.

45 Slavoj Žižek, »Das ›unendliche Urteil‹ der Demokratie,« in *Demokratie? Eine Debatte*, hrsg. Giorgio Agamben et al. (Berlin: Suhrkamp, 2012), 117.

Freiheitsbestrebungen der Habsburger gegenüber und im homogenen Einklang mit den territorialen Autonomieansprüchen. Der Rückgriff auf alttestamentliche Motive – besonders auf die deuteronomische Geschichtsdeutung – prägte seit dem 16. Jahrhundert die ungarische Geschichtsschreibung (von der Interpretation der Landnahme im Karpatenbecken über den Erwählungsgedanken der Magyaren bis auf die Deutung der erlittenen geschichtlichen Katastrophen in den Kategorien von *Schuld*, *Strafe* und *Sühne*). Dies fand nicht nur in Predigten oder religiösen Traktaten seinen Niederschlag, sondern auch in der Literatur. Dieses Bündnis führte mit der Zeit wenn nicht zu einer Symbiose von Staat und Kirche (wie einige Analysen gerne behaupten[46]), wohl aber zu einer empfindlichen Sensibilität für nationale Identität und Kultur. Als ein besonderer Pfahl im Fleische dieser Identität wird der im Jahre 1920 im Trianon geschlossene Friedensvertag empfunden, der zur Folge hatte, dass ein Großteil der Bevölkerung und des Territoriums, des wirtschaftlichen Potentials und nationalen Erbes sowie der Kirchenmitglieder außerhalb der heutigen Staatsgrenzen gelangte. Dieses Trauma wurde bis heute nicht aufgearbeitet. Neuerdings tut sich inmitten der Begleiterscheinungen und Krisensymptome der Gesellschaft folgende Herausforderung, sogar Gefahr für die Kirche auf: der Anspruch auf die Stärkung bestimmter Gruppenidentität(en), der meist auf kulturell-ethnische Elemente und historische Erfahrungen zurückgreift. Und da die Kirche in den Augen dieser Gruppen die Kontinuität mit dieser Geschichte verkörpert, streben wenn nicht zahlreiche, so doch als rechtsradikal geltende Gruppen danach, ihre Identität in der reformierten Kirche oder durch die Kirche zu artikulieren. Wenn aber die Elemente der Identitätsstiftung mythologisch aufgeladen werden oder wenn Geschichtsdeutung zu einem Konstrukt im Dienste aktueller politischer Interessen, und zwar mit allgemeinverbindlichen Ansprüchen, wird, darf für die Kirche und Theologie nur eine Möglichkeit bleiben: auf Distanz zu gehen und die Ereignisse mit sachlicher Kompetenz und Nüchternheit der Kritik zu unterziehen.

4.2

Andererseits kann nicht ausgeschlossen werden, dass ein positives Verhältnis zwischen Kirche bzw. Theologie und Elementen der Zivilreligion entsteht. Wenn diese Elemente der Zivilreligion (wie Anrufung Gottes im öffentlichen Leben, Besinnung auf schuldhafte Fehler in der Vergangenheit bzw. Anspruch auf Versöhnung, Verantwortung für Mensch, Natur und künftige Generationen usw.) nicht zum Machtinstrument im Namen einer Kollektive oder in Form des Moralismus verleiten, kann mit einer respektvollen Einstellung seitens der Theologie gerechnet werden. Legitimationsgrundlagen eines demokratischen Staates sind nämlich diejenigen Werte, die unter Umständen als Glaubenssät-

---

[46] Andreas Nix, *Zivilreligion und Aufklärung. Der zivilreligiöse Strang der Aufklärung und die Frage nach einer europäischen Zivilreligion* (Münster/Berlin/London: LIT, 2012), 308.

ze der Zivilreligion gelten und mit den Anliegen des christlichen Ethos übereinstimmen, wie Menschenwürde, Menschenrechte und demokratische Partizipation im Gemeinwesen. Im Horizont dieses positiven Verhältnisses ist die Verantwortung der einzelnen für die dem Gemeinwohl dienende richtige Ordnung des Zusammenlebens und für eine rechtsstaatliche richtige Weltsicht von grundlegender Bedeutung. Aber bei aller Nähe und wechselseitiger Sympathie bleibt eine gewisse inhaltliche Differenz; diese Differenz darf nicht eliminiert werden, um eine angebliche »Anschlussfähigkeit«[47] der christlichen Botschaft in der modernen Gesellschaft zu ermöglichen. Die Verständigung zwischen den Akteuren der Zivilgesellschaft ist von Belang, dazu ist aber kein erzwungener oder vorgegebener Konsens abrufbar. Vielmehr sind alle beteiligten Seiten und alle Teilnehmenden auf einen Lernprozess angewiesen, in dem nichts anderes als das einander entgegengebrachte Vertrauen die Verständigung ermöglichen kann.

Michael Welker weiß um eine besondere Rolle der geistgetragenen Kirchengemeinden und ihrer Mitglieder in diesem Lernprozess. »Eine Orientierung am Wirken des Geistes und ein komplexes Selbstverständnis der Gemeinschaft der Glieder am Leib Christi«[48] kann ein solches Vertrauen der Verständigung bewirken – in Formulierung M. Welkers: »eine für Differenzen sensible öffentliche Identität der Gemeinden.«[49] Solche von Geist bestimmten und auf öffentliche Identität erlangten Gemeinden nennt Welker »wache Gemeinden«[50], die »dadurch Vertrauen bewirken, daß sie ein Leben in Gerechtigkeit bezeugen, die Gefahren der religiösen, politischen, moralischen und rechtlichen Selbstgerechtigkeiten und Dämonie«[51] erkennen und immer wieder versuchen, das Leben der Menschen aus diesen Gefahren zu entreißen. Diese Geistesgegenwart erfahrenen wachen Gemeinden sind imstande, ein neues, vertrauensstiftendes Ethos durch ihre »freie Selbstzurücknahme und Hingabe«[52] bzw. durch den »konkreten Dienst der Diakonie und Liebe«[53] zu bewirken, zugleich werden sie zu einem Austausch mit ökumenisch-kirchlichen und außerkirchlichen Öffentlichkeiten befähigt. Dieses Ethos und dieser diakonische Dienst bzw. aktives Engagement für Schwache, Arme, Unterdrückte und Benachteiligte innerhalb und außerhalb der Kirche könnte unter Umständen die Welt »tiefer aufrütteln und stärker provozieren als viele laute moralisch-politische Stellungnahmen«[54] und nicht zuletzt dazu führen, dass dadurch die Differenzen zwischen persönlichem Vertrauen, Rechtsvertrauen und Systemvertrauen sorgsam relativiert werden.

---

47 Nix, *Zivilreligion* (s. Anm. 46), 326.
48 Welker, *Kirche* (s. Anm. 6), 56.
49 Ibid.
50 Ibid.
51 Ibid., 57.
52 Welker, *Gottes Geist* (s. Anm. 6), 285–6.
53 Michael Welker, *Gottes Offenbarung. Christologie* (Neukirchen-Vluyn: Neukirchener Verlagsgesellschaft, 2012), 285.
54 Ibid., 285.

Zweifellos, der Anspruch auf Vertrauen in Verständigung ist nicht einfach zu realisieren: Die christlich-religiöse Gewissheit und die Geistesgegenwart erfahrene Gemeinschaft enthält zwar - wie oben geschildert – ein solches Potenzial an Vertrauen. Aber es gibt im heutigen Europa eine ganze Reihe von Religions- oder Weltanschauungsgemeinschaften, für die absolut gesetzte Wahrheitsansprüche jede Verständigung ausschließen. Deshalb ist für Theologie und Kirche angeraten, auf allen möglichen Foren zu bezeugen: Wo kein Vertrauen gewährt wird, ist das Aufkommen von neuem Unrecht und Machtmissbrauch vorprogrammiert. Wo aber entgegengebrachtes Vertrauen erfahren wird, beginnt etwas aufzukeimen, nämlich gegenseitige Entlastung, heilende Erinnerung und die Perspektive einer gemeinsam zu gestaltenden Zukunft. Dies gilt sowohl auf interindividueller Ebene als auch im institutionalisierten sozialen, politischen und transnationalen Kontext.

3. Ekklesiologie – Kirchenleitung

Vom Risiko der Gastlichkeit und dem Vertrauen der Gastfreundschaft

Dimensionen der Ekklesiologie[1]

Heike Springhart

1. Einleitung

Neben den intellektuellen Welten, zu denen Michael Welker mir wie vielen anderen die Türen geöffnet hat, verdanke ich ihm auch die Öffnung internationaler Horizonte. Eine Frucht davon war es, dass ich in den zurückliegenden Jahren mehrmals das Glück hatte, für längere Zeit Gastwissenschaftlerin an der University of Chicago sein zu können. In diesen Zeiten besuchte ich Sonntag für Sonntag den Gottesdienst im Chicago Temple, genauer die *First United Methodist Church at the Chicago Temple.*[2] Sonntag für Sonntag beginnt der Gottesdienst mit einer ausführlichen Begrüßung der Gäste. Wer zu Gast ist, wird gebeten, aufzustehen, damit die Gemeinde sieht, wer alles auch noch da ist – also: wer ausnahmsweise da ist. Am Ende steht neben dem freundlichen Willkommen auch der Satz: »Wann immer Sie in Chicago sind, betrachten Sie diese Kirche und diese Gemeinde als Ihr Zuhause.« Anfangs war es für mich selbstverständlich, aufzustehen. Inzwischen fällt es mir schwerer, mich in die Reihe der Gäste einzusortieren – weil ich mich nicht mehr als Gast empfinde. Dabei bin ich nach wie vor kein Mitglied der methodistischen Kirche oder der Gemeinde am Chicago Temple. Allerdings ist er für mich zu einem vertrauten Ort und einem Zuhause weit weg von Zuhause geworden.

Der Grat zwischen dem herzlichen Willkommen für den Gast und der Exklusion des Gastes aus den heimischen Reihen ist schmal. Um den Gast willkommen zu heißen, muss seine Fremdheit zunächst benannt und betont werden. Gastlichkeit ist insbesondere mit Blick auf die Ekklesiologie eine herausfordernde Perspektive, nach deren konstruktiven Potentialen im Folgenden

---

1 Vorarbeiten zu diesem Beitrag wurden auf der Tagung der Gesellschaft für Evangelische Theologie 2017 in Erfurt vorgetragen und diskutiert. Die hier vorgestellten Überlegungen haben profitiert von Seminardiskussionen mit Bochumer Studierenden im Ekklesiologie-Seminar im WS 2016/17 an der Evangelisch-Theologischen Fakultät der Ruhr-Universität Bochum.

2 www.chicagotemple.org.

gefragt werden soll. Außerdem ist auch schon an der kurzen Anekdote deutlich, dass Gastlichkeit[3] ein inhärent prozessuales Phänomen ist.

Gastlichkeit und Gastfreundschaft adressieren auch die Spannung von Risiko und Vertrauen. In diesem Beitrag soll Gastlichkeit als Thema der Ekklesiologie darauf hin untersucht werden, wie sich unter der Perspektive von Risiko und Vertrauen das Kirchenverständnis vom Konzept der Gastlichkeit her neu perspektivieren lässt. Dabei gilt für die Ekklesiologie, was grundsätzlich für theologisches Nachdenken gilt: Es gibt eine konstitutive Wechselwirkung zwischen der dogmatischen Reflexion und der empirischen Erfahrung, hier: der empirischen Kirche. Von der Gastlichkeit her kommt nicht nur (und nicht in erster Linie) kirchliche Willkommenskultur in den Blick, sondern auch eine positive Würdigung unterschiedlicher Grade von Verbundenheit mit der Kirche.[4] Welches Verständnis von Kirche legt sich nahe, wenn wir den Aspekt der Gastlichkeit ins Zentrum des ekklesiologischen Nachdenkens rücken? Der Terminus »Gastlichkeit« steht dabei bewusst im Zentrum, weil und insofern er ein breiteres Bedeutungsspektrum umfasst als der Terminus der »Gastfreundschaft«. Während »Gastfreundschaft« sich primär auf eine bestimmte Haltung von Gastgebern gegenüber Gästen bezieht, umfasst der Begriff der Gastlichkeit die ganze Breite des Komplexes von Gastgebenden und Gästen, Gastfreundschaft und die Schwellen, an denen Situationen der Gastlichkeit sich konstellieren.[5]

Wie lässt sich der Gedanke einer gastlichen Kirche ekklesiologisch greifen, welche biblischen Spuren und theologischen Herausforderungen sind damit verbunden?

Ekklesiologisch ist die Kirche sowohl Ort der Gastlichkeit als auch im Anschluss an die Ekklesiologie in der Kirchlichen Dogmatik Karl Barths selbst als wanderndes Gottesvolk und »Gast auf Erden« zu charakterisieren.[6] Zugleich weisen die soziologisch beobachtbaren Veränderungsprozesse, die sich mit den Stichworten Säkularisierung, Vertrauensverlust der Institutionen und Kirchenreform verbinden, darauf hin, dass die ekklesiologisch bestimmbare Fremdlingschaft der Kirche in der Welt mit der Situation der empirischen Kirche in Resonanz gebracht werden kann. Neben dem Aspekt der Fremdling- und

---

[3] Zur Rede von Gastlichkeit vgl. Burkhard Liebsch, *Für eine Kultur der Gastlichkeit* (Freiburg i. Br.: Karl Alber, 2008), 94. Außerdem Hans R. Sepp, »Der Gast als Symbol,« in *Perspektiven europäischer Gastlichkeit. Geschichte - kulturelle Praktiken - Kritik*, hrsg. Burkhard Liebsch, Michael Staudigl und Philipp Stoellger (Weilerswist: Velbrück, 2016), 427.

[4] In soziologischer Hinsicht differenziert die V. Kirchenmitgliedschaftserhebung die Grade von Zugehörigkeit zwischen den titelgebenden Polen Identität und Indifferenz. Vgl. Kirchenamt der EKD, Hrsg., *Engagement und Indifferenz. Kirchenmitgliedschaft als soziale Praxis* (Hannover, 2013), 44.

[5] Zum Aspekt des Subjekts als Gastgeber im Anschluss an Emmanuel Levinas vgl. Liebsch, *Gastlichkeit*, 81.

[6] Vgl. Karl Barth, *Kirchliche Dogmatik IV/3* (Evangelischer Verlag: Zollikon-Zürich, 1959), 850-1.

Wanderschaft des Gottesvolkes steht die Zusage, dass die Glieder der (heiden-)christlichen Kirche »nun nicht mehr Gäste und Fremdlinge, sondern Mitbürger der Heiligen und Gottes Hausgenossen« sind.[7]

Für eine realistische ekklesiologische Perspektive ist es von zentraler Bedeutung, das Motiv der Fremdlingschaft und des Gastseins nicht zu romantisieren. Insofern ist das Risiko der Gastlichkeit in den Blick zu nehmen, phänomenologisch zu analysieren und theologisch fruchtbar zu machen.[8] Während Gastlichkeit das Risiko adressiert, das für die verschiedenen Beteiligten und in den verschiedenen Konstellationen besteht, setzt Gastfreundschaft auf Vertrauen.

Die Perspektive auf Gastlichkeit und Gastfreundschaft lenkt außerdem den Blick auf die Frage der Zugehörigkeit. Wo von Gastlichkeit und Gastfreundschaft die Rede ist, bedarf es der Unterscheidung zwischen denen, die dazugehören, und denen, die zu Gast sind. Die Kriterien variieren dabei. Neben dem temporal – und insofern quantitativ – orientierten Aspekt der Regelmäßigkeit der Teilnahme an der Gemeinschaft steht der Aspekt der gemeinsam geteilten Grundauffassung, mithin das Bekenntnis. Möglich wäre auch, geteilte Riten und Bedürfnisse oder die geteilte Bezogenheit auf den Einladenden als Kriterien für eine Inklusion zu benennen. In kirchensoziologischer Hinsicht rückt also die Unterscheidung von denen, die zu Gast sind, und denen, die dazugehören, in den Mittelpunkt. Dabei sind unterschiedliche Hinsichten der Zugehörigkeit zu unterscheiden: Die Mitgliedschaft in der Institution, die Zugehörigkeit zur partikularen Gemeinschaft (beispielsweise einer Kirchengemeinde) und die Frage nach der Zugehörigkeit zur Kirche als Leib Christi oder dem Volk Gottes.

An dem eingangs genannten Beispiel wird deutlich, dass sich die unterschiedlichen Hinsichten von Zugehörigkeit im Blick auf die Gastlichkeit verschieden auswirken und dass Gastlichkeit nicht nur und nicht in erster Linie eine fixierte Zuschreibung von klar definierten Rollen als Gast und Gastgeber impliziert. Vielmehr stellt sich die auch in ekklesiologischer Hinsicht bedeutsame Frage, inwiefern sich mit dem Gastsein ein Übergangsstatus verbindet. Dabei ist von zentraler Bedeutung, dass weder Gast noch Gastgeber dazu instrumentalisiert werden, zu etwas anderem werden zu müssen. Zugleich jedoch ist in dem komplexen Geschehen der Gastlichkeit mit Prozessen zu rechnen, die die klaren Grenzen aufbrechen oder jedenfalls transformieren. Die komplementäre Betrachtung der genannten Dimensionen der Zugehörigkeit steht dabei in einem wechselseitigen Korrekturverhältnis.

---

7 Eph 2,19–20.

8 Die riskanten Dimensionen des Gastseins in Verbindung mit der Staatenlosigkeit sogenannter »displaced persons« hat schon Hannah Arendt beschrieben. Vgl. Hannah Arendt, »Die Gefahr der Weltlosigkeit,« in *Perspektiven europäischer Gastlichkeit*, hrsg. Burkhard Liebsch, Michael Staudigl und Philipp Stoellger (Weilerswist: Velbrück, 2016), 75.

Mit Blick auf die Akteure der Gastlichkeit stellt sich in ekklesiologischer und theologischer Hinsicht zunächst die Frage nach der Gastgeberin oder dem Gastgeber. Die eingangs geschilderte gottesdienstliche Situation, aber auch das an vielen Stellen eindrückliche Engagement von Kirchen für eine Willkommenskultur und für die Realisierung von Gastlichkeit in konkreten Notlagen legen den Schluss nahe, die Kirche oder die einzelne Kirchengemeinde sei Gastgeberin. In empirischer Hinsicht, also mit Blick auf die konkrete Kirche, nimmt sie die Gastgeberinnenrolle *auch* wahr, wenn sie in ihren unterschiedlichen konkreten Orten gastliche Kirche im Sinne einer gastfreundlichen Kirche ist. Gastliche Kirche nimmt ihre Rolle als Gastgeberin wahr, indem sie damit rechnet, dass Menschen mit guten Gründen und ohne Legitimationsdruck bei einzelnen Gelegenheiten über die Schwelle treten – ob das nun diejenigen sind, die als in Not geratene Fremde kommen, oder diejenigen, die als der Kirche Fremde kommen, ohne Notlage, aber auch ohne Vertrautheit und als nicht Dazugehörende.

In ekklesiologischer Hinsicht öffnet die Kategorie der Gastlichkeit ein Kirchenverständnis, das über die Rolle als Gastgeberin im Sinne stellvertretenden Gastgeberseins hinausgeht. In Anlehnung an das Tischgebet »Komm, Herr Jesus, sei du unser Gast« kommt die Kirche als Gemeinschaft in den Blick, bei der Jesus als der Herr der Kirche zu Gast ist.

Vom Begriff der Gastlichkeit her, so meine These, lassen sich neu und anders zentrale Aspekte dessen heben, wie die Kirche als empirische und als geglaubte Kirche zu verstehen ist. Wenn die Kirche auf die Rolle als Gastgeberin allein festgelegt wird, besteht in ekklesiologischer Hinsicht die Gefahr, einer herrschaftlichen Kirche das Wort zu reden. So sehr die Kirche immer *auch* Gastgeberin ist, ist doch vom Zugastsein Jesu her die eindeutige Zuschreibung von Gastgeber und Gast aufgebrochen. Hier stellt sich auch die Frage, welche ekklesiologischen Konsequenzen sich daraus ergeben, dass die Kirche Gast in der Welt ist – mithin die Gemeinschaft derer, die ein Gast auf Erden sind? Vom Begriff der Gastlichkeit oder auch der Fremdlingschaft der Kirche her legt sich eine präsentisch orientierte Ekklesiologie nahe, die als solche realistische Ekklesiologie ist.

Im Folgenden (2.) wird es zunächst um das Risiko gastlicher Kirche gehen, das sich mit der Spannung von Inklusion und Exklusion verbindet. Wie verhält sich die soziologisch beschreibbare Grundspannung von Inklusion und Exklusion zum theologischen Anspruch der Kirche? Dies impliziert einen kritischen Seitenblick auf den Aspekt der »Beheimatung« in der Kirche. Anschließend (3.) geht es um das Vertrauen der Gastfreundschaft und die Frage, inwiefern das Eingeladensein der Kirche wie es sich insbesondere im Abendmahl zeigt eine gastfreundliche Kirche begründet.

Im vierten Abschnitt kehrt sich die Perspektive um, insofern wir den biblischen Spuren nachgehen, die Gott und Jesus Christus als Gast beschreiben. Dies führt zu Reflexionen über gastliche Kirche als empfängliche Kirche. Im fünften Abschnitt geht es um den Aspekt der Kirche als wanderndes Gottesvolk im Anschluss an die Ekklesiologie Karl Barths. Der Aspekt des wandernden

Gottesvolkes ist verbunden mit dem Gedanken des auf Erden Zugastseins.[9] Den Abschluss (6.) bilden sechs Thesen zur gastlichen Kirche.

2. Das Risiko gastlicher Kirche – zwischen Inklusion und Exklusion

> Wenn ich einen Traum von der Kirche habe, so ist es der Traum von den offenen Türen gerade für die Fremden, die anders sprechen, essen, riechen. Mein Haus wünsche ich mir nicht als eine für andere unbetretbare Festung, sondern mit vielen Türen. Heimat, die wir nur für uns selbst besitzen, macht uns eng und muffig. Jeder Gast bringt etwas mit ins Haus, das wir selber nicht haben.[10]

So formuliert Dorothee Sölle ihren Traum von Kirche. Indem sie Kirche als Haus mit vielen Türen versteht, legt sie ihrem Bild von Kirche konstitutiv die Gastlichkeit zugrunde.

Um von Gastlichkeit und Gastfreundschaft sprechen zu können, bedarf es der Unterscheidung zwischen Eigenem und Fremdem. Gastlichkeit kann es nur da geben, wo die, die in einem bestimmten Raum zu Hause sind, auf die treffen, die dort nicht zu Hause sind – und eben deswegen Gäste. Gäste können dabei eingeladene Freunde und Freundinnen sein, zu denen eine von Vertrauen und Erwartungssicherheit geprägte Beziehung besteht. Es kann sich aber auch um die Beherbergung komplett Fremder handeln, wobei im Blick auf die Beziehung der Aspekt des Risikos deutlicher in den Fokus rückt. Unabhängig von der Intensität und Vertrautheit der Beziehung steht – insofern es um die Konstellation von Gast und Gastgeber geht – die Unterscheidung im Raum zwischen denen, die zum Eigenen, quasi ins Haus gehören, und denen, die nur ausnahmsweise da sind und nach bestimmten Regeln bewirtet werden.

Dies impliziert auch eine Machtkonstellation, die mit den distinkten Rollen von Gastgebern und Gästen gesetzt ist. Die Sphäre des eigenen Hauses steht unter der Ägide der Hausherrin oder des Hausherrn. Wenn sich ein Fremder oder jemand, der nicht zu diesem Haus gehört, dem Haus nähert und an der Schwelle desselben um Einlass bittet, wird aus der Hausherrin potentiell die Gastgeberin. Die Deutungsmacht darüber, ob aus dem Fremdling ein Gast wird, liegt in der Hand der Gastgeberin, insofern sie entscheidet, ob dem Anderen als Gast Einlass gewährt wird oder nicht, ob sie also gastfreundlich agiert. Damit ist auch die Deutungsmacht darüber verbunden, ob der/die Fremde, der/die an der Schwelle steht, als Gast oder als Feind betrachtet wird.[11] Der Gastgeber

---

9 Vgl. EG 529.

10 Dorothee Sölle, »Mutanfälle,« in *Stellvertretung*, hrsg. Ursula Baltz-Otto und Fulbert Steffensky (Stuttgart: Kreuz, 2006), 291–2.

11 Vgl. Philipp Stoellger, »›Raum Geben‹. Sprachfiguren des gastlichen Umgangs mit Fremden,« in *Perspektiven europäischer Gastlichkeit. Geschichte – kulturelle Praktiken –*

schließlich gewährt den Einlass über die Schwelle oder hat gar schon vorher die Begegnung durch eine explizite Einladung initiiert, der der Gast folgt. Gibt es keine Einladung, steht die Begegnung zwischen dem Anderen, dem Fremden, dem Nichtdazugehörenden, unter dem Risiko von Ablehnung und Feindschaft.[12]

Vom Begriff des Risikos her stellt sich die Frage nach der Deutungsmacht in besonderer Weise. Während der Gastgeber durch die Deutung des Fremden als Gast (nicht als Feind) von der Abwägung des Risikos zum Vertrauen in eine gelingende Begegnung kommt, steht der Gast zunächst unter dem Risiko der Ablehnung durch den Gastgeber und geht dann das Risiko ein, sich auf die vom Gastgeber gesetzten Regeln einzulassen. Zunächst wird also das Risiko im Modus der Gastlichkeit durch das Vertrauen der Gastfreundschaft transformiert.

Teil dieser Transformation ist die Umkehr der Machtkonstellation, genauer eine Paradoxierung derselben. Zum einen steht Gastfreundschaft unter dem von Jacques Derrida beschriebenen Gesetz: »Gastfreundschaft [...] ist ein Recht, eine Pflicht, eine Verpflichtung, ein Gesetz; sie ist der Empfang des Anderen, des Fremden als eines Freundes – unter der Bedingung, dass der Gastgeber, der Wirt, dass derjenige, der empfängt, beherbergt oder Asyl gewährt, Herr im Haus bleibt; unter der Bedingung, dass er zuhause die Autorität behält [...]«.[13] Die Gastgeberin bleibt also zum einen Herrin des Hauses. Zum anderen zeichnet sich Gastlichkeit gerade dadurch aus, dass sie sich an den antizipierten Bedürfnissen des Gastes orientiert. Dies wird konkret daran deutlich, dass einem Gast üblicherweise mindestens etwas zu trinken angeboten wird. Zugleich ist es in der Regel der Gast, der entscheidet, wann er wieder geht, wie lange sie bleibt. Die Beendigung eines Besuches durch den Gastgeber wird üblicherweise als Bruch der ungeschriebenen kommunikativen Gesetze empfunden, jedenfalls solange es sich nicht um eine konfliktuös zugespitzte Situation handelt, in der der Gastgeber den Gast des Hauses verweist. Diese Orientierung an den Bedürfnissen des Gastes fasst Derrida in der Bezeichnung des Gastgebers als »eine Art Geisel des Eingeladenen«.[14] Selbst wenn die Bezeichnung der Gastgeberin als Geisel des Gastes zu einseitig erscheint, so macht sie doch deutlich, dass die zunächst eindeutig erscheinende Machtkonstellation von Gastgeber und Gast so eindeutig nicht ist. Vielmehr verändert sie sich im Lauf der Begegnung.

Der Gast bleibt als Gast fremd oder jedenfalls nicht ganz dazugehörend, selbst wenn sich wachsende Vertrautheit einstellt. Während Vertrauen zu den Grundbedingungen von Gastfreundschaft gehört, ist wachsende Vertrautheit

---

Kritik, hrsg. Burkhard Liebsch, Michael Staudigl und Philipp Stoellger (Weilerswist: Velbrück, 2016), 400.

12 Zur Grenzlage von Hostilität und Hospitalität vgl. Liebsch, *Gastlichkeit* (s. Anm. 3), 188.

13 Jacques Derrida, »Die Gesetze der Gastfreundschaft,« in *Perspektiven europäischer Gastlichkeit. Geschichte – kulturelle Praktiken – Kritik*, hrsg. Burkhard Liebsch, Michael Staudigl und Philipp Stoellger (Weilerswist: Velbrück, 2016), 127.

14 Ibid., 133.

ein Ausbalancieren des Risikos, genau genommen eine steigende Bereitschaft, Risiko einzugehen.

Situationen der Gastlichkeit sind durch zwei Schwellen charakterisiert. Die erste Schwelle ist die Grenze, die der Gast überschreitet, wenn er von der Hausherrin eingeladen wird und das ihm fremde Haus betritt. Die zweite Schwelle ist weniger klar benenn- und definierbar. Sie markiert den Übergang vom Gast zu jemandem, der dazugehört. Mit anderen Worten: die Schwelle, nach deren Überschreitung jemand eben nicht mehr Gast ist, sondern sowohl von der Gemeinschaft als voll und ganz dazugehörend angesehen wird und sich seinerseits auch voll und ganz dazugehörend fühlt.

Wenn wir nun von diesen am Phänomen der Gastlichkeit orientierten Beobachtungen ausgehend weiter nach deren Bedeutung für die Ekklesiologie fragen, so ist zunächst in kirchensoziologischer Perspektive danach zu fragen, wie sich von dem Blick auf eine »gastliche Kirche« aus die insbesondere im Kontext des Kirchenreformprozesses der letzten Jahre immer wieder formulierte Intention der Beheimatung von Menschen in der Kirche verstehen lässt.[15] Zeichnet sich eine gastliche Kirche nicht gerade durch die mit der Gastlichkeit gesetzte Zweckfreiheit aus? Selbst wenn wir auf der Basis eines prozessualen Verständnisses von Gastlichkeit beschreiben können, dass mit der wachsenden Vertrautheit das Gastsein abnimmt, bleibt doch die Offenheit, ob sich der nun vertraut gewordene Gast tatsächlich beheimatet. Hier ist die Unterscheidung zwischen der empirischen Kirche und der geglaubten Kirche von Bedeutung. Während in geistlicher Hinsicht und in Rekurs auf die zugehörigkeitskonstituierende Dimension der Taufe eine Differenz in der Zugehörigkeit nicht behauptet werden kann und die Differenz zwischen Exklusion und Inklusion in soteriologischer Hinsicht relativiert ist, lässt sich in soziologischer Hinsicht umso deutlicher die Differenz zwischen Nähe und Distanz im Blick auf die Zugehörigkeit beschreiben.

Im Blick auf die empirische Kirche eröffnet die Rede von der gastlichen Kirche die Möglichkeit des Rechts auf passagere Verbundenheit oder freundliche Distanz auf Seiten der Gäste.[16] Vom theologischen Kirchenbegriff aus legen sich dann eine Haltung der Gelassenheit und die Abstinenz gegenüber einer

---

15 Der Begriff der »Heimat« war bereits Teil des Titels der 3. EKD-Erhebung über Kirchenmitgliedschaft: Klaus Engelhardt u. a., Hrsg., *Fremde Heimat Kirche* (Gütersloh: Gütersloher Verlagshaus, 1997). Im EKD-Impulspapier »Kirche der Freiheit« wurde der Begriff der »Beheimatung« dann zu einer Leitperspektive. Vgl. Kirchenamt der EKD, Hrsg., *Kirche der Freiheit. Perspektiven für die Evangelische Kirche im 21. Jahrhundert* (Hannover 2006).

16 In religionssoziologischer Hinsicht sind mit Monika Wohlrab-Sahr mindestens drei Dimensionen zu unterscheiden: die gemeinschaftliche, die religiöse und die institutionelle bzw. organisatorische Dimension von Kirche. Vgl. Monika Wohlrab-Sahr, »Kirche als Organisation,« in *Kirche*, hrsg. Christian Albrecht (Tübingen: Mohr Siebeck, 2011), 171. Gastlichkeit lässt sich im Blick auf alle drei Dimensionen entfalten und in Hinblick auf diese drei Dimensionen verstehen.

Vorstellung von »treuen« Kirchgängern oder gar der Vorstellung einer »Kerngemeinde« nahe. Von dort her ist dann auch zu fragen, ob der Begriff der »Heimat Kirche« nicht in Widerspruch zu deren Charakter als Gast auf Erden und wanderndem Gottesvolk steht, insofern – aus möglicherweise sinnvollen soziologischen Gründen – ein Status Quo der Kirche als »Heimat« zementiert wird?[17] Die Kritiken an der Terminologie im Reformprozess waren zahlreich und müssen hier nicht wiederholt werden.[18] In konzeptioneller Hinsicht stehen wir vor der Herausforderung, ekklesiologische Leitbilder zu entwickeln, die dazu geeignet sind, die Spannung aus Inklusion und Exklusion zu denken – und so die unterschiedlichen Grade von Verbundenheit auch theologisch zu würdigen.

Dies führt zum Aspekt der Zugehörigkeit, genauer zur Frage, was diese stiftet und konstituiert. Bei der ekklesiologischen Bestimmung der Kirche sind zwei Grundtendenzen zu beobachten. Im Anschluss an den Begriff der ἐκκλησία kommt zunächst der Aspekt der Abgrenzung nach außen in den Blick. So betont beispielsweise der *Heidelberger Katechismus* (Fr. 54), dass die Kirche die aus dem »ganzen Menschengeschlecht« »auserwählte Gemeinde« ist.[19] Die Abgrenzung, oder besser: Unterscheidung der Gemeinschaft der Herausgerufenen von der Menschheit als ganzer ist mit dem Kirchenbegriff also immer schon mitgesetzt.[20] Zum anderen jedoch betont die theologische Bestimmung dieser Gemeinschaft deren einladenden und potentiell inkludierenden Charakter. Die christliche Gemeinde zeichnet sich dadurch aus, dass die sozialen Unterscheidungen, und damit die Unterscheidungen unterschiedlicher Rollen im Blick auf die Zugehörigkeit zu Christus, an Gewicht verlieren. Exemplarisch dafür sind die Ausführungen zur Einheit der Gemeinde im Corpus Paulinum, insbesondere Gal 3,28. Sobald sich jemand zur christlichen Gemeinde bekennt oder durch Taufe aufgenommen ist, ist die Bedeutung der Unterschiede relativiert. Die Andersartigkeit der Anderen wird dabei nicht nivelliert, sondern sie verliert

---

17 Zu Recht betont Karl Barth dagegen die Heimatlosigkeit der Kirche. Vgl. Barth, *Kirchliche Dogmatik IV/3* (s. Anm. 6), 853.

18 Zu einer differenzierten Kritik am Impulspapier vgl. exemplarisch Günter Thomas, »10 Klippen auf dem Reformkurs der Evangelischen Kirche in Deutschland,« *EvTh* 67:5 (2007): 361–87.

19 Frage 54: *Was glaubst du von der »heiligen allgemeinen christlichen Kirche«? – Ich glaube, dass der Sohn Gottes aus dem ganzen Menschengeschlecht sich eine auserwählte Gemeinde zum ewigen Leben durch seinen Geist und Wort in Einigkeit des wahren Glaubens von Anbeginn der Welt bis ans Ende versammelt, schützt und erhält und dass auch ich ein lebendiges Glied dieser Gemeinde bin und ewig bleiben werde.* Vgl. Evangelisch-reformierten Kirche, Lippische Landeskirche und Reformierter Bund, Hrsg., *Heidelberger Katechismus* (Neukirchen-Vluyn: Neukirchener Verlagsgesellschaft, ²2001).

20 Dabei ist mit Karl Barth die Gleichzeitigkeit von Unterscheidung und Eingebettetsein der Kirche ins »Weltgeschehen« festzuhalten. Vgl. Barth, *Kirchliche Dogmatik IV/3* (s. Anm. 6).

im Blick auf die Zugehörigkeit zum Leib Christi ihre Relevanz.[21] Im Anschluss an Gal 3,28 ist deutlich, dass gastliche Kirche differenzsensible Kirche ist, die zugleich die Bedeutung der Unterschiede nach innen zu relativieren versteht.

Als gastliche Kirche ist sie konstitutiv über den engen Zirkel hinaus ausgerichtet. Gastliche Kirche ist nicht Kirche um ihrer selbst willen, sondern Kirche für andere. Diesen Aspekt hat insbesondere Dietrich Bonhoeffer in seinem als Teil der Haftbriefe veröffentlichten »Entwurf für eine Arbeit« hervorgehoben: »Die Kirche ist nur Kirche, wenn sie für andere da ist.«[22] Dies impliziert für ihn insbesondere die diakonische Dimension von Kirche, also die Gastlichkeit hin zu denen, die sich im weltlichen Bereich engagieren. Die Kirche müsse – so Bonhoeffer – »an den weltlichen Aufgaben des menschlichen Gemeinschaftslebens teilnehmen, nicht herrschend, sondern helfend und dienend.«[23] Wenn wir in ekklesiologischer Hinsicht von Gastlichkeit und Gastfreundschaft sprechen, dann kommt sowohl die Differenz von Innen und Außen in den Blick und die Schwelle, die zwischen beidem besteht. Zugleich wird es möglich, passagere Anwesenheit und Zugehörigkeit ekklesiologisch zu würdigen.

3. Als eingeladene Kirche einladende Kirche sein: Gastliche Kirche als gastfreundliche Kirche

Der im Folgenden vorzunehmende Blick auf die christologische Dimension der Gastlichkeit öffnet die Perspektive auf die Umkehrung und Infragestellung der Machtverhältnisse. In christologischer Hinsicht haben wir es mit zwei Spuren zu tun: Zum einen kommt Christus als der Einladende in den Blick, insbesondere

---

21 Dies macht Isolde Karle im Blick auf die Geschlechterdifferenz fruchtbar. Vgl. Isolde Karle, *»Da ist nicht mehr Mann noch Frau ...«. Theologie jenseits der Geschlechterdifferenz* (Gütersloh: Gütersloher Verlagshaus, 2006), 227.

22 Dietrich Bonhoeffer, »Entwurf für eine Arbeit,« in *Widerstand und Ergebung*, hrsg. Eberhard Bethge u. a. (Güthersloh: Gütersloher Verlagshaus, 2015), 560. Zur Ekklesiologie Bonhoeffers vgl. Hartmut Ludwig, »Von der Kirche als Leib Christi zur ›Kirche für andere‹. Die Wandlung des Bildes der Kirche in der Theologie Dietrich Bonhoeffers,« in *Dietrich Bonhoeffers Christentum. Festschrift für Christian Gremmels*, hrsg. Florian Schmitz und Christiane Tietz (Gütersloh: Gütersloher Verlagshaus, 2011), 176–93.

23 Bonhoeffer, »Entwurf,« 560. Zur Verbindung von Diakonie und Kirchenreform vgl. Annette Noller, *Diakonat und Kirchenreform. Empirische, historische und ekklesiologische Dimensionen einer diakonischen Kirche* (Stuttgart: Kohlhammer, 2016), 69. Instruktiv für die Frage von Inklusion und Exklusion ist auch der Beitrag von Heinrich Grosse, »Von einer Kirche für die Armen zu einer Kirche mit den Armen?,« in *Kirchen aktiv gegen Armut und Ausgrenzung. Theologische Grundlagen und praktische Ansätze für Diakonie und Gemeinde*, hrsg. Johannes Eurich u. a. (Stuttgart: Kohlhammer, 2010), 309–28.

beim Abendmahl, aber auch als das Haupt des Leibes Christi.[24] Zum anderen ist an unterschiedlichen Stellen des Neuen Testaments die Rede davon, dass Jesus selbst zu Gast ist, sei es ganz offensichtlich, beispielsweise in der Zachäus-Erzählung (Lk 19,1–10), sei es in vermittelter Weise durch den Nächsten, wie es in der matthäischen Perikope vom Weltgericht (Mt 25,31ff) deutlich wird. Die beiden Aspekte – Christus als Gast und Christus als das Haupt der Gemeinde – sind komplementär zu lesen und dürfen nicht gegeneinander ausgespielt werden. Eine solche komplementäre Sichtweise verhilft zu einem realistischen und dynamischen Verständnis von Ekklesiologie. Wenn wir im Folgenden den Aspekt des Zugastseins Gottes und Christi stärker fokussieren, dann geschieht das um einer Weitung des Verständnisses von gastlicher Kirche willen.

Die Kirche als ἐκκλησία, als Gemeinschaft der Herausgerufenen, ist die Gemeinschaft der Eingeladenen, insofern derjenige, der sie herausruft, zugleich einlädt. Mit dem Herausgerufensein verbindet sich die Unterscheidung derer, die herausgerufen sind, von denen, die nicht herausgerufen sind. Dies wird auch an der in den biblischen Traditionen angelegten Verbindung von Verheißung und Gastlichkeit ekklesiologisch bedeutsam.

Hier ist zunächst die Erinnerung an die Verbindung von Gastlichkeit und Mahlfeier von Bedeutung. Diese findet sich bereits in Ex 24,9–11, wo davon berichtet wird, dass die 70 Ältesten bei Gott zu Gast sind und ein Gastmahl mit ihm haben. Immer wieder wird betont, dass das Volk Israel zu Gast bei Gott ist und auf dem Land, das sein Land ist, Gastrecht hat. Exemplarisch dafür ist Lev 25,23, wo betont wird, dass das Land nicht verkauft werden soll, weil es Gottes Eigentum ist und weil die Bewohner_innen des Landes »Fremdlinge und Beisassen« sind. Im Neuen Testament ist das Gastgebersein Jesu ein zentrales Motiv. Hier ist exepmlarisch an Mk 2,15 zu denken, wo berichtet wird, dass Jesus mit Zöllnern und Sündern zu Tisch sitzt, die er an diesen Tisch gerufen hat.[25]

Für den Aspekt der Macht des Gastgebers ist das Gleichnis vom großen Abendmahl (Lk 14,15–24) von Bedeutung. In diesem Gleichnis geht es um die nicht angenommene Einladung des Gastgebers. Der Gastgeber, genauer der Einladende, wird durch die Absagen der Eingeladenen seines Gastgeberseins beraubt, was ihn zornig werden lässt. Der Auftrag an den Knecht, alle ins Haus zu führen, die er finden kann, ist, neben der eschatologischen Dimension, auf die dieses Gleichnis vor allem zielt, ein Ausdruck der Verwundbarkeit des Gast-

---

[24] Für die ekklesiologische Semantik kann die Vorstellung vom Leib Christi aus guten Gründen als Leitmetapher verstanden werden. Wenn dies hier nicht ins Zentrum der Überlegungen rückt, dann nicht mit der Absicht, die Bedeutung des Bildes der Kirche als Leib Christi zu negieren, sondern um dasselbe fruchtbar unter der Perspektive der Gastlichkeit zu ergänzen. Vgl. Michael Welker, *Kirche im Pluralismus* (Gütersloh: Kaiser, 1995), 116.

[25] Zu denken ist hier auch an die Speisung der 5000 (Mk 6,30–44). Vgl. dazu Hans Haberer, *Gastfreundschaft – ein Menschheitsproblem. Überlegungen zu einer »Theologie der Gastfreundschaft«* (Aachen: Shaker Verlag, 1997), 175.

gebers. Mit der Einladung geht er das Risiko der Ablehnung ein. Er kann nur dann Gastgeber sein, wenn es Gäste gibt, die der Einladung folgen. Der Gastgeber ist also angewiesen auf die Gäste, also auf die, die seiner Einladung folgen. Gastlichkeit bedarf also der Gäste und deren Offenheit dafür, die Gastlichkeit zu akzeptieren. Die in der Lukas-Perikope erzählte Wut des Hausherrn kann in unserem Kontext als ein Hinweis auf die Angewiesenheit auch des Gastgebers dienen, die so weit führt, dass er den Knecht anweist, »auf die Landstraßen und an die Zäune zu gehen« und die dort zu »nötigen, hereinzukommen, dass mein Haus voll werde.«[26] Aus der Wut des Gastgebers über die nicht angenommene Einladung wird die machtvolle Nötigung derer, die draußen stehen und gar nicht um Einlass gebeten haben. Dies markiert in ekklesiologischer Hinsicht eine Grenzlage. Gastfreundschaft ist nicht nur im Blick auf die Deutungsmacht ein Machtgeschehen, sondern kann sich auch als nötigende Gastlichkeit äußern, wobei die Gefahr besteht, die Eingeladenen zu instrumentalisieren, »dass mein Haus voll werde.« Gastliche Kirche hingegen ist offen auf die gerichtet, die sie um deren selbst willen einlädt.

Die zentrale Dimension, in der das Eingeladensein der Kirche sich realisiert, ist das Abendmahl. Hier ist insbesondere in kontroverstheologischen Auseinandersetzungen protestantischerseits immer wieder darauf hingewiesen worden, dass zum Abendmahl nicht die Kirche, sondern der Herr selbst einlädt. Inwiefern sich diese Aussage tatsächlich als kontroverstheologischer Zankapfel eignet, kann hier außen vor bleiben. Wichtig ist für unseren Zusammenhang, dass sich in der Feier des Abendmahls die Gastlichkeit der Kirche als eingeladene Gemeinschaft realisiert und Gestalt gewinnt.

Dass Gott der eigentliche Gastgeber ist, bedeutet in ekklesiologischer Hinsicht jedoch nicht, dass die Kirche nicht auch selbst gastliche Kirche im Sinne gastfreundlicher Kirche sein solle. Vielmehr besteht hier eine enge Verbindung zwischen der als Urbild verstehbaren Gastlichkeit Gottes und der damit verbundenen Verheißung und dem im Sinne eines Abbilds verstandenen Anspruch an die Gastlichkeit der Kirche. Exemplarisch ist hier nochmals der *Heidelberger Katechismus* zu benennen – genauer Frage 55:

> Was verstehst du unter der Gemeinschaft der Heiligen? Erstens: Alle Glaubenden haben als Glieder Gemeinschaft an dem Herrn Christus und an allen seinen Schätzen und Gaben. Zweitens: Darum soll auch jeder seine Gaben willig und mit Freuden zum Wohl und Heil der anderen gebrauchen.

Es ist also zunächst die Gastlichkeit und Gastfreundschaft Christi, die die Gemeinschaft der Kirche konstituiert und an der ihre einzelnen Glieder Anteil haben. Dieses Zugastsein sowohl der Kirche als ganzer als auch ihrer einzelnen Glieder ist nun aber nicht Selbstzweck, sondern darauf gerichtet, selbst gastlich

[26] Lk 14,21–3.

zu sein – und das Wohl und Heil der anderen im Blick zu haben, um derentwillen jeder und jede seine und ihre Gaben gebrauchen soll.

Auf der Linie dieser Motivik kommt die Kirche als Gastgeberin in den Blick. Sie ist von Jesus selbst eingeladen und kann deswegen gar nicht anders, als selbst einladend zu sein. Auch hier ist der prozessuale Charakter der Einladung von Bedeutung, wir könnten auch sagen: die Sendung der Kirche. Die Kirche nimmt durch die Einladung Gottes teil an dessen Bewegung in der Welt.[27] Ekklesiologisch kommt ihr dabei beinahe quasi stellvertretender Charakter, auf jeden Fall die Funktion der Zeugenschaft zu.[28]

Mit Blick auf die eingangs skizzierten Grundperspektiven ist deutlich, dass eine solchermaßen gastgebende Kirche die Türen öffnet für die, die draußen stehen. Zugleich ist damit der Gegensatz von denen drinnen und denen draußen betont. Dies führt dann auch zu exkludierenden Aspekten kirchlichen Handelns, die im Widerspruch stehen zur Gastlichkeit im Sinne der theologischen Bestimmung von Kirche.

Die Kirche steht unter dem Anspruch und dem Zuspruch der Gastlichkeit. Dies charakterisiert einerseits die Gastgeberdimension von Kirche, zugleich bedarf es der Perspektive auf die Umkehrung der Machtverhältnisse. Im Anschluss an die Perikope vom großen Abendmahl kommt hier das Risiko der Gastlichkeit in Gestalt der Verwundbarkeit des Gastgebers in den Blick.

4. Gott zu Gast: Gastliche Kirche als empfängliche Kirche

Die eindeutige Zuschreibung von Gastgeberin und Gast kommt in ekklesiologischer Hinsicht an ihre Grenze, wenn wir diejenigen Traditionen in den Blick nehmen, in denen Gott weniger Gastgeber als vielmehr zu Gast ist. Nicht selten kommt er als der unerkannte Gast in den Blick. Exemplarisch dafür ist die Erzählung in Gen 18, die als eine der zentralen Gastfreundschaftserzählungen des Alten Testaments betrachtet werden kann. Dort bleibt es zunächst offen, wer die drei Männer sind, die Abraham und Sara besuchen. Ohne dass er weiß, wer sie sind und woher sie kommen, empfängt sie Abraham nach allen Regeln der orientalischen Gastfreundschaft. So kommt er als vorbildlicher Gastgeber in den Blick, dessen Gastfreundschaft ohne Ansehen der Person, erst recht ohne Berechnung geschieht. Erst am Ende dieser opaken Geschichte wird durch die Nachkommensverheißung an Sara deutlich, dass Gott selbst hier zu Besuch war.

Auch die Erzählungen über die Anwesenheit Gottes in der Stiftshütte – als sich dann und wann herabsenkende Wolken- und Feuersäule – in Ex 33,9ff sprechen von der konstitutiven Gastlichkeit Gottes im Sinne des Zugastseins. Dabei

---

27 Vgl. Karl Barth, »Der Christ in der Gesellschaft,« in *Anfänge der dialektischen Theologie, Teil I*, hrsg. Jürgen Moltmann (München: Chr. Kaiser Verlag, 1966), 11.

28 Vgl. Barth, *Kirchliche Dogmatik IV/3* (s. Anm. 6), 855.

zeichnet sich die Wolkensäule sowohl dadurch aus, dass mit ihrem Kommen das Gespräch zwischen Gott und Mose tatsächlich eröffnet ist, zum anderen senkt sie sich nur temporär am Eingang des Zeltes nieder. Nach Lk 24,13–35 ist Jesus als der zunächst unerkannte Gast mit den trauernden Jüngern auf dem Weg nach Emmaus. Sie laden ihn am Ende mit Nachdruck ein – es heißt, »sie nötigten ihn« – und er nimmt die Einladung an. In der Situation der erfahrenen Gastlichkeit wandelt sich die Perspektive dann und Jesus wird selbst zum Gastgeber, indem er Brot und Wein teilt und mit den Jüngern das Mahl feiert. In dem Moment, als aus dem Gast der Gastgeber wird, erkennen die Jünger, mit wem sie es zu tun haben, und sie realisieren, dass ihnen schon auf dem Weg »das Herz brannte«, als er ihnen die Schrift ausgelegt hatte.

Wo Jesus selbst der Gast ist, ist er häufig zugleich die Gabe. So stellt Kurt Appel zu Recht fest:

> Am Anfang steht also die sich auf das Spiel und in (die) Frage stellende Aufnahme des Gastes, dessen Gabe nicht etwas, sondern ER selber ist. Darin werden ›wir‹ in aller Verletzbarkeit, Ausgesetztheit und Berührbarkeit Gäste eines geistigen Geschehens, es eröffnet sich (vielleicht) eine Teilhabe an der Freude, am Leid und vor allem an der Frage des Anderen und ›wir‹ bekommen (vielleicht) auch Anteil an einer Erzählung gastlicher Begegnung, ohne sie je besitzen zu können.[29]

Die durch den göttlichen Gast konstellierte Gemeinschaft ist dadurch charakterisiert, dass die Grenzen zwischen Gastgeber, Gast und Gabe durchlässig sind und im Verlauf der Begegnung changieren. Dieses Changieren kommt in besonderer Weise in der matthäischen Erzählung vom Weltgericht zum Ausdruck.[30] Der Menschensohn empfängt die Völker vor seinem Thron, ist also zunächst als der machtvolle Gastgeber beschrieben, der die Definitions- und Urteilsmacht über diejenigen vor seinem Thron hat. Die Beurteilung derer vor dem Thron folgt dann jedoch nach deren Gastfreundschaft gegenüber dem Menschensohn als Gast:

> Ich bin hungrig gewesen und ihr habt mir zu essen gegeben. Ich bin durstig gewesen und ihr habt mir zu trinken gegeben. Ich bin ein Fremder gewesen und ihr habt mich aufgenommen. Ich bin nackt gewesen und ihr habt mich gekleidet. Ich bin krank gewesen und ihr habt mich besucht. Ich bin im Gefängnis gewesen und ihr seid zu mir gekommen.[31]

---

[29] Kurt Appel, »Biblische Spuren des Gastes,« in *Perspektiven europäischer Gastlichkeit. Geschichte – kulturelle Praktiken – Kritik*, hrsg. Burkhard Liebsch, Michael Staudigl und Philipp Stoellger (Weilerswist: Velbrück Wissenschaft, 2016), 461.

[30] Mt 25,31–40.

[31] Für eine Interpretation von Mt 25,31ff. mit Blick auf die Spannung aus Gastfreundschaft und Mission vgl. Tim Noble, »Mission as Hospitality towards ›The Other‹,« in *Reforming Theology – Migrating Church – Transforming Society*, hrsg. Uta Andrée, Benjamin Simon und Lars Röser-Israel (Hamburg: Missionshilfe-Verlag, 2017), 193.

Das Gastsein Jesu, das sich auch im Gastsein des Anderen realisiert, dem Gastsein der »geringsten Geschwister« und der Haltung der Seinen zu seinem Gastsein wird insofern zentrale Bedeutung für die Bewährung des christlichen Lebens beigemessen.[32]

Von ekklesiologischer Bedeutung ist die des Gastseins Gottes als passager. Es deutet sich bereits in Ex 33,9ff. an und wird noch deutlicher in Joh 1,14. Der griechische Terminus σκηνόω, mit dem im Johannes-Prolog das Wohnen des Wortes unter den Menschen bezeichnet wird, bedeutet wörtlich: das Zelt aufschlagen. Im Anschluss daran können wir formulieren, dass sich die Gastlichkeit Gottes als vorübergehendes Zugastsein realisiert.

Was bedeutet das nun im Blick auf die Ekklesiologie und das Konzept einer gastlichen Kirche? Die Gastlichkeit der Kirche wird auch dadurch konstituiert, dass Gott selbst zu Gast kommt. Dabei weist uns das traditionelle Tischgebet auf die geradezu paradoxe Bitte bzw. Einladung an Jesus als den Gast. Sein Kommen ist im Gebet mit dem Zweck verbunden, das zu segnen, was er gegeben, uns bescheret, hat. Auf der Logik des traditionellen Tischgebets hat der als Gast Geladene längst gegeben, wessen wir bedürfen.[33]

Gastliche Kirche also ist empfängliche Kirche, die sich der Unverfügbarkeit des sie begründenden Inhalts bewusst ist. Auf der Linie der ekklesiologischen Minimalbestimmung aus CA 7 lässt sich zum einen festhalten, dass das Ringen um eine evangeliumsgemäße Verkündigung und die stiftungsgemäße Verwaltung der Sakramente als äußere Kennzeichen der Kirche ausreichend sind. Dass Gott selbst zu Gast kommt, relativiert die schematische und scheinbar klare Differenzierung zwischen den Gastgebern und den Gästen. Gastliche Kirche sein, bedeutet sodann auch, Kirche zu sein, die sich ihres eigenen Gastseins bewusst ist.

5. Das wandernde Gottesvolk: Gastliche Kirche als Kirche, die zu Gast ist

Von der christologischen Dimension her wird die Gastlichkeit der Kirche dadurch bestimmt, dass Christus als ihr Haupt als Gast Herberge sucht und insofern das Risiko der Ablehnung eingeht. Die Gastlichkeit der Kirche adressiert

---

32 Während die neueren Übersetzungen von Jesus als dem Fremden sprechen, heißt es in der Luther-Übersetzung von 1912 noch: »Denn ich bin hungrig gewesen, und ihr habt mich gespeist. Ich bin durstig gewesen, und ihr habt mich getränkt. Ich bin Gast gewesen, und ihr habt mich beherbergt.«

33 Im Kontext des Abendmahls hat Michael Welker zu Recht auf die Wechselzusammenhänge von Natur und Kultur verwiesen, die sich auch im Segenswort über der jüdischen Mahlfeier niederschlagen. Das Zugastsein Gottes – oder auch seine Angewiesenheit auf Gastgeber – wird in diesem Kontext daran deutlich, dass mit dem »Wort über dem Brot« Gott selbst gesegnet wird. Vgl. Michael Welker, *Was geht vor beim Abendmahl?* (Stuttgart: Quell, 1999), 72.

auch ihren Charakter als wanderndes Gottesvolk oder – in anthropologischer Hinsicht – als Gast auf Erden. Paul Gerhardt nimmt dies in seinem Choral »Ich bin ein Gast auf Erden« (EG 529) auf und besingt die Spannung aus dem Zugastsein des Menschen auf Erden und dem dereinst ewigen Wohnen bei Gott. In der ersten Strophe heißt es: »Ich bin ein Gast auf Erden und hab hier keinen Stand; / der Himmel soll mir werden, da ist mein Vaterland.« Und im Himmel – so Strophe 12: »[...] will ich immer wohnen - und nicht nur als ein Gast - / bei denen, die mit Kronen du ausgeschmücket hast«.[34] Der entscheidende Gegensatz zwischen dem Leben hier und dort ist für Paul Gerhardt die Dauerhaftigkeit des Wohnens: Hier wohnen wir »nur als Gast«, dort dann »immer«. Im Blick auf unsere Existenz und im Blick auf die Kirche im Lauf der Zeiten legt der Aspekt des Zugastseins den Fokus auf die Vorläufigkeit ihres Daseins.

Es war insbesondere Karl Barth, der in seiner Ekklesiologie den Charakter der Kirche als wanderndes Gottesvolk herausgearbeitet hat. Die Kirche ist »in der Welt nirgends zuhause [...]«. Das zeigt sich für Barth daran, »dass sie nur gerade als das ›wandernde Gottesvolk‹, da und dort zu Gast sein, zelten, kampieren, aber im besten Fall Aufenthaltsbewilligungen, keine Niederlassungs- oder gar Bürgerrechte haben kann.«[35] Obwohl die Kirche in den (sozialen, institutionellen, organisatorischen, sprachlichen ...) Formen dieser Welt existiert, ist sie doch nicht ganz an diese gebunden und von ihr gehalten. Dies impliziert das Risiko der Gastlichkeit, das sich an den Schnittstellen von »Welt« und Kirche zeigt.[36]

Von der Gastlichkeit her wird das Bild vom wandernden Gottesvolk zum ekklesiologischen Leitbild. Es weist darauf, dass die *Wirklichkeit* der Kirche dadurch gekennzeichnet ist, dass sie sich nicht einrichtet in der Welt oder von ihr abhängig macht, sondern dass sie auf dem Weg bleibt. Zugleich gehört es zum Gastsein dazu, sich in die Logiken und Gebräuche der Gemeinschaft, in der man zu Gast ist, einzufügen.

Das *Wesen* der Kirche ist daneben von der Zusage aus Eph 2,19 gekennzeichnet, dass sie im Blick auf Gott nicht mehr aus Gästen und Fremdlingen besteht, sondern aus Gottes Hausgenossen.[37] Diejenigen, die die Kirche als den Leib Christi bilden, gehören also allesamt dazu – niemand ist »nur« Gast oder fremd. Auch hier zeigt sich die Spannung aus der nach innen gerichteten Selbstverständigung der Kirche und der Verhältnisbestimmung der Kirche zur Welt, in der sie existiert.

Im Blick auf die Welt, in der die Kirche zu Gast ist, können wir, so meine Hypothese, von einem »gastlichen Amt« der Kirche sprechen. Mit dem Gedanken

---

34 Vgl. EG 529 und Hebr 13,14.

35 Barth, *Kirchliche Dogmatik IV/3* (s. Anm. 6), 851.

36 Hier wäre sowohl an die Strukturdebatten um die organisatorische Struktur der Kirche unter veränderten demographischen Bedingungen zu denken als auch an die verschiedenen Gelegenheiten Öffentlicher Theologie.

37 (Eph 2,19f; Luther 2017): »So seid ihr nun nicht mehr Gäste und Fremdlinge, sondern Mitbürger der Heiligen und Gottes Hausgenossen ...«.

des gastlichen Amts kommt die charakteristische Ambiguität der Kirche zur Sprache. Sie hält die Erinnerung daran wach, dass ihr, wie allen, die sich in ihr finden, das Entscheidende durch den göttlichen Gast zukommt. Insofern Jesus als Gast der Kirche präsent ist, ist auch deutlich: Die Kirche hat ihn nicht als ihren Besitz, sondern ist auf sein Kommen, auf das sie im eschatologischen Sinn noch wartet, angewiesen.

Zugleich zeigt sich das Amt der Gastlichkeit darin, dass die Kirche selbst gastliche, d. h. willkommen heißende Kirche ist. Sie ist es so, dass sie sich einerseits der Schwellen bewusst ist, die zwischen dem Innen und Außen bestehen, dass sie diese aktiv gestaltet und die einlädt, die draußen stehen. Dies gilt im Sinne der Gastlichkeit gegenüber denen, die um Hilfe in Not bitten, wie auch im Sinne der Gastlichkeit gegenüber denen, die aus einem Abstand heraus Kontakt mit der Kirche suchen. Salopp gesagt: Es geht um Gastlichkeit sowohl gegenüber denjenigen, die um Kirchenasyl bitten, als auch gegenüber denjenigen, die als sogenannte »Weihnachtschristen« noch viel zu oft Naserümpfen hervorrufen.

6. Gastliche Kirche: Sechs abschliessende Thesen

1. Gastlichkeit bedarf der Unterscheidung von denen, die dazugehören, und denen, die zu Gast sind. Der Grat zwischen willkommen heißender Inklusion und auf den Gaststatus festschreibender Exklusion ist schmal.

2. Die Kirche ist Gastgeberin, weil und insofern sie selbst eingeladen ist. Dies realisiert sich exemplarisch im Abendmahl, das von konstitutiver Bedeutung für gastliche Kirche ist.

3. Gastliche Kirche pflegt und schätzt die plurale Verschiedenheit ihrer Glieder – und weiß um die Relativierung der Bedeutung der Unterschiede in Jesus Christus.

4. Gastliche Kirche weiß um die Angewiesenheit des Gastgebers auf die Gäste und wehrt gerade deswegen jeder Instrumentalisierung der Gäste im Sinne der heimlichen oder unheimlichen Agenda vereinnahmender Inklusion.

5. Gastliche Kirche ist Kirche, in der Gott zu Gast ist. Von dort her ist sie skeptisch gegen jede einseitig manifestierende, allzu vollmundige Herrschaft. Zugleich wagt sie getrost und mutig das freie Wort und die offene Zuwendung zu denen, die zu Gast kommen.

6. Gastliche Kirche ist Kirche zu Gast auf Erden. Sie ist unterwegs als wanderndes Gottesvolk, aufbrechend und bereit, selbst das Risiko des Gastseins auf

sich zu nehmen. Als solche ist sie immer auch öffentlich sichtbare und hörbare Kirche, die sich aus der eigenen Komfortzone herauswagt.

Selbstvertrauen als Gottvertrauen

Ralph Waldo Emersons »Self-Reliance« als romantische Umdeutung des christlichen Nachfolgegebotes

Jan Stievermann

Ralph Waldo Emersons (1803–1882) Status als eine der einflussreichsten Gestalten der amerikanischen Geistesgeschichte des 19. Jahrhunderts ist weitgehend unumstritten. Alles andere als Einigkeit herrscht hingegen schon in der Frage, wie die grundlegende Entwicklung von Emersons Werk nach dessen Abkehr von der unitarischen Kirche einzuordnen ist. Führt diese hin zu einer säkularen, gar post-metaphysischen Philosophie oder sind Emersons Essays und Vorlesungen Ausdruck eines – wie auch immer gearteten – religiösen Denkens? Insbesondere wurden und werden in der Forschung die Kontinuitäten bzw. Diskontinuitäten zur christlichen Theologie kontrovers diskutiert.

Die Tatsache, dass Emerson gerade auch in den kanonisierten Texten seiner mittleren Schaffensphase – ca. Mitte der 1830er bis Ende der 40er Jahre – weiterhin mit großer Häufigkeit und an wichtigen Stellen traditionelle Begrifflichkeiten der christlichen Theologie wie »soul«, »sin«, »redemption« oder auch »immortality« gebraucht, hat diejenigen Interpreten in Erklärungsnöte gebracht (wo sie diesen Umstand nicht einfach ignorieren), die einen totalen Bruch zwischen dem Pfarrer und Theologen einerseits und dem Essayisten und Philosophen andererseits postulieren möchten. In meinen Augen sollten diese Begrifflichkeiten aber weder als terminologischer Überhang beiseitegeschoben noch als Platzhalter für dezidiert postreligiöse Ideen oder Konzepte weginterpretiert werden. Meines Erachtens maß Emerson diesen Begrifflichkeiten nach wie vor eine absolut zentrale und dezidiert religiöse Bedeutsamkeit bei, auch wenn ihre spezifischen Bedeutungen für ihn eben nicht mehr die gleichen waren wie in der traditionellen christlichen und näherhin der unitarischen Lehrtradition, von der er sich spätestens mit seiner berühmten »Divinity School Address« (1838) deutlich distanzierte. Doch war es, so meine Einschätzung, Emerson – analog zu seinem Anliegen, einem »höheren«, philosophisch gereinigten Theismus den Weg zu bereiten – darum zu tun, diesen, seinem Verständnis nach, durch mythologische Einkleidungen verdunkelten und dogmatisch verformten Begriffen eine neue und lebendige Bedeutungsfülle im Sinne seiner romantischen Theologie der Präsenz zu verleihen.

Nur vor dem Hintergrund dieser Theologie der Präsenz, mit ihrem Zentralgedanken einer durch die Selbstverwirklichung seiner Wesensbestimmung wiederzugewinnenden Unmittelbarkeit des Individuums zu Gott, ist meines Erachtens Emersons berühmt-berüchtigte Ethik – oder in den Augen seiner Kritiker Anti-Ethik – der »self-reliance« angemessen zu verstehen, wie er sie ab Mitte der 1830er Jahre entwickelte.[1] Es handelt sich, so meine These, um eine spezifisch idealistisch-romantische Form von Tugendethik, eingebettet in eine religiöse Erlösungslehre, die sich in der Gefolgschaft gegenüber dem inneren Entwicklungsgesetz der individuellen Wesensbestimmung vollziehen soll. Entgegen dem dominanten Trend in der Forschung, »self-reliance« als radikale, dezidiert säkulare Alternative zur christlichen Tradition zu deuten, hat Alan D. Hodder dabei meines Erachtens vollkommen zu Recht betont, wie fließend der Übergang sei, »between Emerson's early piety of God-reliance and his later piety of Self-Reliance«.[2] Aber weder bei Hodder noch an anderer Stelle wurde bislang eingehender untersucht, dass bzw. wie Emerson seine Ethik des Selbstvertrauens aus einer Rekonzeptionalisierung des christlichen Nachfolgegebotes entwickelt und dabei diese Weiterentwicklung für seine Rezipienten durch vielfältige intertextuelle Bezüge auf zentrale biblische Passagen auch als solche erkennbar macht. Dies zu tun, ist das Anliegen dieses Beitrages, wobei es sich – dies sollte im vorliegenden Kontext vielleicht eigens betont werden – um ein historisch-rekonstruktives, nicht um ein normatives Projekt handelt.

Der theologische Blick auf »Self-Reliance« wird verstellt von einer langen Geschichte der Fehldeutungen oder Vereinnahmungen dieses Textes als Programmschrift einer säkularen – wahlweise hedonistischen, kapitalistischen oder imperialistischen – Ideologie der Selbstermächtigung des Individuums. Tatsächlich aber ist aus meiner Sicht Barbara Packers nach wie vor recht solitärer Einschätzung nur beizupflichten, wenn sie schreibt, »Self-Reliance« sei letztlich nichts anderes als ein »attempt to formulate a code of conduct for the individual believer, to answer the question: ›What shall I do to be saved?‹«,[3] dies freilich nicht im Sinne einer systematischen, theologischen oder philosophischen Ausarbeitung, sondern im Sinne des Emerson eigenen sprachschöpferischen Umkreisens. Nach einer kurzen impressionistischen Einleitung steigt der Essay so mit einer Passage in sein Thema ein, die über zahlreiche biblische Anspielungen die wesentlichen Stationen der christlichen Heilslehre (genauer gesagt einer puritanisch-erwecklich geprägten *ordo salutis*) einer kritisch-schöpferischen Neudeutung unterzieht:

---

1 Einen guten Überblick über die Fehldeutungen und Vereinnahmungen von »Self-Reliance« gibt Wesley T. Mott, »›The Age of the First Person Singular‹: Emerson and Individualism,« in *The Historical Guide to Ralph Waldo Emerson*, hrsg. Joel Myerson (Oxford: Oxford University Press, 2000), 61–101.

2 Alan D. Hodder, *Emerson's Rhetoric of Revelation. Nature, the Reader, and the Apocalypse Within* (University Park, PA: Penn State University Press, 1989), 57.

3 Barbara Packer, *Emerson's Fall: A New Interpretation of the New Essays* (New York: Continuum International Publishing Group, 1982), 137.

> There is a time in every man's education when he arrives at the conviction that envy is ignorance; that imitation is suicide; that he must take himself for better or worse as his portion; that though the wide universe is full of good, no kernel of nourishing corn can come to him but through his toil bestowed on that plot of ground which is given to him to till. [...] We but half express ourselves, and are ashamed of that divine idea which each of us represents. It may be safely trusted as proportionate and of good issues, so it be faithfully imparted, but God will not have his work made manifest by cowards. A man is relieved and gay when he has put his heart into his work and done his best; but what he has said or done otherwise shall give him no peace. It is a deliverance which does not deliver.[4]

Dem Muster einer Bekehrung folgend, die von der »conviction« zur »deliverance« führt, steht am Ausgangspunkt dieser komprimierten Version einer emersonschen Erlösungslehre der Sündenfall der Nachahmung.[5] Mit der Formulierung »imitation is suicide« präsentiert Emerson dabei in äußerster Verknappung seine romantische Interpretation des Sündenfalls als Verlust der Ursprungsunmittelbakeit zu Gott und Selbstentfremdung des Menschen durch repressiv-konformistische Formen der Vergemeinschaftung. Wie in der christlichen Deutungstradition ist der Sündenfall mit dem Einbruch des Todes in die ewige Gegenwart des paradiesischen Urzustandes in Gemeinschaft mit Gott assoziiert. Allerdings interpretiert Emerson diesen Einbruch eben im Sinne einer Störung der Gottesbeziehung durch ein Verfehlen der ureigensten Wesensbestimmung des Menschen. Aus der Unterwerfung unter die Macht der Sünde wird die Unterjochung durch eine Fremdbestimmtheit, welche das Individuum sich selbst verfehlen lässt. Wo in der christlichen Heilslehre der Sündenfall durch die Intervention des Gottessohns zum Heil gewendet wurde, kann und muss bei Emerson diese Wende aus dem Individuum selbst erfolgen. Dies geschieht zunächst durch das Gewahrwerden der eigenen Erlösungsbedürftigkeit, der Einsicht in die eigene Sündenverfallenheit und ihre Ursachen, woraus wiederum die »conviction« von der Notwendigkeit einer Umkehr erwachsen muss.

Mit dieser Umkehr ist zugleich der erste Schritt auf dem von Emerson vorgesehenen Erlösungsweg getan, über den das Individuum durch den Ausgang aus der Fremdbestimmung und die innere Erneuerung in eine neue Gemeinschaft mit Gott und mithin zu sich selbst gelangen soll. An die Stelle der auf Christus gerichteten Erlösungshoffnung tritt eine Vorstellung von der »deliverance« des Menschen als von ihm selbst zu vollziehende Realisierung »of that divine idea which each of us represents«. Im Wortlaut von Emersons Verkündung, der

---

[4] Ralph Waldo Emerson, *The Complete Works of Ralph Waldo Emerson*, Centenary Edition, Bd. 2/12 (Boston: Houghton, Mifflin, and Company, 1903-4), 46-7. Im Folgenden wird diese Ausgabe mit dem Siglum W und der entsprechenden Bandzahl zitiert.

[5] Die folgenden Ausführungen beruhen auf meiner umfassenderen Darstellung von Emersons religiösem Denken in Jan Stievermann, *Der Sündenfall der Nachahmung: Zum Problem der Mittelbarkeit im Werk Ralph Waldo Emersons* (Paderborn: Ferdinand Schönigh, 2007), bes. 105-278.

Mensch könne sich allein durch die Arbeit der moralischen Selbstbildung oder »through his toil bestowed on that plot of ground which is given to him to till« erlösen, hallt dabei deutlich vernehmbar der Fluch nach, den Gott in Genesis zunächst über Adam – »cursed is the ground for thy sake; in sorrow shalt thou eat of it all the days of thy life« (Gen 3,17) – und dann über Kain – »When thou tillest the ground, it shall not henceforth yield unto thee her strength« (Gen 4,12) – als Strafe für ihre Sünden verhängt. Durch diese Bezüge signalisiert Emerson, dass er die lebenslange und entbehrungsreiche Aufgabe der moralischen Selbstbildung tatsächlich als einen Prozess der Entsündung verstanden wissen will. Dies in dem Sinne, dass sich das Individuum aus dem sündhaften Stand der Fremdbestimmtheit und Mittelbarkeit herauszuarbeiten hat, um seine besondere Bestimmung zu verwirklichen. Hinter dieser Vorstellung steht weiterhin die bereits in Emersons späten Predigten entwickelte Überzeugung, dass dem Individuum unter den spezifischen Bedingungen seiner sündhaften Entfremdung von Gott – d. h. also in den historisch-kulturellen wie biographischen Bedingtheiten seiner (gesellschaftlichen) Existenz – zugleich auch die Mittel zur Selbsterlösung, d. h. zur Ermöglichung einer erneuten Unmittelbarkeitsbeziehung zu Gott, gegeben sind.

Hatten die späten Predigten diese Lebensaufgabe noch im Sinne einer individualistischen Neuakzentuierung des christlichen Nachfolgegebotes gefasst, spricht Emerson nun davon, »[that man] must take himself for better or worse as his portion«. Mit dieser Formulierung markiert er wiederum den Anspruch auf eine seiner Auffassung nach progressive Weiterbildung der christlichen Erlösungslehre. Er vermeidet zwar alle im engeren Sinne christologischen Bezüge, bedient sich aber bezeichnenderweise wiederum sehr zentraler biblischer Begriffe, um sein verändertes Verständnis von den bestimmten und bestimmenden Lebensumständen des Individuums als Möglichkeitsraum seiner Selbstverwirklichung zu entwickeln. Auf der einen Seite wird »portion« in der gesamten Bibel häufig im Sinne des dem einzelnen Menschen von Gott zugedachten Loses oder Schicksales gebraucht. Jedoch verbindet sich gerade im Alten Testament mit dem Begriff auf der anderen Seite auch die Idee einer innerlichen Teilhabe des Menschen am Göttlichen, so etwa in Psalm 73, wo es heißt, »My flesh and my heart faileth: but God is the strength of my heart, and my portion« (Ps 73,26).

Emerson zieht diese beiden biblischen Bedeutungsaspekte des Begriffs »portion« zusammen und interpretiert sie im Sinne einer göttlichen Wesensbestimmung des Individuums. Diese erscheint sowohl als Anlage der Gottesebenbildlichkeit, d. h. als Gesamtheit besonderer Veranlagung oder Gaben, wie auch als die Totalität der Bedingungen bzw. Bedingtheiten, unter denen sie dem Menschen gegeben sind und durch deren Bewältigung diese verwirklicht werden müssen. Das »calling« des einzelnen Menschen bestimmt Emerson somit als die Pflicht, aus unserer jetzigen Unterjochung durch die äußerliche Fremdbestimmtheit auszubrechen, unsere Willensschwäche und Hang zur passiven »conformity« zu überwinden, »[in which we] are ashamed of that divine idea which each of us represents«. Wiederum ist diese Formulierung mit Bedacht gewählt, denn sie verweist auf das paulinische Diktum: »I am not ashamed of the gospel of Christ: for it is the power of God unto salvation to every one that believeth« (Röm 1,16). Mit revisionistischem Gestus setzt Emerson hier also an die Stelle der Frohen Botschaft des Evangeliums – diejenigen, die an Jesus Christus glauben und ihm nachfolgen, würden erlöst – seine eigene Verkündigung der möglichen Selbsterlösung jedes Menschen durch die Verwirklichung seiner Wesensbestimmung. Nur in der Entfaltung derselben kann, so Emerson, der Mensch eine Sättigung seines spirituellen Hungers – die Vokabel »nourishing« spielt wohl an auf Gottes Versprechen, die Rechtgläubigen zu nähren (Gen 45,11 und 50,21) – erfahren und zu neuer Größe und Kraft heranwachsen. Die abschließend evozierte Vision innerweltlicher Erlösung invertiert geradezu die paulinische Verbindung zwischen einem Vertrauen-Können auf die göttliche Erlösungsgnade – »we had the sentence of death in ourselves, that we should not trust in ourselves but in God [...] whom we trust that he will yet deliver us« – und dem Glauben an die stellvertretenden »sufferings of Christ« (2Kor 1,5–10). Die Erlösung oder den Schuldenerlass (»delivery«) kann der Mensch nicht im Glauben an die Hingabe eines anderen, sondern nur selbst bewirken, indem er das ihm allein von Gott überlassene Gnadengeschenk seiner individuellen Gaben annimmt und dieses fruchtbar macht.

Im Sinne der so vollzogenen Engführung des göttlichen Willens mit der Erfüllung der jedem Menschen inhärenten Wesensbestimmung und Lebensaufgabe erscheint damit das von Emerson immer wieder beschworene Selbstvertrauen als Vertrauen darauf, »[that the] divine idea which each of us represents [...] may be safely trusted as proportionate and of good issues«. Allerdings wird dieses Vertrauen-Können keineswegs als ein voraussetzungsloses präsentiert, sondern steht unter dem Vorbehalt, »[that] it be faithfully imparted«. Das Individuum darf folglich seinen Antrieben, Intuitionen und Vermögen nur vertrauen, so es die sich darin ausdrückende göttliche Gegenwart in gutem Glauben und unverfälscht zum Ausdruck bringen kann. Dieser Vorbehalt impliziert die Notwendigkeit zur Vorsicht, zur Einübung von (selbst-)kritischem Urteilsvermögen und Demut im Zuge der von Emerson geforderten moralischen Selbstbildung – obwohl er freilich zugleich betont, dass Glaube immer auch Mut beinhaltet und »[that] God will not have his work made manifest by cowards«.

Den göttlichen Willen im eigenen Wollen, Denken und Tun zur Geltung zu bringen, verlangt eine Glaubenshaltung des Vertrauens nicht auf das Selbst, wie es jetzt ist, sondern auf das, was in ihm angelegt, wozu es bestimmt und fähig ist, sich gegenwärtig aber immer nur unzulänglich und fehlerhaft, gleichsam ahnungsweise ausdrückt. Emersons Rede von Selbstvertrauen bezieht sich somit nicht auf das noch im Sündenfall der Nachahmung gefangene, von außen und durch seine niederen Antriebe fremdbestimmte Selbst, sondern auf das von ihm sogenannte »aboriginal Self«, also das mit Gott in ewiger Gemeinschaft wesenhaft verbundene, wahre Selbst, das an anderer Stelle immer wieder auch als Seele bezeichnet wird: »We lie in the lap of immense intelligence, which makes us receivers of its truth and organs of its actvity«, heißt es in »Self-Reliance« weiter. »When we discern justice, when we discern truth, we do nothing of ourselves, but allow a passage to its beams«.[6] Wahres Selbstvertrauen ist somit letztlich unbedingtes Gottvertrauen, genauer gesagt Vertrauen in eine Gegenwart Gottes im Menschen, die im tätigen Glauben progressiv manifest werden kann.

Somit hat das emersonsche Selbstvertrauen in die eigene potentielle Gottesebenbildlichkeit nichts zu tun mit Egozentrik im konventionellen Sinne. »Self-reliance« ist keine Lizenz zur Egozentrik, sondern ein religiös-ethischer Imperativ. Dieser lässt sich als Ausdruck einer für die religiöse Romantik recht typischen organizistisch-expressivistisch akzentuierten Tugendethik deuten. In dem, was Donald L. Gelpi treffend als den »expressive religious individualism« Emersons während dieser Phase seiner intellektuellen Entwicklung bezeichnet hat,[7] fallen also wie in der klassischen aristotelischen Tugendethik – wenngleich natürlich unter anderen Vorzeichen – ethische Pflichterfüllung, die Selbsterfüllung der individuellen Wesensbestimmung (*entelechia*) und ein innerweltliches Erlösungsversprechen vollkommener *eudaimonia* zusammen. »By doing his own work [i.e. his calling]«, so lässt sich Emersons Tugendethik in seinen eigenen Worten aus der Vorlesung »Ethics« (1837) auf eine verkürzte Formel bringen, »he unfolds himself«.[8] Trotz der von ihm häufig betonten Schwierigkeiten der gefallenen, d.h. entfremdeten Menschen, ihre gegenwärtige Willensschwäche zu überwinden, geht Emerson grundsätzlich davon aus, dass jedes Individuum die aus seiner Wesensbestimmung erwachsene Lebensaufgabe nicht nur erkennen, sondern auch die widrigen Umstände, in und durch welche diese sich vergegenwärtigt, bewältigen kann: »[Each man's] ambition is exactly proportioned to his powers«, formulierte Emerson, sodass jeder von uns in seinem Innersten dazu neige, »to do something which is easy to him and good when it is done, but which no other man can do«.[9]

Dieser moralische Individualismus impliziert allerdings gerade nicht, dass Emerson, wie Gustaaf Van Cromphout zu Recht betont, eine De-Ontologisierung des allgemeinen Sittengesetzes oder gar eine Pluralisierung der Ethik betrieben hätte »Although accessible only through individual consciousness, the moral law is not therefore its product. As an idealist Emerson remained, also in ethics, an objective idealist (like Schelling and Hegel, for instance): the moral law has ideal self-existence; it has [...] ontic reality«.[10] Im Horizont einer panentheisti-

6 W II (s. Anm. 4), 63–4.

7 Donald L. Gelpi, *Endless Seeker: The Religious Quest of Ralph Waldo Emerson* (Lanham, MD: University Press of America, 1991), 4.

8 Ralph Waldo Emerson, *The Early Lectures Of Ralph Waldo Emerson, 1833–1842*, Bd. 2/3, hrsg. Stephen E. Whicher, Robert E. Spiller und Wallace E. Williams (Cambridge, MA: Harvard University Press, 1959–71), 141. Im Folgenden als EL zitiert.

9 EL II, 140–1.

10 Gustaaf Van Cromphout, *Emerson's Ethics* (Columbia, MO: University of Missouri Press, 1999), 35.

schen Inkarnationstheologie manifestiert sich für Emerson das allgemeine Sittengesetz – ähnlich wie bei Herder, Friedrich Schlegel, Novalis und dem frühen Schleiermacher – vielmehr durch das individuelle Entwicklungsgesetz, demzufolge der einzelne Mensch dem göttlichen Willen entspricht, indem er immer mehr zu dem wird, was er seiner Bestimmung nach ist.

Obwohl es also, wenn das Individuum dem – ihm als einmaliger Individuation Gottes inhärenten – Entwicklungsgesetz Folge leistet, zu Kollisionen mit den Normen und Konventionen der Gesellschaft kommen kann, ja muss, so ist für Emerson die von ihm propagierte Tugendethik keinesfalls eine Aufforderung, sich originell – im Sinne von exzentrisch-idiosynkratrisch – zu gebärden oder aus Prinzip wider den Stachel zu löcken. Ebenso wie der Impuls, immer im Widerspruch zum Erwarteten zu handeln, letztlich nur der negativ invertierte Zwang zur Wiederholung sei, so argumentiert Emerson in der Vorlesung »Tendencies«, stelle auch ein rücksichtsloses Verfolgen der individuellen »facts of his [man's] desire [...] without any reckoning of others' will, of opposition or of favor« keinen wahren moralischen Individualismus, sondern lediglich eine »low species of self-reliance« dar, »[which merely] inspires among the trustless fear and respect. But it has no power over the good. It is [only] strong beside custom, imitation, and indulgence«.[11]

Bei Emerson wird die innerliche Versöhnung des Menschen, die Überwindung seiner Selbstentfremdung, die sich in der Gefolgschaft gegenüber seinem »calling« vollzieht, immer zugleich verstanden als eine fortschreitende Harmonisierung des individuellen Wollens und Handelns mit dem göttlichen Willen und mit der in ihm verkörperten universellen Liebe und Gerechtigkeit. Wie v. a. in seiner »Divinity School Address« deutlich wird, betrachtete Emerson den historischen Jesus als Propheten einer ebensolchen Erlösungslehre der wiederzugewinnenden Gottesunmittelbarkeit aller Menschen, die befreit von aller dogmatischen Überformung auch heute als »inspiration« und »provocation« dienen solle. Die überkommene Deutung des Nachfolgegebotes, genau wie die gesamte Christologie der kirchlichen Theologie, beruhte dabei in Emersons Augen auf einem grundsätzlichen Missverständnis der Einzigartigkeit und Unwiederholbarkeit der Gottesbeziehung Jesu, die dieser selbst so nicht intendiert habe.

So hat Emersons Umdeutung des Nachfolgegebotes in »Self-Reliance« einerseits eine dezidiert theologie- und kirchenkritische, ja anti-christozentrische Stoßrichtung, ist aber zugleich von dem Anspruch getragen, dem eigentlichen prophetischen Geist Jesu zu entsprechen. Eine der zentralen Stellen des Essays gestaltet Emerson folgerichtig als einen Akt des, wenn man so will, Zuendeschreibens der Jesusworte aus Mt 10,37, »He that loveth father or mother[,] son or daughter more than me is not worthy of me. And he that taketh not his cross and followeth after me, is not worthy of me«:

11 EL III (s. Anm. 8), 312.

> Live no longer to the expectation of these deceived and deceiving people with whom we converse. Say to them, »O father, O mother, O wife, O brother, O friend, I have lived with you after appearances hitherto. Henceforward I am the truth's. Be it known unto you that henceforward I obey no law less than the eternal law. [...] I appeal from your customs. I must be myself. [...] I will so trust that what is deep and holy, that I will do strongly before the sun and the moon whatever inly rejoices me and my heart appoints. [...] I will seek my own. I do this not selfishly but humbly and truly. [...] Does this sound harsh to-day? You will soon love what is dictated by your nature as well as mine, and if we follow the truth it will bring us out safe at last«.[12]

Meines Erachtens wollte Emerson diesen Bezug zum Nachfolgeaufruf Jesu keineswegs als profanierende Parodie verstanden wissen. Vielmehr ist, so denke ich, der Anspruch dieser Passage der einer Sinnerweiterung, ja der Erfüllung eines – seiner Überzeugung nach – durch dogmatische Festlegungen verdunkelten Sinnpotentials der Jesusworte. Durch die spezifische literarische Transformation des Bibeltextes in dieser Passage präsentiert Emerson die eigene Lehre der Selbsterlösung des Individuums als Vollendung des christlichen Nachfolgegebotes. Ausgangspunkt ist dabei ein doppelter Akt der rhetorischen Inversion, der die Bedeutung der Matthäusverse fundamental verändert: Indem Emerson seinen Bezugstext in die direkte Rede einer exemplarischen Sprecherpersona umwandelt, ist es nicht mehr Jesus, von dem kraft seiner messianischen Autorität der Aufruf zur Nachfolge als Gebot an eine erlösungsbedürftige Menschheit ausgeht. Vielmehr verkündet das durch die Sprecherpersona repräsentierte Individuum aus der seiner eigenen Natur innewohnenden moralischen Autorität heraus und verpflichtet sich selbst auf ein Handeln im Horizont der rückhaltlosen Gefolgschaft gegenüber den »eternal laws«. Wo diese Gefolgschaft gleichbedeutend mit dem Gehorsam gegenüber dem gemacht wird, »what is dictated by your [own] nature«, besteht die zweite Invertierung also darin, dass das Individuum sich mit diesem Akt der Selbstgesetzgebung in die Pflicht nimmt, seinem wahren Selbst oder »aboriginal Self« nachzufolgen. So propagiert Emerson als Herzstück seiner Erlösungslehre ein von der Autorität Jesu und der christlichen Kirche abgelöstes Gebot der unbedingten Gefolgschaft, bei dem die beiden Imperative »[to] seek my own« und »[to] follow the truth« in dem Glauben zusammengeführt werden, »[that only this] will bring us out safe at last«.

Ist das christliche Nachfolgegebot (zumal in der puritanisch-erwecklichen Tradition) untrennbar mit der Vorstellung des Sterbenmüssens und Neugeborenwerdens verbunden – »He that findeth his life shall lose it: and he that loseth his life for my sake shall find it«, heißt es ja in Mt 10,37 weiter –, so behält Emerson diesen Gedanken einer existentiellen bzw. identitären Erneuerung im Glauben grundsätzlich bei, gibt ihm aber eine andere Bedeutung. So beschwört Emersons Essay anstelle der neuen Geburt im Glauben an Christus die Notwendigkeit, immer wieder aus der durch den Sündenfall der Nachahmung

12 W II (s. Anm. 4), 72–3.

versteinerten Identitätsformationen auszubrechen. Entsprechend Jesu Aufruf an die Jünger, alles hinter sich zu lassen und ihm nachzufolgen, verlangt auch die von Emerson geforderte Gefolgschaft die Bereitschaft, sich dem Zwang zur Wiederholung des Gegebenen zu widersetzen. Wie das christliche Nachfolgegebot stellt sie die ungeheure Zumutung an das Individuum, nicht nur den normativen Konsens der Gesellschaft, ihr überkommenes System von »customs«, radikal in Frage zu stellen. Um die Erwartungshaltung einer biographischen »consistency« zu durchbrechen, muss es sich auch gegen die »expectations« seines nächsten Umfeldes, gegen die Wünsche von »father«, »mother«, »wife« und »brother« wenden, wenn das Pflichtempfinden gegenüber dem »eternal law« dies fordert.

Seine Überzeugung, dass ein Leben unter den Vorzeichen von »self-reliance« durchaus einen Bruch mit vorherrschenden Erwartungen, Konventionen oder Auffassungen von Moralität notwendig machen kann, unterstreicht Emerson über die zweite intertextuelle Referenz in der zitierten Passage. Mit der Formulierung »Be it known unto you« verweist er auf Apg 13,38, wo verkündet wird, dass der gelebte Glaube an die Erlösung durch Christus frei macht von den äußeren Zwängen des Gesetzes, dessen unausweichliche Nichterfüllung durch den sündigen Menschen ihn notwendig zu Tod und Verdammnis verurteile: »Be it known unto you therefore, men and brethren, that through this man is preached unto you the forgiveness of sins. And by him all that believe are justified from all things, from which ye could not be justified by the law of Moses«. Indem Emerson nun im Rückgriff auf diesen revisionistischen Sprechgestus des Apostels seinerseits kundtut, »that henceforward I obey no law less than the eternal law«, bezieht er also die Frohe Botschaft der Befreiung vom Joch des Gesetzes auf alle Formen institutionalisierter Religion und konventionalisierter Moral: Das Individuum kann allein durch die Harmonisierung seines Willens mit dem »eternal law« die sündhafte Entfremdung von Gott überwinden. Die geschieht aber gerade im Gehorsam gegenüber dem ihm inhärenten Entwicklungsgesetz, der Erfüllung der ihm zugedachten Berufung.

Was Emerson dabei im Sinn hatte, war keine unmögliche Negation des geschichtlich Gegebenen, kein utopischer Neuanfang abseits jeder Gesellschaft oder Tradition. Vielmehr wollte er seine Rekonzeptionalisierung des christlichen Nachfolgegebotes als Anleitung zur kreativen Anverwandlung und Transformation des Gegebenen gemäß dem Diktat des inneren Entwicklungsgesetzes verstanden wissen. Hinter dieser Denkfigur verbirgt sich die typisch romantisch-idealistische Vorstellung einer progressiven Subjektivierung des Objektiven und zugleich einer Universalisierung des Individuellen durch das, was Novalis die schöpferische Poetisierung der Welt nannte. In der gedachten Vollendung dieses Prozesses wäre der neue Mensch nicht mehr durch eine ihm fremde Welt bestimmt, sondern wahrhaft selbstermächtigt, weil alles, was in ihr geschieht oder geschehen kann, gleichsam als die Objektivierung des eigenen Bewusstseins, als Manifestation des eigenen, freilich von aller egoistischen Selbstbezogenheit entbundenen, Wollens erschiene.

In diesem religiös fundierten und moralisch ausgerichteten Sinne verwenden Emersons Texte der mittleren Werkphase nun auch den für die Romantik so zentralen Geniebegriff. So heißt es in »Ethics« über das genialische Individuum,

> [that he] does without second thought that which he is prompted to do, stands upon the basis of the world; he is not an individual so much as he is the hands and the tongue of Nature itself. Could he be wholly of this mind he would be strictly omnipotent because his will conspiring with the divine will, his will being the mere effluence of the Reason, he would behold what he willed done.[13]

Im Genie kündigt sich für Emerson der neue Mensch an. Wenn Emerson so in einer berühmten Passage von »Self-Reliance« schreibt, »[T]o believe your own thought, to believe that what is true for you in your private heart is true for all men, – that is genius«, sollte aber die oben zitierte Einschränkung aus »Ethics«, »could he be wholly of this mind«, unbedingt mitreflektiert werden. Was bisher nur im zeitweisen Vermögen einzelner prophetischer Genies (und als solches erachtete Emerson nicht zuletzt den historischen Jesus) stand, dazu sollen künftig mehr und mehr Menschen fähig werden. Das vollendete Genie als das Hoffnungsbild des neuen Menschen wäre dann in dem Sinne »omnipotent«, als sein individueller Wille dauerhaft im intuitiven Einklang mit dem »divine will« stünde. Und der göttliche Wille ist bei Emerson immer als eine schöpferische Urkraft gedacht.

Gemäß dieser gleichsam eschatologischen Hoffnung, das vollendete Genie würde in seiner schöpferischen Kraft gottähnlich werden können, argumentiert Emerson nun auch, dass der Fortgang der individuellen Selbstbildung mit einem Anwachsen des kreativen Vermögens korrespondieren würde. So heißt es etwa in seiner Vorlesung »Humanity of Science« (1836), »[that] the history of the highest genius will warrant the conclusion, that, in proportion as a man's life comes into union with nature, his thoughts run parallel with the creative law«.[14] Weil das innere Entwicklungsgesetz Ausdruck des die gesamte Schöpfungsordnung durchwirkenden, göttlichen »creative law« ist, fallen also letztlich die innere Gefolgschaft gegenüber dem individuellen »calling« und ein Gehorsam gegenüber Gott als schöpferischer *natura naturans* zusammen.

So wie die Natur dieselben Bildungsformen auf immer höheren Entwicklungsstufen organisiert, ist es Emerson zufolge die Bestimmung des Individuums, die idealtypische Bildungsform seines inneren Wesens in immer neuen Metamorphosen des Seins progressiv zu realisieren. Dies geschieht in der kritisch-kreativen Auseinandersetzung mit den gegebenen Verhältnissen, den kulturellen und religiösen Traditionen, die das Individuum sich im transformativen Sinne zu eigen machen soll. Diesen Gedanken illustriert sehr eindrücklich eine Passage aus der 1841 gehaltenen Vorlesung »Man the Reformer«:

---

[13] EL II (s. Anm. 8), 152.

[14] Ibid., 36.

> We are to revise the whole of our social structure, the State, the school, religion, marriage, trade, science, and explore their foundations in our own nature; we are to see that the world not only fitted the former men, but fits us, and to clear ourselves of every usage which has not its roots in our own mind. What is a man born for but to be a Reformer, a Re-Maker of what man has made; a renouncer of lies; a restorer of truth and good, imitating that great Nature which embosoms us all, and which sleeps no moment on an old past, but every hour repairs herself, yielding us every moment to a new day, and with every pulsation a new life.[15]

Im Vertrauen auf die ihm eigene göttliche Wesensbestimmung soll das Individuum zum radikalen Reformer zu werden, der den Anspruch alles Bisherigen auf Normativität infrage stellt und das Bestehende neu schafft. Die Gefolgschaft gegenüber dem inneren Entwicklungsgesetz muss sich also für Emerson daran erweisen, dass wir immer wieder aus dem Zwang des So-Bleiben-Müssens ausbrechen, den »old man« abtöten und unsere alten Identitätsformationen zurücklassen.

So verbindet sich auch mit Emersons Rekonzeptionalisierung des Nachfolgegebotes die Vorstellung eines immer wieder zu leistenden Auszugs aus allem Heimatlichen und Vertrauten oder eines periodischen Exodus aus den zum Gefängnis versteinerten Denk- und Lebensgewohnheiten. Was Emerson in seinem Essay »History« (1841) mit dem Begriff eines »intellectual nomadism« zu fassen versucht,[16] bezeichnet also eine Art Identitätsideal der Wanderschaft nach der Wahrheit, das er selbst wohl als eine Weiterentwicklung der christlichen Jüngerschaft verstand. Die Idealität dieser nomadischen Identität liegt dabei, scheinbar paradoxerweise, gerade in der Verweigerung jeder endgültigen Identifikation mit einem von der Gesellschaft normierten historisch-kulturellen Modell von Identität oder auch mit den vergangenen Formen des biographischen Selbst. Der emersonsche Mensch ist stets auf dem Weg, der zu werden, der er seiner Bestimmung nach immer schon ist.

Abschließend sei hier noch eine Bemerkung gemacht zu der Tatsache, dass Friedrich Nietzsche sich Emersons Begriff des »geistigen Nomadentums« zu eigen machte und ja überhaupt eine geistige Verbundenheit mit und große Bewunderung für den Amerikaner immer wieder zum Ausdruck brachte.[17] Tatsächlich gibt es hinsichtlich des Ideals der perpetuierten geistigen Wanderschaft durchaus Berührungspunkte zwischen den beiden Denkern, aber eben auch wesentliche Unterschiede, die Nietzsche freilich in der ihm eigenen Weise einem kreativen Vergessen unterzog.[18] Wie dieser Beitrag deutlich gemacht hat,

---

[15] W I (s. Anm. 4), 248.

[16] W II (s. Anm. 4), 23.

[17] Cf. »Menschliches, Allzumenschliches II,« in Friedrich Nietzsche, *Sämtliche Werke: Kritische Studienausgabe*, Bd. 2/15, hrsg. Giorgio Colli und Mazzino Montinari (München: dtv, 1980), 469.

[18] Zur Debatte um das Verhältnis der beiden Denker und meine Einschätzung derselben siehe Stievermann, *Der Sündenfall der Nachahmung* (s. Anm. 5), 539–82.

ist dieses Ideal zumindest beim »romantischen« Emerson der mittleren Werkphase (die späteren Texte sind z. T. noch einmal anders gelagert), anders als bei Nietzsche, durchaus als progressive Verwirklichung einer dem Individuum inhärenten, ontologischen Wesensbestimmung gedacht und die Neuschöpfungen vergangener Identitätsformationen als Prozess eines organizistischen Seinszuwachses. Genau wie seine Tugendethik des unbedingten Selbstvertrauens bleibt Emersons Vision einer genialisch-kreativen Existenz, die sich immer wieder neu erfindet und erweitert, letztlich in einer Metaphysik, ja in einer Theologie der Präsenz verwurzelt und weist auch eine soteriologische und eschatologische Perspektivierung auf, die Nietzsche fremd ist. Bei Emerson haben wir es also mit einer religiösen Erlösungslehre zu tun, die, obwohl in wesentlichen Punkten vom Christentum abgelöst, immer noch in Kontinuität zum christlichen Nachfolgegebot und seiner Verheißung einer Wiederannäherung an Gott stand.

Sicherheit und Risiko im öffentlichen Reden und Handeln der Kirche

Heinrich Bedford-Strohm

I. Sicherheit und Risiko als Dimensionen kirchenleitenden Handelns

»Katheder, Kanzel und Rathaus« – mit diesen drei Begriffen hat Eberhard Bethge einmal die Sozialethik seines Freundes Dietrich Bonhoeffer charakterisiert.[1] Sie markieren die Bezugspunkte dessen, was in neuerer Zeit unter dem Stichwort »öffentliche Theologie« entwickelt worden ist. Sie markieren auch das Bezugsfeld, in dem die folgenden Gedanken zu »Sicherheit und Risiko im öffentlichen Reden und Handeln der Kirche« formuliert worden sind. Sie verdanken sich meinen Erfahrungen im Gemeindepfarramt, in dem jede leidenschaftlich gehaltene und persönlich verantwortete Predigt ein »Sich-Selbst-Riskieren« ist und in dem zuweilen – insbesondere bei seelsorgerlichen Grenzerfahrungen – alle Sicherheiten davonschwimmen und das radikale Vertrauen das einzige ist, was bleibt. Sie beruhen auf den vielfältigen Möglichkeiten während meiner Zeit auf einem Universitäts-Lehrstuhl, über das Handeln in Kirche und Welt zu reflektieren, es kritisch infrage zu stellen und die eigenen Gedanken dazu der kontroversen Diskussion auszusetzen. Der substanzielle Ertrag und innovative Gewinn akademischer Tätigkeit beruht geradezu darauf, neue Gedanken zu riskieren, sie dem Risiko der Falsifizierung auszusetzen. Und schließlich leben meine Gedanken zum Thema aus der Erfahrung in den kirchenleitenden Ämtern des Landesbischofs und EKD-Ratsvorsitzenden, in denen mich die enge Beziehung von Kanzel, Katheder und Rathaus jeden Tag begleitet. Von der Kirche wird erwartet, dass sie sich zu bestimmten öffentlich diskutierten Themen äußert. Gleichzeitig ist sie dabei immer angreifbar, nicht zuletzt deswegen, weil sie sich in ihrem eigenen Handeln als Institution kontinuierlich auf ihre eigene Glaubwürdigkeit hin befragen lassen muss.

Die öffentliche Kommunikation der Kirche ist nur bedingt steuerbar. Sie bleibt notwendigerweise risikobehaftet. Wenn ich mich in einer substantiell von einem geistlichen Grundton geprägten Predigt in drei oder vier Sätzen auch auf politische Themen beziehe, riskiere ich in der Regel, dass genau diese Sätze am nächsten Morgen in der Zeitung stehen, der geistliche Gehalt, aus dem sie sich nähren, aber unerwähnt bleibt. Und doch hängt alles daran, dass ich, wenn ich

[1] Eberhard Bethge und Dietrich Bonhoeffer, »Der Mensch und sein Zeugnis,« in *Die Mündige Welt*, Bd. II, hrsg. Eberhard Bethge (München: Kaiser, 1956), 103.

ins Rathaus gehe, von der Kanzel komme. Und Zwischenstation am Katheder gemacht habe. Öffentliche Äußerungen der Kirche müssen geistlich gegründet sein und sowohl in der Unterscheidung zwischen geistlichem und weltlichem Regiment als auch in der Beziehung beider zueinander gründlich reflektiert sein. Wer hier auf Nummer sicher gehen will, weil er das Risiko der öffentlichen Kontroverse scheut, mag sich manche Unannehmlichkeit ersparen. Aber er bleibt möglicherweise genau da ein Zeugnis schuldig, wo es am nötigsten gewesen wäre.

Wer aus kirchenleitender Perspektive die Begriffe »Sicherheit« und »Risiko« in den Blick nimmt und darüber reflektiert, stößt auf viele Dimensionen, die das öffentliche Handeln der Kirche berühren. Leitungsfunktionen haben immer etwas Riskantes. Denn Leiten heißt Verantwortung übernehmen unter Bedingungen der Unsicherheit. Je größer die Verantwortung ist, desto riskanter ist es, sie zu übernehmen. Je größer die Tragweite der Verantwortung ist, desto gravierender sind die Folgen, wenn die Entscheidungen sich als falsch erweisen.

Das gilt natürlich für äußere Dinge wie die Finanzen, die zentrale Bedeutung für die Wirkmöglichkeiten der Kirche haben, wie für Personalentscheidungen, die, wenn sie sich als falsch erweisen, die Atmosphäre in den sie betreffenden Arbeitszusammenhängen über Jahre oder sogar Jahrzehnte belasten können. Und es gilt natürlich für strukturelle Weichenstellungen im Hinblick auf die Zukunft, die das Leben der Kirche auf lange Zeit mitprägen.

Falsche Finanzentscheidungen können viele Millionen Euro kosten, mit denen viel Sinnvolles und Segensreiches hätte bewirkt werden können. Das Geld ist den Kirchen von anderen anvertraut. Daher ist ein besonders verantwortungsvoller Umgang mit den treuhänderisch verwalteten Finanzmitteln gefordert. Sicherheit bei der Geldanlage ist gerade da, wo es um das Geld anderer geht, ein hoher Wert. Wie sich spätestens beim Zusammenbruch der Finanzwirtschaft im Jahr 2008 gezeigt hat, handelt es sich hier um ein sehr komplexes Feld, in dem Chancen und Risiken sorgfältig abgewogen werden müssen.

Dabei sind Entscheidungen in Abwägung von Gütern zu treffen, die möglicherweise in Spannung zueinander stehen. Die finanziellen Verpflichtungen im Bereich der Versorgungsleistungen für die Mitarbeiterschaft etwa verpflichten die Kirchen, ihre Finanzmittel mit einem möglichst hohen Ertrag und gleichzeitig einer möglichst hohen Sicherheit anzulegen. Die Frage, welches Risiko legitim und welche Form der Anlage zu riskant ist, lässt sich auch seitens der Fachleute nicht immer eindeutig bestimmen. Deswegen haben die Kirchen Anlagerichtlinien erarbeitet, die möglichst klare Orientierungen geben sollen. Dazu kommen ethische Kriterien der Anlage, die so weit wie möglich gewährleisten sollen, dass die Kirche mit ihrem eigenen Handeln ausstrahlt, wovon sie spricht.

Aber auch hier gibt es schwierige Güterabwägungen. Wer in hohem Maße in erneuerbare Energien investiert, kann durch die Änderung politischer Rahmenbedingungen und daraus folgende Unternehmensinsolvenzen schlimme Überraschungen erleben. Wo die Kirche durch solche Vorgänge viel Geld verliert, muss sie aus guten Gründen mit harter öffentlicher Kritik rechnen. Auch bei ethisch wertvollen Anlagen müssen die Risiken durch entsprechende Streuung der Finanzanlagen also begrenzt werden.

Auch strukturelle Zukunftsentscheidungen unterliegen besonderen Risiken. Wenn sie sich als falsch erweisen, können sie die kirchliche Arbeit über lange Zeit in eine Richtung lenken, die die damit angestrebten Ziele nicht fördert, sondern ihnen möglicherweise sogar entgegenläuft. Um das zu vermeiden, ist die Einbindung der Beteiligten im Vorfeld von hoher Bedeutung. Sie tragen durch ihre spezifische Kompetenz dazu bei, dass Fehler vermieden werden. Da, wo spezifische Interessen im Spiel sind, muss allerdings auch der Blick von außen seinen angemessenen Stellenwert haben. Ob ein Prozess dann gelingt, hängt vor allem an guter Kommunikation. Risiken bei Umstrukturierungsprozessen können vor allem durch solch gute Kommunikation begrenzt werden.

Diese beiden Beispiele zeigen: Es geht um viel. Und deswegen sind auch die Reputationsrisiken entsprechend groß – sowohl für die Kirche als ganze als auch für die in ihr handelnden Personen.

Die Frage, wie wir mit Risiken umgehen, ohne verzagt immer den sicheren Weg zu suchen und aus der Angst statt aus dem Vertrauen zu leben, ist eine für die Kirche zentrale Frage. Ich will im Folgenden anhand der Risiken, die sich der Kirche stellen, wenn sie sich in den öffentlichen Diskurs begibt, näher über die damit verbundenen Implikationen nachdenken.

2. Kirche im Diskurs – Auftrag und Risiken

Dass sich Kirche am öffentlichen Diskurs beteiligt und in die Lebenswirklichkeit der Gesellschaft und Einzelner hineinspricht, ist unstrittig. Sie tut dies mit Denkschriften, ökumenischen Stellungnahmen, öffentlichen Äußerungen leitender Personen, zuweilen auch mit Stellungnahmen zu konkreten Gesetzentwürfen, aber auch durch Gespräche mit Parteien und Organisationen. Die Kirche geht mit ihrer politischen Einmischung auch Risiken ein. Anhand von drei, jeweils für unterschiedliche Formen der Einmischung relevanten Aspekten lässt sich das exemplarisch zeigen.

2.1 Inhaltliches Risiko

Wenn die Kirche sich öffentlich äußert, unterliegt sie dem Risiko des Irrtums. Einschätzungen können sich als falsch erweisen. Später kann deutlich werden, dass die Fakten unvollständig erhoben wurden und daher öffentliche Interventionen in die falsche Richtung gelaufen sind. Insbesondere aus dem zeitlichen Abstand heraus kann sich zeigen, dass die Kirche mit ihrem öffentlichen Reden dem Zeitgeist gefolgt ist, anstatt sich an den authentischen Quellen in Bibel und Tradition zu orientieren. Es kann allerdings auch deutlich werden, dass sie dem »Zeitgeist« zu Unrecht zu widerstehen versucht hat, obwohl die sich darin zeigenden Orientierungen sie zu ihrer ureigenen Sache zurückzuführen vermocht hätte. Die Menschenrechte, die die Kirchen in Europa viel zu spät als authentischen Ausdruck des biblischen Zeugnisses von der Gottebenbildlichkeit des Menschen erkannt haben, sind das deutlichste Beispiel dafür.

Das Risiko konkreter inhaltlicher Positionierungen kann aber auch bei bestimmten brisanten Fragen von unmittelbarer Aktualität deutlich werden. Mir selbst ist es so gegangen, als ich im Herbst 2014 den Norden des Irak besucht habe und vor Ort die Terrorgefahr durch den IS wahrnehmen konnte. Die Menschen vor Ort sagten mir, dass sie keine Möglichkeit hätten, zu bleiben, wenn sie sich nicht auf militärischen Schutz gegen die Krieger des sogenannten Islamischen Staates verlassen könnten. Die eigentlich dafür völkerrechtlich in der Pflicht stehenden Vereinten Nationen fielen aufgrund ihrer Handlungsunfähigkeit aus. Eine Resolution, die den Schutz durch eine UN-Schutztruppe gewährleistet hätte, war nicht in Aussicht. Als dann seitens der Bundesregierung die Überlegung diskutiert wurde, die Kämpfer der Peschmerga mit deutschen Waffen zu beliefern, galt es abzuwägen zwischen einer Position, die jegliche Form der Waffenlieferung ausschloss, und der Positionierung, zum Schutz der verfolgten und vom IS bedrohten Menschen Waffenlieferungen zu akzeptieren oder jedenfalls ohne grundsätzliche Kritik hinzunehmen.

Ich habe mich für Letzteres entschieden – im klaren Wissen, dass es keine Garantie für eine künftige Verwendung dieser Waffen in möglichen anderen Konfliktsituationen geben würde. Schuld – so war meine Überlegung – würde auch bedeuten, wenn wir die Unterstützung zum wirksamen Schutz von Menschen, die von brutalem Mord bedroht sind, mit dem Hinweis auf die grundsätzliche Ablehnung von Gewalt versagen würden. Das Dilemma liegt auf der Hand. Das mit einer konkreten Positionierung so oder so verbundene Risiko einzugehen, gehört dennoch zum öffentlichen Auftrag der Kirche. Einfach zu schweigen und sich damit vermeintlich aus der Affäre zu ziehen, wäre keine verantwortliche Alternative.

Um mit dem Risiko des Irrtums umzugehen, bedarf es der kontinuierlichen Übung in Selbstdistanz. Die Kirche muss sich immer wieder von ihren eigenen Quellen infrage stellen lassen und ihre empirische Weltwahrnehmung verbreitern. Eines darf sie nicht tun: sich wegen des damit verbundenen Risikos aus den öffentlichen Diskussionen heraushalten.

2.2 Kommunikatives Risiko

Wenn die Kirche öffentlich Stellung bezieht, geht sie, insbesondere beim prophetischen Reden, ein kommunikatives Risiko ein. Die prophetische Dimension öffentlichen Redens der Kirche ist schon allein deswegen unverzichtbar, weil es eine zutiefst biblische Dimension ist. Für die Propheten Amos, Jesaja oder Jeremia war nicht die Ausgewogenheit das vorrangige Ziel, sie kamen auch nicht auf die Idee, eine möglichst verlässliche wissenschaftliche Expertise einzuholen, bevor sie sprachen. Sie brachten da eine leidenschaftliche moralische Empörung zum Ausdruck, wo ganz offensichtliches Unrecht vor ihren Augen passierte, wo menschliche Verhaltensweisen in offensichtlicher Weise den Geboten

Gottes widersprachen, wo etwa die Armen ausgebeutet wurden und schreiende Ungerechtigkeit mit Spiritualität und Kult übertüncht wurde. Dagegen erhoben sie Einspruch, indem sie die Stimme Gottes hörbar zu machen versuchten.

Prophetisches Reden ist als Dimension öffentlichen Redens der Kirche also unverzichtbar. Aber das prophetische Reden der Kirche darf den Diskurs nicht verschließen, sondern es muss ihn öffnen, vielleicht auch neu öffnen. Prophetisches Reden kann vor den Kopf stoßen. Aber es unterscheidet sich dadurch von der Beleidigung, dass die Angesprochenen die tiefe Wahrheit des Gesagten spüren können. Ärger über den Propheten kann dann in Nachdenklichkeit und längerfristig in neue Gesprächsbereitschaft münden. Prophetisches Reden ist kein Ablassen von Frustration. Es kann in der jeweiligen Situation zunächst fundamentalkritisch sein, zielt aber auf einen konstruktiven Neuentwurf.

Kommunikationsblockaden liegen nicht in der Ziellinie prophetischen Redens. Wo das öffentliche Reden solche Kommunikationsblockaden verursacht, kommt es daher nicht ins Ziel. Insbesondere in Situationen gravierenden Unrechts, das – etwa wegen diktatorischer Regime – nicht durch demokratischen Diskurs überwunden werden kann, können Bekenntnissituationen entstehen, die bestimmte konkrete Kommunikationen auch beenden müssen. Aber selbst dann muss das langfristige Ziel eine Umkehr sein, die ohne kommunikative Prozesse nicht zu erreichen ist.

Öffentliches Reden der Kirche muss daher immer versuchen, Kommunikationen wieder in Gang zu setzen.

2.3 Authentizitätsrisiko

Risiken im öffentlichen Reden der Kirche können auch dann entstehen, wenn auf bestimmte Sicherungsmechanismen um der Authentizität willen bewusst verzichtet wird. Die direkte Kommunikation kirchenleitender Personen über die neuen sozialen Netzwerke ist das aktuell relevanteste Beispiel. Öffentliche Kommunikation der Kirchen lief ebenso wie bei anderen Institutionen oder Organisationen der Gesellschaft traditionell in der Regel über Mechanismen, die interne Abstimmungsprozesse beinhalteten. Solche Abstimmungsprozesse haben den guten Sinn, Risiken unbedachter Äußerungen von Leitungspersonen begrenzt zu halten. Die Kehrseite ist allerdings das Risiko eines Verlustes von Authentizität.

Aber auch umgekehrt bestehen klare Risiken einer schnellen und ungefilterten Kommunikation in den sozialen Medien: Ein falsches Wort kann einen Skandal auslösen. Posten auf Facebook ohne Absicherung durch die Presseabteilung kann zu fatalen Folgen führen. Der Anspruch, extrem zeitnah zu reagieren, birgt die Gefahr, dass der Inhalt der Reaktion nicht immer bis in alle Details durch- und vorgedacht werden kann und weitere Argumentationshilfen von außen hinzugezogen werden können. Der »Reiz der Authentizität« durch die persönliche und schnelle Kommunikation birgt das Risiko der Fehlerhaftigkeit oder mangelnden Durchdachtheit. Trotzdem kann die Kirche auf dieses Element der Spontaneität und Authentizität in der heutigen Medienwelt aus meiner Sicht nicht verzichten, um ihre Botschaft wirksam unter die Leute zu bringen.

Die Frage, wie sich die Kirche auf dem Feld digitaler Kommunikation bewegt, bedarf der weiteren gründlichen Auseinandersetzung. Dass dies ein großes und wichtiges Entwicklungsfeld für kirchliche Kommunikation ist, liegt auf der Hand. Landeskirchen und auch die EKD widmen diesem Themenkomplex erhöhte Aufmerksamkeit, um Chancen und Risiken der digitalen Kommunikation in die richtige Balance zu bringen.

Risiko ist indessen nicht nur ein Thema für die Kirche, wenn es um ihr eigenes Handeln geht. Es ist auch ein Thema der öffentlichen Debatte, bei dem die Kirche von ihren geistlichen und ethischen Grundorientierungen inhaltlich etwas Wesentliches beizutragen hat. Ich will das anhand einiger Überlegungen zur politischen Debatte um die »innere Sicherheit« deutlich machen.

3. Sicherheit und Risiko in Öffentlichkeit und Politik

3.1 Die Angst vor Terror und der Wunsch nach Sicherheit

Die Predigten am Weihnachtsfest 2016 und danach zum Jahreswechsel waren geprägt von dem Schock des fürchterlichen Anschlags auf dem Berliner Weihnachtsmarkt. Der politisch motivierte Terror hatte endgültig Deutschland erreicht. Die Pfarrerinnen und Pfarrer, die gepredigt haben, haben versucht, den Menschen Mut zuzusprechen. Aber die Angst und Unsicherheit war da.

Die Welt hat sich verändert. Und als das entscheidende Wendedatum gilt der 11.9.2001. Wer heute die Worte Nine Eleven hört, der weiß allein anhand dieser beiden Zahlen, wovon die Rede ist. Mit dem Anschlag auf die Türme des World Trade Centers in New York hat – so der Zukunftsforscher Matthias Horx – das »Zeitalter der Unsicherheit«[2] begonnen. Terrorbekämpfung ist eines der wichtigsten Felder politischen Handelns geworden.

Gefühlte Angst und faktisches Risiko klaffen indessen auseinander. Wir erfahren, dass Wahrnehmung von Sicherheit ein mediales und psychologisches Konstrukt ist.

»Fürchtet euch nicht«, so lautete eine Überschrift in der *Süddeutschen Zeitung* vom Wochenende des 14./15. Januar 2017. Und im Untertitel hieß es: »München wird immer sicherer. Die Zahl der Delikte geht seit Jahren zurück – und trotzdem fühlen sich viele Menschen zunehmend verängstigt. Politik und Behörden reagieren mit noch mehr Kontrollen und versuchen, soziale Randgruppen zu verdrängen. Dabei könnte man mit einfachen Lösungen oft viel erreichen, sagt ein Experte.«

---

[2] Matthias Horx, *The Insecurity Age – Das Unsicherheitszeitalter* (Frankfurt: Kelkheim, 2001).

In München, so sagt die Kriminalstatistik, sind die Kriminaldelikte im vergangenen Jahr insgesamt um 2,1% zurückgegangen, rechnet man die Verstöße von Ausländern gegen die Residenzpflicht oder illegale Einreisen weg. Die Straftaten in Bayern haben im vergangenen Jahr zwar leicht zugenommen, dennoch bleibt Bayern statistisch gesehen das sicherste Bundesland. Rechnet man auch hier die ausländerrechtlichen Verstöße weg, so sind die Kriminaldelikte in Bayern um 3,3% gestiegen. Zugenommen haben Körperverletzungen, Rauschgiftdelikte und Straftaten im Internet. Ebenso ist die Zahl der vorsätzlichen Tötungen gestiegen, nicht zuletzt wegen der Morde des Amoklaufes in München. Die Zahl von Straftaten bei Zuwanderern ist gestiegen, das liegt aber – darauf hat der Innenminister bei der Vorstellung der Daten mit guten Gründen hingewiesen – auch daran, dass die Zahl der Flüchtlinge insgesamt größer geworden ist.[3] All diese Daten bewegen sich auf einem vergleichsweise sehr niedrigen Niveau. Insgesamt – so darf man sagen – leben die Menschen hier an einem der sichersten Orte der Welt.

Es ist vielleicht kein Zufall, dass die SZ für ihre Überschrift ein Bibelzitat gewählt hat und nicht ein Statistik-Ergebnis. Statistiken sind weithin machtlos, wenn schreckliche Ereignisse und die Bilder, die davon verbreitet werden, sich ins Bewusstsein eingraben.

Deswegen ist die erste Herausforderung, bei der gerade die Kirche etwas Besonderes zu sagen hat, die Frage, wie einerseits das Sicherheitsbedürfnis der Menschen ernst genommen werden kann und sie gleichzeitig nicht aus der Furcht, sondern aus dem Vertrauen leben können. Im Lateinischen gibt es zwei Begriffe für das Wort »Sicherheit«: certitudo und securitas. Certitudo ist eine innere Gewissheit, die nicht abhängig ist von äußeren Sicherheiten. Securitas – ein Begriff, der auch als Firmennamen für Geldtransportunternehmen zu finden ist – bezeichnet eine Sicherheit gegenüber äußeren Bedrohungen.

3.2 Innere Freiheit und Vertrauen – Sicherheit als theologische Kategorie

Man kann den christlichen Glauben als einen einzigen Gegenentwurf zu einem Leben aus der Angst verstehen. Die innere Gewissheit, dass Gott mit uns geht, auch dann, wenn wir »wandern im finstern Tal«, dass er uns immer wieder von Neuem »zum frischen Wasser führt« (Ps 23), dass »nichts uns trennen kann von der Liebe Gottes, die in Christus Jesus ist unserem Herrn« (Röm 8,37ff), ist die Basis dafür, immer wieder von Neuem zu lernen, mit den Unsicherheiten des Lebens umzugehen.

Das ist heute unsere Gefahr: dass wir verlernt haben, mit unserer Verletzlichkeit und Verwundbarkeit umzugehen, und stattdessen meinen, alles

---

3 Wolfgang Wittl, »In Bayern leben, heißt sicherer leben,« *Süddeutsche Zeitung*, 14. März, 2017, R11. Zitat: »›Wir haben eine deutliche Zunahme bei den Straftaten von Zuwanderern‹, sagte Herrmann. Das liege jedoch auch daran, dass die Zahl der Flüchtlinge insgesamt gestiegen sei«.

kontrollieren und sichern zu können. Umso heftiger trifft es uns, wenn wir schmerzlich erfahren, dass dies nicht möglich ist und wir keine absolute Sicherheit garantieren können. »Die meist unsichtbare Unterseite von Sicherheitsdiskursen und Sicherheitshandlungen« – so hat die katholische Ethikerin Regina Ammicht-Quinn festgestellt – »ist das Sichtbarwerden menschlicher Verletzbarkeit.«[4]

Natürlich brauchen wir sichere Ordnungen, die uns ein möglichst gefahrloses Leben ermöglichen. Jeder und jede möchte nachts ohne Probleme durch die Straßen laufen können oder seine Kinder gefahrlos in die Schule schicken können. Doch wir müssen genau hinsehen, ob die Sicherheit der Freiheit der Menschen dient oder ob sie der dominante Maßstab aller politischen Entscheidungen wird, vielleicht gar zu einer Art Ideologie, der sämtliche Freiheiten geopfert werden. Wenn wir versuchen, mangels innerer Gewissheiten nur noch verzweifelt äußere Sicherheit zu gewinnen, dann enden wir im Extremfall beim Polizeistaat. Wir brauchen innere Ressourcen, um mit den Risiken umzugehen, die am Ende niemand beseitigen kann.

Martin Luther hat einmal sehr schön zum Ausdruck gebracht, woher diese Ressourcen für uns Christen kommen: »Glaube ist eine lebendige, verwegene Zuversicht auf Gottes Gnade, so gewiss, dass er tausendmal dafür sterben würde. Und solche Zuversicht und Erkenntnis göttlicher Gnade macht fröhlich, trotzig und lustig gegen Gott und alle Kreaturen; das wirkt der Heilige Geist im Glauben.«[5]

Wo wir als Christen neu lernen, aus solchen inneren Ressourcen zu leben, da können wir auch unter den Bedingungen von Unsicherheit die Angst immer wieder von Neuem überwinden. »Gott hat uns nicht gegeben den Geist der Furcht, sondern der Kraft, Liebe und Besonnenheit« (2Tim 1,7). Diese Gewissheit des Paulus hilft uns, auf Bedrohungen unserer äußeren Sicherheit so zu reagieren, dass dadurch nicht noch mehr Schaden angerichtet wird und dass Terroristen ihr Ziel nicht erreichen, Angst zu verbreiten und Hass zu säen.

Unsere Glaubensgeschichte ist voll von unsicheren und ungewissen Aufbrüchen. Es beginnt mit Gottes Anrede an Abraham: »Geh aus deinem Vaterland und von deiner Verwandtschaft und aus deines Vaters Hause in ein Land, das ich dir zeigen will« (Gen 12,1). Abraham bricht auf in die Unsicherheit. Die Bibel erzählt nicht, wie er sich gefühlt hat, ob unsicher oder zuversichtlich, ob er Gefahren an Leib und Leben begegnet ist. Vermutlich schon. Doch über all diesen Erfahrungen steht die Zusage Gottes, die Abraham ins Vertrauen führt. »Ich will dich zum großen Volk machen und will dich segnen und dir einen großen Namen machen, und du sollst ein Segen sein« (Gen 12,2). Es geht weiter mit Gottes Zusage an Mose, sein Volk aus der Sklaverei in die Freiheit zu führen.

---

4 Regina Ammicht-Quinn, »Sicherheitsethik. Eine Einführung,« in *Sicherheitsethik*, hrsg. Regina Ammicht-Quinn (Heidelberg: Springer, 2014), 42.

5 *Evangelisches Gesangbuch*, Ausgabe für Bayern und Thüringen (München, Evangelischer Presseverband Bayern, 1994), 631.

Es bewährt sich darin, dass Gottes durch den Propheten Jesaja gegebene Verheißung an sein Volk im babylonischen Exil, dass es heimkehren werde, wahr wird: »Ihr sollt in Freuden ausziehen und im Frieden geleitet werden. Berge und Hügel sollen vor euch her frohlocken mit Jauchzen und alle Bäume auf dem Felde in die Hände klatschen« (Jes 55,12).

Und es findet seine unüberbietbare Vollendung in der Menschwerdung Gottes in Jesus Christus, in der Gottes Nähe zu den Menschen und sein unverbrüchlicher Beistand ein menschliches Gesicht bekommen. Auch Jesus kennt Situationen der Gefahr und der Unsicherheit, auch er ringt um Gewissheit und Vertrauen – etwa im Garten Gethsemane. Und doch steht hinter all diesen Erfahrungen die Zusage Christi, dass er uns innere Kraft und Gewissheit schenkt (Mt 11,28–30): »Kommt her zu mir alle, die ihr mühselig und beladen seid; ich will euch erquicken. Nehmt auf euch mein Joch und lernt von mir; denn ich bin sanftmütig und von Herzen demütig; so werdet ihr Ruhe finden für eure Seelen.«

Das ist die Kraft, von der Dietrich Bonhoeffer in seinem berühmten Glaubensbekenntnis spricht, das immer wieder zitiert zu werden verdient: »Ich glaube, dass Gott uns in jeder Notlage so viel Widerstandskraft geben will, wie wir brauchen. Aber er gibt sie nicht im Voraus, damit wir uns nicht auf uns selbst, sondern allein auf ihn verlassen. In solchem Glauben müsste alle Angst vor der Zukunft überwunden sein.«[6]

Die Kraft, die aus einem solchen Glaubensbekenntnis kommt, wurde sichtbar und spürbar bei dem Gottesdienst in der Kaiser-Wilhelm-Gedächtniskirche nach dem Anschlag auf dem Weihnachtsmarkt. Am Ende fassten sich alle an den Händen und brachten damit zum Ausdruck, wie die Kraft Gottes uns zusammenführt und stark macht, um dem Hass und der Gewalt nicht die Oberhand zu lassen.

Von dem Vertrauen unseres Glaubens zu sprechen, heißt nicht, dass Bemühungen um äußere Sicherheit ihre Bedeutung verlieren oder als ethisch irrelevant erscheinen könnten. Wer daran zweifelt, muss nur einem Menschen gegenübertreten, der Opfer eines Verbrechens geworden ist, und sich das unermessliche Leid nahegehen lassen, das damit oft verbunden ist. Es reicht auch, sich Situationen im persönlichen Leben vorzustellen, in denen wir einfach dankbar sind, dass wir die Polizei rufen können.

3.3 Äußere Freiheit und äußere Sicherheit – Sicherheit als ethische Kategorie

Für Martin Luther hat die ethische Bedeutung auch von äußerer Sicherheit einen zentralen Stellenwert in seinem theologischen Denken. Die Tradition hat diese Gedanken als »Zweireichelehre« bezeichnet. Genauer müssen wir sagen: »Zweiregimentelehre«. Diese Lehre versucht eine Antwort darauf zu geben, wie

---

6 Dietrich Bonhoeffer, *Widerstand und Ergebung*, hrsg. Eberhard Bethge et. al., DBW 8, 30–1.

Menschen, die aus ganzem Herzen Christen sind, gleichzeitig politische und polizeiliche Verantwortung übernehmen können, obwohl sie dabei möglicherweise auch Gewalt anwenden müssen. Zu diesem Problem sagt Luther in seiner Schrift *Von weltlicher Obrigkeit* von 1523 Folgendes:

> Darum hat Gott zwei Regimente verordnet: das geistliche, welches Christen und fromme Leute macht durch den heiligen Geist, unter Christus, und das weltliche, das den Unchristen und Bösen wehrt, dass sie äußerlich Frieden halten und still sein müssen, ob sie wollen oder nicht. [...] Wenn nun jemand die Welt nach dem Evangelium regieren und alles weltliche Recht und Schwert aufheben und vorgeben wollte, sie wären alle getauft und Christen, unter denen das Evangelium kein Recht noch Schwert haben will, und wo es auch nicht nötig ist: Lieber, rate, was würde derselbe machen? Er würde den wilden, bösen Tieren die Bande und Ketten auflösen, dass sie jedermann zerrissen und zerbissen, und daneben vorgeben, es wären feine, zahme, zutrauliche Tierlein ...«[7]

Luther hat mit diesen Worten nicht – wie vielfach unterstellt – im weltlichen Bereich eine Eigengesetzlichkeit zugelassen, die sich nicht mehr nach Gottes Geboten zu richten hätte. Sondern er wollte einen Weg weisen, wie die Liebe Gottes in Situationen äußerer Bedrohung gelebt werden kann. Das Recht soll die Schwachen schützen – auch das ist eine Ausdrucksform von Liebe. Wenn Menschen Unrecht und Gewalt ausgesetzt sind, dann ist es die ethische, letztlich in der Liebe gegründete Pflicht des Staates, sie vor den Gewalttätern zu schützen.

Im Sinne Luthers ist es deswegen ausdrücklich ethisch zu würdigen, wenn Polizistinnen und Polizisten heute genau das tun. Jedes Mal, wenn in den Nachrichten von der Vereitelung eines Anschlags durch gute polizeiliche Ermittlungen berichtet wird, bin ich voller Dankbarkeit für die Leistung derjenigen, die Menschenleben gerettet und viel Leid verhindert haben.

Wie können wir unseren Umgang mit der Sorge um die äußere Sicherheit so gestalten, dass er das richtige Maß nicht verfehlt?

3.4 *Certitudo* und *Securitas* – das Maß finden

Menschen sind unterschiedlich. Die einen haben ein Sicherheitsbedürfnis und nehmen umfassende Personenkontrollen, Leibesvisitationen oder Ausgehverbote in Kauf, um das Risiko eines Anschlags zu begrenzen. Andere wollen ohne Kontrollen leben und akzeptieren dafür das Risiko eines Anschlags. Was den einen als Akt der Freiheit erscheint, ist den anderen Leichtsinn. Was die einen als Schutzmaßnahme begrüßen, erfahren die anderen als Überreaktion.

Weil die Erfahrungen so unterschiedlich sind, braucht es Übereinkünfte, die in demokratischen Staaten im politischen Willensbildungsprozess erzielt werden. Ein bewusster Umgang mit dem Thema ist wichtig, weil es besonders

[7] Martin Luther, *Ausgewählte Schriften*, Bd.4, hrsg. Karin Bornkamm und Gerhard Ebeling (Frankfurt: Insel, 1982), 45.

hysterieanfällig ist. Es enthält die Tendenz zu überzogenen Sicherheitsmaßnahmen. Denn diejenigen, die die Gefahr besonders unterstreichen, haben immer recht. Wann immer ein Anschlag passiert, können sie sagen: Hättet ihr nur auf uns gehört. Umgekehrt gilt: Wer vorher für Gelassenheit plädiert hat, wird nachher dafür verantwortlich gemacht, dass die befürchtete Gefahr tatsächlich eingetreten ist. Nur ein Befürworter des Polizeistaates wäre vor einem solchen nachträglichen Vorwurf sicher. Aber wer will einen Polizeistaat?

Ein angemessener Umgang mit dem Sicherheitsthema verlangt deswegen einen gesellschaftlichen Konsens über den Wert der Freiheit. Und er verlangt die Bereitschaft zur gemeinsamen Übernahme von Verantwortung im Falle, dass die befürchtete Gefahr eintritt. Eines geht nicht: dankbar die Vorteile eines freien Lebens genießen und im Falle eines Anschlags die Polizei wegen Nichterfüllung ihrer Schutzpflicht anklagen. Politik und Polizei müssen sich darauf verlassen können, dass die Bürgerinnen und Bürger es mittragen, wenn bei Sicherheitsmaßnahmen das rechte Maß gehalten wird.

Dass wir mit einem auf das rechte Maß begrenzten Sicherheitsapparat gut leben können, erfordert die Einbettung der *securitas* in die *certitudo*, in die Gewissheit, auch in den Unwägbarkeiten des Lebens getragen und behütet zu sein. In der Vermittlung dieser Gewissheit liegt eine Kernaufgabe der Kirche.

4. Schluss

Es zeigt sich, dass sowohl im Handeln der Kirche als auch in der theologischen Reflexion des staatlichen Handelns das Spannungsfeld zwischen Risiko und Verantwortung von zentraler Bedeutung ist. Wer Risiken allein oder vorrangig für sich selber übernimmt, kann auf jegliche Sicherheit verzichten und die Konsequenzen des Verzichts auf Absicherung bewusst auf sich nehmen. Wer aber Verantwortung für andere trägt, muss sich den Vorwurf unverantwortlichen Leichtsinns gefallen lassen, wenn er auf jegliche Absicherung verzichtet.

Wer bei der Geldanlage Risiken eingeht, muss Rechenschaft ablegen vor denen, die ihm das Geld anvertraut haben. Wer falsche Strukturentscheidungen fällt, kann sich nicht mit dem Hinweis auf Risikobereitschaft von der Verantwortung für die Irrtümer entlasten. Und wer leichtfertig öffentlich redet und damit Schaden anrichtet, muss für die Konsequenzen einstehen. Ebenso gilt für den Staat, dass er verantwortungslos handelt, wenn er die notwendigen Vorkehrungen zur Gewährleistung der Sicherheit der Bevölkerung mit dem Hinweis auf die christliche certitudo unterlässt.

Aufgabe kirchenleitenden Handelns ist es, das richtige Maß zwischen dem zum Scheitern verurteilten Versuch der Gewährleistung absoluter Sicherheit auf der einen Seite und verantwortungslosem Leichtsinn auf der anderen Seite zu finden. Gewissheit über das richtige Maß ist nicht zu gewinnen. Wer mit dem Risiko angemessen umgehen will, muss sich auf eine permanente Suchbewegung einlassen.

Anvertrautes Vertrauen

Zur vielgestaltigen Praxis des Vertrauens in der Kirche

Jochen Cornelius-Bundschuh / Katrin König

Kühl und unaufgeregt klingt das: »Vertrauen im weitesten Sinne eines Zutrauens zu eigenen Erwartungen ist ein elementarer Tatbestand des sozialen Lebens. [...] Ohne jegliches Vertrauen könnte (d)er (Mensch) morgens nicht sein Bett verlassen.«[1]

Wir kamen nach dem fünften Semester aus Göttingen und waren geprägt durch die systematische Theologie von Hannelore Erhart und Hans-Georg Geyer und die praktische von Manfred Josuttis. Wir hatten gelernt, dass gute Theologie in der Lage sein muss, mit anderen Wissenschaften: dem Strukturalismus, der Kritischen Theorie, der Evolutionstheorie ins Gespräch zu kommen, dass sie sich auf kirchliche und gesellschaftliche Praxis bezieht und darin selbstbewusst eigene Akzente setzen kann.

»In Tübingen müsst ihr zu Welker gehen; der macht im Sommer etwas zu Niklas Luhmann.« Wir gingen – und waren fasziniert. Der damalige Assistent von Jürgen Moltmann forderte uns heraus, die Luhmannsche »soziologische Aufklärung« theologischer Begriffe ernst zu nehmen. Da war einer in der Lage, die Eigendynamik und Kohärenz der funktionalen Systemtheorie nicht als Kränkung oder Konkurrenz zu lesen, sondern sie – wie auch andere elaborierte Theorien unter anderem im Bereich der Naturwissenschaften[2] – als Perspektivierung zu nutzen, die dem theologischen Denken hilft, »die Zahl der Möglichkeiten« zu steigern, »die es mit seiner Struktur vereinbaren kann.«[3]

Mich faszinierte, dass Michael Welker die theoretische »Abkühlung« nicht als akademisch anspruchsvollere Alternative zu vermeintlich biederer »Kirchentheologie« inszenierte; vielmehr hielt er daran fest, dass wissenschaftliche Theologie sich in der »Erbauung« der Einzelnen, der Stärkung des kirchlichen Lebens und der Förderung einer komplexen pastoralen Praxis zu bewähren hat.

Auf diesem Hintergrund lese ich, was Michael Welker in den letzten Jahren über das Vertrauen u. a. in seiner Pneumatologie bzw. seiner Christologie veröffentlicht hat: »Der Heilige Geist wirkt Vertrautheit mit Gott, ja der Geist

---

1 Niklas Luhmann, *Vertrauen. Ein Mechanismus zur Reduktion sozialer Komplexität* (Konstanz/München: UTB 52014), 1 (Ergänzungen durch mich, J.C.-B).

2 Vgl. Michael Welker, *The Theology and Science Dialogue. What Can Theology Contribute?* (Neukirchen-Vluyn: Neukirchner Verlagsgesellschaft, 2012).

3 Luhmann, *Vertrauen*, 8–9.

Gottes ist selbst diese Vertrautheit.«[4] »Die Offenbarung Gottes in Jesus Christus eröffnet schon in diesem Leben und in dieser Zeit Zugänge zum ewigen Leben. [...] Sie macht Mut, schon in dieser befristeten Lebenszeit auf die Macht der Liebe, der Gerechtigkeit und Wahrheit zu vertrauen.«[5]

I. »Vertrauen« in systemtheoretischer und theologischer Perspektive

Vertrauen ist ein vielgestaltiges Phänomen und ein schillernder Begriff. Luhmanns systemtheoretischer Zugang[6] stellt die soziale und systemische Dimension des Vertrauens heraus und vermeidet es, »Vertrauen« auf eine individuelle Haltung, ein Gefühl oder einen persönlichen Akt in der face-to-face-Kommunikation zu verengen, wie es zuweilen in kirchlichen Kontexten geschieht. Solche Versuche, Vertrauen gegen zweckrational bestimmte Formen von Sozialität abzugrenzen, riskieren es, die vielfältigen Dimensionen und Kontexte aus den Augen zu verlieren, von denen her erst Antworten auf die Frage erkennbar werden, wie Vertrauen in gesellschaftlichen Prozessen entsteht bzw. erodiert.[7]

In der Theologie wird Vertrauen nicht nur ökumenisch kontrovers diskutiert. Gerd Theissen hat in einer theologischen Skizze die Gründe rekonstruiert, warum »es vernünftig ist zu glauben«: »Wir bringen ein Vertrauen mit, dass sich immer wieder souverän durchsetzt.« Im Hintergrund spielen »drei religiöse Grunderfahrungen« eine zentrale Rolle: »Erstens das Staunen darüber, dass alles existiert und nicht nichts.« Zweitens das »unbedingte Vertrauen, in dem (d)er (Mensch, JCB) sich mit allem, was existiert, verbunden erfährt.« Drittens das »Bewusstsein seiner Freiheit, dass [...] er für sein Handeln verantwortlich ist. Sein Vertrauen bettet ihn in die Schöpfung ein, seine Freiheit hebt ihn über sie hinaus.«[8]

---

4 Michael Welker, *Der Geist Gottes. Theologie des Heiligen Geistes* (Neukirchen-Vluyn: Neukirchner Verlagsgesellschaft, [5]2013), 304.

5 Michael Welker, *Offenbarung. Eine Christologie* (Neukirchen-Vluyn: Neukirchner Verlagsgesellschaft, 2012), 297.

6 Luhmann, *Vertrauen* (s. Anm. 1), 1ff; »Vertrautheit, Zuversicht, Vertrauen. Probleme und Alternativen,« in *Vertrauen. Die Grundlage des sozialen Zusammenhalts*, hrsg. Martin Hartmann und Claus Offe (Frankfurt/Main: Campe, 2001), 143-60.

7 Zur in der Vertrauensforschung umstrittenen Frage, inwiefern Vertrauen ein Gefühl, eine innere Einstellung und Haltung oder soziale Praxis ist, siehe: Karen Jones, »Trust as affective attitude,« *Ethics* 107 (1999): 4-25 und Martin Hartmann, *Die Praxis des Vertrauens* (Berlin: Suhrkamp, 2011) 138-71 und 296-338.

8 Gerd Theissen, »Glauben als unbedingtes Vertrauen. Theologische Aspekte,« in *Vertrauen. Sammelband der Vorträge des Studium Generale der Ruprecht-Karls-Universität Heidelberg im Wintersemester 2009/2010*, hrsg. Karlheinz Sonntag (Heidelberg: Universitätsverlag, 2011), 9-39; hier 28-9.

Andere wichtige Stichworte sind der Fiduzialaspekt des Glaubens[9], aber auch ein Verständnis von Vertrauen als Gabe des Heiligen Geistes, die der Vertrautheit mit Gott unter uns eine konkrete und realistische Gestalt verleiht und es uns ermöglicht, den eigenen Erwartungen an das Reich Gottes zu trauen.

II. »Vertrauen« im Kontext kirchlichen Handelns

Was heißt dann »Vertrauen in der Kirche«? Reiner Strunk, ebenfalls einmal Assistent bei Jürgen Moltmann, hat Anfang der achtziger Jahre »Vertrauen« als soziale Grundstruktur des Gemeindeaufbaus beschrieben: »Das Ziel von Gemeindeaufbau heißt Vertrauensbildung; und umgekehrt: wo sollte Vertrauensbildung in der Welt ihren Ort und Anfang nehmen können, wenn nicht im Gemeindeaufbau?«[10] Wird, wer an der Vertrautheit mit Gott teilhat, »inmitten der irdisch-vergänglichen Welt durch die Kraft des Geistes und in dieser Kraft«[11] mutiger und freier? Kann er den eigenen Erwartungen leichter trauen, zugleich ihre Bindungen und Instrumentalisierungen (selbst-)kritischer wahrnehmen und sich offener auf das Zutrauen der anderen in ihre Erwartungen einstellen?

Auf einen solchen normativen Ansatz greife ich auch zuweilen im »Dienst an der Kirchenleitung« zurück, wenn ich den Eindruck habe, dass wir in Konflikten erstarren und nicht mehr handlungsfähig sind. Welche kognitiven, emotionalen, sozialen und geistlichen Konstellationen und Prozesse rufe ich dann mit diesem Begriff auf?

»Wir sind es doch nicht, die da kündten die Kirche erhalten, unser Vorfahrn sind es auch nicht gewesen, unser Nachkommen werdens auch nicht sein, sondern der ists gewest, ist noch und wirds sein, der da spricht, Ich bin bey Euch bis an der Welt ende. Wie Ebre 13 geschrieben stehet, Jhesus Christus, *Heri, et hodie, et in saecula.*«[12] Auch falls diese Formulierung nicht von Martin Luther stammt; sie hebt zwei Akzente hervor, die für die reformatorische Bewegung und ihr Verständnis von Vertrauen in der Kirche von zentraler Bedeutung sind:

1. Am Anfang steht die befreiende, nüchterne und realistische Einsicht: Wir sind es nicht! Wir können die Kirche nicht durch vertrauensbildende Maßnahmen selbst erhalten.

---

[9] Siehe hierzu: Simon Peng-Keller und Andreas Hunziker, »Die Kontroverse um die fiducia im Horizont gegenwärtiger Vertrauensfragen,« in *Gottvertrauen: die ökumenische Diskussion um die fiducia*, hrsg. Ingolf U. Dalferth und Simon Peng-Keller (Freiburg i. Br.: Herder, 2012), 437–79.

[10] Reiner Strunk, *Vertrauen. Grundzüge einer Theologie des Gemeindeaufbaus* (Stuttgart: Quell, 1985), 10. Seine Bezugspunkte sind Dietrich Bonhoeffer und der Kirchenkampf, die ökumenische Debatte und die Friedensbewegung der achtziger Jahre.

[11] Welker, *Geist* (s. Anm. 4), 306.

[12] Martin Luther, »Die angebliche ›Vorrede D.M. Luthers vor seinem Abschied gestellet‹ 1548 zum zweiten Band der Wittenberger Gesamtausgabe seiner deutschen Schriften,« in *Weimarer Ausgabe* Bd. 54 [WA 54, 470], hrsg Karl Drescher (Weimar, 1928), 470.

2. Vielmehr gründet das Vertrauen in der Verheißung Jesu: »Ich bin bei euch bis an der Welt Ende.«

Mit dem Bezug auf Vertrauen rückt aber ein weiterer Akzent in den Vordergrund:

3. Wo die Kirche sich auf die Zusage der Gegenwart des Heiligen Geistes verlässt, gewinnt sie Kraft, aus dem Vertrauen zu leben; dann korrespondiert mit dem Vertrauen das Zutrauen, die Bewegung Gottes in die Welt mutig und frei aufzunehmen und an ihrer Gestaltwerdung mitzuwirken. Das in Christus offenbarte Vertrauen geht aus einer Überschusserfahrung hervor und »weckt und stärkt [...] die wirksame Hoffnung und Teilhabe am Leben des erhöhten Christus, am göttlichen Leben, an einem Leben vollendeter Freiheit, vollendeten Friedens, vollendeter Seligkeit.«[13]

Diese Perspektive, die einem hier geistlich fokussierten Vertrauen die Kraft zuschreibt, neue Möglichkeiten zu eröffnen, lässt sich auch in Niklas Luhmanns Vertrauensbuch entdecken: »Wo es Vertrauen gibt, gibt es mehr Möglichkeiten des Erlebens und Handelns, steigt die Komplexität des sozialen Systems, also die Zahl der Möglichkeiten, die es mit seiner Struktur vereinbaren kann, weil im Vertrauen eine wirksame Form der Reduktion von Komplexität zur Verfügung steht.«[14] Auch in Luhmanns Theorie wird das Konzept des Vertrauens einerseits als eine »wirksame Form der Reduktion von Komplexität« beschrieben, andererseits als eine Steigerung der Möglichkeiten, wahrzunehmen und zu handeln.

Das wachsende »Zutrauen zu den eigenen Erwartungen« gedeiht jedoch in Theologie und Kirche in einem spezifisch christologisch und pneumatologisch fokussierten Horizont: Es ist anvertrautes Vertrauen; es ist Zutrauen zu Gottes Verheißungen an uns trotz unserer begrenzten Vertrauenswürdigkeit und derjenigen der anderen; es gewinnt als Vertrauen und Zutrauen zu anderen Gestalt, weil es immer schon »durch die Krise des Bruches mit Gott«[15] hindurch-

---

13 Welker, *Offenbarung* (s. Anm. 5), 297.

14 Luhmann, *Vertrauen* (s. Anm. 1), 8–9. Luhmann unterscheidet Vertrauen von anderen, verwandten Phänomenen wie der Vertrautheit in der Lebenswelt oder der Zuversicht und differenziert anregend zwischen personalem und systemischem Vertrauen sowie zwischen spontanem und durchschauendem bzw. taktischem Vertrauen. Zudem gelingt es ihm, Möglichkeiten und Grenzen eines Vertrauensvorschusses in einer riskanten Situation deutlich zu machen. Vgl. ibid., 27–55 und 80–91. Sowie »Vertrautheit, Zuversicht, Vertrauen. Probleme und Alternativen,« in *Vertrauen. Die Grundlage des sozialen Zusammenhalts*, hrsg. Martin Hartmann und Claus Offe (Frankfurt/Main: Campe, 2001), 143–60. Vgl. 146: »Symbole repräsentieren die Unterscheidung zwischen Vertrautem und Unvertrautem in der vertrauten Welt«, das war »von jeher das traditionelle Hoheitsgebiet der Religion«. »Die Entdeckung des Risikos [...] macht die Aufgabe der Religion nicht einfacher«. »Sie ergänzt die menschliche Erfahrung jedoch um eine weitere Dimension«. Zur grundsätzlichen Kritik an Luhmanns Religionstheorie vgl.: Michael Welker, »Die neue ›Aufhebung der Religion‹ in Luhmanns Systemtheorie,« in *Theologie und funktionale Systemtheorie. Luhmanns Religionssoziologie in theologischer Diskussion*, hrsg. Michael Welker (Frankfurt a.M.: Suhrkamp, 1985), 93–119.

15 Theissen, »Glauben« (s. Anm. 8), 37.

gegangen ist. »Der Geist lässt die Menschen ihre Vertrautheit mit Gott in der Spannung zwischen der Erkenntnis ihrer Verlorenheit und ihrer Bestimmung zur Teilhabe an Gottes Herrlichkeit erfahren. [...] Diese [...] Gemeinschaft konkretisiert und verwirklicht sich unter den Bedingungen fleischlichen Lebens, inmitten der irdisch-vergänglichen Welt durch die Kraft des Geistes und in dieser Kraft.«[16]

Das Verhältnis von Gottvertrauen und sozialem Vertrauen ist dabei sowohl als kritisches Gegenüber, als Bedingung der Möglichkeit, aber auch als Grund oder Folge beschrieben worden.[17] Ein Blick auf die »Polyphonie« der biblischen Zeugnisse und der konkreten Kontexte führt hier weiter und hilft, die lebendige, vielgestaltige und befreiende Dynamik von Vertrauen als Gabe des Heiligen Geistes auch in der Gegenwart zu entdecken.[18] Es geht darum, Menschen in ihrem angefochtenen Gottvertrauen zu stärken, als Kirche in den unterschiedlichen Relationen vertrauenswürdig zu agieren und den einzelnen Personen, aber auch Gruppen zuzutrauen, diese mitzugestalten.

Gerade in Vertrauenskrisen übernimmt die Kirche Verantwortung dafür, in der Gesellschaft Räume des Vertrauens zu eröffnen, in denen Menschen ihre Beziehungen miteinander und mit Gott als vertrauensvolle Beziehungen erleben, verstehen und mitgestalten können. Das lässt sich etwa an den Auseinandersetzungen um die Invokavitpredigten von 1522 zeigen.[19]

---

[16] Welker, *Geist* (s. Anm. 4), 306.

[17] Siehe hierzu: Wolf-Friedrich Schäufele, »Fiducia bei Martin Luther,« in *Gottvertrauen. Die ökumenische Diskussion um die fiducia*, hrsg. Ingolf U. Dalferth und Simon Peng-Keller (Freiburg i. B.: Herder, 2012), 163–81. Zur Analyse verschiedener theologischer Modelle zur Verhältnisbestimmung von Gottvertrauen und Grundvertrauen siehe: Andrea Lassak, *Grundloses Vertrauen. Eine theologische Studie zum Verhältnis von Grund- und Gottvertrauen* (Tübingen: Mohr Siebeck, 2015), 190–205. Sie arbeitet sehr präzise die Unterscheidung zwischen einem Alternativmodell, einem Gabemodell und einem Kontrafaktizitätsmodell heraus.

[18] Zu biblisch-theologischen Impulsen siehe: Konrad Schmid, »Was heißt Vertrauen? Biblische Erkundungen anhand von Ps. 13 und der Abrahamüberlieferung der Genesis,« in *Gottvertrauen. Die ökumenische Diskussion um die fiducia*, hrsg. Ingolf U. Dalferth und Simon Peng-Keller (Freiburg i. B.: Herder, 2012), 31–47. und Hans Weder, »Glaube – Hoffnung – Vertrauen. Beobachtungen aus neutestamentlich-hermeneutischer Perspektive,« in *Gottvertrauen. Die ökumenische Diskussion um die fiducia*, hrsg. Ingolf U. Dalferth und Simon Peng-Keller (Freiburg i. B.: Herder, 2012), 80–104. Vgl. auch die Ausführungen zu Genesis 15, 6, der Exoduserzählung, zu Jesaja, Habakuk und der vierfachen Krise des Vertrauens bei Paulus in Theissen, »Glauben« (s. Anm. 8), 31–6.

[19] Vgl. Jochen Cornelius-Bundschuh, *Die Kirche des Wortes* (Göttingen: Vandenhoeck & Ruprecht, 2001), 157–285.

III. Die vielgestaltige Praxis des Vertrauens in der Kirche

In der Kirche begegnet uns eine Fülle an verschiedenen Formen und Phänomenen des Vertrauens: Menschen vertrauen sich mit ihren Nöten und Sorgen einer Seelsorgerin an und in der diakonischen Arbeit entstehen Netzwerke des Vertrauens. Evangelische Bildung lebt von Vertrauensbeziehungen, aber auch vom wechselseitigen Zutrauen. Eltern vertrauen in der Taufe ihr Kind Gott an und auf der Kanzel und in den Medien sprechen Menschen mutig und offen von dem, wie Gott uns zur Umkehr ruft, was Gott uns verheißt und zutraut.

In der Kirche begegnen uns Gottvertrauen und personales Vertrauen als Qualitäten zwischenmenschlicher Beziehungen. Aber mindestens ebenso prägend ist, ob die Kirche als vertrauenswürdige Institution und Organisation wahrgenommen wird. Dieses systemische Vertrauen bestimmt entscheidend mit, wie in der Kirche auch in prekären Situationen Vertrauen gelebt und kommuniziert wird.[20] Die empirische Vertrauensforschung legt nah, dass es in westeuropäischen Gesellschaften langsam, aber kontinuierlich abnimmt.[21] Nicht selten wird deswegen, gerade auch im Blick auf die Kirchen in Deutschland[22], von einer »Vertrauenskrise der Institutionen« gesprochen.

Ich schlage in Anlehnung an Jan Hermelinks Kirchentheorie vor, vier Dimensionen des Vertrauens in der Kirche zu unterscheiden, in ihrer wechselseitigen Bezogenheit wahrzunehmen und von daher die Spielräume auszuloten, wie in der Kirche Vertrauen gebildet, bewahrt, gestaltet und kommuniziert werden kann. Es geht um personales Vertrauen in der Interaktion in der Gemeinde und an anderen kirchlichen Orten, um Institutionenvertrauen in der Kirche als Volkskirche, um Vertrauen in die Organisation, die Handlungen koordiniert und (Reform-)Prozesse steuert, und um das in der Kommunikation des Glaubens symbolisierte Gottvertrauen.[23]

---

20 Zur Unterscheidung von personalem Vertrauen im Sinne persönlichen Vertrauens zwischen Menschen und systemischem Vertrauen im Sinne von Systemvertrauen in Bezug auf soziale Systeme, siehe: Luhmann, *Vertrauen* (s. Anm. 1), 27; 47–79.

21 Ingolf Dalferth und Simon Peng-Keller, »Kommunikation des Vertrauens verstehen – Hermeneutische Annäherung,« in *Kommunikation des Vertrauens*, hrsg. Ingolf Dalferth und Simon Peng-Keller (Leipzig: Evangelische Verlagsanstalt, 2012), 23.

22 Siehe hierzu die frühe Diagnose von: Michael Welker, »Der Mythos ›Volkskirche‹,« in *Kirche im Pluralismus*, hrsg. Michael Welker (Gütersloh: Gütersloher Verlagshaus, 1995), 58–77. Vgl. die Kritik bzw. Selbstkritik aus kulturprotestantischer bzw. katholischer Sicht: Friedrich Wilhelm Graf, *Kirchendämmerung. Wie die Kirchen unser Vertrauen verspielen* (München: C.H. Beck, 2011) und Klaus Mertens, *Verlorenes Vertrauen. Katholisch sein in der Krise* (Freiburg i. B.: Herder, 2014).

23 Siehe hierzu: Jan Hermelink, *Kirchliche Organisation und das Jenseits des Glaubens, Eine praktisch-theologische Theorie der evangelischen Kirche* (Gütersloh: Gütersloher Verlagshaus, 2011), 89–123. Bei Hermelink liegt der Schwerpunkt auf der Dimension der Organisation und der öffentlichen Darstellung bzw. Inszenierung des Glaubens, insofern er die evangelische Kirche der Gegenwart als eine »Organisation zur öffentlichen Insze-

III.1. »Vertrauen« in der Interaktion der Gemeinschaft der Heiligen

Die erste Grundform des Vertrauens in der Kirche ist das interpersonale Vertrauen, das sich in der Interaktion der anwesenden »Gemeinschaft der Heiligen« bildet.[24] Menschen nehmen sich wechselseitig wahr, geben einander einen Vertrauensvorschuss[25] und erleben die Begegnung im Glauben als Bereicherung: in einem ansprechenden Gottesdienst, in einem seelsorglichen Gespräch oder in einem gelungenen Bildungsgeschehen. In dieser vertrauensbildenden Interaktion entsteht Kirche als Gemeinschaft, die sich auf die heilsam wirkende Gegenwart Christi verlässt.

Zugleich finden sich in Kirche und Gemeinde auch Interaktionen, die Vertrauen stören und den Aufbau von Vertrauensbeziehungen irritieren oder gar abbrechen lassen, etwa wenn Personen Vertrauen vortäuschen oder das Vertrauen anderer ausnutzen. Deshalb sind interpersonale Vertrauensbildungsprozesse fragil und gefährdet.

Insbesondere in der Ekklesiologie, der Amtstheologie und der Lehre von den Sakramenten finden sich Formen, wie die Kirche versucht, mit der Flüchtigkeit und Brüchigkeit interpersonalen Vertrauens verantwortlich umzugehen und die entsprechenden Prozesse zu stabilisieren.[26] Dies ist gerade deswegen wichtig, weil diese Dimension des Vertrauens eng mit der Bildung des Gottvertrauens verbunden ist. Vertrauensbeziehungen im Kontext von Kasualien und personalen Beziehungen in Seelsorge und in Bildungsprozessen stärken das Gottvertrauen der Einzelnen; der Bruch interpersonaler Vertrauensbeziehungen in der »Gemeinschaft der Heiligen« gefährdet es, wie sich paradigmatisch an Paulus Korrespondenz mit der Gemeinde in Korinth zeigen lässt. Er kämpft um der Vertrauenswürdigkeit des Evangeliums willen um eine vertrauensvolle Beziehung zwischen sich und der Gemeinde in Korinth, die durch Missverständnisse und Vertrauensbrüche in Frage steht.[27]

---

nierung des Glaubens« versteht, »die das gesellschaftlich vorgegebene Verständnis von Glauben und Kirche (›Institution‹) ebenso aufnimmt wie deren konkrete gemeinschaftliche Praxis (›Interaktion‹)«. Siehe: Ibid.

24 Hermelink verbindet in seiner Beschreibung der Kirche als »Interaktion – Gemeinde der Heiligen« die theologische Einsicht, dass der »normative Kern der Kirche in spezifisch gemeinschaftlichen Vollzügen besteht: Sie ist ›*congregatio sanctorum*‹ (CA 7), eine liturgisch konstituierte ›Gemeinde‹« mit dem soziologischen Begriff der »Interaktion« im Sinne einer »Kommunikation unter Anwesenden«. Siehe hierzu: Hermelink: *Kirchliche Organisation* (s. Anm. 23), 111.

25 Siehe hierzu: Ingolf Dalferth und Simon Peng-Keller, »Vertrauenskommunikation in professionellen Kontexten,« in *Kommunikation des Vertrauens*, hrsg. Ingolf Dalferth und Simon Peng-Keller (Leipzig: Evangelische Verlagsanstalt, 2012), 204–5.

26 Siehe hierzu auch: Isolde Karle, *Pfarrberuf als Profession. Eine Berufstheorie im Kontext der modernen Gesellschaft* (Gütersloh: Kaiser, 2001), 72–82.

27 Siehe hierzu: Lorenzo Scornaienchi, »Kann man Paulus noch vertrauen? Vertrauen im 2. Korintherbrief,« in *Gottvertrauen. Die ökumenische Diskussion um die fiducia*, hrsg. Ingolf U. Dalferth und Simon Peng-Keller (Freiburg i. B.: Herder, 2012), 105–25. insbes.

Neben persönlichen Qualitäten wie Offenheit, Ehrlichkeit, Mut und Verlässlichkeit sind es vor allem drei Faktoren, die für die Stärkung des Vertrauens in der Dimension der Interaktion besonders relevant sind:

1. Die Präsenz vor Ort, die für Unvertrautes offen ist und ihre Interaktion gastfreundlich und inklusiv gestaltet.

2. Der Mut von Verantwortlichen, aus dem Vertrauten hinauszugehen und das Evangelium zu kommunalisieren.[28]

3. Die Pflege geistlicher Interaktion, in der Menschen von sich absehen können und anderen das Vertrauen Christi zusagen.

III.2. »Vertrauen« in der Institution der Volkskirche

Interpersonales Vertrauen bildet sich in einem gesellschaftlichen Kontext unter institutionellen Rahmenbedingungen: rechtliche Verfahrensregeln, Ämter und Berufsrollen. Sie institutionalisieren Vertrauen[29] und sind selbst ebenfalls Gegenstand von »systemischem Vertrauen«.[30]

Im 2. Korintherbrief beruft sich Paulus auf sein Amt als Apostel. In dieser Konstellation begegnet uns eine frühe Form institutionellen Vertrauens, wie sie auch in die Bekenntnisschriften der evangelischen Kirche eingeschrieben ist. Sein Ziel ist es, die Entwicklung von interpersonalem Vertrauen und von Gottvertrauen zu fördern und zu unterstützen.

Das institutionelle Vertrauen zeigt sich im Kontext der Kirche in der Spannung zwischen dem der Kirche von Gott anvertrauten Verkündigungsauftrag, dem sie treu zu bleiben hat, und den vielfältigen kulturellen und gesellschaftlichen Bedingungen und Wandlungen kirchlicher Praxis.[31] Das »Zutrauen in die vorgegebenen gesellschaftlichen und geistlichen Horizonte verlässlicher, vielfältiger kirchlicher Praxis«[32] steht den Erfahrungen von Instrumentalisierung und Idolatrie gegenüber. Das Vertrauen in der Institution Kirche ist aufs engste verbunden mit dem Vertrauen in die Kirche als Institution.

In allen notwendigen Wandlungen übernimmt die Volkskirche die Aufgabe, verlässlich Räume, Zeiten und Personen zu präsentieren, in und mit denen Vertrauen gelebt und nicht durch spezifische Eigeninteressen und Instrumentalisierungen beschädigt wird. Die Räume widersetzen sich dem Diktat der Nützlichkeit und verweisen über sich hinaus; die Zeiten unterbrechen die Logik der ökonomischen Verwertung und Zweckrationalität; die Personen leben aus dem anvertrauten Vertrauen und sehen von sich ab. Luhmann bemerkt treffend, dass durch ein Amt »Vertrauen in einem Umfange [ermöglicht wird], den die

---

109ff. und 123–5. Scornaienchi beschreibt hier die paulinische Rhetorik im 2. Korintherbrief als einen »Jargon des Vertrauens«.

[28] Siehe hierzu: Jochen Cornelius-Bundschuh, »Das Evangelium kommunalisieren,« *Praktische Theologie* 49 (2014): 240–52.

[29] Dalferth und Peng-Keller, »Vertrauenskommunikation« (s. Anm. 25), 211–19.

[30] Luhmann, *Vertrauen* (s. Anm. 1), 27.

[31] Hermelink, *Kirchliche Organisation* (s. Anm. 23), 103–10.

[32] Ibid.

Einzelperson niemals garantieren könnte.«[33] Zugleich schützt der institutionelle Rahmen das Vertrauen in der Interaktion vor Überlastung, Willkür und dem Ausnutzen asymmetrischer Beziehungen und ermöglicht klare Regeln im Umgang mit Vertrauensbrüchen.[34]

Anders als in der professionellen Vertrauensbeziehung zwischen Arzt und Patient sind die institutionellen Vertrauensbeziehungen in der evangelischen Kirche vielfältiger, dynamischer und reziproker.[35] Sie sind bestimmt durch den reformatorischen Grundsatz des Priestertums aller Getauften, durch die funktional fokussierte Differenz zu den mit öffentlichem Verkündigungsauftrag beauftragten Personen sowie durch das »Dogma« des Zusammenwirkens in der gemeinsamen Leitung mit den entsprechenden partizipativen Entscheidungsstrukturen geprägt.[36]

Diese spezifische Form institutionellen Vertrauens strahlt in die Gesellschaft aus und stellt ihr vielfältige, verlässliche öffentliche Vertrauensräume und Kooperationsmöglichkeiten mit staatlichen und zivilgesellschaftlichen Institutionen zur Verfügung.[37]

Das institutionelle Vertrauen verändert sich zwar deutlich langsamer als das Vertrauen in der Dimension der Interaktion. Es ist jedoch ebenfalls fragil, wie sich gerade in diesen Jahren zeigt. Es hat Anteil an der allgemeinen »Krise der Institutionen«, wird aber auch von anderen Seiten infrage gestellt: von laizistischer Kritik am Kooperationsmodell von Staat und Religionen, von innertheologischer Institutionenkritik, von Vertrauensbrüchen kirchlicher Amtsträger durch sexuellen Missbrauch und Geldverschwendung, durch bürokratische

---

[33] Niklas Luhmann, *Funktionen und Folgen formaler Organisation* (Berlin: Suhrkamp, [2]1972), 71.

[34] Zum Problem, wie verhindert werden kann, dass institutionelles Vertrauen, das bestimmten Berufsrollen und Ämtern entgegengebracht wird, durch Eigeninteressen der Person missbraucht wird, siehe: Andreas Langer, »Der Pfarrberuf als vertrauenswürdige Profession. Vertrauen als Begründung und Gestaltungskriterium professionellen Handelns im Pfarrberuf,« *Zeitschrift für Evangelische Ethik* 51 (2007): 40–9. Vgl. hierzu auch Dalferth, »Kommunikation des Vertrauens« (s. Anm. 21), 206, der die Bedeutung der »Zuversicht (betont, JCB), sich auf die eigene Institution verlassen und in professioneller Weise auf neue und herausfordernde Situationen einlassen zu können«.

[35] Siehe hierzu auch: Michael Welker, »Barmen III: Woran orientieren? Die Gestalt der Kirche in gesellschaftlichen Umbrüchen,« in *Begründete Freiheit – Die Aktualität der Barmer Theologischen Erklärung*, hrsg. Ulrich Fischer (Neukirchen-Vluyn: Neukirchener Verlagsgesellschaft, 2009), 59–75.

[36] Siehe hierzu Dalferth und Peng-Keller, »Vertrauenskommunikation« (s. Anm. 25), 217.

[37] Siehe hierzu Niklas Luhmanns Überlegungen zur Vertrauensbildung: Grundregel: »Wer sich Vertrauen erwerben will, muss am sozialen Leben teilnehmen und in der Lage sein, fremde Erwartungen in die eigene Selbstdarstellung einzubauen«. Und: »Man muss, will derselbe bleiben, so bleiben, wie man sich gezeigt hat«. In: Luhmann, *Vertrauen* (s. Anm. 1), 80–1.

Überreglementierung von Vertrauensbeziehungen, aber auch durch den kontinuierlichen »soul-drain« von den Mitgliedern, die stillschweigend austreten.[38]

III.3. »Vertrauen« in der Dimension der Organisation

Die Kirchen haben in den letzten Jahrzehnten auf die Krise des Vertrauens in die Institution der Volkskirche mit Reformprozessen in der Organisation reagiert.[39] Die Reformbemühungen sind dabei von dem Vertrauen getragen, dass eine bessere Koordination kirchlichen Handelns, eine nachhaltigere Steuerung ihrer strukturellen und finanziellen Rahmenbedingungen und Qualitätsverbesserungen dazu beitragen, zukünftig Handlungsfähigkeit sichern.[40]

Es ist unbestritten, dass Vertrauen ein wichtiges Organisationsprinzip kirchlichen Handelns ist.[41] Die paulinische Kollekte ist ein Beispiel dafür: Hier wird die Verbundenheit in einem Leib und die Hoffnung auf die kreative Kraft des Geistes in einem organisatorischen Rahmen bearbeitet. Einsichten aus der ökonomischen Vertrauensforschung legen nah, dass organisatorisches Handeln Vertrauen voraussetzt, aber nicht selbst generieren und auch nur begrenzt steuern kann. Organisatorisches Handeln lebt damit von den Voraussetzungen einer Vertrauenskultur, die es nicht selbst hervorbringen, sondern nur gestalten und pflegen kann.[42]

In diesem Sinne vertrauen die Mitglieder der Kirche darauf, dass kirchliches Handeln gut koordiniert wird, dass die anvertrauten Ressourcen nachhaltig und effizient genutzt werden, dass sich die Organisation den anstehenden Veränderungsprozessen stellt und innovative Ideen entwickelt, dass die Beteiligten miteinander kooperieren, Probleme gemeinsam lösen, Projekte evaluieren und Fehler korrigieren.

---

[38] Vgl. die sehr unterschiedlichen Analyseansätze von Welker, »Der Mythos ›Volkskirche‹« (s. Anm 22), 58–77 und Graf, *Kirchendämmerung* (s. Anm. 22), 1ff., sowie Mertens, *Verlorenes Vertrauen* (s. Anm. 22), 1ff.

[39] Zur kritischen Analyse und Evaluation der Resultate unterschiedlicher Reformprozesse siehe: Isolde Karle und Stefanie Brauer-Noss, »Semper reformanda. Die Kirche und ihre Reformdiskurse,« in *Kirchentheorie. Praktisch-theologische Perspektiven auf die Kirche,* hrsg. Birgit Weyel und Peter Bubmann (Leipzig: Evangelische Verlagsanstalt 2014), 40–51.

[40] Zu Kirche als Organisation siehe: Hermelink, *Kirchliche Organisation* (s. Anm. 23), 89–103; und »Zwischen religiöser Kommunikation und organisationalem Entscheiden. Anregungen aus Luhmanns Religionssoziologie für das Selbstverständnis einer evangelischen Kirchenleitung,« in *Paradoxien kirchlicher Organisation. Niklas Luhmanns frühe Kirchensoziologie und die aktuelle Reform der evangelischen Kirche,* hrsg. Jan Hermelink und Gerhard Wegner (Würzburg: Ergon Verlag 2008), 205–35.

[41] Siehe zu dieser Frage und zu den Grenzen der Organisierbarkeit von Vertrauen aus der Sicht neuerer Ansätze in der Managementlehre: Peter Eberl, »Kommunikation des Vertrauens im Kontext der Managementlehre,« in *Kommunikation des Vertrauens,* hrsg. Ingolf U. Dalferth und Simon Peng-Keller (Leipzig: Evangelische Verlagsanstalt, 2012), 174–94.

[42] Eberl, »Kommunikation,« 184–91.

Wer das Vertrauen in einer Organisation fördern will, wird deshalb nicht Organisation gegen Interaktion ausspielen, sondern auf die intrinsische Motivation der Mitarbeitenden setzen und deren kreativen Möglichkeiten, deren Eigen- und Gemeinsinn etwas zutrauen.

III. 4. »Vertrauen« in der öffentlichen Darstellung des Glaubens

Vertrauen wird in der Kirche in der interaktiven, der institutionellen und der organisatorischen Dimension kommuniziert. Eine zentrale Rolle kommt der öffentlichen Darstellung des in und von ihr erfahrenen, gelebten und kommunizierten Gottvertrauens zu.

Hier geht es um Performanz, um Darstellung und Inszenierung, die deutlich machen: Alles bedingte zwischenmenschliche Vertrauen und Misstrauen findet im Horizont des unbedingten, anvertrauten Gottvertrauens statt.

Dies gilt insbesondere für die Verkündigung im Gottesdienst und in den Kasualien. In der Taufe wird deutlich, dass das Gottvertrauen in eine neue Konstellation führt, die eine Absage an vielfältige Ansprüche, die Zusage des »Fürchte dich nicht!« und den Eintritt in eine heilsame Glaubensgemeinschaft umfasst. Ähnliches ließe sich für weitere alte und neue Kasualien zeigen. Auch in der Beerdigung wird das uns anvertraute Vertrauen öffentlich bewährt, insofern sich jene, die nicht mehr selbst für sich eintreten können, darauf verlassen können, dass sie nicht aus dem Gottvertrauen herausfallen.

In allen Bereichen kirchlichen Handelns kommt Gottvertrauen als Horizont, Mitte und Ziel des christlichen Lebens zur öffentlichen Darstellung. Es gewinnt dadurch öffentlich erkennbare Gestalt, dass der christliche Glaube vertrauensvoll, mutig und offen kommuniziert wird. Die Kommunikation des Vertrauens ersetzt nicht die Kommunikation des Glaubens und seiner Gehalte, sondern trägt dazu bei, dass sie glaubwürdig zur Darstellung kommt.[43]

Gefährdet wird das symbolisierte Gottvertrauen durch fehlende Klarheit und Prägnanz.[44] Es gewinnt an Glaubwürdigkeit, wenn sie sich an dem Kriterium der Wahrhaftigkeit orientiert, an der Vielstimmigkeit des biblischen Zeugnisses und an der offenen »gemeinschaftlichen Suche nach Wahrheit und Gerechtigkeit«.[45] Gerade im Kontext des Pluralismus werden die theologische Begründung und Erhellung des christlichen Wahrheitsverständnisses und seiner Angefochtenheit und die glaubwürdige diakonische Praxis zu zentralen

[43] Siehe hierzu die Beobachtung von Lassak, »dass Vertrauen häufig als Alternative zu einem nicht mehr haltbar erscheinenden Verständnis des Glaubens als eines Fürwahr-Haltens von Dogmen und kirchlichen Lehrsätzen dient.« in: Lassak, *Grundloses Vertrauen* (s. Anm. 17), 3.

[44] So auch: Hermelink, *Kirchliche Organisation* (s. Anm. 40), 116–22.

[45] Siehe Welker, *Gottes Offenbarung. Christologie* (Neukirchen-Vluyn: Neukirchener Verlagsgesellschaft, 2012), 283ff. zu: »Prophetische Gegenwart Christi mit den Seinen und die Befreiende Kraft der Hoffnung: Christologisch und biblisch orientierte Verkündigung in Wahrheit und Gerechtigkeit suchenden Gemeinschaften«.

Aufgaben. Besondere Bedeutung kommt hierfür der ökumenischen Theologie und dem interreligiösen Gespräch zu.[46]

Im Zusammenspiel der vier Dimensionen des Vertrauens macht die Kirche die lebensweltliche Gestalt und den theologischen Gehalt ihrer vielfältigen Praxis des Vertrauens explizit: Das Vertrauen in der personalen Interaktion in der Gemeinde lebt aus dem Vertrauen in die Kraft der versöhnenden Gemeinschaft mit Christus, seiner Zuwendung zu den Schwachen und der Orientierung an Kreuz und Auferstehung. Die verlässlichen, institutionellen Rahmenbedingungen des Vertrauens weisen über sich hinaus auf die Verlässlichkeit von Gottes schöpferischer Treue. Das vertrauensbasierte Handeln in organisatorischen Koordinations- und Steuerungsprozessen ist angesichts von schwer abschätzbaren Risiken Ausdruck für die kreative und transformierende Kraft des Heiligen Geistes.

Vertrauen in der Kirche lebt davon, Gottes Bewegung in die Welt hinein aufzunehmen und öffentlich erkennbar zur Darstellung zu bringen, in der Vertrautheit des Geistes zu leben und Menschen zuzutrauen, im Vertrauen auf Christus Kirche und Gesellschaft zu gestalten.

IV. Drei praktische Impulse: Was die Vertrautheit des Geistes und das Vertrauen in Christus stärkt.

IV.1. »Vertrauen« wächst, wenn Gemeinden die Vertrautheit des Geistes als Vertrauensvorschuss in der Begegnung mit Unvertrautem leben.

Die Präsenz von Gemeinden vor Ort und die Offenheit für Unvertrautes und Fremde sind Voraussetzung für vertrauensbildende Interaktionen. Die Gastfreundlichkeit und der inklusive Charakter kirchlicher Gemeinschaft bringen zum Ausdruck, dass in Christus Menschen »eins sind« (Gal 3) und wechselseitig aneinander verwiesen, auch wenn sie sich nach sozialen, kulturellen oder anderen Kategorien grundlegend unterscheiden.

---

[46] Zur ökumenischen Diskussion um die Vertrauensdimension des Glaubens siehe: Simon Peng-Keller und Andreas Hunziker, »Die Kontroverse um die fiducia im Horizont gegenwärtiger Vertrauensfragen,« in *Gottvertrauen. Die ökumenische Diskussion um die fiducia*, hrsg. Ingolf U. Dalferth und Simon Peng-Keller (Freiburg i. B.: Herder, 2012), 437–79. Zur religionsphilosophischen, biblisch-theologischen und interreligiösen Dimension von Lebensvertrauen und Gottvertrauen siehe: Theissen, »Glauben« (s. Anm. 8), 9–39. Siehe insbesondere den Gedanken, wie Glaube sich in Krisen zeigt »ein Vertrauen, das gekreuzigt wird und aufersteht – wie aus dem Nichts, als *creatio ex nihilo*.« Ibid., 36.

In der Interaktion vor Ort knüpft Kirche an Formen des Vertrauens in Familien, Freundeskreisen, Vereinen und Nachbarschaften an und stärkt sie in ihrer Fragilität. Der Glaube fördert ein Netzwerk des Vertrauens, das durch einen grundlegenden Vertrauensvorschuss gekennzeichnet ist. Er verdankt sich dem anvertrauten Vertrauen, dem Grundvertrauen, mit dem Christus anderen Menschen, gerade auch Fremden und Gegnern, begegnet ist[47], der Vertrautheit, in die der Heilige Geist uns führt. Er ermöglicht es Christenmenschen, sei es in familiären Krisen oder wie in den letzten Jahren in Begegnung mit Menschen, die bei uns Zuflucht suchen, im Vertrauen auf Christus das eigene Misstrauen zu begrenzen und sich auf Unvertrautes und Fremdes einzulassen. So wächst eine Gastfreundlichkeit, die Fremde einlädt, aber sich auch in fremde Zonen einladen lässt. So eröffnen sich realistische Zugänge zu denen, die unvertraut sind oder denen misstraut wird, weil sie die Einstellungen und Haltungen, die Interessen und Vorlieben der eigenen Gruppe nicht teilen.

Wenn der Vertrauensvorschuss, der mit Christus in die Welt gekommen ist, in dieser Weise in Gemeinden Gestalt gewinnt oder einzelne Christenmenschen ermutigt, sich hinauszuwagen und das Evangelium zu kommunalisieren, wächst das Netzwerk des Vertrauens in die Öffentlichkeit hinein und breitet sich in andere gesellschaftliche Bereiche aus.

IV.2. »Vertrauen« wächst, wenn Menschen selbstbewusst in Systemen Verantwortung übernehmen und sie mitgestalten.

Insbesondere im Bereich der Bildung ist es von entscheidender Bedeutung, dass andere das uns anvertraute Vertrauen als Zutrauen erfahren. Die Vertrautheit des Geistes gewinnt als Zuspruch Gestalt: »Du kannst dich mit Christus aufrecht, frei und mutig auf den Weg machen.«

Gestärkt wird das Vertrauen in der Institution Kirche durch die Ausgestaltung partizipativer Strukturen wie Synoden, Ältestenkreise oder Mitarbeiterunis. Allen getauften Mitgliedern ist zugetraut, die Kirche mitzugestalten.

Das Thema Vertrauen ist für die Institution Kirche auch wichtig im Miteinander mit anderen staatlichen und zivilgesellschaftlichen Institutionen und wird durch gelingende Kooperationen gestärkt. Das kooperative Modell von Staat und Kirche bzw. Religion basiert auf einem wechselseitigen Vertrauen von Staat und Kirche und anderen Religionsgesellschaften. Darin unterscheidet es sich von laizistischen Modellen, die Religion eher als gefährlich kontrollieren und aus dem öffentlichen Raum zurückdrängen wollen, aber auch von fundamentalistischen Modellen, die Religion politisch funktionalisieren.

Angesichts der aktuellen Vertrauensverluste in klassische Institutionen der liberalen Demokratie zielt eine wechselseitige Kooperation mit anderen sozialen Systemen immer auch darauf, das Vertrauen in Institutionen in der gesamten Gesellschaft stärken. Dazu müssen die Selbstbestimmungsrechte und die

---

[47] Oder sich wie in der Geschichte von der kanaanäischen Frau selbst aus dem vertrauten, selbstbezogenen Nahbereich herausführen lässt.

Pflicht zur Selbstkontrolle und -korrektur der Vertrauenswürdigkeit etwa durch Visitationen gefördert werden.

Zugleich muss deutlich werden, dass Vertrauen in der und in die Kirche mehr ist als Vertrauen in ihre Verlässlichkeit. Es ist zugleich auch »wagendes Vertrauen in das Evangelium jenseits des Gesetzes, das von dessen Erfüllung in Christus lebt und nur schwer in einer kirchlichen Ordnung abzubilden ist.«[48]

IV.3. »Vertrauen« wächst, wenn wir uns in den unterschiedlichen Gestalten von Kirche vernetzen und vertrauensvoll und verlässlich miteinander und mit anderen Konfessionen und Religionen umgehen.

Die kirchliche Lage ist gekennzeichnet durch wachsende Differenzierung im Blick auf die kirchliche Präsenz vor Ort und in der Öffentlichkeit. Das Vertrauen in kirchliches Handeln lässt sich stärken, wenn es uns gelingt, die Formen parochialer Arbeit mit den anderen kirchlichen Orten in Schulen, Kliniken oder diakonischen Einrichtungen gut und verlässlich zu vernetzen. Wir wissen, dass Menschen, die sich in der Kirche, etwa im Hospizdienst, engagieren, sich auch in anderen Feldern leichter auf Verantwortung ansprechen lassen und ein höheres Maß an Vertrauen ins »Gesamtsystem« haben.

Dabei liegt eine besondere Herausforderung darin, angemessen mit Pluralität umzugehen. Die Vertrautheit, die der Geist uns schenkt, ermöglicht ein Miteinander innerhalb der eigenen Sozialformen, aber auch mit anderen Konfessionen und Religionen, das die Möglichkeiten zur Kooperation nüchtern und realistisch einschätzt und zugleich an der Hoffnung auf eine wachsende vertrauensvolle Zusammenarbeit festhält.

[48] So: Dalferth und Peng-Keller, »Vertrauenskommunikation« (s. Anm. 25), 218.

Kann man mit Rechtspopulisten sachlich streiten?

Markus Dröge

I.

> Wahrheitssuchende Gemeinschaften – das sind nicht Gruppen von Menschen, die lautstark bekunden, wir haben die Wahrheit gefunden. Wir besitzen sie und können sie nun allen anderen mit unbedingtem Anspruch auf Zustimmung einfach mitteilen. Solche Gruppen verwechseln Wahrheit und Gewissheit. Es gibt nicht wenige solcher Gruppen in unseren Umgebungen. Nicht nur unter Fundamentalisten, religiösen wie antireligiösen. [...] Wahrheitssuchende Gemeinschaften [...] unterscheiden sich [...] von den ihre Gewissheit beteuernden Gruppen dadurch, dass sie ihre Wahrheitsansprüche beständig auf zunehmende Sacherkenntnis und deren Richtigkeit hin prüfen. Sie tun dies, indem sie die Gewissheit im lebendigen Gespräch, beziehungsweise durch gemeinsam abgestimmte Prüfungsverfahren, beständig in Frage stellen und in Frage stellen lassen.[1]

Diese Skizze eines Diskurskonzeptes hat Michael Welker entworfen, um auf die Frage zu antworten: Was ist gute Theologie? Die Antwort: »Theologie kann nur in Gemeinschaften gedeihen, die zur Selbstkritik fähig sind«.[2] Sich auf einen ergebnisoffenen Diskurs einzulassen, setzt Vertrauen voraus – Vertrauen, dass Wahrheit sich prozessual im Gespräch finden lässt. Und es setzt die Risikobereitschaft voraus, eigene im Prozess der Wahrheitssuche gefundene Gewissheiten immer neu in Frage stellen zu lassen – die Bereitschaft, auf das schlichte Postulieren von Gewissheiten zu verzichten, mit denen ich versuchen könnte, mich möglichst unangreifbar zu machen und gegen Kritik zu immunisieren.

Michael Welker hat das Konzept der »wahrheitssuchenden Gemeinschaft« im Kontext der Frage nach der Gotteserkenntnis entworfen. Es ist aber auch übertragbar auf Diskurse in kirchenleitenden Gremien: in Presbyterien bzw. Gemeindekirchenräten, die nach den richtigen Entscheidungen für den Weg ihrer Gemeinde zu fragen haben, in Kirchenleitungssitzungen und in synodalen Diskussionen. Allen diesen Gremien tut es gut – wie ich aus eigener Erfahrung sagen kann – wenn in ihnen der Geist einer wahrheitssuchenden Gemeinschaft

---

1 Michael Welker, »Wachsen in der Gewissheit. Theologie kann nur in Gemeinschaft gedeihen, die zur Selbstkritik fähig macht,« *zeitzeichen* 3 (2002): 18.

2 So der Untertitel des Artikels: Welker, »Gewissheit,« 18–20, als Beitrag für die Artikelfolge »Was ist gute Theologie?«.

lebendig ist. Christologisch kann das Vertrauen, das für eine solche Haltung notwendig ist, mit der dritten These der Theologischen Erklärung von Barmen begründet werden. »Die christliche Kirche ist die Gemeinde von (Schwestern und) Brüdern, in der Jesus Christus in Wort und Sakrament durch den Heiligen Geist als der Herr gegenwärtig handelt.« Sich dem so handelnden Christus anzuvertrauen, heißt, sich dem Geist zu öffnen, der die Erkenntnis der Wahrheit schenken kann und will.

Mit diesem Diskurskonzept im Kopf habe ich kirchenleitend sehr gute Erfahrungen gemacht: Es ist hilfreich, Diskussionen weit zu öffnen, möglichst viele zur Beteiligung einzuladen, um dann zum gegebenen Zeitpunkt das Erkannte zusammenzufassen, auszuformulieren und als zu bezeugende Gewissheit zu profilieren. Das Ergebnis kann dann zu gemeinsam getragenen Entscheidungen führen. In diesem Geiste haben wir in der Evangelischen Kirche Berlin-Brandenburg-schlesische Oberlausitz (EKBO) einen alle Ebenen der Kirche umfassenden Konsultationsprozess durchgeführt, an dem jede und jeder sich beteiligen und seine Auffassung über die Zukunft der Kirche einbringen konnte. Dieser Diskurs war zunächst breit aufgemacht – am Ende konnten dann aber doch zehn Thesen zur Zukunft der Kirche formuliert werden, die mit breitem synodalen Konsens verabschiedet wurden. In diesem Geiste haben wir in der EKBO auch die Diskussionen über die Trauung Gleichgeschlechtlicher geführt, ebenfalls auf allen Ebenen der Kirche, mit vielen regionalen Diskussionsrunden und mehrmaliger synodaler Befassung. Im Ergebnis führte dies zu einem einvernehmlichen, aber die Spannungen nicht negierenden Beschluss, der mit großer Mehrheit gefasst wurde – in geheimer Abstimmung, um jeden Verdacht zu vermeiden, es gäbe irgendeinen Gruppendruck.

Ein solches Diskurskonzept entspricht dem christlichen Menschenbild, das die Würde jedes und jeder Einzelnen hoch bewertet und deshalb dazu anhält, verschiedene Positionierungen und Auffassungen in Freiheit sich artikulieren zu lassen, sie zu hören und zu respektieren. Gleichzeitig weiß eine wahrheitssuchende Gemeinschaft um die Begrenztheit des Menschen und seiner partikularen Erkenntnis, weiß um seine Anfälligkeit für Fehler und Fehleinschätzungen, und schätzt deshalb die Vielperspektivität, die durch die Gemeinschaft der Wahrheitssuchenden entsteht.

II.

Der Rat der EKD hat jüngst den Text »Konsens und Konflikt«[3] veröffentlicht, der – im Anschluss an die Demokratiedenkschrift »Evangelische Kirche und freiheitliche Demokratie« von 1985 – einleitend betont, dass die positive Würdi-

3 *Konsens und Konflikt: Politik braucht Auseinandersetzung. Zehn Impuls der Kammer für Öffentliche Verantwortung der EKD zu aktuellen Herausforderungen der Demokratie in Deutschland*, August 2017, 8.

gung der freiheitlichen Demokratie durch die Evangelische Kirche ihren Grund darin hat, dass die freiheitliche Grundordnung des Grundgesetzes als »eine Entsprechung zu der Freiheit, die das Evangelium von Jesus Christus ermöglicht und verbürgt«, interpretiert werden kann. Die freiheitliche Grundordnung entspricht nach evangelischem Verständnis dem christlichen Menschenbild.[4] Der Text macht deutlich, wie anspruchsvoll das Leitbild einer demokratischen Politik ist. Sie vertraut darauf, dass aus einem »vernünftig ausgetragenen Streit«[5] eine Entscheidung folgen kann, die von allen Beteiligten anerkannt wird.

Anlass dieses Textes ist die Wahrnehmung einer sich verändernden politischen Kultur. »Die Gesellschaft der Bundesrepublik ist nicht nur pluraler und individueller geworden, sondern auch fragmentierter und stärker von Konflikten geprägt.«[6] »Die Demokratie wird mit bleibenden Konflikten rechnen müssen.«[7] Der neu aufgekommene Populismus, der die Grenze gegenüber denen nicht klar zieht, die »das demokratische System in seinem Kern angreifen möchten«, und auch gegenüber denen, die Ideologien der Ungleichwertigkeit vertreten und mit dem »Rekurs auf einen vermeintlichen Volkswillen [...] die komplexen Verfahren der Aushandlung von Kompromissen« unterlaufen wollen,[8] kann die freiheitliche Demokratie bedrohen, wenn das destruktive Potential nicht »eingehegt« wird[9].

Welche Rolle kann und soll die Evangelische Kirche in dieser sich dynamisch verändernden politischen Kultur spielen? Ich gehe davon aus, dass die Evangelische Kirche gut daran tut, die demokratische Kultur dadurch zu unterstützen, dass sie unbeirrt auf den Geist vertraut, der in einer wahrheitssuchenden Gemeinschaft wirkt. Es entspricht ihrem Selbstverständnis, sich immer neu auf das Risiko einzulassen, sich mit diesem Vertrauen in den gesellschaftlichen Diskurs einzuschalten. Ist dies aber auch in der Auseinandersetzung mit rechtspopulistischen Positionen realistisch? Wer sich gegenwärtig qua kirchlichem Amt öffentlich äußert und zu den Positionen rechtspopulistischer Funktionäre Stellung nimmt, spürt, dass sich ein neuer destruktiver Geist breitmacht, der noch keineswegs »eingehegt« ist. Der grundlegende Konsens, dass es in der Demokratie letztlich darum geht, im sachlichen Streit, in aller Vorläufigkeit und menschlicher Fehlbarkeit, die besten Lösungen zu suchen, ist dabei vielfach nicht mehr zu spüren. Ein sorgfältiges Studium etwa des Strategiepapiers der AfD für den Bundestagswahlkampf 2017 klärt darüber auf, dass es ein hohes Risiko darstellt, sich auf Gesprächspartner einzulassen, die bewusst und öffentlich bekennen, an sachgerechten Diskursen gar nicht interessiert zu sein. [10]

---

4 Ibid., 8.
5 Ibid., 12.
6 Ibid., 8.
7 Ibid., 9.
8 Ibid., 24.
9 Ibid., 9.
10 Vgl. meine Darstellung des Strategiepapiers der AfD in meinem Vortrag vor der Kreissynode des Kirchenkreises Teltow-Zehlendorf am 25. März 2017 im Gemeindehaus

Das größte Hindernis für einen sachgerechten Diskurs mit Vertretern des neuen Rechtspopulismus besteht meiner Einschätzung nach darin, dass vielfach von den Funktionären des Populismus die Unterscheidung zwischen Person und inhaltlicher Position nicht gewahrt wird. Auf sachliche Kritik folgt nicht sachliche Erwiderung, sondern Infragestellung der Integrität der Person des Kritikers. Umgekehrt wird behauptet, mit der sachlichen Kritik an einer Person des eigenen politischen Lagers werde diese Person diffamiert und »ausgegrenzt«. Diese Selbstimmunisierungsstrategien populistischer Akteure machen deutlich, dass im Vorfeld jeden Gespräches zu prüfen ist, ob die Voraussetzungen für eine sachliche Auseinandersetzung überhaupt vorliegen. Besteht Anlass zu vertrauen, dass Wahrheit zur Geltung kommen kann? Oder wäre anlässlich der Mentalität und Strategie der Gesprächspartner der Mut, sich auf einen solchen Disput einzulassen, schlicht fahrlässig?

Vielfach war in kirchlichen Kreisen die erste Reaktion auf diese neue Entwicklung, generell Gespräche zu verweigern. Man wollte sich nicht dem Risiko aussetzen, menschenfeindliche Äußerungen und die Darlegung von Ideologien der Ungleichheit durch die eigene Teilnahme an einer Veranstaltung aufzuwerten. Doch wenn die Kirche des Wortes eine solche Gesprächsverweigerung dauerhaft aufrechterhalten würde, würde sie ihrem eigenen Anspruch nicht gerecht werden. Sie würde ungewollt zeigen, dass sie nicht mehr auf die Überzeugungskraft des Wortes vertraut. Nicht anders die freiheitliche Demokratie. Auch die demokratische Kultur muss Kommunikationsformen finden, um den Herausforderungen des Populismus zu begegnen.

III.

Das Papier »Konsens und Konflikt« versucht, einerseits die aktuellen Gefahren für die demokratische Kultur ernst zu nehmen, sich aber andererseits dem herausfordernden Impuls der rechtspopulistischen Positionen nicht zu verschließen. Was ist die Gefahr? Wo derzeit rechtspopulistische Parteien staatliche Macht bekommen, wird offenbar, wie die freiheitliche Demokratie von innen heraus geschädigt werden kann; wie schnell demokratische Institutionen ausgehebelt und autoritäre Führungsstile durchgesetzt werden können; wie mit fake-news Politik gemacht werden kann; und wie konfrontativ der offene Diskurs schlicht verweigert werden kann. Der Text »Konsens und Konflikt« zeigt deshalb einerseits die notwendigen Abgrenzungen gegenüber dem Rechtsextre-

Thielallee der Kirchengemeinde Dahlem, in überarbeiteter Fassung abgedruckt, Markus Dröge, »Die Wahrheit sagen,« in *Alternative für Christen? Die AfD und ihr gespaltenes Verhältnis zur Religion*, hrsg. Wolfgang Thielmann (Neukirchen-Vluyn: Neukirchener Aussaat, 2017), 129–48. Vgl. zum Strategiepapier der AfD besonders 132–4. Der Vortrag enthält auch mein Verständnis des Begriffes »Rechtspopulismus« auf den Seiten 129–30.

mismus auf, ermutigt aber auf der anderen Seite, die konfliktuöse Auseinandersetzung auch mit Positionen zu suchen, die den eigenen, mit einer christlichen Ethik gut begründeten Anschauungen widersprechen.

In eben dieser Spannung sah sich auch das Präsidium des Deutschen Evangelischen Kirchentages (DEKT), als es in diesem Jahr um die Frage ging, welche Podien mit welchen Personen in Berlin stattfinden sollten, um die Auseinandersetzung mit rechtspopulistischen Positionen zu suchen. Im Fokus des öffentlichen Interesses stand dabei die Partei *Alternative für Deutschland* (AfD). Wie konnte eine faire Diskussion mit sachgerechter Argumentation möglich sein? Wie konnte das Risiko minimiert werden, dass die destruktiven Potentiale Raum und menschenverachtende Parolen eine Bühne bekommen? Die grundlegende Position des Präsidiums war sehr früh Konsens: Es werden keine neuen Kriterien für die Einladung von Podiumsgästen entwickelt. Die vorhandenen und bewährten reichen aus: Parteimitgliedschaft ist kein Kriterium. Ausschlaggebend ist fachliche Kompetenz. Und: Personen, die sich menschenfeindlich äußern, können nicht eingeladen werden. Diese Kriterien reichen aus. Eine *lex Afd* ist weder notwendig noch hilfreich.

Ich habe mich im Rahmen der Veranstaltungen des DEKT in Berlin auf ein Podium einladen lassen, um mit der Vorsitzenden der Christen in der AfD (ChrAfD - gesprochen »Kraft«), Anette Schultner, zu diskutieren. Aus mehreren Gründen erschien mir die Teilnahme an diesem Podium als ein kalkulierbares Risiko. Zum einen war meine Kontrahentin eine bekennende Christin. Damit war eine sachliche Grundlage gegeben. Sich gegenseitig das Christsein abzusprechen, kam für mich nicht in Frage. Es musste vielmehr um folgende Frage gehen: Was ist glaubwürdiges Christsein? Über diese Frage lässt sich hart, aber fair streiten. Öffentliche menschenfeindliche Äußerungen von Frau Schultner waren im Vorfeld nicht gefunden worden. Ferner war durch die Auswahl einer erfahrenen Moderatorin die Voraussetzung gegeben, dass das Gespräch in einer Weise gelenkt würde, die unsachliche Argumentationen und personalisierende Diffamierungen ausschließt. Vorerfahrungen hatten wir als EKBO gemeinsam mit dem Erzbistum Berlin machen können, als wir im Berliner Wahlkampf 2016 die Spitzenkandidatinnen und -kandidaten der Parteien zu einer Podiumsdiskussion eingeladen hatten. Einer professionellen Moderatorin war es gelungen, die jeweiligen Panelisten - auch den Spitzenkandidaten der AfD - dazu zu bewegen, auf sachliche Fragen sachlich zu antworten. Für meine Zusage, die Diskussion mit einer AfD-Vertreterin auf dem DEKT zu führen, war auch der Kontext »Kirchentag« ausschlaggebend. Dieser Kontext ließ zumindest ein im Wesentlichen diskursfähiges Publikum erwarten, auch wenn das Risiko durchaus bestand, dass rechtspopulistisches Publikum die Atmosphäre mitbestimmen würde. Andererseits gab es die Kampagne »Keine AfD auf dem Evangelischen Kirchentag«, die erfolglos versuchte, das Kirchentagspublikum davon zu überzeugen, der Boykott der Diskussionsveranstaltung mit der AfD-Vertreterin würde das richtige Zeichen setzen. Mit begründetem Vertrauen und kalkuliertem Risiko habe ich mich auf das Podiumsgespräch eingelassen. Meiner Einschätzung nach ist dabei dreierlei gelungen:

Erstens wurde die für mich wesentliche Unterscheidung von Person und Position von allen Beteiligten durchgehalten. In der Sache gab es wenig Konsens, aber eine persönliche Diffamierung und Ausgrenzung fand nicht statt. Das sachliche Vorgespräch und die persönliche Verabschiedung nach Schluss der Veranstaltung zeigten, dass die Begegnung respektvoll gestaltet werden konnte. Zweitens konnten die Standpunkte formuliert und verstehbar gemacht werden, sodass das Publikum die Gelegenheit hatte, sich seine eigene Meinung zu bilden. Drittens ist es der Moderatorin gelungen, die Störversuche von AfD-nahem und Antifa-nahem Publikum zu unterbinden. Wie die Podiumsdiskussion insgesamt zu bewerten ist, ob als gelungener Disput oder als problematische Veranstaltung, das mögen diejenigen beurteilen, die die Veranstaltung miterlebt haben, oder diejenigen, die den Wortlaut nachlesen wollen.[11]

IV.

Kann man mit Rechtspopulisten sachlich streiten? Zumindest lohnt sich der Versuch. Und es ist wohl unabdingbar, dass gerade die Evangelische Kirche, für die der Disput um die Wahrheit ein hohes Gut ist, sich hier auf einen Lernweg machen muss. Noch befinden wir uns in einer Suchbewegung, nicht anders als die Journalistinnen und Journalisten und die politischen Profis der etablierten Parteien. Es wird in dem notwendigen kirchlichen Lernprozess auch darum gehen müssen, unterschiedliche Kategorien von Gesprächen zu unterscheiden, die jeweils unterschiedliche Gesprächskulturen erfordern. Aus meiner Erfahrung heraus würde ich zumindest vier unterschiedliche Gesprächstypen unterscheiden:

1. Das Gespräch auf Gemeindeebene:

Mir steht das Beispiel eines ehrenamtlichen Mitarbeiters in einer Gemeinde der EKBO vor Augen, ein Spätaussiedler, der sich von den familiären Werten angesprochen fühlt, die von der AfD programmatisch vertreten werden. In der Gemeinde engagiert er sich vielfältig bei praktischen Aufgaben, auch in der Flüchtlingshilfe. Er ist Mitglied der AfD und arbeitet aktiv mit im Ortsverein dieser Partei. Extremistische Ansichten oder menschenfeindliche Auffassungen vertritt er nicht. Ihn in irgendeiner Weise aus der Gemeinde ausschließen zu wollen, gibt es keinen Grund. Da er sich parteipolitisch engagiert, ist es aber nicht nur legitim, sondern sogar notwendig, das Gespräch über politische Fragen mit ihm zu suchen. In offener Gesprächsatmosphäre sollten in der Gemeinde engagierte Diskussionen möglich sein, in denen sachliche Differenzen

---

[11] Eine Dokumentation der Podiumsdiskussion findet sich in: Wolfgang Thielmann, Hrsg., *Alternative für Christen? Die AfD und ihr gespaltenes Verhältnis zur Religion* (Neukirchen-Vluyn: Neukirchener Aussaat, 2017), 165–92.

benannt, aber die Achtung und Akzeptanz der Person zweifelsfrei gewahrt werden.

2. Das Gespräch mit Persönlichkeiten, die Parteiämter der AfD, politische Ämter oder kirchliche Ämter innehaben:

Hier ist jeder Fall ein Einzelfall. Parteimitgliedschaft in der AfD ist kein ausreichender Grund, eine Person aus kirchlichen Ämtern auszuschließen, da das Parteiprogramm der AfD keine Positionen enthält, die als rechtsextremistisch einzustufen sind. Wenn allerdings eine Person sich öffentlich menschenfeindlich äußert, indem sie zum Beispiel Ideologien der Ungleichheit vertritt, Menschen wegen ihrer Zugehörigkeit zu einer Kultur, einer Religion, einer Rasse oder wegen ihrer sexuellen Orientierung verächtlich macht, dann ist dies ein Grund, Personen die Ausübung kirchlicher Ämter zu untersagen. Kirchengemeinden werden also nicht verhindern können, dass Christen mit rechtspopulistischen Auffassungen in ihrer Mitte eine Diskussion über sehr grundlegende Fragen unserer Gesellschaft notwendig machen. »Die gegenwärtigen Auseinandersetzungen etwa um soziale Gerechtigkeit, um Zuwanderung, um gesellschaftlichen Zusammenhalt, um das Verhältnis von Freiheit und Sicherheit, um die Gestaltung der Globalisierung oder auch um Ehe, Familie und Lebensformen [...] bedürfen [...] der intensiven Diskussion«.[12] Erwartungen, die an kirchenleitendes Handeln gerichtet werden, mit juristischen Mitteln Personen aus ihren Ämtern zu entfernen, allein mit der Begründung ihrer AfD-Mitgliedschaft, kann nicht entsprochen werden. Hier ist jede Gemeinde selbst gefragt, in den Diskurs, auch den konfliktuösen Diskurs, einzusteigen.

3. Das Gespräch mit Personen, die sich nicht klar von Rechtsextremismus abgrenzen:

Hier hat eine klare Grenzziehung zu erfolgen: »[...] klarer Widerspruch [ist] notwendig, wo Populistinnen und Populisten die Grundregeln und normativen Grundsätze demokratischer Politik nicht nur angreifen, sondern grundsätzlich zur Disposition stellen und so die Grenze zwischen Populismus und Extremismus überschreiten. Mit denen, die das demokratische System in seinem Kern angreifen möchten, gilt es nicht, den Dialog zu suchen, sondern ihnen ist entgegenzutreten«.[13]

4. Das Gespräch mit Fraktionen in Parlamenten:

Dort, wo die AfD mit Abgeordneten in die Parlamente einzieht, stellt sich für Kirchenleitungen die Frage, inwiefern sie die Tradition, mit allen Fraktionen der Parlamente offizielle Gespräche zu führen, auch auf die Fraktion der AfD ausweiten sollen. Werden die genannten Kriterien ernst genommen, dann verbietet es sich, offizielle Gespräche mit Fraktionen zu führen, zu denen Personen gehören, die sich nicht klar vom Rechtsextremismus abgrenzen. Eine Pflicht, mit allen Fraktionen Gespräche zu führen, nur weil ihre Mitglieder im demokratischen Verfahren ihr Amt erworben haben, gibt es nicht. Den Vorwurf,

---

12 *Konsens*, 11.

13 Ibid., 26.

man handle undemokratisch, weil man das Gespräch mit gewählten Abgeordneten verweigert, kann eine Kirchenleitung sich getrost und unbeirrt gefallen lassen, denn dieser Vorwurf ist leicht als politischer Schachzug zu entlarven. Im parlamentarischen Geschäft gelten andere Regeln als im persönlichen Gespräch. Es gehört zum Instrumentarium politischer Arbeit, offizielle Gespräche mit Bedingungen zu verknüpfen. Erinnert sei daran, dass es bis heute keine offiziellen Gespräche der EKD mit der Bundestagsfraktion der LINKEN gibt, weil die EKD ein solches Gespräch an die Bedingung geknüpft hat, zunächst müsse die Partei der LINKEN sich deutlicher mit der totalitären Geschichte ihrer Vorgängerpartei, der SED, auseinandersetzen. Den Vorwurf, die EKD handle undemokratisch, habe ich in diesem Kontext noch nicht gehört. So wenig ich die Haltung der EKD gegenüber der Fraktion der LINKEN heute noch für nachvollziehbar halte – im vergangenen Jahr habe ich das erste offizielle Gespräch mit der Fraktion der LINKEN im Brandenburger Landtag geführt –, so sehr zeigt dieses Beispiel, dass es zum normalen politischen Geschäft gehört, Gesprächsangebote mit Bedingungen zu verbinden. Auch bei einer klaren Ablehnung von offiziellen Gesprächen können selbstverständlich Gespräche auf Arbeitsebene geführt werden. Auch damit kann der Vorwurf der Gesprächsverweigerung entkräftet werden.

V.

Kann man mit Rechtspopulisten sachlich streiten? Noch haben sich die Geister im Raum der rechtspopulistischen Bewegung nicht ausreichend geschieden. Noch ist nicht klar, ob und wie die Abgrenzung gegenüber demokratiefeindlichen Strömungen gelingt. Wird sich eine Partei herausbilden, die einen strengen Konservativismus vertritt, oder eine Partei, die ins extremistische Lager abdriftet? Solange hier keine Klarheit besteht, werden Christinnen und Christen die Frage, ob es Sinn macht, mit Rechtspopulisten zu streiten, nur situativ beantworten können und ihre Überlegungen mit einem Gebet der Gelassenheit begleiten:

> Gott, gib mir die Gelassenheit, den Vorwurf auszuhalten, ich sei lieblos, weil ich mich klar positioniere und mich nicht auf Gespräche einlasse, die keinen fairen Diskurs erwarten lassen;
> gib mir den Mut, Gespräche zu wagen, die die Chance der Wahrheitsfindung bieten;
> und gib mir die Weisheit, das eine vom anderen zu unterscheiden.

Taking the Risk of an Ecumenical Pilgrimage of »Just Peace«

Trusting in a Trinitarian Framed Faith[1]

Fernando Enns

> An exceptionally bright and driven son of the Midwest was killed this month in Congo – his remains, along with those of a colleague, were found in a shallow grave on Monday – and to those who knew him, it is the unfairness of his death that is most crushing [...]. It's not that anyone else might have deserved Michael Sharp's fate: kidnapped and killed by unknown assailants along with a Swedish counterpart and a local interpreter. It's that Sharp, 34, was ›standard deviations above the norm‹ when it came to integrity and compassion.[2]

When we read *The Washington Post* on the morning of 29 March 2017, we already knew: Michael had been killed! I knew Michael quite well from his time in Germany. He served with the *German Mennonite Peace Commission*, supporting American troops stationed in Germany through his voluntary work with the »Military Counseling Network.« In those days of the Iraq war, some American soldiers discovered that they had been drawn into an unjust war and that they did not want to be part of any longer. Michael and others helped them to find a way out.

Michael Sharp »had impressed many with his cultivation of trust among eastern Congo's rebel leaders in his three years with the *Mennonite Central Committee*, an organization that does humanitarian and conflict-resolution work. He'd been so successful that he was eventually hired by the United Nations' Group of Experts, which is appointed by the Security Council, to investigate the violence in Kasai. He was named coordinator of the investigating panel. At 34, he was one of the youngest to ever hold that position«, *The Washington Post* reported.

---

1 In my work with the international Reference Group of the World Council of Churches on the »Pilgrimage of Justice and Peace«, I have further developed these reflections, soon to appear in a forthcoming volume (»Walking Together. Theological Reflections on the Ecumenical Pilgrimage of Justice and Peace«) I am co-editing with Susan Durber for WCC Publications, Geneva.

2 https://www.washingtonpost.com/news/worldviews/wp/2017/03/29/courageous-but-not-reckless-the-tragedy-of-an-american-u-n-worker-slain-in-congo/?utm_term=.8447225f128c (accessed 01.05.2017).

John E. Sharp, Michael's father, said their Mennonite faith informed Michael's devotion to peacemaking. »We teach that violence solves nothing, as history proves,« adding that his son's death should not be an excuse to cut and run from Congo. »We hope that the U.N. will continue to work for peace in Congo ...«. The *Mennonite World Review* quotes his father: »I have said on more than one occasion that we peacemakers should be willing to risk our lives as those who join the military do. Now it's no longer theory.«[3]

Michael Sharp is but one of many who have decided to take the risk of performing their personal lives as a »pilgrimage of just peace« and his example tragically reminds us how costly this devotion can be. When the churches of the World Council of Churches (WCC) are discerning together what a joint ecumenical »Pilgrimage of Justice and Peace« might entail, it is the witness of these martyrs that provokes the depth of its meaning, leading to questions like: Can the churches really live up to this call? Are we aware of the risks and the possible costs, not just for individuals, but for the Christian churches? What kind of trust and spiritual strength is needed for such a journey? And what kind of theological reasoning provides the confidence that compassion is stronger than violence, life is stronger than death, and injustice will not last forever – that makes it »worth« taking the risk, against all painful realities?

I. Searching for a Transformative Spirituality of »Just Peace«

The latest general assembly of the WCC in Busan (South Korea, 2013) was inspired by the former global »*Decade to Overcome Violence. Churches Seeking Reconciliation and Peace. 2001–2010*,« and the »*International Ecumenical Peace Convocation*« 2011 in Kingston (Jamaica), which marked the culmination of that decade.[4] »Just Peace« – the new ecumenical paradigm for doing theological ethics – was further developed and discussed during that assembly in Busan.[5] One of the critiques continually expressed during the *Decade to Overcome Violence* was the lack of theological depth on the one hand and the missing link to the spiritual life of the churches on the other. At times, church representatives complained that the activities and programs of the WCC around peace-building,

---

3 http://mennoworld.org/2017/03/14/news/mennonite-un-worker-abducted-in-congo (accessed 01.05.2017).

4 Cf. Mathews G. Chunakara, ed., *Building Peace on Earth. Report of the International Peace Convocation* (Geneva: WCC Publications, 2013); Fernando Enns, *Ökumene und Frieden: Bewährungsfelder ökumenischer Theologie* (Neukirchen-Vluyn: Neukirchener Verlagsgesellschaft, 2012), 167–246.

5 Cf. *Just Peace Companion* (Geneva: WCC Publications, ²2012); Sara Gehlin, *Prospects for Theology in Peacebuilding: A Theological Analysis of the Just Peace Concept in the Textual Process towards an International Ecumenical Peace Declaration. WCC, 2008–2011* (Lund, Lund University, 2016).

reconciliation and diaconia looked very much like »a simple NGO-agenda.« They argued that, by contrast, the churches should point to the fact that the different crises of this world – poverty, terrorism, racism, climate change, etc. – are actually »spiritual crises« of humanity and the churches should be addressing them as such.

Harvesting the results from a *Decade to Overcome Violence* and taking these critiques seriously, while also analyzing the changing world situation, the assembly in Busan decided to launch a global ecumenical »Pilgrimage of Justice and Peace,« to build upon the insights gained and to take them to a yet deeper level, inviting Christians and »all people of good will« to join in that pilgrimage:

> Challenged by our experiences in Busan, we call all people – young and old, women and men, differently abled, people of different faiths – to engage their God-given gifts in transforming actions, together. We call first of all on the member churches and partners to walk together in a common quest, renewing our vocation of the church through collaborative engagement with the most important issues of justice and peace, healing a world filled with conflict, injustice and pain.[6]

The delegates in Busan believed that this could be a fresh start within the ecumenical family. There were many faces from different contexts – north and south, east and west – who expressed sincere hopes, not only for the ecumenical movement and its institutions (these do not have an end in themselves!), but for a real change in their own contexts – a transformation of the given unjust and violent circumstances they live in or witness to. In addition, it was agreed that, in order to be realistic about such transformations, we would first of all need to allow *ourselves* to be transformed. The delegates prayed for a renewal of our spirits by the empowering Holy Spirit, as well as a renewal of our churches – together – for a renewed ministry of justice and peace. And they shared a common feeling, one which did not require too much explanation, that this will not happen by yet another declaration or study project, but by entering a journey of faith, a re-commitment to the call to be and become »ambassadors of reconciliation« (2Cor 5); not another preaching to the world and its powers, but a »pilgrimage,« a movement, that would challenge ourselves, individually and as communions of faith, as we journey together.

And yet, the question remains: Are the churches ready to take that risk? Given the harsh realities of today's contexts of violence and growing injustice, we know if we, Christians and churches, really start to »walk« the way of justice and peace ourselves, it will imply conflict within our own communities, our societies, and in relation to our governments. In this regard the »Pilgrimage of Justice and Peace« is not a script for how to change the world, nor a screen-play

6 *An Invitation to the Pilgrimage of Justice and Peace* (WWC Central Committee, 2014), https://www.oikoumene.org/en/resources/documents/central-committee/geneva-2014/an-invitation-to-the-pilgrimage-of-justice-and-peace, 1 (accessed 01.03.2017).

about how to organize ecumenical activities, but a path toward becoming true witnesses of justice and peace. It is, first of all, a serious call and, at the same time, a great invitation.

One year later, during the meeting of the WCC's Central Committee, the initiative of this »Pilgrimage of Justice and Peace« was discussed and developed further:

> It is a transformative journey that God invites us to in anticipation of the final purpose for the world that the triune God brings about. The movement of love which is essential to the triune God manifests itself in the promise of justice and peace. They are signs of God's reign to come which is already visible here and now wherever reconciliation and healing are seen.[7]

The spiritual dimension of the ecumenical »Pilgrimage of Justice and Peace,« rooted in a trinitarian framework of faith needs to unfold in different dimensions. These dimensions represent the traditional aspects of any pilgrimage; the *via negativa* (»Visiting the Wounds«), the *via positiva* (»Celebrating the Gifts of Creation«), and the *via transformativa* (»Transforming the Injustices«). During our deliberations on the »Pilgrimage,« the theological work of Dorothee Soelle proved to be very helpful in exploring in more detail how these three dimensions could illuminate our renewed spiritual journey of justice and peace, based on the Trinitarian faith.[8]

2. »Visiting the Wounds« – the Way of the Cross

The killing of Michael Sharp represents the many »wounds« of today's world. Who knows all the names of those who have been killed in the Democratic Republic of Congo during the past 20 years? Who remembers them? When the WCC's International Reference Group for the Pilgrimage explored possibilities to hold its annual meeting in Congo, we were told: »Don't come. Don't take the risk!« We decided to »pilgrim« to Nigeria instead, »visiting the wounds« of yet another violent context in beautiful Africa. Our hosts in Kaduna again commented: »The fact that you have left your safe homes and taken the risk to visit us in the midst of our suffering means so much to us. Our brothers and sisters from neighboring countries do not come anymore – ›too dangerous!‹ they say.«

And it is dangerous! We listened to the Muslim community leader, who told of the fear of Boko Haram. This extremist group has killed more Muslims than Christians. We also listened to the cries of Christian mothers, who remember the times when Muslim and Christian children were playing together, going to

7 Cf. *Invitation* (s. note 6), 2.

8 Cf. Dorothee Soelle, *The Silent Cry: Mysticism and Resistance* (Minneapolis: Fortress Press, 2001).

school together, even sleeping in the same room. That is not possible any longer. We cried together, and we prayed together, and then we hugged each other. And together, we asked: Where is God in all of this? Has God decided to abandon this place? In what should we put our trust?

Where was God when Michael was kidnapped? Was God present when they decided to kill him? – Words that we spoke together at the assembly in Busan, come to mind:

> *Together we believe in Jesus Christ, the Prince of Peace.* Therefore we acknowledge that humankind is reconciled with God, by grace, and we strive to live reconciled with one another. The life and teachings, the death and resurrection of Jesus Christ, point toward the peaceable Kingdom of God. Despite persecution and suffering, Jesus remains steadfast in his way of humility and active nonviolence, even unto death. His life of commitment to justice leads to the cross, an instrument of torture and execution. With the resurrection of Jesus, God confirms that such steadfast love, such obedience, such trust, leads to life. By God's grace we too are enabled to take the way of the cross, be disciples and bear the costs.[9]

In the presence of these »wounds,« this *confession of faith* receives new and deeper meaning. »Mystical spirituality of creation will very likely move deeper and deeper into the dark night of being delivered into the hands of the principalities and powers that dominate us,« says Soelle in her *Silent Cry*.[10] We pilgrims of the global ecumenical family must not allow ourselves to be unrealistic about the vast destruction of created life by violence and by exploitation. It is clear that: »The pilgrimage will lead us to the locations of ugly violence and injustices. We intend to look for God's incarnated presence in the midst of suffering, exclusion and discrimination.«[11] The risky dimension of a pilgrimage is seeking the divine incarnation precisely in those places, which seem apparently abandoned by God, where violence and injustice harm life or even destroy it. A pilgrimage *of* justice and *of* peace, if it is to become a path followed by the churches in discipleship to Jesus' suffering, cannot bypass the horrors and the distress of the helpless, the captives, the ones on the margins. »Following Jesus means meeting him wherever people suffer injustice, violence, and war.«[12] For only here, by risking the encounter with »the wounds« and in acknowledging our own powerlessness, our »relation to the basic realities of ownership, violence, and the self [changes].«[13]

---

9 *Statement on the Way of Just Peace* (WCC Assembly, 2013), https//www.oikoumene.org/en/resources/documents/assembly/2013-busan/adopted-documents-statements/the-way-of-just-peace, 1 (accessed 01.03.2017).

10 Soelle, *Silent Cry* (s. note 8), 92.

11 *Invitation* (s. note 6), 3.

12 Ibid., 2.

13 Soelle, *Silent Cry* (s. note 8), 92.

It is by »visiting the wounds,« that the presence of the »crucified God« becomes so real. On the dusty roads of Kaduna, we discovered that presence. Mourning with Muslims and Christians over the cruelties they have witnessed, I understood anew the reality of Christ's presence. Led by these siblings in faith I was encouraged once again to put all my trust and confidence in the faith that this incarnated and crucified God was at Michael's side when the moment of death came. For only then does this ›way of the cross‹ make sense. It is precisely for the healing of *these* wounds, that Christ died – and was risen – to life! Was Michael able to feel that presence, when he risked to walk the way of the cross to the end?

The »Pilgrimage of Justice and Peace« is not an invitation to become martyrs, but it is an invitation to be faithful and become realistic about our faith. To follow Jesus Christ in our daily lives is a pilgrimage that allows us to be fully human. This includes admitting our guilt, accepting our vulnerabilities, respecting our limitations, and by doing so becoming compassionate for the other, every other, since they are human beings too. We do not trust in our own capacities and strategies alone, but accept that the presence of God in all suffering is the only truth we can really put our trust in.

What are the implications for the churches in the ecumenical fellowship? This dimension of the pilgrimage of the *via negativa* poses a clear question to us. Where do *we* seek the presence of our God? What are our prayers? That God will make us strong and powerful? Or that God will never forsake any one of us? The encounters with »the wounds,« inside and outside of the church, may lead us to »repentance and – in a movement of purification – liberate us from obsession with power, possessions, ego, and violence, so that we become ever more Christ-like.«[14]

The *Just Peace Companion* indicates how »putting on the mind of Christ, being formed in Christ, involves spiritual practices and disciplines that embody peace in our own bodies.«[15] Some of these practices are:

- communal acts of worship in order to be nourished by God's word and by the eucharist;
- making prayers of intercession as part of our mindfulness of being formed in Christ;
- seeking and extending forgiveness, so as to create truthfulness in ourselves and to forge the space for others who need to seek repentance;
- washing one another's feet, so as to learn the ways of service;
- engaging in times of fasting, to review our patterns of consumption and relationships to one another and to the earth;
- consistent and sustained acts of caring for others, especially those most in need of healing, liberation, and reconciliation;
- consistent and sustained acts of caring for the earth.

14 *Invitation* (s. note 6), 3.

15 *Peace Companion* (s. note 5), 51.

In this way the pilgrimage might teach us to »learn to give up looking for justifications of what we have done and train ourselves in the practice of justice.«[16] This »Pilgrimage of Justice and Peace« will only become credible if it becomes a journey of repentance of those of us »in power,« allowing the wounded to take the lead. It may well be that this presents the greatest challenge for the fellowship of churches on our *common* spiritual journey: the serious search for God's presence, a presence that we might risk discovering exactly at those places that seem most God forsaken.

3. »Celebrating the Gifts of Creation« – within the Web of Life

Within the historic »Peace-Churches« (*Mennonites, Quakers, Church of the Brethren*) following Christ's nonviolent way has been at the center of expressing our faith. Built on the blood of the many martyrs of the 16th Century Reformation period, the first so-called »Anabaptists« were searching for a Christian faith that would not be buried in the frozen dogmas of an institution called Church. They realized that they did not find God's presence in ancient liturgies any longer, performed by an uneducated clergy in languages they could not even understand. They were searching for a faith that would become relevant in their everyday struggle for life. This »Radical Reformation« led to a strong and powerful rediscovery of the Jesus narratives; simple, sometimes naïve, but with an honest heart, searching for a God who walks »a pilgrimage« with them. A very christocentric understanding of faith emerged in this lay-church (almost all the theologically trained leaders of the first generation had been killed within ten years).[17]

In the history of this tradition, the deep wisdom of a trinitarian framed faith was only rediscovered through the many ecumenical encounters of the past one hundred years. Gradually these peace-churches, in their striving to become Christ-like, started to understand the width of a God who relates in diverse ways to His/Her creation. This insight has been and continues to be refreshing, allowing a broader sense of encounter with God, with one another and with the other. Framing the journey of faith in a trinitarian way promises rediscovering that God-in-relation in multiple dimensions, next to the central Christological one. The ecumenical *Statement on the Way of Justice and Peace* says in its »first article«:

---

16 Ibid.

17 Fernando Enns, *The Peace Church and the Ecumenical Community. Ecclesiology and the Ethics of Nonviolence* (Kitchener/Geneva: Pandora Press/Ontario and World Council of Churches, 2007).

> *Together we believe in God, the Creator of all life.* Therefore we acknowledge that every human being is made in the image and likeness of God [...] In wondrously creating a world with more than enough natural riches to support countless generations of human beings and other living things, God makes manifest a vision for all people to live in the fullness of life and with dignity, regardless of class, gender, religion, race or ethnicity.[18]

Our pilgrimage actually starts with an amazement at the goodness of creation, and the awareness that we all are part of this precious web of life. We recognize ourselves as being »in relation« with all of life, with our fellow creatures, with our »mother earth,« long before we ourselves give shape to any of these relationships – because of our faith in God »the Creator« of all. We are created in God's image, we are formed according to the community of love of the Godhead, Father, Son, and Holy Spirit.

The ecumenical community begins its »Pilgrimage of Justice and Peace« not as »seekers,« but as those »who have been found« – in an ontological sense, not chronologically. God's story of life, God's creation of humankind, does not begin with original sin, but with original blessing! This amazing insight leads us immediately to the praise of God and to celebration, as a natural reaction to »God's great gift of life, the beauty of creation and the unity of a reconciled diversity.«[19] And it is this overflowing joy that provides us with a deep trust in that possibility of a life in just relationships, liberated from all violence – not only among humans, but with all other creatures and with nature. In addition, this amazement about the miracle of life evokes in us the strength to seek to maintain these vital relationships by our careful stewardship. The »Pilgrimage of Justice and Peace« will also be a joyful journey, nurturing hope and trust by great celebrations along the way, because our lives, in relation to all of life, are experienced as the way God the Creator relates to all of us – and thereby creates trustworthy relations among us.

This is not at all to neglect the evil powers of violence, death and injustice that threaten to destroy this creation. It is the opposite. Since God is celebrated and praised for the beauty of His/Her creation, our eyes are opened for the other – every other whom God relates to as well – in a creative way. God is a God of *all* life! And therefore we cannot but be in companionship with each other. »*Com-pan*« – means »sharing the bread« with those on our way. Strong ecumenical relations will be discovered if we allow ourselves to see how God has revealed Godself to the other and stays related to the other, even when human relations are destroyed by violence. This could lead us to a greater willingness to reconcile with the otherness of the other, because something of that bright revelation is kept in the »earthen vessels« of the other traditions. We shall not limit ourselves, become »prisoners« of our own community and tradition, apo-

---

18 *Statement* (s. note 9), 1.

19 *Invitation* (s. note 6), 3.

logetically defending every attempt to challenge the limitations of our denominational and cultural identities. God's creative way of relating to all of us, experienced in so many different ways and expressed in diverse ways, is part of the ongoing creative work.

As we walk together on our common pilgrimage, stations of celebration will welcome us and we are invited to enjoy them by anticipating that great promise of fulfillment of all of creation in peace and justice. I will never forget the singing and dancing of the women's choir welcoming us in Kaduna City; the inspiring drum beat, cheerful faces, touched body and soul. A real foretaste, re-creating trust in that original blessing in the midst of the still »bleeding wounds.«

4. »Transforming the Injustices« – becoming »Healed Healers«

By a *third article* of faith, in that *Statement on the Way of Just Peace*, the fellowship of churches confess:

> *Together we believe in the Holy Spirit, the Giver and Sustainer of all life.* Therefore we acknowledge the sanctifying presence of God in all of life, strive to protect life and to heal broken lives [...] the Holy Spirit assures us that the triune God will perfect and consummate all of creation at the end of time. In this we recognize justice and peace as both promise and present – hope for the future and a gift here and now.[20]

Dorothee Soelle suggests that it is only in our becoming one with Christ that we gain trust to resist injustice and violence. »Salvation means that humans live in compassion and justice cocreatively.«[21] In being healed (saved) they also experience that they can heal (save). This is the third dimension of our pilgrimage. In the pilgrims' (and thus in the churches') own self-transformation the courage and strength to resist evil, injustice and violence grows. The »Pilgrimage of Justice and Peace« is therefore much more than a new programmatic approach to action or advocacy strategies, all of which are meaningful and necessary. Its first aim remains a life in God's Spirit, which brings that transformation into a gentle relationship with creation and a »morality of enough,« so that we can face the immense economic and ecological injustices before us now. Pilgrims may become »healed healers.«

As we embark on that common pilgrimage, are we ready to take the risk and be transformed? Are the *churches* ready and willing to be transformed? Not for the sake of transformation as such, but really to become what they are called to be, witnesses of that possibility of life in peace and justice for all. To be on

---

20 *Statement* (s. note 9), 1.

21 Soelle, *Silent Cry* (s. note 8), 93.

this pilgrimage will remind us, that peace and justice in the perspective of the Christian faith are not simply topics for social ethics or for political programs, but a »way of life.« Peace and justice become part of who we are as Christians, when we allow the Holy Spirit to lead us into that truth.

This might sound frightening and challenging for some traditions and contexts, including my own, since we, rationally trained Westerners, usually mistrust anything that we cannot clearly define in time and space. To welcome the work of the Holy Spirit includes accepting the transcendence of those boundaries. We are suspicious, because we are afraid of losing control. We are educated to be skeptical because we have seen too many times how the talk of »the power of the Holy Spirit« has been misused, which led to anarchy and chaos. But should we really allow all that skepticism and fear to let us neglect the transformation that God, in His/Her Holy Spirit, is able to perform in us? How shall we describe the ongoing presence of God in us, in our assemblies, in all our relations? How shall we speak of those courageous acts of nonviolent peacebuilding of all those individuals and communities who have the trust to resist and to stand up against the evil powers? Our faith allows us to welcome these »good works« by recognizing them as the Holy Spirit who performs them in us.

As we walk that pilgrimage together, encountering each other on the way, we will share those diverse gifts of the Spirit (*charismata*). When traveling in Colombia with my students,[22] we intended to visit the remote community of El Garzal, a community of *campesinos* that has been threatened over years by different violent groups. Some members have even been killed, because they were not willing to give up their land. They resist all this in a nonviolent way and we were eager to learn from them. Unfortunately, again it was too dangerous to visit them in their village because some unknown armed men had appeared again in El Garzal during the same week. So we met half-way, some representatives of the community and my students. We had lengthy discussions, analyzing the unjust situation and trying to understand the challenges of resistance. Sunday morning came. What to preach? We decided to do the common ritual of a foot-washing instead of a lengthy sermon, keeping it very simple, reading the passage from John 13 together, singing, sharing in prayer, then practicing the ritual. It became a transformative moment, in which I felt the Holy Spirit being present (and I am far from being a trained or experienced Charismatic or Pentecostal). The kneeling in front of those *campesinos*, the washing of their dusty feet, the symbolic act of service to them filled our eyes, servants and recipients, with tears. We wept together. Knowing that we cannot walk the stony way back to their village with them, and at the same time being accepted by them as

22 Students of the one-year-Master program »Peace, Trauma, and Religion« of the *Amsterdam Center for Religion and Peace & Justice Studies* at the Free University Amsterdam/ The Netherlands. See http://www.godgeleerdheid.vu.nl/en/research/institutes-and-centres/amsterdam-centre-for-religion-and-peace-and-justice-studies/index.aspx (accessed 01.07.2017).

strange white people who came from far away, only to listen, and to wash their feet, moved all of us, and strengthened us. It was a moment of transformation. I interpret this experience as a moment of spiritual transformation, since none of us left the encounter the way we entered it.

This »transformative spirituality« is a reality that is hard to describe in words but actually very simple to experience. In our global ecumenical family, as we walk side by side, we will experience that transformation if we allow the Spirit to inspire us. By giving up some control we gain trust in the other, by crossing borders we discover the strength to jump over walls, by kneeling down in front of each other we experience being lifted up, by serving we discover what it means to be served. We may grow into this spirituality so that it may become our »way of life,« liberating us from heavy, yet unnecessary, ballast to gain new trust in the possibilities of transforming injustice.

5. Participating in God's Pilgrimage

By initiating a »Pilgrimage of Justice and Peace,« the ecumenical family is reminded of its common faith in the triune God, as well as our common calling to be ambassadors of justice and peace. Churches are beginning to understand that this calling is not to be lived out only by some representative, specialized ministries or through political talks with those in power. It is much more than that, since it is a spiritual movement! But yes, this movement, undertaken together as a global family of shared faith, provides risks as well as opportunities. The call to »take up the cross« and walk the path of Jesus does not allow us to stand aside as spectators, but makes us vulnerable to all injustice and violence and calls us to unmask the limitations of those powers. The call to worship and to glorify God the Creator reminds us about our own worth, as individuals and communities, and how we are embedded in the relational creation. The Spirit of God within us will give us the confidence to resist evil (including the temptations within our own ecclesial institutions) and is already transforming us for a life *of* peace and justice.

To frame the »Pilgrimage of Justice and Peace« in this trinitarian way invites us to discover God's relating presence in many different ways: in the life and death of Michael Sharp following Jesus in his peace-building ministry, in the joy of the women's choir in Kaduna City, in the transforming foot-washing of the *campesinos* from El Garzal. God, Creator, Liberator and Sustainer, chooses to relate to us by creating, healing, sustaining in order to reveal His/Her will for all creation: peace and justice. God has long been on a »Pilgrimage of Justice and Peace.« If we are willing to participate in this Pilgrimage of God, and if that shall be »no longer theory,« as Michael Sharp's father said, then we will need each other!

4. Glaube – Naturwissenschaft – Ethik

Entheokaric Freedom: Clarifying Confusions

Ted Peters

Michael Welker gets it right when he trumpets, »As truth and justice-seeking communities, the church of Jesus Christ allows itself to be filled with the Spirit of freedom.«[1] He also gets it right when he describes the church's mission as one of bestowing freedom. But, does he get it right when he describes the church's method as »one's *free and creative self*-withdrawal« for the sake of the good of the other.[2] Here I demure. Welker gets it wrong, I will argue, when he proposes that when we are in God's Spirit that God withdraws, and with this withdrawal a space opens up for creaturely self-expression. Rather than God's withdrawal, it is God's presence in power which empowers human freedom. The resulting freedom is entheokaric human self-determination, the highest form of which is love toward one's neighbor. Entheokaric freedom is a gift of God's gracious presence.

In order to clarify what is at stake here, we will need to specify what we mean by freedom. I find it helpful to presuppose four different though complementary notions of freedom. First, political freedom or *liberty* refers to independence from external coercion, especially governmental coercion. Second, *freedom of the will*, sometimes known as natural freedom, is the freedom of choice among alternatives. Third, *Christian freedom* or moral freedom is the capacity to pursue the good of the neighbor free from the compulsions of self-interest. Fourth, *future freedom* is the capacity to creatively influence the course of future events.[3]

It appears that Michael Welker relies on the first notion of freedom to make the second and fourth possible: one party withdraws power, and this self-withdrawal leaves an open space for the other to exercise freedom of choice along with future freedom. This appears to be Welker's logic of freedom. Such an understanding certainly makes sense in the domain of government or politics. But, does it apply to our understanding of God making us free?

---

1 Michael Welker, »Divine Spirit and Human Freedom«, in *Quests for Freedom: Biblical, Historical, Contemporary*, ed. Michael Welker (Neukirchen-Vluyn: Neukirchener Verlagsgesellschaft, 2015), 403.

2 Ibid., 399. Welker's italics.

3 Ted Peters, *Playing God? Genetic Determinism and Human Freedom* (London: Routledge, ^{2}2003), 17–20.

»For freedom Christ has set us free,« blasts St. Paul (Gal. 5:1). Just how does God in Christ set us free? Not by withdrawal, I will argue. Rather, the very presence of God's Spirit with all its empowerment is what makes us free. It not God's absence, not God's kenotic self-removal, not God's withdrawal that frees us. Rather, it is the presence of God in power which liberates us. Our human freedom is embedded in God's grace. It is entheokaric.

Three Confusions

Despite the familiarity and reverence with which we in the 21st century treat the concept of freedom, at least three confusions plague contemporary discourse. The first confusion has to do with our second notion of freedom: do human persons possess free will or are they predetermined exhaustively by the neuronal firings in their brains? The confusion arises when this issue is cast as a debate between determinism and indeterminism. In fact, the question is of biological determinism, not a debate between determinism and indeterminism. Rather, the debate is over the existence or non-existence of a human self, a self which determines the course of events.

The second confusion has to do with the question we pose to Michael Welker: does God withdraw divine presence (kenosis) to permit creaturely freedom? Or is creaturely freedom a gift of divine presence? The confusion appears when proponents of divine kenosis in creation presuppose the second rather than the third notion of freedom, when they assume human freedom is in competition with divine freedom. Kenotic theologians overlook the way God's power liberates.

This alerts us to the third confusion, namely, many theologians seem to have forgotten Christian freedom as they try to justify Christian conscription of political liberation into the church's mission. Moral freedom or distinctively Christian freedom differs from both political liberty and freedom of choice. Christian freedom consists rather in freedom from the self to devote oneself to loving service to the neighbor. In what follows it will be my task to clarify these three confusions and to enhance and augment Welker's understanding of the church's mission.

Confusion One: Biological Determinism vs Self-Determination

Many interpreters of the fast moving frontier in neuroscience work with the assumption that we human beings are biologically predetermined. Determinists work with a brain-mind identity theory, according to which mental activity can be exhaustively explained by tracking brain activity. »The mind […] is the brain,« contends philosopher Daniel Dennett.[4] The term for this school of thought is

4 Daniel Dennett, *Breaking the Spell* (New York: Viking, 2006), 107.

Neurocentrism, »the view that human experience can be best explained from the predominant or even exclusive perspective of the brain.«[5]

Within the framework of neurocentrism, it is almost automatic that we dip into the philosophical reservoir containing former debates between determinism and indeterminism. If the brain is less than fully deterministic, allegedly, then there is room for mental freedom and, hence, free will. But, I suggest this amounts to a confusion. Human free will does not require indeterminism. Instead, human free will requires a self, a center of initiation, an independent factor that determines what happens. The serious implication of brain-mind identity theory is the elimination of the self as a determinant. The real issue is this: does the human self exist and, if so, does the human self make decisions that affect the course of future events? My answer is: yes, indeed.

One philosopher of religion formulates the issue this misleading way: »If determinism is true, there is no free will.«[6] No. This position confuses indeterminism with free will. One could easily incorporate free will into a deterministic scheme by designating three determinants: biology, environment, and self. Free will consists of self-determination, not indeterminism. Social theorist George Lakoff's term is *self-governance*. »Freedom requires government of the self, by the self, and for the self.«[7]

Freedom designates the self governing itself. What is a self? Ian G. Barbour reminds us that the human self is the whole of who we are as a person, not a substantial entity separated from our biology. »Selfhood [is] a concept of the total person as an active, integrated system.«[8] What then is freedom? »Freedom

---

5 Sall Satel and Scott O. Lilienfeld, »Losing Our Minds in the Age of Brain Science,« *Skeptical Inquirer* 37:6 (November/December 2013): 35.

6 Peter van Inwagen, *An Essay on Free Will* (Oxford UK: Oxford University Press, 2009), 106.

7 George Lakoff, *Whose Freedom? The Battle Over America's Most Important Idea* (New York: Farrar, Straus and Giroux, 2006), 36. Self-governance or autonomy does not imply infinite freedom. Finite limits always obtain. In addition, if personhood is defined narratively, then each of our stories can finally be told only by others or by God. Our individual freedom inextricably sits within a relational narrative that lies beyond our self-determination. »In the end, each person must hand over the narration of one's life to others and to God's transforming ›knowledge‹ of one's life.« Günther Thomas, »Human Personhood at the Edges of Life,« in *The Depth of the Human Person: A Multidisciplinary Approach*, ed. Michael Welker (Grand Rapids: Wm. B. Eerdmans, 2014), 390.

8 Ian G. Barbour, *Issues in Science and Religion* (New York: Prentice Hall and Harper, 1966), 312. The affirmation of the existence does not require substance dualism; it requires holism. »A holistic model of the human person does most justice to the scientific understanding of ourselves. Dualisms of parts or substances will not do. There is no scientific evidence for them, and there is no biblical warrant for them. Our unity is central. We know each other, not as brains ensheathed in bodies, but as embodied.« Malcolm Jeeves, »Brains, Minds, Souls, and People: A Scientific Perspective on Complex Human Personhood,« in *The Depth of the Human Person: A Multidisciplinary Approach*, ed. Michael Welker (Grand Rapids: Wm. B. Eerdmans, 2014), 107.

is the real possibility of being myself,« comments Wolfhart Pannenberg rightly.[9] One neurocentrist, Michael Gazzaniga, gets the issue right: it is the existence of the self that is at stake. »There is a puzzle about everyday life: we all feel like unified conscious agents acting with self-purpose, and we are free to make choices of almost any kind. At the same time everyone realizes we are machines [... we are] completely determined.«[10] Note that Gazzaniga does not argue against indeterminism. Rather, he says: our self is a delusion. Regardless of whether his conclusion is correct or not, he asks the right question.

Here is a science journalist who realizes that it is the existence of the self, not the existence of indeterminism, which is at stake. »Neuroscientists increasingly describe our behavior as the result of a chain of cause and effect, in which one physical brain state or pattern of neural activity inexorably leads to the next, culminating in a particular action or decision. With little space for free choice in this chain of causation, the conscious, deliberating self seems to be a fiction.«[11] To dispel the confusion, the issue posed by neurocentrism is whether or not a self exists, not whether indeterminism trumps determinism. Before we answer the question, we must get the question right: is there such a thing as a human self engaging in self-determination?

To my observation, the human self exists indubitably. René Descartes got it right: *cogito ergo sum*. The scientific task is to explain this, not explain it away.

Each of us knows our own self intuitively, subjectively. Because of what anthropologists call *theory of mind*, we also know intuitively that other selves exist. Dan Zahavi, who directs the Center for Subjectivity Research at the University of Copenhagen, recognizes the significance of the self as a fundamental phenomenon, a phenomenon upon which other phenomenal experiences depend. »The self is claimed to possess experiential reality, is taken to be closely linked to the first-person perspective, and is, in fact, identified with the very first-person *givenness* of the experiential phenomena.«[12] The task of neuroscience and neurophilosophy is to explain this intuition, not explain it away.

Free will when situated within political liberty enjoys future freedom. This means that the actions taken by a self-determining person have an effect. Free actions change the environment. They innovate. They make history.

Natural Free Will is the term I apply to a human person expressing himself or herself through deliberation, decision, and action. Paul Tillich puts it this way: »Freedom is experienced as deliberation, decision, and responsibility.«[13]

---

9 Wolfhart Pannenberg, *Anthropology in Theological Perspective*, trans. Matthew J. O'Connell (Louisville KY: Westminster John Knox, 1985), 240.

10 Michael S. Gazzaniga, *Who's in Charge? Free Will and the Science of the Brain* (New York: Harper, 2011), 7.

11 Dan Jones, »The Free Will Delusion,« *New Scientist* 210:2808 (16 April 2011): 32.

12 Dan Zahavi, *Subjectivity and Selfhood: Investigating the First-Person Perspective* (Cambridge MA: MIT Press, 2008), 106.

13 Paul Tillich, *Systematic theology* (Chicago: University of Chicago Press, 1951–1963), 1:184.

Karl Barth says it in almost the same fashion. »A free [person] is one who chooses, decides, and determines himself and who acts according to his thoughts, words, and deeds.«[14] It is my argument that we grasp this form of freedom most clearly as self-determination, not indeterminism.

Confusion Two: Divine Kenosis & Creaturely Freedom

If God would just get out of the way, then we creatures would be free to do what we want to do! This has become a prevalent belief among the current generation of theologians, whom we might designate as the *kenotic creationists.* Jürgen Moltmann provides a prototypical example. »God does not create merely by calling something into existence, or by setting something afoot. In a more profound sense he creates by letting-be, by making room, and by withdrawing himself.«[15] If God withdraws, then we creatures can operate in God's vacated empty space with our free and creative contributions. So goes the logic of those theologians who apply *kenosis* to creation. What this presupposes, of course, is our first notion of freedom, namely, political liberty. Is this adequate for Christian theology? I don't think so.

Sallie McFague belongs to the new club of kenotic creationists. »In the kenotic theological paradigm, there is continuity all the way from evolution to God and vice versa: one ›reality‹ that is characterized at all levels by various forms and expressions of self-emptying.«[16] S. Mark Heim belongs to the same club. »Creation is shot through and through with freedom, including freedom ›from‹ God by virtue of God's withdrawal to give it space for self-determination.«[17] To be free, according to the kenotic creationists, is to be separated from God due to God's own self-withdrawal. It relies on a simile: when the parents are not home it's time for the teenagers to throw a wild party. But, I ask, does this adequately describe the relationship between God and creation revealed in the incarnation? I don't think so. What we learn from the Son and the Spirit in the Trinity is that God abides with us–intimately abides with us–and this divine presence liberates, frees, and empowers us. It is not God's absence that liberates us. Rather, it is God's presence.

---

14 Karl Barth, *The Humanity of God* (Louisville KY: Westminster John Knox, 1968), 84.

15 Jürgen Moltmann, *God in Creation* (New York: Harper, 1985), 88. Rather than withdrawing, Christoph Schwöbel believes God creates in order to establish presence, relationship, engagement. »In creation God freely creates a material universe in order to be in communion with material creation.« »Personhood and Bodily Resurrection,« in *Who is Jesus Christ for us Today? Pathways to Contemporary Christology in Honor of Michael Welker*, ed. Andreas Schuele and Günther Thomas (Louisville KY: Westminster John Knox Press, 2009), 229.

16 Sallie McFague, »Falling in Love with God and the World: Some Reflections on the Doctrine of God,« *The Ecumenical Review* 65:1 (March 2013): 33.

17 S. Mark Heim, *The Depth of the Riches: A Trinitarian Theology of Religious Ends* (Grand Rapids MI: Eerdmans, 2001), 267.

When it comes to the only place in the New Testament where kenosis appears, it is clear that it was intended to be a Christological concept. »Though he (Christ) was in the form of God, did not regard equality with God as something to be exploited, but emptied (*kenosis*) himself, taking the form of a slave, being born in human likeness« (Phil. 2,6–7). Kenosis applies to the self-differentiation of the Son from the Father, not to the Father's alleged withdrawal from the created world.

Nowhere in Scripture is either the term or concept of kenosis applied to God as creator emptying the divine self of creation. For a systematic theologian to apply kenosis to the Genesis creation cannot be exegetically supported, just as it cannot be conceptually supported. Human freedom does not depend on God's absence. This means some theologians, such as Notre Dame's Celia Deane-Drummond, simply refuse membership in the kenotic creationist club. »Extending kenosis to include God is, in my view, far more problematic if it envisages some sort of spatial withdrawal prior to self-involvement.«[18]

To clarify the confusion introduced by the kenotic creationists, we must insist that it is God's presence, not absence, which makes creaturely freedom possible. Process theologian John Cobb articulates this point with appropriate force. »[God is] the cause of freedom [...] it is by virtue of the presence of God that I experience a call to be more than I have been and more than my circumstances necessitate that I be. It is that call to transcendence that frees me from simply acting by habit and reacting to the forces of the world. In short, it is by God's grace that I am free.«[19]

Despite the confusion introduced by the kenotic creationists, one edifying product of this school of thought is its ethics: creaturely morality takes the form of imitating divine kenosis. Philippians 2:3–5: »Do nothing from selfish ambition or conceit, but in humility regard others as better than yourselves. Let each of you look not to your own interests, but to the interests of others. Let the same mind be in you that was in Christ Jesus.« For the author of Philippians, a *kenotic* spirituality or ethic consists of transcending one's own self interests on behalf of the welfare of the neighbor. Does disinterested love require self-withdrawal, absence?

Nancey Murphy and George Ellis make this moral move beautifully, despite the falsity of the main premise. »God's nature is essentially kenotic, as is demonstrated by the life and teaching of Jesus and in particular by his death on the cross. The implication is that there should be a kenotic response by men and women, who are made in the image of God, mirroring this kenotic nature

[18] Celia E. Deane-Drummond, *Christ and Evolution: Wonder and Wisdom* (Minneapolis: Fortress Press, 2009), 172–3.

[19] John B. Cobb, Jr., »God and the Scientific Worldview,« in *Talking About God: Doing Theology in the Context of Modern Pluralism*, ed. David Tracy and John B. Cobb, Jr. (New York: Seabury, 1983), 53.

and reflecting it in their relations to each other and to God.«[20] In short, we love because God first loved us, and our loving consists of enhancing the freedom of the neighbor.

Does Welker belong in the same club with Murphy and Ellis? Welker heuristically uses the concept of kenosis to describe the liberation agenda of the Christian church. Freedom depends on the »*free self-withdrawal and self-giving for the benefit of other creatures*, whether given in a liberating manner or received in a liberating manner.«[21] Love and liberation come together in a single package. Love here consists of withdrawal, letting-be, liberating, allowing for the free will of the other. We know from our own experience that Welker rightly describes human liberation. Yet, we must press the matter: does this experience of human liberation on behalf of free will also apply to God's relationship to the creation? Does God liberate through self-withdrawal? Does the *agape* love we express consist of withdrawal, absence?

To clarify this second confusion, we must make clear that God's freedom does not conflict with human freedom. »God's creative and self-communicating love is at the heart of God's sovereignty vis-a-vis the world; it is not in competition with human freedom.«[22] It is God's presence, not God's withdrawal, that makes human freedom possible.

Confusion Three: What is Christian Freedom?

Is distinctively Christian freedom a form of free will won for us by political liberation? Is Christian freedom a combination of notions one, two, and four? Or, might there be a dimension of Christian freedom which differs from political liberation or garden variety free will?

Abstractly, we might suggest that distinctively Christian freedom is a subset within moral freedom. Moral freedom occurs when the self dedicates itself to something other than self-interest. Moral freedom is exercised when the self dedicates itself to the good expressed in virtue or to the need of the neighbor. For virtue philosopher Otfried Höffe, moral freedom is a step beyond a liberated free will. »Freedom of the will in its fullest sense [...] is achieved [...] only with the readiness in a situation of conflict to put aside one's personal well-being

20 Nancey Murphy and George F.R. Ellis, *On the Moral Nature of the Universe* (Minneapolis: Fortress, 1996), 194.

21 Michael Welker, *God in the Spirit*, trans. John F. Hoffmeyer (Minneapolis: Fortress, 1994), 248–9. Welker is quite at home with co-extensive agency: heart initiated human agency combined with divine agency initiated by the third person of the Trinity. »It is via the heart that the divine Spirit reaches the human body and its mental capacities.« Michael Welker, »Flesh-Body-Heart-Soul-Spirit: Paul's Anthropology as an Interdisciplinary Bridge-Theory,« in *The Depth of the Human Person: A Multidisciplinary Approach*, ed. Michael Welker (Grand Rapids: Wm. B. Eerdmans, 2014), 55.

22 Brian O. McDermott, »The Bonds of Freedom,« in *A World of Grace: Karl Rahner's Theology*, ed. Leo J. O'Donovan (New York: Seabury, Crossroad, 1980), 57.

for the sake of morals.«[23] Virtue consists of a self deciding to sacrifice its self-interest on behalf of a virtue, on behalf of a good that transcends the self. Virtue requires a degree of self-transcendence achieved by the self in action. Through self-determination, moral freedom or virtue leads to a self which transcends itself.

If freedom of the will consists of self-determination, then moral freedom consists of a self transcending itself so as to give expression to a higher moral ideal or to enhancing the freedom and wellbeing of the other. In part, moral freedom is freedom from the self on behalf of the other. It is still the self which deliberates, decides, and acts, to be sure; yet, this free self elects to deny itself on behalf of a good which transcends the self.

It is Martin Luther who straightened out the intertwined logic that we now know concretely as Christian freedom.

> The Christian individual is a completely free lord of all, subject to none.
> The Christian individual is a completely dutiful servant of all, subject to all.[24]

By »servant,« Luther intends to say that the person of faith serves the neighbor according to the agenda set by the neighbor's needs. »In all of one's works a person should [...] be shaped by and contemplate this thought alone: to serve and benefit others in everything that may be done, having nothing else in view except the need and advantage of the neighbor.«[25] Or, »Christian individuals do not live in themselves but in Christ and their neighbor, or else they are not Christian. They live in Christ through faith and in the neighbor through love.«[26]

What has happened here? The second notion of freedom–freedom of the will understood as self-determination–has just been taken up into freedom *from* the self and become a freedom *for* the benefit of the other. In Luther's view, what makes this possible is the presence in faith of the living Christ, the same Christ who kenotically self-differentiated from the Father. The power of self-surrender is bestowed by the presence, not the absence, of our trinitarian God.

On the one hand, we might say that the self-determining self has been liberated from willing strictly on behalf of itself in order to will on behalf another self. On the other hand, it is still the self-determining self which is entheokaric, a self grounded in divine grace that expresses itself as a self who loves.

Entheokaris is the point made by Eastern Orthodox theologian Verna Harrison: »Divine freedom supports human freedom, and human freedom is called to cooperate with divine freedom [...]. Human freedom is a good gift because it

23 Ottfried Höffe, *Can Virtue Make us Happy?*, trans. Douglas R. McGauhey and Aaron Bunch (Evanston IL: Northwestern University Press, 2010), 254.

24 Martin Luther, »The Freedom of a Christian,« trans. Timothy J. Wengert, in *The Annotated Luther, Volume 1: The Roots of Reform*, ed. Hans J. Hillerbrand, Kirsi I. Stjerna, and Timothy J. Wengert (Minneapolis: Fortress Press, 2015), 488.

25 Ibid., 520.

26 Ibid., 530.

makes it possible for us to love God in return, to assist in God's work, to grow into the divine likeness.«[27]

Entheokaric freedom, like free will, also enjoys future freedom. Christians, according to Ingolf Dalferth, are »free to use all their capacities to mold and change human life in the world in accordance with the gospel message of the saving and perfecting presence of God's creative love [...]. [This is] a *created* freedom, i.e., a freedom that is grounded in a prior passivity that is not of its own making.«[28] People of faith who live in Christian freedom want to make a difference, want to see the condition of the poor and marginalized among their neighbors changed, altered, improved, transformed. Neighbor loving (*Nächstenliebe*) becomes practical; it seeks to get the job done.

CONCLUSION

In summary, I recommend that Michael Welker discard the assumption that divine self-withdrawal leads to creaturely freedom. Further, I recommend he also refrain from assigning »creative self-withdrawal« to the church's mission. Instead, I recommend he adopt the notion that divine presence empowers creatures to transcend their inherited circumstances and, in the case of Christian freedom, even transcend their own self-interest on behalf of virtue or on behalf of the neighbor's needs. It takes the presence of God's power for the self to transcend itself.

I have coined the somewhat awkward term, *entheokaric* freedom, to make this point. The freedom we seek is entheokaric human self-determination, the highest form of which is love toward one's neighbor. Entheokaric freedom is a gift of God's gracious presence with its liberating power.

---

27 Nonna Verna Harrison, »The human person as an image and likeness of God,« in *The Cambridge Companion to Orthodox Christian Theology*, ed. Mary B. Cunningham and Elizabeth Theokritoff (Cambridge UK: Cambridge University Press, 2008), 82.

28 Ingolf U. Dalferth, »Post-secular Society: Christianity and the Dialectics of the Secular,« *Journal of the American Academy of Religion* 78:2 (June 2010): 338.

Risk and Trust in Evolution

J. Wentzel van Huyssteen

At first blush the phrase »Risk and Trust in Evolution«, if taken by itself, seems strangely out of sync–even on a second, or third reading: surely »evolution by natural selection« is almost always seen as an important causal and natural process in which genes function as a strong determining force. Furthermore, basic Darwinian theory prioritizes natural selection and sexual selection as the prime factors in evolutionary change and the emergence of adaptations. Moreover, on a completely natural, pre-personal level no agency can be present, and without agency, how can there be any »risk« or »trust« involved at all?

Of course, this picture changes when we take a broader view and include recent developments in evolutionary theory, and especially if we focus on *human evolution.* My research and writing over the past few years represents some core perspectives on one of the most salient shared problems in the interdisciplinary dialogue between theology and the sciences today: namely the evolution of *human personhood.* Also in my recent Goshen Lectures (March 2015), I especially wanted to ask whether the history of human evolution as such might provide us with important bridge theories to theological anthropology and thus to a positive and constructive way of appropriating Darwinian thought for a public, interdisciplinary Christian theology.

For scientists like Águstin Fuentes[1] and Richard Potts[2], the real success of humans as a species can be attributed largely to our tendency and capacity for extreme alteration of the world around us. We not only construct material items, we engage in the creation and navigation of social and symbolic structures, space and place, in a manner unequalled by other organisms. Most anthropologists would agree, therefore, that human identity should be seen as interactively constructed by, and involved in the construction of a conflux of biological, behavioral, social, and symbolic contexts.[3] The problem is that even anthropologists (like many theologians!) often refuse to acknowledge a significant role for biological features and biological histories (evolution) in human action, sensation, and engagement.

---

1 Águstin Fuentes, »A New Synthesis: Resituating Approaches to the Evolution of Human Behavior,« *Anthropology Today* 25 (2009): 12–7.

2 Richard Potts, *Humanity's Descent* (New York: Morrow, 1996); »Environmental and Behavioral Evidence Pertaining to the Evolution of Early Homo,« *Current Anthropology* 53 (2012): 299–317.

3 Fuentes, »A New Synthesis,« 12.

Importantly, some evolutionary anthropologists actually now find the distinction »Darwinian« and »Neo-Darwinian« unhelpful for many of the current evolutionary theories of interest, and argue that we should recognize that there is an expansive body of research and theory that is not captured by these headings anymore.[4] Basic Darwinian theory prioritizes natural selection and sexual selection as the prime factors in evolutionary change and the emergence of adaptations.[5] However, without discounting the important role of natural and sexual selection in biological systems, some anthropologists want to emphasize that scientists are now expanding on Darwin's contributions, and invite us to focus on more recent emerging trends in evolutionary theory. Famously, in a landmark essay, Richard Lewontin pointed the way forward to a more revolutionary and interactionist view of the process of evolution as early as 1983.[6] Lewontin started out by pointing to the general and accepted view that the modern theory of evolution is a synthesis of the two great insights of nineteenth century biology: Darwin's realization that the variation among species arises from the conversion of variation between individuals within species (adaptation), and Mendel's discovery of discrete factors as the basis for the inheritance of differences between individuals (genes). The general belief is that the immense progress made in biology in the twentieth century and now in our century rests firmly on these two major discoveries of a previous time.[7] In a fascinating analysis Lewontin then goes on to show how these very same developments, however, served to keep us locked into a rigid framework of thought about the development and evolution of organisms: from the very source of Mendel and Darwin's success as biologists, the way that soon *internal* forces (cf. genes) were separated from *external* forces (environment/adaptation), flows the conviction that *genes* are regarded as the cause of organisms (Mendel), while the *external* world, the environment, acts on the organism and causes the form of organisms (Darwin). It is, however, this very distinction that causes some of the most serious problems for evolutionary biology.

---

4 Fuentes, »A New Synthesis« (s. note 1), 12.

5 *Natural selection* is generally seen as the process by which certain phenotypes (morphology and behavior) that are most effective at reproducing themselves (and thus their genetic basis or genotype) in a given environment, become more frequent in a population across generations. *Sexual selection* is the over-representation of specific phenotypes across generations as a result of mate choice and or intrasexual competition. Those traits that lead to the success of particular phenotypes and become the predominant traits in subsequent generations are termed adaptations. These traits, and the individual possessing them, are then said to be more »fit«. And it is these »fit« phenotypes that will strive for optimality and will rise to a majority status within the population over evolutionary time. Cf. ibid., 12.

6 Richard C. Lewontin, »Gene, Organism, and Environment,« in *Evolution from Mice to Men*, ed. D. S. Bendall (Cambridge: Cambridge University Press, 1983), 273–8.

7 Ibid., 273.

Over time, in Darwinism, the living organism was seen as the interaction of two causal sequences, namely internal forces produced the variation among organisms, while autonomous external forces molded the species on the basis of these autonomous internally caused variations.[8] So the essence of Darwin's account of evolution was seen as the separation of causes of *ontogenetic* variation, as coming from internal factors, and *phylogenetic* variation, imposed from the external environment by way of internal selection. Lewontin was quick to point out, however, that as time passed, Mendel's view of organisms as the manifestation of autonomous »factors« (genes) with their own laws, and Darwin«s view of organisms as passive objects molded by the external force of natural selection, increasingly contradicted with the known facts of development and population biology.[9]

Indeed, anyone interested in the development of evolutionary biology should be concerned about two issues about the forms of organisms: one indeed is the ontogenetic process through which the sequence of forms that comprise an individual's life history come into being. The second is the phylogenetic process by which species as collective entities form and change based on the variation among the individuals that make them up. Classical, post-Darwinian, post-Mendelian biology has indeed settled on two metaphors through which to see these processes. The first, ontogenetic process is seen as the *unfolding* of a form, already latent in the genes, requiring only an original triggering at fertilization and an environment adequate to allow »normal« development to continue; the second, phylogenetic, process is seen as *problem and solution*. The environment »poses the problem«, the organisms »posit solutions«, of which the best if finally, »chosen«. Lewontin then set out to show that these two Mendelian and Darwinian metaphors are in fact wrong: individual development is not just an unfolding, and evolution is not a series of solutions to present and solve problems. *Rather, genes, organisms, and environments are in reciprocal interaction with each other in such a way that each is both cause and effect in quite a complex way*. The known facts of development and of natural history make it patently clear that genes do not determine individuals nor do environments determine species.[10]

What various biologists have shown is in fact the *reciprocity* of effects of genetic state on environmental sensitivity, and of the environmental state on genetic sensitivity of the developing organism.[11] On this view, the final step is to incorporate the organism as *itself a cause* in its own development as a mechanism through which external and internal factors influence its future. Therefore, to describe phenotype as the consequence of gene, environment, and a contingent »accident«, entirely leaves out the element of *temporal order* that is

8 Ibid.
9 Ibid., 275.
10 Ibid., 276.
11 Ibid., 278.

the essence of a developmental process.[12] The organism is not simply the object of developmental forces, but the subject of those forces as well. In this sense organisms as entities are one of the causes of their own development.[13] What we also find here is a far more nuanced view of adaptation itself: organisms' environments are made by the organisms themselves as a consequence of their own life activities. In this sense, one can even say that organisms do not just »adapt« to their environments, but they *construct* them out of bits and pieces of the external world, thus implying that organisms determine what is relevant as they construct their environment, and organisms alter the external world as it becomes part of their environment.[14]

Clearly, then, the metaphor of *construction* rather than *adaptation* leads to a different formulation of natural selection and evolution as such. In fact, on a constructionist view, organisms and environment co-evolve, each as a function of the other.[15] The profound implication of this is that the coevolution of organism and environment are not arbitrary forms of evolution but are constrained by one another, which explains the phenomenon of *convergence*: some pathways through the organism-environment space are more probable than others precisely because there are real physical relations in the external world that constrain change.[16] Organisms, then, make and are made by their environment in the course of phylogenetic change, just as organisms are both the causes and consequences of their own ontogenetic development. On Lewontin's transfigured view of Darwinian evolution, then, this means the study of evolution does not have to lean so heavily anymore on an impoverished view of the relation between gene, environment, and organism.[17]

For instance, evolutionary anthropologist Christopher Boehm, has very recently pointed out how clearly Darwin always implied that potentially changeable environments are continuously acting on the gene pool with significant results for evolutionary development, even speciation.[18] At the heart of Darwin's project, then, we already find what evolutionary biologists and anthropologists today call a process of *niche construction*: in a remarkable interactive process, potentially changeable natural environments were, and are, acting continuously on variation in the gene pools of populations, and in this way gene pools were modified over generations.[19]

---

12 Lewontin, »Gene« (s. note 6), 279.

13 Ibid.

14 Ibid., 288f.

15 Ibid., 282.

16 Ibid. 283.

17 Ibid., 284.

18 Christopher Boehm, *Moral Origins: The Evolution of Virtue, Altruism, and Shame* (New York: Basic Books, 2012), 3–4.

19 In discussing equations that describe and explain this kind of coevolution of both organism and environment, Markus Mühling has recently pointed out that both in fact function alike as causes as well as effects, and that on this view the traditional uni-

Niche construction thus occurs when an organism modifies the relationship between itself and its environment by actively changing one or more of the factors in its environment, and thus also potentially in itself. These definitions are more than just mere definitions; they provide a new mechanism within evolution in addition to natural selection. And Mühling is right; by doing so, niche construction broadens Neo-Darwinism in another respect as well: classical Neo-Darwinism knows only one inheritance system, namely the *genetic system*, in which the genetic pool alone plays the role of a information transformation system over time. But niche construction clearly has the consequence that information can be transferred in another additional ways as well, one of which Olding-Smee et.al., has called environmental or *ecological inheritance*.[20]

On this view, »evolution as interactive construction« is the idea that evolution is never only a matter of biologically developing organisms, but of organism-environment systems interacting and changing over time in a dynamic interactive process of *niche construction* as a significant evolutionary force alongside natural selection.[21] For an understanding of human evolution this is obviously extremely important: most anthropologists would agree that humans are constructed by, and involved in the construction of, contexts that are simultaneously physiological, behavioral, historical, social and symbolic. In this sense human behavioral evolution must be seen primarily as *a system evolving*, rather than a set of independent or moderately connected traits evolving.[22] On this view, niche construction is a core factor in human behavioral evolution. The startling conclusion, however, is that we should consider the potential impacts

---

directional character of evolutionary theory is abandoned (cf. Markus Mühling, *Resonances: Neurobiology, Evolution and Theology. Evolutionary Niche Construction, The Ecological Brain and Relational-Narrative Theology* [Göttingen: Vandenhhoeck & Ruprecht, 2014],144ff.). Relying on an analysis of Lewontin's classical essay, (cf. Lewontin, »Gene« [s. note 6]), scientists like John Odling-Smee, Kevin Laland, and Marcus Feldman have also proposed that classical evolutionary theory, therefore, has to be expanded in such a way that the new theory can satisfy the new demands resulting from the work of Lewontin and others (cf. F. John Olding-Smee, Kevin N. Laland, and Marcus W. Feldman, *Niche Construction: The Neglected Process in Evolution* [Princeton: Princeton University Press, 2003]). This is only possible when niche construction is not viewed as another given fact of nature readily explainable by classical Neo-Darwinism, but only if niche construction itself is in fact seen as an additional mechanism of evolution working at the very same basic level as natural selection (cf. Mühling, *Resonances*, 145).

20 Mühling, *Resonances*, 147.

21 In this synergistic interaction between organisms and their environment niche construction emerges as inherently a constructivist process in which biological, ecological, and social/cultural spheres not only interact, but also provides a model for human genetic and cultural evolution by incorporating three levels or dimensions: genetic processes, ontogenetic processes, and cultural processes. Cf. Fuentes, »A New Synthesis,« 14; Michael Ruse, *The Philosophy of Human Evolution* (Cambridge: Cambridge University Press, 2012), 125.

22 Fuentes »A New Synthesis« (s. note 1), 15.

of a diverse array of processes that affect inheritance and evolutionary change, and the possibility that natural selection can occur at multiple levels and may not always be the only, or main, driver of change.[23] In addition, I believe, this radically affects the question of risk and trust in evolution.

At the heart of this then is the increasingly rapid and dynamic niche construction by humans, particularly as it relates to aspects of cognitive and symbolic function and social relationships, and the imaginative ability to deploy multiple modes of responding to evolutionary pressures. Here, Fuentes is in agreement with Terrence Deacon,[24] Merlin Donald,[25] Barbara King,[26] Alan Barnard,[27] and Andrew Robinson,[28] that it is our place as a *semiotic species*, and the use of symbol as core infrastructure for our perceptions of, and dealing with the world, that acts as a major factor in, and thus as a hallmark of human evolution.[29]

Humans have an imagination that is part of our perceptual and interactive reality and is a substantive aspect of lived experience. Thus, it is realistic to accept that at some point in the last 400,000 years language and hyper-complex intentionality acted to »lock-in« the more-than-material as our permanent state of being, and so laid the groundwork for the evolution of morality, the possibility of metaphysics, aesthetic propensities, religious imagination and the propensity for religious belief,[30] as crucial parts of the uniquely human experience. Now existing in a landscape where the material and social elements have semiotic properties, and where communication and action can potentially be influenced by representations of both past and future behavior, implies the possession of an imagination, and even something like »hope«, i.e., *the expectation of future outcomes beyond the predictable.*[31] The assertion here is that this interactive process occurs as a component of the human niche as it moves dynamically through the Pleistocene as part of the emerging human toolkit.

Importantly, imagination, and therefore, religious imagination, on this view is not just an exaptation, a spurious byproduct of evolution, but crucial to the

23 Fuentes »A New Synthesis« (s. note 1), 16.

24 Terrence Deacon, *The Symbolic Species: The Co-Evolution of Language and the Brain* (New York: Norton, 1997).

25 Merlin Donald, *A Mind So Rare: The Evolution of Human Consciousness* (New York: W.W. Norton, 2001).

26 Barbara King, *Evolving God: A Provocative View on the Origins of Religion* (New York: Doubleday, 2007).

27 Alan Barnard, *Genesis of Symbolic Thought* (Cambridge: Cambridge University Press, 2012).

28 Andrew Robinson, *God and the World of Signs: Trinity, Evolution, and the Metaphysical Semiotics of C.S. Pierce* (Leiden/Boston: Brill Publishers, 2010).

29 Fuentes, »A New Synthesis« (s. note 1), 12.

30 J. Wentzel van Huyssteen, *Alone in the World: Human Uniqueness in Science and Theology* (Grand Rapids: Wm. B. Eerdmans, 2006).

31 Águstin Fuentes, »Human Evolution, Niche Complexity, and the Emergence of a Distinctly Human Imagination,« *Time and Mind* 7 (2014): 241–57.

process of human evolution and incorporates behavioral processes and a sense of imagination and hope that would, and did, increase the likelihood of innovation and successful responses to evolutionary challenges.[32] This also implies that human distinctiveness may have emerged, not merely through the ascent of a hierarchy of semiotic competence, of which symbolic competence was the pinnacle, but, rather, through the entrance of what Andrew Robinson refers to as the *semiotic matrix*.[33] In the Upper-Paleolithic in Europe, and probably earlier in Africa,[34] anatomically modern humans crossed a new cognitive threshold into a semiotic realm, that allowed for the combination of remarkable new forms of symbolic communication.

From Empathy to Moral Awareness: A Natural History of Morality?

A better understanding of cooperation, empathy, compassion, the use of and engagement with materials, symbols and ritual, and the notion of a semiotic landscape in which humans and our immediate ancestors exist(ed), does indeed move us along in our analysis of what it meant to become future-orientated. And the understanding of all of this is indeed a true interdisciplinary process: and it is this process that creates the possibility for an imaginative, potentially metaphysical, and eventually religious, experiences of the world.[35] This should lead to a better understanding of the ubiquitous importance of the propensity for religious imagination, and the reality of religious experiences for *Homo sapiens sapiens*. This does not imply an argument for any particular adaptive function of religiosity, but rather an argument that in an evolutionary context, neither morality, nor religion, nor religiosity could suddenly have appeared fully developed, and it is therefore valuable to search for the kinds of structures, behaviors, and cognitive processes that might facilitate the eventual appearance of such patterns in human beings.

Finally, I argue that the work of evolutionary ethicists is of great importance for theologians because of their direct interest in how the evolutionary origins and future evolution of human behavior is to be explained, and in which way our behavior has been constrained, but not determined, by biological factors. Following from our earlier discussion of niche construction it will be clear that evolution by natural selection and genetics can play an important role in our tendency to think in normative terms, i.e., our innate sense of moral awareness. Evolutionary explanations of this moral awareness, however, cannot explain our moral judgments, nor justify the truth claims of any of our moral

32 Ibid.

33 Robinson, *God* (s. note 28), 150–1.

34 van Huyssteen, *Alone in the World* (s. note 30), 217–70.

35 Fuentes, »Human Evolution« (s. note 31).

judgments – now or in the future. Why and how we make moral judgments can only be explained on the more complex level of niche construction and cultural evolution, and by taking into account the historical embeddedness of our moral codes in religious and political conventions. For Christian theology, in the end, the choice will not be for a moral vision that is inherent in revelation and is, therefore, »received« and not invented or constructed. Instead, on a postfoundationalist view, our moral codes and ethical convictions of what is »received« is itself an interpretative enterprise, shaped experientially through our embeddedness in complex niches of communities and cultures. Against this background, I want to try to begin to bridge the gap between evolutionary and theological meta-narratives by making a postfoundationalist proposal[36] for a bottom-up, contextual form of evolutionary ethics, and then specifically ask how this might apply to the evolution of morality and ethical judgments, and the status of ethical judgments and moral codes in theology.

The work of Maxine Sheets-Johnstone has recently found, in my view, strong affirmation in anthropologist Christopher Boehm's latest publication, *Moral Origins: The Evolution of Virtue, Altruism, and Shame* (2012). Boehm, in a strong affirmation of Agustin Fuentes and other evolutionary anthropologists' notion of *niche construction*, argues that human behavior is not determined either by biology, or by nature, but by interactions between these two factors. Boehm also recognizes that culturally-instilled beliefs and attitudes support evolved dispositions, that brain mechanisms affect the evolution of culture, and that cultural innovations affect biological evolution.[37] Boehm puts it as follows: »In modern terms, what Darwin's theory told the world was that potentially changeable natural environments were acting continuously on variations of gene pools of resident populations«. In this way, Boehm starts the challenging task of offering a natural history of morality, something that Darwin himself could not fully accomplish, not because of any lack of insight or ambition, but because in his time he lacked the necessary data from primatology, paleoanthropology, cultural anthropology, and psychology, along with explanations of brain functions from cognitive neuroscience.[38]

Like Sheets-Johnstone, Boehm steps back into prehistory to look for the roots of morality. First, Boehm assumes that members of archaic groups would have suppressed their selfish and dominant behaviors based on fear, in much the same way that dogs, wolves and chimpanzees do. However, given the premium on egalitarian behavior in hunter and gatherer groups, and the strong tendency of members of these groups to punish cheaters and bullies, individuals who inherited the ability to internalize rules and exert self-control would have fared

36 van Huyssteen, *Alone in the World* (s. note 30), 6–24.

37 Boehm, *Moral Origins* (s. note 18), 3–4; Dennis L. Krebs and Kaleda K. Denton, »How Did Morality Originate, review of Moral Origins: The Evolution of Virtue, Altruism, and Shame,« *Evolutionary Psychology* 11 (2013): 16.

38 Boehm, *Moral Origins* (s. note 18), 13.

better biologically and genetically than those who did not, and as such, then, mediated the evolution of *conscience*. In addition, Boehm suggests that other evolutionary processes, such as group selection, sexual selection, and indirect reciprocity, would have been given a boost by the forms of social selection he emphasizes because individuals – and groups – who shared food and punished bullies and cheaters would have fared better than individuals – and groups – who did not.[39] Boehm's historical journey finally ends with modern humans, and he asserts that biologically-based moral evolution ended some 45,000 years ago with the advent of the first fully modern humans.[40]

Boehm's basic thesis, then, is that prehistorically humans began to make use of social control so intensively that individuals who were better at inhibiting their own antisocial tendencies, either through fear of punishment or through absorbing and identifying with their group's rules, gained superior fitness. And by learning to internalize rules, humankind acquired a conscience.[41] In this sense the long »road to morality« ends with the first fully »modern« humans, and they were basically the end point for moral evolution in the biological sense. In this sense, one could say that the uniquely self-conscious agency of the human person went hand-in-hand with the evolutionary development of the uniquely human conscience, and thus, as we saw earlier in the work of Maxine Sheet-Johnstone, with an inherent moral sense for right and wrong.[42] What is more, it is also exactly the development of *conscience*, which gave us the first primitive sense of right and wrong, that quickly re-enforced the remarkable degree of *empathy*, and finally the accompanying traits of extrafamilial generosity and altruism, that enrich our human lives today.[43] So, for Sheets-Johnstone, attunement occurs largely beyond awareness, almost automatically, while empathy involves the mediation of cognitive processes.[44]

Against the background of this illuminating discussion of empathy, Sheets-Johnstone adds the notion of *trust*. Trust, as deeply embedded in empathy, is already grounded in a nonlinguistic sense of the other that is rooted in sensitive and deep awareness of the feelings, dispositions, and intentions of the other toward us.[45] And it is only trust that can ultimately overcome the existential meaning and impact of uncertainty. But, because its cognitive structure is always open to affective influence or some form of fear, the cognitive structure of trust can be unstable. Only if and when we arrive at a fuller understanding of our relationship with the other and of the *affective foundations of trust*, will we be able to arrive at a fuller understanding, and an overcoming of, the more

39 Krebs and Denton, »How Did Morality Originate« (s. note 37), 16.
40 Boehm, *Moral Origins* (s. note 18), 17–8.
41 Ibid., 17.
42 Ibid.
43 Ibid., 18.
44 Maxine Sheets-Johnstone, *The Roots of Morality* (University Park: The Pennsylvania State Press, 2008), 203.
45 Ibid., 265.

fragile nature of the *cognitive structure of trust*.[46] And it is this ever-maturing cognitive structure of trust, so deeply embedded in the embodied, affective structure of empathy, which ultimately opens the door to a mutual *rationality of care* for one another.[47]

For these reasons, the idea of a »top down« morality that can be argued from some »first principles«, can indeed be seen as a creationist myth.[48] Also Philip Kitcher, as we will soon see in more detail, has argued in his *The Ethical Project* (2011) that we often wrongly assume that there must be some authority in ethics, some point of view from which truth can be reliably discerned. The question, however, is *why*? Ethics may simply be something we work out together.[49]

If there is such a thing as the moral law, it is therefore unlikely to be identical everywhere. Our species certainly does possess invariant characteristics, and there is some degree of universality as we are all oriented toward helping and not hurting others. Yet, there are indeed huge differences in morality between societies as well as variations within every society.[50] Rather than reflecting an immutable human nature, morals are closely tied to the way we organize ourselves and negotiate our worlds.[51] Therefore, someone like Philip Kitcher who wants to argue for an alternative position that grounds morality in biology without actually denying that its specifics are decided by people, is followed up be someone like De Waal who states: »I don't believe that watching chimpanzees or bonobos can tell us what is right or wrong, nor do I think that science can do so, but surely knowledge of the natural world helps us to understand how and why be came to care about each other and seek moral outcomes.«[52] For this reason moral laws are mere approximations, perhaps metaphors, of how we should behave.

The important question, then, is *what can Darwinian evolution teach us about the nature of morality*? For the better part of the twentieth century the answer given to this question was indeed: *nothing*.[53] What Darwin can say to us about morality certainly is that any objective basis of morality is an illusion, and there is nothing, objectively, to say to the question, morally what ought

---

46 Sheets-Johnstone, *The Roots of Morality* (s. note 44), 281.

47 Boehm would also acknowledge recent work establishing the existence of empathy, undoubtedly as a precursor of morality, in primates. But it is our evolutionary developed conscience, which has endowed us with a universal sense of *shame*, manifested in the unique human ability of *blushing* as an expression of shame, which was pivotal in the origin of morality (cf. Boehm, *Moral Origins* [S. note 18],14ff.).

48 Frans de Waal, *The Bonobo and the Atheist: In Search of Humanism Among the Primates* (New York: W. W. Norton, 2013), 170.

49 Philip Kitcher, *The Ethical Project* (Cambridge MA: Harvard University Press, 2011), 207.

50 de Waal, The Bonobo.

51 Ibid., 180.

52 Ibid., 185.

53 Cf. William J. FitzPatrick, »review of The Ethical Project,« *Ethics* 123 (2012): 167–74.

we to do. What distinguishes Philip Kitcher's »ethical project« is how seriously he takes Darwin in trying to show that Darwin's work does, however, have serious normative and meta-ethical implications. Kitcher's remarkable book is the culmination of his »life-long work of reconciling ethics with a Darwinian picture of life.«[54] At the heart of this outstanding interdisciplinary project is the conviction that any adequate philosophical account of not only ethics, but of the evolution of the moral sense, must cohere with our best scientific and historical understanding of the evolution of ethics. The scope of this project, aptly named *The Ethical Project*, is indeed vast: stretching from the emergence of ethical discourse and practice among our Paleolithic ancestors and the subsequent development of ancient and modern history up to the present. Kitcher is particularly concerned to resist any notion of a relativistic »mere change« of the history of ethical thought and practice, and instead try to probe how such changes through history actually came about, and most importantly, identify whether there is any real *progress* in the evolution of ethics. Kitcher especially wants to maintain that any traditional philosophical thought that construes progress in terms of more accurately grasping ethical »truths« fails miserably on this front.[55] What we need, on the contrary, is an historical account of *ethical problem solving*, which he then develops as a form of pragmatic naturalism.

Ethical *progress* eventually consisted in functional refinement, which first aimed at solving original problems more thoroughly and more reliably. Over the course of this kind of progress, however, the problem background itself changed, generating new functions for ethics, and hence new modes of functional refinement.[56] In developing this natural history of ethics, Kitcher now pinpoints the original function of ethics as *a remedying of altruism failures*; i.e., remedying those altruism failures provoking social conflict.[57] Eventually, one can state, that at its most progressive, the evolution of ethics is a series of responses to the most powerful sources of residual conflict.[58]

Clearly, then, for Kitcher, in the history of the evolution of ethics–whether in prehistory, ancient, modern, or recent history–there is no appeal to anyone's having had insight into any form of *objective truth*. However, unlike Richard Joyce, he does not opt for relativism or skepticism, but comes forward with what I would call a strong postfoundationalist alternative: replacing the traditional model of progress as a looser adherence to ethical truth with a model modeled after technology, Kitcher argues that just as we can speak of technological progress in terms of a functional refinement to artifacts whereby they perform their given functions more reliably, quickly and cheaply, so we too can speak of ethical progress or ethical progressive transitions simply in terms of functional

54 Kitcher, *Ethical Project* (s. note 49), 411–2.; FitzPatrick, »review« (s. note 53), 167.

55 FitzPatrick, »review« (s. note 53), 167.

56 Kitcher, *Ethical Project* (s. note 49), 221–2.

57 Ibid., 222–3.

58 Ibid., 225.

refinements to ethical codes.[59] On this view, progress then takes place when our ethical codes are changed in ways that enable them to perform their primary functions of remedying altruism failures and promoting social harmony better. So understood, progress in ethics is not understood at all as aligning with independent normative truths, but as a direct form of problem solving, an ongoing process of conceptual and functional refinement.

In this sense, there is no prior conception of ethical truth, such that people make ethical progress when they discover independently constituted ethical truths, but »progress« is in fact the prior notion itself; and descriptive versions of rules come to count as »true« in virtue of the fact that they enter and remain in ethical codes that unfold in a progressive sequence, or as Kitcher puts it, »truth happens to an idea.«[60] In this sense, we are never at the end of the ethical project, never at some hypothetical limit of any progressive sequence of ethical practices. Yet, we confidently assert some ethical statements (»honesty is typically good/right, and murdering people who have done no harm is typically wrong«). The confidence that we have is that something very like what our imprecise statements express will be found in later progressive extensions of our own practice. Therefore, despite the variation we find in the world's ethical experiments, some themes are discovered again and again.[61]

But here also lies the possibility of pluralism: there is indeed a core set of impressive concepts which we can hail as »ethical truths.« There are also areas in which the convergence of progressive traditions is genuinely in doubt. Rival traditions thus offer different elaborations if the ethical project, alternative cultural lineages, and societies belonging to those lineages by no means find the same problems salient.[62] In this evolution of the ethical project, however, it is often an innovator that justifiably makes a revisionary, even revolutionary, proposal if the ethical processes are likely to lead to ethical progress. For instance, *empathetic understanding* can foster societal discussion to remedy existing altruism failures, and someone who becomes a strong leader in this venture can indeed be seen as a justified agent of ethical change. Kitcher then offers a fascinating example of just such a figure: if one looks at what emerges, for instance, from the Christian gospels, the person that emerges as the most striking example of empathetic identification in recorded history is Jesus.[63] The sweeping exhortations to forgive, to cherish and nurture those whom society neglects or despise are much more than attempts to deal with altruism failures on a large scale, but because of the scope of his sensitivity to others, one might credit Jesus with a capacity for empathetic understanding whose exercise reliably generates progressive proposals for ethical reform. In Kitcher's view there are

59 FitzPatrick, »review« (s. note 53), 168.

60 Kitcher, *Ethical Project* (s. note 49), 246.

61 Ibid., 247.

62 Ibid., 248f.

63 Ibid., 250f.

indeed no »moral teachers«, *but there are justified reformers who make proposals*, and we can count him as one of the greatest.[64] Against this background Kitcher would argue that we can derive from the empirically discovered function of ethics, nothing less than a normatively binding, secular, and richly egalitarian ideal: an ideal of ethical deliberation involving strong *mutual engagement* and *problem solving*, and thus, *ethical progress*.

In this way, he succeeds in capturing an element of objectivity by always again appealing to the »original function of ethics:« remedying altruism. In this view, what counts as a good life is subject to functional refinement over time, and there is no guarantee that our current conception is ideal or that future conceptions will inevitably be progressive. And it is in this sense that ethics is a work in progress, which does not mean that we cannot give some content to the good.

64 Ibid., 251.

Vertrauen in unsicheren Zeiten

Ehe und Familie als Institutionen der Risikominimierung

Isolde Karle

(1) Unsicherheit

Die Kommunikationsmedien versorgen uns ohne Pause mit beklemmenden Nachrichten und bringen jede Krise der Welt in unsere Wohnungen und Häuser. Die mediale Überkomplexität bleibt für die individuelle Psyche und das private Zusammenleben nicht ohne Folgen und ruft bei vielen Menschen in vermehrtem Maß nicht nur globale, sondern auch persönliche Ängste hervor.[1] Die Zukunft erscheint dabei sowohl in globaler Hinsicht als auch im persönlichen Nahbereich schwer absehbar.[2] Politische Selbstverständlichkeiten wie die Stabilität einer pluralistischen, demokratisch verfassten Gesellschaft geraten durch politische Entwicklungen ins Wanken und lassen uns irritiert zurück. Auch der christliche Glaube scheint sich nicht mehr von selbst zu verstehen. Die abnehmenden Mitgliederzahlen in den Kirchen, die problematische demographische Entwicklung, die empfindlichen Rückbau- und Veränderungsprozesse, mit denen sich die Kirchen konfrontiert sehen, verunsichern die Gemeinden, die Kirchen, den Nachwuchs in der Pfarrerschaft und nicht zuletzt auch die theologischen Fakultäten. Wie wird das Christentum von morgen in der westlichen Welt aussehen?

Michael Welker hat sich in seinem theologischen Werk mit der Vielfalt, Komplexität und Selbstgefährdung modernen Lebens intensiv befasst. Eindrucksvoll führt er dabei vor, dass der Glaube und das von ihm hervorgerufene Vertrauen nicht nur als individueller Trost zu begreifen sind, sondern soziale und öffentliche Folgen haben, dass der Geist Christi ein Geist des Erbarmens

---

1 Vgl. Stephan Lebert, »Angst: Mitteilungen einer unheimlichen Gefährtin,« *Zeit Online*, 21. Februar 2017, http://www.zeit.de/zeit-wissen/2017/02/psychologie-angst-therapie-panikattacken-terror-gesellschaft-unsicherheit-trauma/ (letzter Zugriff: 28.02.2017).

2 Vgl. dazu ausführlich: Anthony Giddens, »Risiko, Vertrauen und Reflexivität,« in *Reflexive Modernisierung: Eine Kontroverse*, hrsg. Ulrich Beck, Anthony Giddens und Scott Lash (Frankfurt am Main: Suhrkamp, 1996), 317. »Die Gegenwart ist gekennzeichnet durch ›hergestellte Unsicherheit‹« (ebd.), das heißt, Unsicherheit überkommt uns nicht wie ein Schicksal, sondern hat mit dem Entscheidungscharakter modernen Lebens zu tun, der immer impliziert, dass Entscheidungen falsch sein und damit mit (zuweilen hoch) riskanten Folgen und Unsicherheiten einhergehen können.

ist, ein Geist, der Sozialordnungen erneuert, der Menschen befähigt, sich in Beziehungen festzulegen, »und die Menschen für Gottes schöpferisches Handeln öffnet«.[3] Wer sich vom Geist Christi anstecken lässt, findet deshalb nicht nur Festigkeit in den eigenen vertrauten Lebenszusammenhängen, sondern stiftet eine solche Festigkeit und Erwartungssicherheit auch für andere Menschen, indem er ihnen Freiraum gewährt und ihnen hilft, »sich zu ihrem Besten entfalten zu lassen«. Denn »[d]ie Liebe fördert die kraftvolle Selbstentfaltung des geliebten Mitmenschen und empfindet damit verbundene Selbstzurücknahme nicht als Verlust, sondern als eigene Stärkung«.[4] Damit wird ein Kraftfeld der Liebe aufgespannt, das Vertrauen nicht nur als spontane Gefühlsregung begreift, sondern auch als Struktur, als Erwartungssicherheit vermittelnde Ordnung, die sich auf Zukunft festlegt und sie gerade damit eröffnet.

Die folgenden Überlegungen knüpfen an diese Vertrauensvorstellung an und übertragen sie auf die Sozialformen Ehe und Familie, die in besonderer Weise dazu prädestiniert sind, Vertrauen zu lehren, zu lernen und zu erproben. Obwohl Ehe und Familie seit vielen Jahren wissenschaftlich und medial vielfältiger Kritik ausgesetzt sind und ihre Brüchigkeit gewissermaßen unter Beweis gestellt haben, werden sie nach wie vor von der großen Mehrheit der Bevölkerung als Institutionen des Vertrauens geschätzt. 85 % der jungen Menschen, die von der Konrad-Adenauer-Stiftung in einer aktuellen Studie über Familienleitbilder befragt wurden, geben an, dass es für sie essentiell sei, eine eigene Familie zu gründen. »Kinder sind [...] selbstverständlicher Bestandteil im Lebenskonzept der Mehrheit junger Menschen«.[5] Woran liegt es, dass Familie – und auch Ehe und Partnerschaft – weiterhin so viel Attraktivität und Vertrauen genießen, obwohl sie gleichzeitig als riskant und überholt gelten?

Die angedeutete Widersprüchlichkeit wird in der bereits zitierten Konrad-Adenauer-Studie deutlich, es heißt dort: »Auch wenn die Ehe als Leitbild an Bedeutung abgenommen hat, so ist das Scheitern einer Ehe keine Abkehr von der Ehe als Orientierungspunkt, denn oft folgt auf eine Scheidung eine Wiederverheiratung. Zu beobachten ist vielmehr, dass subjektiv die Erwartungen und Anforderungen an das Gelingen stabiler Partnerschaften steigen. *Abweichend zur Ansicht der Autoren dieser Publikation* ist daher die auf ein gemeinsames Leben

---

[3] Michael Welker, *Gottes Geist: Theologie des Heiligen Geistes* (Neukirchen-Vluyn: Neukirchener Verlagsgesellschaft, 1992), 207.

[4] Ibid., 212.

[5] Vgl. Christine Henry-Huthmacher, Hg., *Familienleitbilder in Deutschland. Ihre Wirkung auf Familiengründung und Familienentwicklung* (Paderborn: Bonifatius, 2014), 6. Siehe: http://www.kas.de/wf/doc/kas_38060-544-1-30.pdf (letzter Zugriff: 28.02.2017). Damit korrespondiert das Ergebnis mit einer anderen empirischen Studie, die zeigt, dass Paar- und Familienhaushalte ein höheres Institutionenvertrauen besitzen als Einpersonenhaushalte, vgl. Martin Abraham, »Institutioneller Wandel, Familie und das Vertrauen in gesellschaftliche Institutionen,« in *Die Vielfalt der Familie: Tagungsband zum 3. Europäischen Fachkongress Familienforschung*, hrsg. Olaf Kapella et al. (Opladen: Barbara Budrich, 2009), 279.

ausgerichtete Institution Ehe zu stärken – gerade auch unter den Vorzeichen des demografischen Wandels«.[6] Die Autoren der Studie distanzieren sich ausdrücklich von der Ehe als Institution, die sie offenbar als antiquiert betrachten, und müssen von ihrer empirischen Studie her zugleich erkennen, dass es im Sinn ihrer Ergebnisse naheläge, den Institutionencharakter von Partnerschaft und Familie zu stärken. Dies zeigt, wie vermint das Gelände der Diskussion um Ehe und Familie ist und dass mit Ideologie auf allen Seiten der Argumentation (ob »konservativ« oder »progressiv«) zu rechnen ist.

Der folgende Beitrag distanziert sich von der ideologischen Überfrachtung der Diskussion und fragt danach, was Ehe und Familie – in traditionellen sowie neuen Formen – im Hinblick auf Vertrauen in der modernen Gesellschaft leisten können und was nicht, worin ihre Ambivalenzen begründet sind, warum und inwiefern sie zur Risikominimierung beitragen und warum Vertrauen überhaupt so elementar für die moderne Gesellschaft ist. Am Ende werden Überlegungen angestellt, wie Ehe und Familie reformatorisch zu deuten und was daraus für Konsequenzen zu ziehen sind.

(2) FUNKTION VON EHE UND FAMILIE

»Familien gehören zu den ältesten Institutionen der Gesellschaft«.[7] Sie haben eine wechselvolle Geschichte hinter sich, in der Moderne vor allem mit einer dichotomen Geschlechterrollenaufteilung beim Ehepaar, die in den letzten Jahrzehnten zunehmend infrage gestellt und transzendiert wurde und wird. Familien haben je nach Gesellschaftsstruktur unterschiedliche Funktionen zu erfüllen. Vormodern hatten Ehe und Familie immer auch »einen instrumentellen Charakter«.[8] Erwerbs- und Familienleben waren nicht strikt getrennt, oft befanden sich Handwerk bzw. Arbeit und Haushalt unter einem Dach. Überdies war die Versorgung in Krankheit und Alter über die Familie zu sichern. In der modernen Gesellschaft fallen viele Funktionen, die die Familie ehedem zu erfüllen hatte, weg. Es bildet sich »die Emotionalisierung und Intimisierung der familialen Binnenstruktur heraus«,[9] die im 19. Jahrhundert zum romantischen Liebes- und zum bürgerlichen Familienideal führt, das uns bis heute prägt. Erst mit der Moderne werden die Sphären von Arbeit und Familie, von Öffentlichkeit und Privatheit strikt getrennt. Die zunehmende Intimisierung des Familienlebens bildete sich dabei auch architektonisch ab, indem in modernen Bürgerhäusern erstmals Flure und einzelne Zimmer errichtet wurden, die die Ausprägung von

---

[6] Henry-Huthmacher, *Familienleitbilder* (s. Anm. 5), 7, Hervorhebung I. K.

[7] Niklas Luhmann, »Sozialsystem Familie,« in *Soziologische Aufklärung, Bd. 5: Konstruktivistische Perspektiven*, hrsg. Niklas Luhmann (Opladen: Westdeutscher, 1990), 197.

[8] Rosemarie Nave-Herz, *Ehe- und Familiensoziologie: Eine Einführung in Geschichte, theoretische Ansätze und empirische Funde* (Weinheim/Basel: Beltz Juventa, ^{3}2013), 43.

[9] Ibid., 54.

Intimbeziehungen verstärkten bzw. überhaupt erst ermöglichten.[10] Damit ging zugleich eine schärfere Separierung von drinnen und draußen einher: So sehr die Vertrautheit innerhalb der Familie geschätzt und betont wurde, so sehr wurde die Welt außerhalb der Familie misstrauisch betrachtet.[11]

Parallel zu dieser Entwicklung wurde die Kindheit als eigene Phase des Menschseins entdeckt. Kinder sollten nun bewusst und gezielt gefördert werden, »nachdem zuvor Kinder (auch Kleinstkinder) nicht allein von den eigenen Eltern und auch nicht an erster Stelle von ihnen betreut und erzogen worden waren, sondern von Geschwistern, Großeltern, unverheirateten Verwandten oder Bediensteten. Erst als sich die ›Gatten-Familie‹ ab dem 18. und 19. Jahrhundert immer stärker durchsetzte, ging die Alleinverantwortung und -erziehung an die Eltern bzw. vornehmlich an die Mutter über«.[12] Allerdings darf nicht übersehen werden, dass die Lebensrealität des größten Teils der Bevölkerung im 19. Jahrhundert keineswegs dem bürgerlichen Ehe- und Familienideal, nach dem vor allem die Mutter für das Kind zu sorgen hatte, entsprach. Nicht nur war die Erwerbstätigkeit von Kindern die Regel, es war darüber hinaus die »weit überwiegende Mehrzahl der Mütter [...] gezwungen, einer Erwerbstätigkeit mit hohen Arbeitszeiten nachzugehen«.[13] Nur für die kleine Gruppe der bürgerlichen Ehefrauen galt das Privileg oder auch die Beschränkung, sich ausschließlich dem Innenbereich der Familie und der Kinder zu widmen.

In der funktional differenzierten Gesellschaft werden Personen nicht mehr über die Familie in die Gesellschaft integriert, sie nehmen vielmehr als *Individuen* an den vielen unterschiedlichen Funktionssystemen teil. Das bringt enorme Freiheitsgewinne, aber auch Verunsicherungen und Herausforderungen mit sich. Um an den vielen verschiedenen Gesellschaftsbereichen partizipieren zu können, müssen moderne Individuen multiple Selbste ausbilden. So interessiert beim Einkaufen die Zahlungsfähigkeit, aber nicht die Parteipräferenz des Kunden. Bei einer Prüfung an der Universität interessiert allein, ob genügend gelernt und schlüssig argumentiert wird, und nicht die familiäre Belastung des Prüflings usw. Immer ist es ein Teilselbst, das adressiert wird. Es löst Irritationen aus, wenn man in einem Sozialsystem Kommunikationsofferten macht, die aus ganz anderen gesellschaftlichen Bezugskontexten herrühren, also zum Beispiel wenn man am Bankschalter anfängt, über die eigenen Krankheiten oder religiösen Erfahrungen zu kommunizieren.

Anders ist dies im familialen System der Intimität. »Die Funktion der Familie ist [...] die gesellschaftliche Inklusion der Vollperson. Die Familie lebt von der Erwartung, daß man hier für alles, was einen angeht, ein Recht auf Gehör,

---

[10] Nave-Herz, *Ehe- und Familiensoziologie* (s. Anm. 8), 55.

[11] Vgl. Gunilla-Friederike Budde, »Familienvertrauen – Selbstvertrauen – Gesellschaftsvertrauen: Pädagogische Ideale und Praxis im 19. Jahrhundert,« in *Vertrauen: Historische Annäherungen*, hrsg. Ute Frevert (Göttingen: Vandenhoeck und Ruprecht, 2003).

[12] Nave-Herz, *Ehe- und Familiensoziologie* (s. Anm. 8), 57.

[13] Ibid., 61.

aber auch eine Pflicht hat, Rede und Antwort zu stehen«.[14] In der Familie wird die Erwartung unterstützt, dass eine Person letztlich für alles, was sie beschäftigt, Aufmerksamkeit finden kann. »Gerade der Umstand, daß man *nirgendwo sonst* in der Gesellschaft für *alles*, was einen kümmert, soziale Resonanz finden kann, steigert die Erwartungen und die Ansprüche an die Familie [...]. Die Gesellschaft konzentriert eine Funktion zu besonderer Intensität. Sie schafft sich eine Semantik der Intimität, der Liebe, des wechselseitigen Verstehens, um die Erfüllung in Aussicht zu stellen. Und sie schafft zugleich die erschwerenden Bedingungen, die sich über die Familie in konkrete Erwartungen und Enttäuschungen umsetzen lassen«.[15]

In der Familie gehört man dazu. Die Familie bürgt dafür, dass der Einzelne nicht nur Individuum ist, sondern Geborgenheit, emotionale Unterstützung und Sicherheit in einer verlässlichen Gemeinschaft erfährt, dass er Vertrauen lernen, Erwartungssicherheit erleben und feste Bindungen entwickeln kann. Die Familie federt die Risiken »draußen« ab, sie fängt ihre Mitglieder auch dann auf, wenn andere gesellschaftliche Bereiche Ablehnung oder Versagen kommunizieren. Zugleich werden mit solchen Vertrauenserwartungen hohe Ansprüche formuliert und gehen damit Ambivalenzen einher, die bei aller Sensibilität für die Chancen des Vertrauens nicht ausgeblendet werden sollen.

(3) Ambivalenzen

a) Im Zuge der Herausbildung des bürgerlichen Familienideals im 19. Jahrhundert galt die Familie als Ort unbeschränkten und bedingungslosen Vertrauens und wurde sie auch als solcher idealisiert. Der Familie wurde ein »Vertrauensmonopol aufgehalst«.[16] Das führte zum einen zu einem wachsenden Misstrauen gegenüber familienfremden Erziehungsinstanzen und -institutionen, einem Misstrauen, das bis in die Gegenwart hineinwirkt, insbesondere im Hinblick auf die frühkindliche Erziehung in Krippen und Kindertagesstätten, aber auch im Hinblick auf die schulische Bildung. So zeigen Eltern häufig auch in der Gegenwart noch eine relativ große Skepsis gegenüber Lehrerinnen und Lehrern und halten diese häufig für nicht geeignet im Hinblick auf die Erziehung ihrer Kinder.

Zum andern hegten bürgerliche Familien im 19. Jahrhundert zum Teil extrem hohe Vertrauenserwartungen, die kaum mehr einen eigenen Raum für das Kind zuließen. »Die Familie, als Sphäre stilisiert, in der alles Künstliche und Unehrliche abfallen und zunehmende gesellschaftliche Anonymität aufgefangen werden sollte, war nicht nur ein Netz des Vertrauens, sondern konnte auch

[14] Luhmann, »Sozialsystem Familie« (s. Anm. 7), 208.

[15] Ibid.

[16] Budde, »Familienvertrauen« (s. Anm. 11), 161.

zur Vertrauensfalle verkommen«.[17] Kinder konnten sich als die schwächeren und verletzlicheren Familienmitglieder gegen die damit verbundenen Vertrauenszwänge kaum erwehren. Obwohl Selbstständigkeit schon im 19. Jahrhundert ein Schlüsselwert bürgerlicher Identität war, fiel es Eltern schwer, ihren Kindern, insbesondere ihren Töchtern, eine solche zuzugestehen. Sie hegten vielmehr ein großes Misstrauen gegenüber der Außenwelt, gegenüber Familienfremden und gegenüber klassenfremden Freundschaften.

Die bürgerliche Intimisierung des Familienlebens und die hohe Bedeutung familialen Vertrauens erweisen sich damit als ambivalent. Einerseits weckten sie den Sinn für Geborgenheit und vertrauensvolle Bindungen, andererseits verhinderten sie die Öffnung nach außen und konnten die Monopolisierung des Vertrauens zu einem regelrechten Gefängnis des Vertrauens führen.[18] Im Hinblick auf die Förderung des Selbstvertrauens von Kindern hat sich heute zwar einiges geändert, aber die »Tyrannei der Intimität« (Sennett) hat insgesamt eher zu- statt abgenommen. »Die Erwartung grenzenloser Selbstöffnung – und damit Kontrolle – der Familienmitglieder untereinander ist noch größer geworden«.[19] Das Phänomen der überfürsorglichen Helikoptereltern (*overparenting*) ist dafür ein Beispiel. Es ist deshalb elementar, in Familien nicht nur ein persönliches familiales Vertrauen zu fördern, sondern auch *System- und Gesellschaftsvertrauen*, das heißt, ein Vertrauen, das auch jenseits der Familie »nach Maßgabe bestimmter, vernünftiger Erwartungen«[20] in die Funktionsfähigkeit sozialer Systeme gilt, das mithin nicht bedingungslos ist, aber doch offen ist für eine Welt, die sich »draußen« befindet und den Reiz des Unvertrauten enthält.[21]

In Vertrauensbeziehungen ist immer ein Moment der sozialen Kontrolle eingebaut. »Vertrauen sammelt sich an als eine Art Kapital, das auch laufend benutzt und gepflegt werden muß und den Benutzer auf eine vertrauenswürdige Selbstdarstellung festlegt, von der er nur schwer wieder herunterkommt«.[22] Das ist die Fessel des Vertrauens. Vertrauen verpflichtet, »Vertrauen erzieht«.[23] Gerade deshalb darf Vertrauen nicht überstrapaziert werden, sonst gibt es paradoxerweise dem Misstrauen Raum und werden seine Chancen verspielt. Gerade

---

17 Budde, »Familienvertrauen« (s. Anm. 11), 173.

18 Vgl. ibid., 182.

19 Ibid., 183f.

20 Niklas Luhmann, *Vertrauen. Ein Mechanismus der Reduktion sozialer Komplexität* (Stuttgart: Enke, ³1989), 31.

21 Zum Zusammenhang von Vertrauen und Selbstvertrauen vgl. Marina Zulauf Logoz, »Bindung, Vertrauen und Selbstvertrauen,« *Zeitschrift für Pädagogik* 58 (2012). Von der Vertrauensbeziehung in der frühen Kindheit geht ein sozialer Lernprozess aus, der nicht nur positive und vertrauensvolle Beziehungserfahrungen jenseits der Familie ermöglicht, sondern auch das Selbstvertrauen stärkt. Vgl. ebd, 797. Zu Vertrauen als grundlegende Sozialisationsbedingung vgl. auch: Sylke Bartmann, Nicole Pfarr und Nicole Weler, »Vertrauen in der erziehungswissenschaftlichen Forschung,« *Zeitschrift für Pädagogik* 58 (2012).

22 Luhmann, *Vertrauen*, 71.

23 Ibid.

weil Vertrauen zerbrechlich ist und den Vertrauensbruch bei zu viel Überwachung und Erwartung geradezu heraufbeschwören kann, kommt es darauf an, Vertrauen nicht zu sehr unter Druck zu setzen, keine Vertrauenszwänge auszuüben und nicht zu hohe Kommunikationserwartungen in der Familie zu pflegen, sondern auch dem Geheimnis und der Kommunikationsverweigerung – takt- und vertrauensvoll – Raum zu geben.[24]

b) Die Ambivalenz familialer Nähe zeigt sich noch deutlicher im Hinblick auf Familien, die psychisch, sozial oder/und finanziell nicht in der Lage sind, den Sozialisations- und Erziehungsanforderungen, die heute an Familie gerichtet werden, zu entsprechen und ihren Kindern die Gelegenheit zu geben, Vertrauensbeziehungen zu erproben und zu lernen. So können Familien »für den Beziehungsaufbau, für die Etablierung von Vertrauen und Solidarität und die emotionale Entwicklung von Kindern und Jugendlichen sehr förderlich sein, zugleich bergen sie aber auch ein Herrschaftspotenzial, das sich in Übergriffen auf die Kinder und Jugendlichen zuspitzen kann«.[25] Die Mehrzahl der Familien ist zwar in der Lage, Kindern und Jugendlichen förderliche Dispositionen auf körperlicher, psychischer und emotionaler Ebene zu vermitteln, aber einer Minderheit von sogenannten Risikofamilien ist dies aus unterschiedlichen Gründen nicht möglich. Das erste Vertrauen, das hier gelernt werden soll, kann sich nicht bewähren, sondern wird enttäuscht. In der Konsequenz fällt es den betroffenen Kindern schwer, Gefühle der Sicherheit und des Selbstvertrauens zu entwickeln.

Die Vernachlässigung, Misshandlung und der Missbrauch von Kindern sind besonders prekäre Negativerfahrungen, die das Vertrauen nicht nur in die Eltern, sondern auch in die eigene Person und in die Welt untergraben. Erfahrungen dieser Art können Kinder erheblich verwunden und beschädigen, auch in gesundheitlicher Hinsicht, und sind im späteren Leben meist nur noch schwer zu kompensieren.[26] Denn »Vertrauen ist viel leichter in Mißtrauen zu verwandeln als umgekehrt Mißtrauen in Vertrauen«.[27] Dass eine Person nach einer tiefgreifenden Misstrauenserfahrung wieder Vertrauen lernt, ist deshalb ein sehr mühsamer und zeitintensiver Prozess.

---

[24] Elisabeth Beck-Gernsheim spricht in diesem Zusammenhang von »der Tyrannei der Authentizität. [...] Man vergißt die Frage nach der ›Balance‹: Wieviel Wahrheit, wieviel Offenheit, wieviel Seelenentblößung kann man sich und dem anderen zumuten«. »Freie Liebe, Freie Scheidung. Zum Doppelgesicht von Freilassungsprozessen,« in *Das ganz normale Chaos der Liebe,* hrsg. Elisabeth Beck-Gernsheim und Ulrich Beck, (Frankfurt: Suhrkamp, 1990), 105–34, 123.

[25] Fabian Kessl, Nicole Koch und Meike Wittfeld, »Familien als risikohafte Konstellationen: Grenzen und Bedingungen institutioneller Familialisierung,« *neue praxis*, Sonderheft 12 (2015): 70.

[26] Vgl. Gregor Hensen und Reinhold Schone, »Familie als Risiko? Zur funktionalen Kategorisierung von ›Risikofamilien‹ in der Jugendhilfe,« *neue praxis*, Sonderheft 9 (2009): 153.

[27] Luhmann, *Vertrauen* (s. Anm. 20), 99.

Die Tatsache des Versagens und des Vertrauensbruchs im Einzelfall stellt Familie nicht grundsätzlich infrage. Um das Potential von Familien als Institutionen der Risikominimierung jedoch ausloten zu können, erscheint es elementar, auch die Schattenseiten der familialen Intimisierung wahrzunehmen, Familien nicht zu idealisieren und um die Grenzen von Ehe und Familie zu wissen. Es ist im »Versagensfall« wichtig, Kinder und Jugendliche über Institutionen der Jugendhilfe rechtzeitig zu schützen und Perspektiven jenseits der Herkunftsfamilie zu eröffnen. Zugleich zeigt die relativ hohe Zufriedenheit junger Menschen mit ihren Herkunftsfamilien, dass die Familien in der Mehrzahl der Fälle in der Lage sind, ihre Kinder zu fördern, Bindungen herzustellen und Vertrauen in ein riskantes Leben zu vermitteln. So gibt die überwiegende Mehrheit der Jugendlichen an, ein gutes Verhältnis zu ihren Eltern zu haben. Selbst der typische Generationenkonflikt in der Pubertät scheint heute nicht mehr gegeben zu sein.[28]

(4) Indikatoren des Vertrauens

Vertrauen ist zentral für das soziale Wohlergehen von Menschen jeden Alters. Es geht beim Vertrauen um den Zukunftshorizont der jeweiligen Gegenwart. »Wer Vertrauen erweist, nimmt Zukunft vorweg. Er handelt so, als ob er der Zukunft sicher wäre«.[29] Vertrauen macht Unsicherheit tragbar. Vertrauen ist deshalb eine Schlüsselkategorie in den Beziehungen zwischen Erwachsenen und Kindern. Doch woran erkennen Menschen, wem sie vertrauen können? Eine empirische Studie aus Amsterdam ging Indikatoren des Vertrauens nach und kam zu dem überraschenden Ergebnis, dass *Selbstkontrolle* dabei eine zentrale Rolle spielt.[30] Anders als man es in einem pastoralpsychologischen Kontext erwarten würde, waren nicht ein möglichst authentisches Verhalten und unmittelbare Gefühlsäußerungen die entscheidenden Vertrauensindikatoren, sondern die Fähigkeit, Impulse regulieren, Gefühle adäquat äußern und sich als verlässlich präsentieren zu können. »Self-control plays an important role in the maintenance of interpersonal relationships. Research shows that people who are higher in self-control engage in more perspective-taking and show more empathy toward others. Compared to people lower in self-control, people with higher self-control are better able to keep promises made to their romantic partners. Moreover, self-control is related to lower levels of deceptive behaviours«.[31]

Erstaunlicherweise gilt das nicht nur für Erwachsene und ihre Beziehungen untereinander, sondern auch für Kinder und ihre Beziehungen zu Erwachse-

---

28 Nave-Herz, *Ehe- und Familiensoziologie* (s. Anm. 8), 208–9.

29 Luhmann, *Vertrauen* (s. Anm. 20), 8.

30 Vgl. Asuman Buyukcan-Tetik et al., »Social Relations Model Analyses of Perceived Self-Control and Trust in Families,« *Journal of Marriage and Family* 77 (2015).

31 Ibid., 211.

nen. Kinder vertrauen Eltern demnach nicht blindlings, sondern beobachten ihre Eltern daraufhin, wie verlässlich diese sind. Ein wichtiger Indikator ist für sie dabei, ob Eltern ihre Versprechen halten und damit ob sie bei ihrer ursprünglichen Selbstdarstellung bleiben. Denn »[v]ertrauenswürdig ist, wer bei dem bleibt, was er bewußt oder unbewußt über sich selbst mitgeteilt hat«.[32] Kinder brauchen Sicherheit und schätzen deshalb Eltern, die selbstkontrolliert agieren, die sich disziplinieren können, die ihre Impulse zügeln können, die Wohlwollen gegenüber dem Kind signalisieren und in der Lage sind, auf Erwartungen des Kindes einzugehen. »Children may take their parents' trustworthiness for granted and parents may overestimate their children's trustworthiness. However, children closely observe their parents' behavior to assess whether they can rely on them. Parallel to this, parents observe their children's behaviors to assess their ability to regulate their behaviours and resist temptations without the guidance and protection of the parent«.[33]

Zur Selbstkontrolle gehört nicht nur Verlässlichkeit, sondern auch die Bereitschaft zu vergeben.[34] Die Einsicht in ein vertrauensschädigendes Verhalten einerseits und das Verzeihen desselben andererseits überwindet entstandenes Misstrauen. Es mindert die Wahrscheinlichkeit, »daß ein soziales System am wachsenden Mißtrauen unter seinen Teilnehmern sogleich zugrunde geht, und das kann für das System einen überlebenskritischen Zeitgewinn bedeuten – nämlich Gewinn der Zeit, die das System braucht, um Vertrauen zu lernen und Vertrauenskapital anzusammeln, mit dessen Hilfe es dann unempfindlicher wird und auch schwierige Lagen überbrücken kann«.[35] Wer verzeiht, beharrt nicht auf seinen negativen Gefühlen und Kränkungen, sondern öffnet sich für die Zukunft, er vergisst die negative Erfahrung und orientiert sich bewusst an den positiven Erfahrungen bzw. religiös formuliert an dem Geist Christi.[36]

In Ehe und Familie wird heute ungewöhnlich viel Verhalten zum Gegenstand der Kommunikation.[37] Dies kann neben der Bereicherung auch eine Belastung darstellen, insbesondere dann, wenn Familienmitglieder oder Ehepartner davon ausgehen, sich mit ihrer ganzen Impulsivität unkontrolliert dem anderen zumuten zu können. Luhmann betont deshalb, dass es beim Vertrauen nicht nur um ein spontanes Verhalten geht, sondern dass Vertrauen immer auch *auf Umsicht, auf Takt, auf Feinfühligkeit und Überlegung* angewiesen ist. Das ist zwar psychologisch anstrengender als spontanes Vertrauen, aber es ebnet den Weg zu einem Vertrauen in Vertrauen. Persönliches Vertrauen ist ohne »Vertrauen

---

32 Luhmann, *Vertrauen* (s. Anm. 20), 41.

33 Buyukcan-Tetik et al., »Social Relations Model Analyses« (s. Anm. 30), 219.

34 Vgl. ibid., 211.

35 Luhmann, *Vertrauen* (s. Anm. 20), 85.

36 Vgl. zur Notwendigkeit des Vergessens Arnold Retzer, *Lob der Vernunftehe: Eine Streitschrift für mehr Realismus in der Liebe* (Frankfurt am Main: S. Fischer, 2011), 132ff. Zum Vergeben als Ausdruck des Geistes Christi vgl. Welker, *Gottes Geist* (s. Anm. 3) 290ff.

37 Vgl. Luhmann, »Sozialsystem Familie« (s. Anm. 7), 215.

in Ausdrucksdisziplin und Takt«,[38] ohne ein umformendes Eingehen auf fremde Erwartungen nicht möglich.

Die Hervorhebung der Selbstkontrolle als Indikator für Vertrauenswürdigkeit zeigt, wie wichtig die von Michael Welker hervorgehobenen Fähigkeiten zur Selbstfestlegung und zur Selbstzurücknahme in Vertrauensbeziehungen sind. Für Welker gründen diese Fähigkeiten im Geist Gottes, der Menschen damit hilft, »Gott unter irdischen Lebensverhältnissen zu erfahren, in Gottes Gemeinschaft geborgen, gestärkt und würdevoll zu leben«.[39]

(5) Institutionen als Risikominimierung

Heute wird infrage gestellt, ob es überhaupt sinnvoll ist, Partnerschaft und Familie als Institutionen zu begreifen, und ob sie nicht vielmehr als Privatangelegenheit jedes bzw. jeder Einzelnen zu betrachten sind. Die Institution der Ehe scheint der Idee der romantischen Liebe zu widersprechen. Überdies werden einer Institution generell repressive Züge unterstellt. Die patriarchale Eheform förderte mit ihrem asymmetrischen heteronormativen Geschlechterarrangement lange Zeit eine solche Einschätzung und Wahrnehmung. Inzwischen wurde das Eherecht allerdings grundlegend reformiert, die Ehe hat sich auch in der Praxis modernisiert und pluralisiert.[40] Auch ist es im Falle der Zerrüttung inzwischen relativ leicht möglich, eine Scheidung herbeizuführen. Überdies sind

---

[38] Luhmann, *Vertrauen* (s. Anm. 20), 74 und zum Folgenden: ibid., 68.

[39] Welker, *Gottes Geist* (s. Anm. 3), 306.

[40] Eine wichtige Reform steht noch aus. Wie in den meisten europäischen und vielen anderen Ländern weltweit sollte es auch in der Bundesrepublik für gleichgeschlechtliche Paare, die heiraten wollen, möglich sein, den vollen ehelichen Status zu erlangen. Aus christlicher Sicht kann dies nur befürwortet werden – für die Paare selbst, aber auch für alle Homosexuellen, die sich dadurch nach einer sehr langen Geschichte der Homonegativität aufgewertet und akzeptiert erleben. Dass dies drastische Auswirkungen insbesondere für Jugendliche haben kann, zeigt eine US-Studie, die einen Zusammenhang zwischen der Gesetzgebung und der Suizidrate unter Jugendlichen herstellt. In den USA versuchen fast 30 Prozent der lesbischen, schwulen und bisexuellen Heranwachsenden sich das Leben zu nehmen, weil sie stigmatisiert und ausgegrenzt werden. In den 32 US-Bundesstaaten, in denen gleichgeschlechtliche Ehen bis 2015 erlaubt wurden, ist die Suizidrate unter Homosexuellen signifikant zurückgegangen, in den anderen blieb sie gleich. »›Wir schätzen, dass durch die Anerkennung gleichgeschlechtlicher Ehen jedes Jahr 134.000 Selbstmordversuche von Jugendlichen verhindert werden konnten‹, sagte die Leiterin der Studie Julia Raifman«. Vgl. Michael Remke, »Wie gleichgeschlechtliche Ehen Leben retten können,« *Welt*, 22. Februar 2017, https://www.welt.de/vermischtes/article162301245/Wie-gleichgeschlechtliche-Ehen-Leben-retten-koennen.html (letzter Zugriff: 28.02.2017; und: Julia Raifman et al., »Difference-in-Differences Analysis of the Association Between State Same-Sex-Marriage Policies and Adolescent Suicide Attempts,« *The JAMA Network*, 20. Februar 2017, http://jamanetwork.com/journals/jamapediatrics/fullarticle/2604258 (letzter Zugriff: 28.02.2017).

Ungleichheiten im Geschlechterverhältnis in nicht-ehelichen wie in ehelichen Lebensgemeinschaften zu beobachten, hier lässt sich keine Differenz ausmachen.[41] Trotzdem stellt sich die Frage, ob Ehe und Familie überhaupt noch eines institutionellen Charakters bedürfen. Was ist ihr Sinn?

Soziologisch scheint der Sachverhalt evident zu sein.[42] So gibt eine Eheschließung nicht nur inneren Gefühlen und Wünschen des Paares Ausdruck, sie geht vielmehr mit vielen Regelungen und Dynamiken einher, die auf die Paarbeziehung stabilisierend zurückwirken. Der Eheschluss kommuniziert öffentlich nach außen, dass die Partnersuche beendet ist, und verstärkt nach innen Erwartungssicherheit und Verbindlichkeit. Mit einer Eheschließung werden neue Rechte und Pflichten erworben, es wird eine neue »Familie« mit neuer Identität gegenüber der Herkunftsfamilie gegründet. Der Partner wird zu »meinem Mann« bzw. die Partnerin zu »meiner Frau«, damit wird eine fundamentale Zusammengehörigkeit nach außen signalisiert. Die erste Loyalität gilt nun dem Ehepartner und nicht mehr der Herkunftsfamilie. Zugleich wird das Ehepaar in einen neuen Familienverbund aufgenommen, neue Verwandtschaftsbeziehungen werden hergestellt. Durch eine Heirat wird mithin das Bewusstsein verstärkt, ein Team zu sein und als Team aufzutreten. Eingespielte Routinen und Erwartungen stützen die Konstruktion ehelicher Wirklichkeit und Identität, die das Wohl des anderen in die Orientierung der eigenen Lebensführung aufnimmt.

Aus soziologischer Sicht ist dabei das *Trauritual* für die Verfestigung einer Beziehung von nicht zu unterschätzender Bedeutung. Die Trauung ist eine rituelle Form, in der ein Paar *öffentlich* den Willen bekundet, zusammenzuleben, »bis dass der Tod uns scheidet«. Obwohl viele Paare schon vor der Eheschließung zusammenleben, stellt der Übergang von einer informellen zu einer formellen Partnerschaft nach wie vor eine entscheidende Zäsur dar. Das Versprechen, auf Dauer zusammen bleiben zu wollen, bezieht sich dabei nicht nur auf die Gegenwart (wie das Liebesbekenntnis), sondern auf die Zukunft. In einem Versprechen, das sich auf Zukunft festlegt, kommt ein großes Vertrauen zum Ausdruck, umgekehrt ist auch das Vertrauen selbst »in die Zukunft gerichtet [...]. *Vertrauen* ist keine Folgerung aus der Vergangenheit, sondern es *überzieht die Informationen, die es aus der Vergangenheit besitzt* und riskiert eine Bestimmung der Zukunft. [...] Der vertrauensvoll Handelnde engagiert sich so, als ob es in der Zukunft nur bestimmte Möglichkeiten gäbe. Er legt seine gegenwärtige Zukunft auf eine künftige Gegenwart fest. Er macht damit den anderen Menschen das Angebot einer bestimmten Zukunft, einer gemeinsamen

---

41 Vgl. Karl Lenz, *Soziologie der Zweierbeziehung: Eine Einführung* (Wiesbaden: VS Verlag für Sozialwissenschaften, [4]2009), 153.

42 Vgl. Rosemarie Nave-Herz, »Warum noch ›Heirat‹? Vom Festhalten am Übergangsritus der Hochzeit,« *Oldenburger Universitätsreden* 64 (1994), Zugang am 28.02.2017, http://www-a.ibit.uni-oldenburg.de/bisdoc_redirect/publikationen/bisverlag/unireden/ur64/urede64.pdf.

Zukunft, die sich nicht ohne weiteres aus der gemeinsamen Vergangenheit ergibt, sondern ihr gegenüber etwas Neues enthält«.[43] Genau dies geschieht bei einer Eheschließung. Das Ritual der Trauung kann insofern als »Beschwörung der Kontinuitätssicherheit einer Partnerbeziehung«[44] verstanden werden, gerade angesichts der Erkenntnis, dass sich diese Kontinuität keineswegs von selbst versteht und die Zukunft prinzipiell viel mehr Möglichkeiten bereithält als diejenige, auf die sich zwei Personen mit einer Eheschließung festlegen. Rosemarie Nave-Herz spricht deshalb von einem *rite de confirmation*[45], der stabilisierend, bekräftigend und durch die Neudefinition der Identität des Paares entlastend wirkt.

Bei einer evangelischen kirchlichen Trauung wird das Paar mit dem *Trausegen* gesegnet, gerade weil die Kirche um die Unverfügbarkeit dauerhafter Liebe, um die Verletzlichkeit und Segensbedürftigkeit der eingegangenen Beziehung weiß. Schon Martin Luther hat in diesem Sinn nicht nur den Reichtum, sondern auch das »Gefährdungspotential« der Ehe gesehen. In seinem Traubüchlein von 1529 schreibt er: »Der wer von dem Pfarrherrn oder Bischof Gebet und Segen begehrt, der zeigt damit wohl an – ob ers gleich mit dem Munde nicht sagt – in was für Gefahr und Not er sich [durch die Ehe] begibt und wie sehr er zu diesem stand, in den er eintritt, des göttlichen Segens und der allgemeinen Fürbitte bedarf«.[46]

Nicht zuletzt erzwingt die institutionelle Verfasstheit der Ehe gerade in Grenzsituationen ein bestimmtes Verhalten, das sich im Fall der Scheidung auf das Wohl der Kinder und auf den Schutz des Schwächeren in einer langjährigen Beziehung bezieht und ohne rechtliche Härte in vielen Fällen unterbliebe. In die Institutionen Ehe und Familie sind mithin Solidaritäts- und Unterhaltspflichten eingebaut, die sich nicht auf Spontaneität verlassen. Damit fördert die Institution Ehe Strukturen, in denen man füreinander einsteht – über das Gefühl hinaus. Ehe und Familie werden vom Grundgesetz deshalb auch als schutzwürdige Institutionen verstanden, die von einer großen Solidarität geprägt sind. Wird die Ehefrau pflegebedürftig, kann der Ehemann sie nicht einfach von heute auf morgen verlassen, nur weil sie ihren »Leistungsanteil« nicht mehr in die Ehe einbringt. Ehe und Familie fördern auf diese Weise enge Bindungen und ein tragfähiges Vertrauen nicht nur in guten, sondern auch in »bösen Tagen«. Um nicht missverstanden zu werden: Selbstverständlich kann man auch ohne Eheschließung eine dauerhafte Partnerschaft und glückliche Familie leben.[47] Dies

---

[43] Luhmann, *Vertrauen* (s. Anm. 20), 20. Hervorhebung I. K.

[44] Nave-Herz, »Warum noch ›Heirat‹?« (s. Anm. 42), 17.

[45] Nave-Herz, *Ehe- und Familiensoziologie* (s. Anm. 8), 110.

[46] Martin Luther, »Ein Traubüchlein für die einfältigen Pfarrherrn (1529),« in *Die Bekenntnisschriften der evangelisch-lutherischen Kirche*, hrsg. im Gedenkjahr der Augsburgischen Konfession 1930 (Göttingen: Vandenhoeck und Ruprecht, [6]1967), 530.

[47] Rosemarie Nave-Herz stellt fest, dass nicht-eheliche Lebensgemeinschaften in der Regel kein funktionales Äquivalent zur Ehe darstellt. Sie wird meist in der Adoleszenz gewählt und geht entweder in eine Ehe über oder löst sich auf. Eher selten stellt sie eine

ist nur sehr viel voraussetzungsvoller. Da Partnerschaft und Familie ohnehin sehr voraussetzungsreiche Lebensformen sind, ist die Unterstützung dieser Lebensformen durch das institutionelle Setting, durch Kultur, Recht und Politik nicht zu unterschätzen. Die risikominimierende Kraft von Ehe und Familie kann sich auf der Ebene des Institutionellen und der damit vorausgesetzten öffentlichen Selbstverpflichtung sehr viel leichter entfalten. Vertrauen ist auch eine Willensleistung.[48] Im Entschluss zur Eheschließung kommt dies sinnenfällig zum Ausdruck.

(6) Rationalität des Vertrauens

Vertrauen ist ein elementarer Tatbestand des sozialen Lebens. Ohne Vertrauen könnte der Mensch morgens nicht sein Bett verlassen. »Unbestimmte Angst, lähmendes Entsetzen befielen ihn [...]. Alles wäre möglich«.[49] So viel Komplexität erträgt kein Mensch. Vertrauen ist deshalb mit Luhmann als ein *Mechanismus der Reduktion sozialer Komplexität* zu verstehen, der zugleich die Möglichkeiten des Handelns und Erlebens erweitert. Wenn das Vertrauen wächst, wächst das Handlungspotential. Vertrauen ist deshalb in der Regel die Strategie mit der größeren Reichweite. Dort, wo ich mir Vertrauen erworben habe, kann ich mir auch riskantere Verhaltensweisen erlauben. Darüber hinaus eröffnet Vertrauen die Möglichkeit, Bedürfnisse nicht unmittelbar befriedigen zu müssen. »Durch Vertrauen gewinnt ein System Zeit [...]. Die Befriedigung von Bedürfnissen kann vertagt und doch sichergestellt werden«.[50]

Für Luhmann hat Vertrauen deshalb eine eigene Rationalität. Ja, Luhmann geht sogar so weit zu behaupten, es sei viel leichter zu vertrauen als zu misstrauen. Denn: »Der Vertrauende entlastet sich durch sein Vertrauen von Komplexität, die er nicht tragen kann. Wer sein Vertrauen mißbrauchen will, muß seinerseits diese Komplexität übernehmen«.[51] Der Vertrauensbruch muss deshalb begrenzt werden. »Ehebrecherische Beziehungen, in denen das nicht möglich ist, stellen bekannt hohe Verhaltensanforderungen und entspringen selten abgewogener Überlegung. Das Vertrauen zu rechtfertigen, ist in allen Dauerbeziehungen als Verhaltensregel einfacher«.[52]

Erst durch die Konsolidierung des Vertrauens ist es möglich, eine Sozialordnung zu entwickeln und zu erhalten. Man muss sich dann nicht ständig gegen die Unberechenbarkeit des anderen wappnen, sondern kann sich auf die Erhaltung wechselseitigen Vertrauens konzentrieren. »Vertrauen reduziert

auf Dauer angelegte Lebensgemeinschaft dar. Vgl. Nave-Herz, *Ehe und Familiensoziologie*, (s. Anm. 8), 111.

48 Luhmann, *Vertrauen* (s. Anm. 20), 33.

49 Ibid., 1.

50 Ibid., 98.

51 Ibid., 70.

52 Ibid.

soziale Komplexität, *vereinfacht* also *die Lebensführung durch Übernahme eines Risikos*«.[53] Das Risiko kann dabei verkleinert, aber niemals eliminiert werden. Jedes Vertrauen ist *riskante Vorleistung*, die von dem, dem vertraut wird, enttäuscht werden kann. Vertrauen erfordert zwar, dass sich beide Seiten darauf einlassen, aber dies doch immer in einer »nicht umkehrbare[n] Reihenfolge: zuerst der Vertrauende und dann der, dem vertraut wird«.[54] Vertrauen kann man deshalb nicht einfordern, auch nicht von den eigenen Kindern. »Es will geschenkt und angenommen sein«.[55]

Positive Gefühlsbeziehungen zwischen Menschen sind ohne Vertrauen nicht durchzuhalten. Vertrauen hat – wie Misstrauen – die Tendenz, sich in der sozialen Interaktion zu bestätigen und zu verstärken. Es gibt selbstverständlich auch Fälle, in denen Misstrauen angebracht ist. Vertrauen ist insofern »keine ausnahmslos gültige Verhaltensmaxime«.[56] Es gibt *legitime Formen des Misstrauens* – wenn z. B. der zweijährige Sohn ohne die Eltern die Nachbarschaft erkunden will, ist es angeraten, misstrauisch zu sein. Aber insgesamt sind Misstrauensstrategien im sozialen Verkehr schwieriger und belastender. »Sie absorbieren die Kräfte dessen, der mißtraut, nicht selten in einem Maße, das wenig Raum läßt für unvoreingenommene, objektive Umwelterforschung und Anpassung, also auch weniger Möglichkeiten des Lernens bietet. Vertrauen ist demgegenüber *psychologisch der leichtere Weg*, und starke Motive, eine Beziehung mit Vertrauen zu beginnen, haben hier ihren Grund«.[57]

Die Parallelen zwischen der soziologischen Argumentation und dem Christentum sind unübersehbar. Auch in der christlichen Tradition spielt das Vertrauen eine zentrale Rolle. Dem Glauben an Gott entspricht eine Grundhaltung des Vertrauens zum Leben, die Menschen dazu befreit, nicht in einem selbstbezüglichen Misstrauen gefangen zu bleiben, sondern anderen Menschen zu vertrauen, ihnen zu verzeihen und in der Regel dem Vertrauen, nicht dem Misstrauen im sozialen Miteinander den Vorzug zu geben. Dass dies nicht nur eine normative Forderung, sondern eine Entlastung, eine Erleichterung, wie Luhmann schreibt, und damit einen Freiheitsgewinn für den Vertrauenden selbst darstellt, hat Martin Luther in seiner Freiheitsschrift ausgeführt.[58] Vertrauen ist der psychologisch einfachere Weg – auch in Ehe und Familie.

---

[53] Luhmann, *Vertrauen* (s. Anm. 20), 78. Hervorhebung I. K.

[54] Ibid., 45.

[55] Ibid., 46.

[56] Ibid., 95.

[57] Ibid., 79. Hervorhebung I. K.

[58] Der Glaube macht frei, weil der Mensch mit seinen Ängsten und Unsicherheiten ganz Gottes Güte vertrauen kann. Durch diese Freiheit wird der Glaubende dazu befähigt, das Glück des anderen zu suchen und sich dem Leben hinzugeben. Luther beschreibt das so: »Sieh, so fließet aus dem Glauben die Liebe und Lust zu Gott und aus der Liebe ein frei, willig, fröhlich Leben, dem Nächsten zu dienen umsonst«. Martin Luther, »Von der Freiheit eines Christenmenschen (1520),« in *Schriften: An den christlichen Adel deutscher Nation. Von der Freiheit eines Christenmenschen. Sendbrief vom Dolmetschen,*

(7) Reformatorische Perspektiven

Aus reformatorischer Perspektive ist es konsequent, dass die Theologie in diesem Beitrag eine eher untergeordnete Rolle spielt. Luther verstand die Ehe als *»weltlich Ding«*, nicht als ein Sakrament.[59] Ehe und Familie sind deshalb nicht der Dogmatik, sondern der Ethik zuzuordnen. Mit der Qualifizierung als »weltlich Ding« verband sich für die Reformatoren keineswegs eine Abwertung, sondern vielmehr eine Aufwertung des ehelichen und familialen Lebens. Denn für die Reformatoren stand der geistliche Stand Gott nicht näher als die Hebamme, die gebärende Mutter, der Vater, die Kinder. Ehe und Familie waren nicht mehr sekundäre, sondern wurden nun zu primären Orten der Gotteserfahrung. Gott ist für die Reformatoren gegenwärtig in der Verantwortung weltlicher Lebensführung, in Liebe und Sexualität, in den Mühen des alltäglichen Lebens. Die Ehe und das Haus von Martin und Katharina Luther waren dafür stilbildend. Ihr Haus war ursprünglich ein katholisches Kloster gewesen und wurde nun ein Ort, »an dem gelacht und geweint, geboren und gestorben, gebetet und gespielt wurde, kein monastischer ›Zwischenraum‹ zwischen Himmel und Erde, sondern ein Ort ganz und gar von dieser Welt und doch zugleich ein Ort heiligster Gottesgegenwart«.[60] Mit der Reformation erfolgte eine explizite Hinwendung zur Welt und eine Aufwertung von Intimität und Leiblichkeit.

Die Reformatoren revolutionierten die Ehetheologie des Mittelalters. Sie schafften viele Ehehindernisse ab, sie ermöglichten unter bestimmten Bedingungen die Scheidung und führten das Recht auf Wiederheirat ein. Die Hebammenausbildung wurde verbessert und auf die Seelsorge an Gebärenden Wert gelegt, war doch jede Geburt mit erheblichen (Lebens-)Risiken verbunden. Aus der Perspektive des Glaubens kann Luther sogar seine eigenen patriarchalen Vorstellungen ein wenig transzendieren und dem Mann das Wiegen des Kindes, das Waschen der Windeln, das nächtliche Wachen beim schreienden Säugling und die Fürsorge für die Wöchnerin empfehlen. Er weiß dabei genau, dass die Gesellschaft diese Tätigkeiten als unangemessen betrachtet für einen Mann, aber aus der Sicht Gottes sind das für Luther »alles eitel goldene, edele Werk«.[61]

---

hrsg. Ernst Kähler und Nachwort von Johannes Schilling (Stuttgart: Reclam, 2012), 138. Vgl. zu dieser Interpretation von Luthers Freiheitsschrift auch die Predigt von Christoph Dinkel, *Christuskirche Stuttgart*, 19. Februar 2017, http://www.christuskirche-stuttgart.de/fileadmin/mediapool/gemeinden/KG_stuttgart_christuskirche/Predigten/2017/Dinkel__Predigt_ueber_Luther__Freiheit_eines_Christenmenschen_19.2.17.pdf (letzter Zugriff: 28.02.2017).

[59] Vgl. zur reformatorischen Ehetheologie ausführlich: Isolde Karle, *Liebe in der Moderne. Körperlichkeit, Sexualität und Ehe* (Gütersloh: Gütersloher Verlagshaus, 2014), 193ff.

[60] Thomas Kaufmann, »Ehetheologie im Kontext der frühen Wittenberger Reformation,« in *Ehe - Familie - Verwandtschaft: Vergesellschaftung in Religion und sozialer Lebenswelt*, hrsg. Andreas Holzem und Ines Weber (Paderborn: Schönigh, 2008), 293.

[61] M. Luther, »Vom ehelichen Leben (1522),« in *Vom ehelichen Leben und andere Schriften über die Ehe*, hrsg. Dagmar C. G. Lorenz (Stuttgart: Reclam, 1978), 35. (*WA* 10,2, 296).

Die Ehe ist für die Reformatoren eine Institution des Vertrauens, der Liebe zwischen Mann und Frau und zwischen Eltern und Kindern. Die reformatorische Theologie hat das Glück von Liebe und Vertrauen dabei als Gnade und Segen Gottes verstanden, in dem sich Gott seiner Schöpfung gütig zuwendet. So interpretiert Luther in seiner Auslegung des aaronitischen Segens den »treuen ehrlichen Gemahl«[62] explizit als Ausdruck des Segens Gottes. Ehe und Familie sind für die Reformatoren darüber hinaus hervorragende Orte, um Liebe und Vergebung zu üben. Das Leben in Ehe und Familie zeigt, was Vertrauen, Gnade und Versöhnung bedeuten können – und wie Gott darin zu finden ist: »Im Miteinander der Partner auf den Höhen und in den Tiefen des Lebens, im sich gegenseitig Bergen, Halten, Beschenken und sich Befragen und Verletzen, bekommt das gemeinsame Leben selbst eine Tiefe, in der etwas durchklingt und vernehmbar werden kann von einem Vertrauen auf eine letzte tragende Macht, einen Gott, der dem Menschen in Liebe zugetan ist«.[63]

(8) Schluss

Ehe und Familie können als Institutionen des Vertrauens Orte der Risikominimierung sein. Sie können einen Raum für die Vollinklusion bereitstellen, ein Ort, an dem Vertrauen gewährt und geübt wird und sich die Rationalität des Vertrauens entfalten kann. Damit reduzieren sie soziale Komplexität, orientieren das Handeln und machen die Unsicherheit der Welt tragbar – sowohl für Erwachsene als auch für Kinder. Zugleich sollten Ehe und Familie nicht idealisiert und die Ambivalenzen des familialen »Vertrauensmonopols« nicht ausgeblendet werden, damit vor allem im Versagensfall, wenn die Familie selbst zum Risiko wird, rechtzeitig interveniert werden kann. Evangelische Theologie hat dabei allen Grund, an das »weltliche« Erbe der Reformation anzuschließen, ihre Erkenntnisse und ihre Liebe zur Welt fortzuschreiben und sich selbstbewusst und nicht verzagt existentiellen Fragen der Lebensführung zu stellen. Das Plädoyer für ein Vertrauen in unsicheren Zeiten gründet dabei in einem Gottvertrauen, das das Vertrauen in die Welt erleichtert, das Menschen befähigt, Risiken des Vertrauens beherzt auf sich zu nehmen, sich selbst als vertrauenswürdig zu erweisen und ihr Leben mit Mut zur Selbstfestlegung zu gestalten.

---

[62] Martin Luther, »Der Segen, so man nach der Messe spricht über das Volk, aus dem vierten Buche Mosi, am 6. Capitel (1532),« in *WA* 30,3, 574.

[63] Klaus Tanner, »Stellungnahme zur Orientierungshilfe,« *Pressestelle der EKD*, 28. September 2013, http://www.ekd.de/download/20130928_tanner_symposium.pdf (letzter Zugriff 28.02.2017).

Risk Theory Revisited

The Moral-Existential Anxieties of Sustainability

Maria Antonaccio

The literary theorist Ursula Heise has observed that academic concepts sometimes »take on a life of their own in figures of speech [and] everyday habits [...], while their intellectual merit and implications are still being discussed among the experts« (Heise, 119). Terms such as »deconstruction,« for example, once considered the jargon of the academic elite, eventually filtered down into public discourse. In much the same way, the concept of »risk« has escaped the confines of social scientific theory and has been absorbed into the mindsets of ordinary people. As Heise writes: »Some awareness of technological and ecological as well as other risk scenarios [...] from carcinogens in food to toxic spills and global warming has, consciously or unconsciously, become an inescapable component of daily routines.«[1]

In the course of any given day, each of us faces myriad choices that carry known and unknown risks. How does the food I eat affect my health and that of the environment? Should I participate in a clinical drug trial or undergo a genetic test? Is an airport or tourist site safe after a terrorist attack? How much are my daily habits contributing to climate change? Is my digital information secure? Will I get skin cancer from all the time I spent in the sun? In virtually every aspect of life, risk has become omnipresent. Moreover, the awareness of risk among the general public has significantly increased as forms of expert knowledge in fields such as science, medicine, psychology, law, and economics have been widely disseminated via mass media. Such risk awareness is frequently accompanied by intensified feelings of choice, responsibility, and blame, as individuals and institutions feel pressured to act on new forms of knowledge that hold potentially grave but uncertain consequences for the future (see Lupton 25). As a result of these developments, risk has become a »keyword« in contemporary western societies, a focal point for »feelings of fear, anxiety and uncertainty.«[2]

---

1 Ursula K. Heise, *Sense of Place and Sense of Planet: The Environmental Imagination of the Global* (Oxford: Oxford University Press, 2008), 120–1.
2 Deborah Lupton, *Risk* (London and New York: Routledge, 1999), 13.

Consider, in this light, another term that has achieved »keyword« status in recent years and is ubiquitous in contemporary culture: »sustainability.«[3] The term has been applied to almost everything, including agriculture, architectural design, renewable energy, business practices, consumer products, and intimate relationships. More broadly, it is sometimes used to describe an ideal of the good society, a condition of »thriving« or »resilience.« In this chapter, I argue that some of the same dynamics that have driven the emergence of risk as an omnipresent feature of contemporary society are also evident in the rise of concerns about sustainability. Like risk, sustainability has become a term of critical cultural significance. Like risk, sustainability has migrated from the discourse of policy experts and academics to the wider public sphere (even if there is little consensus on what it means). Moreover, both risk and sustainability are terms that rose to prominence during roughly the same time period (the 1980s and 1990s) in response to techno-scientific developments and other large-scale shifts in the material and cultural conditions of Western societies. In these respects, risk and sustainability can be considered cultural markers of late modernity.

Building on these initial observations, my central claim in this paper is that thinking about risk and sustainability together reveals new aspects of both concepts while also shedding light on important features of contemporary societies. On the one hand, sustainability discourse helps to extend the relevance of risk theory (which dominated the social sciences from the 1980s through the early 2000s) in interpreting new features of late modernity, especially the idea of the Anthropocene as the new meta-narrative of the current age. Conversely, risk theory can provide resources for a more nuanced understanding of sustainability, beyond the policy-oriented approaches that often dominate public discourse and research agendas.

My argument will unfold in three steps. In the first part of the paper, I review some general features of the »risk society« thesis advanced by Ulrich Beck and Anthony Giddens to characterize late modernity in the last decades of the twentieth century. In the second part, I argue that sustainability discourse is playing an analogous role today. My contention is that the Anthropocene represents a new epochal frame for thinking about risk in late modern societies. In the third part of the paper, I contend that just as the concept of risk has become embedded in everyday consciousness, concerns about sustainability are now prevalent among citizens of Western societies. By framing sustainability discourse as a moral-existential response to the risks associated with the An-

[3] As Joshua J. Yates has observed, »Every now and then a single word emerges from our common parlance to achieve the status of a master term. Such a word gives expression to discrete needs and purposes, but it also provides a perspicuous lens through which to view the ethical disposition and emotional temper of a culture at a particular moment in time [...] ›[S]ustainability‹ has become just such a word for our moment, deserving closer attention than it has so far received.« See Yates, »Abundance on Trial: The Cultural Significance of ›Sustainability,‹« *Hedgehog Review* (Summer 2012): 8.

thropocene, I attempt to open the study of sustainability to more fundamental humanistic questions than standard policy discourse allows.

I turn now to the first task of the paper: providing a general overview of the risk society as a diagnosis of late modernity.

1. Risk Society as a Diagnosis Late Modernity

Risk theory was a lively and influential area of debate in the social sciences throughout the 1980s and 1990s, catalyzed by the groundbreaking and influential work of Ulrich Beck and Anthony Giddens.[4] As Steve Matthewman has noted, Beck wrote *Risk Society* against the backdrop of protests in the 1980s against a proposed nuclear fuel reprocessing plant in Germany. Its publication was followed by three remarkable events: the mid-air explosion of the Space Shuttle Challenger in the skies over Florida, the Rhine River catching fire after a chemical factory explosion in Basel, and the Chernobyl catastrophe. In the aftermath of these events, *Risk Society* achieved bestseller status in Germany in a matter of months and went through four editions in less than a year. »Put simply,« Matthewman writes, »Beck seemed to have captured the zeitgeist.«[5]

> [B]y tying his theories of risk to broader meditations on the state of society as a whole – anxieties regarding modern technologies and expertise, growing individualization, globalization and environmental degradation – risk gained new prominence in the world of social science.[6]

Beck reserved the term »risk society« exclusively for the contemporary era.[7] Although human societies have always had to navigate risks in the form of

4 I will be treating risk theory as a collective body of thought and relying primarily on secondary sources, rather than examining particular examples of risk theory (e.g., Beck, Giddens), rather than examining particular examples of risk theory or offering a critical evaluation of any particular theorist's work. My intention is to use the insights of risk theory as a resource for sustainability discourse in order to open new spaces for theoretical reflection. Obviously, any adequate comparison between risk theory and sustainability discourse as two highly influential bodies of thought within the social sciences would require much more extended treatment than is possible in the limited space of this paper.

5 Steve Matthewman, »Risk Society Revisited, Again,« *Thesis Eleven* 128 (2015): 142.

6 Ibid.

7 As Beck defines it, risk society is »a phase of development of modern society in which the social, political, ecological and individual risks created by the momentum of innovation increasingly allude [sic] the control and protective institutions of industrial society« (Beck quoted in Gabe Mythen, *Ulrich Beck: A Critical Introduction to the Risk Society* (London: Pluto Press, 2004), 16.

threats to health and life, Beck pointed to changes in the very nature of risk in the late twentieth and early twenty-first centuries.[8]

As Gabe Mythen has helpfully summarized, broadly speaking, pre-industrial societies were characterized by natural hazards (such as drought, famine, floods, epidemics), which were commonly attributed to external forces such as gods, demons, or nature. In the period of industrial modernity (roughly the first two thirds of the twentieth century), a growing set of so-called manufactured or humanly produced risks (e.g., those associated with smoking, drinking, and occupational injury) emerged in addition to traditional natural hazards. In late modernity, environmental risks (such as those associated with air pollution, chemical and nuclear warfare, and biotechnology) become predominant.[9] »These potentially catastrophic risks stem from industrial or techno-scientific activities and come to dominate social and cultural experience.«[10]

The risks of late modernity differ significantly from those of previous eras in several respects. First, the risks of pre-industrial and early industrial cultures were geographically and temporally contained. Earthquakes, famine, and floods impact a specific locale within a limited time frame.[11] By contrast, the manufactured risks of industrial and late modern society »shatter geographical boundaries.«[12] Chernobyl is paradigmatic in this respect. »The risks created by the reactor explosion were not tied to locale [...] Toxins leaked from the plant not only caused ill health to citizens in Belarus and the Ukraine, but also glided over national boundaries, producing unknown effects.«[13] Moreover, the effects of such environmental risks unfold over an extended time period, »continuing to produce damage to the environment and to future generations long after the initial event.[14]

A second distinctive feature of contemporary risks is their imperceptibility. The industrial risks of modernity, such as air or water pollution, »could be smelt, touched, tasted or observed with the naked eye.«[15] In contrast, many of the risks of late modernity largely escape sensory perception. Mass extinctions, increasing levels of carbon dioxide in the atmosphere, genetically modified organisms, toxins that enter the food supply, etc., are invisible; they »exist in scientific knowledge rather than in everyday experience.«[16] As a result,

---

8 As Matthewman contends, »Beck's risk society thesis can be reduced to three basic points: we face new risks, they are intensifying, and they are extending.« See »Risk Society« (s. note 5), 142–3.

9 See Mythen, *Ulrich Beck* (s. note 7), 16.

10 Ibid.

11 Ibid., 18.

12 Ibid.

13 Ibid., 18.

14 Ibid., 18–9.

15 Lupton, *Risk* (s. note 2), 64.

16 Ibid.

> [t]he dominion of the senses, which had sufficed in traditional times, no longer protects us. And so we come to realize that mere existence itself exposes us to countless risks [... in] the air and in ocean currents, in the soil and in our foods, carried across computer networks, brought by refugees and aircraft passengers, coded in our genes, communicated by the global media.[17]

The invisibility of contemporary risks increases anxiety, changes our relationship to sensory or empirical knowledge, and makes us more dependent on expert knowledge about how to avoid or mitigate risk.

A third feature of contemporary risks is that they resist calculation, »becoming more and more difficult to quantify, prevent and avoid.«[18] Pre-modern risks were incalculable because they were thought to be the product of external or supernatural forces. In contrast, the humanly produced risks of industrial modernity were rendered calculable by being subjected to instrumental rational control (e.g., in the form of insurance systems, provisions for public welfare, regulatory mechanisms, etc.). In late modernity, however, the modern myth of calculability has been subverted.[19] Risk society »emerges at the point at which the dangers of modern society can no longer be attributed, predicted, controlled, evaded or compensated.«[20] Unlike the incalculability of pre-modern risks, which lay outside human responsibility, late modern risks are understood to be the direct product of human agency and decision-making. »In stark contrast to natural hazards, manufactured risks are decision-contingent, endogenous entities which are generated by the practices of ›people, firms, state agencies and politicians.‹«[21] They arise out of processes of modernization and therefore can be seen as »socially rather than naturally produced.«[22]

This increase in the sense of human responsibility for risks goes hand in hand with a decrease in the power of social structures and institutions to manage risk. This is the fourth distinctive feature of contemporary risk: the breakdown of the social and institutional mechanisms that provided a measure of security in the past.[23] In risk society, »manufactured risks overrun methods of insurance and compensation, engendering a crisis of institutional accountability.«[24] This crisis is part of what Beck calls the »reflexive« phase of modernity. If the first phase of modernity is a period in which industrialization produces myriad dangers which »are not yet the subject of sustained public

17 Matthewman, »Risk Society« (s. note 5), 142.
18 Lupton, *Risk* (s. note 2), 62.
19 Ibid., 63.
20 Matthewman, »Risk Society« (s. note 5), 142.
21 Mythen, *Ulrich Beck* (s. note 7), 16.
22 Ibid.
23 In Beck's work, this breakdown is precipitated by large-scale societal shifts associated with globalization, the individualization of experience, the questioning of expert systems, the burden of identity construction, and other factors. See Ibid., 16–7.
24 Ibid., 23.

or personal debate or political conflict,«[25] the second or reflexive phase of modernity is one in which industrial society comes to see itself as a risk society and confronts its manufactured threats. This process »reveals the limits of our current social institutions and knowledge, and by extension, our ability to control the very things we have created.«[26] Given this erosion of trust in public institutions, reflexive modernity places additional burdens on individuals to manage risks for themselves by monitoring their own choices and behaviors. »Negotiating hazards becomes a customary feature of everyday life, with basic activities such as drinking water, traveling, eating food and sitting in the sun invoking impromptu risk assessments.«[27]

With these general features of the risk society thesis in hand, I want to turn in the next two sections to my main argument: that the Anthropocene represents a new epochal frame for thinking about risk in late modern societies (Part 2), and that sustainability discourse can be read as a response to the moral-existential risks associated with this new epoch (Part 3).

2. From the Risk Society to the Anthropocene[28]

Although there are many conflicting narratives of the Anthropocene in circulation, I offer a baseline description of what it represents by identifying two claims that are often associated with it.[29] First, human activities are having decisive influence on the biophysical conditions of the planet, perhaps even »rival[ing] the great forces of Nature.«[30] Climate change and mass extinctions are just two of the most frequently cited indicators that human beings have

---

[25] Lupton, *Risk* (s. note 2), 66.

[26] Matthewman, »Risk Society« (s. note 5), 142.

[27] Mythen, *Ulrich Beck* (s. note 7), 138. For example, individuals reflexively monitor and manage medical risks for themselves (i.e., apart from their physicians) by seeking information and advice about diseases or medical procedures from medical websites, social media chat rooms, support groups, and survivor networks.

[28] The analogies I am drawing in this section between the ideas of risk society and the Anthropocene are intended to be modest. The Anthropocene is not strictly speaking a sociological theory (as the risk society thesis is), but rather, at least in its root meaning, a scientific hypothesis about whether the Earth has left its current interglacial state, the Holocene, and entered a new geological epoch. However, the Anthropocene has also become an influential cultural trope about humanity's changing relation to the natural world and the consequences of these changes for human self-understanding and agency. That is the lens through which I am interpreting it here: as a cultural diagnostic that helps make sense of the emergence and prevalence of sustainability discourse.

[29] For an analysis of some of these conflicting narratives, see my essay, »De-moralizing and Re-moralizing the Anthropocene,« in *Religion and the Anthropocene*, ed. Celia Deane-Drummond et al. (Eugene, Oregon: Cascade Books, 2017), 121–37.

[30] Will Steffen, Paul J. Crutzen, and John R. McNeill, »The Anthropocene: Are Humans Now Overwhelming the Great Force of Nature?,« *Ambio*, Vol. 36, No. 8 (Dec., 2007): 614.

in effect become »geological agents« capable of altering planet-wide processes. Shockingly, »the impact of humans [on nature] is now as great, and in some instances greater, than nature's impact on humans.«[31] As a result, »we suddenly sense that we have unwittingly taken control of a system that we thought was external to us,« yet we lack »the power, knowledge, or institutions to cope with the demands of management.«[32]

The second feature of the Anthropocene is closely related to the first. Given the scope of human impacts, »nature« can no longer be understood as a realm entirely separate and immune from human society. Rather, natural systems are increasingly intertwined and co-implicated with human social, economic, and technological processes. In fact, the term »nature« has been supplanted in some forms of Anthropocene discourse by references to the »Earth System,« which includes not only the full complement of interacting processes that provide the life-support system of the planet, »but also includes humans, our societies, and our activities«[33] as well. In sum, the Anthropocene designates a condition in which »human action and Earth dynamics have converged and can no longer be seen as belonging to distinct and incommensurable domains.«[34] The corollary is that humans are now understood »not as an outside force perturbing an otherwise natural system but rather an integral and interacting part of the Earth System itself.«[35]

The two features of the Anthropocene just noted illustrate several of the points made earlier about the distinctive nature of risk in late modern societies. First, the idea that humans have become »geological agents« who can influence large-scale planetary processes is recognition of the extended temporal and spatial scale of contemporary risks. The risks associated with climate change or biotechnologies, for example, are neither geographically bounded nor temporally contained in their effects, and they also tend to resist prediction or calculability. Further, such risks are the product of human decisions and behaviors, rather than attributable to external sources that exclude human responsibility. In fact, one of the striking features of anthropogenic climate change is that what was once seen as a natural event (i.e., cyclical fluctuations in global climate patterns) has now become a socially manufactured hazard.

There is an additional aspect of the Anthropocene that resonates with the risk society thesis: the emergence of reflexivity as a response to risk. Recall that Beck defined the »reflexive« phase of modernity as a period in which industrial society self-consciously confronts its own manufactured risks. This leads to a loss of confidence in the ability of social and institutional structures to manage

31 Yates, »Abundance« (s. note 3), 13.

32 Steven Yearley, »The ›End‹ or the ›Humanization‹ of Nature?,« *Organziation & Environment* 18 (2005): 201. Accessed on April 15, 2009. DOI: 10.1177/1086026605276013.

33 Steffen, et al., »The Anthropocene« (s. note 30), 615.

34 Clive Hamilton, *The Anthropocene and the Global Environmental Crisis: Rethinking Modernity in a New Epoch* (New York: Routledge, 2015), 3.

35 Steffen, et al., »The Anthropocene« (s. note 30), 615 (see Box 1).

risk. However, Beck argued that reflexivity can also »set industrial society on the path to self-criticism and self-transformation.«[36] On some readings, the Anthropocene represents just such a reflexive moment, signaling that humanity is entering a new phase of increased self-consciousness regarding its impacts on the planet. The very term »Age of Man,« for example, indicates humanity's reflexive recognition that its powers are now planetary and epochal in their scope and intensity. Moreover, two of the Anthropocene's most prominent theorists, Paul Crutzen and Will Steffen, argue that we are currently in stage 3 of the Anthropocene, in which »humanity is, in one way or another, becoming a self-conscious, active agent in the operation of its own life support system.«[37] Crutzen and Steffen cite the environmental movement of the 1960s as an early sign of this reflexive awareness, which has been further aided by advances in research on human-environment systems, the spread of the Internet and independent media, and the growth of democratic systems and civil society.[38] As a result, »the recognition that human activities are indeed affecting the structure and functioning of the Earth System as a whole [...] is filtering through to decision-making at many levels.«[39]

Despite this hopeful prospect of increasing human self-awareness and responsibility, however, reflexivity in the Anthropocene also induces a crisis in normative reflection. The breakdown of the boundary between natural and social systems has eroded the efficacy of external norms that provided normative guidance for human action in the past. For example, the idea of »obeying nature's limits« can no longer unambiguously guide human action if nature is no longer understood as external to human societies and economies but deeply entangled with them. In addition, reflexivity involves the recognition that human beings are not only *dependent* on natural systems and processes but are also technologically advanced *participants* who can and do influence the trajectories of those processes. This means that problems like climate change are not simply self-evident empirical, technical, or physical problems that can be »solved« through the application of scientific or technical knowledge alone. Rather, they are also moral and social problems requiring human beings to ask what we care about and value, what goods are worth sustaining and for whom. Consequently, the focus of normative reflection shifts from a worry about the breaching of seemingly objective or self-evident natural limits to the question of how human beings are to understand, evaluate, and respond to global changes

---

36 Beck quoted in Lupton, *Risk* (s. note 2), 67.

37 Steffen et al., »The Anthropocene« (s. note 30), 619. The authors consider the Industrial Era (1880–1945) stage 1 of the Anthropocene; stage 2 is The Great Acceleration (1945–ca. 2015); and stage 3 is labeled »Stewards of the Earth System?« (ca. 2015–?).

38 Ibid., 620.

39 Ibid., 619–20.

in which we ourselves participate and are implicated.[40] I will return to this point later in the paper.

I now turn more directly to the significance of sustainability discourse in the context of the Anthropocene. In contrast to the models of sustainability prevalent in policy-driven discourse, I contend that sustainability discourse can be read as a felt response to the risks associated with the Anthropocene, and that this response is evident in the moral-existential anxieties experienced by ordinary people.

3. Sustainability Discourse as a Response to Risk

The standard narrative about the emergence of sustainability as a concept traces its origins back to 1970s environmentalism and the idea that overpopulation was stressing the planet's carrying capacity, revealing the limits to economic growth.[41] The term gained wider international currency with »Our Common Future,« the 1987 Brundtland Commission Report of the United Nations, which famously defined the goal of »sustainable development« as »development that meets the needs of the present without compromising the ability of future generations to meet their own needs.« Brundtland also provided what is still the most common representation of sustainability as a three-part framework of environment, economy, and equity (the so-called three E's or three »pillars« of sustainability). After Brundtland, economic approaches to sustainability proliferated, producing »a plethora of technical measures to specify sustainability in a manner consist with existing economic concepts.«[42] This was followed by the development of ecological models that tried to define parameters by which the resilience of an ecosystem could be determined. By the mid-1990s, »a substantial literature had already developed around the problem of sorting through the multiple definitions and concepts of sustainability.«[43]

Much more could be said about the further evolution of sustainability discourse through later UN conferences, the subsequent critiques of the idea of sustainable development, as well as the cultural and political factors in the emergence of sustainability as a stand-alone term that is now ubiquitous in

40 For an astute discussion of these issues, see Willis Jenkins, *The Future of Ethics: Sustainability, Social Justice, and Religious Creativity* (Washington, DC: Georgetown University Press, 2013), esp. 24–6.

41 The standard narrative is by no means the only narrative about the origins of sustainability discourse (many authors reach further back in history to identify the origins of the concept), but it is arguably the most common one cited in current literature.

42 Paul B. Thompson, *The Agrarian Vision: Sustainability and Environmental Ethics* (Lexington: University of Kentucky Press, 2010), 200.

43 Ibid., 201.

multiple sectors of society.[44] However, my argument in this paper takes a different direction. I read the emergence of sustainability discourse not only as a practical response to social and environmental problems, but also as a cultural phenomenon with moral-existential significance.[45] In contrast to approaches to sustainability that rely on specialized or quantitative knowledge in the natural and social sciences, I interpret sustainability discourse as signaling a heightened awareness of multiple endangerments to natural and social life as well as uncertainty about the future. As we will see, such an approach is warranted by the reflexivity that is a distinctive feature of late modernity and the Anthropocene.

In approaching sustainability discourse as a cultural phenomenon with moral-existential resonance, I have drawn inspiration from criticisms of some of the dominant approaches to sustainability and the environment from within the social sciences. For example, the sociologist Steven Yearley has argued that while social scientific studies of the environment have increased greatly in number in recent decades, »this growing interest has been accompanied by a narrowing of focus. Increasingly, sociologists have looked at claims and counterclaims about specific environmental problems while missing the broader question of the cultural and social origins of environmental concern.«[46] In order to challenge this narrowing of focus, Yearley distinguishes between what he calls substantivist and symbolic approaches to public concern about the environment. Substantivists hold that »if you want to understand environmental concern you go to claims makers about the environment and to material deterioration in the quality of the environment itself.«[47] Those who favor a more symbolic approach, on the other hand, »believe that what you need to do is to read this cultural message [i.e., environmental concern] for its underlying content.«[48] Although Yearley is referring specifically in this context to environmental concern, I believe the same point can be applied to broader concerns about sustainability.

---

44 Later UN conferences include the Earth Summit in Rio de Janeiro in 1992, which developed a global program for action called Agenda 21; the World Summit on Sustainable Development in 2005, which adopted the Millennium Development Goals; and more recently, the adoption in September 2015 of seventeen Sustainable Development Goals. Yates credits the 1992 Earth Summit in Rio de Janeiro and Agenda 21 as inspiring »scores of international non-governmental organizations (NGOs), consultancies, think tanks, multi-sector coalitions, and auditing firms [...] to facilitate the integration of one or a number of sustainability frameworks across several leading institutional sectors of society.« Thanks to Brundtland and Agenda 21, Yates summarizes, »sustainability [...] has become a core organizing principle, and as a result, it has arguably come to define the rhetorical terrain on which individual actors [in business, education, and government] increasingly have to operate.« See Yates, »Abundance« (s. note 3), 5.

45 For a helpful analysis of the emergence of sustainability as a cultural phenomenon, see Yates, »Abundance on Trial« (s. note 3).

46 Yearley, »The ›End‹« article abstract (s. note 32).

47 Ibid., 200.

48 Ibid.

Substantivists assume that the general public's concern about the environment »is to be understood as a worry about specific environmental problems« (e.g., »ozone depletion, noxious air pollution, the contamination of drinking water, the loss of soil quality, and so on«)[49] and that environmental problems are overwhelming physical or material in nature. However, Yearley argues that this focus on specific problems is unsatisfactory. Environmental concern »seems to be both broader and less specific than a set of anxieties over particular environmental problems.«[50] Focusing on piecemeal environmental problems fails to grasp that concerns about the environment are about more than physical damage to the environment or material threats to public health; they are also indicative of what Yearley calls »the phenomenology of our nature worries.«[51] On this alternative symbolic view, we read environmental concern for what it signals about »the ethical disposition and emotional temper of a culture at a particular moment in time.«[52] Hence: »Environmental damage matters to us because we suddenly sense that we have unwittingly taken control of a system that we thought was external to us. We are alone in charge of the planetary environment without the power, knowledge, or institutions to cope with the demands of management.«[53] This approach to environmental concern looks beyond the physical markers of environmental degradation to address fundamental shifts taking place in human self-understanding and agency.

A second line of criticism within the social sciences highlights the mismatch between the currently dominant forms of academic research and the kinds of knowledge »that society now needs in order to help address environmental problems and enhance social equity, in a period of immense turbulence.«[54] In an article titled, »Environmental Knowledge and Public Policy Needs: On Humanising the Research Agenda,« Robin Grove-White echoes some of Yearley's concerns about the piecemeal and physicalist orientation of much social scientific research on sustainability: »Social scientists and governments alike are tending now to concentrate only on the ›given‹ agenda of physical sustainability challenges and their policy corollaries (changes to transport, energy and agricultural policies, for example), and in an overwhelmingly instrumental fashion.«[55] Grove-White further notes that,

> [i]n countries as different as Britain, the USA and Japan, governments have used researchers to produce short-term ›policy-useful‹ knowledge. The dominant disciplines

49 Ibid., 198.

50 Ibid.

51 Ibid., 201.

52 Yates, »Abundance« (s. note 3), 8.

53 Ibid., 201.

54 Robin Grove-White, »Environmental Knowledge and Public Policy Needs On Humanising the Research Agenda,« in *Risk, Environment and Modernity: Towards a New Ecology*, ed. Scott Lash et al. (London: Sage Publications, 1996), 269.

55 Ibid., 279.

> have been those which have been seen as able to meet such requirements–the hard natural sciences, adapted to the requirements of public administration, and the harder of the social sciences, particularly economics and social statistics.[56]

Grove-White is not disputing the continuing need for expert knowledge from the natural and social sciences on sustainability and other questions of significant public import. In fact, he argues that under the conditions that define »risk society,« the need for processes of public deliberation and communal decision-making are now greater than ever.[57] However, like Yearley, Grove-White is worried about the questions that are routinely excluded from such policy-oriented academic research. The problem is that »restrictive definitions of public concerns are tending to be built, *ab initio*, into processes of political appraisal.«[58]

In the case of biotechnology, for example, what is striking about the terms within which wider public concerns are debated »is the extent to which the key issues have tended to be identified almost exclusively in terms of *physical* environmental risks.«[59] Obviously, questions about the physical risks of biotechnologies are important. However,

> they are far from embracing the full spectrum of social and ethical concerns to which the advent of the new technologies has already given rise. These include not only legal and political concerns about the principle of patenting of new life-forms, but also, more fundamentally, hostility on ethical grounds to the very principle of tampering with existing life-forms in order to reap commercial (or even wider social benefits).[60]

Accordingly, Grove-White contends that we need to resist »an ever greater technicisation of knowledge« and instead »humanize« the research agenda in ways that increase rather than decrease »sensitivity in the research world to the warp and woof of everyday moral, social, and cultural experience.«[61] Alternative forms of knowledge and traditions of research are needed that focus on »the human, the cultural and the relational.«[62]

In keeping with the spirit of these critiques, I approach sustainability discourse in a more symbolic than substantive way in order to draw out its resonance with fundamental human questions. My analysis does not purport to be a social scientific investigation; rather it is intended as a broadly phenomenological approach (in Yearley's sense) to the question, »What are we worried about

56 Robin Grove-White, »Environmental Knowledge« (s. note 54), 270.
57 Ibid.
58 Ibid., 275.
59 Ibid., 276.
60 Ibid.
61 Ibid., 283.
62 Ibid., 284.

when we worry about sustainability?«[63] In answering this question, I use the language of risk in a humanistic register to refer to a felt response to the shifts in human self-understanding represented by the Anthropocene. Accordingly, I contend that three anxieties underlie the current preoccupation with sustainability: 1) widespread uncertainty about whether the biophysical conditions of life on earth can be maintained into the indefinite future (call this the *risk of exceeding limits*); 2) an awareness that human beings have cumulatively become »geological agents« capable of altering planetary processes, yet lack adequate moral resources to guide their actions in these circumstances (call this the *risk of moral incompetence*); and 3) anxiety associated with the loss of the idea of a separate or independent Nature, whose otherness from human society has often functioned in Western thought as an external limit on human power (call this the *risk of the loss of exteriority*).

Taken together, these anxieties can be understood as the subjective correlate to the crisis of normative reflection noted earlier in the paper, i.e., the erosion of external norms associated with »nature,« which provided guidance for human conduct in the past, and the intensification of human influence over planetary processes. As I noted, reflexivity shifts the burden of normative reflection from a focus on external norms to the problem of finding normative orientation within the internal dynamics of socio-ecological interactions. Approaching sustainability exclusively as an objectively empirical or technical problem, therefore, fails to account for the reflexive nature of risk. In order to illustrate why alternative modes of inquiry are also required, let us take as an example the first anxiety just noted–the risk of exceeding limits.[64]

The notion of limits has played a central role in the standard narrative of sustainability discourse. The groundbreaking 1972 book *Limits to Growth* (as well as numerous other books on the threat of global »overshoot«) provided an early impetus to the idea of sustainable development by highlighting the problems of living on a finite planet with a growing population and dwindling resources. As Grove-White notes, because sustainability was initially

> linked to biological concepts of ›carrying capacity‹ and ecosystem', the term has overwhelmingly *physical* connotations, implying the necessity for human societies to respect the physical *limits* to the biosphere–in sharp reaction to the espousal by governments of the notion of undifferentiated *growth*, as the previous lodestar of industrial societies' aspirations.[65]

63 The »we« here refers to citizens of affluent, technologically advanced Western societies.

64 If space permitted, I would show how a similar analysis could be applied to the second and third risks I have identified as well: the risk of moral incompetence and the risk of the loss of exteriority.

65 Grove-White, »Environmental Knowledge« (s. note 54), 278.

In this early stage of sustainability discourse, therefore, sophisticated models and metrics were developed to define appropriate trajectories of human social and economic activity within ecological limits. More recently, the discourse of limits has been advanced through the »planetary boundaries« concept devised by scientists at the Stockholm Resilience Centre, which purports to identify nine critical parameters defining a »safe operating space« for humanity.[66] In the media, warnings about breached limits routinely surface in news reports about declining global supplies of fresh water, depleted fishing stocks, rising temperatures and carbon dioxide emissions, increasing ocean acidification, etc. One concrete consequence of these developments in the lives of ordinary people is that anxiety about limits is now part of the standard repertoire of the modern consumer in Western societies, where a simple trip to a grocery store or restaurant can become a quasi-Talmudic exercise in interpreting which seafood choice (for example) will or will not contribute to the further decimation of fishing stocks.

This anxiety is increased by the fact that there is a continuing debate over whether technology can overcome or at least push back some of nature's limits. Counternarratives have emerged which highlight the ability of technology to mitigate the risk of exceeding limits by compensating for or replacing the goods that are currently at risk of depletion. For example, it has been proposed that diminishing freshwater supplies can be offset through the desalination of ocean water; that geoengineering can mitigate the hazards of climate change; that species currently threatened with extinction from overharvesting (such as wild tuna) can now be successfully farmed, etc. Such counternarratives focus on the potential of new technologies to circumvent or transcend the material limits set by nature, and thereby to allay anxieties about sustainability. However, under the conditions of reflexivity, these counternarratives can provoke anxieties of their own. For example, individuals may hesitate to trust the efficacy of technological solutions to problems whose origins lie in entrenched worldviews and social structures. And there is also the very real worry that technological solutions will simply unleash new and unforeseen problems without necessarily solving the existing ones.

The anxiety associated with the risk of exceeding limits (and the other two risks noted earlier as well) can therefore leave individuals struggling for normative orientation. Should one accept the conclusion that certain critical thresholds are already being crossed and embrace the necessity of scaling back human activities, economies, and aspirations in order to protect the goods needed to sustain life? Or should one dismiss such concerns as alarmist and in-

---

66 The nine parameters are related to climate change, biodiversity loss, the nitrogen and phosphorus cycles, stratospheric ozone depletion, ocean acidification, global freshwater use, change in land use, atmospheric aerosol loading, and chemical pollution. See Johan Rockstrom et al., »Planetary Boundaries: Exploring the Safe Operating Space for Humanity,« *Ecology and Society* 14 (2009): 1–28.

stead place one's confidence in the power of technology and human ingenuity to transcend the limits of nature? Although this dilemma is a salient one in contemporary experience, the anxiety associated with the risk of exceeding limits cannot be reduced to a zero sum calculation of either obeying nature's limits or attempting to overcome them. This is where the weaknesses of the predominantly physicalist vocabulary concerning limits become apparent.

Although the question of how to respond constructively to the crisis of normative self-reflection in the Anthropocene is a topic that is beyond the scope of this paper,[67] I want to suggest that reflexivity may not only be part of the problem, but also part of the solution in addressing the moral-existential anxieties of sustainability. That is, reflexivity has the potential to lead toward a more critical understanding of the concept of limit itself by highlighting the malleable and dynamic nature of limits in relation to human social ideals and relationships. Coming to terms with reflexivity means seeing limits not as fixed and static phenomena set by nature alone, but as responsive to social, historical, political, and other contextual factors.

In taking this position, I am not denying that risks are real events with material consequences, and that they are subject to empirical investigation. Rather, I am drawing on a critical realist or weak constructionist approach within risk theory, which affirms the reality of risks while also insisting that what constitutes a risk and the meanings we give to particular risks are inevitably shaped by cultural processes.[68] Acknowledging the reflexive nature of risk makes us aware of the extent to which the objective discourse of the natural and social sciences can be used to serve different normative and political ends that exceed the scientific data on its own. The role of culture in this process is inescapable. As Willis Jenkins notes regarding debates over climate change, »It would be convenient if climate science could uncontroversially establish the objective for responsible human action [... However], deciding which impacts are too dangerous or unbearable is finally a cultural decision involving many values and knowledges [...]. Nature supplies no simple standard.«[69]

If one of the implications of the blurring of the nature/society boundary in the Anthropocene is that we can no longer rely on the idea of nature alone to define external limits to human action, then we can begin to see that talk of planetary boundaries and other limit concepts »inevitably entails not just making scientific but social scientific and normative judgments about how the social and the ecological interact and the consequences that follow from this

[67] I will be addressing this issue in forthcoming research.

[68] The debate between realist and constructionist approaches in the social sciences is, of course, long-standing. For a concise discussion of the range of social constructionist positions within risk theory, see, e.g., Lupton, *Risk* (s. note 2), 28–33.

[69] Jenkins, *The Future of Ethics* (s. note 40), 29. Jenkins goes on to illustrate the point: »Deciding whether to set a climate objective in reference to a broad survival target (preserving a similar planet), or a dictum of justice) prevent human rights violations), or a norm of efficiency (balanced costs and benefits) generates a range of warranted goals.«

interaction.«[70] The same can be said of sustainability. Sustainability, on this view, has to do with the quality of the society we want to live in. It requires us to ask questions about what goods we want to sustain, for whom, and for how long. These are the dimensions of sustainability that cannot be addressed by physicalist and policy-driven approaches alone; in the end, they are moral and existential questions as well.

[70] Damien F. White, Alan P. Rudy, and Brian J. Gareau, *Environments, Natures and Social Theory: Towards a Critical Hybridity* (London: Palgrave Macmillan, 2016), 90–1.

Trust, Risk, and the moral Enhancement of Life

William Schweiker

The reflections that follow are meant to be a tribute to my friendship and scholarly cooperation with Michael Welker. I am profoundly aware that the following reflections cannot adequately express my admiration, affection, and intellectual engagement with Michael. I can say, summarily, that our friendship has in so many ways enhanced my life.

My objective in this essay is to clarify the kind of moral risk and enhancement associated with longstanding beliefs about »freedom of conscience,« but in a way that breaks out of an outdated moral psychology. Mindful of Welker's criticism of a focus on the self's relation to itself in modern theology, I nevertheless hold that that revision in how to think about »conscience« is necessary if we are to understand and to advance the »moral enhancement« of human life. What is more, since Welker is mindful of the forms of self-endangerment in modern societies, I explore that theme with respect to our lives as moral creatures. Now, given my topic, I could also, if not careful, wander into the lands of the philosophy of mind and also debates in neuroscience about the relation of the brain to the mind. Those forays into foreign scholarly lands are not possible in this short essay.[1] Besides, my concern is with the moral and spiritual life. This means that a basic assumption of this essay, one that cannot be directly defended here, is that human beings are in various ways moral agents, that is, beings with the power to affect themselves, others, and their world with respect to beliefs about what is good, right, and just, as well as a sense of responsibility. Conscience, we will see, is one way of conceiving our existence as moral agents and not just a faculty of mind. Moreover, if I can show the importance of the idea of conscience for the religious and moral life, then I will have also, by implication, defended my basic assumption about our lives as moral agents. More pointedly, in a cultural scene that so often belittles things human, this essay is an attempt to articulate both something of the grandeur of being human, but also of the ways in which we can forsake our humanity. What follows, then, is a hermeneutical reconstruction of a basic concept, »conscience«, in the moral and religious lexicon of Western thought. In order to do so, I must, first, identify the problem of moral enhancement in our time, second, dip back into the history of

---

1 For a helpful study on this and one with which I mostly agree, see Julian Baggini, *Freedom Regained: The Possibility of Free Will* (Chicago, IL: The University of Chicago Press, 2015).

thought that has shaped Western moral consciousness, and, finally, reconstruct the idea of conscience with those resources in order to meet current challenges. With that final step of the argument the hermeneutical circle will be complete.

I. The Problem of Moral Enhancement

I believe it is a safe generalization to say that among advanced, liberal democratic, and global societies, the »enhancement of life« is conceived mainly in medical and technological terms. When speaking of what will actually enhance life, most often people mean some new medical procedure to fight diseases such as cancer, HIV/AIDS, or heart disease. Many people also look to new technologies in communication, scientific research, entertainment, and the like as obviously enriching and enhancing human life. Often, then, the medical and technological hopes are conjoined in the race to make life better. Indeed, the so-called »Post-Humanist« movement sees itself as engaged in a war against aging and death through the use of technology on and in the body. The idea is to escape our entrapment in the body and on earth. A banal example of the coupling of health and technology is the thriving movement of the »Quantified Self,« also called »Logging Life,« in which technological devices (say a Fitbit) provide data to an individual that can be used, if so desired, to improve her or his life.

In this social context, rarely do people think about the *moral* or *spiritual* enhancement of life, that is, the ways, if there are any, in which to improve and enrich our lives as moral agents and as people who might also have an experience of the divine, the sacred. We do not think often enough about how we are to live with others in relations of respect and responsibility. When people do think about *moral* enhancement, they usually think about it in terms of character development. They employ »self-improvement« strategies to develop socially useful forms of behavior, either through social, legal, and political means, or ascetic practices like meditation or ritual fasting.[2] When people think about *spiritual* enhancement, they turn to the endless books, videos, and training centers aimed at »spiritual enrichment.« My concerns in this essay are mainly with moral enrichment, because on my account, human religious belief, experience, and practice are deeply tied to our being agents in a risky and limited world, a world in which we cannot attain everything we might want to have or to be. Later in what follows we will explore the religious/spiritual dimension of the moral life.

There are, no doubt, many reasons for the current silence on moral enhancement. Conservative thinkers tend to see our situation as one of moral fragmentation where advanced societies cobble together fragments of long gone moral traditions leaving behind an incoherent cultural ethos, unable to direct, let alone, enhance our lives. Their hope is that through the formation of specific

2 On this see Charles Taylor and his claims about a »rage for order« in modern societies to remake the self. *A Secular Age* (Cambridge, MA: Belknap Press, 2007).

communities within the wider society it might be possible to enhance the virtue and moral character of people living within those special communities.[3] Conversely, theologians and philosophers of a liberal political bent seek to advance the cause of social justice, and so, freedom and equality among citizens in a nation, while leaving moral beliefs and comprehensive doctrines to the choice and discretion of individuals.[4] For them, the core moral obligation on people is to endorse and abide by the social contract and thereby to exercise respect and fairness in their social life. What one does with the moral aspects of one's personal life is a matter of liberty and choice.

In terms of ethics, these outlooks have been debated, defended, compared, and contrasted over the last decades in the academy, in opinion pieces in newspapers, in public debate, and in an endless stream of online blogs and posts. It seems that we are at moral loggerheads. Conservatives see liberals as advocating a dangerous conception of freedom unmoored from substantive moral convictions, while liberals worry about the conservative penchant for deference to the moral authority of a community and see the call to conform life to social norms as an attack on freedom. I argue that what is needed, then, is a conception of freedom linked to substantive moral convictions that, while drawing on a tradition, can nevertheless challenge any tradition. What is more, this conception must somehow draw from people's own most moral capacities, that is, the capacity for the reasonable and rational conduct of our lives in light of some conviction about the human good.

I intend to sketch a conception of conscience that can address the demands just noted and thereby is robust and subtle enough to meet the needs of our day. I think this idea of conscience would also hold up in more traditional societies, and, in fact, might be even more urgent within those societies, but that is beside the point in the argument to follow. In fact, the historical roots of the position I am advocating on »conscience« actually rose within decidedly non-democratic and non-liberal societies, helping people forge the conceptual framework needed for democratic self-rule and liberal social orders. Be that as it may, what matters is how a renewed conception of conscience might help us address the question of moral enhancement in our time and place. In order to do so, a look to the history of thought is in order.

2. SOME HISTORY OF THOUGHT

In the ancient Western world some philosophers, Christian and otherwise, claimed that while human life is subject to the winds of misfortune, error, and the

---

[3] See, e.g., Alasdair MacIntyre, *After Virtue* (London: Bloomsbury, 1981); Stanley Hauerwas, *A Community of Character: Toward a Constructive Christian Social Ethic* (Notre Dame, Ind.: University of Notre Dame Press, 1991).

[4] John Rawls, *Political Liberalism* (New York: Columbia, 1993).

ravages of time, in truth the only *moral* endangerment one faces is from one's own self. Of course, one's life might not be a record of well-being; human beings do not control the fates. We are subject to powers beyond our control and to the eventual disintegration of finite life in death. While basic natural goods–that is, goods important for the flourishing of a human life–are important for human well-being, we too often lack sufficient power or insight to secure them. The question then becomes, what is the realm of human control, given the obvious human desire for flourishing or well-being. Stoics, Platonists (when they remembered Socrates), some early Christian and Jewish thinkers, and even Epicureans, held that the sole force that could endanger one's moral character was one's own self, one's own actions and dispositions. Timidity in the face of danger, destructive and uncontrolled lust, and a life of folly, to name a few, are all ills we bring upon ourselves and they manifest a lack of virtue (e.g., courage), rational self-control, or clear thinking needed to attain some measure of flourishing in this life. It is even the case that, for these thinkers, false beliefs (for instance, for the Epicureans, the belief that the gods care about human life, or, for Christians and Jews, that the Living God does not care about the conduct of our lives) can be destructive of moral well-being. Why placate the gods if they do not care about our lives? Why ignore the demands of justice if the Living God is a God of justice? Ethical reflection, accordingly, had to diagnose this self-endangerment and then propose a practical answer to it so that a person might find some measure of well-being or *eudaimonia*. Often enough, the moral enhancement of the person was also seen as demanding membership in some form of moral community, say, the Church. In any case, this is why philosophy in the ancient world was a way of life rather than, as nowadays, the work of conceptual analysis, phenomenological description, or addressing issues of applied ethics.[5]

Of course, the ancients differed on what constituted *eudaimonia*: the absence of pain, the performance of the duties of one's station, or the contemplation of the Forms. Whatever the conception, they tended to agree that reason was essential to the moral life and living according to nature. The Stoics, for instance, taught that nature is ruled by Logos in a strictly determined fashion, and, therefore, one must, to attain happiness, live rationally by the Logos within oneself (usually identified with conscience), quell one's fears by cultivating *apathy*, and fulfill one's duties in the station that the divine Logos has assigned one. Tranquility or peace in the self is to be attained by living a rational life because rationality is distinctive to human beings as moral agents. And while other schools of thought gave different diagnoses and different visions of nature and human beings, reason remained central and the emotions, while drivers of human conduct, had to be properly tempered and directed towards the true ends of human well-being. The goal was self-mastery and self-sufficiency in a life well-lived.

---

5 Pierre Hadot, *Philosophy as a Way of Life* (Oxford: Blackwell, 1995).

Something like this outlook was held by many early Christian thinkers even though they gave a different diagnosis of the human plight and also had a different vision of reality. The Christian life, as St. Augustine would put it, is to live with rightly directed love. The moral task was to direct one's love towards the ultimate human good. Yet Augustine, as the last great Hellenistic thinker, also introduced a fundamental shift in outlook consistent with his Christian faith. Human *eudaimonia* must be found in God and God alone because only God transcends the vicissitudes of mortal earthly life, while still being active in the world. True peace, ultimate tranquility, is to rest in God through the love of God. The quest for self-sufficiency and self-mastery had given way to a vision of God as the human good and God's grace as the power to redirect human loves, especially sinful loves, towards their proper object. Let me call this the Augustinian »revision« of classical ideas about the moral life and the human good. The revision irrevocably linked morality and religious faith around the problem of human fault and the quest for the human good in ways that shaped much Western thought.

Much of this ancient philosophical and theological vision of the moral life *seemed* to change with the modern world. Immanuel Kant and his followers focused on universal duties while utilitarians sought the greatest good for the greatest number of sentient beings, as Jeremy Bentham put it. But matters are more complex; the break with antiquity–if there was any–was not so sharp. For Kant, to live by rational moral laws legislated by the self is a distinctly moral form of flourishing. It is to lead ultimately, one can hope, to the unity of duty and happiness and so the highest good. Here, too, religion and morality were linked since the postulate of God as an omniscient and omnipotent judge to dispense happiness to the virtuous remained basic to Kant's ethics. And utilitarians, like John Stuart Mill, realized that human well-being was more complex than simply maximizing pleasure. Freedom is to live one's own life in one's own way, he wrote in *On Liberty*. But this liberty requires learning and formation of our lives as progressive beings. Mill even argued that with respect to God's desire for the well-being of God's creation, utilitarianism was the most religious of philosophies.[6] For these moderns, and especially for a thinker like Friedrich Nietzsche, the moral life is about increasing one's command over oneself, whether in terms of practical reason (Kant), the liberty and education of the will (Mill), or the will-to-power (Nietzsche). As with the ancients, the greatest threat to human well-being resides within oneself. The risk of life is within the self–in a failure of practical reason or a servile will.

Importantly, over the last century or so there has been considerable reflection among theologians and philosophers on fundamental human emotions, dispositions, and comportments to the lot of human beings in a world filled with risk. Interestingly enough, something like the Augustine revision was given a new expression by Christian theologians. From Martin Heidegger's reflection

---

6 D. M. Holley, »Is God a Utilitarian?,« *Religious Studies* 29:1 (1993): 27–45.

on *Sorge* to Paul Tillich's analysis of Ultimate Concern, as well as existentialist thinkers and phenomenologists, different comportments to the world and to our own mortality were probed in order to understand the basic structures and dynamics of human existence. Human existence, fully in the world and fully mortal, is always at some risk: whether due to the threat of death (when?), the winds of fate or impersonal social frameworks (when not?), or, more seductively, the temptation to escape the anxiety entailed in finitude by a retreat into unthinking daily existence, or, as is now the case, unreflective consumerism.[7] Among philosophers, responding to these threats meant continuing in some way the ancient quest for self-sufficiency and self-mastery. Theologians, from this perspective, reintroduced the »Augustinian revision,« but now with respect to the reality of finite temporal life and not the reality of the eternal soul and an unchanging, metaphysically conceived God.

Among Protestant theologians like Tillich, but also H. Richard Niebuhr and Rudolf Bultmann, this kind of fundamental, or ontological, hermeneutical inquiry focused on faith and how faith rightly conceived is constitutive of the human self. These theologians noted that Martin Luther claimed in his commentary on the First Commandment in the Large Catechism that God and faith go together. As an Augustinian, Luther insisted that what one fundamentally trusts in for one's highest good is actually one's »god.« A »god« is a center of value that gives meaning and worth to one's life, as H. R. Niebuhr put it, and this means that a nation state, the self, the family, or one's race could be one's actual »god.« The human dilemma is not the absence of God but the war among the many gods of people's faiths. For these 20th century theologians facing the devastation of a World War, as well as the 19th century critics of religion (most notably Nietzsche, Sigmund Freud, and Karl Marx), this account of faith as trust in something that bestows meaning and value on one's life had two crucial benefits over the philosophical arguments about resoluteness towards death or the radical demands of existential choice.

First, this account of faith provided a theological tactic for understanding the war and, more radically, the human plight. The devastation of worldwide warfare was, in fact, the result of misplaced faith: trust in the nation and not the Living God. The war was, in fact, a conflict among false gods, the only answer to which is repentance and trust in the one, ultimate God as one's center of value. So too, the fundamental human anxiety in the face of death is only answerable through faith as the courage to be in the face of non-being (Tillich), trust in God that shifts one's understanding of God from an enemy to a friend (Niebuhr), or the profession that in Christ, God is *for us* (Karl Barth). Second, this account of faith meant that no one is in fact an atheist, since everyone has some »faith« in what bestows meaning and worth on their lives. Idolatry and not atheism is the root problem of human existence manifest in a sense of meaninglessness and a violent world at war. In other words, faith, or, among philosophers, reso-

7 See, e.g., Bruce Rittenhouse, *Shopping for Meaningful Lives* (Eugene: Cascade, 2013).

luteness towards death, took the place that the ancients and moderns gave to reason. And what was sought as the human good, it would seem, was less about self-mastery and self-sufficiency and more about affirming one's constitutive finitude, a yes-saying to mortal being, as Nietzsche might put it.

Importantly, for Christian theological ethics, this account of faith meant that every society's morality was theologically grounded and thus open to theological criticism in light of the true and valid morality, grounded in the will and way of the living God. This grounding might be conceived in terms of the command of God (Barth), the crisis of decision in response to an encounter with the Christ (Rudolf Bultmann), God as the ultimate center of value (Niebuhr), or the »transmoral conscience« (Tillich). Stated otherwise, if one asked whether Christian ethics is ultimately valid, the answer was »yes« because God is God, and, further, Christian faith witnesses to and trusts in God disclosed in Jesus Christ. Every other morality was ethically askew, if not fundamentally wrong.[8] This was an important argument, not only to counter various philosophical attempts from Immanuel Kant onwards to ground theology in ethics, but also to counter arguments of liberal theologians and the German Christians who seemed, in this light, to have accommodated Christian faith to cultural mores.

Yet there was a more pressing problem that provided another reason to give a theological revision of the reigning conception of the human plight. The problem is seen most profoundly in the work of Martin Heidegger. In his work *Sein und Zeit*, he sought to explore the meaning of »Being« by interrogating that being who asks about its own most being, namely, a human being. The argument claimed that human beings are thrown into a meaningless and worthless finite reality and have to make their own way to authenticity through care and resoluteness in the face of death. It is in the face of death as one's own most possibility that the question of one's authentic being can be asked. By interpreting this fact of existence, Heidegger sought to articulate the meaning of Being. Ontological reflection on the meaning of Being was–despite Heidegger's morally charged language–supposedly non-moral. Moral values and norms have at best »ontic« status while the meaning of Being is shorn of worth. Given their account of faith and God, this argument could obviously not abide for Protestant theologians despite the fact that many of them drew on and taught with Heidegger.[9] Why was that the case? What does it have to do with conscience?

For Heidegger, »conscience« is the call of *Dasein*, or human being, to itself from its authentic existence to inauthentic or »fallen« existence. In other words, Heidegger denies the Augustinian revision and thus breaks, in the core of our

---

8 Karl Barth famously said that »ethics is sin« by which he meant any attempt to define the good outside of the revelation of God in Jesus Christ. *Church Dogmatics II/2* (New York: T&T Clark, 2009), 518.

9 See, e.g., Karl Rahner, *Foundations of the Christian Faith* (New York: Crossroads Publishing, 1982); Rudolph Bultmann, *Jesus Christ and Mythology* (New York: Scribner, 1958).

being, the relation between the self, morality, and God. Human existence is, as Charles Taylor would put it, echoing 20th century theologians, solely within the »immanent frame« without any moments of human fullness that interrupt daily life. In a word, human life, while fully in the world, is only in *one world* and that world has no moral or sacred depth. The human calls to itself to be authentic and authenticity is nothing more than resoluteness towards death. Theologians insisted on the Augustinian revision, as I called it, and so had to make a counter argument. For instance, Dietrich Bonhoeffer, in his *Ethics*, wrote that »[c] onscience comes from a depth which *lies beyond a man's own will and his own reason* and makes itself heard as the call of human existence to unify himself.«[10] Conscience judges our being from a source, the divine, beyond our will and our reason. Conscience cannot be reduced to a form of self-relation, the self calling to itself, but includes some call or demand, not simply to authenticity, but, much more, to the unity or (as I prefer) the integrity of one's life. Other Christian theologians made similar arguments often enough, as we have seen, through a conception of faith as trust. Conscience, in this light, is the claim of what is morally good and right on the self that also and always exists in relation to the divine and others. Conscience can err, of course. But the error is of the whole person. One's entire existence is at stake and with it the claim of responsibility with and for others, as well as trust in God. Little wonder that theologians following the Reformers could speak of the terrified conscience and the free conscience. In other words, conscience and faith were the distinctly modern, Protestant version of the Augustinian revision.

3. Conscience and Conviction

Recall that the ancient quest for the human good was a quest for self-sufficiency and self-mastery against the misfortunes that beset every human life. That ideal, I noted, gave way to a vision of God as the human good and God's grace as the power to redirect human loves, especially sinful loves, towards their proper object. That is what I called the Augustinian revision in ancient thought about human well-being. The revision, we saw, has reappeared throughout history–in the 18–19th centuries, the Reformation and, again in the 20th century–as theologians sought to link God, self, and moral relations to others against various attempts (e.g., Nietzsche; Heidegger) to pull them apart. Through it all, »conscience« has been one of the central loci about which the debate was waged. Why might that be the case?

Importantly, the long succession of thought just noted is tied to three basic convictions that are conjoined into the idea of conscience when it is conceived as a way to speak of the whole person and not just a faculty of the mind.

---

10 Dietrich Bonhoeffer, *Dietrich Bonhoeffer: Witness to Jesus Christ*, ed. John de Gruchy (Minneapolis: Fortress Press, 1991), 247–8. Italics added.

First, human life is always at risk and subject to powers beyond our control or knowledge. Those powers might be benevolent, malevolent, unconcerned, or without intention or purpose. Whatever the case, human life is profoundly vulnerable. Throughout much of history this constitutive vulnerability has been seen as at odds with integral human flourishing. Given this, the human good was conceived, morally, as that condition, activity, or state-of-affairs that is somehow beyond the winds of fate or the wrath and favor of the God(s). Part of the philosophical life, accordingly, was to gain this self-mastery through various practices and forms of reflection. This continued in the Church and especially in the rise of monastic movements. Augustine did not revise this first conviction, but, rather, reinterpreted it in relation to the Living God. He also insisted on the need for God's grace to live rightly. This means, importantly, that a human being is a complex reality of basic natural goods and conscience, and with the moral task of integrating the self in and though responsible action and love and trust in God. Conscience, we can say, is the form of moral freedom wherein the whole self acts on the whole self in order to bring about a right ordering of life and some measure of tranquility. In this respect, »conscience« denotes how the self is not reducible to the sum of its natural needs and basic goods, but is an emergent form of freedom from and within them. This is why the experience of conscience is, oddly, experience of the self beyond itself.

Second, insofar as the highest moral good is »beyond« the turmoil of actual life–even if it can and must be lived *within* that turmoil[11]–then, morally speaking, the gravest risk to human life is not the winds of misfortune or even the corrupting influence of wealth, fame, or power. The real risk and vulnerability of human life is from itself, from the weakness of will, from false loves, and from the betrayal of our identity-conferring convictions. In a real–if metaphorical–sense, we have each betrayed the Christ like Peter did, have each been exposed, and have each wept. The betrayal of conscience is not a betrayal of some specific psychological faculty or some precept of practical reason, no matter what the medievals said. The betrayal of conscience, as Luther saw, is a betrayal of the whole self by the whole self. In this sense, the call of conscience is the call of the self to itself, as Heidegger claimed. But the question, as Bonhoeffer noted, is how deep does the self go and what are the proper identity-conferring convictions that grant meaning and worth to life–our »faith« as theologians put it.[12]

The final conviction to note in the line of thought we are tracing has to do with a conception of the source of human conflict. In Plato's dialogue, the *Euthyphro*, Socrates asks Euthyphro:

---

11 On recalls here the dictum that Christians are to be in but not of the world (cf. Jn 17:14–15) and also St. Paul's admonition that one is to conform one's mind to Christ (Rom 12:1–2).

12 On »identity conferring convictions« see William Schweiker, *Power, Value, and Conviction: Theological Ethics in the Postmodern Age* (Cleveland, OH: Pilgrim Press, 1998).

> But what sort of thing would make us enemies, angry at each other, if we disagree about it and are unable to arrive at a decision? Perhaps you cannot say offhand, but I suggest you consider whether it would not be the just and unjust, beautiful and ugly, good and evil. Are not these the things, when we disagree about them and cannot reach a satisfactory decision, concerning which we on occasion become enemies —you, and I, and all other men?[13]

In the realm of human affairs, it is most often profound conflicts about the domain of human value convictions (moral, aesthetic, political, religious, etc.) that drive human conflict. Even within our own lives, it is the tension between desires, wants, and beliefs (i.e., forms of value convictions and thus reasons for actions) that is the cause of turmoil that must be given some order and orientation. If this is true—and it seems to be—then we ought to expect conflict within our social life and must worry about the coercion to hold certain value convictions through war, torture, imprisonment, and so on. Similarly, there can be a tyranny within the self over itself, distorting the integrity of one's life (say, extreme asceticism or lavish hedonism).

To insist on the *freedom* of conscience is to assert that there is an irreducible dimension of human beings that cannot and should not be coerced and therefore is a sign of freedom. Stated otherwise, the assent to a belief, especially trust in God, if it is coerced, is not authentic and true. Some convictions must be held freely, willingly. Not surprisingly, Christians and others have held throughout the ages that one ought not to violate one's conscience even if one might be mistaken in one's judgment. Conscience, we can now say, is the claim of the integrity of life on the self to a just and right tranquility or peace in the self and with others. This conviction about the freedom of conscience has been a bulwark against the manifold tyrannies of our age and all ages, but a bulwark that is costly to a person's life. Recall the French Protestant Marie Durand, who spent thirty-eight years in prison because of her faith and etched on the walls of her cell a simple conviction: *Résister*.[14] Consider also the life and death of Dietrich Bonhoeffer, Ghandi, or Martin Luther King, Jr.

All three of these basic convictions about human beings and the human good have, as we have seen, been debated throughout history. Yet, I suggest that in our global age, though claims about freedom of conscience are made and linked to the discourse of human rights, the other two convictions have suffered. It seems difficult to sustain the idea of some transcendent good in relation to which life can and must be morally enhanced in order to become

13 Plato, *Euthyphro*, 7c-d, trans. R. E. Allen, in *The Dialogues of Plato*, Vol. 1 (New Haven: Yale University Press, 1984), 47. I thank Herbert Lin for calling this passage to my attention.

14 See Kristine A. Culp, *Vulnerability and Glory: A Theological Account* (Louisville, KY: Westminster John Knox Press, 2010).

more just, peaceful, responsible, and, thus, free. Further, one is hard pressed to show that within advanced societies, self-betrayal, the violation of conscience, is the greatest danger to human well-being. As I noted before, the global cultural scene belittles human beings through grinding poverty, political oppression and instability, consumerist materialism, and religious fanaticism that sacrifices human life for the sake of tyrannous ideologies. And matters are even more complex in the face of the global reality of climate change. While some see human beings as such as the environmental problem, others rightly insist on the interdependence of human beings with other life forms, and our consequent responsibility for the wider compass of life.[15] As I noted at the beginning of these reflections, among advanced, liberal democratic, and global societies, the »enhancement of life« is conceived mainly in medical and technological terms. In this social context, I also noted, people rarely think about the *moral* or *spiritual* enhancement of life, that is, the ways (if there are any) to improve and enrich our lives as moral agents and as people who might also have an experience of the divine, the sacred. Something of the grandeur of being human has been forsaken. Put baldly, too much of the current social order is a violation of conscience, that is, a violation of our moral being and the distinctive freedom entailed in being a moral agent.

4. The Challenge of Moral Enhancement

What, then, should we do? Several points have been isolated from engaging the history of thought that enable us to sketch–and here it can only be a sketch–some of the features of a reconstructed concept of conscience.

First, conscience, most robustly understood, is a free action of the whole self on the whole self, seeking to resolve conflicts of value convictions within the self and between conscientious people.[16] Second, it does so, we can say, with regard to a conviction about a good–what I have called the integrity of life–not reducible to, but emergent from, the basic goods necessary for human flourishing, individual and social. The integrity of life, I have intimated, is manifest in a clear conscience, that is, a self at peace with itself and others. But that peace, insofar as it is manifest in life, is one in which a plan of action or search for human flourishing is mediated through the claim of conscience, that is, the claim to respect and enhance the integrity of life with and for others. Third, this means that conscience–and so the human person–cannot be coerced about its most basic value commitments and the ordering of the integrity of life. To be sure all forms of torture have been used to coerce belief, confession, of fidelity. But conscience cannot and ought not be so coerced. The moral enhancement of

15 The literature here is legion, but see, for example, Pope Francis, *Laudato Si'* (Freiburg i. Br.: Herder, 2015).

16 Mary Midgley, *The Ethical Primate* (London: Routledge, 2002).

life, fourth, entails, but is not limited to, forms of education, honing of moral perception, and rehabilitation of the fallen conscience, which, to varying degrees, is a failing of every human being. Theologically stated, all have sinned and fallen short of the glory of God (Rom 3:23). Finally, this conception of conscience, insofar as it articulates a transcendent good which must and may be lived in the turmoil of life, that is, the integrity of life, a daring act of hope and trust. Religiously, this entails an act of faith insofar as one trusts that a life so lived, a life of moral integrity in individual and communal existence dedicated to the integrity of others' lives, will indeed relate the goods of human flourishing through the claim of conscience. In Augustine's terms (to retain the Augustinian revision) this is a life of peace in the self, with others, and in God.

Here is the great divide about conscience, as I see it. The contest between the ancients and the moderns that ran through the 18th and 19th century in the face of the rise of commercial culture and democratic movements gave worry to many thinkers (e.g, de Tocqueville; Constance; Swift). The worry was that modern culture brought with it a leveling of life and a constant struggle between freedom and equality. In the face of these developments, Nietzsche, for instance, advocated a return to the heroic virtues and the endless enhancement of the will-to-power in the face of the servile conscience of modern Europeans. In a similar way, the work of existentialists, like Jean-Paul Sartre, but also Heidegger, seemed, in this light, to also advocate a heroic and resolute vision of authentic life. Little wonder that »conscience« was shorn of any connection to a just and living God or the actual needs of others, especially the weak and the poor. The retrieval and reconstruction of »conscience« advanced above is meant, at its root, to counter and to combat the return of the »heroic.« The moral enhancement of human life is not to be found in the endless search for power. The constitutive vulnerability, risk, and sociality of human life is not to be overcome through their denial in acts of the will-to-power or resoluteness of the self. And the only »defense« of the theological conviction that I have advanced is an experiential one. Human life within the vicissitudes of existence is not at one with itself if it lacks trust and hope in the reality of peace in one's self and with others: peace rooted in a transcendent integrity of life called God. Resoluteness towards death is at best a pale substitute for this free act of trust and hope arising with the claim of conscience.

Given this sketch of the meaning of conscience (and so the meaning of our basic mode of moral being), the pressing challenge we now face (as intimated above) is that claims to freedom of conscience, and so a basic human right, are eroded unless we can give an account of some transcendent good that is basic to human life and show that self-betrayal, the violation of conscience, is the gravest danger to human well-being. I have tried to reconstruct the idea of conscience in order to counter that moral erosion of our lives. That is, I have tried, as stated at the outset of these reflections, to develop a conception of freedom linked to substantive moral convictions that, while drawing on a tradition, can nevertheless challenge any tradition. What is more, this conception is found in people's own most moral capacities, that is, the capacity for the reasonable and rational conduct of our lives in light of some conviction about the human good. So, the real challenge now, as always, is to seek to live such a free, peaceful, and responsible life.

BOTTOM-UP THINKING

John Polkinghorne, Queens' College, Cambridge

I am grateful for the privilege of writing this short contribution to the Festschrift for Michael Welker. He is my oldest theological friend and I have learnt a great deal from him.

We first met at C.T.I., the Centre for Theological Inquiry at Princeton, as members of a working party of scientists and theologians that met regularly to discuss issues of science and religion. I soon felt a strong resonance with Michael in his way of approaching questions of truth. As a scientist, I am not inclined to start with grand self-evident general principles and then to seek to descend to the discussion of particulars. Too often these principles have turned out to be neither self-evident nor general. (One thinks of Kant's 'proof' of the necessity of Euclidean geometry.) Instead of this 'top-down' approach I prefer to argue from the particulars upwards. The physical world has often proved surprising beyond our limited power to anticipate – I think of quantum theory. No-one could suppose that something could sometimes behave like a particle (point-like) and sometimes like a wave (spread out) until the undeniable fact that light behaved in this way forced a revision of thinking, leading to the discovery of a theory which perfectly combined these two properties. I call this approach 'bottom-up' thinking and seek to approach theological issues in a like manner, as does Michael. It seems a perfectly natural way to proceed in the religion of the Incarnation in which the nature of God is believed to be revealed in the *enacted* history of the Word made flesh in Jesus Christ.

Autorinnen und Autoren

Maria Antonaccio, Professor for Religious Studies, Bucknell University, Lewisburg

Heinrich Bedford-Strohm, Landesbischof der Evangelisch-Lutherischen Kirche in Bayern und Honorarprofessor für Systematische Theologie, Universität Bamberg

Jochen Cornelius-Bundschuh, Landesbischof der Evangelischen Landeskirche in Baden und apl. Professor für Praktische Theologie, Universität Heidelberg

Markus Dröge, Bischof der Evangelischen Kirche Berlin-Brandenburg-schlesische Oberlausitz

Fernando Enns, Professor für Theologie und Ethik, Vrije Universiteit Amsterdam sowie Universitätsdozent und Leiter der Arbeitsstelle Theologie der Friedenskirchen, Universität Hamburg

Gregor Etzelmüller, Professor für Systematische Theologie, Universität Osnabrück

Sándor Fazakas, Professor für Systematische Theologie und Sozialethik an der Reformierten Theologischen Universität Debrecen/Ungarn; außerordentlicher Professor an der Reformierten Theologischen Fakultät der Babeş-Bolyai Universität in Klausenburg/Cluj-Napoca/Rumänien

Jürgen von Hagen, Professor für Ökonomie und Direktor des Instituts für Internationale Wirtschaftspolitik, Rheinische Friedrich-Wilhelms-Universität Bonn

Markus Höfner, Geschäftsführender Oberassistent am Institut für Hermeneutik und Religionsphilosophie, Universität Zürich

Wentzel van Huysteen, James I. McCord Professor (em.) für Theology and Science, Princeton Theological Seminary

Isolde Karle, Professorin für Praktische Theologie und Direktorin des Instituts für Religion und Gesellschaft, Ruhr-Universität Bochum

Katrin König, Theologische Mitarbeiterin des Landesbischofs der Evangelischen Landeskirche in Baden und Wissenschaftliche Assistentin am Lehrstuhl für Systematische Theologie I, Eberhard-Karls-Universität Tübingen

Jürgen Moltmann, Professor (em.) für Systematische Theologie, Eberhard-Karls-Universität Tübingen

Piet Naudé, Professor for Ethics related to politics, economics and business und Direktor der Stellenbosch University Business School (USB)

Bernd Oberdorfer, Professor für Systematische Theologie, Universität Augsburg

Ted Peters, Professor (em.) für Systematische Theologie und Ethik, Pacific Lutheran Theological Seminary, Berkeley

John Polkinghorne, Professor (em.) der Theoretischen Physik und ehem. Präsident des Queens College, Cambridge

Hanna Reichel, Associate Professor for Reformed Theology, Princeton Theological Seminary

Andreas Schüle, Professor für Theologie und Exegese des Alten Testaments und Leiter der Forschungsstelle Judentum, Universität Leipzig

William Schweiker, Edward L. Ryerson Distinguished Service Professor für Theologische Ethik, University of Chicago

Dirk J. Smit, Extraordinary Professor for Systematic Theology, University of Stellenbosch, South Africa

Heike Springhart, Studienleiterin des Theologischen Studienhauses Heidelberg und Privatdozentin für Systematische Theologie, Ruprecht-Karls-Universität Heidelberg

Jan Stievermann, Professor für die Geschichte des Christentums in den USA, Ruprecht-Karls-Universität Heidelberg

Philipp Stoellger, Professor für Systematische Theologie / Dogmatik und Religionsphilosophie, Ruprecht-Karls-Universität Heidelberg

Günter Thomas, Professor für Systematische Theologie / Fundamentaltheologie und Ethik, Ruhr-Universität Bochum und Research Associate an der Faculty of Theology, Stellenbosch University

John Witte, Jr., Robert W. Woodruff Professor of Law, McDonald Distinguished Professor und Direktor des Center for the Study of Law and Religion, Emory Law School, Atlanta